吉林2022统计年鉴

JILIN STATISTICAL YEARBOOK 2022

吉林2022统计年鉴

JILIN STATISTICAL YEARBOOK2021

吉　林　省　统　计　局
国家统计局吉林调查总队 编

COMPILED BY
JILIN PROVINCIAL BUREAU OF STATISTICS
SURVEY OFFICE OF THE NATIONAL BUREAU
OF STATISTICS IN JILIN

（总第36期 No.36）

中国统计出版社
China Statistics Press

图书在版编目（CIP）数据

吉林统计年鉴·2022 = Jilin Statistical Yearbook 2022：汉英对照 / 吉林省统计局，国家统计局吉林调查总队编．-- 北京：中国统计出版社，2022.11

ISBN 978-7-5230-0006-9

I. ①吉… II. ①吉… ②国… III. ①统计资料-吉林-2022-年鉴-汉、英 IV. ① C832.34-54

中国版本图书馆 CIP 数据核字 (2022) 第 206060 号

吉林统计年鉴 2022

作　　者／吉林省统计局　国家统计局吉林调查总队
责任编辑／高媛媛
校　　对／王晓辉　刘冠群
装帧设计／董丽敏
出版发行／中国统计出版社有限公司
地　　址／北京市丰台区西三环南路甲 6 号
邮政编码／100073
电　　话／邮购（010）63376909　书店（010）68783171
网　　址／http://www.zgtjcbs.com
印　　刷／长春市和瑞图文制作有限公司
经　　销／新华书店
开　　本／890mm×1240mm　1/16
字　　数／1300 千字
印　　张／31.5
版　　别／2022 年 11 月第 1 版
版　　次／2022 年 11 月第 1 次印刷
定　　价／350.00 元　Price：350.00yuan(RMB)

本书附同版本 CD-ROM 一张，光盘内容以书面文字为准。
如有印装差错，由本社发行部调换。

《吉林统计年鉴 2022》 *JILIN STATISTICAL YEARBOOK 2022*

编委会和编辑部 EDITORIAL BOARD AND EDITORIAL STAFF

编 者 说 明 *PREFACE*

一、《吉林统计年鉴 2022》(中英文对照)是一部全面反映吉林省经济和社会发展情况的资料性年刊。本书收录了全省、各市(州)和县(市)2021 年经济和社会各方面大量的统计数据。

二、全书内容分为 19 个部分，即 1. 综合；2. 国民经济核算；3. 人口；4. 从业人员和职工工资；5. 固定资产投资；6. 对外经济贸易和旅游业；7. 能源生产和消费；8. 财政、金融和保险；9. 价格指数；10. 人民生活；11. 市政公用事业；12. 农业；13. 工业；14. 建筑业；15. 交通运输和邮电通信业；16. 批发零售贸易和餐饮业；17. 教育、科技和文化事业；18. 体育、卫生和其他事业；19. 市（州）和县（市）概况。附录：主要统计指标解释。

三、资料中所使用的度量衡单位均采用国际统一标准计量单位。

四、本年鉴中部分数据合计数或相对数由于单位取舍不同而产生计算误差，均未作机械调整。

五、本年鉴中与经济普查有关的专业数据均根据第四次全国经济普查结果对历史数据进行修正。

六、本年鉴中的符号使用说明："空格"表示该项指标数据不详或无该项数据；"#"表示其中的主要项。

七、本年鉴在编辑、翻译过程中得到诸多单位和同志的大力支持，在此深表谢意。限于我们的水平，加之时间仓促，请各界人士在使用资料时如发现错误和不足，恳请提出批评指正。

I. *Jilin Statistical Yearbook 2022* is annual statistics publication, which cover very comprehensive data series for 2021 and some selected data series for historically important years in whole province, cities (prefecture) and counties and therefore, reflects various aspects of social and economic development.

II. The Content is Divided into 19 parts, i. e. l. Synthesis; 2. National Economic Accounting; 3. Population; 4. Employment and Wage; 5. Investment in Fixed Assets; 6. Foreign Economy Trade and Tourism; 7. Production and Consumption of Energy; 8. Public Finance, Banking and Insurance; 9. Price Indices; 10. People's Livelihood; 11. Urban Public Utilities; 12. Agriculture; 13. Industry; 14. Construction; 15. Transportation Postal and Telecommunications Services; 16. Wholesale, Retail Trade and Catering Services; 17. Education, Technology and Culture; 18. Sports, Public Health and Others; 19. General Survey of City (State) and County (City) . In the appendices listed: Explanatory Notes on Main Statistical Indicators.

Ⅲ. The units of measurement used in this book are internationally standard measurement units.

IV. In the yearbook some data total numbers or relative number because of units chosen differential Causing generating calculation error, no mechanical adjust.

Ⅴ. Historical data in this yearbook related to the economic census are revised according to the Fourth National Economic Census.

VI. Explanatory notes for notations used in this book: "blank" indicated that the index data not available or no dale; "# "of which: major item.

VII. We'd like to send our sincere acknowledgement to various units and comrades for their vigorous assistances during the edition and translation of this yearbook. Due to our limited ability and the hasty time, faults and shortage are unavoidable. Any criticism or suggestion is appreciated.

CONTENTS
目录 >>>

统计资料
Statistical Data

【第一篇】综合 Synthesis

【第二篇】国民经济核算 National Economic Accounting

【第三篇】人口 Population

【第四篇】从业人员和职工工资 Employment and Wage

【第五篇】固定资产投资 Investment in Fixed Assets

【第六篇】对外经济贸易和旅游业 Foreign Economy Trade and Tourism

【第七篇】能源生产和消费 Production and Consumption of Energy

【第八篇】财政、金融和保险 Public Finance, Banking and Insurance

【第九篇】价格指数 Price Indices

【第十篇】 人民生活 People's Livelihood

【第十一篇】 市政公用事业 Urban Public Utilities

【第十二篇】 农业 Agriculture

【第十三篇】工业 Industry

【第十四篇】建筑业 Construction

【第十五篇】交通运输和邮电通信业 Transportation Postal and Telecommunications Services

【第十六篇】 批发零售贸易和餐饮业 Wholesale, Retail Trade and Catering Services

【第十七篇】教育、科技和文化事业 Education, Technology and Culture

【第十八篇】体育、卫生和其他事业 Sports, Public Health and Others

【第十九篇】 市（州）和县（市）概况 General Survey of City (State) and County (City)

附录
Appendix

统计资料

STATISTICAL DATA

第一篇

CHAPTER ▶ 01

综　合

Synthesis

资料整理人员：

刘百慧　张　帆　王苡彤　吴　璇

1－1 行政区划（2021年末）
Divisions of Administrative Areas（end of 2021）

单位:个 (unit)

地　区	Region	县级合计 Regions at County Level	市辖区 Districts under the Jurisdiction of Cities	县级市 Cities at County Level	县 Counties	自治县 Autonomous Counties	乡镇级合计 Regions at Township Level	镇 Towns	乡 Towns	民族乡 Ethnic Township	街道 Street Communities
全　省	**Total**	**60**	**21**	**20**	**16**	**3**	**958**	**426**	**153**	**28**	**351**
长　春	Changchun	11	7	3	1		213	75	26	5	107
吉　林	Jilin	9	4	4	1		144	56	16	4	68
四　平	Siping	5	2	1	1	1	77	38	14	1	24
辽　源	Liaoyuan	4	2		2		47	23	6	1	17
通　化	Tonghua	7	2	2	3		106	61	11	6	28
白　山	Baishan	6	2	1	2	1	65	41	6		18
松　原	Songyuan	5	1	1	2	1	106	43	34	1	28
白　城	Baicheng	5	1	2	2		104	38	27	8	31
延　边	Yanbian	8		6	2		96	51	13	2	30

1－1 续表 continued

地　区	Region	市辖区 Districts under the Jurisdiction of Cities		县级市 City at County Level		县 County		自治县 Autonomous Counties	
长春	Changchun	南关区 宽城区 朝阳区 二道区 绿园区 双阳区 九台区	Nanguan Kuancheng Chaoyang Erdao Lvyuan Shuangyang Jiutai	榆树市 德惠市 公主岭市	Yushu Dehui Gongzhuling	农安县	Nongan		
吉林	Jilin	昌邑区 龙潭区 船营区 丰满区	Changyi Longtan Chuanying Fengman	蛟河市 桦甸市 舒兰市 磐石市	Jiaohe Huadian Shulan Panshi	永吉县	Yongji		
四平	Siping	铁西区 铁东区	Tiexi Tiedong	双辽市	Shuangliao	梨树县	Lishu	伊通满族自治县	Yitong
辽源	Liaoyuan	龙山区 西安区	Longshan Xi'an			东丰县 东辽县	Dongfeng Dongliao		
通化	Tonghua	东昌区 二道江区	Dongchang Erdaojiang	梅河口市 集安市	Meihekou Jian	通化县 辉南县 柳河县	Tonghua Huinan Liuhe		
白山	Baishan	浑江区 江源区	Hunjiang Jiangyuan	临江市	Linjiang	抚松县 靖宇县	Fusong Jingyu	长白朝鲜族自治县	Changbai
松原	Songyuan	宁江区	Ningjiang	扶余市	Fuyu	长岭县 乾安县	Changling Qianan	前郭尔罗斯蒙古族自治县	Qianguo
白城	Baicheng	洮北区	Taobei	洮南市 大安市	Taonan Da'an	镇赉县 通榆县	Zhenlai Tongyu		
延边州	Yanbian			延吉市 图们市 敦化市 珲春市 龙井市 和龙市	Yanji Tumen Dunhua Hunchun Longjing Helong	汪清县 安图县	Wangqing Antu		

1-2 自然资源状况

Natural Resources and Conditions

项　　目	Item	2019	2020	2021
一、自然状况	**Natural Conditions**			
1.土地面积（万平方公里）	Land Area (10000 sq.km)	18.74	18.74	18.74
各类土地所占比重（%）	Composition of all Type Land (%)			
山 地	Mountains	36.0	36.0	36.0
丘 陵	Hills	5.8	5.8	5.8
平 原	Plains	30.0	30.0	30.0
台地及其他	Mesa and Others	28.2	28.2	28.2
2.气候	Climate			
全年平均气温（摄氏度）	Annual Average Temperature (℃)	6.7	6.3	6.4
年降水量（毫米）	Annual Precipitation (mm)	695.8	766.4	691.5
二、自然资源	**Natural Resources**			
1.林地	Forest Area			
林业用地面积（万公顷）	Area of Afforested Land (10000 hectares)	953.80	956.00	879.28
森林面积（万公顷）	Forest Area (10000 hectares)	829.80	843.15	833.20
灌木林地面积（万公顷）	Shrub Land (10000 hectares)	15.30	16.27	8.50
活立木总蓄积量（亿立方米）	Standing Stock Volume (100 million cu.m)	10.80	10.99	10.90
森林覆盖率（%）	Forest－coverage Rate (%)	44.80	45.04	45.20
2.水利	Water Resources			
水资源总量（亿立方米）	Total Water Resource Volume (100 million cu.m)	506.14	586.2	459.23
人均水资源量（立方米/人）	Per Capita Water Resources (cu.m/person)	2067.97	2442.86	1933.30
地表水资源量（亿立方米）	Surface Water Volume (100 million cu.m)	437.43	504.80	380.00
地下水资源量（亿立方米）	Underground Water Volume (100 million cu.m)	156.06	169.45	166.15
松花江流域（亿立方米）	Songhua River Basin (100 million cu.m)	352.40	411.24	155.23
辽河流域（亿立方米）	Liao River Basin (100 million cu.m)	42.79	30.97	304.00

1－3 主要城市平均气温（2021年）
Average Temperature of Major Cities（2021）

单位：摄氏度　　(℃)

月份 Month		长春市 Changchun	吉林市 Jilin	四平市 Siping	辽源市 Liaoyuan	通化市 Tonghua	白山市 Baishan	松原市 Songyuan	白城市 Baicheng	延吉市 Yanji	长白山 Changbaishan
1月	Jan.	−14.7	−13.9	−14.9	−14.9	−12.8	−14.6	−17.0	−16.1	−13.1	−16.0
2月	Feb.	−8.7	−8.4	−7.3	−7.8	−6.1	−8.0	−10.6	−9.2	−7.8	−8.3
3月	Mar.	2.5	2.1	2.5	2.1	2.9	1.3	1.6	2.1	1.8	0.0
4月	Apr.	9.7	9.5	9.7	9.1	9.1	7.6	9.5	9.6	8.3	6.2
5月	May	16.5	15.3	16.3	15.2	13.1	11.8	16.9	16.9	14.0	11.3
6月	June	20.0	19.7	20.3	19.7	18.9	17.8	21.2	21.6	18.0	15.4
7月	July	25.9	26.0	25.2	25.6	24.8	23.8	25.9	25.0	24.4	21.9
8月	Aug.	21.5	21.8	21.5	21.6	21.3	20.0	21.5	20.9	21.0	18.6
9月	Sept.	17.2	17.1	16.9	16.7	17.3	16.2	16.7	16.5	16.7	13.6
10月	Oct.	8.4	8.5	8.0	7.2	7.7	6.4	8.2	7.7	7.7	5.0
11月	Nov.	−1.9	−1.5	−2.2	−1.9	−0.7	−2.2	−3.2	−3.4	0.0	−3.1
12月	Dec.	−9.6	−9.9	−9.2	−9.8	−9.3	−11.7	−11.3	−11.5	−10.3	−11.9

1-4 主要城市降水量（2021年）
Precipitation of Major Cities（2021）

单位：毫米 | Unit:（Millimeters）

月份 Month \ 地区 Region	长春市 Changchun	吉林市 Jilin	四平市 Siping	辽源市 Liaoyuan	通化市 Tonghua	白山市 Baishan	松原市 Songyuan	白城市 Baicheng	延吉市 Yanji	长白山 Changbaishan
1月 Jan.	11.6	19.1	9.5	14.6	14.9	16.5	5.1	2.3	10.5	15.5
2月 Feb.	8.0	12.5	4.1	4.6	19.6	17.9	9.4	6.1	16.3	20.4
3月 Mar.	10.5	21.6	8.4	20.1	26.8	33.1	9.5	2.0	24.8	20.7
4月 Apr.	14.6	13.1	14.2	8.4	45.3	36.9	6.9	18.2	22.8	20.7
5月 May	17.9	54.6	30.8	39.9	102.1	98.4	34.0	62.6	34.6	51.5
6月 June	156.5	200.6	187.7	139.3	158.2	167.1	63.3	117.0	108.3	198.0
7月 July	139.5	90.7	124.0	67.5	137.5	102.1	177.7	109.4	20.9	145.8
8月 Aug.	270.2	169.0	141.0	187.1	255.4	211.0	97.5	139.2	147.2	166.8
9月 Sept.	168.4	121.6	152.8	154.2	56.0	56.0	98.8	56.7	28.7	29.1
10月 Oct.	17.5	27.0	5.4	45.6	153.3	151.9	5.3	0.5	29.8	52.8
11月 Nov.	44.7	43.6	46.2	31.6	56.4	67.6	50.8	19.8	58.3	43.0
12月 Dec.	2.0	10.9	2.7	4.2	1.2	5.9	1.1	2.3	0.9	7.8

1－5 按国民经济行业大类分组的法人单位、产业活动单位数（2021年）
Number of Legal Entities, Establishment and Employed Person by Sector （2021）

指标	Item	法人单位数（个） Number of Legal Entities(unit)			产业活动单位数（个） Number of Establish-ment(unit)
		合计 Total	单产业法人单位 Single	多产业法人单位 Multiple	
总计	**Total**	**300686**	**295118**	**5568**	**331248**
农、林、牧、渔业	**Agriculture、Forestry、Animal Husbandry and Fishery**	**37972**	**37887**	**85**	**38380**
农业	Farming	18649	18629	20	18717
林业	Forestry	1464	1434	30	1684
畜牧业	Animal Husbandry	8146	8124	22	8185
渔业	Fishery	533	533		535
农、林、牧、渔专业及辅助性活动	Professional and Support Activities for Agriculture, Forestry,Animal Husbandry and Fishery	9180	9167	13	9259
采矿业	**Mining**	**1127**	**1097**	**30**	**1198**
煤炭开采和洗选业	Mining and Washing of Coal	143	133	10	159
石油和天然气开采业	Extraction of Petroleum and Natural Gas	72	71	1	83
黑色金属矿采选业	Mining and Processing of Ferrous Metal Ores	130	125	5	132
有色金属矿采选业	Mining and Processing of Non-ferrous Metal Ores	101	99	2	108
非金属矿采选业	Mining and Processing of Nonmetal Ores	520	511	9	544
开采专业及辅助性活动	Mining Auxiliary Activities	137	134	3	146
其他采矿业	Mining of Other Ores	24	24		26
制造业	**Manufacturing**	**27310**	**26879**	**431**	**27826**
农副食品加工业	Processing of Food from Agricultural Products	3575	3493	82	3613
食品制造业	Manufacture of Foods	1299	1275	24	1323
酒、饮料和精制茶制造业	Wine, Beverage and Refined Tea Manufacturing	1078	1054	24	1092
烟草制品业	Manufacture of Tobacco	7	7		7
纺织业	Manufacture of Textile	266	265	1	269
纺织服装、服饰业	Manufacture of Textile Wearing Apparel,Footwear and Caps	1203	1189	14	1213
皮革、毛皮、羽毛及其制品和制鞋业	Manufacture of Leather,Fur,Feather and Related Products	69	68	1	71
木材加工和木、竹、藤、棕、草制品业	Processing of Timber,Manufacture of Wood, Bamboo,Rattan,Palm and Straw Products	1255	1248	7	1283
家具制造业	Manufacture of Furniture	483	482	1	487
造纸和纸制品业	Manufacture of Paper and Paper Products	334	332	2	337
印刷和记录媒介复制业	Printing Reproduction of Recording Media	699	686	13	718
文教、工美、体育和娱乐用品制造业	Manufacture of Articles for Culture, Education and Sport Activities	371	367	4	376
石油、煤炭及其他燃料加工业	Processing of Petroleum,Coal and Other Fuels	292	285	7	302
化学原料和化学制品制造业	Manufacture of Raw Chemical Mate-rials and Chemical Products	1295	1272	23	1320
医药制造业	Manufacture of Medicines	1027	1002	25	1039
化学纤维制造业	Manufacture of Chemical Fibers	53	52	1	53
橡胶和塑料制品业	Ruber and Plastic Products Industry	960	951	9	971
非金属矿物制品业	Manufacture of Non-metallic Min-eral Products	2738	2688	50	2809
黑色金属冶炼和压延加工业	Smelting and Pressing of Ferrous Metals	127	124	3	127
有色金属冶炼和压延加工业	Smelting and Pressing of Non-fer-rous Metals	121	118	3	120

1－5 续表 1 continued

指　　标	Item	法人单位数（个）Number of Legal Entities(unit) 合计 Total	单产业法人单位 Single	多产业法人单位 Multiple	产业活动单位数（个）Number of Establish-ment(unit)
金属制品业	Manufacture of Metal Products	1516	1506	10	1547
通用设备制造业	Manufacture of General PurPose Machinery	2585	2556	29	2629
专用设备制造业	Manufacture of Special Purpose Machinery	1628	1606	22	1659
汽车制造业	Automobile Manufacturing Industry	1719	1674	45	1792
铁路、船舶、航空航天和其他运输设备制造业	Railway, Marine, Aerospace and other Transportation Equipment Manufacturing Industry	212	210	2	219
电气机械和器材制造业	Manufacture of Electrical Machinery and Equipment	714	704	10	732
计算机、通信和其他电子设备制造业	Computer, Communications and other Electronic Equipment Manufacturing Industry	332	324	8	335
仪器仪表制造业	Instrument Manufacturing Industry	315	314	1	322
其他制造业	Other Manufacturing	394	394	0	399
废弃资源综合利用业	Comprehensive Utilization of Waste Resources	255	254	1	257
金属制品、机械和设备修理业	Metal Products, Machinery and Equipment Repair Industry	388	379	9	405
电力、热力、燃气及水生产和供应业	**Production and Supply of Electricity,Gas and Water**	**2036**	**1966**	**70**	**2341**
电力、热力生产和供应业	Production and Supply of Electric Power and Heat Power	1521	1481	40	1772
燃气生产和供应业	Production and Supply of Gas	190	172	18	215
水的生产和供应业	Production and Supply of Water	325	313	12	354
建筑业	**Construction**	**18863**	**18153**	**710**	**20427**
房屋建筑业	Housing Construction Industry	4363	4077	286	4922
土木工程建筑业	Civil Engineering Construction Industry	3999	3741	258	4617
建筑安装业	Construction Installation	2914	2828	86	3082
建筑装饰、装修和其他建筑业	Building Decoration and Other Constructions	7587	7507	80	7806
批发和零售业	**Wholesale and Retail Trades**	**81418**	**80201**	**1217**	**91326**
批发业	Wholesale Trade	40008	39674	334	41248
零售业	Retail Trade	41410	40527	883	50078
交通运输、仓储和邮政业	**Transport,Storage and Post**	**9080**	**8762**	**318**	**11206**
铁路运输业	Railway Transport	40	36	4	72
道路运输业	Road Transport	5600	5470	130	5916
水上运输业	Water Transport	27	26	1	29
航空运输业	Air Transport	41	39	2	53
管道运输业	Transport Via Pipeline	5	5	0	5
多式联运和运输代理业	Multimodal Transport and Other Transport Services	1165	1155	10	1263
装卸搬运和仓储业	Loading,Unloading and Storage	1689	1650	39	1790
邮政业	Post Industry	513	381	132	2078
住宿和餐饮业	**Accommodation and Catering Industry**	**3662**	**3560**	**102**	**4232**
住宿业	Accommodation Industry	1169	1133	36	1316
餐饮业	Catering Industry	2493	2427	66	2916
信息传输、软件和信息技术服务业	**Information Transmission, Software and Information Technology Services**	**10213**	**10090**	**123**	**11479**
电信、广播电视和卫星传输服务	Information Broadcast Television and Satellite Transmission Services	418	376	42	1263
互联网和相关服务	Internet and Related Services	1652	1635	17	1740
软件和信息技术服务业	Software and Information Technology Services	8143	8079	64	8476

1－5 续表 2 continued

指标	Item	法人单位数（个）Number of Legal Entities (unit) 合计 Total	单产业法人单位 Single	多产业法人单位 Multiple	产业活动单位数（个）Number of Establish-ment(unit)
金融业	**Financial Intermediation**	**1495**	**1126**	**369**	**7733**
货币金融服务	Monetary and Financial Services	773	584	189	4738
资本市场服务	Capital Market Service	281	278	3	441
保险业	Insurance Industry	300	128	172	2345
其他金融业	Other Finance	141	136	5	209
房地产业	**Real Estate**	**10415**	**10090**	**325**	**11054**
房地产业	Real Estate	10415	10090	325	11054
租赁和商务服务业	**Leasing and Business Services**	**28437**	**27971**	**466**	**30378**
租赁业	Leasing	4246	4230	16	4345
商务服务业	Business Services	24191	23741	450	26033
科学研究和技术服务业	**Scientific Research,Technical Service and Geologic Prospecting**	**13749**	**13482**	**267**	**14883**
研究和试验发展	Research and Experimental Development	2285	2268	17	2344
专业技术服务业	Professional Technical Services	6029	5819	210	6902
科技推广和应用服务业	Technology Promotion and Application Service Industry	5435	5395	40	5637
水利、环境和公共设施管理业	**Management of Water Conservancy, Environment and Public Facilities**	**2741**	**2708**	**33**	**2886**
水利管理业	Management of Water Conservancy	427	422	5	481
生态保护和环境治理业	Ecological Protection and Environmental Governance	254	251	3	282
公共设施管理业	Managment of Public Facilities	1290	1269	21	1343
土地管理业	Managment of Land	770	766	4	780
居民服务、修理和其他服务业	**Services to Households and Other Services**	**5673**	**5614**	**59**	**5854**
居民服务业	Services to Households	2596	2565	31	2681
机动车、电子产品和日用产品修理业	Motor Vehicle, Electronic Products and Daily Necessities Repair Industry	1911	1895	16	1979
其他服务业	Others Services	1166	1154	12	1194
教育	**Education**	**10078**	**9793**	**285**	**11193**
教育	Education	10078	9793	285	11193
卫生和社会工作	**Health and Social Work**	**4794**	**4722**	**72**	**5149**
卫生	Health	2859	2793	66	3186
社会工作	Social Work	1935	1929	6	1963
文化、体育和娱乐业	**Culture,Sports and Entertai-nment**	**5086**	**5020**	**66**	**5269**
新闻和出版业	Journalism and Publishing Activities	143	143	0	145
广播、电视、电影和录音制作业	Radio,Television,Motion Picture and Audio-visual Programme Production	801	784	17	855
文化艺术业	Culture and Art Activities	1497	1488	9	1544
体育	Sports Activities	599	586	13	619
娱乐业	Entertainments	2046	2019	27	2106
公共管理、社会保障和社会组织	**Public Management Social Security and Social Organization**	**26537**	**25997**	**540**	**28434**
中国共产党机关	Organs of Communist Party of China	665	644	21	684
国家机构	Government Agencies	10343	9834	509	12240
人民政协、民主党派	People's Political Consultative Conference and Democratic Parties	132	131	1	133
社会保障	Social security	144	144	0	157
群众团体、社会团体和其他成员组织	Non-governmental Organizations,Social Orga-nizations and Religion Organizations	4256	4248	8	4266
基层群众自治组织及其他组织	Grass Roots Self-Governing Organizations	10997	10996	1	11008

1-6 按地区、机构类型分组的全部法人单位数（2021年）

Number of Legal Entities by Region and Type of Institution（2021）

单位: 个 （unit）

地　区	Region	法人单位 Corporative Units	企业 Business	事业单位 Institutions	机关 Government	社会团体 Social Organization	农民专业合作社 Farmer's Specialized Cooperative	其他法人 Others
全　省	**Total**	**300686**	**229557**	**16258**	**4876**	**2963**	**29346**	**17686**
长春市	**Changchun**	**130258**	**111364**	**3467**	**928**	**856**	**8978**	**4665**
南关区	Nanguan	6925	6022	373	132	111		287
宽城区	Kuancheng	27766	26756	218	89	148	135	420
朝阳区	Chaoyang	10188	9010	378	98	129	102	471
二道区	Erdao	16602	15951	106	71	80	85	309
绿园区	Lvyuan	10679	10068	208	62	62	27	252
双阳区	Shuangyang	5698	4297	236	57	85	701	322
九台区	Jiutai	7721	4921	294	82	62	1984	378
农安县	Nong' an	2381	1281	398	67	28	189	418
长春经济技术开发区	Economic-Technological Development Zone	7913	7577	121	20	45	2	148
长春净月高新技术产业开发区	Jingyue High Technology Industrial Development Zone	5323	5024	74	17	20	32	156
长春高新技术产业开发区	High Technology Industrial Development Zone	4542	4354	46	15	6	2	119
长春汽车经济技术开发区	Automobile Economic and Technological Development Zone	9486	9344	31	12	7	5	87
榆树市	Yushu	3510	1927	344	69	40	708	422
德惠市	Dehui	2938	1551	230	41	8	785	323
公主岭市	Gongzhuling	8586	3281	410	96	25	4221	553
吉林市	**Jilin**	**38741**	**28934**	**2207**	**734**	**332**	**3225**	**3309**
昌邑区	Changyi	4647	3769	219	87	35	51	486
龙潭区	Longtan	3480	2657	146	81	23	251	322
船营区	Chuanying	7187	6102	337	134	91	53	470
丰满区	Fengman	3051	2421	151	65	22	145	247
永吉县	Yongji	2742	1962	228	63	15	244	230
吉林经济开发区	Economic Development Zone	1073	975	22	8		26	42
吉林高新技术产业开发区	High Technology Industrial Development Zone	2227	2056	64	15	2	10	80
吉林中国新加坡食品区	Singapore Food Zone	490	384	14	4	2	47	39
蛟河市	Jiaohe	2521	1402	207	69	33	403	407
桦甸市	Huadian	2580	1544	236	61	49	466	224
舒兰市	Shulan	4595	2992	249	76	23	871	384
磐石市	Panshi	4148	2670	334	71	37	658	378
四平市	**Siping**	**14133**	**8873**	**1241**	**376**	**71**	**2428**	**1144**
铁西区	Tiexi	3072	2320	343	109	24	164	112
铁东区	Tiedong	2791	2322	163	64	9	93	140
梨树县	Lishu	3247	1219	302	76	5	1285	360
伊通满族自治县	Yitong	1984	1027	208	63	14	395	277
双辽市	Shuangliao	3039	1985	225	64	19	491	255
辽源市	**Liaoyuan**	**13192**	**8920**	**924**	**284**	**188**	**2045**	**831**
龙山区	Longshan	5453	4723	289	105	87	127	122
西安区	Xi' an	1431	1162	67	42	19	83	58
东丰县	Dongfeng	2540	1216	278	75	56	570	345
东辽县	Dongliao	3768	1819	290	62	26	1265	306

单位: 个

1－6 续表 continued

（unit）

地　区	Region	法人单位 Corporative Units	企业 Business	事业单位 Institutions	机关 Government	社会团体 Social Organization	农民专业合作社 Farmer's Specialized Cooperative	其他法人 Other
通化市	**Tonghua**	**23102**	**15883**	**2007**	**542**	**388**	**2584**	**1698**
东昌区	Dongchang	4074	3207	406	142	146	73	100
二道江区	Erdaojiang	1588	1219	109	55	17	88	100
通化县	Tonghua	2267	1275	288	58	26	384	236
辉南县	Huinan	2837	1764	309	63	51	419	231
柳河县	Liuhe	3036	1819	254	66	47	536	314
梅河口市	Meihekou	7239	5278	430	91	71	851	518
集安市	Ji' an	2061	1321	211	67	30	233	199
白山市	**Baishan**	**18686**	**13485**	**1578**	**458**	**257**	**2011**	**897**
浑江区	Hunjiang	5537	4390	399	131	80	359	178
江源区	Jiangyuan	1760	1201	186	60	26	168	119
抚松县	Fusong	5321	4166	276	76	46	552	205
靖宇县	Jingyu	2674	1697	222	66	39	513	137
长白朝鲜族自治县	Changbai	1162	650	235	58	32	88	99
临江市	Linjiang	2232	1381	260	67	34	331	159
松原市	**Songyuan**	**21778**	**13886**	**1547**	**437**	**149**	**4089**	**1670**
宁江区	Ningjiang	4454	3309	411	150	86	137	361
前郭尔罗斯蒙古族自治县	Qianguo	4360	2936	227	74	12	791	320
长岭县	Changling	4097	3373	328	75	15	51	255
乾安县	Qian' an	2035	1091	162	46	6	526	204
吉林松原经济开发区	Songyuan Economic Development Zone of JiLin	903	826	19	15	1	21	21
扶余市	Fuyu	5929	2351	400	77	29	2563	509
白城市	**Baicheng**	**9851**	**6111**	**1509**	**448**	**94**	**621**	**1068**
洮北区	Taobei	2399	1509	389	133	36	108	224
镇赉县	Zhenlai	1797	1082	247	76	13	207	172
通榆县	Tongyu	1421	788	272	72	22	143	124
吉林白城经济开发区	Baicheng Economic Development Zone of JiLin	346	243	66	17	0	3	17
洮南市	Taonan	1764	1149	267	78	6	10	254
大安市	Da' an	2124	1340	268	72	17	150	277
延边朝鲜族自治州	**Yanbian**	**30945**	**22101**	**1778**	**669**	**628**	**3365**	**2404**
延吉市	Yanji	12149	10302	468	147	339	145	748
图们市	Tumen	949	586	82	57	11	110	103
敦化市	Dunhua	6007	3697	232	79	43	1481	475
珲春市	Hunchun	4089	3098	218	93	75	368	237
龙井市	Longjing	1639	1052	120	65	65	183	154
和龙市	Helong	1567	875	173	63	25	273	158
汪清县	Wangqing	2236	1080	272	80	5	512	287
安图县	Antu	2309	1411	213	85	65	293	242

1-7 按登记注册类型分组的法人单位、产业活动单位数（2021年）

Number of Legal Entities,Establishment and Person Employed by Status of Registration（2021）

指　标	Item	法人单位数（个）Number of Legal Entities(unit)			产业活动单位数（个）Number of Establish-ment (unit)
		合计 Total	单产业法人单位 Single	多产业法人单位 Multiple	
总计	**Total**	**300686**	**295118**	**5568**	**331248**
内资	**Domestic Investment**	**299814**	**294337**	**5477**	**329064**
国有	State-owned	23308	22328	980	28562
集体	Collective -owned	1467	1403	64	1890
股份合作	Share Holding	172	155	17	448
联营	Joint Ownership	137	135	2	162
国有联营	State Joint Ownership	41	41		49
集体联营	Collective Joint Ownership	35	33	2	47
国有与集体联营	Joint State-collective	7	7		8
其他联营	Other Joint Owned	54	54		58
有限责任公司	Limited Liability Corporations	24292	23452	840	29223
国有独资公司	State Sole Funded Corporations	1303	1181	122	2026
其他有限责任公司	Other Limited Liability Corporations	22989	22271	718	27197
股份有限公司	Share-holding Corporations Limited	2364	2013	351	8180
私营	Private	200243	197046	3197	212551
私营独资	Private Funded	18891	18750	141	19245
私营合伙	Private Partnership	1030	1026	4	1062
私营有限责任公司	Private Limited Liability Corporations	178466	175521	2945	189729
私营股份有限公司	Private State-holding Corporations Ltd	1856	1749	107	2515
其他内资	Other Domestic	47831	47805	26	48048
港澳台商投资	**Funds from Hong Kong,Macao and Taiwan**	**230**	**213**	**17**	**434**
与港澳台商合资经营	Joint Venture	82	75	7	104
与港澳台商合作经营	Cooperation	4	3	1	11
港澳台商独资	Sole-proprietorship	130	121	9	272
港澳台商投资股份有限公司	Hong Kong, Macao and Taiwan Funded Share-holding Corporations Ltd	9	9		19
其他港、澳、台商投资	Other Hong Kong,Macao and Taiwan Investment	5	5		28
外商投资	**Foreign Funded**	**642**	**568**	**74**	**1750**
中外合资经营	Joint Equity	233	209	24	311
中外合作经营	Cooperation	13	13		14
外资企业	Foreign Funded Enterprises	358	325	33	992
外商投资股份有限公司	Share-holding Corporations Ltd with Foreign Investment	23	7	16	366
其他外商投资	Other Foreign Investment	15	14	1	67

1－8 按三次产业、行业分组的全部法人单位数

Number of Legal Entities by Three Strata of Industry and Sector

单位: 个 (unit)

指　　标	Item	2019	2020	2021
总 计	**Total**	**212064**	**237731**	**300686**
第一产业	**Primary Industry**	**23952**	**26302**	**28792**
农、林、牧、渔业	Agriculture,Forestry,Animal Husbandry and Fishery	23952	26302	**28792**
第二产业	**Secondary Industry**	**33890**	**38739**	**48811**
采矿业	Mining	829	962	990
制造业	Manufacturing	20207	22132	26922
电力、热力、燃气及水生产和供应业	Production and Supply of Electricity,Gas and Water	1588	1757	2036
建筑业	Construction	11266	13888	18863
第三产业	**Tertiary Industry**	**154222**	**172690**	**223083**
农、林、牧、渔服务业及辅助性活动	Professional and Support Activities for Agriculture,Forestry,Animal Husbandry and Fishery	8677	8582	9180
开采专业及辅助性活动	Mining Auxiliary Activities	95	101	137
金属制品、机械和设备修理业	Metal Products,Machinery and Equipment Repair	294	325	388
批发和零售业	Wholesale Sale and Retail Trades	46739	55953	81418
交通运输、仓储和邮政业	Transport,Storage and Post	5959	6869	9080
住宿和餐饮业	Hotels and Catering Services	2438	2770	3662
信息传输、软件和信息技术服务业	Information Transmission, Software and Information Technology Services	5987	6906	10213
金融业	Financial Intermediation	1280	1376	1495
房地产业	Real Estate	7282	8140	10415
租赁和商务服务业	Leasing and Business Services	16723	19754	28437
科学研究和技术服务业	Scientific Research,Technical Service and Geologic Prospecting	9169	10343	13749
水利、环境和公共设施管理业	Management of Water Conservancy,Enviroment and Public Facilities	1637	1917	2741
居民服务、修理和其他服务业	Services to Households and Other Services	4066	4648	5673
教育	Education	8276	8867	10078
卫生和社会工作	Health and Social Work	4302	4432	4794
文化、体育和娱乐业	Culture,Sports and Entertainment	3922	4278	5086
公共管理、社会保障和社会组织	Public Management Social Security and Social Organization	27376	27429	26537

1－9 国民经济和社会发展总量与速度指标

指　　标	Item	总量指标 Aggregate Data	
		1995	2000
人口与从业（万人）	**Population and Employment (10000persons)**		
年底总人口	Population at Year–end		2681.70
男性人口	Male Population		1372.80
女性人口	Female Population		1308.90
城镇人口	Urban Population		1331.80
乡村人口	Rural Population		1349.90
从业人员数	Number of Employed Persons	1270.77	1164.02
#城镇就业	Urban Employment	622.70	523.00
宏观经济	**Macroeconomic Indicator**		
国民核算（亿元）	National Accounting (100 million yuan)		
地区生产总值	Gross Domestic Product	1137.23	1751.35
第一产业	Primary Industry	301.85	395.32
第二产业	Secondary Industry	475.22	675.73
第三产业	Tertiary Industry	360.16	680.30
人均地区生产总值（元）	GDP Per Capita (yuan)	4402	6646
固定资产投资（亿元）	**Investment in Fixed Assets (100 million yuan)**		
全社会固定资产投资	Total Investment in Fixed Assets (Excluding Rural Households)	341.85	586.86
#固定资产投资（不含农户）	Investment in Fixed Assets	311.55	554.11
房地产开发投资	Investment in Real Estate Development	35.64	63.52
住宅投资	Residential Investment	21.36	39.98
财政（亿元）	**Public Finance (100 million yuan)**		
地方财政收入	Local Government Revenue	63.28	103.83
财政支出	Government Expenditure	120.90	260.67
物价总指数（上年=100）	**Price Indices (Preceding year=100)**		
商品零售价格总指数	General Retail Price Index	114.2	98.0
居民消费价格总指数	General Consumer Price Index	115.2	98.6
工业生产者购进价格指数	Producer Price Index for Industrial Products		106.8
工业生产者出厂价格指数	Purchasing Price Index for Industrial Producers		105.1
能源（万吨标准煤）	Energy (10000 TCE)		
能源生产总量	Total Energy Production	2512.9	1885.6
能源消费总量	Total Energy Consumption	3954.2	3527.7

注：1. 1995年底总人口为公安部门数字，其他年份为抽样调查人口数。
2. 1998年以后从业人员和职工人数不包括离开本单位仍保留劳动关系的职工。

Note：1.Data in 1995 were from the reports of public security department,Data in other years were from the sample surveys on population.
2.Data since 1998 on workers and staff refer to fully employed workers and staff.

Principal Aggregate Indicators on National Economic and Social Development and Growth Rates

2020	2021	速度指标（%）Indices and Growth Rates（%）				
		指数（2021年以下列各年为100）Index（2021 as percentage of the following years=100）			平均增长速度 Average Annual Growth Rate	
		1995	2000	2020	1996–2021	2001–2021
2399.44	2375.37		88.6	99.0		–0.6
1197.86	1189.18		86.6	99.3		–0.7
1204.58	1186.19		90.6	98.5		–0.5
1503.01	1505.15		113.0	100.1		0.6
896.43	870.22		64.5	97.1		–2.1
1261.00	1288.44	101.4	110.7	102.2	0.1	0.5
728.01	718.24	115.3	137.3	98.7	0.6	1.5
12255.98	13235.52	779.9	490.0	106.6	8.2	7.9
1553.04	1553.84	338.9	262.3	106.4	4.8	4.7
4319.86	4768.28	883.8	530.7	105.0	8.7	8.3
6383.08	6913.40	988.7	576.9	107.8	9.2	8.7
50561	55450	839.4	540.9	108.3	8.5	8.4
1460.78	1540.92	4323.6	2425.9	105.5	15.6	16.4
1047.87	1094.84	5125.7	2738.5	104.5	16.3	17.1
1085.02	1143.98	1807.8	1101.8	105.4	11.8	12.1
4127.17	3696.84	3057.8	1418.2	89.6	14.1	13.5
100.7	101.8					
103.0	100.6					
98.7	106.2					
98.6	105.1					
2349.3	2509.8	99.9	133.1	106.8	0.0	1.4
7185.7	7287.6	184.3	206.6	101.4	2.4	3.5

1－9 续表 1

指　标	Item	总量指标 Aggregate Data	
		1995	2000
农业	**Agriculture**		
乡村就业人员（万人）	Rural Labor (10000 persons)	631.11	641.00
农林牧渔业总产值（亿元）	Gross Output Value of Agriculture,Forestry,Animal Husbandry and Fishery(100 million yuan)	490.28	609.37
主要农产品产量（万吨）	Output of Major Farm Products (10000 tons)		
粮食	Grain	1992.40	1638.00
玉米	Corn	1478.50	993.20
稻谷	Rice	296.90	374.80
大豆	Soya	89.70	140.60
薯类	Tuber	34.80	49.10
油料	Oil	25.55	38.96
肉类总产量	Total Meat Production	134.60	247.90
奶类	Milk	11.32	15.00
水产品	Aquatic Products	11.06	14.01
工业(规上企业)	**Industry (Above Designated Size)**		
利润总额（亿元）	Total Profit (100 million yuan)	-1.93	85.58
主要工业产品产量	Output of Major Industrial Products		
汽车（万辆）	Motor Vehicles (10000 units)	18.92	32.52
原煤（万吨）	Coal (10000 tons)	2644.31	1636.71
原油（万吨）	Crude Oil (10000 tons)	342.73	348.46
天然气（亿立方米）	Natural Gas (100 million cu.m)	1.83	2.05
发电量（亿千瓦小时）	Electricity (100 million kWh)	284.60	313.50
粗钢（万吨）	Steel (10000 tons)	115.93	159.31
钢材（万吨）	Steel Products (10000 tons)	88.21	141.70
水泥（万吨）	Cement (10000 tons)	678.46	758.90
建筑业	**Construction Industry**		
建筑业增加值（亿元）	Total Value added of Construction Enterprises (100 million yuan)	61.37	110.21
房屋建筑施工面积（万平方米）	Floor Space of Buildings Under Construction (10000 sq.m)	1311	2209
房屋建筑竣工面积（万平方米）	Floor Space of Buildings Completed (10000 sq.m)	755	1440
交通运输	**Transportation**		
货物周转量（亿吨公里）	Freight Ton-kilometers (100 million ton-km)	497.31	612.04
#铁路	Railways	420.23	406.21
公路	Highways	76.00	85.64
水运	Waterways	1.07	0.27
旅客周转量（亿人公里）	Passenger-kilometers (100 million passerger-km)	177.11	206.67
#铁路	Railways	125.52	129.52
公路	Highways	51.48	76.79
水运	Waterways	0.11	0.06
邮电通信业	**Post and Telecommunication Services**		
邮电业务总量（亿元）	Total Business Volume of Postal and Telecommunication Services (100 million yuan)	21.22	116.35
函件（万件）	Number of Letters (10000 Dcs)	15333	9500
报刊期发数（万份）	Number of Newspapers and Magazines Distributed (10000copies)	473	443
固定电话用户（万户）	Subscribers of Fixed Telephone (10000 Subscribers)	107.80	260.00
移动电话用户（万户）	Number of Mobile Telephone Subscribers (10000subscribers)	8.00	203.30
国内贸易	**Domestic Trade**		
社会消费品零售总额（亿元）	Total Retail Sales of Consumer Goods (100 million yuan)	456.24	671.27
对外经济贸易和旅游	**Foreign Economy Trade and Tourism**		
进出口总额（亿美元）	Total Value of Exports and Imports (USD100 million)	27.14	25.54

continued

2020	2021	速度指标（%）Indices and Growth Rates（%）				
		指数（2021年以下列各年为100）Index（2021 as percentage of the following years=100）			平均增长速度 Average Annual Growth Rate	
		1995	2000	2020	1996–2021	2001–2021
532.99	510.20	80.8	79.6	95.7	–0.8	-1.1
2976.00	2972.32	407.8	314.0	107.5	5.6	5.6
3803.17	4039.24	202.7	246.6	106.2	2.8	4.4
2973.44	3198.44	216.3	322.0	107.6	3.0	5.7
665.43	684.67	230.6	182.7	102.9	3.3	2.9
64.23	54.74	61.0	38.9	85.2	-1.9	-4.4
31.80	25.05	72.0	51.0	78.8	-1.3	-3.2
81.41	85.75	335.6	220.1	105.3	4.8	3.8
237.55	295.68	219.7	119.3	124.5	3.1	0.8
39.31	32.75	289.3	218.3	83.3	4.2	3.8
24.18	24.95	225.6	178.1	103.2	3.2	2.8
573.99	1078.82		1260.6	188.0		12.8
265.46	242.41	1281.2	745.4	91.3	10.3	8.0
1001.64	875.27	33.1	53.5	87.4	–4.2	–2.4
394.98	406.79	118.7	116.7	103.0	0.7	0.6
19.81	21.38	1168.3	1042.9	107.9	9.9	9.4
944.67	959.60	337.2	306.1	101.6	4.8	4.4
1525.61	1538.92	1327.5	966.0	100.9	10.5	9.1
1661.62	1790.60	2029.9	1263.7	107.8	12.3	10.2
1991.14	2125.29	313.3	280.0	106.7	4.5	4.0
837.22	959.86	773.1	461.8	107.4	8.0	7.6
8447	8737	666.4	395.5	103.4	7.6	5.4
2892	3060	405.3	212.5	105.8	5.5	2.9
2047.57	2245.16	451.5	366.8	109.6	6.0	5.1
570.24	544.76	129.6	134.1	95.5	1.0	1.1
1294.81	1523.81	2005.0	1779.3	117.7	12.2	11.7
0.00	0.00	0.0	0.0			
240.26	255.78	144.4	123.8	106.5	1.4	0.8
120.90	135.73	108.1	104.8	112.3	0.3	0.2
77.92	72.90	141.6	94.9	93.6	1.3	-0.2
0.04	0.09	81.8	150.0	225.0	–0.8	1.6
2241.88	352.66	1661.9	303.1	15.7	11.4	4.4
787	688	4.5	7.2	87.4	-11.3	-9.6
164	169	35.7	38.1	103.0	-3.9	-3.6
417.80	376.1	348.9	144.7	90.0	4.9	1.4
2870.10	2966.5	37081.3	1459.2	103.4	25.5	10.9
3823.95	4216.63	924.2	628.2	110.3	8.9	7.3
185.25	232.57	856.9	910.6	125.5	8.6	8.9

1-9 续表 2

指　标	Item	总量指标 Aggregate Data	
		1995	2000
进口额	Total Imports	12.96	13.12
出口额	Total Exports	14.19	12.42
接待入境旅游人数（万人次）	Number of Overseas Visitors (10000 person-times)	15.61	27.27
教育、文化	**Education and Culture**		
教育	Education		
专任教师数（万人）	Full-time Teachers (10000 persons)		
高中阶段	High School		
初中阶段	Junior		
小学	Primary Schools	15.27	15.03
在校学生数（万人）	Students Enrollment (10000 persons)		
高中阶段	High School		
初中阶段	Junior		
小学	Primary Schools	269.03	241.59
文化	Culture		
出版数量	Publications		
图书（亿册）	Number of Books Published (100 million copies)	1.16	0.81
杂志（亿册）	Number of Magazines Issued (100 million copies)	0.52	0.55
报纸（亿份）	Number of Newspapers Issued (100 million copies)	4.79	5.53
科技	**Science and Technology**		
专利申请授权量（件）	Number of Patents Application Granted (piece)		
技术市场成交额（亿元）	Technology market turnover (100 million yuan)		
家庭、生活、卫生	**Family,People' s Livelihood and Health**		
城镇居民家庭平均每户常住人口（人）	Average Household Size in Urban Area (person)	3.21	3.12
农村居民家庭平均每户常住人口（人）	Average Household Size in Rural Area (person)	4.02	3.90
居住	Housing		
城镇人均居住面积（平方米）	Per Capita Floor Space of Urban Residents (sq.m)	8.92	11.24
农村人均居住面积（平方米）	Per Capita Floor Space of Rural Residents (sq.m)	16.07	17.72
生活	People's Livelihood		
城镇常住居民人均可支配收入（元）	Per Capita Annual Disposable Income of Urban Household(yuan)	3174.84	4810.00
农村常住居民人均可支配收入（元）	Per Capita Annual Disposable Income of Rural Household(yuan)	1609.60	2022.50
住户储蓄存款余额（亿元）	Outstanding Amount of Saving Deposits in Urban and Rural Areas(100 million yuan)	726.28	1515.84
职工工资总额（亿元）	Total Wages (100 million yuan)	221.00	265.00
城镇非私营就业人员平均工资（元）	Average Wages of Staff and Workers (yuan)	4430	7924
卫生	Health Care		
卫生机构（个）	Health Organization (unit)	3891	3323
医院与卫生院（个）	Number of Hospitals (unit)	1310	1293
卫生技术人员（万人）	Medical and Technical Personnel (10000persons)	13.42	13.20
#执业（助理医师）	Doctors	5.61	5.97
医疗床位数（万张）	Number of Medical Beds (10000beds)	9.66	8.93
#医院	Hospital	8.41	8.05
城市市政建设、灾害	**Urban Municipal Construction and Disaster**		
自来水全年供水总量（万立方米）	Total Annual Tap Water Supply (10000 cu.m)	146139	150924
城市排水管道长度（公里）	Urban Drainage Pipeline Length (km)	2962	3935
人工煤气供气量（万立方米）	Artificial Gas Supply (10000 cu.m)	28768	15508
生活清运垃圾（万吨）	Living Garbage Removal (10000 tons)	594	640
交通事故发生数（起）	Number of Traffic Accidents (unit)	5117	14091
交通事故损失（万元）	Loss of Traffic Accidents (10000 yuan)	1947	4548
农业受灾面积（万公顷）	Area of Agricultural Disaster (10000 hectares)	233	366

continued

2020	2021	速度指标（%）Indices and Growth Rates（%）				
		指数（2020年以下列各年为100）Index（2020 as percentage of the following years=100）			平均增长速度 Average Annual Growth Rate	
		1995	2000	2020	1996–2021	2001–2021
143.20	177.84	1372.2	1355.5	124.2	10.6	10.5
42.06	54.72	385.6	440.6	130.1	5.3	5.9
20.82	17.39	111.4	77.9	83.5	0.4	–1.0
6.38	3.44			53.9		
9.37	6.68			71.3		
8.83	10.43	68.3	69.4	118.1	–1.5	–1.4
54.73	45.01			82.2		
62.24	60.12			96.6		
118.75	115.10	42.8	47.6	96.9	–3.2	–2.8
2.73	3.11	268.1	383.9	114.1	3.9	5.3
0.39	0.37	71.4	67.5	95.7	–1.3	–1.5
5.74	5.52	115.2	99.8	96.2	0.5	0.0
23951	29879			124.8		
462	108			23.4		
2.56	2.59	80.7	83.0	101.2	–0.8	–0.7
2.87	2.88	71.6	73.8	100.3	–1.3	–1.2
31.46	31.30	350.9	278.5	99.5	4.9	4.0
30.27	29.86	185.8	168.5	98.6	2.4	2.0
33396	35646	1122.8	741.1	106.7	9.7	8.0
16067	17642	1096.0	872.3	109.8	9.6	8.7
16996	19096	2629.3	1259.8	112.4	13.4	10.2
2005	2130	963.7	803.7	106.2	9.1	8.3
77995	83028	1874.2	1047.8	106.5	11.9	9.5
25626	25345	651.4	762.7	98.9	7.5	8.1
1573	1587	121.1	122.7	100.9	0.7	0.8
21.21	21.72	161.9	164.6	102.4	1.9	1.9
8.51	8.73	155.6	146.3	102.6	1.7	1.5
17.31	17.63	182.5	197.4	101.9	2.3	2.7
16.52	15.12	179.8	187.8	91.5	2.3	2.5
105173	104524	71.5	69.3	99.4	–1.3	–1.4
13552	14114	476.5	358.7	104.1	6.2	5.0
3158	3480	12.1	22.4	110.2	–7.8	–5.6
464	469	79.0	73.3	101.1	–0.9	–1.2
11780	11479	224.3	81.5	97.4	3.2	–0.8
4471	3836	197.0	84.3	85.8	2.6	–0.7
120.4	24.5	10.5	6.7	20.3	–8.3	–9.9

1-10 吉林的一天
A Day of Jilin

指　　标	Item	2020	2021
每天创造的财富	**Daily Production**		
全省生产总值（亿元）	Gross Domestic Product (100 million yuan)	33.49	36.26
第一产业	Primary Industry	4.24	4.26
第二产业	Secondary Industry	11.80	13.06
#工业	# Industry	9.56	10.52
建筑业	Construction	2.29	2.63
第三产业	Tertiary Industry	17.44	18.94
地方财政收入	Government Revenue	2.96	3.13
财政支出（亿元）	Government Expenditure (100 million yuan)	11.28	10.13
粮豆薯（万吨）	Grain (10000 tons)		
水稻	# Rice	1.82	1.88
玉米	Corn	8.12	8.76
大豆	Soybean	0.18	0.15
高粱	Durra	0.11	0.14
薯类	Tuber	0.09	0.07
#马铃薯	Potato	0.08	0.06
油料（万吨）	Oil-bearing Crops (10000 tons)	0.22	0.23
园参（吨）	Garden Ginseng (ton)	88.52	115.34
肉类（万吨）	Meat (10000 tons)	0.65	0.81
牛奶（万吨）	Milk (10000 tons)	0.11	0.09
水产品（万吨）	Aquatic Products (10000 tons)	0.07	0.07
原煤（万吨）	Coal (10000 tons)	2.74	2.40
原油（万吨）	Crude Oil (10000 tons)	1.08	1.11
水泥（万吨）	Cement (10000 tons)	5.44	5.82
钢（万吨）	Steel (10000 tons)	4.17	4.22
成品钢材（万吨）	Steel Products (10000 tons)	4.54	4.91

1－10 续表 continued

指　　标	Item	2020	2021
汽车（辆）	Motor Vehicles (set)	7253	6623
天然气（万立方米）	Natural Gas (10000 cu.m)	541.37	585.88
发电量（亿千瓦时）	Electricity (100 million kWh)	2.58	2.63
每天消费量	**Daily Consumption**		
社会消费品零售总额（亿元）	Total Retail Sales of Consumer Goods (100 million yuan)	10.45	11.55
每天其他经济活动	**Other Daily Economic Activities**		
客运量（万人）	Passenger Traffic (10000 persons)	43.27	38.61
货运量（万吨）	Freight Traffic (10000 persons)	138.02	161.69
邮电业务总量（亿元）	Postal and Telecommunication Services (100 million yuan)	6.13	0.97
进出口额（万美元）	Total Value of Imports and Exports (USD 10000)	5062	6372
进 口	Total Imports	3912	4872
出 口	Total Exports	1149	1499
国内旅游收入（亿元）	Income from Domestic Tourism (100 million yuan)	6.91	8.97
国际旅游外汇收入（万美元）	Foreign Exchange Earnings (USD 10000)	26	18
人口和社会活动	**Population and Social Activities**		
出生人口（人）	Birth Population (person)	319	307
死亡人口（人）	Death Population (person)	517	528
结婚（对）	Marriages (couple)	374	361
离婚（对）	Divorces (couple)	257	140
公共图书馆流通人次（万人次）	Circulation of Public Libraries (10000 person-times)	0.40	0.44
印刷图书（万册）	Printed Copies of Books (10000 copies)	74.47	85.19
印刷杂志（万册）	Printed Copies of Magazines (10000 copies)	10.60	10.17
印刷报纸（万份）	Printed Copies of Newspapers (10000 copies)	156.83	151.23
生活清运垃圾（万吨）	Living Garbage Removal (10000 tons)	1.27	1.28

1－11 国民经济主要比例关系
Proportions of National Economic Indicators

指　　标	Item	2020		2021	
		绝对数 Value	构成(%) Composition (%)	绝对数 Value	构成(%) Composition (%)
全部从业人员（万人）	Employment (10000 persons)	1261.00	100.0	1228.44	100.0
第一产业	Primary Industry	471.99	37.4	453.83	36.9
第二产业	Secondary Industry	184.00	14.6	181.18	14.7
第三产业	Tertiary Industry	605.01	48.0	593.43	48.3
地区生产总值（亿元）	Gross Domestic Products (100 million yuan)	12255.98	100.0	13235.52	100.0
第一产业	Primary Industry	1553.04	12.7	1553.84	11.7
第二产业	Secondary Industry	4319.86	35.2	4768.28	36.0
第三产业	Tertiary Industry	6383.08	52.1	6913.40	52.3
全社会固定资产投资（亿元）	Investment in Fixed Assets (100 million yuan)		100.0		100.0
建筑安装工程	Construction and Installation		71.0		75.2
设备、工器具购置	Purchase Equipment and Tools		9.4		7.4
其他费用	Others		19.6		17.4
农林牧渔业总产值（亿元）	Gross Output Value of Agriculture, Forestry,Animal Husbandry and Fishery (100 million yuan)	2976.00	100.0	2972.32	100.0
#农业	Farming	1231.84	41.4	1302.91	43.8
林业	Forestry	71.92	2.4	72.59	2.4
牧业	Animal Husbandry	1547.38	52.0	1454.25	48.9
渔业	Fishery	41.43	1.4	54.39	1.8
货运量（万吨）	Freight Transportation (10000 tons)	50517	100.0	59017	100.0
#铁路	Railways	6574	13.0	5912	10.0
公路	Highways	38274	75.8	47675	80.8
水运	Waterways	0		0	
客运量（万人）	Passenger Traffic (10000 persons)	15837	100.0	14094	100.0
#铁路	Railways	3832	24.2	4216	29.9
公路	Highways	11438	72.2	9155	65.0
民航	Civil Aviation	529	3.3	625	4.4
水运	Waterways	38	0.2	98	0.7
社会消费品零售总额（亿元）	Total Retail Sales of Consumer Goods (100 million yuan)	3823.95	100.0	4216.63	100.0
城镇	Urban	3425.79	89.6	3761.97	89.2
乡村	Rural	398.16	10.4	454.66	10.8
地方财政收入占地区生产总值的比重（%）	Proportion of Local Government Revenue to GDP（%）		9.3		8.6

第二篇

CHAPTER ▶ 02

国民经济核算

National Economic Accounting

资料整理人员：

王苡彤

2-1 历年地区生产总值

Gross Domestic Products

(按当年价格计算 Calculated at the current prices)

单位: 亿元　　unit: 100 million yuan

年份 Year	地区生产总值 Gross Domestic Product	第一产业 Primary Industry	第二产业 Secondary Industry	工业 Industry	建筑业 Construction	第三产业 Tertiary Industry	人均生产总值（元） Per Capita GDP (yuan)
1978	81.98	23.98	42.96	40.34	2.62	15.04	381
1979	91.12	25.34	49.22	44.56	4.66	16.56	417
1980	98.59	27.24	52.24	47.42	4.82	19.11	445
1981	111.16	34.31	56.53	51.29	5.24	20.32	496
1982	121.67	38.40	60.36	54.21	6.15	22.91	538
1983	150.14	56.74	65.38	58.75	6.63	28.02	658
1984	174.39	60.04	80.46	72.10	8.36	33.89	760
1985	200.44	55.74	97.21	85.29	11.92	47.49	868
1986	227.15	64.35	104.30	91.28	13.02	58.50	977
1987	297.49	80.57	139.36	123.49	15.87	77.56	1269
1988	368.67	92.59	173.57	155.12	18.45	102.51	1559
1989	391.65	80.53	181.02	164.09	16.93	130.10	1636
1990	425.28	124.99	182.15	163.82	18.33	118.14	1746
1991	463.47	120.47	203.02	181.71	21.31	139.98	1878
1992	558.06	130.82	257.01	227.17	29.84	170.23	2246
1993	718.58	154.91	351.03	308.10	42.93	212.64	2826
1994	937.73	257.86	396.91	354.70	42.21	282.96	3657
1995	1137.23	301.85	475.22	413.85	61.37	360.16	4402
1996	1346.79	373.58	537.05	471.34	65.71	436.16	5178
1997	1464.34	365.34	566.97	495.10	71.87	532.03	5591
1998	1577.05	426.66	585.65	504.12	81.53	564.74	5983
1999	1672.96	420.44	654.52	552.34	102.18	598.00	6311
2000	1751.35	395.32	675.73	565.52	110.21	680.30	6646
2001	1900.85	405.34	747.51	624.73	122.78	748.00	7076
2002	2043.09	441.60	793.49	653.53	139.96	808.00	7581
2003	2141.03	486.71	805.72	660.12	145.60	848.60	7925
2004	2455.21	562.32	903.41	735.13	168.28	989.48	9073
2005	2776.53	618.67	1002.41	819.82	182.59	1155.45	10237
2006	3226.47	640.20	1097.19	904.40	192.79	1489.08	11864
2007	4080.34	755.22	1477.66	1255.08	222.58	1847.46	14966
2008	4834.68	863.56	1787.97	1474.79	313.18	2183.15	17696
2009	5434.84	888.62	2055.14	1705.03	350.11	2491.08	19858
2010	6410.48	928.43	2485.78	2029.61	456.17	2996.27	23370
2011	7734.64	1105.87	2931.42	2375.99	555.43	3697.35	28270
2012	8678.02	1195.63	3315.15	2649.66	665.49	4167.24	32005
2013	9427.89	1250.24	3572.13	2852.74	737.79	4605.52	35139
2014	9966.54	1270.21	3804.85	3065.01	759.60	4891.48	37539
2015	10018.00	1270.64	3837.76	3090.70	767.00	4909.60	38128
2016	10427.00	1130.05	3901.42	3148.21	773.51	5395.53	40259
2017	10922.00	1095.36	3995.45	3235.24	781.08	5831.19	42890
2018	11253.81	1160.71	4051.52	3287.16	785.56	6041.58	44925
2019	11726.82	1287.32	4134.82	3347.81	808.63	6304.68	47554
2020	12255.98	1553.04	4319.86	3501.19	837.22	6383.08	50561
2021	13235.52	1553.84	4768.28	3839.49	959.86	6913.40	55450

注：1.2021年数据为初步核算数。
　　2.2011年以后人均生产总值数据按第七次人口普查数据修订。

Note: 1. Data of 2021 are preliminary accounting figures.
　　2.Data of Per Capita GDP since 2011 have been revised in accordance with the results of the Seventh National Population Census.

2-2 历年地区生产总值指数

Indices of Gross Domestic Product

（按可比价格计算，以1952年为100 Calculated at price,1952 = 100）

年份 Year	地区生产总值 Gross Domestic Product	第一产业 Primary Industry	第二产业 Secondary Industry	工业 Industry	建筑业 Construction	第三产业 Tertiary Industry	人均生产总值 Per Capita GDP
1978	426.4	144.1	1090.3	1117.7	730.5	440.8	212.5
1979	450.3	132.6	1205.9	1190.4	1296.6	486.2	221.0
1980	479.6	131.0	1303.6	1291.6	1344.6	539.7	232.3
1981	507.4	150.1	1327.1	1318.7	1339.2	562.4	243.2
1982	546.5	167.8	1386.8	1364.9	1534.7	619.2	259.3
1983	665.1	247.2	1482.5	1459.1	1651.3	733.8	313.0
1984	748.2	257.8	1743.4	1707.1	2032.8	856.3	349.9
1985	799.1	225.8	1966.6	1888.1	2677.2	1086.6	371.6
1986	857.4	235.5	2041.3	1971.2	2677.2	1284.4	395.8
1987	1018.6	271.5	2425.1	2361.5	2987.8	1576.0	467.0
1988	1180.6	280.5	2936.8	2933.0	2877.3	1881.7	536.6
1989	1151.1	232.0	2819.3	2871.4	2186.7	2133.8	516.7
1990	1190.2	317.1	2757.3	2799.6	2254.5	1931.1	525.0
1991	1260.4	317.1	2909.0	2900.4	2755.0	2178.3	549.2
1992	1414.2	322.8	3441.3	3387.7	3570.5	2465.8	611.8
1993	1593.8	347.7	4036.6	3963.6	4273.9	2709.9	683.4
1994	1748.4	382.5	4262.6	4252.9	4038.8	3143.5	743.5
1995	1918.0	401.6	4757.1	4750.5	4466.9	3476.7	809.7
1996	2176.9	467.9	5380.3	5429.8	4632.2	3890.4	912.5
1997	2372.8	466.0	5853.8	6010.8	4307.9	4532.3	988.2
1998	2588.7	528.0	6304.5	6431.6	4941.2	4908.5	1071.2
1999	2801.0	535.4	6985.4	7055.5	5969.0	5365.0	1159.0
2000	3058.7	519.3	7921.4	7958.6	7091.2	5960.5	1256.4
2001	3315.6	543.2	8681.9	8754.5	7665.6	6526.7	1336.8
2002	3547.7	577.4	9289.6	9288.5	8554.8	7009.7	1426.4
2003	3874.1	611.5	10422.9	10282.4	9855.1	7570.5	1553.3
2004	4222.8	660.4	11465.2	11413.5	10771.6	8221.6	1690.0
2005	4586.0	725.8	12313.6	12223.9	11708.7	8978.0	1832.0
2006	5081.3	756.3	13520.3	13568.5	12188.8	10342.7	2024.4
2007	5670.7	765.4	14818.2	14803.2	13395.5	12225.1	2253.2
2008	6351.2	838.1	16729.7	16624.0	15820.1	13716.6	2516.8
2009	7005.4	861.6	19038.4	18818.4	18398.8	15170.6	2771.0
2010	7734.0	893.5	21913.2	21810.5	20551.5	16551.1	3050.9
2011	8546.1	939.1	25003.0	25125.7	22401.1	18090.4	3380.4
2012	9306.7	988.9	27553.3	27713.6	24618.8	19700.4	3715.1
2013	10097.8	1028.5	29289.2	29792.1	25578.9	22025.0	4075.5
2014	10734.0	1075.8	31075.8	31609.4	27164.8	23566.8	4381.2
2015	11388.8	1126.4	32536.4	32905.4	29229.3	25381.4	4696.6
2016	12129.1	1170.3	34325.9	34748.1	30573.8	27411.9	5077.0
2017	12759.8	1208.9	35561.6	36624.5	29503.7	29303.3	5432.4
2018	13321.2	1233.1	36912.9	38455.7	29061.1	30885.7	5763.8
2019	13720.8	1263.9	37872.6	39647.8	29206.4	31904.9	6028.9
2020	14036.4	1280.3	40031.3	41987.0	30491.5	31904.9	6276.1
2021	14962.8	1362.2	42032.9	43918.4	32747.9	34393.5	6797.0

2-3 历年地区生产总值指数（上年=100）

Indices of Gross Domestic Product (preceding year=100)

年份 Year	地区生产总值 Gross Domestic Product	第一产业 Primary Industry	第二产业 Secondary Industry	工业 Industry	建筑业 Construction	第三产业 Tertiary Industry	人均生产总值 Per Capita GDP
1978	112.8	119.7	111.6	110.9	123.4	107.2	111.5
1979	105.6	92.0	110.6	106.5	177.5	110.3	104.0
1980	106.5	98.8	108.1	108.5	103.7	111.0	105.1
1981	105.8	114.6	101.8	102.1	99.6	104.2	104.7
1982	107.7	111.8	104.5	103.5	114.6	110.1	106.6
1983	121.7	147.3	106.9	106.9	107.6	118.5	120.7
1984	112.5	104.3	117.6	117.0	123.1	116.7	111.8
1985	106.8	87.6	112.8	110.6	131.7	126.9	106.2
1986	107.3	104.3	103.8	104.4	100.0	118.2	106.5
1987	118.8	115.3	118.8	119.8	111.6	122.7	118.0
1988	115.9	103.3	121.1	124.2	96.3	119.4	114.9
1989	97.5	82.7	96.0	97.9	76.0	113.4	96.3
1990	103.4	136.7	97.8	97.5	103.1	90.5	101.6
1991	105.9	100.0	105.5	103.6	122.2	112.8	104.6
1992	112.2	101.8	118.3	116.8	129.6	113.2	111.4
1993	112.7	107.7	117.3	117.0	119.7	109.9	111.7
1994	109.7	110.0	105.6	107.3	94.5	116.0	108.8
1995	109.7	105.0	111.6	111.7	110.6	110.6	108.9
1996	113.5	116.5	113.1	114.3	103.7	111.9	112.7
1997	109.0	99.6	108.8	110.7	93.0	116.5	108.3
1998	109.1	113.3	107.7	107.0	114.7	108.3	108.4
1999	108.2	101.4	110.8	109.7	120.8	109.3	108.2
2000	109.2	97.0	113.4	112.8	118.8	111.1	108.4
2001	108.4	104.6	109.6	110.0	108.1	109.5	106.4
2002	107.0	106.3	107.0	106.1	111.6	107.4	106.7
2003	109.2	105.9	112.2	110.7	115.2	108.0	108.9
2004	109.0	108.0	110.0	111.0	109.3	108.6	108.8
2005	108.6	109.9	107.4	107.1	108.7	109.2	108.4
2006	110.8	104.2	109.8	111.0	104.1	115.2	110.5
2007	111.6	101.2	109.6	109.1	109.9	118.2	111.3
2008	112.0	109.5	112.9	112.3	118.1	112.2	111.7
2009	110.3	102.8	113.8	113.2	116.3	110.6	110.1
2010	110.4	103.7	115.1	115.9	111.7	109.1	110.1
2011	110.5	105.1	114.1	115.2	109.0	109.3	110.8
2012	108.9	105.3	110.2	110.3	109.9	108.9	109.9
2013	108.5	104.0	106.3	107.5	103.9	111.8	109.7
2014	106.3	104.6	106.1	106.1	106.2	107.0	107.5
2015	106.1	104.7	104.7	104.1	107.6	107.7	107.2
2016	106.5	103.9	105.5	105.6	104.6	108.0	108.1
2017	105.2	103.3	103.6	105.4	96.5	106.9	107.0
2018	104.4	102.0	103.8	105.0	98.5	105.4	106.1
2019	103.0	102.5	102.6	103.1	100.5	103.3	104.6
2020	102.3	101.3	105.7	105.9	104.4	100.0	104.1
2021	106.6	106.4	105.0	104.6	107.4	107.8	108.3

2-4 地区生产总值

Gross Domestic Product

单位: 亿元 unit: 100 million yuan

指　　标	Item	2020	2021	2021年为2020年的%（按可比价计　算）2021as percentage of 2020 (calculated at constant price)
地区生产总值（当年价格）	**Gross Domestic Products (Current Price)**	**12255.98**	**13235.52**	**106.6**
农、林、牧、渔业	Agriculture、Forestry、Animal Husbandry and Fishery	1600.60	1604.18	106.3
工业	Industry	3501.19	3839.49	104.6
建筑业	Construction	837.22	959.86	107.4
批发和零售业	Wholesale and Retail Trade	733.49	817.81	110.0
交通运输、仓储和邮政业	Transport,Storage and Post	582.11	650.04	108.9
住宿和餐饮业	Hotels and Catering Services	159.98	189.08	114.7
金融业	Financial Intermediation	901.24	964.34	103.2
房地产业	Real Estate	760.36	798.20	103.2
其他服务业	Others	3179.79	3412.52	109.1
第一产业	**Primary Industry**	**1553.04**	**1553.84**	**106.4**
第二产业	**Secondary Industry**	**4319.86**	**4768.28**	**105.0**
第三产业	**Tertiary Industry**	**6383.08**	**6913.40**	**107.8**
人均生产总值(元)	**Per Capita GDP (yuan)**	**50561**	**55450**	**108.3**

2-5 三次产业贡献率

Share of the Contributions of the Three Strata of Industries to the Increase of the GDP

单位: %　　　　unit: (%)

年 份 Year	地区生产总值 Cross Domestic Product	第一产业 Primary Industry	第二产业 Secondary Industry	#工业 Industry	第三产业 Tertiary Industry
2001	100.0	12.3	44.1	38.1	43.6
2002	100.0	19.5	38.8	28.5	41.7
2003	100.0	13.9	51.7	37.7	34.4
2004	100.0	18.6	44.3	40.2	37.1
2005	100.0	23.9	34.6	27.6	41.5
2006	100.0	8.7	32.7	30.1	58.6
2007	100.0	2.2	29.7	23.3	68.1
2008	100.0	15.1	38.0	29.8	46.9
2009	100.0	5.1	47.4	37.2	47.5
2010	100.0	6.2	53.3	45.7	40.5
2011	100.0	7.0	51.8	45.7	41.2
2012	100.0	8.2	45.8	38.0	46.0
2013	100.0	6.2	29.9	29.4	63.9
2014	100.0	9.3	38.3	31.9	52.4
2015	100.0	9.6	30.3	22.1	60.1
2016	100.0	7.6	32.3	26.7	60.1
2017	100.0	7.9	26.2	31.8	65.9
2018	100.0	5.4	32.3	34.9	62.3
2019	100.0	10.1	33.3	32.4	56.6
2020	100.0	6.7	93.5	80.2	-0.2
2021	100.0	12.1	26.7	20.0	61.2

注：本表按可比价格计算。产业贡献率是各产业增加值增量与地区生产总值增量之比。

Note: Data in this table are calculated at constant prices.share of the three industries refers to the proportion of the increment of every industrial value added to the increment of GDP.

2-6　三次产业对地区生产总值增长的拉动

Pull Rate of the Three Strata of Industry to GDP Growth

单位：百分点　　　　unit:（Percentage Points）

年　份 Year	地区生产总值 Cross Domestic Product	第一产业 Primary Industry	第二产业 Secondary Industry	#工业 Industry	第三产业 Tertiary Industry
2001	8.4	1.0	3.7	3.2	3.7
2002	7.0	1.4	2.7	2.0	2.9
2003	9.2	1.3	4.8	3.5	3.1
2004	9.0	1.7	4.0	3.6	3.3
2005	8.6	2.1	3.0	2.4	3.5
2006	10.8	0.9	3.5	3.3	6.4
2007	11.6	0.3	3.4	2.7	7.9
2008	12.0	1.8	4.6	3.6	5.6
2009	10.3	0.5	4.9	3.8	4.9
2010	10.4	0.6	5.5	4.8	4.3
2011	10.5	0.7	5.4	4.8	4.4
2012	8.9	0.7	4.1	3.4	4.1
2013	8.5	0.5	2.5	2.5	5.5
2014	6.3	0.6	2.4	2.0	3.3
2015	6.1	0.6	1.8	1.3	3.7
2016	6.5	0.5	2.1	1.7	3.9
2017	5.2	0.4	1.4	1.7	3.4
2018	4.4	0.2	1.4	1.5	2.8
2019	3.0	0.3	1.0	1.0	1.7
2020	2.3	0.2	2.2	1.9	-0.1
2021	6.6	0.8	1.8	1.3	4.0

注：本表按可比价格计算。产业拉动率指地区生产总值增长速度与各产业贡献率之乘积。

Note: Data in this table are calculated at constant prices.Contribution of the three Strata of industries to GDP growth refers to the growth rate of GDP multiplying the contribution shares.

2-7 第三产业增加值构成
The Composition of the Added Value of the Tertiary Industry

单位: %

unit: (%)

年 份 Year	第三产业 Tertiary Industry	交通运输仓储和邮政业 Transport, Storage and Post	批发和零售业 Wholesale and Retail Trades	住宿和餐饮业 Hotels and Catering Services	金融业 Financial Intermediation	房地产业 Real Estate	其他 Other
2004	100.0	19.4	20.5	3.5	8.6	9.3	38.7
2005	100.0	18.0	19.6	3.7	7.9	8.7	42.1
2006	100.0	15.9	16.9	4.9	9.8	9.2	43.3
2007	100.0	14.9	16.2	4.5	9.6	8.3	46.5
2008	100.0	14.5	16.1	4.0	8.7	8.4	48.3
2009	100.0	13.7	15.6	4.3	9.4	8.0	49.0
2010	100.0	12.5	15.2	4.0	8.2	7.1	53.0
2011	100.0	12.0	15.2	3.7	10.3	9.3	49.5
2012	100.0	11.6	14.5	3.8	12.1	10.7	47.3
2013	100.0	11.0	13.8	3.5	14.0	11.5	46.2
2014	100.0	10.5	13.6	3.3	13.9	12.6	46.1
2015	100.0	10.5	13.6	3.4	13.9	12.6	46.0
2016	100.0	10.0	13.1	3.3	13.6	12.5	47.5
2017	100.0	9.7	12.3	3.1	13.3	12.2	49.4
2018	100.0	9.6	12.1	3.1	12.9	12.1	50.2
2019	100.0	9.1	12.0	3.1	13.3	12.4	50.1
2020	100.0	9.1	11.5	2.5	14.1	11.9	50.9
2021	100.0	9.4	11.8	2.7	14.0	11.6	50.5

2-8 第三产业增加值

The Added Value of the Tertiary Industry

单位: 亿元　　　　unit:100 million yuan

年 份 Year	第三产业 Tertiary Industry	交通运输仓储和邮政业 Transport, Storage and Post	批发和零售业 Wholesale and Retail Trades	住宿和餐饮业 Hotels and Catering Services	金融业 Financial Intermediation	房地产业 Real Estate	其他 Other
2004	989.48	192.26	202.35	34.55	85.50	92.45	382.37
2005	1155.45	208.10	226.38	42.98	90.88	100.30	486.81
2006	1489.08	236.82	252.30	72.33	145.38	137.01	645.24
2007	1847.46	275.76	298.39	83.82	177.04	153.03	859.42
2008	2183.15	317.06	351.92	87.90	190.47	182.70	1053.10
2009	2491.08	341.76	389.49	108.21	233.89	200.14	1217.59
2010	2996.27	373.93	455.77	120.11	245.89	212.32	1588.25
2011	3697.35	442.35	560.78	136.17	382.55	342.23	1833.27
2012	4167.24	481.52	604.30	159.21	503.59	447.08	1971.54
2013	4605.52	506.30	636.97	160.33	643.09	528.45	2130.38
2014	4891.48	513.92	665.41	163.57	680.42	615.19	2252.97
2015	4909.60	516.36	666.72	168.73	683.11	618.57	2256.11
2016	5395.53	537.61	704.88	178.12	732.23	673.37	2569.32
2017	5831.19	563.68	717.77	181.06	774.59	711.80	2882.29
2018	6041.58	579.86	732.87	188.10	780.75	731.05	3028.95
2019	6304.68	574.40	759.11	192.61	837.89	778.83	3161.84
2020	6383.08	582.11	733.49	159.98	901.24	760.36	3245.90
2021	6913.40	650.04	817.81	189.08	964.34	798.20	3493.93

第三篇

CHAPTER ▶ 03

人 口

Population

资料整理人员：

戴亚晨

3-1 历年全省人口数及构成

Over the Years Population and Its Composition

单位：万人　　　　unit: 10000 persons

年　份 Year	年底总人口 Population	按性别分 By Sex 男 Male	 女 Female	按城乡分 Grouped by Urban and Rural 城镇人口 Urban Population	 乡村人口 Rural Population	占总人口的比重（%） Proportion (%) 男性人口 Male Population	 城镇人口 Urban Population
1978	2149.3	1102.3	1047.0	659.5	1489.8	51.3	30.7
1979	2184.6	1119.0	1065.6	701.2	1483.4	51.2	32.1
1980	2210.7	1132.1	1078.6	723.3	1487.4	51.2	32.7
1981	2230.9	1141.4	1089.5	745.7	1485.2	51.2	33.4
1982	2257.6	1155.1	1102.5	763.7	1493.9	51.2	33.8
1983	2269.5	1162.3	1107.2	782.1	1487.4	51.2	34.5
1984	2284.5	1170.7	1113.8	802.6	1481.9	51.2	35.1
1985	2298.0	1177.4	1120.6	837.0	1461.0	51.2	36.4
1986	2315.3	1186.4	1128.9	857.0	1458.3	51.2	37.0
1987	2336.4	1196.9	1139.5	883.5	1452.9	51.2	37.8
1988	2357.4	1208.3	1149.1	908.7	1448.7	51.3	38.5
1989	2395.4	1228.2	1167.2	930.8	1464.6	51.3	38.9
1990	2440.2	1248.1	1192.1	951.9	1488.3	51.1	39.0
1991	2459.7	1258.5	1201.2	966.2	1493.5	51.2	39.3
1992	2474.0	1265.3	1208.7	985.4	1488.6	51.1	39.8
1993	2496.1	1276.0	1220.1	1021.2	1474.9	51.1	40.9
1994	2515.6	1285.9	1229.7	1050.4	1465.2	51.1	41.8
1995	2550.9	1302.8	1248.1	1077.8	1473.1	51.1	42.3
1996	2579.1	1315.5	1263.6	1094.5	1484.6	51.0	42.4
1997	2600.1	1324.6	1275.5	1115.9	1484.2	50.9	42.9
1998	2603.2	1325.6	1277.6	1122.9	1480.3	50.9	43.1
1999	2616.1	1331.6	1284.5	1131.9	1484.2	50.9	43.3
2000	2627.3	1336.5	1290.8	1143.0	1484.3	50.9	43.5
2001	2637.1	1340.8	1296.3	1154.7	1482.4	50.8	43.8
2002	2649.4	1346.9	1302.5	1177.8	1471.6	50.8	44.5
2003	2658.6	1350.5	1308.1	1195.4	1463.2	50.8	45.0
2004	2661.9	1352.0	1309.9	1202.4	1459.5	50.8	45.2
2005	2669.4	1355.0	1314.4	1206.3	1463.1	50.8	45.2
2006	2679.5	1359.1	1320.4	1208.8	1470.7	50.7	45.1
2007	2696.1	1366.0	1330.1	1215.9	1480.2	50.7	45.1
2008	2710.5	1372.8	1337.7	1224.8	1485.7	50.6	45.2
2009	2719.5	1376.1	1343.4	1226.8	1492.7	50.6	45.1
2010	2723.8	1377.7	1346.1	1242.1	1481.7	50.6	45.6
2011	2726.5	1377.9	1348.6	1309.1	1417.4	50.5	48.0
2012	2701.5	1363.4	1338.1	1266.7	1434.8	50.5	46.9
2013	2678.5	1352.2	1326.3	1258.4	1420.1	50.5	47.0
2014	2671.3	1346.5	1324.8	1247.8	1423.5	50.4	46.7
2015	2662.1	1341.2	1320.9	1289.0	1373.1	50.4	48.4
2016	2645.5	1332.7	1312.8	1303.7	1341.8	50.4	49.3
2017	2615.8	1315.3	1300.5	1297.3	1318.5	50.3	49.6
2018	2608.9	1311.1	1297.9	1284.2	1324.7	50.3	49.2
2019	2601.7	1306.8	1294.9	1279.8	1321.9	50.2	49.2
2020	2577.1	1292.4	1284.7	1266.5	1310.6	50.1	49.1
2021	2559.6	1283.5	1276.1	1257.4	1302.2	50.1	49.1

注：本表是公安部门年报数字。
Note: Data in this table are annual numbers from police departments.

3-2 全省人口情况
Basic Statistics on Population of Jilin

指　　标	Item	2011	2012	2013	2014	2015	2016	2017	2018	2019	2020	2021
总户数（万户）	Total Households (10000 households)	936.53	939.91	959.74	960.69	879.64	907.05	960.49	927.00	948.65	1025.40	1019.47
户均人口（人/户）	Average Population (person/household)	2.91	2.87	2.78	2.75	2.97	2.83	2.63	2.68	2.58	2.34	2.33
总人口（万人）	Total Population (10000 Persons)	2725.29	2697.55	2668.07	2641.89	2612.53	2566.96	2526.09	2484.35	2447.52	2399.44	2375.37
男	Male	1380.66	1376.45	1363.71	1335.25	1319.33	1295.87	1279.99	1256.96	1230.70	1197.86	1189.18
女	Female	1344.63	1321.10	1304.36	1306.64	1293.20	1271.09	1246.10	1227.39	1216.82	1201.58	1186.19
性别比（女=100）	Sex Ratio (female=100)	102.68	104.19	104.55	102.19	102.02	101.95	102.72	102.41	101.14	99.69	100.25
城镇人口（万人）	Urban Population (10000 Persons)	1455.30	1471.24	1487.18	1500.86	1505.86	1508.09	1508.33	1511.73	1508.41	1503.01	1505.15
占总人口比重（%）	Percentage of the Total Population	53.40	54.54	55.74	56.81	57.64	58.75	59.71	60.85	61.63	62.64	63.36
乡村人口（万人）	Rural Population (10000 Persons)	1269.99	1226.31	1180.89	1141.03	1106.67	1058.87	1017.76	972.62	939.11	896.43	870.22
占总人口比重（%）	Percentage of the Total Population	46.60	45.46	44.26	43.19	42.36	41.25	40.29	39.15	38.37	37.36	36.64
出生人口（万人）	Birth Population (10000 Persons)	19.83	22.14	20.76	21.32	16.29	19.29	18.15	15.91	15.76	11.66	11.22
人口出生率（‰）	Birth Rate（‰）	7.25	8.17	7.74	8.03	6.20	7.45	7.13	6.35	6.39	4.84	4.70
死亡人口（万人）	Death Population (10000 Persons)	15.15	14.77	13.87	17.12	15.23	15.42	17.76	17.01	18.62	18.93	19.29
人口死亡率（‰）	Death Rate（‰）	5.54	5.45	5.17	6.45	5.80	5.95	6.97	6.79	7.55	7.81	8.08
自然增长人口（万人）	Natural Growth Population (10000 Persons)	4.68	7.37	6.89	4.20	1.06	3.87	0.39	−1.10	−2.86	−7.27	−8.07
人口自然增长率（‰）	Natural Growth Rate（‰）	1.71	2.72	2.57	1.58	0.40	1.49	0.15	−0.44	−1.16	−2.97	−3.38

注：1.根据国际惯例，国家统计局根据2020年第七次全国人口普查和2010年第六次全国人口普查结果，对2011年至2019年各省常住人口主要数据进行了修订。

2.此表中2011年–2019年吉林省常住人口主要数据为修订后的结果，此前年鉴中相应数据均以此表为准。

Note: 1.Based on the results of the Seventh National Population Census in 2020 and the Sixth National Population Census in 2010, the National Bureau of Statistics has revised the main data on the permanent resident population of each province from 2011 to 2019 in accordance with international practice.

2.The main data of permanent resident population in Jilin Province from 2011 to 2019 in this table have been revised, and the corresponding data in the previous yearbook are subject to this table.

3－3　各地区人口情况（2021年末）

Population by Region（end of 2021）

地　区	Region	2020年总人口（万人）Total Population for the year 2020 (10000 persons)	2021年总人口（万人）Total Population for the year 2021 (10000 persons)	男性人口（万人）Male (10000 persons)	女性人口（万人）Female (10000 persons)	性别比（女性=100）Sex Ratio (Female=100)	城镇人口（万人）Urban (10000 persons)	占总人口比重（%）Proportion（%）
全　省	**Total**	**2399.44**	**2375.37**	**1189.18**	**1186.19**	**100.25**	**1505.15**	**63.36**
长　春	Changchun	906.65	908.72	457.41	451.31	101.35	607.27	66.83
吉　林	Jilin	360.64	354.73	176.88	177.85	99.45	227.46	64.12
四　平	Siping	180.42	176.98	88.68	88.30	100.43	92.02	51.99
辽　源	Liaoyuan	99.28	97.91	47.92	49.99	95.86	57.10	58.32
通　化	Tonghua	129.47	126.87	63.48	63.39	100.14	77.77	61.30
白　山	Baishan	94.54	92.32	45.75	46.57	98.24	73.52	79.64
松　原	Songyuan	224.00	219.48	109.16	110.32	98.95	104.64	47.68
白　城	Baicheng	154.17	150.76	75.15	75.61	99.39	82.88	54.97
延　边	Yanbian	193.48	191.28	96.59	94.69	102.01	147.18	76.94
长白山	Changbaishan	6.10	6.07	3.02	3.05	99.02	6.05	99.67
梅河口	Meihekou	50.69	50.25	25.14	25.11	100.12	29.26	58.23

地　区	Region	乡村人口（万人）Rural (10000 persons)	占总人口比重（%）Proportion（%）	出生人口（万人）Number of births (10000 persons)	人口出生率（‰）Birth Rate（‰）	死亡人口（万人）Number of deaths (10000 persons)	人口死亡率（‰）Death Rate(‰)	自然增长人口（万人）Natural Increase of Population (10000 persons)	人口自然增长率（‰）Natural Growth Rate of Population (‰)
全　省	**Total**	**870.22**	**36.64**	**11.22**	**4.70**	**19.29**	**8.08**	**−8.07**	**−3.38**
长　春	Changchun	301.45	33.17	4.34	4.78	5.66	6.24	−1.32	−1.46
吉　林	Jilin	127.27	35.88	1.44	4.03	2.57	7.19	−1.13	−3.16
四　平	Siping	84.96	48.01	0.81	4.53	1.94	10.86	−1.13	−6.32
辽　源	Liaoyuan	40.81	41.68	0.57	5.78	1.09	11.06	−0.52	−5.27
通　化	Tonghua	49.10	38.70	0.60	4.68	1.27	9.91	−0.67	−5.23
白　山	Baishan	18.80	20.36	0.41	4.39	1.06	11.35	−0.65	−6.96
松　原	Songyuan	114.84	52.32	1.14	5.14	1.71	7.71	−0.57	−2.57
白　城	Baicheng	67.88	45.03	0.70	4.59	1.46	9.58	−0.76	−4.98
延　边	Yanbian	44.10	23.06	0.90	4.68	2.14	11.12	−1.24	−6.45
长白山	Changbaishan	0.02	0.33	0.03	4.93	0.04	6.57	−0.01	−1.64
梅河口	Meihekou	20.99	41.77	0.28	5.55	0.35	6.93	−0.07	−1.38

第四篇

CHAPTER ▶ 04

从业人员和职工工资

Employment and Wage

资料整理人员：

刘重阳

4-1 全省就业人数

Number of Employed Persons

单位: 万人 unit:10000 persons

年份 Year	全部就业人数 Total	城镇就业人数 Urban	乡村就业人数 Rural	按三次产业分 By Three Industries		
				第一产业 Primary Industry	第二产业 Secondary Industry	第三产业 Tertiary Industry
2010	1563.98	689.00	874.98	676.59	313.60	573.79
2011	1524.99	692.58	832.41	651.88	296.96	576.15
2012	1489.99	697.09	792.90	628.98	281.63	579.38
2013	1457.00	701.65	755.35	607.09	267.14	582.77
2014	1427.01	706.83	720.18	586.53	253.68	586.80
2015	1399.00	712.23	686.77	566.90	241.00	591.10
2016	1367.99	715.27	652.72	546.24	228.22	593.53
2017	1339.00	718.46	620.54	526.54	216.20	596.26
2018	1314.01	723.02	590.99	508.58	205.24	600.19
2019	1286.00	725.08	560.92	489.61	194.18	602.21
2020	1261.00	728.01	532.99	471.99	184.00	605.01
2021	1228.44	718.24	510.20	453.83	181.18	593.43

注：1.根据国际惯例，国家统计局根据2020年第七次全国人口普查和2010年第六次全国人口普查结果，对2011年至2019年各省就业人口主要数据进行了修订。

2.此表中2011年–2019年吉林省就业人口主要数据为修订后的结果，此前年鉴中相应数据均以此表为准。

Note:1. Based on the results of the Seventh National Population Census in 2020 and the Sixth National Population Census in 2010, the National Bureau of Statistics has revised the main data on the employed persons of each province from 2011 to 2019 in accordance with international practice.

2.The main data of employed persons in Jilin Province from 2011 to 2019 in this table have been revised, and the corresponding data in the previous yearbook are subject to this table.

4-2 各地区就业人数（2021年末）

Number of Employed Persons By Region（End of 2021）

单位: 万人 unit:10000 persons

地区	Region	全部就业人数 Total	城镇就业人数 Urban	乡村就业人数 Rural	按三次产业分 By Three Industries		
					第一产业 Primary Industry	第二产业 Secondary Industry	第三产业 Tertiary Industry
全省	**Total**	**1228.44**	**718.24**	**510.20**	**453.83**	**181.18**	**593.43**
长春	Changchun	436.73	276.35	160.38	118.59	75.50	242.64
吉林	Jilin	188.82	108.09	80.73	75.20	27.98	85.64
四平	Siping	84.90	41.08	43.82	43.82	7.76	33.32
辽源	Liaoyuan	56.72	29.89	26.83	28.67	8.10	19.95
通化	Tonghua	62.13	35.91	26.22	23.00	9.76	29.37
白山	Baishan	44.05	33.97	10.08	11.16	7.74	25.15
松原	Songyuan	110.82	51.83	58.99	56.78	12.91	41.13
白城	Baicheng	69.56	35.63	33.93	33.16	7.09	29.31
延边	Yanbian	98.71	70.23	28.48	24.34	15.19	59.18
长白山	Changbaishan	2.92	2.91	0.01	0.29	0.50	2.13
梅河口	Meihekou	28.63	15.38	13.25	10.83	4.27	13.53

4-3 城镇非私营单位就业人员人数（2021年末）
Number of Employed Persons in Urban Non-Private Unit （end of 2021）

单位: 人

unit:person

指　　标	Item	单位就业人员 Number of Employed Persons	#女性 Female	在岗职工 Staff and Workers	其他就业人员 Other Type of Employed Persons
全　省	**Total**	**2547118**	**1050375**	**2364247**	**182872**
按经济类型分	Grouped by Ownership				
国有经济	State-owned Units	1192393	573063	1138234	54159
集体经济	Collective-owned Units	9781	4080	9048	733
其他经济	Others	1344945	473233	1216964	127980
内资	Domestic Investment	1186449	425499	1064592	121857
股份合作	Stock Cooperative	10610	5115	10391	220
联营	Joint Operation	5613	2078	5505	107
有限责任公司	Limited Liability Corporations	819919	252612	766490	53429
股份有限公司	Joint Stock Corporations	296701	128783	232076	64624
其他内资	Others	53606	36910	50129	3477
港澳台投资	Funds from Hong Kong,Macao and Taiwan	23965	8578	23861	104
外商投资	Foreign Investment	134532	39156	128512	6019
按企业、政府分	Grouped by Enterprises and Government				
#企业	Enterprises	1515674	524411	1377939	137735
政府	Government	992654	497817	950803	41851
按国民经济行业分	Grouped by Sector				
农、林、牧、渔业	Agriculture,Forestry,Animal Husbandry and Fishery	58078	12100	51679	6399
采矿业	Mining	60096	13570	58667	1429
制造业	Manufacturing	448787	124007	433474	15313
电力、热力、燃气及水的生产和供应业	Production and Supply of Power,Heat, Gas and Water	94933	20263	93796	1137
建筑业	Construction	130279	22535	117610	12669
批发和零售业	Wholesale and Retail Trades	85449	43881	83537	1912
交通运输、仓储和邮政业	Transport,Storage and Post	157794	34467	156860	934
住宿和餐饮业	Hotels and Catering Services	18816	10809	17814	1002
信息传输、软件和信息技术服务业	Information Transmission,Software Information Technology	45125	17631	43934	1191
金融业	Financial Intermediation	202608	124110	114641	87966
房地产业	Real Estate	50156	21494	48459	1698
租赁和商务服务业	Leasing and Business Services	45088	14376	43922	1166
科学研究、技术服务业	Scientific Research and Technical Services	68857	24291	66368	2489
水利、环境和公共设施管理业	Management of Water Conservancy,Environment and Public Facilities	59528	21299	49769	9759
居民服务、修理和其他服务业	Service to Households,Repair and other Services	14667	8436	13898	769
教育	Education	361713	236481	351339	10374
卫生和社会工作	Health and Social Work	220514	153303	211358	9157
文化、体育和娱乐业	Culture,Sports and Entertainment	29639	14285	28286	1353
公共管理、社会保障和社会组织	Public Management,Social Securities and Social Organizations	394988	133038	378835	16153
按产业分	Grouped by Industries				
第一产业	Primary Industry	58078	12100	51679	6399
第二产业	Secondary Industry	734095	180376	703547	30548
第三产业	Tertiary Industry	1754945	857900	1609021	145924

4-4 城镇非私营单位分细行业就业人员人数（2021年）

Number of Employed Person in Urban Non-Private in Detail （2021）

单位: 人 unit:person

项 目	Item	合 计 Total	国 有 单 位 State-owned Units	城镇集体单位 Urban Collective-owned Units	其他类型单 位 Units of Other Types of Ownership
总 计	**Total**	**2547118**	**1192393**	**9781**	**1344945**
一、企业、政府分组	**Grouped by Enterprises and Government**				
企业	Enterprises	1515674	200084	7868	1307721
政府	Government	992654	986473	1327	4854
二、按国民经济行业分组	**Grouped by Sector**				
(一)农、林、牧、渔业	**Agriculture,Forestry,Animal Husbandry and Fishery**	**58078**	**38767**	**105**	**19207**
农 业	Farming	3397	2460	2	936
林 业	Forestry	49781	32251	103	17427
畜牧业	Animal Husbandry	438	264		174
渔 业	Fishery	291	291		
农、林、牧、渔专业及辅助性活动	Agriculture,Forestry,Animal Husbandry and Fishery	4171	3501		670
(二)采 矿 业	**Mining**	**60096**	**1371**	**45**	**58680**
煤炭开采和洗选业	Mining and Washing of Coal	15193	369		14824
石油和天然气开采业	Extraction of Petroleum and Natural Gas	25475	937		24538
黑色金属矿采选业	Mining and Processing of Ferrous Metal Ores	2432			2432
有色金属矿采选业	Mining and Processing of Non-ferrous Metal Ores	4754	38		4716
非金属矿采选业	Mining and Processing of Non-metal Ores	255	27	45	183
开采专业及辅助性活动	Support Activities for Mining	11987			11987
其他采矿业	Mining of Others Ores				
(三)制 造 业	**Manufacturing**	**448787**	**27068**	**1155**	**420564**
农副食品加工业	Processing of Food from Agricultural Products	22009	85		21924
食品制造业	Manufacture of Foods	11138		10	11128
酒、饮料和精制茶制造业	Manufacture of Liquor,Beverages and Refined Tea	10611	510	14	10087
烟草制品业	Manufacture of Tobacco	3163			3163
纺织业	Manufacture of Textile	2204		11	2193
纺织服装、服饰业	Manufacture of Textile Wearing Apparel and Accessories	13418		37	13381
皮革、毛皮、羽毛及其制品和制鞋业	Manufacture of Leather,Fur,Feathers and Related Products and Footwear	660			660
木材加工和木、竹、藤、棕、草制品	Processing of Timber,Manufacture of Wood Bamboo Rattan,Palm and Straw Products	6187	145		6042
家具制造业	Manufacture of Furniture	402			402
造纸和纸制品业	Manufacture of Paper and Paper Products	2609			2609
印刷和记录媒介复制业	Printing and Reproduction of Recording Media	2642	54	476	2111

单位: 人

4-4 续表1 continued

unit:person

项　　目	Item	合计 Total	国有单位 State-owned Units	城镇单位 Urban Collective-owned Units	其他类型单位 Units of Other Types of Ownership
文教、工美、体育和娱乐用品制造业	Manufacture of Culture,Art,Sports and Entertainment Goods	493			493
石油、煤炭及其他燃料加工业	Petroleum Processing and Coking ,Processing of Nuclear Fuel	2573	27		2546
化学原料和化学制品制造业	Manufacture of Chemical Raw Material and Chemical Products	39989	3042	146	36801
医药制造业	Manufacture of Medicines	44815	158	58	44599
化学纤维制造业	Manufacture of Chemical Fiber	8949			8949
橡胶和塑料制品业	Manufacture of Rubber and Plastic	4973	63	23	4887
非金属矿物制品业	Manufacture of Non-metallic Mineral Products	10906	43	94	10769
黑色金属冶炼和压延加工业	Smelting and Pressing of Ferrous Metals	14421			14421
有色金属冶炼和压延加工业	Smelting and Pressing of Non-ferrous Metals	5178			5178
金属制品业	Manufacture of Metal Products	5065	23	106	4936
通用设备制造业	Manufacture of General Purpose Machinery	8747	2923	108	5716
专用设备制造业	Manufacture of Special Purpose Machinery	8794	2243	21	6530
汽车制造业	Manufacture of Automobiles	175357	17692		157665
铁路、船舶、航空航天和其他运输设备制造业	Manufacture of Railroads,Ships,Aerospace and other Transportation Facilities	17733			17733
电气机械和器材制造业	Manufacture of Electrical Machinery and Equipment	5504		16	5488
计算机、通信和其他电子设备制造业	Manufacture of Communication Equipment, Computer and Other Electronic Equipment	10294	54		10240
仪器仪表制造业	Instrument Manufacturing Industry	2413	6		2407
其他制造业	Other Manufacturing Industry	204		3	201
废弃资源综合利用业	Utilization of Waste Resources	1179			1179
金属制品、机械和设备修理业	Metal Products,Machinery and Equipment Repair	6157		32	6125
(四)电力、热力、燃气及水生产和供应业	**Production and Supply of Power , Heat,Gas and Water**	**94933**	**16720**	**71**	**78142**
电力、热力生产和供应业	Production and Supply of Electricity and Heat Power	72503	8029	20	64453
燃气生产和供应业	Production and Supply of Gas	5729	431	2	5296
水的生产和供应业	Production and Supply of Water	16702	8260	49	8393
(五) 建筑业	**Construction**	**130279**	**7103**	**1390**	**121786**
房屋建筑业	Construction of Building	54907	586	400	53921
土木工程建筑业	Construction of Civil Engineering	47812	6384	827	40601
建筑安装业	Construction Installation	16773		163	16610
建筑装饰、装修和其他建筑业	Construction Decoration and other Construction	10788	133		10655
(六)批发和零售业	**Wholesale and Retail Trades**	**85449**	**10138**	**215**	**75096**
批发业	Wholesale Trade	31853	6684	82	25087
零售业	Retail Trade	53596	3454	133	50009

4－4 续表 2 continued

单位: 人 unit:person

项　　目	Item	合 计 Total	国 有 单 位 State-owned Units	城 镇 单 位 Urban Collective-owned Units	其他类型 单 位 Units of Other Types of Ownership
(七）交通运输、仓储和邮政业	**Transport, Storage and Post**	**157794**	**20376**	**373**	**137045**
铁路运输业	Railway Transport	57445		160	57285
道路运输业	Road Transport	64088	7814	91	56183
水上运输业	Water Transport	32	32		
航空运输业	Air Transport	762	338		424
管道运输业	Transport Via Pipeline	80			80
多式联运和运输代理业	Multimodal Transport and Other Transport Services	1893	6		1887
装卸搬运和仓储业	Loading, Unloading, Portage and Other Transport Services	16454	4467	109	11878
邮政业	Post	17040	7720	13	9308
(八)住宿和餐饮业	**Hotels and Catering Services**	**18816**	**5063**	**111**	**13642**
住宿业	Hotels	12994	4414	65	8516
餐饮业	Catering Services	5822	650	46	5127
(九)信息传输、软件和信息技术服务业	**Information Transmission,Software and Information Technology Services**	**45125**	**8827**	**6**	**36292**
电信、广播电视和卫星传输服务	Telecommunications,Broadcasting Television and Satellite Transmission Services	30644	8311	6	22326
互联网和相关服务	Internet and Related Services	1835	150		1685
软件和信息技术服务业	Software and Infomation Technology Services	12646	366		12280
(十)金融业	**Financial Intermediation**	**202608**	**17902**	**2526**	**182179**
货币金融服务业	Monetary and Financial Services	85879	13966	2526	69387
资本市场服务业	Capital Market Services	1328	83		1245
保险业	Insurance	114915	3639		111276
其他金融业	Other Financial Activities	486	214		272
(十一)房地产业	**Real Estate**	**50156**	**3116**	**173**	**46868**
房地产业	Real Estate	50156	3116	173	46868
(十二)租赁和商务服务业	**Leasing and Business Services**	**45088**	**9983**	**538**	**34568**
租赁业	Leasing	439	37	2	400
商务服务业	Business Services	44650	9946	536	34168
(十三）科学研究、技术服务业	**Scientific Research and Technical Service**	**68857**	**39165**	**442**	**29250**
研究和试验发展	Research and Experimental Development	14525	9791	34	4700
专业技术服务业	Professional Technical Services	45614	22033	408	23173
科技推广和应用服务业	Services of Science and Technology Popularization and Application	8718	7341		1378

单位: 人

4－4 续表 3 continued

unit:person

项目	Item	合计 Total	国有单位 State-owned Units	城镇单位 Urban Collective-owned Units	其他类型单位 Units of Other Types of Ownership
(十四)水利、环境和公共设施管理业	**Water Conservancy, Environment and Public Facilities Management**	**59528**	**43535**	**179**	**15815**
水利管理业	Water Conservancy Management	6389	5589		800
生态保护和环境治理业	Ecological Protection and Environmental Treatment Services	1637	1295		342
公共设施管理业	Public Facility Management	51097	36351	179	14567
土地管理业	Management of Land	405	300		105
(十五)居民服务、修理和其他服务业	**Household Services,Repairing and other Services**	**14667**	**3272**	**544**	**10851**
居民服务业	Service to Households	6366	2393	181	3792
机动车、电子产品和日用产品修理业	Motor Vehicle,Electronic Products and Household Products Repair Services	1342	5	4	1333
其他服务业	Other Services	6959	875	359	5726
(十六)教育	**Education**	**361713**	**329617**	**1025**	**31071**
教育	Education	361713	329617	1025	31071
(十七)卫生和社会工作	**Health Care and Social Work**	**220514**	**195305**	**766**	**24443**
卫生	Health Care	209304	188173	594	20537
社会工作	Social Work	11210	7132	172	3906
(十八)文化、体育和娱乐业	**Culture,Sports and Entertainment**	**29639**	**21271**	**71**	**8297**
新闻和出版业	Journalism and Publishing Activities	4756	3017		1739
广播、电视、电影和影视录音制作业	Broadcasting、TV, Movies and Audiovisual Activities	9139	7521	16	1602
文化艺术业	Culture and Activities	9983	8572		1411
体育	Sports	4520	1698		2822
娱乐业	Entertainment	1241	463	55	723
(十九)公共管理、社会保障和社会组织	**Public Management,Social Securities and Social Organization**	**394988**	**393793**	**47**	**1148**
其中：中国共产党机关	Organs of Communist Party of China	15739	15734	5	
国家机构	Government Agencies	370505	369517	26	962
人民政协、民主党派	People' s Political Consultative Conference and Democratic Parties	2212	2212		
社会保障	Social Securities	3829	3829		
群众社团、社会团体和其他成员组织	Non-Govermental Multitude Organization,Social Organizations and other	2703	2501	16	186

4－5 各地区城镇非私营单位就业人员人数、工资总额和平均工资（2021年末）
Number of Employed Person in Urban Non-Private Units at the end of the Year（2021）

单位：人 unit:person

地区	Region	就业人数(人) Number of Employed Person (Person)	工资总额（万元） Total Wages (10000 yuan)	平均工资（元） Average Wages (yuan)
全 省	**Total**	**2547118**	**21298666**	**83028**
长 春	Changchun	1087530	10651532	97134
吉 林	Jilin	340731	2574085	75638
四 平	Siping	140634	964054	67905
辽 源	Liaoyuan	71273	483967	67652
通 化	Tonghua	145516	952022	64803
白 山	Baishan	129784	832348	63897
松 原	Songyuan	190091	1428742	75003
白 城	Baicheng	125355	853089	67484
延 边	Yanbian	218375	1610739	72968

注：各地区相加不等于全省总计。
Note:The Sum of the data by region is not equal to the total.

4－6 城镇登记失业人员情况
Registered Unemployment Persons in Urban

单位：人 unit:person

指标	Item	2018	2019	2020	2021
本期新登记的失业人数	Registered Unemployed Persons This Year	351462	212708	256264	176563
#女性	Female	155629	96257	123858	93297
#由就业转失业人数	Unemployed Persons from Employment	83675	47139	78386	107829
本期登记失业人员就业人数	Reemployed Persons This Year	336089	221906	174362	136592
期末实有登记失业人数	Actual Number of Registered Unemployed Persons	268221	239081	206139	190708
#女性	Female	109748	109120	100336	95716
#长期失业者	Unemployed Persons in Long－term	28391	41082	101174	147900
登记失业率（%）	Registered Unemployment Rate(%)	3.46	3.11	3.42	3.26

4-7 历年城镇非私营单位就业人员工资总额、平均工资和指数

Total Wages and Average Wages of Employed Persons in Urban Non-Private Units and Related Indices

年 份 Year	工资总额 (万元) Total Wages (10000yuan)	#国有单位 State-owned Units	#城镇集体单位 Urban Collective -owned Units	平均工资 (元) Average Wages (yuan)	#国有单位 State-owned Units	#城镇集体单位 Urban Collective -owned Units	平均实际工资指数 (以上年100) Average Real Wages Index (preceding year=100)	#国有单位 State-owned Units
1978	214393	176392	38001	651	712	467		104.6
1979	234639	189914	44725	700	753	539	105.7	104.0
1980	275684	219028	56656	763	827	588	103.2	104.0
1981	298349	232138	66211	770	840	611	99.3	100.0
1982	323142	250121	73021	799	863	637	99.6	98.6
1983	340615	259049	81566	823	881	680	98.6	97.7
1984	393211	292467	100635	927	1008	751	108.8	110.5
1985	474432	352057	122217	1081	1175	880	105.7	105.7
1986	556845	417486	139173	1221	1333	974	106.6	107.0
1987	644136	484259	159616	1366	1491	1088	104.0	104.0
1988	789012	595701	192919	1630	1771	1311	99.2	98.7
1989	870776	662084	207837	1755	1914	1388	91.9	99.2
1990	951989	734882	215591	1888	2068	1456	102.6	103.0
1991	1063309	816534	243947	2045	2233	1596	101.4	101.1
1992	1220550	945410	264870	2308	2526	1759	104.2	105.7
1993	1423561	1109906	281071	2701	2974	1952	103.4	104.0
1994	1887916	1509813	314723	3666	3997	2568	110.2	109.1
1995	2210027	1809128	318902	4430	4803	3032	104.9	104.3
1996	2636962	2164775	364074	5370	5765	3752	112.6	111.9
1997	2745277	2214025	353209	5664	6017	3813	101.7	100.6
1998	2465545	1967822	268404	6551	6814	4778	116.6	114.1
1999	2532839	1969551	242057	7158	7368	5000	111.5	110.3
2000	2649607	2037696	234537	7924	8121	5501	112.2	111.8
2001	2775443	2102269	222532	8771	9043	5765	109.3	109.9
2002	3005549	2251039	209872	9990	10369	6411	114.5	115.2
2003	3215531	2298500	224936	11081	11124	8018	109.6	106.0
2004	3500716	2460166	192450	12431	12540	7504	107.8	108.3
2005	3774008	2597306	183772	14409	14566	8735	114.2	114.4
2006	4310888	2916500	192231	16583	17118	9787	113.5	115.9
2007	5287046	3612104	178673	20513	21688	11135	118.0	120.9
2008	6014107	4067347	186024	23486	24754	12761	108.9	108.6
2009	6781647	4406877	204827	26230	27523	14443	111.6	111.1
2010	7626800	4922713	228316	29399	30661	17060	108.1	107.4
2011	9190240	5721524	236846	34197	35216	25718	110.6	109.2
2012	11072962	6686141	273291	38407	39335	29506	109.6	109.0
2013	14766085	7900621	252572	42846	45618	34570	108.4	112.7
2014	15899035	8348348	250681	46516	49267	37351	106.4	105.9
2015	17186936	9247062	260430	51558	56032	40955	109.0	111.8
2016	18247620	10102911	274144	56098	62007	44026	107.1	108.9
2017	18989715	10835540	280820	61451	68132	51487	107.8	108.1
2018	19286193	9706066	210681	68533	70498	56418	109.2	101.3
2019	20516890	9463110	86273	73813	75317	59828	104.8	103.9
2020	20054142	9494530	95073	77995	81289	69727	103.6	105.8
2021	21298666	10184343	77064	83028	86029	77947	106.0	105.3

注：①1998年以后为在岗职工情况。
②从2012年以后在岗职工平均工资调整为单位从业人员平均工资。

Note:①Data on total wages since 1998 refers to wages of fully employed staff and workers.
②Since 2012 the average wage of workers were changed into,the average wage for Personnel Unit.

4－8　城镇非私营单位就业人员工资总额、平均工资（2021年）

项　　目	Item	单位就业人员工资总额（万元）Total Wage Bill of Employed Persons (10000 yuan)
总计	**Total**	**21298666**
按经济类型分	Grouped by Ownership	
国有经济	State-owned Units	10184343
城镇集体经济	Urban Collective-owned Units	77064
其他经济	Others	11037259
内资	Domestic Investment	9342778
股份合作	Stock Cooperative	91590
联营	Joint Operation	29663
有限责任公司	Limited Liability Corporations	6302678
股份有限公司	Joint Stock Corporations	2597988
其他内资	Others	320858
港澳台商投资	Funds from Hong Kong,Macao and Taiwan	180375
外商投资	Foreign Investment	1514106
按企业、政府分	Grouped by Enterprises and Government	
#企业	Enterprises	13027050
政府	Government	8060918
按国民经济行业分	Grouped by Sector	
农、林、牧、渔业	Agriculture,Forestry,Animal Husbandry and Fishery	312635
采矿业	Mining	503587
制造业	Manufacturing	4208072
电力、热力、燃气及水的生产和供应业	Production and Supply of Electricity,Heat,Gas and Water	955335
建筑业	Construction	869745
批发和零售业	Wholesale and Retail Trades	601883
交通运输、仓储和邮政业	Transportation,Storage and Post	1377658
住宿和餐饮业	Hotels and Catering Services	82418
信息传输、软件和信息技术服务业	Information Transmission,Software and Information Technology	421444
金融业	Financial Intermediation	1831295
房地产业	Real Estate	303163
租赁和商务服务业	Leasing and Business Services	261448
科学研究、技术服务业	Scientific Research,Technical Services	693385
水利、环境和公共设施管理业	Management of Water Conservancy,Environment and Public Facilities	251174
居民服务、修理和其他服务业	Service to Households,Repair and other Services	61810
教育	Education	3174146
卫生和社会工作	Health Care and Social Work	2044614
文化、体育和娱乐业	Culture,Sports and Entertainment	211929
公共管理、社会保障和社会组织	Public Management,Social Security and Social Organization	3132925

Total Wage Bill and Average Wage of Employed Persons in Urban Non-Private Units (2021)

在岗职工 工资总额 Total Wages of Staff and Workers	其他就业人 员工资总额 Others	单位就业人员 平均工资 (元) Average Wage of Employed Persons (yuan)	#在岗职工 平均工资 Average Wages of Staff and Workers
20524006	**774660**	**83028**	**86658**
9999663	184680	86029	88614
74697	2368	77947	82078
10449646	587612	80475	84898
8836077	506701	77144	82095
90769	822	92919	94075
29339	324	53060	53497
6118980	183698	76055	79073
2300458	297530	82833	96825
296531	24327	60195	59588
179993	382	75840	75884
1433576	80529	110807	109595
12410378	616672	84532	89349
7924617	136301	81770	83914
295967	16668	53192	56587
500446	3142	82233	83729
4090799	117273	93088	93524
950927	4408	100559	101309
811799	57946	64525	66735
593689	8195	70055	70632
1374717	2941	86901	87247
79446	2973	44784	45101
414291	7153	93158	94131
1472851	358443	84244	127650
295930	7232	60278	61628
254226	7223	57985	58065
675419	17966	100297	101427
226793	24381	42714	45995
56430	5380	40893	39497
3128850	45296	88274	89564
2004389	40224	93596	95699
205851	6078	72104	73402
3091188	41738	79915	82221

4-9 城镇非私营单位分行业就业人员工资总额（2021年）
Total Wages of Employed Persons in Urban Non-Private Units by Sector （2021）

单位: 万元　　　　unit:10000 yuan

行业	Item	合计 Total	国有单位 State-owned Units	集体单位 Collective-owned Units	其他单位 Others
总计	**Total**	**21298666**	**10184343**	**77064**	**11037259**
农、林、牧、渔业	Agriculture,Forestry,Animal Husbandry and Fishery	312635	192842	162	119631
采矿业	Mining	503587	20797	170	482620
制造业	Manufacturing	4208072	371020	6846	3830205
电力、热力、燃气及水的生产和供应业	Production and Supply of Electricity,Heat,Gas and Water	955335	174681	268	780386
建筑业	Construction	869745	37519	12036	820189
批发和零售业	Wholesale and Retail Trades	601883	111825	1108	488950
交通运输、仓储和邮政业	Transport,Storage and Post	1377658	162161	1978	1213519
住宿和餐饮业	Hotels and Catering Services	82418	23174	327	58917
信息传输、软件和信息技术服务业	Information Transmission,Software Information Technology	421444	78817	11	342616
金融业	Financial Intermediation	1831295	189097	32095	1610103
房地产业	Real Estate	303163	21861	602	280699
租赁和商务服务业	Leasing and Business Services	261448	65985	2711	192752
科学研究、技术服务业	Scientific Research,Technical Services	693385	367983	2897	322506
水利、环境和公共设施管理业	Management of Water Conservancy, Environment Protection and Public Facilities	251174	193453	428	57294
居民服务、修理和其他服务业	Service to Households Repairing and other Services	61810	16548	2572	42690
教育	Education	3174146	2991620	8436	174090
卫生和社会工作	Health Care and Social Work	2044614	1889134	3630	151849
文化、体育和娱乐业	Culture, Sports and Entertainment	211929	150511	483	60935
公共管理、社会保障和社会组织	Public Management,Social Security and Social Organization	3132925	3125316	302	7307

4－10 城镇非私营单位分细行业就业人员平均工资（2021年）

Average Wage of Employed Persons in Urban Non-Private Units by Sector in Detail（2021）

单位: 元　　unit:yuan

项　　目	Item	就业人员 Employees	国有单位 State-owned Units	集体单位 Urban Collective-owned Units	其他类型单位 Units of Other Types of Ownership
总 计	**Total**	**83028**	**86029**	**77947**	**80475**
一、企业、政府分组	**By Enterprise and Government**				
企业	Enterprise	84532	107228	81254	81179
政府	Government	81770	81848	60624	71703
二、按国民经济行业分组	**Grouped by Sector**				
（一）农、林、牧、渔业	**Agriculture,Forestry,Animal Husbandry and Fishery**	**53192**	**49599**	**19826**	**60379**
农 业	Farming	31810	25649	41500	46886
林 业	Forestry	53878	51012	19282	59199
畜牧业	Animal Husbandry	53876	57570		48845
渔 业	Fishery	36713	36713		
农、林、牧、渔专业及辅助性活动	Agriculture,Forestry,Animal Husbandry and Fishery	63650	53770		115761
（二）采 矿 业	**Mining**	**82233**	**153484**	**37778**	**80653**
煤炭开采和洗选业	Mining and Washing of Coal	44108	72803		43454
石油和天然气开采业	Extraction of Petroleum and Natural Gas	109165	190157		106096
黑色金属矿采选业	Mining and Processing of Ferrous Metal Ores	72024			72024
有色金属矿采选业	Mining and Processing of Non-ferrous Metal Ores	70082	44711		70282
非金属矿采选业	Mining and Processing of Non-metal Ores	64973	53963	37778	74915
开采专业及辅助性活动	Support Activities for Mining	80734			80734
其他采矿业	Mining of Others Ores				
（三）制 造 业	**Manufacturing**	**93088**	**142208**	**58922**	**90165**
农副食品加工业	Processing of Food from Agricultural Products	56046	29544		56129
食品制造业	Manufacture of Foods	55173		79000	55151
酒、饮料和精制茶制造业	Manufacture of Liquor,Beverages and Refined Tea	67283	70818	31429	67151
烟草制品业	Manufacture of Tobacco	197530			197530
纺织业	Manufacture of Textile	36634		42091	36607
纺织服装、服饰业	Manufacture of Textile Wearing Apparel and Accessories	41083		30968	41107
皮革、毛皮、羽毛及其制品和制鞋业	Manufacture of Leather,Fur,Feathers and Related Products and Footwear	84502			84502
木材加工和木、竹、藤、棕、草制品	Processing of Timber,Manufacture of Wood Bamboo Rattan,Palm and Straw Products	45988	39159		46155
家具制造业	Manufacture of Furniture	34521			34521
造纸和纸制品业	Manufacture of Paper and Paper Products	50259			50259
印刷和记录媒介复制业	Printing and Reproduction of Recording Media	56699	52426	59954	56087

4－10 续表 1 continued

项目	Item	就业人员 Employees	国有单位 State-owned Units	城镇单位 Urban Collective-Owned Units	其他类型单位 Units of Other Types of Ownership
文教、工美、体育和娱乐用品制造业	Manufacture of Culture,Art,Sports and Entertainment Goods	48315			48315
石油、煤炭及其他燃料加工业	Petroleum Processing and Coking ,Processing of Nuclear Fuel	52521	34259		52714
化学原料和化学制品制造业	Manufacture of Chemical Raw Material and Chemical Products	98038	91730	90221	98607
医药制造业	Manufacture of Medicines	68606	58644	55310	68662
化学纤维制造业	Manufacture of Chemical Fiber	59701			59701
橡胶和塑料制品业	Manufacture of Rubber and Plastic	53942	69937	27792	53864
非金属矿物制品业	Manufacture of Non-metallic Mineral Products	64317	55070	23813	64710
黑色金属冶炼和压延加工业	Smelting and Pressing of Ferrous Metals	70556			70556
有色金属冶炼和压延加工业	Smelting and Pressing of Non-ferrous Metals	67252			67252
金属制品业	Manufacture of Metal Products	63384	22840	85783	63100
通用设备制造业	Manufacture of General Purpose Machinery	70439	76562	55957	67811
专用设备制造业	Manufacture of Special Purpose Machinery	86160	126471	24048	72855
汽车制造业	Manufacture of Automobiles	120708	170218		115510
铁路、船舶、航空航天和其他运输设备制造业	Manufacture of Railroads,Ships,Aerospace and other Transportation Facilities	124188			124188
电气机械和器材制造业	Manufacture of Electrical Machinery and Equipment	77358		40500	77466
计算机、通信和其他电子设备制造业	Manufacture of Communication Equipment, Computer and Other Electronic Equipment	100718	85185		100801
仪器仪表制造业	Instrument Manufacturing Industry	90737	53105		91037
其他制造业	Other Manufacturing Industry	44719		60000	44473
废弃资源综合利用业	Utilization of Waste Resources	58196			58196
金属制品、机械和设备修理业	Metal Products,Machinery and Equipment Repair	62882		32722	63051
(四)电力、热力、燃气及水生产和供应业	**Production and Supply of Power , Heat,Gas and Water**	**100559**	**104099**	**34321**	**99866**
电力、热力生产和供应业	Production and Supply of Electricity and Heat Power	112277	152294	51524	107331
燃气生产和供应业	Production and Supply of Gas	74170	53861	18833	75945
水的生产和供应业	Production and Supply of Water	58916	60508	29059	57515
(五) 建筑业	**Construction**	**64525**	**70631**	**84704**	**64048**
房屋建筑业	Construction of Building	61940	45670	40097	62236
土木工程建筑业	Construction of Civil Engineering	65949	73660	110288	64150
建筑安装业	Construction Installation	67842		67216	67848
建筑装饰、装修和其他建筑业	Construction Decoration and other Construction	68083	67376		68093
(六)批发和零售业	**Wholesale and Retail Trades**	**70055**	**112116**	**51077**	**64569**
批发业	Wholesale Trade	97049	141986	44339	85367
零售业	Retail Trade	53687	49577	55151	53948

4－10 续表 2 continued

项　　目	Item	就业人员 Employees	国有单位 State-owned Units	城镇单位 Urban Collective-owned Units	其他类型单位 Units of Other Types of Ownership
（七）交通运输、仓储和邮政业	**Transport, Storage and Post**	**86901**	**78851**	**53031**	**88196**
铁路运输业	Railway Transport	121101		46750	121306
道路运输业	Road Transport	59537	58964	41516	59649
水上运输业	Water Transport	58750	58750		
航空运输业	Air Transport	130175	171138		97519
管道运输业	Transport Via Pipeline	150938			150938
多式联运和运输代理业	Multimodal Transport and Other Transport Services	85008	71667		85052
装卸搬运和仓储业	Loading, Unloading, Portage and Other Transport Services	67401	56948	71243	71406
邮政业	Post	88615	108023	58231	74133
（八）住宿和餐饮业	**Hotels and Catering Services**	**44784**	**46466**	**30028**	**44275**
住宿业	Hotels	45933	47454	33016	45221
餐饮业	Catering Services	42129	38424	25935	42686
（九）信息传输、软件和信息技术服务业	**Information Transmission,Software and Information Technology Services**	**93158**	**88101**	**18333**	**94417**
电信、广播电视和卫星传输服务	Telecommunications,Broadcasting Television and Satellite Transmission Services	92430	89427	18333	93573
互联网和相关服务	Internet and Related Services	82916	66464		84465
软件和信息技术服务业	Software and Infomation Technology Services	96393	66378		97294
（十）金融业	**Financial Intermediation**	**84244**	**98726**	**126408**	**82279**
货币金融服务业	Monetary and Financial Services	139040	121795	126408	143004
资本市场服务业	Capital Market Services	242237	126386		249882
保险业	Insurance	46303	26986		47050
其他金融业	Other Financial Activities	130070	196907		77534
（十一）房地产业	**Real Estate**	**60278**	**69864**	**34069**	**59738**
房地产业	Real Estate	60278	69864	34069	59738
（十二）租赁和商务服务业	**Leasing and Business Services**	**57985**	**66906**	**49515**	**55581**
租赁业	Leasing	73934	157324	42400	68733
商务服务业	Business Services	57768	66565	49581	55364
（十三）科学研究、技术服务业	**Scientific Research and Technical Service**	**100297**	**93654**	**66749**	**109667**
研究和试验发展	Research and Experimental Development	117673	131696	48471	89353
专业技术服务业	Professional Technical Services	98093	82856	68303	113306

4-10 续表3 continued

项　目	Item	就业人员 Employees	国有单位 State-owned Units	城镇单位 Urban Collective-owned Units	其他类型单位 Units of Other Types of Ownership
科技推广和应用服务业	Services of Science and Technology Popularization and Application	83402	75620		117451
(十四)水利、环境和公共设施管理业	**Water Conservancy, Environment and Public Facilities Management**	**42714**	**44818**	**24307**	**37050**
水利管理业	Water Conservancy Management	69999	66108		97014
生态保护和环境治理业	Ecological Protection and Environmental Treatment Services	55613	55926		54288
公共设施管理业	Public Facility Management	38611	40861	24307	33107
土地管理业	Management of Land	70759	74142		61179
(十五)居民服务、修理和其他服务业	**Household Services,Repairing and other Services**	**40893**	**51005**	**44161**	**37818**
居民服务业	Service to Households	44672	55510	62983	36966
机动车、电子产品和日用产品修理业	Motor Vehicle,Electronic Products and Household Products Repair Services	40316	76000	36000	40214
其他服务业	Other Services	37843	38722	35637	37860
(十六)教育	**Education**	**88274**	**91365**	**81963**	**55950**
教育	Education	88274	91365	81963	55950
(十七)卫生和社会工作	**Health Care and Social Work**	**93596**	**97596**	**47702**	**62948**
卫生	Health Care	96151	99482	52542	66797
社会工作	Social Work	45865	47986	31006	42609
(十八)文化、体育和娱乐业	**Culture,Sports and Entertainment**	**72104**	**70837**	**46932**	**75774**
新闻和出版业	Journalism and Publishing Activities	86077	69905		114964
广播、电视、电影和影视录音制作业	Broadcasting、TV, Movies and Audiovisual Activities	68857	67897	62125	73297
文化艺术业	Culture and Activities	70947	73452		55797
体育	Sports	69606	69202		69880
娱乐业	Entertainment	60659	81798	44138	49613
(十九)公共管理、社会保障和社会组织	**Public Management,Social Securities and Social Organization**	**79915**	**79965**	**67156**	**63405**
其中：中国共产党机关	Organs of Communist Party of China	81247	81251	70800	
国家机构	Government Agencies	79958	80000	71583	64216
人民政协、民主党派	People' s Political Consultative Conference and Democratic Parties	101497	101497		
社会保障	Social Securities	60637	60637		
群众社团、社会团体和其他成员组织	Non-Govermental Multitude Organization,Social Organizations and other	76150	77524	59375	59217

第五篇

CHAPTER ▶ 05

固定资产投资

Investment in Fixed Assets

资料整理人员：

关点点　　付瑞琦

5-1 固定资产投资（不含农户）主要指标情况（2021年）
Investment in Fixed Assets（Excluding Rural Household）（2021）

单位：% unit:（%）

指　　标	Item	增速 Growth Rate	占比 Proportion
投资完成额	Investment in Fixed Assets (Excluding Rural Household)	11.0	100.0
#民间投资	Non-Government Investment	11.6	51.0
#基础设施投资	Infrastructure	3.4	20.3
#工业投资	Industry	11.4	23.7
#制造业	Manufacturing	4.2	15.3
1.按产业分	By Three Strata of Industry		
第一产业	Primary Industry	13.7	2.1
第二产业	Secondary Industry	10.9	23.6
第三产业	Tertiary Industry	11.0	74.3
2.按控股情况分	By Holding Type and Region		
国有控股	State-holding	14.4	48.1
集体控股	Collective-holding	-55.3	0.5
私人控股	Private-holding	14.6	44.3
港澳台商控股	Hong Kong Macao and Taiwan-holding	-74.0	0.4
外商控股	Foreign-holding	-15.6	0.8
其他控股	Others	4.1	5.9
3.按隶属关系分	By Jurisdiction of Management		
中央项目	Central Investment	-1.3	7.2
地方项目	Local Investment	12.1	92.8
4.按建设性质分	By Type of Construction		
#新建	New Construction	18.8	53.1
扩建	Expansion	-24.1	2.7
改建和技术改造	Reconstruction and Technical Transformation	6.6	6.2
5.按构成分	By Composition of Funds		
建筑安装工程	Construction and Installation	17.6	75.2
设备工器具购置	Purchase of Equipment and Instruments	-12.8	7.4
其他费用	Other Expenses	-1.6	17.4

5-2 房地产开发投资主要指标

Main Indicators of Investment for Real Estate Development

指标	Item	2019	2020	2021
企业个数（个）	**Number of Enterprises (unit)**	**1500**	**1540**	**1561**
内资	Domestic Investment Enterprises	1480	1522	1545
#国有	State-owned Enterprises	7	4	10
集体	Collective-owned Enterprises			
股份有限公司	Joint Stock Corporations	1	59	16
港澳台投资	Funds from Hong Kong,Macao and Taiwan	13	11	9
外商投资	Foreign Funded	7	7	7
投资完成额（亿元）	**Total Value of Investment Completed (100 million yuan)**	**1315.52**	**1460.78**	**1540.92**
#住宅	Residential Buildings	970.99	1047.87	1094.84
按构成分	**Grouped by Composition of Funds**			
#建筑安装工程	Construction and Installation	924.91	953.10	1053.55
设备工器具购置	Purchase of Equipment and Instruments	23.22	13.73	17.46
本年实际到位资金（亿元）	**Actual Funds in Place this Year (100 million yuan)**	**1585.86**	**1716.85**	**1691.70**
国内贷款	Domestic Loans	56.16	83.27	111.29
利用外资	Foreign Investment	0.01	0.00	0.14
自筹资金	Self-raising Funds	649.20	990.53	888.81
其他投资	Others	880.50	643.05	691.46
本年购置土地面积（万平方米）	**Land Space Purchased This Year (10000 sq.m)**	**494.92**	**485.12**	**849.61**
商品房销售情况	**Selling of Commercial Houses**			
房屋销售面积（万平方米）	Floor Space Commercial Buildings Sold (10000 sq.m)	2122.34	1831.22	1836.32
#住宅	Residential Buildings	1873.99	1653.64	1672.77
商品房销售额（亿元）	Total Sales of Commercial Buildings (100 million yuan)	1581.47	1381.55	1290.99

5－3　房地产开发企业从业人员数
Number of Employed Persons in Enterprises for Real Estate Development

单位：人　　unit:Person

年 份 Year	合计 Total	国有 State-owned Enterprises	集体 Collective-owned Enterprises	股份有限公司 Share-holding Corporations Ltd	港澳台商投资 Funds from Hong Kong, Macao and Taiwan	外商投资 Foreign Funded Enterprises	其他 Others
2001	14465	4263	659	7565	367	128	1483
2002	14392	2263	390	1454	342	265	9678
2003	15331	2191	82	1748	389	372	10549
2004	24708	6034	55	2732	600	785	14502
2005	22332	1865	77	2202	643	714	16831
2006	27223	1689	84	2174	762	702	21812
2007	30527	1338	153	2249	834	636	25317
2008	30590	1554	194	2109	700	412	25621
2009	29080	652	178	2237	633	257	25123
2010	29837	477	187	1793	651	265	26464
2011	39452	1087	256	18207	1157	297	18448
2012	39288	1003	117	20353	1249	286	16280
2013	38831	2453	322	20825	1263	306	13662
2014	40977	459	34	2310	1233	327	36614
2015	42040	652	11	2013	1486	270	37608
2016	46104	4424	10	1968	1066	250	38386
2017	43372	973	10	1896	774	227	39492
2018	39505	159		1937	667	268	36474
2019	34862	9		1543	662	228	32420
2020	30485	31		1196	576	396	28286
2021	30340	166		431	264	502	28977

5－4　房地产开发完成投资额
Actually Completed Investment for Real Estate Development

单位：万元　　unit:10000 yuan

年 份 Year	本年完成投资额 Investment Completed This Year	按构成分 By Use of Funds			
		建筑安装工程 Construction and Installation	设备、工器具购置 Purchase of Equipment and Instruments	其他费用 Others	#土地购置 Land Purchase
2001	929705	772558	8363	148784	31445
2002	1167724	953827	8810	205087	79155
2003	1392394	1056394	15690	320310	188938
2004	1624782	1191700	16900	416182	246472
2005	1957345	1468893	14843	473609	243325
2006	3101571	2336393	8446	756732	386437
2007	4900844	3741480	18736	1140628	587676
2008	6408364	5141808	63314	1203242	608292
2009	7566737	6179246	36572	1350919	712958
2010	9210117	7434156	14156	1761805	1252993
2011	11953911	9245197	40122	2668592	1868331
2012	13100259	9942288	107268	3050703	2255877
2013	12524257	9982382	121506	2420369	1735697
2014	10301285	8219491	128112	1953682	1552022
2015	9242409	7170884	81093	1990432	1502936
2016	10167618	8295669	101198	1770751	1395225
2017	9101378	7435523	106422	1559433	1193018
2018	11690123	8645749	138840	2905534	2445628
2019	13155220	9249148	232178	3673894	3118043
2020	14607761	9531042	137340	4939379	4461553
2021	15409158	10535458	174592	4699108	4254429

5-5 房地产开发建设按工程用途分的投资额和新增固定资产
Actually Completed Investment for Real Estate Development by Use and Newly Increased Fixed Assets

单位: 万元 unit:10000 yuan

年 份 Year	按工程用途分的投资额 By Use of Projects				新增固定资产 Newly Increased Fixed Assets
	住宅 Residential Buildings	办公楼 Office Buildings	商品营业用房 Houses for Business Use	其他 Others	
2001	678293	29180	167848	54384	803155
2002	798763	36066	249163	83732	943180
2003	977740	60698	291525	62431	967027
2004	1139836	63859	308426	112661	966120
2005	1454869	70410	330340	101726	834971
2006	2414788	90449	406237	190097	1462109
2007	3980067	72409	623715	224653	2147816
2008	5343926	93880	717163	253395	2783928
2009	6052327	153008	962807	398595	3220217
2010	7317269	138718	1160245	593885	5865131
2011	9208055	201628	1600637	943591	5907332
2012	9877438	313270	1789054	1120497	5655047
2013	9114450	418277	1935594	1055936	7635088
2014	7324687	301565	1867173	807860	5140347
2015	6488051	386251	1627431	740676	4950857
2016	7106948	417397	1893840	749433	4288724
2017	6335480	447702	1518017	800179	4466838
2018	8395181	531877	1748037	1015028	5332999
2019	9709942	485313	1639682	1320283	4057956
2020	10478686	705208	1653191	1770676	3264544
2021	10948353	600974	1739053	2120778	2867057

5-6 房地产开发建设房屋施工面积
Floor Space of Buildings under Construction for Real Estate Development

单位: 平方米 unit:sq.m

年 份 Year	施工房屋建筑面积 Floor Space of Buildings under Construction	#新开工 Started This Year	住宅 Residential Buildings	办公楼 Office Buildings	商业营业用房 Houses for Business Use	其他 Others
2001	12572972	9952115	10047457	338612	1902865	284038
2002	14638817	10087551	10965950	403507	2845360	424000
2003	14377363	9602758	10807109	582667	2608218	379369
2004	15430259	10071186	11576669	745914	2626151	481525
2005	18899925	12861393	15252107	532375	2565886	549557
2006	28467199	21179229	23851539	611179	3343419	661062
2007	43700329	29328026	36559660	608497	5007037	1525135
2008	49213978	29449187	41488335	851454	4996421	1877768
2009	53693369	32623532	44389103	972208	5753849	2578209
2010	70694709	35253007	57588659	1046684	8104733	3954633
2011	91234149	49914466	72651099	1661309	11318643	5603098
2012	109357999	48267557	85125959	2072196	14708706	7451138
2013	121812769	37462431	93177664	3027171	16275329	9332605
2014	122684388	32575990	90670951	3497798	17593493	10922146
2015	115664727	20636601	82826622	4232641	17541676	11063788
2016	117973267	21159859	83059870	4737581	18405300	11770516
2017	118873322	19078760	83491926	4974064	18139797	12267535
2018	120795117	24779579	83981036	5322960	18606779	12884342
2019	124037278	29470050	86140344	5497490	17670376	14729068
2020	123406059	26623926	85241041	5818055	16468424	15878539
2021	130616209	31208707	91577308	6258708	15854553	16925640

5-7 房地产开发建设房屋建筑面积和造价
Floor Space and Cost of Buildings Developed for Real Estate Development

年 份 Year	竣工房屋建筑面积（平方米）Floor Space of Buildings Completed (sq.m)	住 宅 Residential Buildings	办公楼 Office Buildings	商业营业用 房 Houses for Business Use	其 他 Others	竣工房屋造价（元/平方米）Cost of Buildings Completed (yuan/sq.m)	#住 宅 Residential Buildings
2001	6286898	4980687	109414	1029711	167086	1084	1046
2002	7558510	5935498	211244	1224620	187148	1149	1065
2003	7109851	5383728	189393	1350399	186331	1154	1073
2004	7102486	5724869	253866	932166	191585	1112	1005
2005	6227590	4961164	168280	945772	152374	1086	994
2006	9348495	7859107	351082	952419	185887	1201	1124
2007	12917989	11474601	159565	932381	351442	1155	1122
2008	15419556	13432087	238090	1363988	385391	1379	1342
2009	14696419	12935916	99233	1280236	381034	1442	1385
2010	20305160	16949615	127446	2245284	982815	1675	1622
2011	18789327	15482168	194511	2072842	1039806	2032	1979
2012	19278702	16135936	164300	2230670	747796	2002	1945
2013	22536496	17699470	256054	3075023	1505949	2225	2148
2014	15738605	13092601	112706	1725400	807898	2081	2038
2015	12873999	10007531	345720	1530929	989819	2391	2322
2016	13516462	10083717	181931	2132178	1118636	2322	2258
2017	14788454	10304598	587622	2438610	1457624	2271	2281
2018	15199622	11053665	735492	1862557	1547908	2334	2229
2019	12221689	8932745	358246	1437103	1493595	2743	2706
2020	9649356	6972943	450223	1215318	1010872	2783	2731
2021	8454452	6354430	440269	812049	847704	2965	2737

5-8 商品房屋销售情况
Selling of Commercial Buildings

年 份 Year	实际销售商品房屋面积（平方米）Floor Space Commercial Buildings Sold (sq.m)	住 宅 Residential Buildings	办公楼 Office Buildings	商业营业用 房 Houses for Business Use	其他 Others	商品房屋销售额（万元）Total Sale of Commercial Buildings Sold (10000 yuan)	#住 宅 Residential Buildings
2001	3851320	3378449	23162	437003	12706	597880	490070
2002	5182828	4326747	83260	724105	48716	862852	648388
2003	5011405	4363248	122582	460298	65277	788764	631448
2004	7016498	6010273	137436	774344	94445	1189469	930730
2005	7659092	6809214	147879	634788	67211	1443915	1184503
2006	9749103	8792384	214703	639662	102354	1959171	1634000
2007	12923870	11843969	94916	841107	143878	2955579	257830
2008	15838707	14357309	156715	1055241	269442	3971105	3444370
2009	19442978	17583736	97054	1391315	370873	5671879	4902250
2010	23821025	21053282	77461	2203046	487236	8686946	7359079
2011	24325555	21223389	99698	2390368	612100	10615628	8831622
2012	24524245	21594307	147547	2194900	587491	10169480	8368014
2013	22149634	19859455	212501	1573075	504603	9930394	8397317
2014	15817211	13878655	118308	1380355	439893	8085844	6676190
2015	14918487	13048225	178741	1292251	399270	8168691	6802577
2016	19192950	16307151	378692	1757264	749843	10295827	8064904
2017	18852075	16020643	511540	1761733	558159	11351765	9208487
2018	20744471	18138240	508286	1566493	531452	14507871	12319057
2019	21223373	18739917	356672	1501454	625330	15814708	13735355
2020	18312198	16536396	143376	1032670	599756	13815493	12382305
2021	18363187	16727731	156663	865418	613375	12909945	11792892

第六篇

CHAPTER ▶ 06

对外经济贸易和旅游业

Foreign Economy Trade and Tourism

资料整理人员：

詹长胜

6－1 历年进出口贸易总额

Total Value of Imports and Exports

年 份 Year	进出口总额（万美元）Total Imports and Exports (USD 10000)	出口总额 Total Exports	进口总额 Total Imports	进出口总额（万元）Total Imports and Exports (10000yuan)	出口总额 Total Exports	进口总额 Total Imports
1978	3704	2357	1347	6372	4055	2317
1979	6067	4413	1654	9683	6840	2843
1980	11108	6625	4483	16024	9344	6680
1981	17196	12896	4300	30093	22568	7525
1982	17753	13207	4546	34172	25422	8750
1983	21884	16661	5223	42833	32610	10223
1984	34046	24972	9074	75048	55046	20002
1985	55072	42712	12360	176295	136731	39564
1986	71716	52515	19201	266855	195408	71447
1987	63946	46766	17180	237981	174044	63937
1988	70766	53214	17552	263363	198041	65322
1989	94459	68447	26012	351538	254732	96806
1990	95272	75172	20100	449821	354920	94901
1991	134933	102707	32226	716204	545154	171050
1992	192278	130678	61600	1095985	744865	351120
1993	250542	120472	130070	1438490	693849	744641
1994	279080	136597	142483	2414051	1174084	1239967
1995	260704	109673	151031	2176018	920170	1255849
1996	210366	97188	113177	1753295	810679	942616
1997	185359	93233	92126	1536522	773418	763104
1998	165191	74809	90382	1367968	619711	748257
1999	221234	101878	119357	1422105	609903	812201
2000	254461	124443	130018	2101694	1029892	1071802
2001	320671	146154	174516	2650099	1209622	1440477
2002	370248	176849	193398	3058402	1464018	1594384
2003	614841	218228	396613	5115189	1806961	3308228
2004	679045	171475	507570	5611904	1419040	4192863
2005	652805	246616	406190	5383319	2031801	3351519
2006	791595	299856	491739	6330918	2396925	3933993
2007	1029576	385514	644061	7879092	2949202	4929890
2008	1333213	477163	856050	9349663	3336654	6013010
2009	1174241	312493	861747	7984401	2133201	5851200
2010	1684518	447585	1236933	11420858	3031717	8389141
2011	2206093	499772	1706321	14328617	3245457	11083161
2012	2456301	598268	1858033	15509148	3778699	11730449
2013	2583174	673891	1909283	16036698	4184576	11852122
2014	2638079	577759	2060320	16249551	3549594	12699957
2015	1887739	461375	1426364	11723180	2861221	8861959
2016	1845289	420201	1425088	12176220	2771604	9404616
2017	1854297	441936	1412361	12549833	2993611	9556221
2018	2067916	494437	1573480	13630959	3258131	10372828
2019	1890412	470382	1420030	13027701	3242478	9785223
2020	1852633	420648	1431985	12823400	2909366	9914034
2021	2325691	547228	1778463	15049950	3535154	11514796

注：本表1978–1992年为外贸部门统计数，进出口总额中未包括口岸代理进口数。从1993年开始为海关统计数（1993年至2020年数据有调整）。
Note: Data between 1978 and 1992 in this table were from department of foreign trade, Total Imports and Exports do not include that imported by agent at the port. Since 1993, the data were from the customs(data between 1993 and 2020 were adjusted).

6－2　海关主要商品出口总值（2021年）

Total Value of Main Exports Commodities (2021)

单位: 万元　　　　unit:10000 yuan

品　　名	Item	数量 Volume	金额 Value
出口贸易总值	**Total Exports Value**		**3535154**
农产品	Agricultural Products		612226
水产品（吨）	Aquatic Products (ton)	34320	89501
酒类及饮料	Alcohol and Beverage		24189
鲜或冷藏蔬菜（吨）	Fresh or Frozen Vegetables (tons)	8877	5937
医药材及药品（吨）	Pharmaceutical Materials and Drugs (ton)	14216	152590
蔬菜及食用菌（吨）	Vegetables and Edible Fungus (ton)	31381	25962
鲜、干瓜果及坚果（吨）	Fresh and Dried Melon, Fruits and Nuts (ton)	11489	131707
粮食（吨）	Grain (ton)	42122	46184
汽车（包含底盘）（辆）	Motor Vehicles (Including Chassis) (units)	21051	322904
汽车零配件	Parts of Motor Vehicles		229293
稀土及制品（千克）	Rare Earth and Products (kilogram)	2	4207
基本有机化学品	Basic Organic Chemicals		276669
抗菌素（制剂除外）（吨）	Antibiotics (except preparations)(ton)	4196	76398
肥料（吨）	Fertilizer (ton)	2412	815
塑料制品	Plastic Products		40406
橡胶轮胎（吨）	Rubber Tire (ton)	4891	13363
箱包及类似容器（吨）	Suitcase and Similar Packages (ton)	251	3766
纺织原料（吨）	Textile Raw Materials (ton)	19714	31994
胶合板及类似多层板（万立方米）	Veneer and Similar Products (10000 cu.m.)	12025	231007
家用或装饰用木制品（吨）	Wood for Household and Decoration (ton)	6456	15075
纸浆、纸及其制品（吨）	Pulp,Paper and Its Products (ton)	2106	3946
纺织纱线、织物及制品	Textile Yarn,Fabrics and Products		132293
服装及衣着附件	Clothing and Garment		86221
鞋靴（万双）	Footwear (10000 pairs)	164	16621
玻璃及其制品	Glass Products		29475
通用机械设备	General Machinery Equipment		116959
钢材（吨）	Steels (ton)	116784	59679
未锻轧的铝及铝材（吨）	Unwrought Aluminum and Aluminum Products (ton)	290	1905
手用或机用工具（吨）	Hand Tools or Machine (ton)	6680	22050
机床（台）	Machine Tools (sets)	3096	1951
自动数据处理设备及其零部件	Automatic Data Processing Equipment and Its Parts		10801
变压器（万个）	Transformer (10000 units)	11	2623
压缩机（万台）	Compressor (10000 sets)	66	92820
音视频设备及其零件	Audio and Video Equipment and Its Parts		13139
电子元件	Electronic Component		48512
机电产品	Mechanical and Electrical Products		1537691
高新技术产品	High and New-tech Products		397411
文化产品	Cultural Products		28518

6－3 海关主要商品进口总值（2021年）
Total Value of Main Imports Commodities（2021）

单位: 万元 unit:10000 yuan

品　　名	Item	数量 Volume	金额 Value
进口贸易总值	**Total Value of Imports**		**11514796**
农产品	Agricultural Products		917603
水产品（吨）	Aquatic Products（ton）	115675	406412
食品	Food		906812
鲜、干瓜果及坚果（吨）	Fresh and Dried Melon, Fruits and Nuts (ton)	17441	117243
粮食（吨）	Grain (ton)	925265	310541
豆类（吨）	Beans (ton)	831372	293843
酒类及饮料	Alcohol and Beverage		11141
金属矿及矿砂（万吨）	Metallic Ore and Ore Sand (10000 tons)	32	310519
铁矿砂及其精矿（万吨）	Iron Ores and Concentrates (10000 tons)	12	9382
铜矿砂及其精矿（万吨）	Copper Sand and Concentrates (10000 tons)	16	259299
煤及褐煤（万吨）	Coal and Lignite (10000 tons)	694	398651
初级形状的塑料（吨）	Primary Shape Plastic (ton)	48452	65707
塑料制品	Plastic Products		79248
基本有机化学品	Basic Organic Chemicals		87847
天然及合成橡胶（包括乳胶）（吨）	Natural and Synthetic Rubber (Including Emulsion) (ton)	3883	6289
木及其制品（吨）	Wood and Its Products	204193	41829
锯材（万立方米）	Wood Sawn (10000 cu.m.)	9733	21138
纸浆、纸及其制品（吨）	Pulp,Paper and Its Products (ton)	120629	76409
纺织纱线.织物及制品	Textile Yarn,Fabrics and Products		44642
钢材（吨）	Steel (ton)	103472	78606
机械基础件	Mechanical Foundation		156799
通用机械设备	General Machinery Equipments		153485
泵（万台）	Pump (10000 sets)	74	7672
压缩机（万台）	Compressor (10000 sets)	12	12083
分离设备	Separation Equipment		75322
机床（台）	Machine Tools (sets)	204	25521
自动数据处理设备及其零部件	ADPE and Its Parts		4140
半导体制造设备（台）	Semiconductor Manufacturing Equipment (set)	103	10995
电气控制装置	Electrical Control Gear		402664
阀门及类似装置（万套）	Valve and Similar Devices (10000 sets)	1162	21980
电工器材	Electrical Appliances		746815
蓄电池（万个）	Electric Accumulators (10000 sets)	48	73626
音视频设备及其零件	Audio and Video Equipment and Its Parts		96532
生命科学技术	Life Science and Technology		96945
光电技术	Photoelectric Technology		92121
计算机集成制造技术	CIM Technology		284546
材料技术	Material Technology		14294
印刷电路	Printed Circuit		6219
二极管及类似半导体器件（亿个）	Diode and Semi Conductors (100 million sets)	17	31291
集成电路（亿个）	Integrated Circuits (100 million sets)	4	170289
电线和电缆（吨）	Wire and Cable (ton)	1875	22026
汽车（包含底盘）（辆）	Motor Vehicles (Including Chassis) (units)	73864	2199663
汽车零配件	Parts of Motor Vehicles		3431752
医疗仪器及器械	Medical Instruments and Appliances		11738
计量检测分析自控仪器及器具	Measurement Analysis of the Control Instrument and Appliances		611316
机电产品	Mechanical and Electrical Products		9106612
高新技术产品	High and New-tech Products		1771522
文化产品	Cultural Products		68825

6-4 全部企业按贸易方式分进出口总值表（2021年）
Total Value of Imports and Exports by Trade Mode（2021）

单位：万元 unit:10000 yuan

指　标	Item	进出口总值 Total Imports and Exports	出口总值 Total Exports	进口总值 Total Imports
进出口贸易总值	**Total Value of Imports and Exports**	**15049950**	**3535154**	**11514796**
一般贸易	General Trade	13743125	2730858	11012267
国家间、国际组织无偿援助和赠送的物资	Donation of International Associations			
华侨、港澳同胞、外籍华人捐赠物资	Donation of Overseas Chinese	31		31
加工贸易	Processing Trade	1009581	741525	268056
补偿贸易	Compensation Trade			
来料加工装配贸易	Processing and Assembled Trade	54056	28336	25720
进料加工贸易	Processing Trade for Imported Material	955525	713189	242337
寄售、代销贸易	Sale by Consignment			
边境小额贸易	Small Trade on Border	13037	631	12406
加工贸易进口设备	Imported Equipment for Processing Trade			
对外承包工程出口货物	Exported Goods on Contracted Projects	83	83	
租赁贸易	Leasehold Trade			
外商投资企业作为投资进口的设备、物品	Imported Equipment used as Investment by Foreign Funded Enterprises	7122		7122
出料加工贸易	Processing Trade for Exported Materials			
易货贸易	Dicker Trade			
免税外汇商品	Tax-free Foreign Exchange Commodities			
保税监管场所进出境货物	Importing Goods in Bonded Supervision Places	47797	11254	36543
海关特殊监管区域物流货物	Goods in the Areas under Special Customs Supervision	181918	34687	147231
海关特殊监管区域进口设备	Imported Equipment in the Areas under Special Customs Supervision	88		88
其他	Others	47168	16116	31052

6－5　全部企业按主要国家（地区）分进出口总值表（2021年）

Total Value of Imports and Exports of All Enterprises by Major Countries（regions）（2021）

单位: 万元　　　　unit:10000 yuan

国　　别（地区）	Country (Region)	进出口总值 Total Exports and Imports	出口总额 Total Exports	进口总额 Total Imports
进出口贸易总值	**Total Value of Imports and Exports**	**15049950**	**3535154**	**11514796**
亚洲	**Asia**	**3306318**	**1457075**	**1849243**
#柬埔寨	Cambodia	1980	1979	1
中国香港	Hong Kong, China	24897	24740	156
印度	India	253497	221980	31517
印度尼西亚	Indonesia	204535	69192	135343
伊朗	Iran	5984	5984	
伊拉克	Iraq	710	710	
以色列	Israel	90759	75220	15538
日本	Japan	1069782	247828	821954
约旦	Jordan	1594	1593	1
马来西亚	Malaysia	84915	24105	60810
巴基斯坦	Pakistan	34969	32093	2875
菲律宾	Philippines	97658	65906	31752
沙特阿拉伯	Saudi Arabia	51607	50282	1325
新加坡	Singapore	48363	33694	14669
韩国	South Korea	567611	314968	252643
叙利亚	Syria	7	7	
泰国	Thailand	158494	55899	102595
土耳其	Turkey	65813	43956	21857
阿拉伯联合酋长国	United Arab Emirates	27344	25274	2069
越南	Vietnam	75412	68697	6715
中国台湾	Taiwan,China	122408	36074	86333
哈萨克	Kazakstan	6376	2319	4057
非洲	**Africa**	**214716**	**145441**	**69275**
#阿尔及利亚	Algeria	990	990	
埃及	Egypt	10524	10524	
埃塞俄比亚	Ethiopia	2814	13	2801
加纳	Ghana	6494	6494	
尼日利亚	Nigeria	8414	8413	1
南非（阿扎尼亚）	South Africa	66623	52276	14347
苏丹	Sudan	300	300	

单位: 万元

6－5 续表

unit:10000 yuan

国　　别（地区）	Country (Region)	进出口总值 Total Exports and Imports	出口总额 Total Exports	进口总额 Total Imports
欧洲	**Europe**	**9433299**	**1347834**	**8085466**
#比利时	Belgium	145962	79059	66903
丹麦	Denmark	19737	5081	14655
英国	UK	91511	70248	21262
德国	Germany	3751194	339177	3412017
法国	France	312225	43226	269000
爱尔兰	Ireland	111520	101967	9553
意大利	Italy	176891	62541	114351
卢森堡	Luxemburg	1084	7	1077
荷兰	Netherland	132395	103659	28736
西班牙	Spain	180535	80571	99964
奥地利	Austria	78862	5377	73485
匈牙利	Hungary	488708	6737	481971
挪威	Norway	56681	38346	18335
波兰	Poland	294661	24126	270535
瑞典	Sweden	44396	9292	35103
瑞士	Switzerland	53000	8111	44888
俄罗斯	Russia	1049836	294474	755363
乌克兰	Ukraine	26153	7710	18443
捷克共和国	Czech	566037	17094	548942
拉丁美洲	**Latin America**	**1306945**	**155349**	**1151596**
#阿根廷	Argentina	4913	3659	1254
巴西	Brazil	323208	19148	304060
墨西哥	Mexico	778178	88812	689365
委内瑞拉	Venezuela	2703	2703	
北美洲	**North America**	**653427**	**335976**	**317451**
加拿大	Canada	89289	55237	34051
美国	USA	564138	280738	283400
大洋洲	**Oceanic and Pacific Islands**	**127149**	**93479**	**33670**
#澳大利亚	Australia	101328	86669	14659
国别不详的或联合国组织	**UN or other**	**8095**		**8095**
东盟组织	**ASEAN**	**691485**	**324570**	**366915**
欧盟组织	**European Union**	**8062831**	**916832**	**7145999**
一带一路沿线国家	**Countries Along the Belt and Road**	**5007425**	**1228976**	**3778450**

6－6 国外经济合作情况
Economic Cooperation with Foreign Countries

指标	Item	新签合同（万美元） New Contracted (10000 USD)			实际完成（万美元） Actual Finished (10000 USD)		
		2019	2020	2021	2019	2020	2021
合计	**Total**	**70035**	**106161**	**189327**	**57539**	**52537**	**39542**
对外承包工程	Contracted Projects	39666	94697	172370	33302	28773	15885
对外劳务工程	Labor Cooperation	30369	11464	16957	24237	23764	23657

6－7 旅游事业发展情况（一）
Development of Tourism (One)

年份 Year	星级饭店总数（个） Total Number of Star-ranked Hotels (unit)	入境旅游人数（万人次） Number of International Tourists (10 000 person－times)	#外国人 Foreigners	国际旅游外汇收入（万美元） Foreign Exchange Earning From Tourism (10 000 USD)	国内旅游人次（万人次） Number of Domestic Tourists (10 000 person－times)	国内旅游收入（亿元） Earning from Domestic Tourism (100 million yuan)	国内旅游人均花费（元） Domestic Tourism Spending Per Capita (yuan)
1981							
1982							
1983							
1984							
1985		2.4	1.0	165		0.13	
1986		3.1	1.6	235		0.12	
1987		3.6	1.5	255		0.20	
1988		4.2	1.8	380		0.32	
1989	23	2.5	1.2	335		0.33	
1990	27	4.6	3.0	610		0.44	
1991	33	6.2	3.6	859		0.78	
1992	35	8.4	5.3	1106		2.55	
1993	38	7.9	5.6	1110		2.76	
1994	48	10.7	9.3	2488			
1995	52	15.6	14.5	4148			
1996	72	18.8	17.6	5310			
1997	73	20.0	18.1	5935	1240	16.71	135
1998	86	13.1	11.6	3783	1317	26.61	202
1999	95	15.9	14.1	4483	1463	34.90	239
2000	151	22.3	19.2	5804	1809	51.94	287
2001	151	27.2	23.7	7579	2225	77.39	348
2002	172	29.4	25.9	8700	2455	108.17	441
2003	182	21.2	18.5	6638	2331	136.22	584
2004	176	32.4	27.7	9600	2588	175.92	680
2005	198	37.3	30.7	11953	2851	219.34	769
2006	210	44.9	36.8	14244	3193	264.00	827
2007	216	54.4	44.2	17931	3704	336.51	909
2008	236	61.7	52.5	21144	4497	436.10	970
2009	231	68.1	58.3	24294	5433	564.10	1038
2010	223	82.0	72.2	30492	6409	712.39	1112
2011	208	99.3	85.5	38528	7542	904.29	1199
2012	228	118.3	100.9	49477	8854	1146.89	1295
2013	223	127.4	110.5	57053	10242	1441.64	1408
2014	218	137.7	119.9	67538	12004	1766.55	1472
2015	215	148.1	129.2	72414	13983	2220.73	1588
2016	193	162.0	142.2	79121	16417	2845.94	1734
2017	176	148.4	128.3	76579	19093	3456.50	1810
2018	147	143.8	123.8	68585	22013	4165.60	1892
2019	98	137.0	121.0	61496	24696	4877.89	1975
2020	105	20.8	16.9	9692	15321	2528.10	1650
2021	76	17.4	14.4	6609	21075	3274.83	1554

6－8　旅游事业发展情况（二）
Development of Tourism (Two)

指　　标	Item	2019	2020	2021
入境旅游者人数（人次）	Total Number of International Tourists (person – time)	1365800	208285	173886
外国人	Foreigners	1211100	169071	144118
港澳同胞	Compatriot From Hong Kong and Macao	100800	31763	27601
台湾同胞	Compatriot From Taiwan	53900	7451	2167
海外旅游者人天数（人天）	Intenational Tourists Person–Day (person – day)	3837954	568811	474870
外国人	Foreigners	3382293	466890	393576
港澳同胞	Compatriot From Hong Kong and Macao	289931	83236	75376
台湾同胞	Compatriot From Taiwan	165730	18685	5918
国际旅游外汇收入（万美元）	Foreign Exchange Earnings from Tourism (10000 USD)	61495.88	9691.66	6609.10
国内旅游人数（万人次）	Total Number of Domestic Tourists (10000 person – times)	24696.43	15321.40	21074.50
国内旅游收入（亿元）	Earnings from Domestic Tourism (100 million yuan)	4877.89	2528.10	3274.83
旅游接待总人数（万人次）	Total Number of Tourists (10000 person – times)	24833.01	15342.23	21091.89
旅游总收入（亿元）	Total Income of Tourism (100 million yuan)	4920.38	2534.59	3279.04

注：海外旅游者人数及人天数中的外国人包括华侨数。
Note: The data of international tourists include overseas Chinese.

6－9　各地区旅游情况
Tourism Situation by Region

地　区	Region	2020				2021			
		国内旅游人数（万人次） Number of Domestic Tourists (10000 Person–time)	入境人数（万人次） Number of Oversea Visitors Arrivals (10000 Person–time)	国内旅游收入（亿元） Earnings from Domestic Tourism (100 million yuan)	旅游外汇收入（万美元） Exchange Earnings from Tourism (10000 USD)	国内旅游人数（万人次） Number of Domestic Tourists (10000 Person–time)	入境人数（万人次） Number of Oversea Visitors Arrivals (10000 Person–time)	国内旅游收入（亿元） Earnings from Domestic Tourism (100 million yuan)	旅游外汇收入（万美元） Exchange Earnings from Tourism (10000 USD)
全　省	**Total**	**15321.40**	**20.83**	**2528.10**	**9691.66**	**21074.50**	**17.39**	**3274.83**	**6609.10**
长　春	Changchun	7223.48	14.77	1376.78	6865.01	10389.72	15.65	1614.49	5427.19
吉　林	Jilin	3729.87	1.31	547.16	511.95	3784.98		588.16	
四　平	Siping	373.15	0.01	61.57	2.43	1426.74	0.08	221.71	13.78
辽　源	Liaoyuan	288.30	0.02	29.36	2.00	623.81	0.01	96.93	1.36
通　化	Tonghua	1004.03	0.85	66.80	168.90	870.38	0.12	135.25	13.26
白　山	Baishan	476.44	0.15	79.90	102.00	446.78		69.43	
松　原	Songyuan	651.44	0.91	76.26	607.77	1852.45	1.44	287.86	1125.00
白　城	Baicheng	153.60	0.00	26.72		733.39		113.96	
延　边	Yanbian	788.79	2.29	97.24	1252.60	946.25	0.08	147.04	25.68
长白山	Changbaishan	175.00	0.51	15.70	179.00				
梅河口	Meihekou	501.30	0.0021	50.01	0.56		0.01		2.63

6－10　按国别分入境旅游人数

Number of Oversea Visitor by Country Region

国　家	Countries (Region)	2016	2017	2018	2019	2020	2021
入境旅游人数（人次）	**Number of Oversea Visitor Arrivals (person－time)**	**1619530**	**1484300**	**1437543**	**1365800**	**208285**	**173886**
外国人	Foreigners	1421729	1283400	1238441	1211100	169071	144118
#日本	Japan	55445	113203	54053	61930	9904	6062
韩国	South Korea	853083	589879	598775	650149	40706	26897
菲律宾	Philippines	4191	5015	9483	11556	4179	4806
新加坡	Singapore	49670	22221	38512	27182	5787	6514
英国	United Kingdom	11437	16045	34629	17528	10012	10270
德国	Germany	61953	89886	45915	44399	13484	9314
俄罗斯	Russia	187979	296462	281446	222806	13238	2375
加拿大	Canada	11505	11999	19471	7931	1485	1437
美国	United States	18104	25792	34629	46475	28932	40249
港澳同胞	Compatriot Form Hong Kong, Macao	111713	114960	112146	100800	31763	27601
台湾同胞	Compatriot From Taiwan	86088	85940	86956	53900	7451	2167

第七篇

CHAPTER ▶ 07

能源生产和消费

Production and Consumption of Energy

资料整理人员：

刘　冰

7－1 历年能源生产总量及构成

Total Production of Energy and Its Composition

年 份 Year	能源生产总量 （万吨标准煤） Total Energy Production (10 000 tons of SCE)	占能源生产总量的比重（%） As Percentage of Total Energy Production			
		#原 煤 Coal	原 油 Crude Oil	天然气 Natural Gas	一次电力 Primary Electricity
1978	1635.6	81.0	16.2		2.8
1979	1689.4	79.2	15.8	1.2	3.9
1980	1530.3	75.9	16.5	2.0	5.6
1981	1493.2	74.4	15.6	0.8	9.1
1982	1538.5	79.1	15.8	0.7	4.3
1983	1637.2	77.8	15.5	0.7	6.0
1984	1787.6	76.9	15.3	0.5	7.3
1985	1947.2	76.3	15.6	0.5	7.5
1986	2142.2	71.0	15.8	0.6	12.6
1987	2201.6	68.4	18.6	0.6	12.4
1988	2292.4	69.4	19.6	0.6	10.4
1989	2369.9	73.5	20.6	0.6	5.3
1990	2572.3	72.5	19.8	0.5	7.2
1991	2593.3	70.5	18.9	0.6	10.0
1992	2259.4	71.2	21.8	1.0	6.0
1993	2248.7	69.3	21.5	1.2	8.0
1994	2311.1	68.8	20.5	1.0	9.6
1995	2512.9	67.6	19.5	0.9	12.0
1996	2452.0	68.2	21.8	1.0	9.0
1997	2499.5	68.8	23.2	1.4	6.6
1998	2134.6	64.2	26.6	1.6	2.3
1999	1969.9	62.9	26.0	1.9	9.2
2000	1885.6	61.4	26.4	2.0	10.3
2001	1956.7	57.8	28.4	1.9	11.9
2002	2109.5	61.5	28.6	1.4	8.5
2003	2205.3	65.6	30.9	1.4	2.1
2004	2458.9	67.3	28.0	1.9	2.9
2005	2574.3	62.7	30.6	2.8	3.8
2006	2879.2	65.0	30.8	1.1	2.3
2007	3146.9	67.9	28.2	1.0	2.5
2008	3584.8	67.4	26.9	2.5	2.2
2009	4192.9	70.2	21.5	5.0	2.5
2010	4790.8	70.0	20.9	4.9	3.5
2011	5083.7	70.7	20.8	5.1	2.8
2012	5710.8	71.2	20.3	5.3	2.7
2013	3763.3	47.9	26.7	8.4	14.0
2014	3634.1	49.8	26.1	8.2	12.3
2015	3234.7	45.4	29.4	8.4	10.4
2016	2762.7	34.1	32.2	9.5	16.6
2017	2538.1	37.9	23.5	9.8	20.4
2018	2396.8	34.3	23.1	9.7	24.9
2019	2288.2	27.7	24.1	11.2	27.6
2020	2349.3	20.2	24.6	11.2	32.6
2021	2509.8	20.8	23.6	11.3	33.3

注：2013年以后能源生产总量和能源结构是按等价值计算的，以前年份是按当量值计算的；受四经普影响，2015年以后数据有调整。

Note: After 2013,total energy production and energy structure are calculated according to the value of heat value equivalent.Data since 2015 are adjusted according to the 4th National Economic Census.

7-2 历年能源消费总量及构成

Total Consumption of Energy and Its Composition

年份 Year	能源消费总量（万吨标准煤） Total Energy Consumption (10 000 tons of SCE)	占能源消费总量的比重（%） As Percentage of Total Energy Consumption			
		#煤品燃料 Coal fuel	油品燃料 Oil fuel	天然气 Natural Gas	一次电力 Primary Electricity
1978	1661.4	70.4	26.7		2.9
1979	1741.2	72.5	25.5		3.9
1980	1930.2	73.4	21.3	1.9	3.9
1981	1819.6	72.7	22.1	0.5	5.4
1982	2117.3	76.2	18.4	0.6	3.0
1983	2313.0	73.0	18.5	0.5	4.0
1984	2495.5	74.0	20.9	0.4	5.0
1985	2658.8	74.1	19.3	0.4	5.2
1986	2772.1	71.5	19.4	0.4	9.0
1987	3080.9	71.9	17.2	0.4	8.3
1988	3283.8	74.0	18.1	0.4	6.7
1989	3392.7	77.1	18.3	0.4	3.5
1990	3523.4	63.5	16.8	0.3	19.3
1991	3572.8	64.4	15.5	0.4	19.7
1992	3614.6	63.6	15.8	0.5	20.1
1993	3793.8	65.1	15.1	0.6	19.3
1994	3856.5	64.4	13.8	0.6	21.2
1995	3954.2	62.2	14.7	0.5	22.6
1996	4032.7	62.6	15.0	0.5	21.9
1997	4177.2	58.8	18.1	0.7	22.4
1998	3626.8	54.9	20.7	0.9	23.6
1999	3693.2	53.2	21.1	0.8	24.9
2000	3527.7	53.0	20.9	0.8	25.3
2001	3712.7	53.7	19.9	0.7	25.6
2002	4209.0	56.2	18.5	0.7	24.7
2003	4468.8	73.8	22.4	2.1	1.0
2004	4778.7	75.6	20.5	2.2	1.5
2005	5258.5	76.5	20.9	1.9	1.8
2006	5871.5	77.7	19.3	1.7	1.1
2007	6465.9	76.1	19.4	2.0	1.2
2008	7100.1	77.7	16.9	2.5	1.1
2009	7553.4	78.7	16.0	2.8	1.4
2010	8172.8	77.9	17.8	2.9	2.1
2011	8886.9	78.2	16.6	2.9	1.6
2012	9028.3	77.3	15.9	3.4	1.7
2013	8645.4	71.8	17.0	3.7	6.1
2014	8559.8	71.7	17.0	3.5	5.2
2015	7020.1	69.3	19.7	3.9	4.8
2016	6885.7	67.4	20.6	4.4	6.7
2017	6881.4	65.8	21.3	4.8	7.5
2018	7000.4	65.6	20.9	5.4	8.5
2019	7132.2	66.8	20.4	5.4	8.9
2020	7185.7	66.8	19.9	5.8	10.7
2021	7287.6	66.5	19.2	6.5	11.5

注：①2013年能耗总量按全国第三次经济普查数据重新进行了调整；受四经普影响，2015年以后数据有调整。
②2013年以后能源消费总量和能源结构是按等价值计算的，以前年份是按当量值计算的。

Note: ①The total amount of energy consumed in 2013 was adjusted according to the third national economic census data.Data since 2015 are adjusted according to the 4th National Economic Census.
②After 2013,the total energy consumption and energy structure are calculated according to the value of heat value equivalent.

7-3 分行业能源品种消费（实物量）（2021年）

行　业	Item	原　煤 (万吨) Raw Coal (10000tons)
消费总计	**Total Consumption**	**8282.83**
一、农、林、牧、渔业	Agriculture,Forestry,Animal Husbandry and Fishery	27.26
二、工业合计	Industry	7987.85
轻工业	Light Industry	674.43
重工业	Heavy Industry	7313.42
（一）采矿业	Mining	357.72
煤炭开采和洗选业	Mining and Washing of Coal	348.48
石油和天然气开采业	Extraction of Petroleum and Natural Gas	0.37
黑色金属矿采选业	Mining and Processing of Ferrous Metal Ores	3.05
有色金属矿采选业	Mining and Processing of Non-ferrous Metal Ores	1.98
非金属矿采选业	Mining and Processing of Nonmetal Ores	3.35
开采辅助活动	Mining Support Activities	0.48
其他采矿业	Mining of Other Ores	0.01
（二）制造业	Manufacturing	1518.69
农副食品加工业	Processing of Food from Agricultural Products	172.17
食品制造业	Manufacture of Foods	220.04
酒、饮料和精制茶制造业	Manufacture of Liquor,Beverages and Refined Tea	114.80
烟草制品业	Manufacture of Tobacco	
纺织业	Manufacture of Textile	0.37
纺织服装、服饰业	Manufacture of Textile and Apparel	
皮革、毛皮、羽毛及其制品和制鞋业	Manufacture of Leather,Fur,Feathers and Footwear Industry	0.10
木材加工及木、竹、藤、棕、草制品业	Manufacture of Articles for Processing of Timber,Manufacture of Wood,Bamboo, Rattan,Palm and Straw Products	2.08
家具制造业	Manufacture of Furniture	0.02
造纸及纸制品业	Manufacture of Paper and Paper Products	24.86
印刷和记录媒介复制业	Printing,Reproduction of Recording Media	0.32
文教、工美、体育和娱乐用品制造业	Manufacture of Articles for Culture Education,Art,Sports and Entertainment Goods Industry	0.20
石油加工、炼焦和核燃料加工业	Processing of Petroleum,Coking,Processing of Nuclear Fuel	0.74
化学原料和化学制品制造业	Manufacture of Raw Chemical Materials and Chemical Products	308.50
医药制造业	Manufacture of Medicines	39.36
化学纤维制造业	Manufacture Chemical Fibers	102.03
橡胶和塑料制品业	Manufacture of Rubber and Plastic	0.34
非金属矿物制品业	Manufacture of Non-metallic Mineral Products	285.59
黑色金属冶炼和压延加工业	Smelting and Pressing of Ferrous Metals	193.51

Total Consumption of Energy by Sector (Actual Quantity) (2021)

煤制品 (万吨) Coal Products (10000tons)	焦 炭 (万吨) Coke (10000tons)	焦炉煤气 (亿立方米) Coal Oven Gas (100 million cu.m)	原 油 (万吨) Crude Oil (10000tons)	汽 油 (万吨) Gasoline (10000tons)	煤 油 (万吨) Kerosene (10000tons)
0.83	**674.12**	**12.51**	**828.91**	**163.61**	**32.73**
				6.22	
0.83	674.12	12.51	828.91	4.79	
0.73	0.78			0.64	
0.10	673.34	12.51	828.91	4.15	
			4.78	0.51	
				0.02	
			4.78	0.34	
				0.01	
				0.03	
				0.03	
				0.08	
0.81	674.12	12.51	824.09	3.65	
0.03				0.24	
				0.15	
				0.04	
				0.01	
				0.04	
				0.01	
				0.03	
			39.21	0.01	
0.03		1.11	784.88	0.19	
0.70	0.78			0.16	
0.05				0.15	
	4.83	0.94		0.22	
	667.28	10.46		0.01	

7－3 续表 1

行　　业	Item	原　煤 (万吨) Raw Coal (10000tons)
有色金属冶炼和压延加工业	Smelting and Pressing of Non-ferrous Metals	11.95
金属制品业	Manufacture of Metal Products	7.39
通用设备制造业	Manufacture of General Purpose Machinery	3.57
专用设备制造业	Manufacture of Special Purpose Machinery	0.77
汽车制造业	Manufacture of Automobiles	27.58
铁路、船舶、航空航天和其他运输设备制造业	Manufacture of Railway,Ship,Aerospace and Other Transport Equipment	1.47
电气机械和器材制造业	Manufacture of Electrical Machinery and Equipment	0.04
通信设备、计算机和其他电子设备制造业	Manufacture of Communication Equipment,Computers and Other Electronic Equipment	0.09
仪器仪表制造业	Manufacture of Measuring Instrument	
其他制造业	Other Manufacturing	0.16
废弃资源综合利用业	Waste Resources Utilization Industry	0.26
金属制品、机械和设备修理业	Metal Products,Machinery and Equipment Repair Industry	0.38
（三）电力、热力、燃气及水的生产和供应业	Production and Supply of Electricity,Gas and Water	6111.44
电力、热力的生产和供应业	Production and Supply of Electric Power and Heat Power	6111.44
燃气生产和供应业	Production and Supply of Gas	
水的生产和供应业	Production and Supply of Water	
三、建筑业	Construction	1.45
房屋和土木工程建筑业	Construction of Building and Civil Engineering	0.58
建筑安装业	Construction Installation	0.41
建筑装饰业	Construction Decoration	0.22
其他建筑业	Other Construction	0.24
四、交通运输仓储和邮政业	Transport,Storage and Post	3.43
铁路运输业	Railway Transport	0.70
道路运输业	Road Transport	0.78
水上运输业	Water Transport	
航空运输业	Air Transport	0.19
管道运输业	Transport Via Pipeline	
装卸搬运及其他运输服务业	Loading,Unloading,Portage and Other Transport Services	0.16
仓储业	Storage	0.81
邮政业	Post	0.79
五、批发、零售业和住宿、餐饮业	Wholesale,Retail Trades,Hotels and Catering Services	2.38
六、其他行业	Others	120.90
七、城乡居民生活	Residential Consumption	139.56

continued

煤制品 (万吨) Coal Products (10000tons)	焦　炭 (万吨) Coke (10000tons)	焦炉煤气 (亿立方米) Coal Oven Gas (100 million cu.m)	原　油 (万吨) Crude Oil (10000tons)	汽　油 (万吨) Gasoline (10000tons)	煤　油 (万吨) Kerosene (10000tons)
	0.17			0.01	
				0.16	
	0.01			0.15	
				0.12	
	1.05			1.74	
				0.05	
				0.04	
				0.01	
				0.01	
				0.05	
				0.05	
0.02			0.04	0.63	
			0.04	0.50	
				0.08	
0.02				0.05	
				15.88	
				9.82	
				3.68	
				1.58	
				0.80	
				43.31	32.73
				0.22	
				32.76	
				2.45	
				0.43	32.73
				0.45	
				3.30	
				3.70	
				10.11	
				60.34	
				22.96	

行　　业	Item	柴　油（万吨）Diesel Oil (10000tons)
消费总计	**Total Consumption**	**398.38**
一、农、林、牧、渔业	Agriculture,Forestry,Animal Husbandry and Fishery	67.54
二、工业合计	Industry	16.34
轻工业	Light Industry	1.59
重工业	Heavy Industry	14.75
（一）采矿业	Mining	5.34
煤炭开采和洗选业	Mining and Washing of Coal	0.27
石油和天然气开采业	Extraction of Petroleum and Natural Gas	1.35
黑色金属矿采选业	Mining and Processing of Ferrous Metal Ores	0.32
有色金属矿采选业	Mining and Processing of Non-ferrous Metal Ores	0.86
非金属矿采选业	Mining and Processing of Nonmetal Ores	0.54
开采辅助活动	Mining Support Activities	2.00
其他采矿业	Mining of Other Ores	
（二）制造业	Manufacturing	9.76
农副食品加工业	Processing of Food from Agricultural Products	0.65
食品制造业	Manufacture of Foods	0.24
酒、饮料和精制茶制造业	Manufacture of Liquor,Beverages and Refined Tea	0.14
烟草制品业	Manufacture of Tobacco	0.02
纺织业	Manufacture of Textile	0.01
纺织服装、服饰业	Manufacture of Textile and Apparel	0.02
皮革、毛皮、羽毛及其制品和制鞋业	Manufacture of Leather,Fur,Feathers and Footwear Industry	
木材加工及木、竹、藤、棕、草制品业	Manufacture of Articles for Processing of Timber,Manufacture of Wood,Bamboo, Rattan,Palm and Straw Products	0.16
家具制造业	Manufacture of Furniture	0.01
造纸及纸制品业	Manufacture of Paper and Paper Products	0.07
印刷和记录媒介复制业	Printing,Reproduction of Recording Media	0.02
文教、工美、体育和娱乐用品制造业	Manufacture of Articles for Culture Education,Art,Sports and Entertainment Goods Industry	
石油加工、炼焦和核燃料加工业	Processing of Petroleum,Coking,Processing of Nuclear Fuel	0.13
化学原料和化学制品制造业	Manufacture of Raw Chemical Materials and Chemical Products	0.47
医药制造业	Manufacture of Medicines	0.10
化学纤维制造业	Manufacture Chemical Fibers	0.10
橡胶和塑料制品业	Manufacture of Rubber and Plastic	0.34
非金属矿物制品业	Manufacture of Non – metallic Mineral Products	3.23
黑色金属冶炼和压延加工业	Smelting and Pressing of Ferrous Metals	0.26

continued

燃料油（万吨） Fuel Oil (10000tons)	液化石油气（万吨） Liquefied Petroleum Gas (10000tons)	炼厂干气（万吨） Refinery Dry Gas (10000tons)	其他石油制品（万吨） Other Petroleum Products (10000tons)	天然气（亿立方米） Natural Gas (100 million cu.m)	热力（万百万千焦） Heat Power (10 billion kilo-joule)	电力（亿千瓦时） Electric Power (100 million kWh)
25.76	**46.63**	**33.46**	**186.57**	**35.41**	**36860.43**	**843.18**
						24.17
25.76	24.68	33.46	186.57	14.74	16747.77	531.26
0.62	0.08			1.45	8626.02	56.00
25.14	24.60	33.46	186.57	13.29	8121.75	475.26
			0.24	3.28	422.88	39.69
					413.72	6.66
				3.23	6.73	17.75
			0.24			3.55
						8.16
						2.01
				0.05	2.43	1.56
25.66	24.68	33.46	186.33	10.42	14881.57	242.95
0.01				0.32	2380.71	17.59
	0.01			0.19	2858.32	4.41
0.09				0.09	1407.54	5.93
				0.05	7.43	0.57
				0.02	5.12	1.57
				0.01	33.26	2.62
						0.11
				0.01	0.57	3.54
					0.09	0.60
				0.08	111.17	2.97
					1.73	0.65
						0.12
	24.43				6.65	7.05
24.77	0.01	33.46	186.31	4.77	3757.86	31.91
0.52	0.07			0.67	150.61	10.10
				0.02	1670.04	5.85
				0.06	19.96	6.42
	0.01		0.02	1.22	685.53	32.28
				0.03	260.63	37.98

7－3 续表 3

行业	Item	柴油（万吨）Diesel Oil1 (10000tons)
有色金属冶炼和压延加工业	Smelting and Pressing of Non-ferrous Metals	0.21
金属制品业	Manufacture of Metal Products	0.36
通用设备制造业	Manufacture of General Purpose Machinery	0.19
专用设备制造业	Manufacture of Special Purpose Machinery	0.29
汽车制造业	Manufacture of Automobiles	2.09
铁路、船舶、航空航天和其他运输设备制造业	Manufacture of Railway,Ship,Aerospace and Other Transport Equipment	0.10
电气机械和器材制造业	Manufacture of Electrical Machinery and Equipment	0.01
通信设备、计算机和其他电子设备制造业	Manufacture of Communication Equipment,Computers and Other Electronic Equipment	
仪器仪表制造业	Manufacture of Measuring Instrument	
其他制造业	Other Manufacturing	0.21
废弃资源综合利用业	Waste Resources Utilization Industry	0.13
金属制品、机械和设备修理业	Metal Products,Machinery and Equipment Repair Industry	0.20
（三）电力、热力、燃气及水的生产和供应业	Production and Supply of Electricity,Gas and Water	1.24
电力、热力的生产和供应业	Production and Supply of Electric Power and Heat Power	1.20
燃气生产和供应业	Production and Supply of Gas	0.02
水的生产和供应业	Production and Supply of Water	0.02
三、建筑业	Construction	28.02
房屋和土木工程建筑业	Construction of Building and Civil Engineering	2.86
建筑安装业	Construction Installation	20.58
建筑装饰业	Construction Decoration	2.01
其他建筑业	Other Construction	2.57
四、交通运输储运业和邮政业	Transport,Storage and Post	235.39
铁路运输业	Railway Transport	15.65
道路运输业	Road Transport	195.43
水上运输业	Water Transport	0.42
航空运输业	Air Transport	0.34
管道运输业	Transport Via Pipeline	
装卸搬运及其他运输服务业	Loading,Unloading,Portage and Other Transport Services	3.03
仓储业	Storage	14.97
邮政业	Post	5.55
五、批发、零售业和住宿、餐饮业	Wholesale,Retail Trades,Hotels and Catering Services	4.14
六、其他行业	Others	33.49
七、城乡居民生活	Residential Consumption	13.46

continued

燃料油（万吨）Fuel Oil (10000tons)	液化石油气（万吨）Liquified Petroleum Gas (10000tons)	炼厂干气（万吨）Refinery Dry Gas (10000tons)	其他石油制品（万吨）Other Petroleum Products (10000tons)	天然气（亿立方米）Natural Gas (100 million cu.m)	热力（万百万千焦）Heat Power (10 billion kilo-joule)	电力（亿千瓦时）Electric Power (100 million kWh)
	0.15			0.18	21.56	7.66
				0.16	5.74	5.72
				0.02	1.08	4.90
				0.03	6.30	1.80
0.03				1.91	1281.15	38.02
				0.50	202.99	4.03
0.24				0.01	1.06	1.39
				0.07	3.45	2.21
						0.18
						2.91
					0.67	1.51
					0.35	0.35
0.10				1.04	1443.32	248.62
0.10				0.24	1299.91	229.51
				0.80		2.63
					143.41	16.48
	0.52			0.53	1240.00	12.96
	0.17			0.08	297.84	7.36
	0.30			0.45	92.72	3.02
	0.03				696.98	0.25
	0.02				152.46	2.33
	4.73			7.35	1929.07	29.78
	0.02			0.08	328.95	15.71
	3.49			2.57	452.35	5.21
	0.03				107.36	
					89.23	0.58
	0.64			2.99	401.69	2.93
	0.36			0.22	105.43	0.24
	0.12			1.21	296.87	4.62
	0.07			0.28	147.19	0.49
	1.61			1.56	1545.66	53.32
	5.50			4.34	6066.68	46.18
	9.59			6.90	9331.25	145.51

7-4 地区能源平衡表（实物量）（2021年）

指　　标	Item	原　煤 (万吨) Raw Coal (10000tons)
一、可供本地区消费能源量	Total Energy Available for Consumption	8282.83
（一）年初库存量	Inventories at Beginning	935.93
（二）一次能源生产量	Primary Energy Output	904.61
（三）外省（区、市）调入量	Allocation from Outside	6712.74
（四）进口量	Imports	688.00
（五）我轮机在外国加油量	Refuelling Abroad for Our Ships and Planes	
（六）本省（区、市）调出量（-）	Allocation from Inside	-146.39
（七）出口量（-）	Exports	
（八）外轮、机在我国加油量（-）	Refuelling in China for Foreign Ships and Planes	
（九）年末库存量（-）	Inventories at the end	-812.06
二、加工转换投入（-）产出（+）量	Output and Input in Processing and Transformation	-7168.39
（一）火力发电	Thermal Power	-3922.66
（二）供热	Heating	-2898.40
（三）煤炭洗选	Washing Coal	-347.33
（四）炼焦	Coking	
（五）炼油及煤制油	Petroleum Refining	
其中：油品再投入量（-）	Reinput for Oil	
（六）制气	Gas Production	
其中：焦炭再投入量（-）	Reinput for Coke	
（七）天然气液化	Natural Gas Liquefaction	
（八）煤制品加工	Coal Products Processing	
（九）回收能	Recycled Energy	
三、损失量	Energy Losses	
其中：运输和输配损失	Losses for Transportation and Transmission	
四、终端消费量	End-use Consumption	1114.44
（一）第一产业	Primary Industry	27.26
1. 农、林、牧、渔业	Agriculture,Forestry,Animal Husbandry and Fishery	27.26
（二）第二产业	Secondary Industry	820.91
1. 工业	Industry	819.46
#用作原料.材料	As Material	42.59
2.建筑业	Construction	1.45
（三）第三产业	Tertiary Industry	126.71
1. 交通运输、仓储及邮政业	Transport,Storage and Post	3.43
2. 批发、零售和住宿、餐饮业	Wholesale,Retail Trade,Hotels and Catering Services	2.38
3. 其他	Others	120.90
（四）生活消费	Residential Consumption	139.56
1. 城镇	Urban	9.06
2.乡村	Rural	130.50
五、平衡差额（+、-）	Balance	
六、消费量合计	Total Consumption	8282.83

注：本表数据与GDP核算数据有关。
Note: Data in this table is in accordance with that of GDP.

Energy Balance Sheet（Actual Quantity）（2021）

洗精煤 (万吨) Washed Coal (10000tons)	煤制品 (万吨) Coal Products (10000tons)	焦炭 (万吨) Coke (10000tons)	焦炉煤气 (万吨) Coal Oven Gas (10000tons)	原油 (万吨) Crude Oil (10000tons)	汽油 (万吨) Gasoline (10000tons)	煤油 (万吨) Kerosene (10000tons)
481.22	0.83	275.00		828.91	-38.62	5.47
32.08	0.06	16.72		21.22	9.18	0.79
				414.25		
477.23	42.84	273.03		412.38	170.55	32.52
						0.21
-12.04	-42.07				-211.14	-27.11
-16.05		-14.75		-18.94	-7.21	-0.94
-481.22		399.12	11.96	-823.27	202.23	27.26
			-0.55			
38.58						
-519.80		399.12	12.51			
				-823.27	202.23	27.26
	0.83	674.12	11.96	5.64	163.61	32.73
					6.22	
					6.22	
	0.83	674.12	11.96	5.64	20.67	
	0.83	674.12	11.96	5.64	4.79	
					0.01	
					15.88	
					113.76	32.73
					43.31	32.73
					10.11	
					60.34	
					22.96	
					12.02	
					10.94	
519.80	0.83	674.12	12.51	828.91	163.61	32.73

7－4 续表

指　　标	Item	柴　油（万吨）Diesel Oil (10000tons)
一、可供本地区消费能源量	Total Energy Available for Consumption	190.66
（一）年初库存量	Inventories at Beginning	17.25
（二）一次能源生产量	Primary Energy Output	
（三）外省（区、市）调入量	Allocation from Outside	398.58
（四）进口量	Imports	
（五）我轮机在外国加油量	Refuelling Abroad for Our Ships and Planes	
（六）本省（区、市）调出量（－）	Allocation from Inside	−208.98
（七）出口量（－）	Exports	
（八）外轮、机在我国加油量（－）	Refuelling in China for Foreign Ships and Planes	
（九）年末库存量（－）	Inventories at the end	−16.19
二、加工转换投入（－）产出（＋）量	Output and Input in Processing and Transformation	207.62
（一）火力发电	Thermal Power	−0.05
（二）供热	Heating	−0.05
（三）煤炭洗选	Washing Coal	
（四）炼焦	Coking	
（五）炼油及煤制油	Petroleum Refining	207.72
其中：油品再投入量（－）	Reinput for Oil	
（六）制气	Gas Production	
其中：焦炭再投入量（－）	Reinput for Coke	
（七）天然气液化	Natural Gas Liquefaction	
（八）煤制品加工	Coal Products Processing	
（九）回收能	Recycled Energy	
三、损失量	Energy Losses	
其中：运输和输配损失	Losses for Transportation and Transmission	
四、终端消费量	End-use Consumption	398.28
（一）第一产业	Primary Industry	67.54
1. 农、林、牧、渔业	Agriculture,Forestry,Animal Husbandry and Fishery	67.54
（二）第二产业	Secondary Industry	44.26
1. 工业	Industry	16.24
其中：用作原料、材料	As Material	0.02
2.建筑业	Construction	28.02
（三）第三产业	Tertiary Industry	273.02
1. 交通运输、仓储及邮政业	Transport,Storage and Post	235.39
2. 批发、零售和住宿、餐饮业	Wholesale,Retail Trade,Hotels and Catering Services	4.14
3. 其他	Others	33.49
（四）生活消费	Residential Consumption	13.46
1. 城镇	Urban	1.09
2. 乡村	Rural	12.37
五、平衡差额（＋、－）	Balance	
六、消费量合计	Total Consumption	398.38

continued

燃料油 （万吨） Fuel Oil (10000tons)	液化石油气 （万吨） Liquefied Petroleum Gas (10000tons)	炼厂干气 （万吨） Refinery Dry Gas (10000tons)	其他石油制品 （万吨） Other Petroleum Products (10000tons)	天然气 （万吨） Natural Gas (10000tons)	热力 （万百万千焦） Heat Power (10 billion kilo-joule)	电力 （亿千瓦时） Electric Power (1000 million kWh)
-2.57	31.69		-47.13	38.37		112.49
1.23	1.07		2.20	0.18		
				21.38		295.06
1.02	37.28			16.83		127.00
-3.59	-3.69		-48.68			-309.57
-1.23	-2.97		-0.65	-0.02		
26.43	-9.49	33.46	204.11	-4.77	36107.55	730.69
-0.49					-752.88	730.69
-1.41				-0.63	35537.20	
28.33	14.94	33.46	233.70			
	-24.43		-29.59			
				-0.82		
				-3.32		
					1323.23	
					3110.70	49.93
					229.34	49.93
23.86	22.20	33.46	156.98	33.60	32996.85	793.25
						24.17
						24.17
23.86	0.77	33.46	156.98	13.45	14353.53	494.29
23.86	0.25	33.46	156.98	12.92	13113.53	481.33
20.89			154.42	0.27		
	0.52			0.53	1240.00	12.96
	11.84			13.25	9312.07	129.28
	4.73			7.35	1699.73	29.78
	1.61			1.56	1545.66	53.32
	5.50			4.34	6066.68	46.18
	9.59			6.90	9331.25	145.51
	3.38			6.48	7771.64	97.38
	6.21			0.42	1559.61	48.13
25.76	46.63	33.46	186.57	35.42	36860.43	843.18

7-5 地区能源平衡表（标准量）（2021年）

单位: 万吨标准煤

指　　标	Item	原　煤 Raw Coal
一、可供本地区消费能源量	Total Energy Available for Consumption	4221.17
（一）年初库存量	Inventories at Beginning	502.11
（二）一次能源生产量	Primary Energy Output	522.41
（三）外省（区、市）调入量	Allocation from Outside	3275.42
（四）进口量	Imports	404.17
（五）我轮机在外国加油量	Refuelling Abroad for Our Ships and Planes	
（六）本省（区、市）调出量（-）	Allocation from Inside	-49.54
（七）出口量（-）	Exports	
（八）外轮、机在我国加油量（-）	Refuelling in China for Foreign Ships and Planes	
（九）年末库存量（-）	Inventories at the end	-433.40
二、加工转换投入（-）产出（+）量	Output and Input in Processing and Transformation	-3542.47
（一）火力发电	Thermal Power	-1783.44
（二）供热	Heating	-1549.77
（三）煤炭洗选	Washing Coal	-209.26
（四）炼焦	Coking	
（五）炼油及煤制油	Petroleum Refining	
其中：油品再投入量（-）	Reinput for Oil	
（六）制气	Gas Production	
其中：焦炭再投入量（-）	Reinput for Coke	
（七）天然气液化	Natural Gas Liquefaction	
（八）煤制品加工	Coal Products Processing	
（九）回收能	Recycled Energy	
三、损失量	Energy Losses	
其中：运输和输配损失	Losses for Transportation and Transmission	
四、终端消费量	End-use Consumption	678.69
（一）第一产业	Primary Industry	11.76
1. 农、林、牧、渔业	Agriculture,Forestry,Animal Husbandry and Fishery	11.76
（二）第二产业	Secondary Industry	551.83
1. 工业	Industry	551.21
其中：用作原料、材料	As Material	18.41
2.建筑业	Construction	0.63
（三）第三产业	Tertiary Industry	54.88
1. 交通运输、仓储及邮政业	Transport,Storage and Post	1.68
2. 批发、零售和住宿、餐饮业	Wholesale,Retail Trade,Hotels and Catering Services	1.03
3. 其他	Others	52.17
（四）生活消费	Residential Consumption	60.22
1. 城镇	Urban	3.91
2.乡村	Rural	56.31
五、平衡差额（+、-）	Balance	
六、消费量合计	Total Consumption	

注：本表数据与GDP核算数据有关。
Note: Data in this table is in accordance with that of GDP.

Energy Balance Sheet (Standard Quantity) (2021)

unit:10000tons of SCE

洗精煤 Washed Coal	煤制品 Coal Products	焦 炭 Coke	焦炉煤气 Coal Oven Gas	原 油 Crude Oil	汽 油 Gasoline	煤 油 Kerosene
453.79	0.37	267.08		1184.18	-56.83	8.05
30.91	0.03	15.77		30.31	13.51	1.16
				591.80		
449.18	22.57	265.22		589.13	250.95	47.85
						0.31
-10.84	-22.23				-310.67	-39.89
-15.46		-13.91		-27.06	-10.61	-1.38
-453.79		376.21	69.77	-1176.12	297.56	40.11
			-3.14			
34.72						
-488.51		376.21	72.91			
				-1176.12	297.56	40.11
	0.37	643.29	69.77	8.06	240.74	48.16
					9.15	
					9.15	
	0.37	643.29	69.77	8.06	30.41	
	0.37	643.29	69.77	8.06	7.05	
					0.01	
					23.37	
					167.39	48.16
					63.73	48.16
					14.88	
					88.78	
					33.78	
					17.69	
					16.10	
0.00	0.00			0.00		0.00

7－5 续表

单位: 万吨标准煤

指　　标	Item	柴 油 Diesel Oil
一、可供本地区消费能源量	Total Energy Available for Consumption	277.81
（一）年初库存量	Inventories at Beginning	25.13
（二）一次能源生产量	Primary Energy Output	
（三）外省（区、市）调入量	Allocation from Outside	580.77
（四）进口量	Imports	
（五）我轮机在外国加油量	Refuelling Abroad for Our Ships and Planes	
（六）本省（区、市）调出量（－）	Allocation from Inside	-304.50
（七）出口量（－）	Exports	
（八）外轮、机在我国加油量（－）	Refuelling in China for Foreign Ships and Planes	
（九）年末库存量（－）	Inventories at the end	-23.59
二、加工转换投入（－）产出（＋）量	Output and Input in Processing and Transformation	302.52
（一）火力发电	Thermal Power	-0.07
（二）供热	Heating	-0.07
（三）煤炭洗选	Washing Coal	
（四）炼焦	Coking	
（五）炼油及煤制油	Petroleum Refining	302.67
其中：油品再投入量(-)	Reinput for Oil	
（六）制气	Gas Production	
其中：焦炭再投入量（－）	Reinput for Coke	
（七）天然气液化	Natural Gas Liquefaction	
（八）煤制品加工	Coal Products Processing	
（九）回收能	Recycled Energy	
三、损失量	Energy Losses	
其中：运输和输配损失	Losses for Transportation and Transmission	
四、终端消费量	End-use Consumption	580.34
（一）第一产业	Primary Industry	98.41
1. 农、林、牧、渔业	Agriculture,Forestry,Animal Husbandry and Fishery	98.41
（二）第二产业	Secondary Industry	64.49
1. 工业	Industry	23.66
其中：用作原料、材料	As Material	0.03
2.建筑业	Construction	40.83
（三）第三产业	Tertiary Industry	397.82
1. 交通运输、仓储及邮政业	Transport,Storage and Post	342.99
2. 批发、零售和住宿、餐饮业	Wholesale,Retail Trade,Hotels and Catering Services	6.04
3. 其他	Others	48.80
（四）生活消费	Residential Consumption	19.61
1. 城镇	Urban	1.59
2. 乡村	Rural	18.02
五、平衡差额（+、－）	Balance	0.00
六、消费量合计	Total Consumption	

continued

unit:10000tons of SCE

燃料油 Fuel Oil	液化石油气 Liquefied Petroleum Gas	炼厂干气 Refinery Dry Gas	其他石油制品 Other Petroleum Products	天然气 Natural Gas	热力 Heat Power	电力（当量值）Electric Power (Equivalent Value)
-3.67	54.32		-65.98	510.32		138.25
1.76	1.83		3.08	2.39		
				284.35		362.63
1.46	63.91			223.84		156.08
-5.13	-6.33		-68.15			-380.46
-1.76	-5.09		-0.91	-0.27		
37.76	-16.27	52.58	285.75	-63.44	1231.27	898.02
-0.70					-25.67	898.02
-2.01				-8.38	1211.82	
40.47	25.61	52.58	327.18			
	-41.88		-41.43			
				-10.91		
				-44.16		
					45.12	
					106.07	61.36
					7.82	61.36
34.09	38.06	52.58	219.77	446.88	1125.19	974.90
						29.70
						29.70
34.09	1.32	52.58	219.77	178.89	489.46	607.48
34.09	0.43	52.58	219.77	171.84	447.17	591.55
29.84			216.19	3.59		
	0.89			7.05	42.28	15.93
	20.30			176.23	317.54	158.89
	8.11			97.76	57.96	36.60
	2.76			20.75	52.71	65.53
	9.43			57.72	206.87	56.76
	16.44			91.77	318.20	178.83
	5.79			86.18	265.01	119.68
	10.65			5.59	53.18	59.15
	0.00		0.00			

7-6 分行业能源终端消费（实物量）（2021年）

行　　业	Item	原　煤 (万吨) Raw Coal (10000tons)
消费总计	**Total Consumption**	**1114.44**
一、农、林、牧、渔业	Agriculture,Forestry,Animal Husbandry and Fishery	27.26
二、工业合计	Industry	819.46
轻工业	Light Industry	207.87
重工业	Heavy Industry	611.59
（一）采矿业	Mining	10.39
煤炭开采和洗选业	Mining and Washing of Coal	1.15
石油和天然气开采业	Extraction of Petroleum and Natural Gas	0.37
黑色金属矿采选业	Mining and Processing of Ferrous Metal Ores	3.05
有色金属矿采选业	Mining and Processing of Non-ferrous Metal Ores	1.98
非金属矿采选业	Mining and Processing of Nonmetal Ores	3.35
开采辅助活动	Mining Support Activities	0.48
其他采矿业	Mining of Other Ores	0.01
（二）制造业	Manufacturing	804.16
农副食品加工业	Processing of Food from Agricultural Products	60.87
食品制造业	Manufacture of Foods	35.31
酒、饮料和精制茶制造业	Manufacture of Liquor,Beverages and Refined Tea	50.08
烟草制品业	Manufacture of Tobacco	
纺织业	Manufacture of Textile	0.37
纺织服装、服饰业	Manufacture of Textile and Apparel	
皮革、毛皮、羽毛及其制品和制鞋业	Manufacture of Leather,Fur,Feathers and Footwear Industry	0.10
木材加工及木、竹、藤、棕、草制品业	Manufacture of Articles for Processing of Timber,Manufacture of Wood,Bamboo, Rattan,Palm and Straw Products	2.08
家具制造业	Manufacture of Furniture	0.02
造纸及纸制品业	Manufacture of Paper and Paper Products	20.98
印刷和记录媒介复制业	Printing,Reproduction of Recording Media	0.32
文教、工美、体育和娱乐用品制造业	Manufacture of Articles for Culture Education,Art,Sports and Entertainment Goods Industry	0.20
石油加工、炼焦和核燃料加工业	Processing of Petroleum,Coking,Processing of Nuclear Fuel	0.74
化学原料和化学制品制造业	Manufacture of Raw Chemical Materials and Chemical Products	89.15
医药制造业	Manufacture of Medicines	39.36
化学纤维制造业	Manufacture Chemical Fibers	
橡胶和塑料制品业	Manufacture of Rubber and Plastic	0.34
非金属矿物制品业	Manufacture of Non - metallic Mineral Products	285.06
黑色金属冶炼和压延加工业	Smelting and Pressing of Ferrous Metals	193.51

End-use Energy Consumption by Sector (Actual Quantity) (2021)

煤制品 (万吨) Coal Products (10000tons)	焦 炭 (万吨) Coke (10000tons)	焦炉煤气 (亿立方米) Coal Oven Gas (100 million cu.m)	原 油 (万吨) Crude Oil (10000tons)	汽 油 (万吨) Gasoline (10000tons)	煤 油 (万吨) Kerosene (10000tons)
0.83	**674.12**	**11.96**	**5.64**	**163.61**	**32.73**
				6.22	
0.83	674.12	11.96	5.64	4.79	
0.73	0.78			0.69	
0.10	673.34	11.96	5.64	4.10	
			4.78	0.51	
				0.02	
			4.78	0.34	
				0.01	
				0.03	
				0.03	
				0.08	
0.81	674.12	11.96	0.82	3.65	
0.03				0.24	
				0.15	
				0.04	
				0.01	
				0.04	
				0.01	
				0.03	
				0.01	
0.03		1.11	0.82	0.19	
0.70	0.78			0.16	
0.05				0.15	
	4.83	0.94		0.22	
	667.28	9.91		0.01	

7－6 续表 1

行　　业	Item	原　煤（万吨）Raw Coal (10000tons)
有色金属冶炼和压延加工业	Smelting and Pressing of Non-ferrous Metals	11.95
金属制品业	Manufacture of Metal Products	7.39
通用设备制造业	Manufacture of General Purpose Machinery	3.57
专用设备制造业	Manufacture of Special Purpose Machinery	0.77
汽车制造业	Manufacture of Automobiles	1.04
铁路、船舶、航空航天和其他运输设备制造业	Manufacture of Railway,Ship,Aerospace and Other Transport Equipment	0.02
电气机械和器材制造业	Manufacture of Electrical Machinery and Equipment	0.04
通信设备、计算机和其他电子设备制造业	Manufacture of Communication Equipment,Computers and Other Electronic Equipment	0.09
仪器仪表制造业	Manufacture of Measuring Instrument	
其他制造业	Other Manufacturing	0.16
废弃资源综合利用业	Waste Resources Utilization Industry	0.26
金属制品、机械和设备修理业	Metal Products,Machinery and Equipment Repair Industry	0.38
（三）电力、热力、燃气及水的生产和供应业	Production and Supply of Electricity,Gas and Water	4.91
电力、热力的生产和供应业	Production and Supply of Electric Power and Heat Power	4.91
燃气生产和供应业	Production and Supply of Gas	
水的生产和供应业	Production and Supply of Water	
三、建筑业	Construction	1.45
房屋和土木工程建筑业	Construction of Building and Civil Engineering	0.58
建筑安装业	Construction Installation	0.41
建筑装饰业	Construction Decoration	0.22
其他建筑业	Other Construction	0.24
四、交通运输储运业和邮政业	Transport,Storage and Post	3.43
铁路运输业	Railway Transport	0.70
道路运输业	Road Transport	0.78
水上运输业	Water Transport	
航空运输业	Air Transport	0.19
管道运输业	Transport Via Pipeline	
装卸搬运及其他运输服务业	Loading,Unloading,Portage and Other Transport Services	0.16
仓储业	Storage	0.81
邮政业	Post	0.79
五、批发、零售业和住宿、餐饮业	Wholesale,Retail Trades,Hotels and Catering Services	2.38
六、其他行业	Others	120.90
七、城乡居民生活	Residential Consumption	139.56

continued

煤制品 (万吨) Coal Products (10000tons)	焦 炭 (万吨) Coke (10000tons)	焦炉煤气 (亿立方米) Coal Oven Gas (100 million cu.m)	原 油 (万吨) Crude Oil (10000tons)	汽 油 (万吨) Gasoline (10000tons)	煤 油 (万吨) Kerosene (10000tons)
	0.17			0.01	
				0.16	
	0.01			0.15	
				0.12	
	1.05			1.74	
				0.05	
				0.04	
				0.01	
				0.01	
				0.05	
				0.05	
0.02			0.04	0.63	
			0.04	0.50	
				0.08	
0.02				0.05	
				15.88	
				9.82	
				3.68	
				1.58	
				0.80	
				43.31	32.73
				0.22	
				32.76	
				2.45	
				0.43	32.73
				0.45	
				3.30	
				3.70	
				10.11	
				60.34	
				22.96	

7－6 续表 2

行　　业	Item	柴　油（万吨）Diesel Oil (10000tons)
消费总计	**Total Consumption**	**398.28**
一、农、林、牧、渔业	Agriculture,Forestry,Animal Husbandry and Fishery	67.54
二、工业合计	Industry	16.24
轻工业	Light Industry	1.51
重工业	Heavy Industry	14.73
（一）采矿业	Mining	5.34
煤炭开采和洗选业	Mining and Washing of Coal	0.27
石油和天然气开采业	Extraction of Petroleum and Natural Gas	1.35
黑色金属矿采选业	Mining and Processing of Ferrous Metal Ores	0.32
有色金属矿采选业	Mining and Processing of Non-ferrous Metal Ores	0.86
非金属矿采选业	Mining and Processing of Nonmetal Ores	0.54
开采辅助活动	Mining Support Activities	2.00
其他采矿业	Mining of Other Ores	
（二）制造业	Manufacturing	9.76
农副食品加工业	Processing of Food from Agricultural Products	0.65
食品制造业	Manufacture of Foods	0.24
酒、饮料和精制茶制造业	Manufacture of Liquor,Beverages and Refined Tea	0.14
烟草制品业	Manufacture of Tobacco	0.02
纺织业	Manufacture of Textile	0.01
纺织服装、服饰业	Manufacture of Textile and Apparel	0.02
皮革、毛皮、羽毛及其制品和制鞋业	Manufacture of Leather,Fur,Feathers and Footwear Industry	
木材加工及木、竹、藤、棕、草制品业	Manufacture of Articles for Processing of Timber,Manufacture of Wood,Bamboo, Rattan,Palm and Straw Products	0.16
家具制造业	Manufacture of Furniture	0.01
造纸及纸制品业	Manufacture of Paper and Paper Products	0.07
印刷和记录媒介复制业	Printing,Reproduction of Recording Media	0.02
文教、工美、体育和娱乐用品制造业	Manufacture of Articles for Culture Education,Art,Sports and Entertainment Goods Industry	
石油加工、炼焦和核燃料加工业	Processing of Petroleum,Coking,Processing of Nuclear Fuel	0.13
化学原料和化学制品制造业	Manufacture of Raw Chemical Materials and Chemical Products	0.47
医药制造业	Manufacture of Medicines	0.10
化学纤维制造业	Manufacture Chemical Fibers	0.10
橡胶和塑料制品业	Manufacture of Rubber and Plastic	0.34
非金属矿物制品业	Manufacture of Non－metallic Mineral Products	3.23
黑色金属冶炼和压延加工业	Smelting and Pressing of Ferrous Metals	0.26

continued

燃料油（万吨） Fuel Oil (10000tons)	液化石油气（万吨） Liquefied Petroleum Gas (10000tons)	炼厂干气（万吨） Refinery Dry Gas (10000tons)	其他石油制品（万吨） Other Petroleum Products (10000tons)	天然气（亿立方米） Natural Gas (100 million cu.m)	热力（万百万千焦） Heat Power (10 billion kilo-joule)	电力（亿千瓦时） Electric Power (100 million kWh)
23.86	**22.20**	**33.46**	**156.98**	**33.60**	**32996.85**	**793.25**
						24.17
23.86	0.25	33.46	156.98	12.92	13113.53	481.33
0.62	0.08			1.42	7690.39	54.60
23.24	0.17	33.46	156.98	11.50	5423.14	426.73
			0.24	3.28	3.95	39.69
						6.66
				3.23	1.52	17.75
			0.24			3.55
						8.16
						2.01
				0.05	2.43	1.56
23.76	0.25	33.46	156.74	9.14	12905.58	242.95
0.01				0.32	1572.02	17.59
	0.01			0.16	2858.32	4.41
0.09				0.09	1402.53	5.93
				0.05	7.43	0.57
				0.02	5.12	1.57
				0.01	33.26	2.62
						0.11
				0.01	0.57	3.54
					0.09	0.60
				0.08	64.33	2.97
					1.73	0.65
						0.12
					6.65	7.05
22.87	0.01	33.46	156.72	3.95	3463.55	31.91
0.52	0.07			0.67	150.61	10.10
				0.02	1594.28	5.85
				0.06	19.96	6.42
	0.01		0.02	1.22	259.09	32.28
				0.03	0.31	37.98

7－6 续表 3

行　　业	Item	柴　油 （万吨） Diesel Oil1 (10000tons)
有色金属冶炼和压延加工业	Smelting and Pressing of Non-ferrous Metals	0.21
金属制品业	Manufacture of Metal Products	0.36
通用设备制造业	Manufacture of General Purpose Machinery	0.19
专用设备制造业	Manufacture of Special Purpose Machinery	0.29
汽车制造业	Manufacture of Automobiles	2.09
铁路、船舶、航空航天和其他运输设备制造业	Manufacture of Railway,Ship,Aerospace and Other Transport Equipment	0.10
电气机械和器材制造业	Manufacture of Electrical Machinery and Equipment	0.01
通信设备、计算机和其他电子设备制造业	Manufacture of Communication Equipment,Computers and Other Electronic Equipment	
仪器仪表制造业	Manufacture of Measuring Instrument	
其他制造业	Other Manufacturing	0.21
废弃资源综合利用业	Waste Resources Utilization Industry	0.13
金属制品、机械和设备修理业	Metal Products,Machinery and Equipment Repair Industry	0.20
（三）电力、热力、燃气及水的生产和供应业	Production and Supply of Electricity,Gas and Water	1.14
电力、热力的生产和供应业	Production and Supply of Electric Power and Heat Power	1.10
燃气生产和供应业	Production and Supply of Gas	0.02
水的生产和供应业	Production and Supply of Water	0.02
三、建筑业	Construction	28.02
房屋和土木工程建筑业	Construction of Building and Civil Engineering	2.86
建筑安装业	Construction Installation	20.58
建筑装饰业	Construction Decoration	2.01
其他建筑业	Other Construction	2.57
四、交通运输储运业和邮政业	Transport,Storage and Post	235.39
铁路运输业	Railway Transport	15.65
道路运输业	Road Transport	195.43
水上运输业	Water Transport	0.42
航空运输业	Air Transport	0.34
管道运输业	Transport Via Pipeline	
装卸搬运及其他运输服务业	Loading,Unloading,Portage and Other Transport Services	3.03
仓储业	Storage	14.97
邮政业	Post	5.55
五、批发、零售业和住宿、餐饮业	Wholesale,Retail Trades,Hotels and Catering Services	4.14
六、其他行业	Others	33.49
七、城乡居民生活	Residential Consumption	13.46

continued

燃料油（万吨）Fuel Oil (10000tons)	液化石油气（万吨）Liquified Petroleum Gas (10000tons)	炼厂干气（万吨）Refinery Dry Gas (10000tons)	其他石油制品（万吨）Other Petroleum Products (10000tons)	天然气（亿立方米）Natural Gas (100 million cu.m)	热力（万百万千焦）Heat Power (10 billion kilo-joule)	电力（亿千瓦时）Electric Power (100 million kWh)
	0.15			0.18	21.56	7.66
				0.16	5.74	5.72
				0.02	1.08	4.90
				0.03	6.30	1.80
0.03				1.91	1281.15	38.02
				0.07	144.37	4.03
0.24				0.01	1.06	1.39
				0.07	3.45	2.21
						0.18
						2.91
					0.67	1.51
					0.35	0.35
0.10				0.50	204.00	198.69
0.10				0.07	60.59	179.58
				0.43		2.63
					143.41	16.48
	0.52			0.53	1240.00	12.96
	0.17			0.08	297.84	7.36
	0.30			0.45	92.72	3.02
	0.03				696.98	0.25
	0.02				152.46	2.33
	4.73			7.35	1699.73	29.78
	0.02			0.08	328.95	15.71
	3.49			2.57	452.35	5.21
	0.03				107.36	
					89.23	0.58
	0.64			2.99	172.35	2.93
	0.36			0.22	105.43	0.24
	0.12			1.21	296.87	4.62
	0.07			0.28	147.19	0.49
	1.61			1.56	1545.66	53.32
	5.50			4.34	6066.68	46.18
	9.59			6.90	9331.25	145.51

7－7 分行业能源终端消费（标准量）（2021年）

单位：万吨标准煤

指标	Item	原煤 Raw Coal
消费总计	**Total Consumption**	**678.69**
一、农、林、牧、渔业	Agriculture,Forestry,Animal Husbandry and Fishery	11.76
二、工业合计	Industry	551.21
轻工业	Light Industry	109.39
重工业	Heavy Industry	441.82
（一）采矿业	Mining	7.70
煤炭开采和洗选业	Mining and Washing of Coal	0.50
石油和天然气开采业	Extraction of Petroleum and Natural Gas	0.27
黑色金属矿采选业	Mining and Processing of Ferrous Metal Ores	2.66
有色金属矿采选业	Mining and Processing of Non-ferrous Metal Ores	1.10
非金属矿采选业	Mining and Processing of Nonmetal Ores	2.82
开采辅助活动	Mining Support Activities	0.34
其他采矿业	Mining of Other Ores	0.00
（二）制造业	Manufacturing	541.39
农副食品加工业	Processing of Food from Agricultural Products	29.85
食品制造业	Manufacture of Foods	18.40
酒、饮料和精制茶制造业	Manufacture of Liquor,Beverages and Refined Tea	22.42
烟草制品业	Manufacture of Tobacco	
纺织业	Manufacture of Textile	0.27
纺织服装、服饰业	Manufacture of Textile and Apparel	
皮革、毛皮、羽毛及其制品和制鞋业	Manufacture of Leather,Fur,Feathers and Footwear Industry	0.04
木材加工及木、竹、藤、棕、草制品业	Manufacture of Articles for Processing of Timber,Manufacture of Wood,Bamboo, Rattan,Palm and Straw Products	1.39
家具制造业	Manufacture of Furniture	0.02
造纸及纸制品业	Manufacture of Paper and Paper Products	11.22
印刷和记录媒介复制业	Printing,Reproduction of Recording Media	0.22
文教、工美、体育和娱乐用品制造业	Manufacture of Articles for Culture Education,Art,Sports and Entertainment Goods Industry	0.15
石油加工、炼焦和核燃料加工业	Processing of Petroleum,Coking,Processing of Nuclear Fuel	0.54
化学原料和化学制品制造业	Manufacture of Raw Chemical Materials and Chemical Products	43.48
医药制造业	Manufacture of Medicines	26.70
化学纤维制造业	Manufacture Chemical Fibers	
橡胶和塑料制品业	Manufacture of Rubber and Plastic	0.25
非金属矿物制品业	Manufacture of Non－metallic Mineral Products	210.35
黑色金属冶炼和压延加工业	Smelting and Pressing of Ferrous Metals	158.28

End-use Energy Consumption by Sector (Standard Quantity) (2021)

unit:10000tons of SCE

煤制品 Coal Products	焦 炭 Coke	焦炉煤气 Coal Oven Gas	原 油 Crude Oil	汽 油 Gasoline	煤 油 Kerosene
0.37	**643.29**	**69.77**	**8.06**	**240.74**	**48.16**
				9.15	
0.37	643.29	69.77	8.06	7.05	
0.32	0.74			1.02	
0.04	642.55	69.77	8.06	6.03	
			6.83	0.75	
				0.03	
			6.83	0.50	
				0.01	
				0.04	
				0.04	
				0.12	
0.36	643.29	69.77	1.17	5.37	
0.01				0.35	
				0.22	
				0.06	
				0.01	
				0.06	
				0.01	
				0.04	
				0.01	
0.01		6.48	1.17	0.28	
0.31	0.74			0.24	
0.02				0.22	
	4.61	5.48		0.32	
	636.76	57.81		0.01	

7－7 续表 1

单位: 万吨标准煤

行　　业	Item	原　煤 Raw Coal
有色金属冶炼和压延加工业	Smelting and Pressing of Non-ferrous Metals	8.73
金属制品业	Manufacture of Metal Products	5.28
通用设备制造业	Manufacture of General Purpose Machinery	2.46
专用设备制造业	Manufacture of Special Purpose Machinery	0.37
汽车制造业	Manufacture of Automobiles	0.53
铁路、船舶、航空航天和其他运输设备制造业	Manufacture of Railway,Ship,Aerospace and Other Transport Equipment	0.02
电气机械和器材制造业	Manufacture of Electrical Machinery and Equipment	0.03
通信设备、计算机和其他电子设备制造业	Manufacture of Communication Equipment,Computers and Other Electronic Equipment	0.07
仪器仪表制造业	Manufacture of Measuring Instrument	
其他制造业	Other Manufacturing	0.07
废弃资源综合利用业	Waste Resources Utilization Industry	0.12
金属制品、机械和设备修理业	Metal Products,Machinery and Equipment Repair Industry	0.17
（三）电力、热力、燃气及水的生产和供应业	Production and Supply of Electricity,Gas and Water	2.12
电力、热力的生产和供应业	Production and Supply of Electric Power and Heat Power	2.12
燃气生产和供应业	Production and Supply of Gas	
水的生产和供应业	Production and Supply of Water	
三、建筑业	Construction	0.63
房屋和土木工程建筑业	Construction of Building and Civil Engineering	0.25
建筑安装业	Construction Installation	0.18
建筑装饰业	Construction Decoration	0.09
其他建筑业	Other Construction	0.10
四、交通运输储运业和邮政业	Transport,Storage and Post	1.68
铁路运输业	Railway Transport	0.50
道路运输业	Road Transport	0.34
水上运输业	Water Transport	
航空运输业	Air Transport	0.08
管道运输业	Transport Via Pipeline	
装卸搬运及其他运输服务业	Loading,Unloading,Portage and Other Transport Services	0.07
仓储业	Storage	0.35
邮政业	Post	0.34
五、批发、零售业和住宿、餐饮业	Wholesale,Retail Trades,Hotels and Catering Services	1.03
六、其他行业	Others	52.17
七、城乡居民生活	Residential Consumption	60.22

continued

unit:10000tons of SCE

煤制品 Coal Products	焦　炭 Coke	焦炉煤气 Coal Oven Gas	原　油 Crude Oil	汽　油 Gasoline	煤　油 Kerosene
	0.16			0.01	
				0.24	
	0.01			0.22	
				0.18	
	1.00			2.56	
				0.07	
				0.06	
				0.01	
				0.01	
				0.07	
				0.07	
0.01			0.06	0.93	
			0.06	0.74	
				0.12	
0.01				0.07	
				23.37	
				14.45	
				5.41	
				2.32	
				1.18	
				63.73	48.16
				0.32	
				48.20	
				3.60	
				0.63	48.16
				0.66	
				4.86	
				5.44	
				14.88	
				88.78	
				33.78	

7－7 续表 2

单位: 万吨标准煤

行　业	Item	柴 油 Diesel Oil
消费总计	**Total Consumption**	**580.34**
一、农、林、牧、渔业	Agriculture,Forestry,Animal Husbandry and Fishery	98.41
二、工业合计	Industry	23.66
轻工业	Light Industry	2.20
重工业	Heavy Industry	21.46
（一）采矿业	Mining	7.78
煤炭开采和洗选业	Mining and Washing of Coal	0.39
石油和天然气开采业	Extraction of Petroleum and Natural Gas	1.97
黑色金属矿采选业	Mining and Processing of Ferrous Metal Ores	0.47
有色金属矿采选业	Mining and Processing of Non-ferrous Metal Ores	1.25
非金属矿采选业	Mining and Processing of Nonmetal Ores	0.79
开采辅助活动	Mining Support Activities	2.91
其他采矿业	Mining of Other Ores	
（二）制造业	Manufacturing	14.22
农副食品加工业	Processing of Food from Agricultural Products	0.95
食品制造业	Manufacture of Foods	0.35
酒、饮料和精制茶制造业	Manufacture of Liquor,Beverages and Refined Tea	0.20
烟草制品业	Manufacture of Tobacco	0.03
纺织业	Manufacture of Textile	0.01
纺织服装、服饰业	Manufacture of Textile and Apparel	0.03
皮革、毛皮、羽毛及其制品和制鞋业	Manufacture of Leather,Fur,Feathers and Footwear Industry	
木材加工及木、竹、藤、棕、草制品业	Manufacture of Articles for Processing of Timber,Manufacture of Wood,Bamboo, Rattan,Palm and Straw Products	0.23
家具制造业	Manufacture of Furniture	0.01
造纸及纸制品业	Manufacture of Paper and Paper Products	0.10
印刷和记录媒介复制业	Printing,Reproduction of Recording Media	0.03
文教、工美、体育和娱乐用品制造业	Manufacture of Articles for Culture Education,Art,Sports and Entertainment Goods Industry	
石油加工、炼焦和核燃料加工业	Processing of Petroleum,Coking,Processing of Nuclear Fuel	0.19
化学原料和化学制品制造业	Manufacture of Raw Chemical Materials and Chemical Products	0.68
医药制造业	Manufacture of Medicines	0.15
化学纤维制造业	Manufacture Chemical Fibers	0.15
橡胶和塑料制品业	Manufacture of Rubber and Plastic	0.50
非金属矿物制品业	Manufacture of Non－metallic Mineral Products	4.71
黑色金属冶炼和压延加工业	Smelting and Pressing of Ferrous Metals	0.38

continued

unit:10000tons of SCE

燃料油 Fuel Oil	液化石油气 Liquefied Petroleum Gas	炼厂干气 Refinery Dry Gas	其他石油制品 Other Petroleum Products	天然气 Natural Gas	热力 Heat Power	电力（当量值） Electric Power (Equivalent Value)
34.09	**38.06**	**52.58**	**219.77**	**446.87**	**1125.19**	**974.90**
						29.70
34.09	0.43	52.58	219.77	171.84	447.17	591.55
0.89	0.14			18.89	262.24	67.10
33.20	0.29	52.58	219.77	152.95	184.93	524.45
			0.34	43.62	0.13	48.78
						8.19
				42.96	0.05	21.81
			0.34			4.36
						10.03
						2.47
				0.67	0.08	1.92
33.94	0.43	52.58	219.44	121.56	440.08	298.59
0.01				4.26	53.61	21.62
	0.02			2.13	97.47	5.42
0.13				1.20	47.83	7.29
				0.67	0.25	0.70
				0.27	0.17	1.93
				0.13	1.13	3.22
						0.14
				0.13	0.02	4.35
					0.00	0.74
				1.06	2.19	3.65
					0.06	0.80
						0.15
					0.23	8.66
32.67	0.02	52.58	219.41	52.54	118.11	39.22
0.74	0.12			8.91	5.14	12.41
				0.27	54.36	7.19
				0.80	0.68	7.89
	0.02		0.03	16.23	8.83	39.67
				0.40	0.01	46.68

7－7 续表 3

单位: 万吨标准煤

行　　业	Item	柴 油 Diesel Oil1
有色金属冶炼和压延加工业	Smelting and Pressing of Non-ferrous Metals	0.31
金属制品业	Manufacture of Metal Products	0.52
通用设备制造业	Manufacture of General Purpose Machinery	0.28
专用设备制造业	Manufacture of Special Purpose Machinery	0.42
汽车制造业	Manufacture of Automobiles	3.05
铁路、船舶、航空航天和其他运输设备制造业	Manufacture of Railway,Ship,Aerospace and Other Transport Equipment	0.15
电气机械和器材制造业	Manufacture of Electrical Machinery and Equipment	0.01
通信设备、计算机和其他电子设备制造业	Manufacture of Communication Equipment,Computers and Other Electronic Equipment	
仪器仪表制造业	Manufacture of Measuring Instrument	
其他制造业	Other Manufacturing	0.31
废弃资源综合利用业	Waste Resources Utilization Industry	0.19
金属制品、机械和设备修理业	Metal Products,Machinery and Equipment Repair Industry	0.29
（三）电力、热力、燃气及水的生产和供应业	Production and Supply of Electricity,Gas and Water	1.66
电力、热力的生产和供应业	Production and Supply of Electric Power and Heat Power	1.60
燃气生产和供应业	Production and Supply of Gas	0.03
水的生产和供应业	Production and Supply of Water	0.03
三、建筑业	Construction	40.83
房屋和土木工程建筑业	Construction of Building and Civil Engineering	4.17
建筑安装业	Construction Installation	29.99
建筑装饰业	Construction Decoration	2.93
其他建筑业	Other Construction	3.74
四、交通运输储运业和邮政业	Transport,Storage and Post	342.99
铁路运输业	Railway Transport	22.80
道路运输业	Road Transport	284.76
水上运输业	Water Transport	0.61
航空运输业	Air Transport	0.50
管道运输业	Transport Via Pipeline	
装卸搬运及其他运输服务业	Loading,Unloading,Portage and Other Transport Services	4.42
仓储业	Storage	21.81
邮政业	Post	8.09
五、批发、零售业和住宿、餐饮业	Wholesale,Retail Trades,Hotels and Catering Services	6.04
六、其他行业	Others	48.80
七、城乡居民生活	Residential Consumption	19.61

continued

unit:10000tons of SCE

燃料油 Fuel Oil	液化石油气 Liquified Petroleum Gas	炼厂干气 Refinery Dry Gas	其他石油制品 Other Petroleum Products	天然气 Natural Gas	热力 Heat Power	电力 (当量值) Electric Power (Equivalent Value)
	0.26			2.39	0.74	9.41
				2.13	0.20	7.03
				0.27	0.04	6.02
				0.40	0.21	2.21
0.04				25.40	43.69	46.73
				0.93	4.92	4.95
0.34				0.13	0.04	1.71
				0.93	0.12	2.72
						0.22
						3.58
					0.02	1.86
					0.01	0.43
0.14				6.65	6.96	244.19
0.14				0.93	2.07	220.70
				5.72		3.23
					4.89	20.25
	0.89			7.05	42.28	15.93
	0.29			1.06	10.16	9.05
	0.51			5.99	3.16	3.71
	0.05				23.77	0.31
	0.03				5.20	2.86
	8.11			97.75	57.96	36.60
	0.03			1.11	11.22	19.31
	5.98			34.13	15.43	6.40
	0.05				3.66	
					3.04	0.71
	1.10			39.77	5.88	3.60
	0.62			2.93	3.60	0.29
	0.21			16.09	10.12	5.68
	0.12			3.72	5.02	0.60
	2.76			20.75	52.71	65.53
	9.43			57.72	206.87	56.76
	16.44			91.77	318.20	178.83

7-8 综合能源平衡表（标准量）

Overall Energy Balance Sheet (Standard Quantity)

单位: 万吨标准煤　　　　unit:10000tons of SCE

指　　标	Item	2020		2021	
		（当量值）Equivalent Value	（等价值）Equipollence	（当量值）Equivalent Value	（等价值）Equipollence
一、可供本地区消费能源量	Total Energy Available for Consumption	7096.31	7185.73	7107.62	7287.63
（一）年初库存量	Inventories at Beginning	737.75	737.75	638.14	638.14
（二）一次能源生产量	Primary Energy Output	1914.03	2349.26	2037.64	2509.80
（三）外省（区、市）调入量	Allocation from Outside	6366.57	6594.23	5978.51	6181.74
（四）进口量	Imports	223.45	223.45	404.48	404.48
（五）我轮机在外国加油量	Refuelling Abroad for Our Ships and Planes				
（六）本省（区、市）调出量（-）	Allocation from Inside	-1493.02	-2066.49	-1411.28	-1906.66
（七）出口量（-）	Exports				
（八）外轮、机在我国加油量（-）	Refuelling in China for Foreign Ships and Planes				
（九）年末库存量（-）	Inventories at the end	-652.47	-652.47	-539.87	-539.87
二、加工转换投入（-）产出（+）量	Output and Input in Processing and Transformation	-1305.64	-90.12	-1335.71	-166.43
（一）火力发电	Thermal Power	-1215.52		-1169.28	0.00
（二）供热	Heating	-342.86	-342.86	-376.76	-376.76
（三）煤炭洗选	Washing Coal	-19.65	-19.65	-69.89	-69.89
（四）炼焦	Coking	-8.80	-8.80	-21.90	-21.90
（五）炼油及煤制油	Petroleum Refining	7.16	7.16	49.24	49.24
其中：油品再投入量(-)	Reinput for Oil	-51.21	-51.21	-83.31	-83.31
（六）制气	Gas Production			9.12	9.12
其中：焦炭再投入量（-）	Reinput for Coke			-10.91	-10.91
（七）天然气液化	Natural Gas Liquefaction	-3.63	-3.63	-6.53	-6.53
（八）煤制品加工	Coal Products Processing			0.00	0.00
（九）回收能	Recycled Energy	328.87	328.87	344.50	344.50
三、损失量	Energy Losses	183.15	262.73	167.44	247.34
其中：运输和输配损失	Losses for Transportation and Transmission	68.19	147.78	69.18	149.08
四、终端消费量	End-use Consumption	5607.53	6832.88	5604.47	6873.86
（一）第一产业	Primary Industry	146.29	183.39	149.49	188.16
1. 农、林、牧、渔业	Agriculture,Forestry,Animal Husbandry and Fishery	146.29	183.39	149.49	188.16
（二）第二产业	Secondary Industry	3578.70	4276.49	3387.50	4178.48
1. 工业	Industry	3451.36	4131.22	3255.40	4025.65
其中：用作原料、材料	As Material	474.86	474.86	412.77	412.77
2.建筑业	Construction	127.34	145.28	132.09	152.83
（三）第三产业	Tertiary Industry	1187.56	1449.32	1348.63	1555.51
1. 交通运输、仓储及邮政业	Transport,Storage and Post	612.09	659.27	656.97	704.63
2. 批发、零售和住宿、餐饮业	Wholesale,Retail Trade,Hotels and Catering Services	156.38	230.85	163.68	249.01
3. 其他	Others	419.09	559.20	527.97	601.87
（四）生活消费	Residential Consumption	694.98	923.68	718.86	951.71
1. 城镇	Urban	488.96	642.83	499.86	655.69
2. 乡村	Rural	206.02	280.85	219.00	296.02
五、平衡差额（+、-）	Balance	0.00	0.00	0.00	0.00
六、消费量合计	Total Consumption	7096.31	7185.73	7107.62	7287.63

注：本表数据与GDP核算数据有关。
Note: Data in this table is in accordance with that of GDP.

7-9 煤炭能源平衡表

Coal Balance Sheet

单位：（实物量）万吨、（标准量）万吨标准煤

unit:(Actual Quantity)10000tons, (Standard Quantity)10000tons of SCE

指标	Item	2020		2021	
		（实物量）Actual Quantity	（标准量）Standard Quantity	（实物量）Actual Quantity	（标准量）Standard Quantity
一、可供本地区消费能源量	Total Energy Available for Consumption	8489.19	4486.97	8616.15	4597.87
（一）年初库存量	Inventories at Beginning	945.66	567.22	975.41	536.20
（二）一次能源生产量	Primary Energy Output	1040.16	475.54	904.61	522.41
（三）外省（区、市）调入量	Allocation from Outside	7325.41	3926.67	7256.78	3766.23
（四）进口量	Imports	443.30	222.93	688.00	404.17
（五）我轮机在外国加油量	Refuelling Abroad for Our Ships and Planes				
（六）本省（区、市）调出量（-）	Allocation from Inside	-289.78	-155.11	-377.13	-180.81
（七）出口量（-）	Exports	-0.15			
（八）外轮、机在我国加油量（-）	Refuelling in China for Foreign Ships and Planes				
（九）年末库存量（-）	Inventories at the end	-975.41	-550.28	-831.53	-450.33
二、加工转换投入（-）产出（+）量	Output and Input in Processing and Transformation	-7129.90	-3753.91	-7470.37	-3896.56
（一）火力发电	Thermal Power	-3951.94	-1865.84	-3922.66	-1783.44
（二）供热	Heating	-2617.80	-1415.52	-2907.39	-1554.72
（三）煤炭洗选	Washing Coal	-76.70	-19.65	-120.52	-69.89
（四）炼焦	Coking	-483.46	-452.91	-519.80	-488.51
（五）炼油及煤制油	Petroleum Refining				
其中：油品再投入量(-)	Reinput for Oil				
（六）制气	Gas Production				
其中：焦炭再投入量（-）	Reinput for Coke				
（七）天然气液化	Natural Gas Liquefaction				
（八）煤制品加工	Coal Products Processing				
（九）回收能	Recycled Energy				
三、损失量	Energy Losses				
其中：运输和输配损失	Losses for Transportation and Transmission				
四、终端消费量	End-use Consumption	1359.29	733.06	1145.78	701.31
（一）第一产业	Primary Industry	39.90	21.35	27.88	12.22
1. 农、林、牧、渔业	Agriculture,Forestry,Animal Husbandry and Fishery	39.90	21.35	27.88	12.22
（二）第二产业	Secondary Industry	1052.39	598.44	841.43	566.55
1. 工业	Industry	1047.71	595.29	838.44	564.81
其中：用作原料、材料	As Material	43.17	18.72	42.59	18.41
2.建筑业	Construction	4.68	3.16	2.99	1.75
（三）第三产业	Tertiary Industry	119.87	52.45	136.91	62.32
1. 交通运输、仓储及邮政业	Transport,Storage and Post	9.39	6.33	3.43	1.68
2. 批发、零售和住宿、餐饮业	Wholesale,Retail Trade,Hotels and Catering Services	2.81	1.62	2.38	1.03
3. 其他	Others	107.67	44.51	131.10	59.61
（四）生活消费	Residential Consumption	147.13	60.82	139.56	60.22
1. 城镇	Urban	7.38	3.05	9.06	3.91
2. 乡村	Rural	139.75	57.77	130.50	56.31
五、平衡差额（+、-）	Balance				
六、消费量合计	Total Consumption	8489.19		8616.15	

注：本表数据与GDP核算数据有关。
Note: Data in this table is in accordance with that of GDP.

7－10　石油能源平衡表

Petroleum Balance Sheet

单位：（实物量）万吨、（标准量）万吨标准煤　　unit:(Actual Quantity)10000tons, (Standard Quantity)10000tons of SCE

指　　标	Item	2020		2021	
		（实物量）Actual Quantity	（标准量）Standard Quantity	（实物量）Actual Quantity	（标准量）Standard Quantity
一、可供本地区消费能源量	Total Energy Available for Consumption	992.74	1428.17	962.27	1395.75
（一）年初库存量	Inventories at Beginning	82.18	118.58	56.14	81.35
（二）一次能源生产量	Primary Energy Output	404.41	577.74	414.25	591.80
（三）外省（区、市）调入量	Allocation from Outside	1150.99	1667.10	1063.97	1550.85
（四）进口量	Imports	0.35	0.51	0.21	0.31
（五）我轮机在外国加油量	Refuelling Abroad for Our Ships and Planes				
（六）本省（区、市）调出量（－）	Allocation from Inside	−589.05	−854.41	−522.46	−755.71
（七）出口量（－）	Exports				
（八）外轮、机在我国加油量（－）	Refuelling in China for Foreign Ships and Planes				
（九）年末库存量（－）	Inventories at the end	−56.14	−81.35	−49.84	−72.85
二、加工转换投入（－）产出（＋）量	Output and Input in Processing and Transformation	−54.58	−56.45	−27.61	−27.81
（一）火力发电	Thermal Power	−2.51	−3.60	−0.54	−0.77
（二）供热	Heating	−6.16	−8.80	−1.46	−2.09
（三）煤炭洗选	Washing Coal				
（四）炼焦	Coking				
（五）炼油及煤制油	Petroleum Refining	−10.51	7.16	28.41	58.36
其中：油品再投入量(-)	Reinput for Oil	−35.40	−51.21	−54.02	−83.31
（六）制气	Gas Production				
其中：焦炭再投入量（－）	Reinput for Coke				
（七）天然气液化	Natural Gas Liquefaction				
（八）煤制品加工	Coal Products Processing				
（九）回收能	Recycled Energy				
三、损失量	Energy Losses				
其中：运输和输配损失	Losses for Transportation and Transmission				
四、终端消费量	End−use Consumption	938.16	1371.72	934.66	1367.94
（一）第一产业	Primary Industry	65.05	95.19	73.76	107.56
1. 农、林、牧、渔业	Agriculture,Forestry,Animal Husbandry and Fishery	65.05	95.19	73.76	107.56
（二）第二产业	Secondary Industry	452.68	656.85	383.54	556.88
1. 工业	Industry	409.32	593.33	339.12	491.79
其中：用作原料、材料	As Material	310.43	446.06	272.14	390.77
2.建筑业	Construction	43.36	63.52	44.42	65.09
（三）第三产业	Tertiary Industry	376.50	552.99	431.35	633.66
1. 交通运输、仓储及邮政业	Transport,Storage and Post	293.60	430.00	316.16	462.98
2. 批发、零售和住宿、餐饮业	Wholesale,Retail Trade,Hotels and Catering Services	15.13	22.58	15.86	23.67
3. 其他	Others	67.77	100.41	99.33	147.01
（四）生活消费	Residential Consumption	43.93	66.68	46.01	69.84
1. 城镇	Urban	15.16	23.04	16.49	25.07
2. 乡村	Rural	28.77	43.64	29.52	44.77
五、平衡差额（+、－）	Balance				
六、消费量合计	Total Consumption	992.74		962.27	

注：本表数据与GDP核算数据有关。
Note: Data in this table is in accordance with that of GDP.

7-11 电力能源平衡表（等价值）

Electrical Energy Balance Sheet (equivalent)

单位：（实物量）亿千瓦时、（标准量）万吨标准煤

unit:(Actual Quantity)100 million kWh, (Standard Quantity)10000tons of SCE

指标	Item	2020		2021	
		（实物量）Actual Quantity	（标准量）Standard Quantity	（实物量）Actual Quantity	（标准量）Standard Quantity
一、可供本地区消费能源量	Total Energy Available for Consumption	55.19	157.25	112.49	318.26
（一）年初库存量	Inventories at Beginning				
（二）一次能源生产量	Primary Energy Output	268.62	765.36	295.06	834.79
（三）外省（区、市）调入量	Allocation from Outside	140.51	400.35	127.00	359.31
（四）进口量	Imports				
（五）我轮机在外国加油量	Refuelling Abroad for Our Ships and Planes				
（六）本省（区、市）调出量（-）	Allocation from Inside	-353.94	-1008.46	-309.57	-875.85
（七）出口量（-）	Exports				
（八）外轮、机在我国加油量（-）	Refuelling in China for Foreign Ships and Planes				
（九）年末库存量（-）	Inventories at the end				
二、加工转换投入（-）产出（+）量	Output and Input in Processing and Transformation	750.21	2137.53	730.69	2067.30
（一）火力发电	Thermal Power	750.21	2137.53	730.69	2067.30
（二）供热	Heating				
（三）煤炭洗选	Washing Coal				
（四）炼焦	Coking				
（五）炼油及煤制油	Petroleum Refining				
其中：油品再投入量(-)	Reinput for Oil				
（六）制气	Gas Production				
其中：焦炭再投入量（-）	Reinput for Coke				
（七）天然气液化	Natural Gas Liquefaction				
（八）煤制品加工	Coal Products Processing				
（九）回收能	Recycled Energy				
三、损失量	Energy Losses	49.12	139.95	49.93	141.26
其中：运输和输配损失	Losses for Transportation and Transmission	49.12	139.95	49.93	141.26
四、终端消费量	End-use Consumption	756.28	2154.82	793.25	2244.29
（一）第一产业	Primary Industry	22.90	65.25	24.17	68.38
1. 农、林、牧、渔业	Agriculture,Forestry,Animal Husbandry and Fishery	22.90	65.25	24.17	68.38
（二）第二产业	Secondary Industry	430.67	1227.08	494.29	1398.46
1. 工业	Industry	419.60	1195.54	481.33	1361.80
其中：用作原料、材料	As Material				
2.建筑业	Construction	11.07	31.54	12.96	36.67
（三）第三产业	Tertiary Industry	161.56	460.32	129.28	365.76
1. 交通运输、仓储及邮政业	Transport,Storage and Post	29.12	82.97	29.78	84.25
2. 批发、零售和住宿、餐饮业	Wholesale,Retail Trade,Hotels and Catering Services	45.96	130.95	53.32	150.85
3. 其他	Others	86.48	246.40	46.18	130.65
（四）生活消费	Residential Consumption	141.15	402.17	145.51	411.68
1. 城镇	Urban	94.97	270.59	97.38	275.51
2. 乡村	Rural	46.18	131.58	48.13	136.17
五、平衡差额（+、-）	Balance				
六、消费量合计	Total Consumption	805.40		843.18	

注：本表数据与GDP核算数据有关。
Note: Data in this table is in accordance with that of GDP.

第八篇

CHAPTER ▶ 08

财政、金融和保险

Public Finance, Banking and Insurance

资料整理人员：

李　莹

8-1 历年财政收支额

Government Revenue and Expenditure

单位：亿元 unit:100 million yuan

年份 Year	一般预算收入 General Budgetary Revenue	#增值税 Value-added Tax	#营业税 Business Tax	#企业所得税 Corporate Income Tax	一般预算支出 General Budgetary Expenditure	#农林水支出 Expenditure for Agriculture, Forestry and Water Conservancy	#文教科卫事业费 Culture, Education Science & Public Health	#一般公共服务支出 Expenditure for General Public Services	#社会保障补助支出 Subsidies to Social Security Programs
1978	16.41				16.35	1.89	3.02	1.25	
1979	12.65				17.88	2.36	3.40	1.50	
1980	14.39				17.32	2.45	4.32	1.70	
1981	10.72				15.87	2.18	4.94	1.76	
1982	11.97				17.30	2.35	5.72	2.06	
1983	14.12				19.41	2.31	6.51	2.44	
1984	15.22				23.34	2.66	7.56	3.09	
1985	21.67				34.50	3.03	9.15	2.99	
1986	29.52				50.12	4.24	11.02	3.69	
1987	37.52				53.23	3.71	11.25	4.22	
1988	43.32				61.26	3.95	13.36	4.99	
1989	49.40				67.14	5.22	15.02	5.81	
1990	50.68				71.67	4.94	16.25	6.50	
1991	62.46				79.12	5.12	17.43	5.77	
1992	56.99				80.02	5.82	20.10	7.33	
1993	79.82				103.11	6.89	23.56	9.06	
1994	51.27				104.59	7.86	31.89	10.87	
1995	63.28				120.90	9.16	35.04	12.04	
1996	76.40				145.53	8.90	40.48	14.05	
1997	82.85	17.43	20.92	8.10	167.75	10.86	43.15	14.65	
1998	93.64	18.31	23.51	7.20	190.10	15.34	43.15	14.72	9.11
1999	101.28	18.89	23.84	10.41	234.62	13.07	49.67	15.76	19.27
2000	103.83	20.41	25.55	14.28	260.67	16.59	53.04	18.01	19.26
2001	121.10	24.20	28.03	20.68	326.43	19.63	64.52	22.38	28.91
2002	131.49	27.44	30.54	14.22	362.62	22.73	73.72	26.52	38.77
2003	154.00	30.69	35.02	11.80	409.23	22.76	82.39	31.23	49.56
2004	166.28	32.19	40.78	12.36	507.78	37.00	93.23	36.75	79.34
2005	207.15	39.53	47.59	13.91	631.12	42.60	112.44	45.13	104.89
2006	245.20	42.97	59.69	17.88	718.36	54.36	139.53	56.71	81.82
2007	320.69	52.92	75.86	29.41	883.76	80.07	144.41	141.66	154.37
2008	422.80	63.58	93.96	42.59	1180.12	107.34	188.03	174.25	199.86
2009	487.09	66.57	117.41	49.20	1479.21	204.45	216.99	182.67	250.44
2010	602.41	78.15	145.97	60.82	1787.25	238.94	250.20	198.04	253.36
2011	850.10	92.78	189.30	90.59	2201.74	255.57	529.12	231.40	298.99
2012	1041.25	102.68	218.12	111.21	2471.20	291.30	683.85	249.38	304.00
2013	1156.96	119.58	245.09	121.86	2744.81	318.26	697.37	267.31	360.13
2014	1203.38	139.78	228.78	143.22	2913.25	308.68	711.15	253.50	390.20
2015	1229.35	134.43	242.05	134.92	3217.10	408.61	837.79	247.13	462.28
2016	1263.78	267.88	111.44	134.01	3586.09	550.50	886.36	260.91	497.59
2017	1210.91	371.40		144.61	3725.72	554.77	904.84	294.50	550.80
2018	1240.89	364.12		146.54	3789.59	537.55	906.37	308.88	634.10
2019	1116.95	328.30		128.79	3933.42	564.35	893.16	302.52	687.78
2020	1085.02	286.50		127.55	4127.17	577.76	938.76	321.44	818.75
2021	1143.98	297.35		142.23	3696.84	462.32	866.19	318.75	784.24

8－2 历年银行各项存款和各项贷款余额

Balance of Deposits and Loans of National Banking System

单位: 亿元　　unit:100 million yuan

年　份 Year	各项存款合计 Total Deposits	#单位存款 Corporate Deposits	#个人储蓄存款 Personal Savings Deposits	各项贷款合计 Total Loans	#短期贷款 Short-term Loans	#中长期贷款 Medium and Long Term Loans
1978	24.94	5.95	5.86	61.16		
1979	23.97	7.95	7.62	66.15		
1980	30.87	10.28	10.64	75.70		
1981	36.98	10.97	14.56	92.68		
1982	42.62	12.88	18.91	107.05		
1983	56.63	16.26	25.28	124.31		
1984	71.65	23.37	34.23	154.79		
1985	86.42	32.45	43.97	159.79		
1986	118.07	41.91	58.36	246.30		
1987	147.43	50.85	83.20	285.52		
1988	178.27	54.91	109.49	331.69		
1989	203.75	47.08	141.26	384.41		
1990	252.15	53.79	196.59	507.01		
1991	315.13	67.37	253.28	629.01		
1992	408.87	98.35	315.42	762.00		
1993	494.57	112.91	389.44	934.88		
1994	611.26	152.61	535.56	1099.77		
1995	791.15	180.78	726.28	1302.76		
1996	1037.83	241.38	955.48	1608.84		
1997	1206.82	322.94	1071.33	1913.61		
1998	1345.52	304.60	1211.83	2118.79		
1999	1928.25	419.92	1328.91	2580.41		
2000	2236.71	535.41	1515.84	2651.19		
2001	2484.23	589.21	1796.90	2828.25		
2002	2878.28	693.79	2019.40	3057.70		
2003	3307.25	760.50	2161.40	3288.87		
2004	3683.50	804.94	2405.60	3435.03		
2005	4270.49	877.66	2798.10	3332.93		
2006	4963.71	1039.56	3107.50	3870.33		
2007	5318.59	1342.70	3186.80	4306.01		
2008	6362.48	1528.21	3923.14	4835.89		
2009	8318.00	2327.78	4614.39	6234.66		
2010	9606.70	2753.18	5147.26	7205.94	2809.74	4283.63
2011	10874.19	4524.72	5835.32	8126.17	2913.34	5024.79
2012	12706.13	5204.67	6875.10	9155.60	3288.59	5614.24
2013	14781.42	6192.36	7745.33	10696.52	3946.28	6486.06
2014	16400.10	6982.72	8556.71	12587.26	4844.84	7417.34
2015	18499.59	4859.93	9543.80	15203.11	6053.56	8395.86
2016	21003.90	6019.21	10553.35	17141.06	7057.00	9321.20
2017	21562.67	5530.45	11506.00	17959.69	7184.57	10288.75
2018	21926.98	5083.73	12520.78	18956.37	6885.92	11591.60
2019	24019.43	5154.91	14442.35	20863.60	6945.12	13220.33
2020	27119.76	5631.19	16996.05	22739.82	6811.50	15071.26
2021	29461.82	5730.06	19096.27	24594.72	7241.86	16362.71

注：1.银行各项存款和各项贷款均不含外币。
　　2.从2015年起个人储蓄存款为住户存款，单位存款为非金融企业存款。

Note:①All bank Deposits and Loans exclude foreign currency.
　　②Personal Savings Deposits were those of household since 2015. Corporate Deposits are of non-financial enterprise.

8－3　分项目财政收入
Local Government Revenue by Item

单位: 万元

unit:10000 yuan

项　目	Item	2019	2020	2021
地方级财政收入	**Local Revenue**	**11169457**	**10850228**	**11439781**
一、税收收入	**Tax Revenue**	**7979776**	**7719465**	**8094055**
增值税	Value Added Tax	3282985	2865015	2973496
营业税	Business Tax			
企业所得税	Corporate Income Tax	1287944	1275530	1422259
个人所得税	Individual Income Tax	336833	330738	407864
资源税	Resources Tax	104481	86803	119269
城市维护建设税	Urban Maintenance and Construction Tax	603775	580692	618204
房产税	Real Estates Tax	344027	290226	350364
印花税	Stamp Tax	150109	165665	177369
城镇土地使用税	Urban Land Use Tax	264715	224608	258390
土地增值税	Land Appreciation Tax	377851	388979	291425
车船使用税	Tax on Vehicles and Boat Operation	188013	206020	217216
耕地占用税	Farm Land Occupation Tax	123915	208105	198787
契税	Deed Tax	882507	1073044	1036590
烟叶税	Tobacco Leaf Tax	5278	4458	3710
环境保护税	Environmental Protection Tax	15580	14822	14368
其他税收收入	Others	11763	4760	4744
二、非税收入	**Non-tax Revenue**	**3189681**	**3130763**	**3345726**
国有资本经营收入	Operating Income from Government Capital	79326	37229	42847
行政事业性收费收入	Charge of Administrative and Institutional Units	799138	878419	905236
罚没收入	Penalty and Confiscate Income	451334	427882	463896
专项收入	Special Project Income	796676	747884	839653
国有资源（资产）有偿使用收入	Income from Use of State-owned Resources (Assets)	832627	843379	885609
其他收入	Other Income	230580	195970	208485

8-4 地方项目公共财政支出
Local Government Expenditure by Item

单位: 万元 unit:10000 yuan

项目	Item	2019	2020	2021
支出总计	**Total Expenditure**	**39334231**	**41271714**	**36968416**
一般公共服务	Expenditure for General Public Services	3025179	3214433	3187524
国防	Expenditure for National Defense	38715	44144	43409
公共安全	Expenditure for Public Security	2222086	2297040	1972986
教育	Expenditure for Education	5005285	5266909	4869574
科学技术	Expenditure for Science and Technology	391824	399397	384342
文化旅游体育与传媒	Expenditure for Culture, Tourism,Sport and Media	717526	719214	610780
社会保障和就业	Expenditure for Social Security and Employment	6877813	8187534	7842412
卫生健康	Expenditure for Health Care	2816938	3002032	2797180
节能环保	Energy saving and Environmental protection	1479673	1315335	1122708
城乡社区事务	Expenditure for Urban and Rural Community Affairs	3300765	3665871	2975028
农林水事务	Expenditure for Agriculture,Forestry,Water Affairs	5643475	5777616	4623191
交通运输	Expenditure for Transportation	3144481	2742175	2184889
资源勘探电力信息等事务	Resource Exploration Power Information	710251	649351	670626
商业服务业等事务	Commerce and Services	132528	163661	149123
金融支出	Expenditure for Financial Affairs	450254	68555	98713
援助其他地区支出	Aid in other Areas	29243	29680	25755
自然资源海洋气象等支出	Expenditure for Natural Resources, Ocean and Weather	409844	386734	338906
住房保障支出	Housing Security Expenditure	1246235	1490960	1299872
粮油物资储备事务	Grain and Oil Material Reserve	361123	379710	308538
债务付息支出	Expenditure for Interest Payments on Debts	1001068	1111201	1175365
债务发行费用支出	Expenditure for Issuing Debts	4283	7567	5350
其他支出	Other Expenditures	325642	352595	282145

8－5　分级地方公共财政收入

Government Budgetary Revenue by Level

单位: 万元　　unit:10000 yuan

项　目	Item	2019	2020	2021
收入合计	**Total Revenue**	**11169457**	**10850228**	**11439781**
省　级	Province	2997887	2790246	1399460
地　级	Prefecture	4757078	4578804	6205795
县　级	County	3257690	3302007	3627679
乡镇级	Township	156802	179171	206847
一、税收收入	**Tax Revenue**	**7979776**	**7719465**	**8094055**
省　级	Province	2321447	2120539	663760
地　级	Prefecture	3400608	3375023	5002552
县　级	County	2107802	2052958	2228940
乡镇级	Township	149919	170945	198803
增值税	**Value Added Tax**	**3282985**	**2865015**	**2973496**
省　级	Province	1630341	1441221	430049
地　级	Prefecture	1006927	867124	1882942
县　级	County	597456	512843	612109
乡镇级	Township	48261	43827	48396
企业所得税	**Corporate Income Tax**	**1287944**	**1275530**	**1422259**
省　级	Province	541351	536264	177383
地　级	Prefecture	499178	500222	959690
县　级	County	233590	226957	264107
乡镇级	Township	13825	12087	21079
个人所得税	**Individual Income Tax**	**336833**	**330738**	**407864**
省　级	Province	134732	132295	46261
地　级	Prefecture	114186	116265	267172
县　级	County	84158	78038	88827
乡镇级	Township	3757	4140	5604
二、非税收入	**Non－tax Revenue**	**3189681**	**3130763**	**3345726**
省　级	Province	676440	669707	735700
地　级	Prefecture	1356470	1203781	1203243
县　级	County	1149888	1249049	1398739
乡镇级	Township	6883	8226	8044

8-6 分级公共财政支出

Public Finance Expenditure by Level

单位: 万元　　　　unit:10000 yuan

项目	Item	2019	2020	2021
支出合计	**Total Expenditure**	**39334231**	**41271714**	**36968416**
省级	Province	7690584	7247224	9434723
地级	Prefecture	9874824	9679217	8073685
县级	County	20157152	22636068	17750285
乡镇级	Township	1611671	1709205	1709723
#一般公共服务	**Expenditure for General Public Services**	**3025179**	**3214433**	**3187524**
省级	Province	436445	466121	373652
地级	Prefecture	966339	936657	899933
县级	County	1301008	1471170	1442486
乡镇级	Township	321387	340485	471453
#教育	**Education**	**5005285**	**5266909**	**4869574**
省级	Province	1026644	1027761	994632
地级	Prefecture	850208	890256	806098
县级	County	3087722	3307900	3031112
乡镇级	Township	40711	40992	37732
#科学技术	**Science and Technology**	**391824**	**399397**	**384342**
省级	Province	185875	141213	124738
地级	Prefecture	139555	171314	164778
县级	County	66293	85209	94566
乡镇级	Township	101	1661	260
#社会保障和就业	**Social Security and Employment**	**6877813**	**8187534**	**7842412**
省级	Province	763094	1185765	3813649
地级	Prefecture	1821434	2038464	1007756
县级	County	4219612	4883568	2949740
乡镇级	Township	73673	79737	71267
#卫生健康	**Health Care**	**2816938**	**3002032**	**2797180**
省级	Province	291152	300085	228810
地级	Prefecture	599025	652198	1053967
县级	County	1894749	2011865	1479995
乡镇级	Township	32012	37884	34408
#节能环保	**Energy Saving and environmental protection**	**1479673**	**1315335**	**1122708**
省级	Province	207461	366611	395501
地级	Prefecture	554181	335410	260848
县级	County	667795	550876	398910
乡镇级	Township	50236	62438	67449
#农林水	**Agriculture, Forestry and Water Conservancy**	**5643475**	**5777616**	**4623191**
省级	Province	508726	289836	475323
地级	Prefecture	457974	350020	303729
县级	County	3852172	4245740	3044343
乡镇级	Township	824603	892020	799796

8-7 农合机构本外币存贷款年末余额
Balance of Deposits and Loans of Agriculture Financial Institution at Year-end

单位: 亿元 unit:100 million yuan

项目	Item	2019	2020	2021
各项存款	Total Deposits	4699.37	5566.64	6390.87
企事业单位存款	Deposits of Enterprises	1164.78	1212.34	1256.21
各项贷款	Total Loans	3175.41	3820.48	4329.12
#短期贷款	Short-term Loans	1407.14	1622.20	1858.82
中长期贷款	Medium and Long Term Loans	1735.02	2156.62	2432.06

8-8 保险业务主要指标
Main Indicators of Insurance Business

单位: 万元 unit:10000 yuan

项目	Item	2016	2017	2018	2019	2020	2021
保费收入	**Premium Income**	**5571188**	**6413934**	**6298934**	**6793706**	**6613310**	**6912926**
企业财产保险	Enterprise Property Insurance	56467	55368	62708	69401	74179	66335
家庭财产保险	Family Property Insurance	6195	6506	7613	7814	10298	11032
机动车辆保险	Motor Vehicle Insurance	1011862	1162007	1226233	1258330	1167277	1009765
货物运输保险	Freight Transport Insurance	24009	29008	33598	34423	35523	36726
工程保险	Engineering Insurance	7668	10477	9962	12554	15255	13823
责任保险	Liability Insurance	35259	53248	72040	69035	76013	77916
保证保险	Guarantee Insurance	29999	53648	106647	151286	137647	102130
农业保险	Agriculture Insurance	148285	172547	202425	227941	269335	371200
人寿保险	Life Insurance	3706150	4114143	3483375	3483783	3198238	3492007
意外伤害险	Accident Injury Insurance	74624	92932	115998	139669	152677	156620
健康险	Health Insurance	458127	653548	965427	1332193	1464325	1559167
其他	Others	12543	10504	12907	7278	12542	16204
赔款与给付	**Compensation and Payment**	**1612230**	**1751055**	**1921698**	**2068163**	**2069932**	**2428105**
企业财产保险	Enterprise Property Insurance	22237	41184	28837	30307	29493	67274
家庭财产保险	Family Property Insurance	3758	4380	4327	3888	3440	3710
机动车辆保险	Motor Vehicle Insurance	535737	603549	623515	641062	590077	685559
货物运输保险	Freight Transport Insurance	18751	17247	21624	34886	26085	29216
工程保险	Engineering Insurance	4385	6261	7693	11281	5366	4422
责任保险	Liability Insurance	16125	20914	28549	39877	42602	45320
保证保险	Guarantee Insurance	17731	17515	26406	52198	90732	86922
农业保险	Agriculture Insurance	100402	103240	101221	134510	171849	192654
人寿保险	Life Insurance	727338	697538	687829	584477	584246	633389
意外伤害险	Accident Injury Insurance	17525	21674	29843	28762	31054	33264
健康险	Health Insurance	138651	210055	355831	494023	487047	634484
其他	Others	9589	7497	6022	12891	7941	11891

8-9　金融机构人员数

Number of Personnel in Financial Institutions

单位: 人　　　　unit:person

项　　目	Item	2019	2020	2021
金融机构合计	**Total Financial Institutions**	**98397**	**95955**	**96177**
国有商业银行	**State - owned Commercial Bank**	**38678**	**37425**	**36576**
工商银行	Industrial and Commercial Bank	11200	10710	10489
农业银行	Agricultural Bank	10922	10360	10006
中国银行	Bank of China	5932	5802	5635
建设银行	Construction Bank	8657	8606	8535
交通银行	Bank of Communications	1967	1947	1911
政策性银行及国家开发银行合计	**Policy Banks and National Development Bank**	**1833**	**1846**	**1851**
国家开发银行	National Development Bank	184	187	197
中国进出口银行	The Export-Import Bank of China	57	59	60
中国农业发展银行	Agricultural Development Bank	1592	1600	1594
股份制商业银行合计	**Shareholding Bank**	**4322**	**4432**	**4513**
中信银行	China Citic Bank	477	477	522
中国光大银行	China Ever bright Bank	903	912	903
招商银行	China Merchants Ban	665	673	666
上海浦东发展银行	ShangHai Pudong Development Bank	449	470	469
中国民生银行	China Minsheng Bank	551	540	520
华夏银行	Huaxia Bank	425	393	357
兴业银行	Industrial Bank	630	660	678
渤海银行	China Bohai Bank	87	96	116
广东发展银行	China Guangfa Bank	135	211	201
平安银行	Ping’an Bank			81
城市商业银行	**City Commercial Bank**	**9619**	**9660**	**9475**
民营银行	**Private Bank**	**302**	**303**	**370**
农村金融机构合计	**Rural Financial Institutions**	**32426**	**30899**	**32144**
农村信用社	Rural Credit Cooperative	5193	4976	5083
农村商业银行	Rural Commercial Bank	21725	20202	21278
农村合作银行	Rural Cooperative Bank			
村镇银行	Village Bank	5451	5636	5728
贷款公司	Loan Company	9	39	14
农村资金互助社	Rural Mutual Cooperatives	48	46	41
非银行金融机构合计	**Non-bank Financial Institutions**	**742**	**797**	**782**
企业集团财务公司	Financial Enterprise Group Company	230	284	279
信托公司	Trust Company	177	171	171
金融租赁公司	Financial Leasing Company	40	39	39
汽车金融公司	Auto Finance Company	295	303	293
邮政储蓄银行	**Postal Savings Bank**	**10238**	**10351**	**10228**
资产管理公司	**Assets Supervision Corporation**	**180**	**188**	**183**
外资金融机构	**Foreign Financial Institutions**	**57**	**54**	**55**

8－10　保险公司机构数（2021年）
Number of Institutions of Insurance Company（2021）

项　　目	Item	保险公司机构数(个) Number of Institutions (unit)	总公司 Head Offices	省级分公司 Branch Company of Province Level	地市级中心支公司 City Center Branch	地市级以下支公司 Branch Company of Prefecture and City Level	营销服务部 Services Department of Marketing
合　计	**Total**	**1861**	**3**	**38**	**234**	**798**	**788**
中国人民财产保险股份有限公司吉林省分公司	Jilin branch of PICC Property Insurance Co.Ltd.	474		1	9	77	387
中国太平洋财产保险股份有限公司吉林省分公司	Jilin Branch of China Pacific Property Insurance Co.Ltd.	60		1	9	50	
中国平安财产保险股份有限公司吉林分公司	Jilin Branch of Ping An Property Insurance Company of China,Ltd.	56		1	9	42	4
天安财产保险股份有限公司吉林省分公司	Jilin Branch of Tian An Insurance Co.Ltd.	38		1	7	16	14
安华农业保险股份有限公司吉林省分公司	Jilin Branch of Anhua Agricultural Insurance Co.Ltd.	79	1	1	9	54	14
中国大地财产保险股份有限公司吉林分公司	Jilin Branch of China Continent Property Insurance Co.Ltd.	52		1	9	24	18
大家财产保险股份有限公司吉林分公司	Jilin Branch of Da Jia Property Co.Ltd.	55		1	9	14	31
都邦财产保险股份有限公司吉林分公司	Jilin Branch of Dubang Insurance Co.Ltd.	16	1	1	7	6	1
阳光财产保险股份有限公司吉林省分公司	Jilin Branch of Sunshine Property Insurance Co.Ltd.	63		1	10	52	
华安财产保险股份有限公司吉林分公司	Jilin Branch of Hua'an Property Insurance Co.Ltd.	8		1	5		2
中航安盟财产保险有限公司吉林省分公司	Jilin Branch of AVIC Groupama Property Insurance Co.Ltd.	46		1	9	20	16
中国人寿财产保险股份有限公司吉林省分公司	Jilin Branch of China Life Property Insurance Co.Ltd.	62		1	9	52	
鑫安汽车保险股份有限公司吉林分公司	Jilin Branch of Xin An Automobile Insurance Co.Ltd.	2	1	1			
中华联合财产保险股份有限公司吉林分公司	Jilin Branch of China United Property Insurance Co.Ltd.	45		1	9	35	
华泰财产保险有限公司吉林分公司	Jilin Branch of Hua Tai Property Insurance Co.Ltd.	3		1	2		
太平财产保险有限公司吉林分公司	Jilin Branch of Taiping Property Insurance Co.Ltd.	6		1	4	1	
永诚财产保险股份有限公司吉林分公司	Jilin Branch of Yongcheng Property Insurance Co.Ltd.	2		1	1		
英大泰和财产保险股份有限公司吉林分公司	Jilin Branch of Yingda Taihe Property Insurance Co.Ltd.	2		1	1		
中国人寿保险股份有限公司吉林省分公司	Jilin Branch of China Life Insurance Co.Ltd.	306		1	9	68	228
中国太平洋人寿保险股份有限公司吉林省分公司	Jilin Branch of China Pacific Life Insurance Co.Ltd.	57		1	9	42	5
中国平安人寿保险股份有限公司吉林分公司	Jilin Branch of China Ping An Life Insurance Co.Ltd.	74		1	8	23	42
新华人寿保险股份有限公司吉林分公司	Jilin Branch of Xinhua Life Insurance Co.Ltd.	46		1	9	29	7
泰康人寿保险股份有限公司吉林分公司	Jilin Branch of Taikang Life Insurance Co.Ltd.	42		1	8	29	4
中国人民人寿保险股份有限公司吉林省分公司	Jilin Branch of PICC Life Insurance Co.Ltd.	62		1	9	49	3
太平人寿保险有限公司吉林分公司	Jilin Branch of Taiping Life Insurance Co.Ltd.	44		1	9	33	1
富德生命人寿保险股份有限公司吉林分公司	Jilin Branch of Fude Sino Life Insurance Co.Ltd.	37		1	9	25	2
平安养老保险股份有限公司吉林分公司	Jilin Branch of Ping An Endowment Insurance Co.Ltd.	3		1	2		
合众人寿保险股份有限公司吉林分公司	Jilin Branch of Union Life Insurance Co.Ltd.	10		1	5	3	1
中国人民健康保险股份有限公司吉林分公司	Jilin Branch of PICC Health Insurance Co.Ltd.	7		1	6		
英大泰和人寿保险股份有限公司吉林分公司	Jilin Branch of Yingda Taihe Life Insurance Co.Ltd.	14		1	4	1	8
阳光人寿保险股份有限公司吉林分公司	Jilin Branch of Sunshine Life Insurance Co.Ltd.	31		1	7	23	
大家人寿保险股份有限公司吉林分公司	Jilin Branch of Dajia Insurance Co.Ltd.	7		1	6		
百年人寿保险股份有限公司吉林分公司	Jilin Branch of Aeon Life Insurance Co.Ltd.	15		1	4	10	
天安人寿保险股份有限公司吉林分公司	Jilin Branch of Tian An Life Insurance Co.Ltd.	29		1	8	20	
泰康养老保险股份有限公司吉林分公司	Jilin Branch of Taikang Endowment Insurance Co.Ltd.	2		1	1		
太平养老保险股份有限公司吉林分公司	Jilin Branch of Taiping Endowment Insurance Co.Ltd.	1		1			
中邮人寿保险股份有限公司吉林分公司	Jilin Branch of China Post Life Insurance Co.Ltd.	1		1			
建信人寿保险股份有限公司吉林分公司	Jilin Branch of CCB Life Insurance Co.Ltd.	4		1	3		

第九篇

CHAPTER ▶ 09

价格指数

Price Indices

资料整理人员：

梁维维　郭　蕊　于　博

9-1 各种价格指数
Various Price Indices

（上年=100） (Preceding year=100)

年份 Year	居民消费价格指数 Consumer Price Index	城市居民 Urban Areas	农村居民 Rural Areas	商品零售价格指数 Retail Price Index	工业生产者出厂价格指数 Producer Price Index for Industrial Products	工业生产者购进价格指数 Purchasing Price Index for Industrial Producers
1978	100.1	100.1	100.3	100.2		
1979	101.7	101.7	101.1	101.2		
1980	105.6	108.6	104.9	106.3		
1981	101.6	101.6	101.2	101.7		
1982	104.2	104.2	101.9	103.0		
1983	104.5	103.0	101.7	102.6		
1984	103.5	103.6	103.3	104.2		
1985	110.3	110.3	107.9	109.7		
1986	106.0	106.0	105.1	105.4		
1987	107.6	108.0	105.3	107.5		
1988	120.3	121.6	117.1	119.9		
1989	117.2	116.9	119.3	116.9		
1990	104.9	103.9	108.2	103.9		
1991	106.8	107.1	105.2	105.1		
1992	108.0	109.3	103.9	107.1		
1993	112.6	113.2	108.8	111.3		
1994	120.6	123.2	117.1	119.9		
1995	115.2	115.1	115.6	114.2		
1996	107.2	107.7	105.8	105.1		
1997	103.7	103.7	103.7	101.8	101.4	103.9
1998	99.2	99.3	99.0	97.9	97.0	96.6
1999	98.0	97.9	98.6	96.7	100.1	97.7
2000	98.6	98.3	99.6	98.0	105.1	106.8
2001	101.3	101.5	100.5	100.9	100.3	101.8
2002	99.5	99.2	100.3	99.0	98.6	97.8
2003	101.2	101.1	101.5	100.5	102.5	104.8
2004	104.1	103.6	105.1	103.5	105.0	110.5
2005	101.5	101.4	101.9	101.1	104.3	107.0
2006	101.4	101.2	102.0	101.5	101.7	103.8
2007	104.8	104.4	106.1	103.3	102.7	105.2
2008	105.1	105.1	105.3	106.2	104.9	111.3
2009	100.1	99.9	100.7	99.3	96.1	95.3
2010	103.7	103.4	104.1	104.1	105.2	108.6
2011	105.2	105.2	105.4	104.9	105.4	106.1
2012	102.5	102.5	102.4	101.7	99.1	99.3
2013	102.9	102.9	102.9	101.6	98.7	99.4
2014	102.0	102.1	101.5	101.2	99.1	99.2
2015	101.7	101.7	101.6	99.8	95.3	96.6
2016	101.6	101.5	101.9	101.3	98.4	97.8
2017	101.6	101.5	101.8	101.4	103.1	103.4
2018	102.1	102.0	102.3	102.4	102.8	103.5
2019	103.0	102.8	103.4	102.1	98.9	99.2
2020	102.3	102.0	103.1	100.7	98.6	98.7
2021	100.6	100.5	101.0	101.8	105.1	106.2

9-2 商品零售价格分类指数（2021年）
Retail Price Indices by Category（2021）

（上年=100）（Preceding year=100）

项　目	Item	全省 Total	城市 Urban	农村 Rural
商品零售价格指数	**General Retail Price Index**	**101.8**	**101.7**	**102.3**
食品	**Food**	**99.9**	**100.1**	**98.1**
粮食	Grain	100.8	100.4	102.4
薯类	Tubers	98.4	97.9	103.0
豆类	Beans	113.0	112.9	113.5
食用油	Edible oil	111.2	111.0	112.2
菜及食用菌	Vegetables and Edible Mushrooms	106.1	106.1	106.1
畜肉类	Livestock meat	85.7	87.1	75.1
禽肉类	Poultry Meat	97.8	98.0	95.9
水产品	Aquatic Products	109.5	109.4	110.9
蛋类	Eggs	113.5	113.3	115.1
奶类	Milk	102.6	102.5	103.5
干鲜瓜果类	Dried and Fresh Melons and Fruits	101.3	101.4	100.2
糖果糕点类	Confectionery	101.8	101.9	101.6
#食　糖	Sugar	98.1	97.3	101.1
调味品	Flavoring	100.0	99.8	101.1
其他食品类	Other Food Products	99.8	99.6	101.4
餐饮业零售	Food and Beverage Retail	100.1	100.1	101.2
饮料烟酒	**Beverage,Tobacco and Liquor**	**100.5**	**100.6**	**100.0**
茶及饮料	Tea and Beverage	101.8	101.9	99.6
卷烟	Tobacco	100.3	100.4	99.9
酒类	Liquor	100.1	100.0	100.8
服装鞋帽	**Garments,Shoes and Hats**	**99.8**	**99.7**	**100.4**
服装	Garments	99.5	99.4	100.8
鞋帽袜	Footgear and Hats	100.8	101.0	99.2
其他衣着配件	Other Clothing accessories	98.5	98.4	100.4
纺织品	**Textiles**	**100.5**	**100.4**	**101.4**
服装材料	Clothing Material	100.8	100.3	105.8
床上用品	Bed Articles	100.5	100.4	100.8
家用电器及音像器材	**Household Appliances and Music and Video Equipment**	**101.6**	**101.4**	**102.8**
家庭设备	Household Facilities	100.4	100.0	102.8

9－2 续表 Continued

项 目	Item	全省 Total	城市 Urban	农村 Rural
文娱用耐用消费品	Durable Consumer Goods for Recreational Use	103.3	103.5	102.1
专业音像器材	Audio and Video Equipment	104.4	104.3	105.3
文化办公用品	**Cultural and Office Appliances**	**101.5**	**101.2**	**104.3**
日用品	**Articles for Daily Use**	**98.7**	**98.5**	**100.4**
日用百货	General Merchandise for Daily Use	99.4	98.9	102.1
清洗用品	Cleaning Supplies	100.3	100.3	100.6
其他日用品	Others	99.0	98.9	100.0
体育娱乐用品	**Sports and Recreation Articles**	**100.1**	**100.1**	**100.5**
体育户外用品	Sports Outdoor Goods	100.3	100.2	101.2
娱乐用品	Amusement Goods	100.1	100.0	100.3
交通通信用品	**Transportation and Communication Appliances**	**99.4**	**99.2**	**101.2**
交通运输机械	Transportation Facility	98.6	98.6	98.6
通信器材	Communication Facility	101.5	100.8	107.4
家具	**Furniture**	**102.3**	**102.1**	**103.3**
化妆品	**Cosmetics**	**98.5**	**98.6**	**97.8**
金银饰品	**Gold,Silver Ornaments**	**99.3**	**99.0**	**101.4**
中西药品及医疗保健用品	**Traditional Chinese and Western Medicines and Health Care Articles**	**99.8**	**99.9**	**99.5**
医疗卫生器具	Medical Sanitation	97.9	98.8	85.6
中药	Traditional Chinese Medicine	102.6	102.9	100.3
西药	Western Medicine	98.7	98.5	101.4
保健器具及用品	Health Care Appliances and Articles	100.5	100.6	99.1
书报杂志及电子出版物	**Books,Newspapers,Magazines and Electronic Publications**	**102.0**	**102.1**	**100.9**
教材及参考书	Teaching Materials and Reference Books	103.0	103.3	101.1
书报杂志及音像制品	Books, Newspapers and Magazines	100.1	100.1	100.1
计算机办公软件	Computer Office Software	99.9	99.9	100.0
燃料	**Fuels**	**116.1**	**116.0**	**117.2**
煤炭及制品	Coal and Related Products	131.8	133.3	121.0
石油及制品	Petroleum and Related Products	114.4	114.1	116.8
建筑材料及五金电料	**Building Materials and Hardware**	**102.3**	**102.4**	**101.8**
建筑装潢材料	Building Decoration Materials	102.5	102.6	101.8
五金水暖	Hardware	101.6	101.6	101.8

9－3 居民消费价格分类指数（2021年）
Consumer Price Indices by Category（2021）

（上年=100） （preceding year=100）

项　　目	Item	全省 Total	城市 Urban Indices	农村 Rural Indices
居民消费价格总指数	**General Consumer Price Index**	**100.6**	**100.5**	**101.0**
服务价格指数	**Services Price Index**	**100.1**	**99.8**	**100.8**
食品烟酒	**Food Liquor and Tobacco**	**99.7**	**100.1**	**98.6**
食品	Food	99.4	100.0	97.9
粮食	Grain	101.2	100.7	101.9
菜及食用菌	Vegetables and Edible Mushrooms	106.0	105.9	106.5
#鲜　菜	Fresh Vegetables	106.9	106.9	106.7
畜肉类	Livestock Meat	83.5	86.7	75.5
禽肉类	Meat of Poultry	98.0	98.2	97.5
水产品	Aquatic Products	110.1	109.2	113.1
干鲜瓜果类	Dried Fresh melon and Fruit	101.0	101.7	98.4
#鲜果	Fresh Fruits	101.4	102.3	98.6
其他食品类	Other Food Products	100.3	99.7	101.7
烟酒	Tobacco and Liquor	100.3	100.4	100.2
衣着	**Clothing**	**99.9**	**99.7**	**100.7**
居住	**Residence**	**101.3**	**100.7**	**103.1**
租赁房房租	Rent of Rental Housing	98.8	98.2	101.3
住房保养维修及管理	Maintenance and Management of housing	101.3	101.2	101.4
水电燃料	Water Electricity and fuel	104.3	103.7	105.8
自有住房	Private Housing	100.1	99.5	102.2
生活用品及服务	**Supplies and Services**	**99.9**	**99.6**	**101.1**
家具	Furniture	102.3	101.9	103.9
室内装饰品	Upholstery	100.1	100.1	100.0
家用器具	Furniture Appliance	100.7	100.2	102.8
#床上用品	Bedding	100.6	100.4	101.3
家庭日用杂品	Household groceries	98.8	98.3	100.4
交通通信	**Transportation and Communication**	**103.8**	**103.5**	**104.5**
交通	Transportation	104.7	104.6	105.1
#车辆修理与保养	Vehicle Repair and Maintenance	103.3	100.6	109.3
通信	Communication	101.2	100.5	102.9
#通信服务	Communication Service	100.1	100.2	99.7
教育文化娱乐	**Education Culture and Entertainment**	**100.4**	**100.2**	**101.0**
学前教育	Preschool Education	99.6	99.0	102.3
文化娱乐	Cultural Entertainment	101.3	101.2	101.9
医疗保健	**Health Care**	**100.0**	**100.0**	**99.9**
医疗服务	Medical Service	100.0	100.1	100.0
其他用品及服务	**Other Supplies and Services**	**98.1**	**98.0**	**98.7**
其他用品	Other Items	99.5	99.4	99.6
其他服务	Other Service	96.9	96.8	97.4

9－4 主要原材料、燃料、动力购进价格指数

Main Purchasing Price Indices of Raw Materials, Fuels and Power

（上年=100） (preceding year=100)

类　　别	Item	2019	2020	2021
总指数	**General Index**	**99.2**	**98.7**	**106.2**
燃料、动力类	Fuel and Power	97.5	90.9	118.1
黑色金属材料类	Ferrous Metals	101.6	100.5	117.1
#钢材	Steel	99.2	99.2	114.5
其他	Others	105.0	102.3	128.1
有色金属材料及电线类	Nonferrous Metals and Wire	98.8	98.4	113.4
化工原料类	Raw Chemical Materials	95.9	96.0	108.5
木材及纸浆类	Timber and Paper Pulp	99.1	99.1	104.5
建筑材料及非金属类	Building Materials and Nonmetal Minerals	99.8	97.6	112.9
其他工业原材料及半成品类	Other Industrial Materials and Semi-finished Products	99.1	100.7	100.8
农副产品类	Agricultural Products	103.4	107.0	102.6
纺织原料类	Textile Materials	100.1	97.0	103.7

9－5 工业生产者出厂价格指数

Producer Price Indices of Industrial Products by Category

（上年=100） (preceding year=100)

类　　别	Item	2019	2020	2021
总指数	**General Index**	**98.9**	**98.6**	**105.1**
轻工业	Light Industry	101.6	101.0	104.3
以农产品为原料	Using Farm Products as Raw Materials	102.0	101.3	103.5
以非农产品为原料	Using Non-farm Products as Raw Materials	99.0	99.0	105.8
重工业	Heavy Industry	98.1	97.9	105.3
采掘	Mining and Quarrying	98.4	84.2	123.6
原料	Raw Materials	96.6	96.2	112.2
加工	Processing	98.5	100.0	103.1
生产资料	Means of Production	97.8	96.9	108.9
采掘	Mining and Quarrying	98.4	84.2	123.6
原材料	Raw Materials	96.4	95.9	113.7
加工	Processing	98.3	99.6	106.1
生活资料	Consumer Goods	100.5	101.0	99.9
食品	Food	102.5	101.1	101.4
衣着	Clothing	99.6	100.6	103.5
一般日用品	Articles for Daily Use	99.7	102.3	102.0
耐用消费品	Durable Consumer Goods	98.0	100.7	99.2
按工业部门分	Grouped by Sector			
冶金工业	Metallurgical Industry	100.6	101.5	132.9
电力工业	Power Industry	100.1	99.7	100.5
煤炭及炼焦工业	Coal and Coke Industry	100.5	101.5	114.9
石油工业	Petroleum Industry	95.4	73.9	124.8
化学工业	Chemical Industry	98.1	98.5	115.3
机械工业	Machine Manufacturing Industry	98.8	100.4	99.8
建筑材料工业	Building Materials Industry	93.7	97.4	113.8
森林工业	Timber Industry	100.7	100.3	100.6
食品工业	Food Industry	102.5	101.5	102.6
纺织工业	Textile Industry	99.5	96.6	101.9
缝纫工业	Tailoring Industry	99.9	100.5	103.5
造纸工业	Paper Industry	97.2	98.8	106.3
文教艺术用品工业	Cultural, Educational and Handicraft Articles	100.2	99.7	88.2
其他工业	Others	87.1	93.5	108.3

9－6　工业生产者购进价格分类指数

Producer Price Indices for Industrial Producer by Category

（上年=100）

(preceding year=100)

年　份 Year	总指数 General Index	燃料、动力类 Fuel, Power	黑色金属材料类 Ferrous Metal	有色金属材料及电线类 Non ferrous Metals and wires	化工原料类 Raw Chemical Material	木材及纸浆类 Wood and Pulp	建筑材料及非金属类 Building Materials and Non metals	农副产品类 Agricultural Products	纺织原料类 Textile Materials
2003	104.8	105.9	105.2	103.0	102.9	101.8	97.4	106.1	106.4
2004	110.5	107.8	120.3	112.6	111.2	105.7	101.4	111.0	108.7
2005	107.0	115.1	108.8	108.1	106.1	107.1	101.2	101.4	99.5
2006	103.8	108.9	98.8	118.5	101.8	102.3	101.3	101.1	100.9
2007	105.2	103.9	103.7	111.6	109.1	103.1	102.8	108.0	101.5
2008	111.3	112.4	116.2	100.2	109.1	103.1	106.6	113.4	104.5
2009	95.3	95.5	91.3	88.6	90.8	93.0	102.2	97.2	100.1
2010	108.6	113.5	105.0	113.9	114.1	105.6	103.9	106.4	105.2
2011	106.1	111.4	105.7	103.5	106.8	108.0	102.4	109.3	106.5
2012	99.3	98.5	94.9	98.6	99.4	102.6	104.2	100.3	100.7
2013	99.4	98.3	97.6	97.2	99.9	100.8	99.8	99.9	100.3
2014	99.2	98.5	97.7	97.9	99.1	100.5	99.7	99.8	100.3
2015	96.6	86.8	94.3	97.4	98.7	100.3	101.3	99.9	100.1
2016	97.8	95.7	96.6	98.7	96.9	100.0	98.5	97.9	96.6
2017	103.4	110.5	106.5	105.7	105.3	102.6	102.9	97.8	101.4
2018	103.5	108.4	104.8	102.2	103.8	104.1	107.8	101.3	101.7
2019	99.2	97.5	101.6	98.8	95.9	99.1	99.8	103.4	100.1
2020	98.7	90.9	100.5	98.4	96.0	99.1	97.6	107.0	97.0
2021	106.2	118.1	117.1	113.4	108.5	104.5	112.9	102.6	103.7

9－7　农业生产资料价格分类指数

Price Indices for Means of Agricultural Production by Category

（上年=100）

(preceding year=100)

年　份 Year	总指数 General Index	农用手工工具 Farm hand tools	饲　料 Feeding	仔畜幼禽及产品畜 Young Poultry and livestock Products	半机械化农具 Semi–mechanized farm tools	机械化农具 Mechanized farm tools	化学肥料 Chemical Fertilizer	农药及农药械 Pesticide	农用机油 Agricultural Oil	其他农业生产资料 Other Means for Agricultural Production	农业生产服务 Agricultural Production Service
2003	101.0	101.0	100.8	99.2	94.7	93.3	104.1	98.0	111.3	89.5	
2004	106.3	102.8	102.1	115.2	97.1	98.7	107.0	100.6	102.1	109.8	
2005	109.2	98.8	107.2	104.9	107.8	104.2	115.4	103.5	105.4	104.9	
2006	97.2	106.1	94.8	84.0	105.7	100.3	95.7	97.1	110.7	106.3	100.0
2007	106.0	99.1	115.6	142.0	112.6	100.4	102.8	102.2	106.0	101.5	115.0
2008	127.3	101.2	111.0	154.0	105.2	107.3	145.8	106.4	111.9	115.9	103.4
2009	96.4	106.7	101.5	86.9	104.9	104.0	87.7	95.6	98.5	110.2	113.4
2010	99.1	100.9	103.9	97.9	99.8	99.8	92.8	98.4	110.4	101.8	112.8
2011	111.4	109.3	108.8	124.8	100.6	103.9	115.3	99.7	113.0	107.6	107.1
2012	106.8	104.7	107.8	106.9	99.8	102.4	107.6	107.9	103.3	101.7	117.0
2013	100.8	101.9	105.7	102.5	100.7	100.7	96.3	104.7	101.9	101.3	105.8
2014	95.1	100.0	102.8	93.0	100.1	100.3	87.3	100.8	96.8	96.4	103.0
2015	100.2	99.6	105.1	114.5	99.9	100.2	100.8	99.7	82.2	96.2	102.7
2016	97.4	98.2	90.9	127.8	99.7	102.8	91.3	99.2	95.1	97.9	100.6
2017	97.9	102.2	93.0	92.6	103.5	105.2	95.9	99.9	112.1	96.3	98.0
2018	103.7	102.2	105.3	99.5	100.0	100.7	107.9	102.7	112.5	97.3	100.5
2019	108.3	100.5	104.0	205.9	100.7	101.0	104.5	100.4	94.7	99.1	100.8
2020	100.0	100.0	101.6	109.3	100.1	101.8	96.6	101.1	86.4	99.0	100.6

注：仔畜幼禽及产品畜，2015年以前为“产品畜”。

Note: Young poultry and livestock products were product stock before 2015.

9－8 农产品生产者价格指数
Producer Price Indices for Farm Products

（上年=100） （preceding year=100）

指标	Item	2019	2020	2021
合计	**Total**	**108.7**	**117.1**	**109.3**
农业产品	**Farm Products**	**101.1**	**112.0**	**117.8**
谷物	Grain	101.6	111.4	119.0
稻谷	Rice	94.3	102.8	100.2
玉米	Corn	103.9	113.6	124.9
油料	Oil-bearing Crops	99.3	110.7	99.2
豆类	Bean	99.8	117.4	123.2
大豆	Soybean	101.5	127.4	124.0
蔬菜及食用菌	Vegetables and edible fungus	96.3		
蔬菜	Vegetables	97.0	110.1	104.9
水果及坚果	Fruits and nuts	98.9		
水果（园林水果）	Fruits（Garden Fruits）	98.9	121.4	101.1
林业产品	**Forestry Products**	**99.5**	**100.3**	**101.0**
饲养动物及其产品	**Raised Animals and Related Products**	**131.8**	**132.9**	**83.7**
活牲畜	Live stock	142.0		
猪	Pig	155.3	163.5	61.5
牛	Cattle	110.8	118.2	104.0
羊	Sheep	118.7	107.3	92.1
活家禽	Live Poultry	106.5	92.5	104.5
畜禽产品	Animal Products	100.4		
生奶	Raw milk	103.5	93.9	108.8
禽蛋	Eggs	100.2	84.0	119.0
渔业产品	**Fishery Products**	**97.0**	**109.6**	**98.4**
淡水养殖产品	Freshwater Artificially Cultured Products	97.0	109.6	98.4

第十篇

CHAPTER ▶ 10

人民生活

People's Livelihood

资料整理人员：

杨　滨

10－1 人民生活基本情况

Basic Situation of People's Life

单位：元

unit: yuan

年 份 Year	城镇居民人均 Urban Households Per Capita Annual 可支配收入 Disposable Income 绝对数 Absolute Figures	指数 Index (1978=100)	生活消费支出 Living Consumption Expenditure	#食品 Food	农村居民人均 Rural Households Per Capita Annual 可支配收入 Disposable Income 绝对数 Absolute Figures	指数 Index (1978=100)	生活消费支出 Living Consumption Expenditure	#食品 Food	城镇居民家庭恩格尔系数(%) Engle's Coefficient of Urban Households (%)	农村居民家庭恩格尔系数(%) Engle's Coefficient of Rural Households (%)
1978	290.20				181.65	100.0			59.3	
1979					222.50	122.5	193.83	130.90		67.5
1980	369.50				237.20	130.5	216.25	140.07	59.2	65.3
1981	401.00				293.34	161.5	246.08	152.40		61.9
1982	431.00				333.09	183.4	253.44	159.37		62.9
1983	451.31	155.5	392.40	224.71	462.50	254.6	274.98	174.23		63.4
1984	499.15	172.0	424.99	244.21	486.80	268.0	320.81	203.09		63.3
1985	607.50	209.3	554.15	303.19	413.74	227.7	364.47	199.48	54.7	56.5
1986	755.46	206.3	661.92	355.44	456.70	251.4	388.77	214.66		55.2
1987	851.64	293.5	715.20	390.00	523.09	288.0	441.60	239.54		54.2
1988	987.12	340.2	901.08	455.16	627.54	345.5	516.36	275.63		53.4
1989	1109.34	382.3	967.44	511.20	623.96	343.5	562.78	313.59		55.7
1990	1230.10	423.9	1053.96	552.60	717.30	394.8	585.71	332.27	52.4	56.7
1991	1395.36	480.8	1193.88	638.16	748.33	411.8	648.41	366.51	53.4	56.5
1992	1636.92	564.1	1374.72	690.72	807.41	444.4	643.13	381.53	50.2	59.3
1993	1953.12	673.0	1596.00	780.24	891.61	490.8	670.02	406.24	48.9	60.6
1994	2561.04	882.5	2096.40	1034.52	1271.63	699.8	853.73	532.47	49.3	62.4
1995	3174.84	1094.0	2598.00	1330.44	1609.61	885.8	1494.62	841.85	51.2	56.3
1996	3805.61	1311.4	3037.32	1438.92	2125.56	1169.8	1513.19	803.38	47.4	53.1
1997	4190.61	1444.0	3408.00	1600.68	2186.29	1203.2	1623.83	895.12	47.0	57.0
1998	4206.64	1449.6	3449.76	1585.44	2383.60	1311.8	1471.46	799.69	46.0	54.0
1999	4480.00	1543.8	3661.68	1561.92	2260.60	1244.1	1347.91	719.27	42.7	53.0
2000	4810.00	1657.7	4020.84	1582.68	2022.50	1113.1	1553.35	705.39	39.4	45.0
2001	5340.50	1840.3	4337.28	1650.96	2182.20	1201.0	1661.69	757.90	38.1	45.0
2002	6260.20	2157.2	4973.88	1809.48	2360.80	1299.3	1685.74	743.07	36.4	44.1
2003	7005.12	2413.9	5492.04	1957.92	2530.40	1392.6	1815.57	799.16	35.7	44.0
2004	7840.60	2701.8	6068.99	2180.09	3000.40	1652.1	1971.21	899.00	35.9	45.6
2005	8690.62	2995.1	6794.71	2356.00	3263.99	1796.9	2305.98	1003.22	34.7	43.5
2006	9775.07	3368.4	7352.64	2457.21	3641.13	2004.5	2700.66	1082.28	33.4	40.1
2007	11285.52	3888.9	8560.30	2842.68	4189.90	2306.0	3064.38	1240.50	33.2	40.0
2008	12829.45	4420.9	9729.05	3307.14	4932.74	2715.5	3443.24	1362.44	34.0	39.6
2009	14006.27	4826.4	10914.44	3637.32	5265.91	2898.9	3902.90	1371.12	33.3	35.1
2010	15411.47	5310.6	11679.04	3767.85	6237.44	3433.9	4147.36	1523.32	32.3	36.7
2011	17796.57	6132.5	13010.63	4252.85	7509.95	4134.3	5305.80	1872.10	32.7	35.3
2012	20208.04	6963.5	14613.53	4635.27	8598.17	4733.4	6186.17	2268.76	31.7	36.7
2013	22274.60	7675.6	15932.31	4658.13	9621.21	5296.6	7379.71	2438.49	29.2	33.0
2014	23217.82	8000.6	17156.14	4478.53	10780.12	5934.6	8139.82	2411.25	26.1	29.6
2015	24900.86	8580.6	17972.62	4640.58	11326.17	6235.2	8783.31	2550.80	25.8	29.0
2016	26530.42	9142.1	19166.38	4957.05	12122.94	6673.8	9521.40	2721.87	26.0	28.6
2017	28318.75	9758.4	20051.24	5168.68	12950.44	7129.3	10279.40	2903.20	25.8	28.2
2018	30171.94	10396.9	22393.71	5563.85	13748.17	7568.5	10826.24	3010.22	24.8	27.8
2019	32299.18	11130.0	23394.28	5841.36	14936.05	8220.2	11456.59	3224.52	25.0	28.1
2020	33395.70	11508.4	21623.22	6040.79	16067.03	8812.1	11863.56	3730.52	27.9	31.4
2021	35645.80	12283.2	24420.90	6622.60	17641.70	9711.9	13411.00	4055.00	27.1	30.2

注：2014年城乡生活消费支出中食品包含烟酒。

从2013年起，农村居民人均纯收入改为农村居民人均可支配收入（以下同）。

Notes: The food in Living Expenditure in 2014 contains alcohol and tobacco.

Since 2013,the Per Capita net Income of Rural Residents has Changed to the Per Capita Disposable (The same applies to the tables following).

10－2 城镇居民家庭基本情况
Basic Situation of Urban Households

指　　标	Item	2019	2020	2021
调查户数（户）	Number of Households Surveyed (Household)	2860	2860	2860
平均每户常住人口数（人）	Number of Permanent Residents Per Household (person)	2.60	2.56	2.59
平均每户就业人口数（人）	The Average Employment Population (person)	1.25	1.16	1.26
平均每户就业面（%）	Average Employment per Household (%)	48.08	45.31	48.65
平均每一就业者负担人数（含就业者本人）（人）	The Average Number of Employees per Job (including the employed person) (person)	2.08	2.21	2.06
平均每人可支配收入（元）	Average Disposable Income Per Capita (yuan)	32299	33396	35646
平均每人生活消费支出（元）	Living Consumption Expenditure Per Capita (yuan)	23394	21623	24421

10－3 城镇居民人均可支配收入及总支出
Per Capita Disposable Income and Expenditure of Urban Households

单位：元　　　　unit: yuan

指　　标	Item	2019	2020	2021
一、可支配收入	**Disposable Income**	**32299.18**	**33395.70**	**35645.81**
（一）工资性收入	Wage Income	20570.49	20990.93	22523.11
（二）经营净收入	Net Operating Income	2857.66	2987.40	3468.42
（三）财产净收入	Net Income of Property	1636.18	1602.97	1767.25
（四）转移净收入	Transfer Net Income	7234.85	7814.41	7887.02
二、非收入所得	**Non Income**	**3153.01**	**1539.67**	**1966.32**
三、借贷性所得	**Borrowing Income**	**1783.44**	**964.50**	**491.75**
四、总支出	**Total Expenditure**	**39099.30**	**33591.95**	**37688.54**
（一）生活消费支出	Living Consumption Expenditure	23394.28	21623.22	24420.93
（二）生产经营费用支出	Production and Operating Expenses	4083.76	3284.54	5615.11
（三）财产性支出	Property Expenses	134.71	157.30	117.98
（四）转移性支出	Transfer Expenditure	2345.62	2403.37	2252.17
（五）部分商业保险支出	Part of the Commercial Insurance Expenditure	309.61	318.79	384.59
（六）购置资产及非经常性转移支出	Acquisition of Assets and Non Recurrent Transfer Expenses	7177.76	4133.99	3463.79
（七）借贷性支出	Borrowing Expenses	1653.56	1670.74	1433.98

10－4　城镇居民人均总支出

Per Capita Consumption Expenditure of Urban Households

单位：元　　unit: yuan

指　　标	Item	2019	2020	2021
总支出	**Total Expenditure**	**39099.30**	**33591.95**	**37688.54**
一、生活消费支出	Living Consumption Expenditure	23394.28	21623.22	24420.93
二、生产经营费用支出	Production and Operating Expenses	4083.76	3284.54	5615.11
（一）第一产业经营费用支出	First Industry Operating Expenses	774.08	788.62	2358.30
（二）第二产业经营费用支出	Second Industry Operating Expenses	93.95	80.45	75.34
（三）第三产业经营费用支出	Third Industry Operating Expenses	3215.73	2415.47	3181.47
三、财产性支出	Property Expenses	134.71	157.30	117.98
（一）生活贷款利息支出	Interest Expense of Living Loan	129.89	151.35	111.47
（二）其他财产性支出	Other Property Expenses	4.82	5.96	6.51
四、转移性支出	Transfer Expenditure	2345.62	2403.37	2252.17
（一）个人所得税	Individual Income Tax	114.84	109.02	86.40
（二）社会保障支出	Social Security Expenditure	1918.46	2057.07	1954.06
1.个人缴纳的养老保险	Personal Payment of Pension Insurance	1427.05	1434.92	1301.98
2.个人缴纳的医疗保险	Personal Payment of Medical Insurance	383.31	488.80	525.57
3.个人缴纳的失业保险	Unemployment Insurance for Individuals	42.43	46.25	44.73
4.其他社会保障支出	Other Social Security Expenses	65.68	87.11	81.79
（三）外来从业人员寄给家人的支出	Employees Sent to the Family Expenses	3.34	2.09	5.69
（四）赡养支出	Maintenance Expenses	200.07	148.19	133.57
（五）其他转移性支出	Other Transfer Expenditure	108.91	87.00	72.45
五、部分商业保险支出	Part of the Commercial Insurance Expenses	309.61	318.79	384.59
（一）意外伤害保险	Accident Insurance	20.54	17.12	19.47
（二）商业医疗保险（含大病保险）	Commercial Health Insurance (Including Serious illness Insurance)	182.45	209.82	276.08
（三）其他非储蓄性商业保险	Other Non Savings Commercial Insurance	37.89	36.94	34.90
（四）其他储蓄性商业保险	Other Savings Commercial Insurance	68.74	54.91	54.13
六、购置资产及非经常性转移支出	Purchase of Assets and Transfer of Non-recurring Expenses	7177.76	4133.99	3463.79
（一）购置资产支出	Asset Acquisition Expenses	4620.43	2055.38	1141.41
（二）非经常性转移支出	Non-recurrent Expenditure Transfers	2557.33	2078.61	2322.38
七、借贷性支出	Loan Expenditures	1653.56	1670.74	1433.98
（一）存入储蓄款	Saving Deposit	24.02	38.02	27.05
（二）借出款	Loan	34.66	12.52	10.91
（三）归还借款	Return Loan	95.58	71.25	145.01
（四）购买有价证券	Purchase of Securities	13.57	36.22	8.52
（五）其他投资支出	Other Investment Spending	13.72	9.11	13.71
（六）归还住房贷款	Return of Housing Loan	1245.47	1388.35	1001.49
（七）归还汽车贷款	Return of Auto Loan	170.37	83.41	135.67
（八）归还教育贷款	Return of Education Loan	0.00	2.48	2.11
（九）归还其他贷款	Return other Loan	50.07	28.36	86.25
（十）其他借贷支出	Other Borrowing Cost	6.10	1.03	3.25

10－5 城镇居民人均生活消费支出

Per Capita Living Consumption Expenditure of Urban Households

单位：元 unit: yuan

指 标	Item	2019	2020	2021
生活消费支出	**Living Consumption Expenditure**	**23394.28**	**21623.22**	**24420.93**
一、食品烟酒	**Food,Alcohol and Tobacco**	**5841.36**	**6040.79**	**6622.63**
（一）食品	Food	3776.03	4355.34	4420.96
1.谷物	Corn	450.24	504.87	566.86
2.薯类	Potato	64.14	72.19	62.91
3.豆类	Beans	66.51	74.70	72.14
4.食用油	Edible Oil	127.51	153.45	156.11
5.蔬菜和食用菌	Vegetables and Edible Fungi	478.83	537.41	549.15
6.肉类	Meat	776.28	1151.78	1184.45
7.禽类	Poultry	142.89	177.19	162.95
8.水产品	Aquatic Product	288.72	286.46	267.11
9.蛋类	Eggs	114.89	127.45	135.73
10.奶类	Milk	223.48	234.90	231.04
11.干鲜瓜果类	Dry and Fresh Fruits	704.03	682.95	677.86
12.糖果糕点类	Confectionery	142.51	141.74	146.15
13.其他食品	Other Foods	196.03	210.24	208.50
（二）烟酒	Tobacco and Wine	444.50	439.09	493.61
（三）饮料	Beverage	140.07	135.10	139.66
（四）饮食服务	Catering Services	1480.77	1111.26	1568.39
二、衣着	**Clothing**	**1979.22**	**1749.73**	**1783.36**
三、居住	**Residence**	**4571.20**	**4597.21**	**4936.65**
（一）租赁房房租	Rental Housing Rent	184.74	159.28	171.45

单位：元　　10－5　续表 continued　　unit: yuan

指　标	Item	2019	2020	2021
（二）住房维修及管理	Housing Maintenance and Management	523.23	458.80	615.95
（三）水电燃料及其他	Water and Electricity of Fuel and Others	1295.58	1282.01	1433.18
（四）自有住房折算租金	Converted Rent of Private Housing	2567.66	2697.12	2716.07
四、生活用品及服务	**Supplies and Services**	**1358.35**	**1236.46**	**1377.39**
（一）家具及室内装饰品	Furniture and Interior Decorations	170.09	153.91	177.04
（二）家用器具	Home Appliances	348.31	261.58	329.19
（三）家用纺织品	Home Textile	112.54	104.19	122.77
（四）家庭日用杂品	The Family Daily Sundry Goods	277.03	285.11	306.58
（五）个人用品	Personal Belongings	363.53	371.29	379.33
（六）家庭服务	Domestic Service	86.85	60.38	62.47
五、交通通信	**Transportation Communication**	**3174.89**	**2770.24**	**3225.41**
（一）交通	Transportation	2418.00	2004.21	2465.92
（二）通信	Communication	756.89	766.04	759.48
六、教育文化娱乐	**Educational Entertainment**	**3147.66**	**2187.69**	**2969.47**
（一）教育	Education	2167.24	1592.91	2276.67
（二）文化娱乐	Entertainment	980.42	594.78	692.79
七、医疗保健	**Medical Care**	**2525.25**	**2396.44**	**2701.12**
（一）医疗器具及药品	Medical Equipment and Drugs	895.83	930.88	907.31
（二）医疗服务	Medical Service	1629.42	1465.56	1793.82
八、其他用品和服务	**Other Goods and Services**	**796.34**	**644.65**	**804.91**
（一）其他用品	Other Goods	335.69	287.75	363.22
（二）其他服务	Other Services	460.65	356.91	441.69

10－6　城镇居民人均购买的主要食品数量

Per Capita Purchasing of Major Foods of Urban Households

单位：千克　　　　unit: kg

指　标	Item	2019	2020	2021
谷　物	Corn	103.69	114.40	128.26
薯　类	Tuber	4.02	4.19	3.69
豆　类	Beans	10.60	11.10	10.24
食用油	Edible Oil	9.89	11.18	11.34
#食用植物油	Edible Vegetable Oil	9.78	11.09	11.19
蔬菜和食用菌	Vegetables and Edible Fungi	104.22	106.53	113.04
猪　肉	Pork	15.37	15.43	22.26
牛　肉	Beef	3.63	4.17	4.13
羊　肉	Mutton	0.89	1.20	1.15
禽　类	Poultry	5.91	7.13	7.01
水产品	Aquatic Product	12.14	12.34	11.42
蛋　类	Eggs	12.15	15.31	14.95
奶　类	Milk	14.89	15.91	15.14
干鲜瓜果类	Dry and Fresh Fruits	79.34	77.41	75.70
糖果糕点类	Confectionery	8.11	7.90	8.33

10－7 城镇居民平均每百户年末耐用消费品拥有量
Major Durable Consumer Goods Owned Per 100 Urban Households at Year-end

指　　标	Item	2019	2020	2021
家用汽车（辆）	Automobile (unit)	36	36	41
洗碗机（台）	Dishwasher (set)	1	1	1
固定电话（部）	Telephone (unit)	13	10	5
移动电话（部）	Mobile Telephone (unit)	229	231	230
#接入互联网	Internet Accessed	179	215	216
计算机	Computer	65	65	47
#接入互联网	Internet Accessed	65	52	40
电冰箱（柜）（台）	Refrigerator (set)	99	101	99
彩色电视机（台）	Color TV set (set)	101	101	98
中高档乐器（架）	Other Medium and High Grade Musical Instrument (set)	5	6	4
照相机（架）	Camera (set)	13	14	8
洗衣机（台）	Washing Machine (set)	99	98	98

10－8 城镇居民家庭居住情况
Residential Situation of Urban Residents

项　　目	Item	2019	2020	2021
现住房建筑面积（平方米）	**Housing Construction Area (sq.m)**	**30.89**	**31.46**	**31.30**
本住户居住空间样式(%)	**The Style of Residential Space (%)**	**100.00**	**100.00**	**100.00**
1.单栋楼房	Pavilions Buildings	1.08	0.94	0.93
2.单栋平房	Pavilions Bungalow	7.04	6.94	13.58
3.四居室及以上单元房	Four Bedrooms and More than Four Bedrooms	1.07	1.07	1.13
4.三居室单元房	Three–bedroom Units	12.58	12.50	11.17
5.二居室单元房	Two Bedroom Flat	67.28	67.54	63.54
6.一居室单元房	One bedroom flat	10.51	10.58	8.65
7.筒子楼或连片平房	Tube–shaped Apartment or Shall Bungalow	0.40	0.39	0.69
8. 其他	Other	0.04	0.04	0.30
现住房房屋来源(%)	**Housing Source of Housing (%)**	**100.00**	**100.00**	**100.00**
1.租赁公房	Public House Leasing	1.59	1.52	1.56
2.租赁私房	Rent of Privately Owned Houses	4.01	3.74	3.90
3.自建住房	Spontaneous Housing	5.87	5.79	10.91
4.购买商品房	Purchase of Commercial Housing	68.90	69.57	66.51
5.购买房改住房	Reform House Buying	5.55	5.71	6.18
6.购买保障性住房	Affordable House Buying	1.56	1.15	0.73
7.拆迁安置房	Resettlement Housing	8.43	8.45	7.25
8.继承或获赠住房	Inheriting or Receiving House	0.94	0.89	0.75
9.免费借用房	Free Housing	2.61	2.66	1.99
10.雇主提供免费住房	Employer Free Housing	0.09	0.12	0.13
11.其他来源	Other Sources	0.45	0.38	0.10
住户厕所类型(%)	**Household Toilet Type (%)**	**100.00**	**100.00**	**100.00**
1.水冲式卫生厕所	Water Flush Toilet	93.11	93.07	87.29

10－8 续表 continued

指　　标	Item	2019	2020	2021
2.水冲式非卫生厕所	Non Sanitary Water Flush Toilet	2.42	2.23	0.15
3.卫生旱厕	Sanitary Dry Lavatory	0.78	0.82	2.16
4.普通旱厕	General Dry Lavatory	3.70	3.79	10.40
5.无厕所	No Toilet	0.00	0.08	0.00
住户厕所使用情况(%)	**Household Toilet Usage (%)**	**100.00**	**100.00**	**100.00**
1.独用	Personal Use	99.23	99.24	98.85
2.合用	Share	0.56	0.55	0.30
3.公用厕所	Public Lavatories	0.21	0.20	0.85
住户洗澡设施情况(%)	**Household Bathing Facilities (%)**	**100.00**	**100.00**	**100.00**
1.统一供热水	Unified Supply of Hot Water	3.18	3.01	2.20
2.家庭自装热水器	Home Self Heater	75.56	75.91	77.41
3.其他	Other	0.73	0.69	0.78
4.无洗澡设施	No Bathing Facilities	20.53	20.40	19.60
住户主要取暖设备状况(%)	**Household Main Heating Equipment Status (%)**	**100.00**	**100.00**	**100.00**
1.由市政或小区集中供暖	Central Heating by Municipal or District	90.75	91.17	85.97
2.自行供暖	Self Heating	7.05	6.60	13.93
3.无取暖设备	No Heating Equipment	2.20	2.23	0.09
主要炊用能源状况(%)	**The Main Cooking Energy Status (%)**	**100.00**	**100.00**	**100.00**
1.柴草	Firewood	3.97	2.38	6.23
2.煤炭	Coal	0.43	0.40	0.31
3.罐装液化石油气	Liquefied Petroleum Gas	27.24	30.32	28.16
4.管道液化石油气	Pipeline Liquefied Petroleum Gas	0.79	0.22	0.40
5.管道煤气	Pipe-line Coal Gas	2.94	2.46	2.05
6.管道天然气	Pipeline Gas	47.53	48.57	47.52
7.电	Electricity	16.88	15.55	15.23
8.其他	Other	0.00	0.00	0.00
9.无炊用行为	No Cooking Behavior	0.22	0.10	0.11

10－9　各地区城镇常住居民人均可支配收入
Per Capita Disposable Income of Urban Households by Regions

单位：元　　unit：yuan

地　区	Region	2017	2018	2019	2020	2021
全　省	**Total**	**28319**	**30172**	**32299**	**33396**	**35646**
长　春	Changchun	29044	31164	33377	34560	37311
吉　林	Jilin	27179	28538	30140	31027	33479
四　平	Siping	25295	26509	28290	29288	31390
辽　源	Liaoyuan	25267	26328	28224	29191	31294
通　化	Tonghua	25460	26886	28394	29397	31581
白　山	Baishan	22674	23694	25648	26736	28465
松　原	Songyuan	25480	26703	28423	29542	31819
白　城	Baicheng	22461	23539	25631	26668	28428
延　边	Yanbian	24766	26316	28158	28872	31122

10－10　各地区农村常住居民人均可支配收入
Per Capita Disposable Income of Rural Households by Regions

单位：元　　unit：yuan

地　区	Region	2017	2018	2019	2020	2021
全　省	**Total**	**12950**	**13748**	**14936**	**16067**	**17642**
长　春	Changchun	13431	14237	15455	16636	18473
吉　林	Jilin	13096	13895	14883	16035	17777
四　平	Siping	12871	13643	14803	15890	17676
辽　源	Liaoyuan	12555	13346	14467	15552	17027
通　化	Tonghua	11660	12430	13497	14523	16083
白　山	Baishan	10469	11160	12093	12993	14261
松　原	Songyuan	10976	11678	12802	13766	15408
白　城	Baicheng	9024	9908	11216	12205	13510
延　边	Yanbian	10401	11129	12520	13585	14905

10－11　农村居民家庭基本情况

Basic Situation of Rural Households

指　　标	Item	2019	2020	2021
调查户数（户）	Number of Households Survey (household)	1940	1940	1940
常住人口（人）	Permanent Population in the Household Surveyed (person)	5770	5622	5594
平均每户常住人口（人）	Average Permanent Resident Population per Household (person)	2.97	2.87	2.88
平均每户整、半劳动力（人）	Average Full/Semi Labour Force per Households (person)	2.20	2.21	2.25
平均每个劳动力负担人口（人）	Average Number of Dependents per Laborer Force (person)	1.35	1.30	1.28
人均可支配收入（元）	Disposable Income per Capita (yuan)	14936	16067	17642
人均总收入（元）	Total Revenue per Capita (yuan)	26645	29160	31670
人均现住房建筑面积（平方米）	Per Capita Housing Construction area (sq.m)	29.68	30.27	29.86

10－12 农村居民人均可支配收入
Per Capita Income of Rural Households

单位：元　　unit: yuan

指　　标	Item	2019	2020	2021
可支配收入	**Disposable Income**	**14936.05**	**16067.03**	**17641.69**
一、工资性收入	**Wage Income**	**3933.16**	**4018.81**	**4301.81**
二、经营净收入	**Net Business Income**	**8264.27**	**9141.07**	**10161.29**
（一）第一产业经营净收入	Net Income of the First Industry	7611.40	8477.88	9433.55
1.农业	Agriculture	6640.99	7308.04	8487.32
2.林业	Forestry	247.06	224.18	153.63
3.牧业	Animal Husbandry	721.58	945.63	795.82
4.渔业	Fishery Industry	1.77	0.03	−3.23
（二）第二产业经营净收入	Net Income of Second Industry	41.84	41.38	42.75
1.采矿业	Mining	−0.42	−0.15	0.00
2.制造业	Manufacturing Industry	16.02	9.96	5.37
3.电力、热力、燃气及水生产和供应业	Electricity, Heat, Gas and Water Production and Supply Industry	5.45	5.91	0.00
4.建筑业	Construction Industry	20.80	25.67	37.38
（三）第三产业经营净收入	Net Income of Tertiary Industry	611.03	621.81	684.99
1.批发和零售业	Wholesale and Retail	301.00	313.77	315.52
2.交通运输、仓储和邮政业	Transportation, Storage and Post	146.13	124.64	119.99
3.住宿和餐饮业	Hotels and Catering Services	−4.24	−10.43	36.92
4.房地产业	Real Estate	−1.70	0.00	−1.56
5.租赁和商务服务业	Leasing and Business Services	0.60	1.01	0.92
6.居民服务、修理和其他服务业	Resident Services, Repairs and Other Services	56.40	63.53	77.16
7.其他	Other	29.63	41.75	30.04
8.农林牧渔服务业	Agricultural Services Industry	83.21	87.54	105.99

单位：元

10－12 续表 continued

unit: yuan

指　　标	Item	2019	2020	2021
三、财产净收入	**Net income of property**	**307.18**	**364.53**	**387.86**
（一）利息净收入	Net Interest Income	9.08	18.89	18.12
（二）红利收入	Dividend Income	8.20	8.90	6.83
（三）储蓄性保险净收益	Net Income of Savings Insurance	0.42	1.81	1.47
（四）转让承包土地经营权租金净收入	Net Income of the Transfer of Contracted Land Management Right	283.06	318.34	340.92
（五）出租房屋财产性收入	Rental Housing Property Income	3.53	5.19	14.83
（六）出租机械、专利、版权等资产的收入	Rental Revenue Machinery, Patents, Copyright and Other Assets	5.57	9.42	13.31
（七）其他财产净收入	Other Property net Income	−2.67	1.97	−7.62
（八）房屋虚拟租金	Virtual House Rent			
四、转移净收入	**Net Transfer Income**	**2431.44**	**2542.62**	**2790.73**
（一）转移性收入	Transfer Income	2862.33	3113.69	3392.91
1.养老金或离退休金	Pensions	781.29	975.63	970.28
2.社会救济和补助	Social Relief and Subsidies	107.83	117.53	126.03
3.政策性生活补贴	Policy Oriented Living Subsidy	8.10	13.22	12.30
4.报销医疗费	Reimbursement of Medical Expenses	205.32	193.46	363.66
5.家庭外出从业人员寄回带回收入	The Income of Sending Back and Bring Back From Family Worker Goes Out	366.48	414.45	467.57
6.赡养收入	Support Income	210.08	221.77	246.63
7.其他经常转移收入	Other Often Transfer Income	15.93	9.74	16.55
8.从政府和组织得到的实物产品和服务折价	Discounts on Physical Products and Services Received from the Government and Organizations	4.50	5.15	6.39
9.现金政策性惠农补贴	The Policy of Agricultural Subsidies Cash	1162.80	1162.75	1183.51
（二）转移性支出	Transfer Expenditure	430.89	571.07	602.18
1.个人所得税	Personal Income Tax	1.56	2.44	2.26
2.社会保障支出	Social Security Contribution	340.75	492.55	515.34
3.外来从业人员寄给家人的支出	Migrant Workers Sent to the Family	1.95	3.53	1.98
4.赡养支出	Maintenance Expenses	57.55	53.68	49.07
5.其他转移性支出	Other Transfer Expenses	29.08	18.87	33.52

10－13 农村居民人均消费总支出
Per Capita Living Consumption Expenditure of Rural Households

单位：元 unit: yuan

指　　标	Item	2019	2020	2021
总支出	**Aggregate Expenditure**	**26564.27**	**28082.91**	**31063.21**
一、生活消费支出	**Living Consumption Expenditure**	**11456.59**	**11863.56**	**13410.98**
（一）食品烟酒	Food Alcohol and Tobacco	3224.52	3730.52	4054.97
（二）衣着	Dress	694.49	716.41	784.21
（三）居住	Living	1833.74	1992.68	2125.83
（四）生活用品及服务	Daily Necessities and Services	438.09	488.91	573.61
（五）交通通信	Traffic Communication	1700.72	1899.25	1923.42
（六）教育文化娱乐	Educational Entertainment	1551.66	1177.44	1697.70
（七）医疗保健	Medical Care	1736.94	1568.50	1922.88
（八）其他用品和服务	Other Supplies and Services	276.43	289.85	328.35
二、生产经营费用支出	**Production and Operating Expenses**	**10250.08**	**11374.01**	**12270.04**
（一）第一产业经营费用支出	First Industry Operating Expenses	8724.49	9918.74	10890.91
1.农业	Agriculture	5434.47	6034.50	7027.63
2.林业	Forestry	28.42	39.63	49.69
3.牧业	Animal Husbandry	3228.55	3835.41	3802.69
4.渔业	Fishery Industry	33.05	9.19	10.89
（二）第二产业经营费用支出	Second Industrial Operating Expenses	52.73	50.77	78.54
1.采矿业	Mining	0.28	0.15	0.00
2.制造业	Manufacturing Industry	39.79	33.71	9.65
3.电力、热力、燃气及水生产和供应业	Electricity, Heat, Gas and Water Production and Supply Industry	2.48	7.84	0.00
4.建筑业	Construction Industry	10.17	9.06	68.89
（三）第三产业经营费用支出	Third Industrial Operating Expenses	1472.87	1404.50	1300.60
1.批发和零售业	Wholesale and Retail	1075.78	1036.04	793.41
2.交通运输、仓储和邮政业	Transportation, Storage and Postal Services	180.09	175.34	105.94
3.住宿和餐饮业	Accommodation and Catering	67.37	60.50	91.33
4.房地产业	Realty Industry	1.70	0.00	1.56
5.租赁和商务服务业	Leasing and Business Services	0.04	0.04	4.93
6.居民服务、修理和其他服务业	Resident Services, Repairs and Other Services	37.68	29.14	201.71
7.其他	Other	48.90	44.66	47.11
8.农林牧渔服务业	Agricultural Services Industry	61.31	58.78	54.62
三、财产性支出	**Property Expenses**	**27.60**	**13.88**	**21.71**
四、转移性支出	**Transfer Expenditure**	**430.89**	**571.07**	**602.18**
五、部分商业保险支出	**Part of Commercial Insurance Expenses**	**147.89**	**155.41**	**180.55**
六、购置资产及非经常性转移支出	**Acquisition of Assets and Non Recurrent Transfer Expenses**	**3402.57**	**3243.58**	**3858.48**
七、借贷性支出	**Borrowing Expenses**	**848.64**	**861.39**	**719.26**

10－14　农村居民人均生活消费支出

Per Capita Consumption Expenditure of Rural Households

单位：元

unit: yuan

指　　标	Item	2019	2020	2021
生活消费支出	**Living Consumption Expenditure**	**11456.59**	**11863.56**	**13410.98**
一、食品烟酒	**Food, Liquor and Tobacco**	**3224.52**	**3730.52**	**4054.97**
（一）食品	Food	2364.90	2853.64	3050.68
1.谷物	Corn	484.38	573.56	576.19
2.薯类	Tubers	63.34	95.80	70.95
3.豆类	Beans	76.51	82.17	93.93
4.食用油	Edible Oil	114.98	294.69	159.89
5.蔬菜和食用菌	Vegetables and Edible Fungi	250.32	315.93	300.03
6.肉类	Meat	521.08	586.17	820.78
7.禽类	Poultry	87.56	108.56	117.58
8.水产品	Aquatic Product	109.49	121.67	124.92
9.蛋类	Eggs	83.22	88.62	112.22
10.奶类	Milk	75.60	70.19	95.19
11.干鲜瓜果类	Dry and Fresh Fruits	277.78	282.45	327.93
12.糖果糕点类	Confectionery	57.78	61.81	73.62
13.其他食品	Other Foods	162.85	172.01	177.44
（二）烟酒	Tobacco and Liquor	484.02	517.39	563.82
1.烟草	Tobacco	333.93	368.77	422.68
2.酒类	Liquor	150.09	148.62	141.14
（三）饮料	Beverage	57.22	61.35	72.21
（四）饮食服务	Catering Services Industry	318.37	298.14	368.27
1.食堂用餐	Canteen	31.21	31.36	67.08
2.其他在外饮食	Others Dining Out	278.07	259.55	293.22
3.食品加工服务费	Food Processing Service Charge	9.09	7.23	7.97
二、衣着	**Clothing**	**694.49**	**716.41**	**784.21**
（一）衣类	Garments	521.16	536.60	598.78
（二）鞋类	Footwear	173.32	179.81	185.44
三、居住	**Residence**	**1833.74**	**1992.68**	**2125.83**
（一）租赁房房租	Rental Housing Rent	60.19	63.13	72.78
（二）住房维修及管理	Housing Maintenance and Management	270.54	304.18	420.64
（三）水电燃料及其他	Water Electricity Fuel and Others	678.90	753.19	769.25
（四）自有住房折算租金	Converted Rent of Private Housing	824.12	872.19	863.16
四、生活用品及服务	**Supplies and Services**	**438.09**	**488.91**	**573.61**
（一）家具及室内装饰品	Furniture and Interior Decorations	32.65	40.66	53.09
（二）家用器具	Home Appliances	95.47	101.25	125.15

单位：元　　10－14 续表 1 continued　　unit: yuan

指　　标	Item	2019	2020	2021
（三）家用纺织品	Home Textile	35.36	40.05	39.83
（四）家庭日用杂品	The Family Daily Sundry Goods	174.87	186.36	211.69
（五）个人用品	Personal Belongings	92.63	111.16	135.35
（六）家庭服务	Domestic Service	7.11	9.43	8.50
五、交通通信	**Transportation Communication**	**1700.72**	**1899.25**	**1923.42**
（一）交通	Transportation	1213.43	1376.74	1393.13
1.交通工具	Transportation	400.04	642.08	466.12
2.交通费	Transportation Costs	207.88	146.13	172.72
3.交通工具用燃料	Fuel for Transportation	357.86	306.43	428.62
4.交通工具使用及维修	Transportation and Maintenance	247.65	282.10	325.68
#车辆保险支出	#Vehicle Insurance Expenses	69.78	113.39	107.96
（二）通信	Communication	487.29	522.51	530.29
1.通信工具	Communication Tools	199.67	205.18	203.89
2.通信服务	Communication Services	287.61	317.33	326.41
六、教育文化娱乐	**Educational Entertainment**	**1551.66**	**1177.44**	**1697.70**
（一）教育	Education	1283.60	950.12	1416.30
1.学前教育	Preschool Education	95.65	36.94	71.50
2.小学教育	Primary Education	158.06	111.58	166.84
3.初中教育	Junior High School Education	255.41	153.19	176.07
4.高中教育	Senior High School Education	294.83	273.61	370.47
5.中专职高教育	Secondary Vocational Education	31.99	14.67	16.57
6.大专及以上教育	Junior College and Above	402.31	336.87	558.30
7.成人教育	Adult Education	45.35	23.25	56.55
（二）文化娱乐	Entertainment	268.06	227.32	281.40
1.文娱耐用消费品	Entertainment Durable Consumer Goods	53.86	60.69	78.79
2.其他文娱用品	Other Recreational Articles	133.78	117.55	152.95
3.文化娱乐服务	Cultural Entertainment Service	80.42	49.07	49.66
七、医疗保健	**Medical Care**	**1736.94**	**1568.50**	**1922.88**
（一）医疗器具及药品	Medical Equipment and Drugs	540.46	538.37	560.08
（二）医疗服务	Medical Service	1196.49	1030.13	1362.80
1.门诊总费用	Total Outpatient Service	404.79	356.12	460.60
2.住院总费用	Total Hospitalization Expenses	791.70	674.01	902.20
八、其他用品和服务	**Other Goods and Services**	**276.43**	**289.85**	**328.35**
（一）其他用品	Other Goods	166.21	181.69	195.26
（二）其他服务	Other Services	110.22	108.16	133.09

10－15　农村居民人均现金支出

Per Capita Cash Expenditure of Rural Households

单位：元　　　　unit: yuan

指　　标	Item	2019	2020	2021
现金支出	**Cash Expenditure**	**24623.32**	**25808.82**	**28580.92**
一、现金消费支出	**Cash Consumption Expenditure**	**9824.98**	**9954.03**	**11579.74**
二、生产经营现金费用支出	**Production and Operating Cash Expense**	**9940.75**	**11009.46**	**11618.99**
（一）第一产业经营现金费用支出	First Industry Operating Cash Expense	8415.15	9554.18	10239.85
1.农业	Agriculture	5409.87	6010.14	6978.62
2.林业	Forestry	28.42	39.63	49.69
3.牧业	Animal Husbandry	2944.98	3496.71	3203.10
4.渔业	Fishery	31.89	7.70	8.43
（二）第二产业经营现金费用支出	Second Industry Operating Cash Expense	52.73	50.77	78.54
1.采矿业	Mining	0.28	0.15	
2.制造业	Manufacturing Industry	39.79	33.71	9.65
3.电力、热力、燃气及水生产和供应业	Electricity, Heat, Gas and Water Production and Supply Industry	2.48	7.84	
4.建筑业	Construction Industry	10.17	9.06	68.89
（三）第三产业经营现金费用支出	Tertiary Industry Operating Cash Expense	1472.87	1404.50	1300.60
1.批发和零售业	Wholesale and Retail	1075.78	1036.04	793.41
2.交通运输、仓储和邮政业	Transportation, Storage and Post	180.09	175.34	105.94
3.住宿和餐饮业	Hotels and Catering	67.37	60.50	91.33
4.房地产业	Real Estate	1.70		1.56
5.租赁和商务服务业	Leasing and Business Services	0.04	0.04	4.93
6.居民服务、修理和其他服务业	Resident Services, Repairs and Other Services	37.68	29.14	201.71
7.其他	Other	48.90	44.66	47.11
8.农林牧渔服务业	Agricultural Services Industry	61.31	58.78	54.62
三、现金财产性支出	**Cash and Property Expenses**	**27.60**	**13.88**	**21.71**
（一）生活贷款利息支出	Interest Expense of Life Loan	19.71	6.79	12.97
（二）其他财产性支出	Other Property Expenses	7.88	7.09	8.74
四、现金转移性支出	**Cash Transfer Expenses**	**430.89**	**571.07**	**602.18**
（一）个人所得税	Personal Income Tax	1.56	2.44	2.26
（二）社会保障支出	Social Security Contribution	340.75	492.55	515.34
（三）外来从业人员寄给家人的支出	Migrant Workers Sent to the Family	1.95	3.95	1.98
（四）赡养支出	Maintenance Expenses	57.55	53.68	49.07
（五）其他转移性支出	Other transfer Expenses	29.08	18.87	33.52
五、部分商业保险支出	**Part of Commercial Insurance Expenses**	**147.89**	**155.41**	**180.55**
（一）意外伤害保险	Accident Insurance	8.20	12.19	18.35
（二）商业医疗保险（含大病保险）	Commercial Medical Insurance (Including Serious Illness Insurance)	102.87	85.68	126.62
（三）其他非储蓄性商业保险	Other Non Savings Commercial Insurance	21.44	36.29	18.00
（四）其他储蓄性商业保险	Other Savings Commercial Insurance	15.38	21.25	17.59
六、购置资产及非经常性转移支出	**Acquisition of Assets and Non Recurrent Transfer Expenses**	**3402.57**	**3243.58**	**3858.48**
（一）购置资产支出	Purchase of Assets	1009.64	1284.48	1728.50
（二）非经常性转移支出	Non Recurrent Expenditure	2392.93	1959.11	2129.98
七、借贷性支出	**Borrowing Expenses**	**848.64**	**861.39**	**719.26**
（一）存入储蓄款	Deposit Savings	18.40	40.92	62.22
（二）借出款	Loan	32.20	14.99	5.30
（三）归还借款	Return of Borrowing	462.89	485.46	336.16
（四）购买有价证券	Purchase of Securities			35.95
（五）其他投资支出	Other Investment Expenses	13.28	9.51	28.46
（六）归还住房贷款	Repayment of Housing Loans	97.98	117.18	50.60
（七）归还汽车贷款	Repayment of Auto Loan	17.01	21.23	44.92
（八）归还教育贷款	Repayment of Educational Loans			1.15
（九）归还其他贷款	Repayment of Other Loans	185.98	166.50	140.68
（十）其他借贷支出	Other Borrowing Expenses	20.91	5.60	13.82

10－16 农村居民人均现金收入

Per Capita Cash Income of Rural Household

单位：元　　unit: yuan

指　　标	Item	2019	2020	2021
现金收入（未扣除生产费用）	**Cash Income (Excluding Production Costs)**	**23610.03**	**26959.97**	**23197.32**
一、现金工资性收入	**Wage Cash Income**	**3928.39**	**4011.81**	**4290.95**
二、现金经营性收入	**Operating Cash Income**	**16694.35**	**19654.66**	**15473.95**
（一）第一产业现金经营收入	First Industry Cash Operating Income	14358.97	17398.93	13299.76
1.农业	Agriculture	10191.96	12481.18	8264.37
2.林业	Forestry	37.12	15.31	25.40
3.牧业	Animal Husbandry	4094.50	4892.53	5002.47
4.渔业	Fishery Industry	35.38	9.91	7.51
（二）第二产业现金经营收入	Second Industrial Cash Operating Income	97.79	94.78	125.77
1.采矿业	Mining	0.17		
2.制造业	Manufacturing Industry	57.01	44.74	16.27
3.电力、热力、燃气及水生产和供应业	Electricity, Heat, Gas and Water Production and Supply Industry	8.78	13.94	
4.建筑业	Construction Industry	31.82	36.10	109.50
（三）第三产业现金经营收入	Tertiary Industrial Cash Operating Income	2237.59	2160.95	2048.41
1.批发和零售业	Wholesale and Retail	1422.78	1403.37	1135.84
2.交通运输、仓储和邮政业	Transportation, Storage and Post	359.59	335.91	241.64
3.住宿和餐饮业	Hotels and Catering	76.70	64.28	131.53
4.房地产业	Real Estate			
5.租赁和商务服务业	Leasing and Business Services	0.81	1.22	6.17
6.居民服务、修理和其他服务业	Resident Services, Repairs and Other Services	101.79	97.68	287.11
7.其他行业	Other	81.03	88.73	77.54
8.农林牧渔服务业	Agricultural Services Industry	194.88	169.77	168.58
三、现金财产性收入	**Property Cash Income**	**334.78**	**378.40**	**409.56**
（一）利息收入	Interest Income	28.79	25.68	31.08
（二）红利收入	Dividend Income	8.20	8.90	6.83
（三）储蓄性保险收益	Income of Savings Insurance	0.42	1.81	1.47
（四）转让承包土地经营权租金收入	Income of the Transfer of Contracted Land Management Right	283.06	318.34	340.92
（五）出租房屋财产性净收入	Rental Housing Property Income	3.53	5.19	14.83
（六）出租机械、专利、版权等资产的净收入	Rental Machinery, Patents, Copyright and Other Assets of the Revenue	5.57	9.42	13.31
（七）其他财产性收入	Other Property Income	5.21	9.06	1.13
四、现金转移性收入	**Transfer Cash Income**	**2652.51**	**2915.09**	**3022.86**
（一）养老金或离退休金	Pensions	781.29	975.63	970.28
（二）社会救济和补助	Social Relief and Subsidies	107.83	117.53	126.03
（三）政策性生活补贴	Policy Oriented Living Subsidy	8.10	13.22	12.30
（四）家庭外出从业人员寄回带回收入	Migrant Workers Sent to the Family	366.48	414.45	467.57
（五）赡养收入	Support Income	210.08	221.77	246.63
（六）其他转移性收入	Other Transfer Income	15.93	9.74	16.55
（七）现金政策性惠农补贴	The Policy of Agricultural Subsidies Cash	1162.80	1162.75	1183.51

10－17　农村居民平均每百户年末耐用消费品拥有量
Durable Consumer Goods Owned Per 100 Rural Household at the Year-end

指　　标	Item	2019	2020	2021
家用汽车（辆）	Automobile (Unit)	24.95	26.78	29.23
摩托车（辆）	Motorcycle (Unit)	51.19	52.28	44.95
助力车（台）	Booster Car (Unit)	23.05	26.77	27.27
洗衣机（台）	Washing Machine (set)	92.22	92.41	94.59
电冰箱（柜）（台）	Refrigerator (set)	96.59	97.47	98.13
微波炉（台）	Microwave Oven (set)	8.47	8.62	6.62
彩色电视机（台）	Color TV Sets (set)	104.65	104.93	100.16
空调（台）	Air Conditioner (set)	1.33	1.60	2.94
热水器（台）	Water Heater (set)	13.04	14.11	14.54
洗碗机（台）	Dishwasher (set)	0.11		0.21
排油烟机（台）	Exhaust Fan (set)	13.57	14.36	13.76
固定电话（部）	Telephone (set)	7.33	6.32	4.27
移动电话（部）	Mobile Phone (set)	247.37	245.70	246.15
#接入互联网（部）	Access to the Internet (set)	166.25	212.32	213.76
计算机（台）	Computer (set)	27.37	27.39	20.08
#接入互联网（台）	Access to the Internet (set)	18.92	19.64	15.47
照相机（台）	Camera (set)	1.19	1.21	0.97
中高档乐器（架）	Middle Grade Musical Instruments (set)	0.37	0.38	0.14
健身器材（台）	Fitness Equipment (set)	0.32	0.42	0.17
空气净化器（台）	Air Purifier (set)			0.04
吸尘器（台）	Dust Collector (set)			0.27

10－18　农村居民人均主要食品消费量
Per Capita Consumption of Major Foods of Rural Households

指　　标	Item	2019	2020	2021
谷物（公斤）	Corn (kg.)	149.68	173.84	156.42
薯类（公斤）	Tuber (kg.)	3.73	4.57	3.66
豆类（公斤）	Beans (kg.)	14.85	14.32	13.88
食用油（公斤）	Edible oil (kg.)	10.94	11.17	13.66
蔬菜和食用菌（公斤）	Vegetables and Edible Fungi (kg.)	85.54	104.51	104.62
肉类（公斤）	Meat (kg.)	21.93	15.15	28.30
猪肉	Pork	18.40	12.71	23.57
牛肉	Beef	1.05	0.95	1.43
羊肉	Mutton	0.35	0.25	0.46
其他肉类及制品	Other Meats and Products	2.13	1.24	2.85
禽类（公斤）	Poultry (kg.)	5.26	7.04	7.43
水产品（公斤）	Aquatic Product (kg.)	7.11	7.60	8.01
蛋类（公斤）	Eggs (kg.)	9.75	12.23	13.59
奶类（公斤）	Milk (kg.)	5.72	6.07	6.37
干鲜瓜果类（公斤）	Dry and Fresh Fruits and Melons (kg.)	44.24	47.05	55.74
糖果糕点类（公斤）	Confectionery (kg.)	4.88	5.23	6.71
饮料（公斤）	Beverage (kg.)	0.09	0.10	0.13
烟叶（公斤）	Tobacco (kg.)	44.47	46.08	44.69
酒（公斤）	Alcohol (kg.)	22.74	23.07	21.68

10－19　农村居民每百户拥有主要农业生产性固定资产数量
100 Rural Household Major Productive Fixed Assets Owned Per

项　　目	Item	2019	2020	2021
大中型农用拖拉机（台）	Large and Medium Sized Agricultural Tractors (unit)	18.81	19.69	18.36
小型农用拖拉机（台）	Small Farm Tractor (unit)	63.49	58.68	59.64
农用排灌动力机械（台）	Agricultural Irrigation Drainage Machinery (unit)	1.71	1.45	2.40
插秧机（台）	Rice Transplanter (unit)	2.71	3.37	3.28
收割机（台）	Harvester (unit)	7.38	7.82	6.48
脱粒机（台）	Threshing Machine (set)	2.97	3.86	1.69
产品畜（头）	Commodity Animal Products (head)	381.17	331.93	269.04

第十一篇

CHAPTER ▶ 11

市政公用事业

Urban Public Utilities

资料整理人员：

王　辉

11－1 市政公用事业基本情况

Basic Statistics on Municipal Public Utilities

指　　标	Item	2019	2020	2021
自来水全年供水总量（万立方米）	Annual Volume of Tap Water Supply (10000 cu.m)	107279	105173	104524
#居民家庭用水量	Water Consumption for Residential Use	33442	36038	37336
人均日生活用水（升）	Per Capita Daily Consumption of Tap Water for Residential Use (unit)	121	122	125
用水普及率（%）	Percentage of Population with Access to Tap Water (%)	95	96	96
年末实有道路长度（公里）	Length of Paved Roads at Year-end (km)	9467	10952	11014
年末实有道路面积（万平方米）	Area of Paved Roads (10000 sq.m)	17270	19116	19691
排水管道长度（公里）	Length of Sewage Pipelines (km)	12378	13552	14114
人工煤气全年供气量（万立方米）	Annual Artificial Coal Gas Supply (10000 cu.m)	3310	3158	3480
#家庭用量	Consumption of Artificial Coal Gas for Residential Use	2507	2031	2249
煤气管道长度（公里）	Length of Gas Pipelines (km)	348	347	345
液化气全年供气量（吨）	Annual Supply of LPG (ton)	147208	141174	138236
#家庭用量	Residential Consumption of Liquefied Petroleum Gas for Residential Use	51377	44377	44320
燃气普及率（%）	Percentage of Population with Access to Gas (%)	92	93	95
集中供热总量（万吉焦）	Total Volume of Centralized Heating (10000 GJ)	27466	28555	29860
集中供热面积（万平方米）	Area of Centralized Heating (10000 sq.m)	64619	67591	72163
绿化覆盖面积（公顷）	Green Coverage Areas (hectare)	100478	104385	103528
公园、动物园个数（个）	Number of Parks and Zoos (unit)	356	377	423
公园、动物园面积（公顷）	Area of Parks and Zoos (hectare)	12687	12730	12702
生活垃圾清运量（万吨）	Volume of Garbage Disposal (10000 ton)	483	464	469

11－2 城市建设用地（2021年）

City Construction Land（2021）

单位：平方公里　　　　unit: sq.km

城　市	City	建成区面积 Area of Built Districts (sq.km)	城市规划用地建设面积 Urban Planning Land Construction Area	本年征用土地面积 Requisition Land Area (sq.km)
全省	**Total**	**1585.58**	**2460.12**	**57.81**
长春	Changchun	654.19	1045.90	47.41
长春市	Changchun	562.42	908.73	45.96
榆树市	Yushu	23.48	47.29	
德惠市	Dehui	32.29	42.88	0.62
公主岭市	Gongzhuling	36.00	47.00	0.83
吉林	Jilin	267.20	313.63	3.27
吉林市	Jilin	195.92	215.00	
蛟河市	Jiaohe	18.50	27.50	3.25
桦甸市	Huadian	19.50	20.00	
舒兰市	Shulan	9.48	23.66	
磐石市	Panshi	23.80	27.47	0.02
四平	Siping	89.06	155.30	0.68
四平市	Siping	65.16	119.00	0.68
双辽市	Shuangliao	23.90	36.30	
辽源	Liaoyuan	50.23	136.00	0.49
辽源市	Liaoyuan	50.23	136.00	0.49
通化	Tonghua	74.07	82.71	1.59
通化市	Tonghua	65.36	69.92	1.19
集安市	Ji' an	8.71	12.79	0.40
白山	Baishan	49.58	79.77	
白山市	Baishan	39.53	64.58	
临江市	Linjiang	10.05	15.19	
松原	Songyuan	70.78	91.34	0.54
松原市	Songyuan	54.28	70.00	0.18
扶余市	Fuyu	16.50	21.34	0.36
白城	Baicheng	92.06	129.50	0.14
白城市	Baicheng	46.99	67.50	0.10
洮南市	Taonan	26.55	37.00	
大安市	Da' an	18.52	25.00	0.04
延边朝鲜族自治州	Yanbian	163.85	313.97	1.29
延吉市	Yanji	62.00	117.94	0.95
图们市	Tumen	11.29	14.37	0.17
敦化市	Dunhua	34.34	50.88	
珲春市	Hunchun	29.19	86.98	0.03
龙井市	Longjing	14.48	29.05	0.14
和龙市	Helong	12.55	14.75	
梅河口市	Meihekou	37.85	48.00	1.84
长白山	Changbaishan	36.71	64.00	0.56

11－3 城市供水（2021年）
Tap Water Supply in City（2021）

城 市	City	综合生产能力（万立方米/日）Production Capacity of Tap Water Supply (10000cu.m/day)	供水管道长度（公里）Length of Water Supply Pipelines (km)	全年供水总量（万立方米）Annual Volume of Tap Water Supply (10000cu.m)	#生活用水 For Residential Use	#生产用水 For Productive Use	用水人口（万人）Number of Residents with Access to Tap Water (10000 persons)	人均日生活用水量（升）Per Capita Daily Consumption of Tap Water for Residential Use (litre)
全 省	**Total**	**654.81**	**17271.13**	**104524.31**	**37335.80**	**23920.85**	**1166.71**	**125.35**
长春	Changchun	162.93	7506.37	45688.60	18815.42	5626.51	529.90	149.97
长春市	Changchun	134.32	6436.91	40728.02	17135.43	4674.26	459.93	158.29
榆树市	Yushu	12.24	241.61	1336.80	582.53	84.80	26.94	83.33
德惠市	Dehui	4.30	504.55	972.50	514.09	66.20	24.30	82.85
公主岭市	Gongzhuling	12.07	323.30	2651.28	583.37	801.25	18.73	128.44
吉林	Jilin	294.40	2370.49	22664.28	6020.64	11380.83	170.88	104.84
吉林市	Jilin	278.50	1460.18	19856.00	4555.00	11163.00	125.50	106.49
蛟河市	Jiaohe	4.10	469.59	630.56	295.50	43.41	13.57	70.49
桦甸市	Huadian	6.40	154.70	597.14	382.12	75.60	11.96	102.43
舒兰市	Shulan	2.80	128.60	753.00	287.00	26.00	9.00	96.80
磐石市	Panshi	2.60	157.42	827.58	501.02	72.82	10.85	138.07
四平	Siping	25.46	1469.35	5975.62	1593.29	2333.48	64.08	103.90
四平市	Siping	15.48	1317.09	3086.81	1293.15	337.30	52.91	101.75
双辽市	Shuangliao	9.98	152.26	2888.81	300.14	1996.18	11.17	114.08
辽源	Liaoyuan	15.23	522.58	2726.68	1026.96	450.95	41.42	75.27
辽源市	Liaoyuan	15.23	522.58	2726.68	1026.96	450.95	41.42	75.27
通化	Tonghua	19.52	817.43	3700.25	1074.99	447.29	51.69	74.86
通化市	Tonghua	16.50	647.97	2791.45	887.99	342.29	45.06	68.50
集安市	Ji' an	3.02	169.46	908.80	187.00	105.00	6.63	118.10
白山	Baishan	16.00	603.08	3283.44	1276.06	665.50	45.49	88.21
白山市	Baishan	12.90	452.08	2848.44	1061.06	577.90	36.49	92.04
临江市	Linjiang	3.10	151.00	435.00	215.00	87.60	9.00	72.69
松原	Songyuan	27.41	436.22	4670.29	1428.54	1009.59	58.03	112.09
松原市	Songyuan	25.01	383.62	4091.29	1202.54	850.59	47.10	120.01
扶余市	Fuyu	2.40	52.60	579.00	226.00	159.00	10.93	77.96
白城	Baicheng	19.32	860.65	3588.45	1444.34	617.73	45.54	124.71
白城市	Baicheng	11.00	531.00	2146.33	907.71	267.85	25.00	126.98
洮南市	Taonan	3.14	164.89	896.78	205.00	243.90	11.50	130.41
大安市	Da' an	5.18	164.76	545.34	331.63	105.98	9.04	111.18
延边朝鲜族自治州	Yanbian	49.37	1632.46	9281.79	3718.32	1018.88	117.75	112.79
延吉市	Yanji	21.00	559.52	4191.00	1936.00	564.00	56.00	117.22
图们市	Tumen	1.46	198.02	522.27	194.20	77.68	6.50	96.34
敦化市	Dunhua	8.41	178.51	1339.50	550.00	185.50	19.90	104.91
珲春市	Hunchun	10.00	370.90	1571.50	491.16	6.64	18.98	115.69
龙井市	Longjing	4.50	128.90	745.00	332.66	142.40	7.37	157.06
和龙市	Helong	4.00	196.61	912.52	214.30	42.66	9.00	72.14
梅河口市	Meihekou	20.00	494.00	1913.66	765.11	314.82	34.80	95.64
长白山	Changbaishan	5.17	558.50	1031.25	172.13	55.27	7.13	338.44

11－4 城市市政设施（2021年）

Level of Public Facilities in City（2021）

城　市	City	道路长度（公里）Length of Paved Roads (km)	道路面积（万平方米）Area of Paved Roads (10000 sq.m)	城市桥梁（座）Number of Bridges (unit)	城市排水管道长度（公里）Length of Sewage Pipelines (km)	城市污水日处理能力（万立方米）Daily Sewage Disposal Capacity (10000cu.m)	城市道路照明灯（盏）Urban Road Lights (unit)
全　省	**Total**	**11014.49**	**19690.59**	**1002**	**14113.77**	**457.15**	**612336**
长春	Changchun	4645.43	8940.38	400	6933.23	209.75	244254
长春市	Changchun	4062.37	7987.44	357	6178.79	187.25	216515
榆树市	Yushu	131.21	254.62	5	172.40	6.00	6362
德惠市	Dehui	216.84	285.44	3	180.54	5.00	6748
公主岭市	Gongzhuling	235.01	412.88	35	401.50	11.50	14629
吉林	Jilin	2569.57	3779.46	182	1811.18	87.50	119489
吉林市	Jilin	2151.08	2963.65	98	1135.54	73.50	48224
蛟河市	Jiaohe	83.55	203.61	13	162.00	4.00	5818
桦甸市	Huadian	161.09	193.45	14	161.61	3.00	7482
舒兰市	Shulan	67.50	135.18	27	190.82	4.00	51012
磐石市	Panshi	106.35	283.57	30	161.21	3.00	6953
四平	Siping	547.71	841.45	23	550.00	20.50	36171
四平市	Siping	454.03	733.56	20	401.00	18.00	33389
双辽市	Shuangliao	93.68	107.89	3	149.00	2.50	2782
辽源	Liaoyuan	192.30	470.15	87	373.69	16.00	10435
辽源市	Liaoyuan	192.30	470.15	87	373.69	16.00	10435
通化	Tonghua	316.62	473.77	59	405.90	15.20	15381
通化市	Tonghua	248.65	348.18	55	331.34	11.20	12683
集安市	Ji' an	67.97	125.59	4	74.56	4.00	2698
白山	Baishan	369.89	587.79	73	316.61	11.50	30493
白山市	Baishan	284.54	475.27	59	247.32	9.00	23455
临江市	Linjiang	85.35	112.52	14	69.29	2.50	7038
松原	Songyuan	432.30	955.90	25	728.33	28.00	33368
松原市	Songyuan	332.28	770.30	17	598.96	25.00	29655
扶余市	Fuyu	100.02	185.60	8	129.37	3.00	3713
白城	Baicheng	613.09	1236.73	36	789.19	15.00	48572
白城市	Baicheng	377.34	786.51	28	407.56	8.00	33925
洮南市	Taonan	96.22	187.91	3	194.62	3.00	5686
大安市	Da' an	139.53	262.31	5	187.01	4.00	8961
延边朝鲜族自治州	Yanbian	968.95	1630.97	62	1734.84	45.50	58041
延吉市	Yanji	234.34	644.58	20	900.00	20.00	12243
图们市	Tumen	54.87	103.07	12	71.71	3.00	3132
敦化市	Dunhua	271.05	365.12	4	275.45	10.00	14105
珲春市	Hunchun	260.44	322.14	9	272.95	6.00	13918
龙井市	Longjing	90.57	105.88	5	100.44	2.50	6843
和龙市	Helong	57.68	90.18	12	114.29	4.00	7800
梅河口市	Meihekou	242.24	601.19	28	243.29	5.00	7808
长白山	Changbaishan	116.39	172.80	27	227.51	3.20	8324

11－5 城市绿地和园林（2021年）
Basic Statistics on Parks and Green Areas in Cities（2021）

城　市	City	绿地面积（公顷）Area of Green Land (hectare)	#公园绿地 Park Green Areas	公 园（个）Number of Parks (unit)	公园面积（公顷）Area of Parks (hectare)	建成区绿化面积（公顷）Green Coverage Area of Built Districts (hectare)
全　省	**Total**	**94452.47**	**16481.29**	**423**	**12702.16**	**65237.48**
长春	Changchun	47525.70	6836.20	166	5452.00	26309.17
长春市	Changchun	44812.72	6393.20	154	5235.80	23717.30
榆树市	Yushu	969.24	136.30	3	49.00	673.16
德惠市	Dehui	1033.74	228.70	7	132.50	1158.71
公主岭市	Gongzhuling	710.00	78.00	2	34.70	760.00
吉林	Jilin	10147.74	2559.53	35	1500.16	11207.95
吉林市	Jilin	7500.58	1781.11	12	1142.60	8473.54
蛟河市	Jiaohe	564.91	92.06	8	92.06	618.37
桦甸市	Huadian	748.35	345.16	3	42.10	834.98
舒兰市	Shulan	513.90	177.90	2	136.10	340.86
磐石市	Panshi	820.00	163.30	10	87.30	940.20
四平	Siping	3405.17	806.75	13	630.36	3588.50
四平市	Siping	2490.02	618.30	10	461.58	2604.00
双辽市	Shuangliao	915.15	188.45	3	168.78	984.50
辽源	Liaoyuan	1865.41	532.93	32	499.09	2068.85
辽源市	Liaoyuan	1865.41	532.93	32	499.09	2068.85
通化	Tonghua	2780.26	907.35	27	873.85	3140.76
通化市	Tonghua	2433.35	770.60	18	737.10	2741.85
集安市	Ji' an	346.91	136.75	9	136.75	398.91
白山	Baishan	11634.85	614.17	15	450.09	1786.45
白山市	Baishan	11274.85	381.17	11	296.09	1381.45
临江市	Linjiang	360.00	233.00	4	154.00	405.00
松原	Songyuan	2969.86	769.30	15	669.00	2916.18
松原市	Songyuan	2341.96	608.00	14	648.00	2238.78
扶余市	Fuyu	627.90	161.30	1	21.00	677.40
白城	Baicheng	3676.73	754.82	48	729.27	3745.43
白城市	Baicheng	1996.53	335.53	41	306.13	1985.84
洮南市	Taonan	934.58	132.46	4	83.90	1010.40
大安市	Da' an	745.62	286.83	3	339.24	749.19
延边朝鲜族自治州	Yanbian	6466.73	1745.20	39	977.14	6646.67
延吉市	Yanji	2489.79	741.74	5	207.20	2560.11
图们市	Tumen	359.75	97.69	6	97.69	398.25
敦化市	Dunhua	1402.00	358.20	13	358.20	1477.80
珲春市	Hunchun	1325.62	332.05	3	245.75	1213.14
龙井市	Longjing	459.09	116.56	7	8.00	502.09
和龙市	Helong	430.48	98.96	5	60.30	495.28
梅河口市	Meihekou	1638.00	578.00	8	393.50	1674.52
长白山	Changbaishan	2342.02	377.04	25	527.70	2153.00

11－6 城市市容环境卫生（2021年）

Basic Statistics on Urban Sanitation in Cities（2021）

城市	City	清扫保洁面积（万平方米）Area Under Cleaning Program (10000 sq.m)	生活垃圾清运量（万吨）Volume of Garbage Disposal (10000tons)	市容环卫专用车辆设备总数（台）Number of Special Vehicles for Environmental Sanitation (unit)	公厕数量（座）Number of Public Lavatories (unit)	#三级以上 Third Grade and Above
全省	**Total**	**18796.28**	**469.10**	**8367**	**4724**	**3705**
长春	Changchun	8143.71	239.52	3976	2547	2410
长春市	Changchun	7002	206.48	3468	2268	2221
榆树市	Yushu	254.97	11.11	128	110	89
德惠市	Dehui	354	13.74	148	94	66
公主岭市	Gongzhuling	532.74	8.19	232	75	34
吉林	Jilin	2666.58	64.87	1290	928	357
吉林市	Jilin	1882	45.42	1051	806	262
蛟河市	Jiaohe	210	6.40	50	30	30
桦甸市	Huadian	215.58	4.32	55	16	16
舒兰市	Shulan	146	3.86	45	49	49
磐石市	Panshi	213	4.87	89	27	0
四平	Siping	1363	20.64	275	243	243
四平市	Siping	1003	16.43	213	183	183
双辽市	Shuangliao	360	4.21	62	60	60
辽源	Liaoyuan	351.5	14.73	101	55	37
辽源市	Liaoyuan	351.5	14.73	101	55	37
通化	Tonghua	486.5	15.74	393	55	55
通化市	Tonghua	361	12.78	331	15	15
集安市	Ji' an	125.5	2.96	62	40	40
白山	Baishan	542.33	12.06	342	100	26
白山市	Baishan	410.33	9.64	177	93	23
临江市	Linjiang	132	2.42	165	7	3
松原	Songyuan	1265.61	22.13	326	161	138
松原市	Songyuan	1035.59	17.57	240	123	104
扶余市	Fuyu	230.02	4.57	86	38	34
白城	Baicheng	1305.73	29.11	742	131	108
白城市	Baicheng	862.82	10.34	640	42	27
洮南市	Taonan	187.91	13.47	52	33	33
大安市	Da' an	255	5.31	50	56	48
延边朝鲜族自治州	Yanbian	1661.53	39.16	548	292	161
延吉市	Yanji	790.96	20.57	150	72	67
图们市	Tumen	110	1.89	77	57	0
敦化市	Dunhua	304	4.51	88	52	52
珲春市	Hunchun	254.14	8.43	124	45	22
龙井市	Longjing	100.43	1.84	63	56	14
和龙市	Helong	102	1.91	46	10	6
梅河口市	Meihekou	661	8.46	261	173	134
长白山	Changbaishan	348.79	2.68	113	39	36

11－7 城市设施水平（2021年）
Level of Public Facilities in City（2021）

城 市	City	用水普及率（%）Urban Water Coverage Rate (%)	燃气普及率（%）City Gas Coverage Rate (%)	建成区供水管道密度（公里/平方公里）Density of Sewer Pipelines (km/sq.km)	人均城市道路面积（平方米）Per Capita Area of Paved Roads (sq.m)	人均公园绿地面积（平方米）Per Capita Public Green Areas (sq.m)	建成区绿地率（%）Green Space Rate of Built District (%)
全省	**Total**	**95.91**	**94.85**	**10.27**	**16.19**	**13.55**	**41.14**
长春	Changchun	94.80	96.12	10.43	15.99	12.23	40.22
长春市	Changchun	94.46	97.18	10.23	16.40	13.13	42.17
榆树市	Yushu	97.75	99.67	10.29	9.24	4.95	28.67
德惠市	Dehui	96.81	75.34	15.63	11.37	9.11	35.88
公主岭市	Gongzhuling	96.45	91.25	8.98	21.26	4.02	21.11
吉林	Jilin	98.96	96.49	8.87	21.89	14.82	41.95
吉林市	Jilin	98.85	99.56	7.45	23.34	14.03	43.25
蛟河市	Jiaohe	100.00	80.55	25.38	15.00	6.78	33.43
桦甸市	Huadian	98.84	88.43	7.93	15.99	28.53	42.82
舒兰市	Shulan	100.00	99.00	13.57	15.02	19.77	35.96
磐石市	Panshi	98.28	87.59	6.61	25.69	14.79	39.50
四平	Siping	98.46	96.37	14.92	12.93	12.40	40.29
四平市	Siping	98.33	98.40	18.06	13.63	11.49	39.96
双辽市	Shuangliao	99.11	86.69	6.37	9.57	16.72	41.19
辽源	Liaoyuan	95.35	97.56	10.40	10.82	12.27	41.19
辽源市	Liaoyuan	95.35	97.56	10.40	10.82	12.27	41.19
通化	Tonghua	93.00	98.22	11.04	8.52	16.33	42.40
通化市	Tonghua	93.10	98.14	9.91	7.19	15.92	41.95
集安市	Ji' an	92.34	98.75	19.46	17.49	19.05	45.80
白山	Baishan	95.69	85.91	11.34	12.36	12.92	36.03
白山市	Baishan	96.03	96.00	11.44	12.51	10.03	34.95
临江市	Linjiang	94.34	45.70	10.95	11.79	24.42	40.30
松原	Songyuan	96.67	95.95	6.16	15.92	12.82	41.20
松原市	Songyuan	96.26	97.38	7.07	15.74	12.43	41.25
扶余市	Fuyu	98.47	89.64	3.16	16.72	14.53	41.05
白城	Baicheng	94.11	81.24	9.00	25.56	15.60	40.68
白城市	Baicheng	98.81	93.28	11.30	31.09	13.26	42.26
洮南市	Taonan	82.44	50.18	6.21	13.47	9.50	38.06
大安市	Da' an	98.91	95.30	7.17	28.70	31.38	40.45
延边朝鲜族自治州	Yanbian	98.73	93.28	9.74	13.67	14.63	40.57
延吉市	Yanji	99.61	97.83	9.02	11.47	13.19	41.29
图们市	Tumen	92.86	91.43	17.54	14.72	13.96	35.27
敦化市	Dunhua	99.10	89.84	4.26	18.18	17.84	43.03
珲春市	Hunchun	100.00	89.78	12.71	16.97	17.49	41.56
龙井市	Longjing	98.93	94.09	8.56	14.21	15.65	34.67
和龙市	Helong	94.34	81.45	15.67	9.45	10.37	39.46
梅河口市	Meihekou	93.37	90.15	13.05	16.13	15.51	44.24
长白山	Changbaishan	87.27	93.02	13.84	21.15	46.15	58.65

11－8　城市集中供热情况
Basic Statistics on Heating in City

指　标	Item	2019	2020	2021
供热能力	**Heating Capacity**			
蒸汽（吨/小时）	Steam (ton/hour)	1767	1958	1704
热水（兆瓦）	Hot Water (MW)	46151	46265	46800
供热总量	**Quantity of Heat Supplied**			
蒸汽（万吉焦）	Steam (10000 GJ)	1015	1073	945
热水（万吉焦）	Hot Water (10000 GJ)	26451	27481	28915
管道长度	**Length of Pipelines**	**29971**	**31996**	**34762**
供热面积（万平方米）	**Area of Centralized Heating (10000 sq.m)**	**64619**	**67591**	**72163**

11－9　城市燃气用气户数和供气总量
Number of City Gas Users and Total Gas Supply

指　标	Item	用气户数（户）Gas Users (household)			供气总量（万立方米）Total Gas Supply (10000cu.m)		
		2019	2020	2021	2019	2020	2021
液化石油气	Liquefied Petroleum Gas	798111	753758	753698	147208	141174	138236
#家庭用量	Residential Use	719640	663324	660028	51377	44377	44320
天然气	Natural Gas	3825522	4051499	4230751	209125	214186	224297
#家庭用量	Residential Use	3763382	3977033	4153829	38046	41805	44775
煤气	Coal Gas	162000	165000	188300	3310	3158	3480
#家庭用量	Residential Use	161085	164085	187285	2507	2031	2249

11－10 城市环境卫生情况
Basic Statistics on Urban Sanitation

指　标	Item	2019	2020	2021
实际清扫面积（万平方米）	Actually Cleaning Areas (10000 sq.m)	18155	18410	18796
生活垃圾清运量（万吨）	Volume of Garbage Disposal (10000 ton)	483	464	469
环境卫生设施	**Environment Sanitation Equipment**			
公共厕所（座）	Public Lavatories (unit)	4427	4319	4724
垃圾无害化处理厂（座）	Garbage Innocuous Disposal Plant (unit)	30	34	38
垃圾无害化处理能力（吨/日）	Capacity of Garbage Innocuous Disposal (ton/day)	17130	18925	21025

11－11 城市燃气设备能力
Capacity of City Gas Facilities

指　标	Item	2019	2020	2021
液化石油气	**Liquefied Petroleum Gas**			
储气能力（吨）	Capacity of Gas Tank (ton)	19283	19282	20089
天然气	**Natural Gas**			
储气能力（万立方米）	Capacity of Gas Tank (10000 cu.m)	901	929	926
管道长度（公里）	Length of Pipelines (km)	13137	13892	13745
煤气	**Coal Gas**			
储气能力（万立方米）	Capacity of Gas Tank (10000 cu.m)	9	9	9
管道长度（公里）	Length of Pipelines (km)	348	347	345

第十二篇

CHAPTER ▶ 12

农　业

Agriculture

资料整理人员：

吴　璇　　周海森

12－1 农村基本情况

Basic Statistics Rural Area

年 份 Year	村民委员会（个） Number of Village's Committees(unit)	乡村总户数（万户） Number of Rural Households (10000 households)	乡村人口数（万人） Rural Population (10000 persons)	乡村劳动力资源（万人） Rural Labour Resources (10000 persons)	乡村劳动力（万人） Rural Labour Force (10000 persons)	男劳动力 Male	女劳动力 Female
1978	9733	295.20	1481.50				
1979	9907	299.65	1477.64				
1980	10104	303.90	1477.70				
1981	10146	310.10	1480.40				
1982	10163	315.00	1479.50				
1983	10126	314.20	1477.50				
1984	10162	317.10	1479.30				
1985	10144	317.84	1464.15				
1986	10163	317.70	1449.97				
1987	10190	320.58	1446.91				
1988	10299	325.26	1447.35				
1989	10273	331.46	1453.58				
1990	10300	340.93	1465.79				
1991	10297	344.02	1475.71				
1992	10288	347.76	1477.36				
1993	10305	348.35	1466.15				
1994	10299	348.40	1445.04				
1995	10234	348.82	1434.54				
1996	10139	351.10	1436.90				
1997	10112	353.99	1430.00				
1998	10121	357.82	1433.05				
1999	10133	364.35	1442.03				
2000	10107	370.01	1440.47				
2001	10005	369.80	1433.00				
2002	9850	376.05	1443.46				
2003	9569	377.91	1439.40				
2004	9365	381.84	1440.08				
2005	9375	383.69	1443.62				
2006	9335	390.67	1443.31				
2007	9317	394.79	1454.96				
2008	9321	399.08	1460.28				
2009	9316	402.84	1470.82	815.63	723.15	408.11	315.04
2010	9319	411.31	1476.02	825.69	733.78	414.59	319.19
2011	9314	416.91	1489.82	848.57	748.50	415.75	332.75
2012	9314	420.42	1491.76	846.16	751.41	417.91	333.50
2013	9313	422.59	1495.78	853.37	756.33	419.93	336.40
2014	9302	426.87	1497.38	855.96	757.95	422.34	335.61
2015	9270	428.18	1492.15	860.84	760.62	423.35	337.27
2016	9313	424.88	1475.38	853.15	752.26	419.79	332.47
2017	9307	425.46	1467.91	840.31	741.86	413.46	328.40
2018	9303	426.22	1460.63	832.46	729.82	407.09	322.73
2019	9322	426.01	1446.00	816.41	716.17	399.74	316.43
2020	9327	426.83	1384.13	794.03	696.68	387.02	309.66
2021	9316	421.78	1343.57	767.60	669.12	371.52	297.60

12－2 农业生产条件
Agricultural Production Conditions

项　　目	Item	2019	2020	2021
一、主要农业机械拥有量	**Main agricultural machinery**			
农业机械总动力（万千瓦）	Total Power of agricultural machinery (10000 kW)	3656.1	3896.9	4149.1
大中型拖拉机（混合台）	Large and medium tractors (mixed platform)	341000	384688	416799
小型拖拉机（台）	Small tractors (set)	890423	879185	872975
大中型机引农具（台）	Large and medium-sized machine dragger (set)	95845	108297	104232
谷物联合收割机（台）	Combine harvesters (set)	101078	113302	119788
机动脱粒机（台）	Motorized threshing machine (set)	161512	156708	153531
水稻插秧机（台)	The automatic rice transplanter (set)	98574	106743	114417
粮食加工机械（台）	Grain processing machinery (set)	123213	122567	120538
油料加工机械（台）	Oil processing machinery (set)	10757	10797	10757
二、农业机械作业面积	**Agricultural machinery operating area**			
机耕面积（千公顷）	Plowing area (1000 hectares)	4783.2	4692.2	4051.4
机播面积（千公顷）	Sowing area (1000 hectares)	5506.2	5599.4	5722.3
机收面积（千公顷）	Machine area (1000 hectares)	4822.6	5048.0	5312.5
三、农田水利	**Irrigation and water conservancy**			
农用排灌机械（台）	Agricultural irrigation and drainage machinery (set)	461446	457300	451847
农用水泵（台）	Farm water pump (stage)	609154	612170	597934
有效灌溉面积（千公顷）	Effective irrigation area (thousand ha)	1938.2	1934.1	1935.9
机电灌溉面积（千公顷）	Electromechanical irrigation area (thousand hectares)	1224.3	1236.2	1118.2
占有效灌溉面积（%）	Account for effective irrigation area (%)	63.2	63.9	57.8
四、化肥施用量	**Consumption of Chemical Fertilizer**			
化肥施用量（万吨）	Consumption of Chemical Fertilizer (10000 tons)	414.99	407.89	223.00
#氮肥（万吨）	Nitrogenous Fertilizer (10000 tons)	127.75	119.89	42.78
#磷肥（万吨）	Phosphatic Fertilizer (10000 tons)	36.66	35.53	5.03
#钾肥（万吨）	Potassic Fertilizer (10000 tons)	26.36	25.26	12.32
#复合肥（万吨）	Compound Fertilizer (10000 tons)	224.22	227.22	162.87
每公顷化肥施用量（公斤）	Consumption of Chemical Fertilizer Per Hectare (kg)	678	663	360

注：自2021年，化肥施用量由实物量改为折纯量。
Note: Since 2021, the calculating means of chemical fertilizer consumption is changed from the physical weight to the terms of the volume of effective components.

12－3 各地区设施农业生产情况（2021年）
Facilities Agricultural Production by Region（2021）

单位：公顷、吨 unit:ha.ton

地区 Region		一、蔬菜 Vegetables		二、瓜果类 Fruits		三、花卉苗木 Flowers and Nursery Stock	四、食用菌 Edible Fungus	五、其他作物 Others
		种植面积 Sown Area	产量 Output	种植面积 Sown Area	产量 Output	种植面积 Sown Area	产量 Output	种植面积 Sown Area
全　省	**Total**	**16765**	**684446**	**2964**	**70345**	**256**	**21777**	**2439**
长　春	Changchun	5999	273611	1164	26770	190	3600	72
吉　林	Jilin	1285	49977	100	2870	18	2401	8
四　平	Siping	4104	171891	342	14752	1	322	
辽　源	Liaoyuan	125	4325	58	1460	4	2286	15
通　化	Tonghua	501	16598	70	1381	19	452	18
白　山	Baishan	283	12903	117	3575	9	2110	44
松　原	Songyuan	2488	104144	195	4799		347	104
白　城	Baicheng	958	20146	794	13229		128	2121
延　边	Yanbian	919	27300	108	971	9	6400	40
长白山	Changbaishan			1	0			
梅河口	Meihekou	104	3552	16	538	5	3730	16

12－4 特种作物生产情况
Special Crop Production

指 标	Item	播种面积（公顷）Sown Area (ha)			产量（吨）Yield (ton)		
		2019	2020	2021	2019	2020	2021
人参	Ginseng	11182	11272	10881	30786	32443	42136
甘草	Licorice	50	34	47	30	35	465
枸杞	Chinese Wolfberry	142	88	49	133	92	94

指 标	Item	产量（吨）Yield (ton)		
		2019	2020	2021
食用菌	Edible Fungus	70891	70819	74267
干品	Dried Product	49541	53130	56532
#黑木耳	Black Fungus	47501	51961	55869
香菇	Shii-take	1211	775	561
鲜品	Fresh Product	21351	17689	17735
#蘑菇	Mushroom	17820	17527	17721

12－5 历年农林牧渔业总产值和指数

Gross Output Value and Index of Agriculture Forestry, Animal Husbandry and Fishery over the Years

年 份 Year	农林牧渔总产值（亿元） Gross Output Value of Agriculture, Forestry, Animal Husbandry and Fishery (100million yuan)					指数（1949=100） Indices of Agriculture, Forestry Animal Husbandry and Fishery (1949=100)				
	总产值 Total	农业 Farming	林业 Forestry	牧业 Animal Husbandry	渔业 Fishery	总产值 Total	农业 Farming	林业 Forestry	牧业 Animal Husbandry	渔业 Fishery
1978	37.78	32.23	0.87	4.61	0.08	289.2	293.8	4225.7	190.9	288.6
1979	42.02	34.99	1.13	5.80	0.08	279.5	276.4	4703.3	214.0	234.6
1980	47.47	35.56	2.47	9.39	0.05	290.8	277.8	7851.3	241.3	246.5
1981	56.89	44.81	0.20	9.97	0.15	311.2	299.8	8486.6	245.4	383.6
1982	60.58	48.95	2.54	8.83	0.26	329.2	314.6	9022.4	268.9	449.8
1983	78.11	65.42	2.10	10.28	0.31	425.2	433.4	9070.9	260.1	521.4
1984	88.99	72.81	3.55	12.23	0.39	469.7	476.3	10585.0	291.1	625.1
1985	85.89	63.91	3.32	18.12	0.55	432.2	407.4	10760.2	385.1	862.8
1986	98.43	76.07	2.94	18.58	0.84	451.0	433.8	9360.2	382.2	1104.9
1987	120.81	93.14	2.93	23.45	1.28	516.1	515.4	8891.9	374.1	1333.3
1988	140.91	106.41	2.84	29.50	2.17	543.8	534.9	8928.8	429.9	1719.5
1989	133.79	91.52	3.46	36.25	2.56	480.4	447.8	8914.9	469.5	1920.4
1990	189.09	140.67	4.19	41.42	2.81	608.4	599.8	7682.6	497.2	2108.7
1991	188.38	135.74	4.42	45.16	3.06	605.1	580.1	7781.2	540.9	2336.9
1992	204.39	146.00	5.10	50.02	3.27	622.8	588.1	7782.7	586.1	2458.2
1993	243.95	174.63	5.10	60.35	3.86	685.2	640.8	7547.9	671.8	2859.0
1994	405.48	270.81	8.54	120.14	5.99	755.3	664.3	7994.5	876.6	3061.3
1995	490.28	301.44	8.28	173.32	7.24	800.2	646.9	7421.2	1117.0	3229.4
1996	581.04	363.68	7.57	201.99	7.80	953.2	760.9	7010.5	1382.8	3544.5
1997	565.54	315.45	7.99	233.39	8.71	932.8	656.4	7564.2	1616.7	3869.7
1998	666.48	394.86	8.08	254.11	9.43	1080.0	825.4	7870.2	1680.4	4150.2
1999	675.30	388.40	10.45	266.84	9.61	1101.0	818.1	9993.9	1766.7	4231.6
2000	609.37	320.27	11.38	268.72	9.00	1039.4	705.2	10243.8	1869.8	4150.2
2001	691.83	405.40	13.83	263.24	9.36	1195.7	787.1	12742.2	2194.6	6184.6
2002	734.21	410.22	33.91	271.13	10.83	1352.8	892.0	29981.7	2276.1	7242.5
2003	792.14	438.34	33.77	298.44	13.56	1438.0	936.4	30731.3	2471.5	7649.4
2004	940.67	486.23	32.85	399.06	13.44	1551.6	1015.3	28232.8	2666.8	7974.9
2005	1050.49	518.13	39.90	467.59	14.87	1733.1	1077.8	33110.5	3151.9	8777.2
2006	1111.49	586.52	44.35	449.20	17.48	1760.8	1160.9	32482.6	2963.6	10005.1
2007	1329.16	627.08	47.69	621.01	18.39	1782.4	1137.3	29134.1	3152.3	10589.9
2008	1542.77	715.78	52.52	735.85	21.52	1961.1	1309.7	28153.9	3335.8	11770.4
2009	1619.53	726.02	55.01	770.90	21.92	2064.6	1284.6	31199.1	3687.7	13175.7
2010	1688.90	791.33	62.38	758.93	23.14	2138.9	1365.5	32727.9	3704.5	13265.4
2011	2029.86	910.43	73.03	958.64	27.76	2249.1	1464.7	34673.3	3799.8	13953.1
2012	2181.92	1017.33	85.55	985.75	29.78	2381.3	1532.2	35734.9	4070.7	14534.1
2013	2276.40	1075.44	83.63	1021.62	31.32	2465.1	1624.2	37993.0	4103.2	14969.5
2014	2302.04	1118.55	87.01	995.65	33.43	2566.7	1730.8	39513.6	4153.1	16938.5
2015	2292.97	1114.70	87.42	990.92	31.77	2677.0	1812.8	43635.9	4291.5	17399.0
2016	2167.89	948.98	72.64	1033.40	40.25	2761.9	1859.2	36982.4	4492.2	21875.1
2017	2064.29	895.83	69.38	982.37	41.72	2851.2	1989.3	34987.0	4514.9	22602.4
2018	2184.34	992.96	73.28	1001.64	39.02	2913.7	2044.1	32288.4	4638.1	21635.2
2019	2442.73	1014.12	68.09	1239.58	40.12	2980.7	2156.5	30512.5	4624.2	22219.4
2020	2976.00	1231.84	71.92	1547.38	41.43	3034.6	2221.7	34299.9	4631.2	22861.1
2021	2972.32	1302.91	72.59	1454.25	54.39	3263.4	2367.0	34941.3	4999.8	31678.6

注：本表绝对数按当年价格计算，指数按可比价格。2003年起总产值包括农林牧渔专业及辅助性活动产值。2007–2017年数据为根据第三次全国农业普查修正数据。

Note: Data in value terms in this table are calculated at current prices,while the indices are calculated at constant prices, since 2003,gross output value includes the services in support of agriculture,forestry,animal husbandry and fishery.Date of 2007–2017in this table were revised according to the result of the Third National Agriculture Census.

12－6　农林牧渔业分项产值

Output Value of Subentries of Agricultural and Forestry and Animal Husbandry and Fishery

单位：万元　　　　unit: 10000yuan

指　　标	Item	2020	2021	2021年为2020年的%（按可比价计算）2021 as Percentage of 2020 (calculated at constant price)
农林牧渔业总产值	**Gross output value of agriculture , Forestry, Animal Husbandry and fishery**	**29759983**	**29723241**	**107.5**
一、农业产值	Total Value of Agriculture Production	12318446	13029132	106.5
（一）谷物及其他作物	Cereals and other Crops	9042911	9510416	103.5
（二）蔬菜、食用菌及花卉盆景园艺产品	Vegetable Horticultural Crops	1959788	2137405	103.1
（三）水果、坚果、茶、饮料和香料	Fruit, Nuts, Beverage Crops	636598	680688	119.1
（四）中草药材	Traditional Chinese Medicinal Materials	679149	700623	145.1
二、林业产值	Forestry Output Value	719197	725933	101.9
（一）林木的培育和种植	Cultivation and Cultivation of Forest Trees	404136	394011	99.9
（二）竹木采运	Wood Harvesting	159806	172887	106.3
（三）林产品	Forest Product	155255	159034	102.4
三、牧业产值	Animal Husbandry Output Value	15473787	14542524	108.0
（一）牲畜饲养	Livestock Breeding	5538353	5896268	112.3
（二）猪的饲养	Swine Rearing	5972268	4968738	116.4
（三）家禽饲养	Poultry Rearing	3661825	3411110	89.3
（四）狩猎和捕捉动物	Hunting and Catching Animals			
（五）其他畜牧业	Other Animal Husbandry	301340	266408	88.4
四、渔业产值	Fishery Output Value	414257	543891	138.6
五、农林牧渔专业及辅助性活动产值	Output Value of Professional and Support Services for agriculture forestry,animal husbandary and fishery	834297	881761	103.9

12－7　农作物播种面积

Crop Sown Area of Farm Crops

单位：千公顷　　　　unit: 1000ha

年 份 Year	农作物总播种面积 Total Sown Area of Crops	粮食播种面积 Grain Sown Area	谷物 Grain	#稻谷 Rice	#玉米 Corn	#高粱 Sorghum	大豆 Soybean	薯类 Tuber	#马铃薯 Potato	油料 Oil Bearing Crops
1978	4053.1	3603.1	3019.1	278.1	1520.1	281.9	584.4			106.2
1979	4060.5	3600.1	3023.5	260.5	1595.6	281.9	576.5			118.9
1980	4057.0	3524.3	2967.8	252.5	1681.9	234.0	556.5			186.3
1981	4074.8	3509.3	2904.0	253.7	1551.3	275.5	605.3			232.3
1982	4065.6	3555.2	2968.2	260.4	1605.5	313.1	587.0			192.5
1983	4069.6	3586.5	3086.7	266.4	1714.9	302.7	499.7			175.3
1984	4079.8	3501.7	3104.6	284.7	1854.8	276.2	397.1			288.1
1985	4063.9	3283.5	2805.3	322.5	1679.6	199.8	478.1			437.4
1986	4036.8	3469.5	2980.4	348.5	1989.9	163.9	489.1			272.8
1987	4036.9	3485.7	2999.6	367.5	2122.2	135.4	486.1			241.4
1988	4035.2	3422.5	2877.6	379.6	1987.3	152.5	544.9			248.7
1989	4021.4	3430.9	2893.6	389.7	1983.1	150.3	537.3			232.7
1990	4039.8	3525.9	3062.1	418.4	2219.1	124.3	463.8			200.9
1991	4065.9	3542.0	3110.8	433.4	2280.1	107.5	431.2			187.5
1992	4048.7	3536.9	3099.4	442.4	2234.0	118.3	437.5			154.1
1993	4050.7	3526.7	2832.1	427.7	2039.0	140.6	543.6			153.0
1994	4059.6	3566.7	2870.1	416.5	2100.2	159.9	504.9			154.0
1995	4059.8	3576.9	3051.3	424.1	2344.1	128.4	378.6			151.0
1996	4063.0	3624.5	3198.5	434.1	2481.3	150.3	296.1			119.0
1997	4067.4	3592.1	3133.1	453.1	2454.2	111.5	309.6			112.4
1998	4061.6	3567.2	3104.7	459.0	2421.3	99.9	304.3			121.9
1999	4064.3	3513.4	3074.6	465.2	2375.5	113.6	278.3			165.8
2000	4065.6	3357.1	2567.2	483.9	1821.1	121.8	538.9	123.4		271.9
2001	4045.7	3357.2	2614.2	465.4	1927.2	99.0	476.8	112.5		234.0
2002	4687.7	4037.6	3385.5	666.1	2579.5	90.0	415.0			257.8
2003	4717.1	4013.8	3318.5	541.0	2627.2	95.2	430.0			301.8
2004	4904.0	4312.1	3562.0	600.1	2901.5	53.6	525.9			222.1
2005	4953.1	4294.5	3554.4	654.0	2775.2	85.2	504.8			288.5
2006	4984.6	4325.5	3582.0	664.0	2805.9	80.2	448.4			287.8
2007	5036.0	4472.9	3780.3	671.5	2885.4	155.9	429.5	98.9	92.7	248.3
2008	5077.8	4555.3	3830.6	665.5	2987.6	136.4	461.4	92.3	87.5	221.3
2009	5091.1	4560.9	3842.7	667.5	3029.5	95.2	462.6	105.3	97.5	258.5
2010	5258.9	4676.7	4038.1	680.2	3214.9	99.3	399.2	82.5	78.6	329.3
2011	5297.2	4766.4	4185.6	697.7	3340.2	98.3	328.7	77.7	72.5	271.8
2012	5432.0	4891.3	4425.3	711.6	3534.2	130.1	257.2	70.5	65.1	301.8
2013	5632.9	5132.1	4695.9	739.4	3808.2	117.8	240.6	68.9	63.4	319.7
2014	5890.5	5411.7	4979.4	757.0	4062.7	118.9	242.8	68.2	60.9	314.3
2015	5997.9	5534.1	5165.1	778.8	4251.1	95.3	181.9	65.3	61.1	324.3
2016	6063.3	5542.4	5193.3	800.2	4242.0	105.7	187.5	61.3	59.1	390.0
2017	6086.2	5543.9	5152.9	820.8	4164.0	117.7	220.2	62.1	60.1	408.7
2018	6080.9	5599.7	5209.9	839.7	4231.5	107.1	279.2	46.3	44.3	280.8
2019	6117.0	5644.9	5194.1	840.4	4219.6	80.8	345.0	47.0	45.6	257.4
2020	6151.0	5681.8	5243.7	837.1	4287.2	63.1	321.1	44.4	41.5	256.3
2021	6187.1	5721.3	5366.6	837.3	4401.2	73.8	252.7	42.9	39.8	254.6

注：2007-2017年数据为根据第三次全国农业普查修正数据。
Note: Data of 2007-2017 were revised according to the result of the Third National Agricultural Census.

12－8 主要农产品产量

Main Farm Output

单位：万吨 unit: 10000 tons

年份 Year	粮食 Grain	谷物 Grain	#稻谷 Unhusked Rice	#小麦 Wheat	#玉米 Corn	豆类 Beans	薯类 Tuber
1978	914.70		121.15	19.89	489.49		
1980	859.60		107.40	16.80	506.90		
1985	1225.26		183.66	10.33	793.13		
1990	2046.52		289.42	12.75	1529.55		
1995	1992.40	1867.90	296.90	19.10	1478.50	89.70	34.80
1996	2326.60	2211.90	347.40	20.60	1753.40	74.90	39.80
1997	1808.30	1707.20	376.20	13.00	1260.30	73.70	27.40
1998	2506.00	2368.60	385.50	10.60	1924.70	88.10	49.30
1999	2305.60	2184.20	405.90	16.10	1692.60	74.20	47.20
2000	1638.00	1448.30	374.80	16.30	993.20	140.60	49.10
2001	1953.40	1775.57	371.20	11.58	1328.40	134.18	43.65
2002	2214.80	1988.12	370.00	7.94	1540.00	184.96	41.72
2003	2259.60	2015.60	318.20	6.00	1615.30	191.10	52.90
2004	2510.00	2285.36	437.62	3.37	1810.00	166.91	57.73
2005	2581.21	2371.48	478.00	2.68	1815.00	152.83	75.89
2006	2720.00	2531.00	493.00	3.00	1984.00	150.00	39.00
2007	2437.99	2320.23	501.24	1.61	1779.98	93.40	24.37
2008	2896.41	2760.01	584.94	1.94	2129.39	108.17	28.23
2009	2479.35	2346.14	510.48	1.13	1804.22	103.88	29.33
2010	2790.72	2611.43	574.14	1.46	1994.67	109.99	69.31
2011	3231.79	3076.01	629.26	1.64	2392.76	106.50	49.28
2012	3450.21	3332.33	539.90	1.26	2714.99	56.31	61.57
2013	3763.30	3659.91	573.09		2980.93	61.94	41.45
2014	3800.06	3703.56	595.39	1.56	3004.17	54.89	41.61
2015	3974.10	3879.27	644.26	0.14	3138.77	50.25	44.58
2016	4150.70	4054.15	670.45	0.15	3286.28	55.00	41.55
2017	4154.00	4043.97	684.43	0.15	3250.78	67.08	42.95
2018	3632.74	3533.81	646.32	0.04	2799.88	62.75	36.18
2019	3877.93	3769.45	657.17	1.11	3045.30	77.04	31.44
2020	3803.17	3698.55	665.43	1.67	2973.44	72.82	31.80
2021	4039.24	3951.64	684.67	1.62	3198.44	62.56	25.05

注：1.薯类为折粮数据；2.2007-2017年数据为根据全国第三次农业普查修正数据。
Note: 1.The output of tubers are converted into that of grain.2.Data from 2007 to 2017 were revised according to the result of the Third National Agricultural Census.

单位：万吨

12－8 续表 Continued

unit: 10000 tons

年份 Year	油料 Oil Bearing Crops	麻类 Fiber Crops	甜菜 Beet	烟叶 Tobacco	人参 Ginseng	蔬菜 Vegetables	园林水果 Fruits
1978	12.29	1.26	45.13	2.48	0.16	351.04	5.65
1980	26.60	1.56	117.66	1.54	0.22	302.94	4.45
1985	48.36	1.27	87.69	3.79	0.52	329.29	6.59
1990	46.74	0.38	116.40	5.41	1.92	450.16	13.33
1995	25.55	0.25	83.64	3.07	1.35	530.55	27.97
1996	21.70	0.18	70.21	5.79	1.41	587.59	31.06
1997	15.93	0.10	32.90	7.21	1.30	642.43	37.49
1998	21.28	0.05	55.56	4.26	1.37	736.87	45.54
1999	31.40	0.10	25.80	4.90	1.50	822.60	49.60
2000	38.96	0.12	44.39	5.99	1.65	836.43	48.62
2001	34.34	0.33	69.44	4.88	2.02	777.84	200.79
2002	46.12	0.83	76.18	5.13	1.99	859.44	80.27
2003	57.13	0.37	7.02	5.01	2.51	881.01	59.38
2004	38.10	0.30	3.55	5.40	2.51	699.89	68.30
2005	54.45	0.61	7.35	5.97	3.21	832.56	66.20
2006	58.37	0.12	11.08	7.04	2.87	814.00	67.95
2007	29.30	0.05	4.77	2.85	3.13	968.57	59.58
2008	54.03	0.25	22.07	5.72	3.58	886.63	53.94
2009	53.63	0.05	5.75	5.45	2.75	872.72	47.45
2010	76.53	0.02	6.41	5.55	2.82	792.95	44.71
2011	77.14	0.02	12.83	5.19	3.69	599.01	37.91
2012	91.40	0.01	15.75	5.46	3.28	536.59	34.03
2013	97.12		4.45	3.81	3.22	482.89	31.70
2014	101.14		4.35	3.18	2.89	422.08	27.70
2015	92.08		0.85	2.45	2.70	380.23	22.84
2016	109.30		0.88	2.05	3.14	348.01	17.26
2017	128.48	0.01	2.59	1.79	3.01	356.64	17.19
2018	87.53		2.52	2.72	3.61	438.15	24.32
2019	81.78	0.02	2.92	2.44	3.08	445.39	26.25
2020	81.41	0.09	4.15	2.26	3.24	464.87	26.46
2021	85.75		1.29	2.13	4.21	490.54	29.05

12－9 主要畜牧业产品产量和大牲畜饲养量

Output of Major Animal Husbandry Products and Number of Large Livestock

年份 Year	大牲畜年底头数（万头）Number of large livestock (10000heads)	肉类（万吨）Meat (10000tons)	猪肉 Pork	牛肉 Beef	羊肉 Mutton	奶类（万吨）Milk (10000tons)	牛奶 Cow Milk	禽蛋（万吨）Poultry Eggs (10000 tons)
1978	231.62	15.64	15.13	0.34	0.17	2.02		
1979	234.27	21.30				2.78		
1980	236.76	24.57	23.63	0.76	0.18	3.07		
1981	231.83	25.11				3.10		
1982	234.44	28.29				3.47		
1983	245.71	26.33				3.82		
1984	279.59	26.22				4.91		
1985	294.59	32.02	28.53	1.08	0.31	7.43		
1986	284.89	37.46				8.01		
1987	274.52	38.09				8.52		
1988	281.90	41.02				9.47		
1989	292.17	45.07				11.06		
1990	309.07	51.79	38.94	3.63	0.81	12.11		
1991	318.55	56.97				12.66		
1992	341.12	64.04				11.32		
1993	359.26	76.66				9.80		
1994	424.03	101.00	61.75	11.62	1.40	10.89		
1995	498.66	134.60	77.30	17.49	1.87	11.32		
1996	572.20	184.50	102.52	25.74	2.59	8.63		
1997	602.96	211.50	115.00	32.00	3.00	9.89		
1998	494.80	223.71	117.20	28.30	2.60	13.35		
1999	522.10	236.40	121.50	31.30	3.10	14.54		
2000	539.80	247.90	127.10	33.50	3.20	15.00		
2001	551.00	258.20	134.00	35.20	3.40	16.44		
2002	560.39	263.50	134.90	37.00	3.50	18.89		
2003	599.41	275.00	135.10	46.20	3.80	23.28		
2004	615.20	288.00	143.00	49.00	4.00	26.00		
2005	634.94	310.00	158.00	51.00	4.20	30.00		
2006	571.09	237.54	109.39	45.02	4.13	32.24		
2007	585.86	230.88	96.10	46.49	4.41	32.95		
2008	483.95	222.91	111.16	38.13	3.52	27.10		
2009	474.98	226.90	112.12	38.96	3.67	30.34		
2010	437.63	235.85	118.37	39.35	3.86	30.78		
2011	393.11	239.75	120.12	38.57	3.95	31.63		
2012	381.50	255.60	130.29	39.03	4.14	34.13		
2013	371.53	258.51	133.39	38.19	4.31	33.20		
2014	352.86	256.06	136.93	38.09	4.58	34.15	33.62	110.71
2015	355.72	255.07	132.27	37.68	4.89	36.20	35.68	122.38
2016	327.61	255.47	126.59	37.21	4.92	36.56	36.04	132.46
2017	342.05	256.13	136.14	38.03	4.87	34.41	33.98	120.98
2018	330.70	253.60	126.99	40.66	4.62	39.01	38.83	117.11
2019	338.43	243.22	108.28	41.86	4.73	39.97	39.90	121.53
2020	297.79	237.55	105.03	38.70	5.19	39.31	39.26	121.95
2021	349.64	295.68	142.42	40.85	7.63	32.75	32.69	104.72

注：2007-2017年数据为根据全国第三次农业普查修正数据。

Note：Data of 2007-2017 were revised according to the result of the Third National Agricultural Censes.

12－10　主要农作物播种面积和产量
Main Crop Acreage and Yield

项　　目	Item	2019			2020			2021		
		播种面积（千公顷）Total Sown Area (1000 ha)	总产量（万吨）Output (10000 tons)	单产（公斤/公顷）Yield Per Unit Area (kg/ha)	播种面积（千公顷）Total Sown Area (1000 ha)	总产量（万吨）Output (10000 tons)	单产（公斤/公顷）Yield Per Unit Area (kg/ha)	播种面积（千公顷）Total Sown Area (1000 ha)	总产量（万吨）Output (10000 tons)	单产（公斤/公顷）Yield Per Unit Area (kg/ha)
粮食作物合计	Total of Grain Crops	5644.93	3877.93	6869.76	5681.78	3803.17	6693.62	5721.25	4039.24	7060.07
谷物	Cereal	5194.10	3769.45	7257.18	5243.71	3698.55	7053.31	5366.59	3951.64	7363.40
#稻谷	Rice	840.39	657.17	7819.82	837.14	665.43	7948.85	837.27	684.67	8177.40
小麦	Wheat	2.94	1.11	3775.51	4.76	1.67	3508.40	4.46	1.62	3631.65
玉米	Corn	4219.61	3045.30	7217.02	4287.24	2973.44	6935.56	4401.23	3198.44	7267.15
高粱	Grain Sorghum	80.77	48.42	5994.80	63.11	39.79	6304.86	73.81	49.76	6742.05
豆类	Beans	403.82	77.04	1907.78	393.67	72.82	1849.77	311.77	62.56	2006.51
#大豆	Soy	345.00	70.12	2032.46	321.13	64.23	2000.12	252.74	54.74	2165.70
薯类	Tuber	47.01	31.44	6687.94	44.40	31.80	7162.16	42.89	25.05	5840.55
#马铃薯	Potato	45.57	30.70	6736.89	41.52	30.26	7287.09	39.84	23.40	5873.10
油料	Oil－bearing Crops	257.38	81.78	3177.62	256.35	81.41	3175.82	254.62	85.75	3367.91
#葵花籽	Sunflower Seeds	14.31	3.47	2423.54	9.78	2.01	2058.90	6.77	1.62	2386.21
烟叶	Tobacco Crops	8.54	2.44	2863.62	8.63	2.26	2616.42	8.13	2.13	2619.67
#烤烟	Flue－cured Tobacco	4.87	1.24	2545.51	4.40	0.94	2142.35	3.99	0.86	2155.44
蔬菜	Vegetables	121.45	445.39	36672.15	126.65	464.87	36705.88	130.67	490.54	37539.91
瓜果类水果	Fruits	43.82	127.70	29143.91	36.20	120.09	33172.76	35.99	135.04	37520.81

注：1.粮食作物及相关指标播种面积和产量为抽样调查数；2.此表薯类为折粮产量；
3.此表蔬菜产量含食用菌。

Note：①The grain crop, corn, rice sown area and yield are from the sample survey .
② Potato yields in this table are converted in to those of grain. ③ Vegetables yields include edible fungus in this table.

12－11　林业、渔业和其他畜牧业生产情况

Output of Forestry,Fishery and Other Livestock Production

项　目	Item	2019	2020	2021
造林面积（千公顷）	Area of Afforestation (1000ha)	24.59	37.57	17.53
#用材林	Commercial Forest	1.45	4.34	2.67
经济林	Economic Forest	0.93	4.36	1.96
防护林	Shelter Forest	22.21	28.80	13.91
年末实有育苗面积（千公顷）	Area of grow seedings at Year-end (1000ha)	10.28	12.83	14.29
水产品产量（吨）	Output of Aquatic Products (ton)	236626	241810	249498
#养殖产量	Output of Cultured	217501	222985	230867
养殖面积（千公顷）	Areas of Cultured (1000ha)	330.20	298.6	349.28
园林水果产量（吨）	Output of Fruits (ton)	262504	264589	290472
年末果园面积（千公顷）	Area of Orchards at Year-end (1000ha)	26.49	27.11	28.71
绵羊毛（吨）	Sheep Wool (ton)	9550	8526	17014
#细羊毛	Fine Wool (ton)	3175	2585	9031
蚕茧产量（吨）	Output of Silkworm Cocoons (ton)	2629	2357	3929
蜂蜜产量（吨）	Honey (ton)	11651	12079	11274

注：1.本表造林面积为人工造林面积。2.用材林、经济林、防护林包括一部分无林地和疏林地封山育林；3.自2021年，水产品及养殖产量包含林蛙产量。

Note:1.Afforestation area is artificial afforestation area.2. Commercial Forest, Economic Forest and Shelter Forest contain part of non-forest land and sparse forest land, which are built by sealing off mountains to facilitate afforestation.3.Since 2021, the output of aquatic products, including cultured aquatic products, contain the output of wood frog.

12－12　畜牧业生产情况
Livestock Production

项　　目	Item	2019	2020	2021
猪年末头数（万头）	Hogs (year–end) (10000 heads)	792.83	899.07	1137.60
#能繁殖母猪	Fertile Female Hogs	85.23	99.83	120.00
牛年末头数（万头）	Cattle and Buffaloes (year–end) (10000 heads)	331.48	285.48	338.30
#奶牛	Cows	15.29	15.01	14.70
羊年末只数（万只）	Sheep and Goats (year – end) (10000 heads)	402.35	457.35	650.40
#山 羊	Goats	54.46	59.46	57.95
#绵 羊	Sheep	347.89	397.89	592.45
家禽年末只数（万只）	Poultry (year–end) (10000 heads)	17363.38	17426.38	16126.09
马年末匹数（万头）	Horses (year–end) (10000 heads)	3.58	4.61	6.51
驴年末头数（万头）	Donkeys (year–end) (10000 heads)	2.96	3.90	4.56
骡年末头数（万头）	Mules (year–end) (10000 heads)	0.41	0.53	0.46
肉猪出栏头数（万头）	Slaughtered Fattened Hogs (10000 heads)	1361.06	1321.59	1750.17
牛出栏头数（万头）	Slaughtered Cattle and Buffaloes (10000 heads)	258.71	238.72	242.45
羊出栏只数（万只）	Slaughtered Sheep and Goats (10000 heads)	392.77	432.30	633.75
家禽出栏只数（万只）	Slaughtered Poultry (10000 heads)	48804.60	48959.81	46002.32

12－13 农业自然灾害受灾情况
Agricultural Natural Disaster Situation

指　　标	Item	2019	2020	2021
受灾面积（万公顷）	**Disaster Areas (10000ha)**	**53.6**	**120.4**	**24.5**
#旱　灾	Drought		12.7	4.4
洪涝灾	Flood	28.6	4.0	11.6
风雹灾	Wind and Hail	12.5	7.0	8.4
绝收面积（万公顷）	**Areas Affected (10000ha)**	**6.4**	**7.0**	**1.2**
#旱　灾	Drought		3.1	0.6
洪涝灾	Flood	4.6	0.5	0.4
风雹灾	Wind and Hail	1.4	0.4	0.1
受灾人口（万人）	Disaster Population (10000persons)	178	475	76
转移安置人口（人）	Population Arranged (person)	59282	36098	578
倒损房屋（间）	Houses Damaged and Collapsed (room)	27704	19424	2179
其中：倒塌房屋	Houses Collapsed	544	1283	318
直接经济损失（亿元）	Direct Economic Losses (100million yuan)	51.7	79.1	13.8

第十三篇

CHAPTER ▶ 13

工　业

Industry

资料整理人员：

亢伶俐　　侯　丹　　韩　檬

13－1 规模以上工业企业主要指标（2021年）

单位：万元

项 目	Item	企业单位数（个）Number of Enterprises (unit)	#亏损企业 Loss－making Enterprises
总计	**Total**	**3228**	**885**
在总计中:1国有企业	State-owned Enterprises	31	18
2集体企业	Collective-owned Enterprises	5	2
3股份合作制企业	Cooperative Enterprises	2	
4股份制企业	Share-holding Enterprises	2924	808
5外商及港澳台投资企业	Enterprises with funds from Hong Kong,Macao,Taiwan and Foreign Countries	241	50
6其他企业	Others	25	7
在总计中:亏损企业	Loss	885	885
在总计中:国有控股企业	State-holding	400	121
其中:亏损企业	Loss	121	121
其中:中央企业	Central Enterprises	29	29
在总计中:新建企业	Newly-built Enterprises	53	19
在总计中:大中型工业	Large and medium-sized Enterprises	443	121
其中:国有控股企业	State-holding	130	52
其中:亏损企业	Loss	52	52
在总计中:1国有控股	State-holding	400	121
2集体控股	Collective-holding	62	16
3私人控股	Private-holding	2577	705
4港澳台商控股	Hong Kong,Macao and Taiwan-holding	44	13
5外商控股	Foreign-holding	141	29
6其他	Others	4	1
在总计中:轻工业	Light Industry	1217	348
重工业	Heavy Industry	2011	537
在总计中:大型企业	Large-sized Enterprises	74	13
中型企业	Medium-sized Enterprises	369	108
小型企业	Small-sized Enterprises	2228	606
微型企业	Mini-sized Enterprises	557	158
在总计中:中央企业	Central Enterprises	130	30
地方企业	Local Enterprises	3098	855
在总计中:民营工业	Private industry	2643	722
在总计中:非公有工业	Non state-owned industry	2766	748

Main Indicators of Industrial Enterprises above Designated Size（2021）

unit: 10000 yuan

产成品 Finished Goods	资产总计 Total Assets	流动资产合计 Total Current Assets	应收账款 Account Receivable	负债合计 Total Liabilities
5941639	**191195877**	**85893155**	**16003743**	**104739774**
395473	32384059	10099242	222050	8363712
728	50799	46368	12805	14814
745	10235	9587	6532	6264
3375702	123719756	56467944	12351116	74544047
2165848	34820850	19119421	3354742	21655085
3143	210178	150592	56498	155851
1000365	43754807	14368169	2816607	33547785
3042422	116177254	46047781	5890935	61296468
232770	24006685	4978792	930629	18035287
89741	14290941	1690062	540984	10675147
14436	1390113	491970	177747	1010077
4015716	143207443	62005455	9222260	74200103
2830848	102351704	41395639	4283418	52180519
188652	21167740	4009116	719325	15608958
3042422	116177254	46047781	5890935	61296468
114708	6665130	2245846	440696	1845057
2326736	55430686	29992715	6913254	33651359
128916	3157732	1536742	451900	2485861
325918	9656914	6009344	2296260	5434405
2939	108159	60727	10698	26624
1547684	36927331	19511686	3781391	18954762
4393955	154268546	66381469	12222352	85785012
2930481	107387899	44297739	4999070	52404130
1085235	35819544	17707717	4223190	21795973
1790671	39464851	20782064	5831763	24165276
135252	8523583	3105636	949720	6374395
2494797	89116986	34504293	3525492	44506236
3446842	102078891	51388862	12478251	60233538
2444382	62203976	32299288	7364648	35523040
2784509	68353492	37599527	9672111	41598249

13－1 续表 1

单位：万元

项　目	Item	所有者权益合计 Total Owners' Equities	营业收入 Business Revenue
总计	**Total**	**86455388**	**147098395**
在总计中:1国有企业	State-owned Enterprises	24020347	8056073
2集体企业	Collective-owned Enterprises	35984	23153
3股份合作制企业	Cooperative Enterprises	3971	9221
4股份制企业	Share-holding Enterprises	49174995	85550352
5外商及港澳台投资企业	Enterprises with funds from Hong Kong,Macao,Taiwan and Foreign Countries	13165764	53257415
6其他企业	Others	54327	202181
在总计中:亏损企业	Loss	10206333	21164428
在总计中:国有控股企业	State-holding	54880783	92294515
其中:亏损企业	Loss	5971397	13059405
其中:中央企业	Central Enterprises	3615794	8212675
在总计中:新建企业	Newly-built Enterprises	380036	741833
在总计中:大中型工业	Large and medium-sized Enterprises	69007338	117820898
其中:国有控股企业	State-holding	50171185	87360137
其中:亏损企业	Loss	5558782	12453804
在总计中:1国有控股	State-holding	54880783	92294515
2集体控股	Collective-holding	4820073	2184217
3私人控股	Private-holding	21778618	39136795
4港澳台商控股	Hong Kong,Macao and Taiwan-holding	671872	2046280
5外商控股	Foreign-holding	4222508	11377356
6其他	Others	81535	59231
在总计中:轻工业	Light Industry	17972560	25496955
重工业	Heavy Industry	68482828	121601440
在总计中:大型企业	Large-sized Enterprises	54983769	93689749
中型企业	Medium-sized Enterprises	14023569	24131149
小型企业	Small-sized Enterprises	15298867	26333271
微型企业	Mini-sized Enterprises	2149184	2944226
在总计中:中央企业	Central Enterprises	44610749	76128507
地方企业	Local Enterprises	41844640	70969888
在总计中:民营工业	Private industry	26680226	41380243
在总计中:非公有工业	Non state-owned industry	26754533	52619663

continued

unit: 10000 yuan

营业成本 Business Cost	销售费用 Selling Cost	管理费用 Management Cost	财务费用 Financial Cost	利息费用 Interest Cost
121860973	**4708146**	**5646257**	**1006062**	**1574558**
7500422	92136	559261	−71732	22845
19774	131	4653	−220	−235
8143	181	405		1
71086412	2937284	3641799	1189114	1397966
43074956	1674712	1431642	−112347	153366
171267	3702	8496	1245	615
20658661	576609	1352297	714563	612862
76660335	2285199	3236929	192163	920942
13061354	198849	779713	325918	290683
8226162	148063	479347	191174	158260
678198	9638	23640	7809	5910
97328159	3699489	4171449	376837	1093375
72509288	2203894	3026252	−13894	760795
12404161	188439	687161	280430	250841
76660335	2285199	3236929	192163	920942
1471911	208018	164143	20466	27126
32309789	1766409	1634071	684970	491215
1741435	63741	98975	94372	93405
9639699	377910	507083	14265	41787
37804	6869	5057	−174	83
18284156	2186545	1088370	411038	717237
103576818	2521601	4557887	595024	857321
77392932	2474259	3055023	−37720	706781
19935226	1225230	1116427	414556	386594
21979097	963604	1332938	474835	388305
2553717	45053	141869	154390	92878
62887899	1796346	2528421	−147833	278601
58973074	2911800	3117836	1153895	1295957
33819504	1981296	1803271	705262	518424
43728727	2214929	2245185	793433	626490

13－1 续表 2

单位：万元

项　　目	Item	利润总额 Total Profits	亏损企业 亏损总额 Total Loss
总计	**Total**	**10788205**	**2501100**
在总计中:1国有企业	State－owned Enterprises	1895118	64702
2集体企业	Collective－owned Enterprises	－1150	2398
3股份合作制企业	Cooperative Enterprises	470	
4股份制企业	Share－holding Enterprises	3731991	2227114
5外商及港澳台投资企业	Enterprises with funds from Hong Kong,Macao,Taiwan and Foreign Countries	5146836	205744
6其他企业	Others	14940	1143
在总计中:亏损企业	Loss	－2501100	2501100
在总计中:国有控股企业	State－holding	7295086	1609313
其中:亏损企业	Loss	－1609313	1609313
其中:中央企业	Central Enterprises	－1136098	1136098
在总计中:新建企业	Newly－built Enterprises	8281	30642
在总计中:大中型工业	Large and medium－sized Enterprises	9411068	1760322
其中:国有控股企业	State－holding	7012336	1396703
其中:亏损企业	Loss	－1396703	1396703
在总计中:1国有控股	State－holding	7295086	1609313
2集体控股	Collective－holding	490990	76972
3私人控股	Private－holding	2287280	625782
4港澳台商控股	Hong Kong,Macao and Taiwan－holding	53639	85728
5外商控股	Foreign－holding	654137	103231
6其他	Others	7074	75
在总计中:轻工业	Light Industry	2456106	423065
重工业	Heavy Industry	8332099	2078035
在总计中:大型企业	Large－sized Enterprises	8429107	939930
中型企业	Medium－sized Enterprises	981961	820392
小型企业	Small－sized Enterprises	1352142	535779
微型企业	Mini－sized Enterprises	24995	205000
在总计中:中央企业	Central Enterprises	6478332	1139557
地方企业	Local Enterprises	4309873	1361543
在总计中:民营工业	Private industry	2785344	702829
在总计中:非公有工业	Non state－owned industry	3002129	814816

continued

unit: 10000 yuan

从业人员平均人数（人）Average Number of Employees	资产负债率（%）Assets-liability Ratio (%)	营业收入利润率（%）Business Revenue Ratio (%)	人均营业收入（万元/人）Business Revenue Per Capita
753532	**54.8**	**7.3**	**194.7**
29987	25.8	23.5	257.9
521	29.2	-5.0	41.2
212	61.2	5.1	43.5
599087	60.3	4.4	143.4
122056	62.2	9.7	425.7
1669	74.2	7.4	123.0
224237	76.7	-11.8	95.3
339582	52.8	7.9	274.4
129038	75.1	-12.3	103.4
69300	74.7	-13.8	117.9
5868	72.7	1.1	122.7
528540	51.8	8.0	222.6
310281	51.0	8.0	281.5
119978	73.7	-11.2	106.3
339582	52.8	7.9	274.4
21576	27.7	22.5	101.3
328747	60.7	5.8	118.3
11232	78.7	2.6	174.5
51854	56.3	5.8	209.1
541	24.6	11.9	104.7
194692	51.3	9.6	130.3
558840	55.6	6.9	217.2
323161	48.8	9.0	283.9
205379	60.9	4.1	121.2
208536	61.2	5.1	125.7
16456	74.8	0.9	176.3
212741	49.9	8.5	348.6
540791	59.0	6.1	132.1
350864	57.1	6.7	117.2
392374	60.9	5.7	132.4

13－2 按行业分规模以上工业企业主要指标（2021年）

单位：万元

项　目	Item	企业单位数（个）Number of Enterprises (unit)	#亏损企业 Loss－making Enterprises
总计	**Total**	**3228**	**885**
煤炭开采和洗选业	Mining and Washing of Coal	28	15
石油和天然气开采业	Extraction of Petroleum and Natural Gas	13	7
黑色金属矿采选业	Mining and Processing of Ferrous Metal Ores	25	9
有色金属矿采选业	Mining and Processing of Non-ferrous Metal Ores	21	8
非金属矿采选业	Mining and Processing of Nonmetal Ores	18	6
开采辅助活动	Support Activities for Mining	13	4
其他采矿业	Mining of Other Ores		
农副食品加工业	Processing of Food from Agricultural Products	489	106
食品制造业	Manufacture of Food	99	38
酒、饮料和精制茶制造业	Manufacture of Liquor,Beverages and Refined Tea	60	16
烟草制品业	Manufacture of Tobacco	3	0
纺织业	Manufacture of Textile	15	7
纺织服装、服饰业	Manufacture of Textile and Apparel	54	21
皮革、毛皮、羽毛及其制品和制鞋业	Manufacture of Leather,Fur,Feathers and Related Products and Footwear	5	2
木材加工和木、竹、藤、棕、草制品业	Processing of Timber, Manufacture of Wood, Bamboo, Rattan, Palm and Straw Products	70	19
家具制造业	Manufacture of Furniture	12	7
造纸和纸制品业	Manufacture of Paper and Paper Products	31	16
印刷和记录媒介复制业	Printing, Reproduction of Recording Media	25	8
文教、工美、体育和娱乐用品制造业	Manufacture of Culture Education ,Art,Sports and Entertainment Activities	7	3
石油、煤炭及其他燃料加工业	Processing of Petroleum,Coal and other fuel	21	3
化学原料和化学制品制造业	Manufacture of Raw Chemical Materials and Chemical Products	168	38
医药制造业	Manufacture of Medicines	261	80
化学纤维制造业	Manufacture of Chemical Fibers	8	4
橡胶和塑料制品业	Manufacture of Rubber and Plastic Products	96	24
非金属矿物制品业	Manufacture of Non-metallic Mineral Products	312	73
黑色金属冶炼和压延加工业	Smelting and Pressing of Ferrous Metals	34	9
有色金属冶炼和压延加工业	Smelting and Pressing of Non- ferrous Metals	24	6
金属制品业	Manufacture of Metal Products	85	27
通用设备制造业	Manufacture of General Purpose Machinery	92	24
专用设备制造业	Manufacture of Special Purpose Machinery	111	20
汽车制造业	Manufacture of Automobiles	474	102
铁路、船舶、航空航天和其他运输设备制造业	Manufacture of Railway,Ship,Aerospace and Other Transport Equipment	43	7
电气机械和器材制造业	Manufacture of Electrical Machinery and Apparatus	70	16
计算机、通信和其他电子设备制造业	Manufacture of Computer,Communication and Other Electronic Equipment	41	10
仪器仪表制造业	Manufacture of Measuring Instrument	24	4
其他制造业	Other Manufacture	2	1
废弃资源综合利用业	Waste Resources Utilization	14	1
金属制品、机械和设备修理业	Repair of Metal Products,Machinery and Equipment	6	
电力、热力生产和供应业	Production and Supply of Electric Power and Heat Power	290	125
燃气生产和供应业	Production and Supply of Gas	41	8
水的生产和供应业	Production and Supply of Water	23	11

Main Indicators of Industrial Enterprises above Designated Size by Industrial Sector (2021)

unit: 10000 yuan

产成品 Finished Goods	资产总计 Total Assets	流动资产合计 Total Current Assets	应收账款 Account Receivable	负债合计 Total Liabilities
5941639	**191195877**	**85893155**	**16003743**	**104739774**
15767	2175058	808881	40671	1907302
21365	4330344	21413	22106	3134114
21290	1349194	402492	104963	736492
15931	1012922	376054	56855	605260
6091	131801	55119	15815	91734
46747	929002	330563	138088	896451
513003	7783179	4829268	744180	5288919
118853	2798638	1363291	252181	1835729
123422	2859656	1249513	164172	1793309
31820	1159815	793236	32102	361565
31156	200042	124333	25802	159771
29579	633614	448689	136195	381278
19462	44236	34549	7192	33221
50542	796663	467573	64770	529470
850	77947	28852	8426	52335
14406	606758	223469	102393	409581
11551	251868	146783	52381	122225
3655	54290	32559	4805	38716
43296	814905	376556	50493	617291
284906	9201281	4119580	490917	5914660
434779	16582264	8236091	1668603	5811837
85774	2035465	898854	174659	1572797
79001	1057828	582491	199214	588007
174050	6624640	4062780	1334258	4331933
136040	7644277	1898673	190597	4960001
62767	1417786	887509	170663	623437
55971	1062508	681338	238322	795806
88119	1735529	1225586	351631	1103367
154207	2165494	1580099	439042	1426177
3012815	72871402	34634333	4058022	32595713
58960	6886035	5069030	1834088	4053631
54958	1364100	983921	514165	718702
70246	2452149	1465095	402370	987620
13958	306014	202657	61210	76730
1259	27041	24240	10406	7588
4869	166895	88228	11990	96003
8770	439520	141306	42479	292788
28913	26116572	5976733	1656569	17920703
11043	1640982	457327	100090	996911
1450	1388164	564091	30858	870603

13－2　续表　1

单位：万元

项　目	Item	所有者权益合计 Total Owners' Equities	营业收入 Business Revenue
总计	**Total**	**86455388**	**147098395**
煤炭开采和洗选业	Mining and Washing of Coal	267756	543862
石油和天然气开采业	Extraction of Petroleum and Natural Gas	1196230	1646390
黑色金属矿采选业	Mining and Processing of Ferrous Metal Ores	612702	510354
有色金属矿采选业	Mining and Processing of Non-ferrous Metal Ores	407662	494567
非金属矿采选业	Mining and Processing of Nonmetal Ores	40067	75514
开采辅助活动	Support Activities for Mining	32551	664715
其他采矿业	Mining of Other Ores		
农副食品加工业	Processing of Food from Agricultural Products	2494255	9932182
食品制造业	Manufacture of Food	962908	1653298
酒、饮料和精制茶制造业	Manufacture of Liquor,Beverages and Refined Tea	1066347	2016917
烟草制品业	Manufacture of Tobacco	798250	1842726
纺织业	Manufacture of Textile	40271	109653
纺织服装、服饰业	Manufacture of Textile and Apparel	252336	461512
皮革、毛皮、羽毛及其制品和制鞋业	Manufacture of Leather,Fur,Feathers and Related Products and Footwear	11015	30331
木材加工和木、竹、藤、棕、草制品业	Processing of Timber, Manufacture of Wood, Bamboo, Rattan, Palm and Straw Products	267192	489866
家具制造业	Manufacture of Furniture	25612	39672
造纸和纸制品业	Manufacture of Paper and Paper Products	197177	429928
印刷和记录媒介复制业	Printing, Reproduction of Recording Media	129643	164861
文教、工美、体育和娱乐用品制造业	Manufacture of Culture Education ,Art,Sports and Entertainment Activities	15574	24650
石油、煤炭及其他燃料加工业	Processing of Petroleum,Coal and other fuel	197614	808375
化学原料和化学制品制造业	Manufacture of Raw Chemical Materials and Chemical Products	3286619	10323612
医药制造业	Manufacture of Medicines	10770426	5991731
化学纤维制造业	Manufacture of Chemical Fibers	462669	1312343
橡胶和塑料制品业	Manufacture of Rubber and Plastic Products	469822	804670
非金属矿物制品业	Manufacture of Non-metallic Mineral Products	2292703	3561894
黑色金属冶炼和压延加工业	Smelting and Pressing of Ferrous Metals	2684275	9628316
有色金属冶炼和压延加工业	Smelting and Pressing of Non- ferrous Metals	794349	1694695
金属制品业	Manufacture of Metal Products	266701	1046986
通用设备制造业	Manufacture of General Purpose Machinery	632160	931407
专用设备制造业	Manufacture of Special Purpose Machinery	739317	1258290
汽车制造业	Manufacture of Automobiles	40274999	70594961
铁路、船舶、航空航天和其他运输设备制造业	Manufacture of Railway,Ship,Aerospace and Other Transport Equipment	2832403	3371488
电气机械和器材制造业	Manufacture of Electrical Machinery and Apparatus	645398	976212
计算机、通信和其他电子设备制造业	Manufacture of Computer,Communication and Other Electronic Equipment	1464528	1857760
仪器仪表制造业	Manufacture of Measuring Instrument	229284	149231
其他制造业	Other Manufacture	19453	6951
废弃资源综合利用业	Waste Resources Utilization	70892	221754
金属制品、机械和设备修理业	Repair of Metal Products,Machinery and Equipment	146731	200923
电力、热力生产和供应业	Production and Supply of Electric Power and Heat Power	8195867	10118796
燃气生产和供应业	Production and Supply of Gas	644070	855822
水的生产和供应业	Production and Supply of Water	517561	251185

continued

unit: 10000 yuan

营业成本 Business Cost	销售费用 Selling Cost	管理费用 Management Cost	财务费用 Financial Cost	利息费用 Interest Cost
121860973	**4708146**	**5646257**	**1006062**	**1574558**
490028	7000	113610	35202	35181
1282880	20138	268230	56859	57312
372060	9783	48184	12458	6961
248440	555	52529	10006	10522
51828	6831	4252	844	742
652678	153	25257	5248	4717
9338878	190803	176856	134368	103594
1340364	69814	87443	33713	31451
1624192	107817	97022	38812	35472
508739	32617	129471	-902	1463
94337	3592	7220	2396	2158
358056	11322	31947	5967	5951
26085	491	3225	393	1
425428	14329	26091	8848	6600
33628	1189	3609	2274	257
402890	7892	19505	8281	1881
135701	2597	13101	1371	1351
20979	1319	2047	992	37
719798	9190	22349	12010	8571
8141299	147986	457229	122825	100127
2030439	1678148	389922	101691	98384
1138503	26705	30301	62944	384101
695909	18754	41239	11402	8469
2947402	110951	157133	77211	70644
8906086	117117	121222	131823	46573
1568688	16858	47845	18531	17983
955413	18021	42470	21489	49494
755201	37372	70901	12469	10636
966877	48724	83864	15977	11478
59472055	1732264	2228551	-393620	63352
2823031	85388	151039	-17068	4351
808793	23763	65729	5253	5406
1321473	66754	146540	2804	12101
98850	6926	19105	-115	416
6574	68	331	237	225
206179	1253	7278	18	131
162117	2147	14090	6160	5790
9830155	10597	350318	426840	344588
712956	40017	39694	19223	15157
185989	20901	49509	10830	10933

单位：万元

13－2 续表 2

项 目	Item	利润总额 Total Profits	亏损企业 亏损总额 Total Loss
总计	**Total**	**10788205**	**2501100**
煤炭开采和洗选业	Mining and Washing of Coal	−83489	96843
石油和天然气开采业	Extraction of Petroleum and Natural Gas	−157142	216813
黑色金属矿采选业	Mining and Processing of Ferrous Metal Ores	60429	18048
有色金属矿采选业	Mining and Processing of Non-ferrous Metal Ores	165478	17191
非金属矿采选业	Mining and Processing of Nonmetal Ores	8824	1337
开采辅助活动	Support Activities for Mining	−6688	19174
其他采矿业	Mining of Other Ores		
农副食品加工业	Processing of Food from Agricultural Products	78814	183083
食品制造业	Manufacture of Food	184820	25131
酒、饮料和精制茶制造业	Manufacture of Liquor,Beverages and Refined Tea	95531	31950
烟草制品业	Manufacture of Tobacco	144600	
纺织业	Manufacture of Textile	2046	2897
纺织服装、服饰业	Manufacture of Textile and Apparel	53839	11288
皮革、毛皮、羽毛及其制品和制鞋业	Manufacture of Leather,Fur,Feathers and Related Products and Footwear	31	79
木材加工和木、竹、藤、棕、草制品业	Processing of Timber，Manufacture of Wood，Bamboo，Rattan，Palm and Straw Products	17291	5561
家具制造业	Manufacture of Furniture	571	1561
造纸和纸制品业	Manufacture of Paper and Paper Products	−15321	17451
印刷和记录媒介复制业	Printing，Reproduction of Recording Media	11162	1386
文教、工美、体育和娱乐用品制造业	Manufacture of Culture Education ,Art,Sports and Entertainment Activities	−2080	2490
石油、煤炭及其他燃料加工业	Processing of Petroleum,Coal and other fuel	17059	16310
化学原料和化学制品制造业	Manufacture of Raw Chemical Materials and Chemical Products	501463	102000
医药制造业	Manufacture of Medicines	1795029	108702
化学纤维制造业	Manufacture of Chemical Fibers	53923	4598
橡胶和塑料制品业	Manufacture of Rubber and Plastic Products	21715	16990
非金属矿物制品业	Manufacture of Non-metallic Mineral Products	258048	31706
黑色金属冶炼和压延加工业	Smelting and Pressing of Ferrous Metals	210933	44787
有色金属冶炼和压延加工业	Smelting and Pressing of Non- ferrous Metals	28399	36361
金属制品业	Manufacture of Metal Products	325	23318
通用设备制造业	Manufacture of General Purpose Machinery	34438	21806
专用设备制造业	Manufacture of Special Purpose Machinery	97021	17628
汽车制造业	Manufacture of Automobiles	7064632	520296
铁路、船舶、航空航天和其他运输设备制造业	Manufacture of Railway,Ship,Aerospace and Other Transport Equipment	216497	23408
电气机械和器材制造业	Manufacture of Electrical Machinery and Apparatus	48508	10797
计算机、通信和其他电子设备制造业	Manufacture of Computer,Communication and Other Electronic Equipment	198016	10981
仪器仪表制造业	Manufacture of Measuring Instrument	19001	1675
其他制造业	Other Manufacture	−767	901
废弃资源综合利用业	Waste Resources Utilization	10580	1518
金属制品、机械和设备修理业	Repair of Metal Products,Machinery and Equipment	11171	
电力、热力生产和供应业	Production and Supply of Electric Power and Heat Power	−397733	830460
燃气生产和供应业	Production and Supply of Gas	48994	4391
水的生产和供应业	Production and Supply of Water	−7763	20184

continued

unit: 10000 yuan

从业人员平均人数（人）Average Number of Employees (person)	资产负债率（%）Assets-liability Ratio (%)	营业收入利润率（%）Business Revenue Ratio (%)	人均营业收入（万元/人）Business Revenue Per Capita (10000 yuan/person)
753532	**54.8**	**7.3**	**194.7**
24511	87.7	-15.4	27.0
27564	72.4	-9.5	60.0
4475	54.6	11.8	107.6
8159	59.8	33.5	66.4
990	69.6	11.7	76.1
14521	96.5	-1.0	47.6
42218	68.0	0.8	233.2
16489	65.6	11.2	98.7
14188	62.7	4.7	142.1
3821	31.2	7.9	482.3
2788	79.9	1.9	38.8
22361	60.2	11.7	21.0
1114	75.1	0.1	27.4
7505	66.5	3.5	67.3
749	67.1	1.4	34.9
3236	67.5	-3.6	124.5
2909	48.5	6.8	57.8
735	71.3	-8.4	29.6
3757	75.8	2.1	217.1
44665	64.3	4.9	223.7
58690	35.1	30.0	102.2
9756	77.3	4.1	137.9
8508	55.6	2.7	90.8
26650	65.4	7.2	128.1
24225	64.9	2.2	367.2
6701	44.0	1.7	260.7
8302	74.9		128.2
12412	63.6	3.7	77.2
13572	65.9	7.7	91.8
195509	44.7	10.0	348.6
22264	58.9	6.4	151.2
7244	52.7	5.0	134.1
12266	40.3	10.7	151.8
3066	25.1	12.7	49.3
136	28.1	-11.0	47.3
1030	57.5	4.8	215.7
6473	66.6	5.6	74.3
74784	68.6	-3.9	136.4
6196	60.8	5.7	135.4
8993	62.7	-3.1	28.5

13－3　按行业分大中型工业企业主要指标（2021年）

单位：万元

项　　目	Item	企业单位数（个）Number of Enterprises (unit)	#亏损企业 Loss－making Enterprises
总计	**Total**	**443**	**121**
煤炭开采和洗选业	Mining and Washing of Coal	12	7
石油和天然气开采业	Extraction of Petroleum and Natural Gas	4	2
黑色金属矿采选业	Mining and Processing of Ferrous Metal Ores	3	1
有色金属矿采选业	Mining and Processing of Non-ferrous Metal Ores	11	1
非金属矿采选业	Mining and Processing of Nonmetal Ores	1	
开采辅助活动	Support Activities for Mining	5	2
其他采矿业	Mining of Other Ores		
农副食品加工业	Processing of Food from Agricultural Products	31	18
食品制造业	Manufacture of Food	12	1
酒、饮料和精制茶制造业	Manufacture of Liquor,Beverages and Refined Tea	14	3
烟草制品业	Manufacture of Tobacco	2	
纺织业	Manufacture of Textile	3	3
纺织服装、服饰业	Manufacture of Textile and Apparel	24	8
皮革、毛皮、羽毛及其制品和制鞋业	Manufacture of Leather,Fur,Feathers and Related Products and Footwear	1	1
木材加工和木、竹、藤、棕、草制品业	Processing of Timber，Manufacture of Wood，Bamboo，Rattan，Palm and Straw Products	8	1
家具制造业	Manufacture of Furniture		
造纸和纸制品业	Manufacture of Paper and Paper Products	2	1
印刷和记录媒介复制业	Printing，Reproduction of Recording Media	1	1
文教、工美、体育和娱乐用品制造业	Manufacture of Culture Education ,Art,Sports and Entertainment Activities		
石油、煤炭及其他燃料加工业	Processing of Petroleum,Coal and other fuel	5	1
化学原料和化学制品制造业	Manufacture of Raw Chemical Materials and Chemical Products	15	3
医药制造业	Manufacture of Medicines	47	6
化学纤维制造业	Manufacture of Chemical Fibers	1	
橡胶和塑料制品业	Manufacture of Rubber and Plastic Products	8	1
非金属矿物制品业	Manufacture of Non-metallic Mineral Products	16	3
黑色金属冶炼和压延加工业	Smelting and Pressing of Ferrous Metals	10	2
有色金属冶炼和压延加工业	Smelting and Pressing of Non- ferrous Metals	4	1
金属制品业	Manufacture of Metal Products	9	4
通用设备制造业	Manufacture of General Purpose Machinery	9	3
专用设备制造业	Manufacture of Special Purpose Machinery	8	2
汽车制造业	Manufacture of Automobiles	93	5
铁路、船舶、航空航天和其他运输设备制造业	Manufacture of Railway,Ship,Aerospace and Other Transport Equipment	10	1
电气机械和器材制造业	Manufacture of Electrical Machinery and Apparatus	8	1
计算机、通信和其他电子设备制造业	Manufacture of Computer,Communication and Other Electronic Equipment	7	1
仪器仪表制造业	Manufacture of Measuring Instrument	1	
其他制造业	Other Manufacture		
废弃资源综合利用业	Waste Resources Utilization	1	
金属制品、机械和设备修理业	Repair of Metal Products,Machinery and Equipment	2	
电力、热力生产和供应业	Production and Supply of Electric Power and Heat Power	41	28
燃气生产和供应业	Production and Supply of Gas	4	1
水的生产和供应业	Production and Supply of Water	10	8

Main Indicators of Large and Medium-sized Industrial Enterprises by Industrial Sector (2021)

unit: 10000 yuan

产成品 Finished Goods	资产总计 Total Assets	流动资产合计 Total Current Assets	应收账款 Account Receivable	负债合计 Total Liabilities
4015716	**143207443**	**62005455**	**9222260**	**74200103**
7690	1821407	696212	13722	1492033
20453	4196078	-76606	13406	3023626
3549	339976	80763	53490	132196
11733	696289	278720	52266	289410
345	73347	22236	3242	48608
45073	775254	217933	92835	780706
144522	3190858	2010115	374785	2156738
11711	1136787	438517	41888	739295
107752	1804414	870109	113230	1228910
31820	1155198	790507	30660	360471
23754	119435	67406	10031	114373
16345	424027	307166	113390	269652
	871	797	448	206
26846	163701	121138	22746	92459
2181	386556	106555	61742	268733
1188	31992	2999	309	31114
31228	436790	244205	8152	531446
89047	5663976	2189767	220933	3473162
182681	12405057	5879691	1139111	3603026
81970	1912703	863645	167439	1514592
43577	400592	189223	60567	186385
37258	2853437	1739230	198448	1729991
119259	7150270	1581134	102801	4737432
53450	1243614	786526	134365	476066
23210	358740	210882	72339	272523
40939	901605	615267	117266	483675
37156	980892	694926	175729	649089
2696471	67694650	31362312	2996626	29600611
28861	6535244	4807320	1724275	3895323
32622	729855	508527	256370	350399
40215	1840921	1087413	300636	795867
2888	95605	59499	15675	8070
	62735	46567	5732	42345
716	44089	25174	9272	27286
18099	13576276	2451027	469543	9497954
354	994699	242228	33261	648272
757	1009507	486327	15534	648064

单位：万元

13－3 续表 1

项　　目	Item	所有者权益合计 Total Owners' Equities	营业收入 Business Revenue
总计	**Total**	**69007338**	**117820898**
煤炭开采和洗选业	Mining and Washing of Coal	329374	413593
石油和天然气开采业	Extraction of Petroleum and Natural Gas	1172452	1613955
黑色金属矿采选业	Mining and Processing of Ferrous Metal Ores	207780	243903
有色金属矿采选业	Mining and Processing of Non-ferrous Metal Ores	406879	463056
非金属矿采选业	Mining and Processing of Nonmetal Ores	24739	24941
开采辅助活动	Support Activities for Mining	-5452	588235
其他采矿业	Mining of Other Ores		
农副食品加工业	Processing of Food from Agricultural Products	1034120	3567830
食品制造业	Manufacture of Food	397492	866567
酒、饮料和精制茶制造业	Manufacture of Liquor,Beverages and Refined Tea	575504	1633934
烟草制品业	Manufacture of Tobacco	794727	1831653
纺织业	Manufacture of Textile	5062	31079
纺织服装、服饰业	Manufacture of Textile and Apparel	154375	378046
皮革、毛皮、羽毛及其制品和制鞋业	Manufacture of Leather,Fur,Feathers and Related Products and Footwear	665	7767
木材加工和木、竹、藤、棕、草制品业	Processing of Timber, Manufacture of Wood, Bamboo, Rattan, Palm and Straw Products	71242	222843
家具制造业	Manufacture of Furniture		
造纸和纸制品业	Manufacture of Paper and Paper Products	117823	206143
印刷和记录媒介复制业	Printing, Reproduction of Recording Media	878	6371
文教、工美、体育和娱乐用品制造业	Manufacture of Culture Education ,Art,Sports and Entertainment Activities		
石油、煤炭及其他燃料加工业	Processing of Petroleum,Coal and other fuel	-94655	634392
化学原料和化学制品制造业	Manufacture of Raw Chemical Materials and Chemical Products	2190814	7241339
医药制造业	Manufacture of Medicines	8802030	4397879
化学纤维制造业	Manufacture of Chemical Fibers	398111	1275012
橡胶和塑料制品业	Manufacture of Rubber and Plastic Products	214208	277782
非金属矿物制品业	Manufacture of Non-metallic Mineral Products	1123446	1057517
黑色金属冶炼和压延加工业	Smelting and Pressing of Ferrous Metals	2412839	8665145
有色金属冶炼和压延加工业	Smelting and Pressing of Non- ferrous Metals	767547	1444523
金属制品业	Manufacture of Metal Products	86217	410015
通用设备制造业	Manufacture of General Purpose Machinery	417930	334751
专用设备制造业	Manufacture of Special Purpose Machinery	331803	477644
汽车制造业	Manufacture of Automobiles	38094039	65657171
铁路、船舶、航空航天和其他运输设备制造业	Manufacture of Railway,Ship,Aerospace and Other Transport Equipment	2639921	3164354
电气机械和器材制造业	Manufacture of Electrical Machinery and Apparatus	379456	534364
计算机、通信和其他电子设备制造业	Manufacture of Computer,Communication and Other Electronic Equipment	1045054	1488479
仪器仪表制造业	Manufacture of Measuring Instrument	87535	33429
其他制造业	Other Manufacture		
废弃资源综合利用业	Waste Resources Utilization	20391	124219
金属制品、机械和设备修理业	Repair of Metal Products,Machinery and Equipment	16803	31448
电力、热力生产和供应业	Production and Supply of Electric Power and Heat Power	4078321	7924361
燃气生产和供应业	Production and Supply of Gas	346426	352743
水的生产和供应业	Production and Supply of Water	361443	194416

continued

unit: 10000 yuan

营业成本 Business Cost	销售费用 Selling Cost	管理费用 Management Cost	财务费用 Financial Cost	利息费用 Interest Cost
97328159	**3699489**	**4171449**	**376837**	**1093375**
375938	3168	92954	33755	33789
1259471	19625	263506	55719	57371
195535	4461	11477	−77	
222866	490	40746	4715	5126
10025	3105	1232	333	333
587070	150	22270	4413	4071
3400830	86059	65482	42236	42272
725313	43710	26437	3874	6509
1348005	81773	66921	34733	33931
502484	32617	127446	−888	1463
29323	584	1729	720	719
288941	9285	22338	3969	3844
4963		2703		
194732	8292	9245	2235	1074
193061	3469	10248	3966	193
4091	442	1977	556	555
575465	4919	11151	10749	7832
5571062	40241	316172	86174	87282
1248054	1293557	226757	56093	72486
1104577	25817	25102	61567	382929
229733	6822	17131	4420	3585
820185	27099	47987	42649	48129
7988591	110729	106652	127609	43413
1334948	14408	40889	12262	11826
384799	8816	12011	5913	3260
262336	21283	28754	4312	4443
389679	9087	21376	4779	3932
55224061	1643606	1947272	−428713	33110
2670113	81918	132304	−18262	3520
443234	14967	34560	303	953
1047472	59921	120450	1821	11166
24668	570	3680	−158	5
121227	57	2292	−210	59
21812		2602	−2	
8075867	3208	244062	201644	169260
294852	15536	20043	11518	11047
152776	19701	43493	2113	3888

13－3 续表 2

单位：万元

项　　目	Item	利润总额 Total Profits	亏损企业亏损总额 Total Loss
总计	**Total**	**9411068**	**1760322**
煤炭开采和洗选业	Mining and Washing of Coal	−72229	78066
石油和天然气开采业	Extraction of Petroleum and Natural Gas	−158526	213541
黑色金属矿采选业	Mining and Processing of Ferrous Metal Ores	29900	267
有色金属矿采选业	Mining and Processing of Non-ferrous Metal Ores	180530	716
非金属矿采选业	Mining and Processing of Nonmetal Ores	8683	
开采辅助活动	Support Activities for Mining	−15104	18129
其他采矿业	Mining of Other Ores		
农副食品加工业	Processing of Food from Agricultural Products	−27466	113139
食品制造业	Manufacture of Food	67467	44
酒、饮料和精制茶制造业	Manufacture of Liquor,Beverages and Refined Tea	57644	26099
烟草制品业	Manufacture of Tobacco	141876	
纺织业	Manufacture of Textile	−801	801
纺织服装、服饰业	Manufacture of Textile and Apparel	53711	8147
皮革、毛皮、羽毛及其制品和制鞋业	Manufacture of Leather,Fur,Feathers and Related Products and Footwear	−2	2
木材加工和木、竹、藤、棕、草制品业	Processing of Timber，Manufacture of Wood，Bamboo，Rattan，Palm and Straw Products	7777	252
家具制造业	Manufacture of Furniture		
造纸和纸制品业	Manufacture of Paper and Paper Products	−5732	5902
印刷和记录媒介复制业	Printing，Reproduction of Recording Media	−350	350
文教、工美、体育和娱乐用品制造业	Manufacture of Culture Education ,Art,Sports and Entertainment Activities		
石油、煤炭及其他燃料加工业	Processing of Petroleum,Coal and other fuel	3203	16118
化学原料和化学制品制造业	Manufacture of Raw Chemical Materials and Chemical Products	378908	43368
医药制造业	Manufacture of Medicines	1609551	31246
化学纤维制造业	Manufacture of Chemical Fibers	57952	
橡胶和塑料制品业	Manufacture of Rubber and Plastic Products	12803	7436
非金属矿物制品业	Manufacture of Non-metallic Mineral Products	129622	3156
黑色金属冶炼和压延加工业	Smelting and Pressing of Ferrous Metals	196912	39127
有色金属冶炼和压延加工业	Smelting and Pressing of Non- ferrous Metals	31687	26972
金属制品业	Manufacture of Metal Products	−6563	10410
通用设备制造业	Manufacture of General Purpose Machinery	17000	13169
专用设备制造业	Manufacture of Special Purpose Machinery	30702	553
汽车制造业	Manufacture of Automobiles	6847954	453600
铁路、船舶、航空航天和其他运输设备制造业	Manufacture of Railway,Ship,Aerospace and Other Transport Equipment	194587	19831
电气机械和器材制造业	Manufacture of Electrical Machinery and Apparatus	28695	529
计算机、通信和其他电子设备制造业	Manufacture of Computer,Communication and Other Electronic Equipment	151455	530
仪器仪表制造业	Manufacture of Measuring Instrument	4392	
其他制造业	Other Manufacture		
废弃资源综合利用业	Waste Resources Utilization	1358	
金属制品、机械和设备修理业	Repair of Metal Products,Machinery and Equipment	6288	
电力、热力生产和供应业	Production and Supply of Electric Power and Heat Power	−550156	609613
燃气生产和供应业	Production and Supply of Gas	13978	579
水的生产和供应业	Production and Supply of Water	−16637	18632

continued

unit: 10000 yuan

从业人员平均人数（人） Average Number of Employees (person)	资产负债率（%） Assets-liability Ratio (%)	营业收入利润率（%） Business Revenue Ratio (%)	人均营业收入（万元/人） Business Revenue Per Capita (10000 yuan/ person)
528540	**51.8**	**8.0**	**222.6**
21161	81.9	-17.5	24.5
26570	72.1	-9.8	61.0
2206	38.9	12.3	101.8
6900	41.6	39.0	74.6
245	66.3	34.8	101.8
14009	100.7	-2.6	43.7
19856	67.6	-0.8	180.2
8482	65.0	7.8	101.3
10305	68.1	3.5	160.2
3562	31.2	7.8	514.2
1427	95.8	-2.6	21.8
19399	63.6	14.2	20.0
648	23.6		12.0
3285	56.5	3.5	73.6
1093	69.5	-2.8	189.8
390	97.3	-5.5	16.3
2923	121.7	0.5	217.3
32232	61.3	5.2	215.2
33686	29.0	36.6	130.4
9168	79.2	4.6	142.8
3241	46.5	4.6	85.1
8163	60.6	12.3	131.6
22321	66.3	2.3	362.6
5167	38.3	2.2	282.5
3500	76.0	-1.6	123.2
5917	53.7	5.1	59.9
4742	66.2	6.4	99.5
154100	43.7	10.4	410.3
19365	59.6	6.2	163.7
3210	48.0	5.4	166.7
8641	43.2	10.2	174.9
772	8.4	13.1	43.3
330	67.5	1.1	376.4
1146	61.9	20.0	27.4
59189	70.0	-6.9	135.8
3300	65.2	4.0	105.7
7889	64.2	-8.6	25.2

13－4　按行业分国有控股工业企业主要指标（2021年）

单位：万元

项　　目	Item	企业单位数（个）Number of Enterprises (unit)	#亏损企业 Loss－making Enterprises
总计	**Total**	**400**	**121**
煤炭开采和洗选业	Mining and Washing of Coal	8	7
石油和天然气开采业	Extraction of Petroleum and Natural Gas	4	3
黑色金属矿采选业	Mining and Processing of Ferrous Metal Ores	4	1
有色金属矿采选业	Mining and Processing of Non-ferrous Metal Ores	5	1
非金属矿采选业	Mining and Processing of Nonmetal Ores		
开采辅助活动	Support Activities for Mining	3	1
其他采矿业	Mining of Other Ores		
农副食品加工业	Processing of Food from Agricultural Products	10	4
食品制造业	Manufacture of Food	2	2
酒、饮料和精制茶制造业	Manufacture of Liquor,Beverages and Refined Tea	5	3
烟草制品业	Manufacture of Tobacco	3	
纺织业	Manufacture of Textile		
纺织服装、服饰业	Manufacture of Textile and Apparel	3	2
皮革、毛皮、羽毛及其制品和制鞋业	Manufacture of Leather,Fur,Feathers and Related Products and Footwear		
木材加工和木、竹、藤、棕、草制品业	Processing of Timber，Manufacture of Wood，Bamboo，Rattan，Palm and Straw Products	4	
家具制造业	Manufacture of Furniture	1	1
造纸和纸制品业	Manufacture of Paper and Paper Products		
印刷和记录媒介复制业	Printing，Reproduction of Recording Media	1	1
文教、工美、体育和娱乐用品制造业	Manufacture of Culture Education ,Art,Sports and Entertainment Activities		
石油、煤炭及其他燃料加工业	Processing of Petroleum,Coal and other fuel	1	
化学原料和化学制品制造业	Manufacture of Raw Chemical Materials and Chemical Products	11	2
医药制造业	Manufacture of Medicines	18	1
化学纤维制造业	Manufacture of Chemical Fibers	2	
橡胶和塑料制品业	Manufacture of Rubber and Plastic Products	4	2
非金属矿物制品业	Manufacture of Non-metallic Mineral Products	34	6
黑色金属冶炼和压延加工业	Smelting and Pressing of Ferrous Metals	6	1
有色金属冶炼和压延加工业	Smelting and Pressing of Non- ferrous Metals	2	
金属制品业	Manufacture of Metal Products	4	2
通用设备制造业	Manufacture of General Purpose Machinery	9	4
专用设备制造业	Manufacture of Special Purpose Machinery	8	4
汽车制造业	Manufacture of Automobiles	34	5
铁路、船舶、航空航天和其他运输设备制造业	Manufacture of Railway,Ship,Aerospace and Other Transport Equipment	5	1
电气机械和器材制造业	Manufacture of Electrical Machinery and Apparatus	5	2
计算机、通信和其他电子设备制造业	Manufacture of Computer,Communication and Other Electronic Equipment	6	1
仪器仪表制造业	Manufacture of Measuring Instrument	4	
其他制造业	Other Manufacture		
废弃资源综合利用业	Waste Resources Utilization	1	
金属制品、机械和设备修理业	Repair of Metal Products,Machinery and Equipment	1	
电力、热力生产和供应业	Production and Supply of Electric Power and Heat Power	166	52
燃气生产和供应业	Production and Supply of Gas	11	1
水的生产和供应业	Production and Supply of Water	15	11

The main Indicators of State-owned and State holding Industrial Enterprises in the Industry（2021）

unit: 10000 yuan

产成品 Finished Goods	资产总计 Total Assets	流动资产合计 Total Current Assets	应收账款 Account Receivable	负债合计 Total Liabilities
3042422	**116177254**	**46047781**	**5890935**	**61296468**
5716	1955666	686508	8846	1680951
16868	4023058	-114019	5685	2878710
3421	568592	72706	56918	385849
204	242900	86031	43874	143123
41976	528796	200736	78545	575776
65934	418377	243792	6820	276958
398	15221	7205	1942	6440
34782	700283	382234	65039	536765
31820	1159815	793236	32102	361565
6698	88475	39686	9620	20361
5592	377567	156651	6145	251674
	4885	1664	778	6044
655	3674	1515	244	5159
120	28447	21035	4404	361
70928	3973095	1619548	60990	1845049
32342	2301232	1193581	267169	663670
82608	1919376	869089	170916	1517312
3503	61981	42804	12473	47009
36774	2348728	1359095	398922	1489463
18845	2012403	359041	46372	1403628
1875	347532	224430	5662	209517
20317	262141	140009	33983	176327
41065	763376	490264	117371	526555
45806	813590	589252	165727	558175
2396666	60402370	26384340	1089829	25650102
20578	5990920	4559528	1665873	3703975
16683	367497	286383	121936	182186
10285	171566	117990	24775	62511
4972	172086	106067	31121	40604
	11650	45		18245
330	378372	99508	26068	254549
19319	21500200	4255778	1276390	14397914
4227	1074360	266103	37784	669231
1116	1189026	505950	16615	750711

13－4　续表　1

单位：万元

项　目	Item	所有者权益合计 Total Owners' Equities	营业收入 Business Revenue
总计	**Total**	**54880783**	**92294515**
煤炭开采和洗选业	Mining and Washing of Coal	274715	373642
石油和天然气开采业	Extraction of Petroleum and Natural Gas	1144348	1526236
黑色金属矿采选业	Mining and Processing of Ferrous Metal Ores	182744	214513
有色金属矿采选业	Mining and Processing of Non-ferrous Metal Ores	99777	215926
非金属矿采选业	Mining and Processing of Nonmetal Ores		
开采辅助活动	Support Activities for Mining	-46980	552540
其他采矿业	Mining of Other Ores		
农副食品加工业	Processing of Food from Agricultural Products	141419	974705
食品制造业	Manufacture of Food	8781	11911
酒、饮料和精制茶制造业	Manufacture of Liquor,Beverages and Refined Tea	163518	703260
烟草制品业	Manufacture of Tobacco	798250	1842726
纺织业	Manufacture of Textile		
纺织服装、服饰业	Manufacture of Textile and Apparel	68113	17996
皮革、毛皮、羽毛及其制品和制鞋业	Manufacture of Leather,Fur,Feathers and Related Products and Footwear		
木材加工和木、竹、藤、棕、草制品业	Processing of Timber，Manufacture of Wood，Bamboo，Rattan，Palm and Straw Products	125893	70822
家具制造业	Manufacture of Furniture	-1159	496
造纸和纸制品业	Manufacture of Paper and Paper Products		
印刷和记录媒介复制业	Printing，Reproduction of Recording Media	-1485	2832
文教、工美、体育和娱乐用品制造业	Manufacture of Culture Education ,Art,Sports and Entertainment Activities		
石油、煤炭及其他燃料加工业	Processing of Petroleum,Coal and other fuel	28086	26791
化学原料和化学制品制造业	Manufacture of Raw Chemical Materials and Chemical Products	2128046	6899980
医药制造业	Manufacture of Medicines	1637561	1555132
化学纤维制造业	Manufacture of Chemical Fibers	402065	1280102
橡胶和塑料制品业	Manufacture of Rubber and Plastic Products	14972	60082
非金属矿物制品业	Manufacture of Non-metallic Mineral Products	859264	1076744
黑色金属冶炼和压延加工业	Smelting and Pressing of Ferrous Metals	608774	2688475
有色金属冶炼和压延加工业	Smelting and Pressing of Non- ferrous Metals	138015	987824
金属制品业	Manufacture of Metal Products	85814	114520
通用设备制造业	Manufacture of General Purpose Machinery	236821	376179
专用设备制造业	Manufacture of Special Purpose Machinery	255415	352547
汽车制造业	Manufacture of Automobiles	34752267	57141544
铁路、船舶、航空航天和其他运输设备制造业	Manufacture of Railway,Ship,Aerospace and Other Transport Equipment	2286945	3028048
电气机械和器材制造业	Manufacture of Electrical Machinery and Apparatus	185311	226411
计算机、通信和其他电子设备制造业	Manufacture of Computer,Communication and Other Electronic Equipment	109055	117725
仪器仪表制造业	Manufacture of Measuring Instrument	131482	64689
其他制造业	Other Manufacture		
废弃资源综合利用业	Waste Resources Utilization	-6596	4365
金属制品、机械和设备修理业	Repair of Metal Products,Machinery and Equipment	123823	144967
电力、热力生产和供应业	Production and Supply of Electric Power and Heat Power	7102285	9015910
燃气生产和供应业	Production and Supply of Gas	405129	405691
水的生产和供应业	Production and Supply of Water	438314	219185

continued

unit: 10000 yuan

营业成本 Business Cost	销售费用 Selling Cost	管理费用 Management Cost	财务费用 Financial Cost	利息费用 Interest Cost
76660335	**2285199**	**3236929**	**192163**	**920942**
347062	3603	102964	33803	33837
1225231	17818	261067	57729	57368
157692	2668	18644	5640	
120170	21	21448	3851	3540
556468		18196	3592	3409
926873	4762	12360	27192	10845
10654	153	1290	80	11
635005	15008	25313	14990	16790
508739	32617	129471	-902	1463
13270	332	5521	30	50
57267	1551	9631	-35	1516
557		48		
2128	55	654	109	
22088	284	434	-71	
5311590	27593	296791	25567	27236
267755	410518	68726	1667	6017
1108681	25982	25484	61593	382955
55417	1531	2974	144	149
849608	18313	48090	30307	32602
2639439	15922	25947	21368	22811
962556	3883	6600	4522	4518
101688	4697	6095	4020	3416
335461	9389	19300	7231	6016
299547	4672	17862	3320	3180
47785070	1550627	1624119	-441224	5824
2564452	76231	115871	-20152	1959
193900	6533	6132	1370	1661
92586	2719	8662	-325	18
46080	3534	6891	-166	120
4132		514	1	
119674	1676	10004	6160	5790
8832547	3123	269751	324732	271146
336962	18776	23582	10651	10762
169990	20611	46496	5370	5934

13－4 续表 2

单位：万元

项　　目	Item	利润总额 Total Profits	亏损企业亏损总额 Total Loss
总计	**Total**	**7295086**	**1609313**
煤炭开采和洗选业	Mining and Washing of Coal	-91321	92617
石油和天然气开采业	Extraction of Petroleum and Natural Gas	-209661	211582
黑色金属矿采选业	Mining and Processing of Ferrous Metal Ores	27524	9633
有色金属矿采选业	Mining and Processing of Non-ferrous Metal Ores	64672	2288
非金属矿采选业	Mining and Processing of Nonmetal Ores		
开采辅助活动	Support Activities for Mining	-14029	17823
其他采矿业	Mining of Other Ores		
农副食品加工业	Processing of Food from Agricultural Products	349	22182
食品制造业	Manufacture of Food	-617	617
酒、饮料和精制茶制造业	Manufacture of Liquor,Beverages and Refined Tea	-11505	26099
烟草制品业	Manufacture of Tobacco	144600	
纺织业	Manufacture of Textile		
纺织服装、服饰业	Manufacture of Textile and Apparel	-1116	1135
皮革、毛皮、羽毛及其制品和制鞋业	Manufacture of Leather,Fur,Feathers and Related Products and Footwear		
木材加工和木、竹、藤、棕、草制品业	Processing of Timber，Manufacture of Wood，Bamboo，Rattan，Palm and Straw Products	7025	
家具制造业	Manufacture of Furniture	-109	109
造纸和纸制品业	Manufacture of Paper and Paper Products		
印刷和记录媒介复制业	Printing，Reproduction of Recording Media	-83	83
文教、工美、体育和娱乐用品制造业	Manufacture of Culture Education ,Art,Sports and Entertainment Activities		
石油、煤炭及其他燃料加工业	Processing of Petroleum,Coal and other fuel	3584	
化学原料和化学制品制造业	Manufacture of Raw Chemical Materials and Chemical Products	395319	818
医药制造业	Manufacture of Medicines	640323	2107
化学纤维制造业	Manufacture of Chemical Fibers	58338	
橡胶和塑料制品业	Manufacture of Rubber and Plastic Products	-227	1268
非金属矿物制品业	Manufacture of Non-metallic Mineral Products	145754	10438
黑色金属冶炼和压延加工业	Smelting and Pressing of Ferrous Metals	-25592	35332
有色金属冶炼和压延加工业	Smelting and Pressing of Non- ferrous Metals	6303	
金属制品业	Manufacture of Metal Products	-3750	5117
通用设备制造业	Manufacture of General Purpose Machinery	-9631	13378
专用设备制造业	Manufacture of Special Purpose Machinery	10476	2574
汽车制造业	Manufacture of Automobiles	6259407	414113
铁路、船舶、航空航天和其他运输设备制造业	Manufacture of Railway,Ship,Aerospace and Other Transport Equipment	201480	1359
电气机械和器材制造业	Manufacture of Electrical Machinery and Apparatus	10800	3302
计算机、通信和其他电子设备制造业	Manufacture of Computer,Communication and Other Electronic Equipment	4477	7264
仪器仪表制造业	Manufacture of Measuring Instrument	7761	
其他制造业	Other Manufacture		
废弃资源综合利用业	Waste Resources Utilization	608	
金属制品、机械和设备修理业	Repair of Metal Products,Machinery and Equipment	3486	
电力、热力生产和供应业	Production and Supply of Electric Power and Heat Power	-336156	707313
燃气生产和供应业	Production and Supply of Gas	21726	579
水的生产和供应业	Production and Supply of Water	-15128	20184

continued

unit: 10000 yuan

从业人员平均人数（人）Average Number of Employees (person)	资产负债率（%）Assets-liability Ratio (%)	营业收入利润率（%）Business Revenue Ratio (%)	人均营业收入（万元/人）Business Revenue Per Capita (10000 yuan/person)
339582	**52.8**	**7.9**	**274.4**
20021	86.0	-24.4	23.9
25488	71.6	-13.7	60.1
1833	67.9	12.8	101.4
3224	58.9	30.0	86.0
11544	108.9	-2.5	50.3
1814	66.2		560.2
110	42.3	-5.2	110.3
3847	76.7	-1.6	208.7
3821	31.2	7.9	482.3
684	23.0	-6.2	26.3
1489	66.7	9.9	57.4
	123.7	-21.9	4.4
142	140.4	-2.9	20.5
46	1.3	13.4	582.4
28293	46.4	5.7	231.3
7086	28.8	41.2	219.7
9232	79.1	4.6	142.3
396	75.8	-0.4	154.5
5833	63.4	13.5	183.1
6522	69.8	-1.0	322.2
675	60.3	0.6	1463.4
1109	67.3	-3.3	104.3
4044	69.0	-2.6	101.5
3073	68.6	3.0	112.2
100076	42.5	11.0	546.4
15745	61.8	6.7	192.4
1034	49.6	4.8	219.0
1126	36.4	3.8	99.5
1276	23.6	12.0	50.9
3	156.6	13.9	1455.1
4912	67.3	2.4	128.3
63004	67.0	-3.7	144.3
3534	62.3	5.4	114.5
8546	63.1	-6.9	26.2

13－5 按行业分私人控股工业企业主要指标（2021年）

单位：万元

项目	Item	企业单位数（个）Number of Enterprises (unit)	#亏损企业 Loss－making Enterprises
总计	**Total**	**2577**	**705**
煤炭开采和洗选业	Mining and Washing of Coal	20	8
石油和天然气开采业	Extraction of Petroleum and Natural Gas	8	4
黑色金属矿采选业	Mining and Processing of Ferrous Metal Ores	21	8
有色金属矿采选业	Mining and Processing of Non-ferrous Metal Ores	12	7
非金属矿采选业	Mining and Processing of Nonmetal Ores	18	6
开采辅助活动	Support Activities for Mining	10	3
其他采矿业	Mining of Other Ores		
农副食品加工业	Processing of Food from Agricultural Products	458	96
食品制造业	Manufacture of Food	86	30
酒、饮料和精制茶制造业	Manufacture of Liquor,Beverages and Refined Tea	39	11
烟草制品业	Manufacture of Tobacco		
纺织业	Manufacture of Textile	14	7
纺织服装、服饰业	Manufacture of Textile and Apparel	49	17
皮革、毛皮、羽毛及其制品和制鞋业	Manufacture of Leather,Fur,Feathers and Related Products and Footwear	5	2
木材加工和木、竹、藤、棕、草制品业	Processing of Timber，Manufacture of Wood，Bamboo，Rattan，Palm and Straw Products	64	19
家具制造业	Manufacture of Furniture	11	6
造纸和纸制品业	Manufacture of Paper and Paper Products	30	16
印刷和记录媒介复制业	Printing，Reproduction of Recording Media	20	7
文教、工美、体育和娱乐用品制造业	Manufacture of Culture Education ,Art,Sports and Entertainment Activities	6	3
石油、煤炭及其他燃料加工业	Processing of Petroleum,Coal and other fuel	19	3
化学原料和化学制品制造业	Manufacture of Raw Chemical Materials and Chemical Products	135	30
医药制造业	Manufacture of Medicines	224	75
化学纤维制造业	Manufacture of Chemical Fibers	5	3
橡胶和塑料制品业	Manufacture of Rubber and Plastic Products	85	21
非金属矿物制品业	Manufacture of Non-metallic Mineral Products	267	64
黑色金属冶炼和压延加工业	Smelting and Pressing of Ferrous Metals	26	7
有色金属冶炼和压延加工业	Smelting and Pressing of Non- ferrous Metals	20	6
金属制品业	Manufacture of Metal Products	75	22
通用设备制造业	Manufacture of General Purpose Machinery	80	19
专用设备制造业	Manufacture of Special Purpose Machinery	96	13
汽车制造业	Manufacture of Automobiles	360	88
铁路、船舶、航空航天和其他运输设备制造业	Manufacture of Railway,Ship,Aerospace and Other Transport Equipment	36	5
电气机械和器材制造业	Manufacture of Electrical Machinery and Apparatus	61	12
计算机、通信和其他电子设备制造业	Manufacture of Computer,Communication and Other Electronic Equipment	30	8
仪器仪表制造业	Manufacture of Measuring Instrument	17	3
其他制造业	Other Manufacture	2	1
废弃资源综合利用业	Waste Resources Utilization	13	1
金属制品、机械和设备修理业	Repair of Metal Products,Machinery and Equipment	5	
电力、热力生产和供应业	Production and Supply of Electric Power and Heat Power	118	69
燃气生产和供应业	Production and Supply of Gas	25	5
水的生产和供应业	Production and Supply of Water	7	

Main Indicators of Private Industrial Enterprises by Industrial Sector (2021)

unit: 10000 yuan

产成品 Finished Goods	资产总计 Total Assets	流动资产合计 Total Current Assets	应收账款 Account Receivable	负债合计 Total Liabilities
2326736	**55430686**	**29992715**	**6913254**	**33651359**
10051	219392	122373	31825	226351
3716	223278	81820	15783	198173
17869	780602	329786	48046	350643
14489	626792	264766	8987	418270
6091	131801	55119	15815	91734
4772	400205	129827	59543	320675
352020	5399314	3668008	473558	3499969
98063	2246572	1009188	209514	1299738
59876	1512519	598385	35352	917760
31094	198298	122928	25693	159014
22178	520760	395058	124194	342219
19462	44236	34549	7192	33221
34900	378265	279479	45947	270296
850	73062	27188	7648	46291
14406	292829	133041	44416	237079
7326	177692	83924	35454	100807
3655	51477	30523	4474	37120
42297	769186	341901	46006	611115
130365	3582740	1740773	279064	2884053
361530	9393068	5645698	1100612	4375993
2805	82495	21469	3010	24723
50137	746928	419764	147087	433111
119860	3788111	2431859	851282	2491753
116885	5578626	1507951	136478	3523576
59004	1049038	648258	159960	399325
26882	675803	457318	170589	507825
41738	868684	643720	195280	537837
102109	1269442	947425	265087	808039
427888	6563307	4147619	1287392	3521152
38101	630851	469969	164625	272727
30170	762825	544919	310280	410328
38616	1192274	589876	126183	504443
7623	101855	75319	25299	31124
1259	27041	24240	10406	7588
4869	155245	88183	11990	77758
8440	61147	41798	16411	38239
9594	4371790	1682785	354025	3329878
5415	372457	124957	45394	248656
334	110679	30955	13355	62757

单位：万元

13－5 续表 1

项 目	Item	所有者权益合计 Total Owners' Equities	营业收入 Business Revenue
总计	**Total**	**21778618**	**39136795**
煤炭开采和洗选业	Mining and Washing of Coal	-6959	170220
石油和天然气开采业	Extraction of Petroleum and Natural Gas	25106	100029
黑色金属矿采选业	Mining and Processing of Ferrous Metal Ores	429958	295841
有色金属矿采选业	Mining and Processing of Non-ferrous Metal Ores	208522	176303
非金属矿采选业	Mining and Processing of Nonmetal Ores	40067	75514
开采辅助活动	Support Activities for Mining	79530	112175
其他采矿业	Mining of Other Ores		
农副食品加工业	Processing of Food from Agricultural Products	1899341	6815262
食品制造业	Manufacture of Food	946833	1464034
酒、饮料和精制茶制造业	Manufacture of Liquor,Beverages and Refined Tea	594759	925689
烟草制品业	Manufacture of Tobacco		
纺织业	Manufacture of Textile	39284	108554
纺织服装、服饰业	Manufacture of Textile and Apparel	178541	423525
皮革、毛皮、羽毛及其制品和制鞋业	Manufacture of Leather,Fur,Feathers and Related Products and Footwear	11015	30331
木材加工和木、竹、藤、棕、草制品业	Processing of Timber，Manufacture of Wood，Bamboo，Rattan，Palm and Straw Products	107968	313731
家具制造业	Manufacture of Furniture	26772	39176
造纸和纸制品业	Manufacture of Paper and Paper Products	55749	305041
印刷和记录媒介复制业	Printing，Reproduction of Recording Media	76886	132206
文教、工美、体育和娱乐用品制造业	Manufacture of Culture Education ,Art,Sports and Entertainment Activities	14356	19367
石油、煤炭及其他燃料加工业	Processing of Petroleum,Coal and other fuel	158071	746034
化学原料和化学制品制造业	Manufacture of Raw Chemical Materials and Chemical Products	698685	2231295
医药制造业	Manufacture of Medicines	5017074	3296462
化学纤维制造业	Manufacture of Chemical Fibers	57772	16081
橡胶和塑料制品业	Manufacture of Rubber and Plastic Products	313817	535011
非金属矿物制品业	Manufacture of Non-metallic Mineral Products	1296355	2276442
黑色金属冶炼和压延加工业	Smelting and Pressing of Ferrous Metals	2055050	6871766
有色金属冶炼和压延加工业	Smelting and Pressing of Non- ferrous Metals	649712	648158
金属制品业	Manufacture of Metal Products	167977	808525
通用设备制造业	Manufacture of General Purpose Machinery	330845	496171
专用设备制造业	Manufacture of Special Purpose Machinery	461402	829120
汽车制造业	Manufacture of Automobiles	3041465	5777155
铁路、船舶、航空航天和其他运输设备制造业	Manufacture of Railway,Ship,Aerospace and Other Transport Equipment	358125	305742
电气机械和器材制造业	Manufacture of Electrical Machinery and Apparatus	352497	543615
计算机、通信和其他电子设备制造业	Manufacture of Computer,Communication and Other Electronic Equipment	687831	498097
仪器仪表制造业	Manufacture of Measuring Instrument	70731	70943
其他制造业	Other Manufacture	19453	6951
废弃资源综合利用业	Waste Resources Utilization	77487	217389
金属制品、机械和设备修理业	Repair of Metal Products,Machinery and Equipment	22908	55956
电力、热力生产和供应业	Production and Supply of Electric Power and Heat Power	1041912	1060564
燃气生产和供应业	Production and Supply of Gas	123801	310952
水的生产和供应业	Production and Supply of Water	47921	27371

continued

unit: 10000 yuan

营业成本 Business Cost	销售费用 Selling Cost	管理费用 Management Cost	财务费用 Financial Cost	利息费用 Interest Cost
32309789	**1766409**	**1634071**	**684970**	**491215**
142966	3397	10646	1399	1345
44408	1902	6321	-1933	2
214368	7116	29540	6819	6961
83051	386	25020	6028	6883
51828	6831	4252	844	742
96209	153	7061	1656	1308
6353648	124438	109643	79207	65046
1179160	63188	58528	15405	11807
727168	35915	44876	22851	17676
93498	3524	7116	2396	2158
324831	10751	25647	5892	5755
26085	491	3225	393	1
275539	9869	13668	8118	5051
33072	1189	3561	2274	257
286779	7119	11734	8221	1688
113116	2277	9582	1734	1587
16407	1206	1628	945	37
666662	8026	18813	12080	8570
1848067	65690	88491	33131	9262
1316282	977301	249936	92434	77189
13685	361	2696	371	154
465932	12476	29874	9368	5853
1917097	85687	97121	43954	35314
6203623	99794	93544	110026	23762
550844	12871	40300	13491	13031
738537	12183	31647	14945	44424
378461	20788	47221	5320	4406
597747	42225	60303	11975	7631
4975488	95004	295284	49729	39780
222197	6879	29591	2661	2292
459601	10626	32187	5068	3825
362939	12451	33563	10554	11104
44111	2825	9568	259	264
6574	68	331	237	225
202048	1253	6764	18	131
42443	471	4087		
962811	7474	77110	97105	69931
258335	11914	10911	6306	2532
14174	290	2682	3695	3234

13－5 续表 2

单位：万元

项　　目	Item	利润总额 Total Profits	亏损企业亏损总额 Total Loss
总计	**Total**	**2287280**	**625782**
煤炭开采和洗选业	Mining and Washing of Coal	7831	4226
石油和天然气开采业	Extraction of Petroleum and Natural Gas	48535	5231
黑色金属矿采选业	Mining and Processing of Ferrous Metal Ores	32905	8415
有色金属矿采选业	Mining and Processing of Non-ferrous Metal Ores	52561	14904
非金属矿采选业	Mining and Processing of Nonmetal Ores	8824	1337
开采辅助活动	Support Activities for Mining	7341	1351
其他采矿业	Mining of Other Ores		
农副食品加工业	Processing of Food from Agricultural Products	139383	70254
食品制造业	Manufacture of Food	156422	15571
酒、饮料和精制茶制造业	Manufacture of Liquor,Beverages and Refined Tea	83242	3290
烟草制品业	Manufacture of Tobacco		
纺织业	Manufacture of Textile	1976	2897
纺织服装、服饰业	Manufacture of Textile and Apparel	57217	7892
皮革、毛皮、羽毛及其制品和制鞋业	Manufacture of Leather,Fur,Feathers and Related Products and Footwear	31	79
木材加工和木、竹、藤、棕、草制品业	Processing of Timber, Manufacture of Wood, Bamboo, Rattan, Palm and Straw Products	3993	5561
家具制造业	Manufacture of Furniture	680	1453
造纸和纸制品业	Manufacture of Paper and Paper Products	-15491	17451
印刷和记录媒介复制业	Printing, Reproduction of Recording Media	5518	1303
文教、工美、体育和娱乐用品制造业	Manufacture of Culture Education ,Art,Sports and Entertainment Activities	-2149	2490
石油、煤炭及其他燃料加工业	Processing of Petroleum,Coal and other fuel	13077	16310
化学原料和化学制品制造业	Manufacture of Raw Chemical Materials and Chemical Products	101420	48018
医药制造业	Manufacture of Medicines	655510	97618
化学纤维制造业	Manufacture of Chemical Fibers	-957	1139
橡胶和塑料制品业	Manufacture of Rubber and Plastic Products	7453	15682
非金属矿物制品业	Manufacture of Non-metallic Mineral Products	108981	17299
黑色金属冶炼和压延加工业	Smelting and Pressing of Ferrous Metals	235378	8982
有色金属冶炼和压延加工业	Smelting and Pressing of Non- ferrous Metals	21692	36361
金属制品业	Manufacture of Metal Products	3682	17063
通用设备制造业	Manufacture of General Purpose Machinery	41564	8251
专用设备制造业	Manufacture of Special Purpose Machinery	88572	10818
汽车制造业	Manufacture of Automobiles	310221	47766
铁路、船舶、航空航天和其他运输设备制造业	Manufacture of Railway,Ship,Aerospace and Other Transport Equipment	33175	2218
电气机械和器材制造业	Manufacture of Electrical Machinery and Apparatus	22805	6279
计算机、通信和其他电子设备制造业	Manufacture of Computer,Communication and Other Electronic Equipment	61654	3178
仪器仪表制造业	Manufacture of Measuring Instrument	9416	1280
其他制造业	Other Manufacture	-767	901
废弃资源综合利用业	Waste Resources Utilization	9972	1518
金属制品、机械和设备修理业	Repair of Metal Products,Machinery and Equipment	7684	
电力、热力生产和供应业	Production and Supply of Electric Power and Heat Power	-61547	119543
燃气生产和供应业	Production and Supply of Gas	22792	1854
水的生产和供应业	Production and Supply of Water	6685	

continued

unit: 10000 yuan

从业人员平均人数（人） Average Number of Employees (person)	资产负债率（%） Assets-liability Ratio (%)	营业收入利润率（%） Business Revenue Ratio (%)	人均营业收入（万元/人） Business Revenue Per Capita (10000 yuan/ person)
328747	**60.7**	**5.8**	**118.3**
4490	103.2	4.6	37.5
1879	88.8	48.5	53.6
2642	44.9	11.1	112.5
3668	66.7	29.8	48.1
990	69.6	11.7	76.1
2977	80.1	6.5	37.7
31637	64.8	2.1	212.0
14122	57.9	10.7	101.8
6315	60.7	9.0	144.2
2707	80.2	1.8	39.6
21124	65.7	13.5	20.4
1114	75.1	0.1	27.4
5321	71.5	1.3	58.7
749	63.4	1.7	38.3
2613	81.0	-5.1	107.3
2297	56.7	4.2	58.9
579	72.1	-11.1	28.7
3324	79.5	1.8	226.7
11758	80.5	4.6	188.9
41674	46.6	19.9	79.3
348	30.0	-6.0	46.1
6310	58.0	1.4	80.7
18848	65.8	4.8	114.0
17612	63.2	3.4	386.3
5904	38.1	3.4	113.6
6186	75.1	0.5	133.2
7773	61.9	8.4	64.0
9836	63.7	10.7	83.7
58657	53.7	5.4	98.9
5882	43.2	10.9	51.7
4950	53.8	4.2	108.9
6692	42.3	12.4	74.6
1455	30.6	13.3	49.9
136	28.1	-11.0	47.3
1027	50.1	4.6	212.1
1561	62.5	13.7	35.6
11475	76.2	-5.8	93.2
1706	66.8	7.3	187.0
409	56.7	24.4	65.6

13－6　按行业分外商控股和港澳台商控股工业企业主要指标（2021年）

单位：万元

项　　目	Item	企业单位数（个）Number of Enterprises (unit)	#亏损企业 Loss－making Enterprises
总计	**Total**	**185**	**42**
煤炭开采和洗选业	Mining and Washing of Coal		
石油和天然气开采业	Extraction of Petroleum and Natural Gas	1	
黑色金属矿采选业	Mining and Processing of Ferrous Metal Ores		
有色金属矿采选业	Mining and Processing of Non-ferrous Metal Ores	1	
非金属矿采选业	Mining and Processing of Nonmetal Ores		
开采辅助活动	Support Activities for Mining		
其他采矿业	Mining of Other Ores		
农副食品加工业	Processing of Food from Agricultural Products	18	6
食品制造业	Manufacture of Food	11	6
酒、饮料和精制茶制造业	Manufacture of Liquor,Beverages and Refined Tea	14	1
烟草制品业	Manufacture of Tobacco		
纺织业	Manufacture of Textile	1	
纺织服装、服饰业	Manufacture of Textile and Apparel	1	1
皮革、毛皮、羽毛及其制品和制鞋业	Manufacture of Leather,Fur,Feathers and Related Products and Footwear		
木材加工和木、竹、藤、棕、草制品业	Processing of Timber，Manufacture of Wood，Bamboo，Rattan，Palm and Straw Products	2	
家具制造业	Manufacture of Furniture		
造纸和纸制品业	Manufacture of Paper and Paper Products	1	
印刷和记录媒介复制业	Printing，Reproduction of Recording Media	1	
文教、工美、体育和娱乐用品制造业	Manufacture of Culture Education ,Art,Sports and Entertainment Activities	1	
石油、煤炭及其他燃料加工业	Processing of Petroleum,Coal and other fuel		
化学原料和化学制品制造业	Manufacture of Raw Chemical Materials and Chemical Products	13	3
医药制造业	Manufacture of Medicines	10	2
化学纤维制造业	Manufacture of Chemical Fibers	1	1
橡胶和塑料制品业	Manufacture of Rubber and Plastic Products	3	
非金属矿物制品业	Manufacture of Non-metallic Mineral Products	7	2
黑色金属冶炼和压延加工业	Smelting and Pressing of Ferrous Metals	2	1
有色金属冶炼和压延加工业	Smelting and Pressing of Non- ferrous Metals	2	
金属制品业	Manufacture of Metal Products	1	
通用设备制造业	Manufacture of General Purpose Machinery	2	1
专用设备制造业	Manufacture of Special Purpose Machinery	5	2
汽车制造业	Manufacture of Automobiles	69	7
铁路、船舶、航空航天和其他运输设备制造业	Manufacture of Railway,Ship,Aerospace and Other Transport Equipment	1	
电气机械和器材制造业	Manufacture of Electrical Machinery and Apparatus	4	2
计算机、通信和其他电子设备制造业	Manufacture of Computer,Communication and Other Electronic Equipment	3	1
仪器仪表制造业	Manufacture of Measuring Instrument	1	1
其他制造业	Other Manufacture		
废弃资源综合利用业	Waste Resources Utilization		
金属制品、机械和设备修理业	Repair of Metal Products,Machinery and Equipment		
电力、热力生产和供应业	Production and Supply of Electric Power and Heat Power	4	3
燃气生产和供应业	Production and Supply of Gas	5	2
水的生产和供应业	Production and Supply of Water		

The Main Indicators of Industrial Enterprises by Foreign Investment and Hong Kong, Macao and Taiwan Investment by Industrial Sector（2021）

unit: 10000 yuan

产成品 Finished Goods	资产总计 Total Assets	流动资产合计 Total Current Assets	应收账款 Account Receivable	负债合计 Total Liabilities
454834	**12814646**	**7546086**	**2748160**	**7920266**
781	84009	53612	638	57232
94071	1924263	888137	261588	1492722
20392	536845	346898	40725	529551
24399	526008	208376	61408	289618
62	1744	1405	109	757
703	21073	11870	2273	17385
10051	40831	31443	12677	7500
	313929	90428	57977	172501
3149	36702	29788	5099	3266
	2813	2036	331	1596
72989	1412848	623240	136607	1101799
8502	346471	171549	57404	126273
361	33594	8296	734	30762
6814	143028	46624	20216	65283
12040	140185	52878	10616	96190
309	53248	31681	7747	32797
1888	21217	14821	5041	14595
975	36036	29835	16255	31000
3636	100188	88384	38301	36366
3812	51508	30159	7195	40169
159671	5244372	3776536	1627525	2955153
281	11727	7921	5250	8456
8105	233779	152619	81949	126189
20444	1066021	742773	247251	413345
	2799	2217	402	1279
	235246	36294	25930	189460
1401	194165	66267	16913	79024

13－6 续表 1

单位：万元

项 目	Item	所有者权益合计 Total Owners' Equities	营业收入 Business Revenue
总计	**Total**	**4894380**	**13423637**
煤炭开采和洗选业	Mining and Washing of Coal		
石油和天然气开采业	Extraction of Petroleum and Natural Gas	26777	20126
黑色金属矿采选业	Mining and Processing of Ferrous Metal Ores		
有色金属矿采选业	Mining and Processing of Non-ferrous Metal Ores		
非金属矿采选业	Mining and Processing of Nonmetal Ores		
开采辅助活动	Support Activities for Mining		
其他采矿业	Mining of Other Ores		
农副食品加工业	Processing of Food from Agricultural Products	431541	2030539
食品制造业	Manufacture of Food	7293	177354
酒、饮料和精制茶制造业	Manufacture of Liquor,Beverages and Refined Tea	236391	378933
烟草制品业	Manufacture of Tobacco		
纺织业	Manufacture of Textile	987	1098
纺织服装、服饰业	Manufacture of Textile and Apparel	3688	18634
皮革、毛皮、羽毛及其制品和制鞋业	Manufacture of Leather,Fur,Feathers and Related Products and Footwear		
木材加工和木、竹、藤、棕、草制品业	Processing of Timber, Manufacture of Wood, Bamboo, Rattan, Palm and Straw Products	33332	105313
家具制造业	Manufacture of Furniture		
造纸和纸制品业	Manufacture of Paper and Paper Products	141428	124887
印刷和记录媒介复制业	Printing, Reproduction of Recording Media	33437	19437
文教、工美、体育和娱乐用品制造业	Manufacture of Culture Education ,Art,Sports and Entertainment Activities	1217	5284
石油、煤炭及其他燃料加工业	Processing of Petroleum,Coal and other fuel		
化学原料和化学制品制造业	Manufacture of Raw Chemical Materials and Chemical Products	311048	905095
医药制造业	Manufacture of Medicines	220198	255382
化学纤维制造业	Manufacture of Chemical Fibers	2832	16161
橡胶和塑料制品业	Manufacture of Rubber and Plastic Products	77745	82892
非金属矿物制品业	Manufacture of Non-metallic Mineral Products	43995	58465
黑色金属冶炼和压延加工业	Smelting and Pressing of Ferrous Metals	20452	68075
有色金属冶炼和压延加工业	Smelting and Pressing of Non- ferrous Metals	6621	58713
金属制品业	Manufacture of Metal Products	5036	53136
通用设备制造业	Manufacture of General Purpose Machinery	63822	56326
专用设备制造业	Manufacture of Special Purpose Machinery	11339	55998
汽车制造业	Manufacture of Automobiles	2289219	7314593
铁路、船舶、航空航天和其他运输设备制造业	Manufacture of Railway,Ship,Aerospace and Other Transport Equipment	3271	8596
电气机械和器材制造业	Manufacture of Electrical Machinery and Apparatus	107590	206186
计算机、通信和其他电子设备制造业	Manufacture of Computer,Communication and Other Electronic Equipment	652676	1225759
仪器仪表制造业	Manufacture of Measuring Instrument	1520	4109
其他制造业	Other Manufacture		
废弃资源综合利用业	Waste Resources Utilization		
金属制品、机械和设备修理业	Repair of Metal Products,Machinery and Equipment		
电力、热力生产和供应业	Production and Supply of Electric Power and Heat Power	45787	33370
燃气生产和供应业	Production and Supply of Gas	115140	139178
水的生产和供应业	Production and Supply of Water		

continued

unit: 10000 yuan

营业成本 Business Cost	销售费用 Selling Cost	管理费用 Management Cost	财务费用 Financial Cost	利息费用 Interest Cost
11381134	**441651**	**606058**	**108637**	**135192**
13241	419	843	1064	-58
1956756	59618	54173	27273	26956
150550	6473	27624	18228	19633
256775	55861	22527	992	1006
839	68	104		
18843	239	451	-21	146
92622	2908	2792	765	33
116110	773	7771	60	193
12663	239	1362	-238	
4572	113	419	47	
737173	52306	41257	62896	63629
91973	96320	14235	1201	1376
16138	362	2121	980	991
71349	944	5099	1243	1857
44474	5389	6585	1962	1787
63023	1402	1731	429	
55288	104	945	518	433
50839	301	851	838	811
39146	7129	3870	-76	214
50922	1730	4155	662	646
6373166	81257	269249	-8655	9165
6010	552	342	-97	100
155292	6605	27410	-1185	-80
854131	51196	102212	-7533	979
3955	18	454	18	
27625		2276	5002	3512
117659	9327	5201	2265	1864

13－6 续表 2

单位：万元

项　　目	Item	利润总额 Total Profits	亏损企业亏损总额 Total Loss
总计	**Total**	**707775**	**188959**
煤炭开采和洗选业	Mining and Washing of Coal		
石油和天然气开采业	Extraction of Petroleum and Natural Gas	3984	
黑色金属矿采选业	Mining and Processing of Ferrous Metal Ores		
有色金属矿采选业	Mining and Processing of Non-ferrous Metal Ores		
非金属矿采选业	Mining and Processing of Nonmetal Ores		
开采辅助活动	Support Activities for Mining		
其他采矿业	Mining of Other Ores		
农副食品加工业	Processing of Food from Agricultural Products	-64688	90647
食品制造业	Manufacture of Food	29016	8942
酒、饮料和精制茶制造业	Manufacture of Liquor,Beverages and Refined Tea	21077	2102
烟草制品业	Manufacture of Tobacco		
纺织业	Manufacture of Textile	70	
纺织服装、服饰业	Manufacture of Textile and Apparel	-2142	2142
皮革、毛皮、羽毛及其制品和制鞋业	Manufacture of Leather,Fur,Feathers and Related Products and Footwear		
木材加工和木、竹、藤、棕、草制品业	Processing of Timber, Manufacture of Wood, Bamboo, Rattan, Palm and Straw Products	6273	
家具制造业	Manufacture of Furniture		
造纸和纸制品业	Manufacture of Paper and Paper Products	170	
印刷和记录媒介复制业	Printing, Reproduction of Recording Media	4480	
文教、工美、体育和娱乐用品制造业	Manufacture of Culture Education ,Art,Sports and Entertainment Activities	69	
石油、煤炭及其他燃料加工业	Processing of Petroleum,Coal and other fuel		
化学原料和化学制品制造业	Manufacture of Raw Chemical Materials and Chemical Products	-1987	46717
医药制造业	Manufacture of Medicines	47445	4739
化学纤维制造业	Manufacture of Chemical Fibers	-3459	3459
橡胶和塑料制品业	Manufacture of Rubber and Plastic Products	2240	
非金属矿物制品业	Manufacture of Non-metallic Mineral Products	-1681	3923
黑色金属冶炼和压延加工业	Smelting and Pressing of Ferrous Metals	1148	472
有色金属冶炼和压延加工业	Smelting and Pressing of Non- ferrous Metals	405	
金属制品业	Manufacture of Metal Products	210	
通用设备制造业	Manufacture of General Purpose Machinery	2473	177
专用设备制造业	Manufacture of Special Purpose Machinery	-1923	3506
汽车制造业	Manufacture of Automobiles	514281	14427
铁路、船舶、航空航天和其他运输设备制造业	Manufacture of Railway,Ship,Aerospace and Other Transport Equipment	1674	
电气机械和器材制造业	Manufacture of Electrical Machinery and Apparatus	14902	1216
计算机、通信和其他电子设备制造业	Manufacture of Computer,Communication and Other Electronic Equipment	130273	538
仪器仪表制造业	Manufacture of Measuring Instrument	-395	395
其他制造业	Other Manufacture		
废弃资源综合利用业	Waste Resources Utilization		
金属制品、机械和设备修理业	Repair of Metal Products,Machinery and Equipment		
电力、热力生产和供应业	Production and Supply of Electric Power and Heat Power	-614	3596
燃气生产和供应业	Production and Supply of Gas	4476	1959
水的生产和供应业	Production and Supply of Water		

continued

unit: 10000 yuan

从业人员平均人数（人） Average Number of Employees (person)	资产负债率（%） Assets-liability Ratio (%)	营业收入利润率（%） Business Revenue Ratio (%)	人均营业收入（万元/人） Business Revenue Per Capita (10000 yuan/ person)
63086	**61.8**	**5.3**	**202.9**
197	68.1	19.8	102.2
8453	77.6	-3.2	242.2
2257	98.6	16.4	78.2
3447	55.1	5.6	99.2
81	43.4	6.4	13.6
380	82.5	-11.5	49.0
695	18.4	6.0	150.7
623	55.0	0.1	204.4
148	8.9	23.1	131.3
156	56.7	1.3	33.9
2745	78.0	-0.2	336.5
1778	36.5	18.6	143.3
176	91.6	-21.4	91.8
1091	45.6	2.7	75.9
1054	68.6	-2.9	56.0
91	61.6	1.7	748.1
122	68.8	0.7	497.6
60	86.0	0.4	843.4
490	36.3	4.4	114.7
418	78.0	-3.4	133.3
31754	56.4	7.0	212.0
33	72.1	19.5	260.5
1260	54.0	7.2	164.3
4272	38.8	10.6	291.9
103	45.7	-9.6	39.9
246	80.5	-1.8	139.6
956	40.7	3.2	124.9

13－7 按行业分集体控股工业企业主要指标（2021年）

单位：万元

项 目	Item	企业单位数（个）Number of Enterprises (unit)	#亏损企业 Loss－making Enterprises
总计	**Total**	**62**	**16**
煤炭开采和洗选业	Mining and Washing of Coal		
石油和天然气开采业	Extraction of Petroleum and Natural Gas		
黑色金属矿采选业	Mining and Processing of Ferrous Metal Ores		
有色金属矿采选业	Mining and Processing of Non-ferrous Metal Ores	3	
非金属矿采选业	Mining and Processing of Nonmetal Ores		
开采辅助活动	Support Activities for Mining		
其他采矿业	Mining of Other Ores		
农副食品加工业	Processing of Food from Agricultural Products	2	
食品制造业	Manufacture of Food		
酒、饮料和精制茶制造业	Manufacture of Liquor,Beverages and Refined Tea	2	1
烟草制品业	Manufacture of Tobacco		
纺织业	Manufacture of Textile		
纺织服装、服饰业	Manufacture of Textile and Apparel	1	1
皮革、毛皮、羽毛及其制品和制鞋业	Manufacture of Leather,Fur,Feathers and Related Products and Footwear		
木材加工和木、竹、藤、棕、草制品业	Processing of Timber, Manufacture of Wood, Bamboo, Rattan, Palm and Straw Products		
家具制造业	Manufacture of Furniture		
造纸和纸制品业	Manufacture of Paper and Paper Products		
印刷和记录媒介复制业	Printing, Reproduction of Recording Media	3	
文教、工美、体育和娱乐用品制造业	Manufacture of Culture Education ,Art,Sports and Entertainment Activities		
石油、煤炭及其他燃料加工业	Processing of Petroleum,Coal and other fuel	1	
化学原料和化学制品制造业	Manufacture of Raw Chemical Materials and Chemical Products	9	3
医药制造业	Manufacture of Medicines	8	2
化学纤维制造业	Manufacture of Chemical Fibers		
橡胶和塑料制品业	Manufacture of Rubber and Plastic Products	4	1
非金属矿物制品业	Manufacture of Non-metallic Mineral Products	4	1
黑色金属冶炼和压延加工业	Smelting and Pressing of Ferrous Metals		
有色金属冶炼和压延加工业	Smelting and Pressing of Non- ferrous Metals		
金属制品业	Manufacture of Metal Products	5	3
通用设备制造业	Manufacture of General Purpose Machinery	1	
专用设备制造业	Manufacture of Special Purpose Machinery	2	1
汽车制造业	Manufacture of Automobiles	9	1
铁路、船舶、航空航天和其他运输设备制造业	Manufacture of Railway,Ship,Aerospace and Other Transport Equipment	1	1
电气机械和器材制造业	Manufacture of Electrical Machinery and Apparatus		
计算机、通信和其他电子设备制造业	Manufacture of Computer,Communication and Other Electronic Equipment	2	
仪器仪表制造业	Manufacture of Measuring Instrument	2	
其他制造业	Other Manufacture		
废弃资源综合利用业	Waste Resources Utilization		
金属制品、机械和设备修理业	Repair of Metal Products,Machinery and Equipment		
电力、热力生产和供应业	Production and Supply of Electric Power and Heat Power	2	1
燃气生产和供应业	Production and Supply of Gas		
水的生产和供应业	Production and Supply of Water	1	

Main Indicators of Collective Industrial Enterprises by Industrial Sector (2021)

unit: 10000 yuan

产成品 Finished Goods	资产总计 Total Assets	流动资产合计 Total Current Assets	应收账款 Account Receivable	负债合计 Total Liabilities
114708	**6665130**	**2245846**	**440696**	**1845057**
1237	143231	25257	3994	43868
978	41224	29331	2214	19270
4365	120845	60518	2372	49166
	3307	2075	108	1313
421	33800	31556	11585	12994
879	17272	13620	84	5815
10624	232599	136019	14256	83758
30777	4496652	1201624	237411	639453
18547	105891	73300	19439	42604
5376	347616	218948	73439	254527
7797	88528	54176	17494	80654
1680	3281	3219	678	2609
2481	30954	13263	1033	19794
27279	598035	288752	48587	449129
	252536	31613	-1660	68474
902	22288	14457	4160	7322
1364	29274	19055	4389	3723
	9336	1877	224	3452
	88459	27187	889	57134

13－7 续表 1

单位：万元

项　目	Item	所有者权益合计 Total Owners' Equities	营业收入 Business Revenue
总计	**Total**	**4820073**	**2184217**
煤炭开采和洗选业	Mining and Washing of Coal		
石油和天然气开采业	Extraction of Petroleum and Natural Gas		
黑色金属矿采选业	Mining and Processing of Ferrous Metal Ores		
有色金属矿采选业	Mining and Processing of Non-ferrous Metal Ores	99364	102338
非金属矿采选业	Mining and Processing of Nonmetal Ores		
开采辅助活动	Support Activities for Mining		
其他采矿业	Mining of Other Ores		
农副食品加工业	Processing of Food from Agricultural Products	21954	111677
食品制造业	Manufacture of Food		
酒、饮料和精制茶制造业	Manufacture of Liquor,Beverages and Refined Tea	71680	9035
烟草制品业	Manufacture of Tobacco		
纺织业	Manufacture of Textile		
纺织服装、服饰业	Manufacture of Textile and Apparel	1994	1357
皮革、毛皮、羽毛及其制品和制鞋业	Manufacture of Leather,Fur,Feathers and Related Products and Footwear		
木材加工和木、竹、藤、棕、草制品业	Processing of Timber, Manufacture of Wood, Bamboo, Rattan, Palm and Straw Products		
家具制造业	Manufacture of Furniture		
造纸和纸制品业	Manufacture of Paper and Paper Products		
印刷和记录媒介复制业	Printing, Reproduction of Recording Media	20806	10385
文教、工美、体育和娱乐用品制造业	Manufacture of Culture Education ,Art,Sports and Entertainment Activities		
石油、煤炭及其他燃料加工业	Processing of Petroleum,Coal and other fuel	11457	35550
化学原料和化学制品制造业	Manufacture of Raw Chemical Materials and Chemical Products	148841	287242
医药制造业	Manufacture of Medicines	3857199	861911
化学纤维制造业	Manufacture of Chemical Fibers		
橡胶和塑料制品业	Manufacture of Rubber and Plastic Products	63288	126684
非金属矿物制品业	Manufacture of Non-metallic Mineral Products	93089	150243
黑色金属冶炼和压延加工业	Smelting and Pressing of Ferrous Metals		
有色金属冶炼和压延加工业	Smelting and Pressing of Non- ferrous Metals		
金属制品业	Manufacture of Metal Products	7874	70805
通用设备制造业	Manufacture of General Purpose Machinery	672	2731
专用设备制造业	Manufacture of Special Purpose Machinery	11160	20625
汽车制造业	Manufacture of Automobiles	148907	325281
铁路、船舶、航空航天和其他运输设备制造业	Manufacture of Railway,Ship,Aerospace and Other Transport Equipment	184062	29101
电气机械和器材制造业	Manufacture of Electrical Machinery and Apparatus		
计算机、通信和其他电子设备制造业	Manufacture of Computer,Communication and Other Electronic Equipment	14966	16180
仪器仪表制造业	Manufacture of Measuring Instrument	25551	9490
其他制造业	Other Manufacture		
废弃资源综合利用业	Waste Resources Utilization		
金属制品、机械和设备修理业	Repair of Metal Products,Machinery and Equipment		
电力、热力生产和供应业	Production and Supply of Electric Power and Heat Power	5884	8953
燃气生产和供应业	Production and Supply of Gas		
水的生产和供应业	Production and Supply of Water	31325	4628

continued

unit: 10000 yuan

营业成本 Business Cost	销售费用 Selling Cost	管理费用 Management Cost	财务费用 Financial Cost	利息费用 Interest Cost
1471911	**208018**	**164143**	**20466**	**27126**
45219	148	6061	127	99
101602	1986	680	696	746
5244	1034	4306	-20	
1113		328	66	
7793	26	1503	-235	-236
31048	881	3103	2	2
244469	2397	30690	1231	
348192	188119	54653	6474	13719
103211	3803	3293	646	611
136224	1561	5337	989	941
64349	840	3878	1687	843
2133	66	509	-5	
18661	97	1544	20	20
306765	4397	37214	6620	8583
30371	1727	5235	520	
11817	388	2104	108	
4704	550	2192	-226	33
7172		1181		
1825		332	1765	1765

单位：万元

13－7 续表 2

项　　目	Item	利润总额 Total Profits	亏损企业 亏损总额 Total Loss
总计	**Total**	**490990**	**76972**
煤炭开采和洗选业	Mining and Washing of Coal		
石油和天然气开采业	Extraction of Petroleum and Natural Gas		
黑色金属矿采选业	Mining and Processing of Ferrous Metal Ores		
有色金属矿采选业	Mining and Processing of Non-ferrous Metal Ores	48246	
非金属矿采选业	Mining and Processing of Nonmetal Ores		
开采辅助活动	Support Activities for Mining		
其他采矿业	Mining of Other Ores		
农副食品加工业	Processing of Food from Agricultural Products	3771	
食品制造业	Manufacture of Food		
酒、饮料和精制茶制造业	Manufacture of Liquor,Beverages and Refined Tea	2718	459
烟草制品业	Manufacture of Tobacco		
纺织业	Manufacture of Textile		
纺织服装、服饰业	Manufacture of Textile and Apparel	−120	120
皮革、毛皮、羽毛及其制品和制鞋业	Manufacture of Leather,Fur,Feathers and Related Products and Footwear		
木材加工和木、竹、藤、棕、草制品业	Processing of Timber, Manufacture of Wood, Bamboo, Rattan, Palm and Straw Products		
家具制造业	Manufacture of Furniture		
造纸和纸制品业	Manufacture of Paper and Paper Products		
印刷和记录媒介复制业	Printing, Reproduction of Recording Media	1248	
文教、工美、体育和娱乐用品制造业	Manufacture of Culture Education ,Art,Sports and Entertainment Activities		
石油、煤炭及其他燃料加工业	Processing of Petroleum,Coal and other fuel	398	
化学原料和化学制品制造业	Manufacture of Raw Chemical Materials and Chemical Products	6712	6446
医药制造业	Manufacture of Medicines	445148	4238
化学纤维制造业	Manufacture of Chemical Fibers		
橡胶和塑料制品业	Manufacture of Rubber and Plastic Products	12249	40
非金属矿物制品业	Manufacture of Non-metallic Mineral Products	4994	46
黑色金属冶炼和压延加工业	Smelting and Pressing of Ferrous Metals		
有色金属冶炼和压延加工业	Smelting and Pressing of Non- ferrous Metals		
金属制品业	Manufacture of Metal Products	183	1138
通用设备制造业	Manufacture of General Purpose Machinery	31	
专用设备制造业	Manufacture of Special Purpose Machinery	−104	730
汽车制造业	Manufacture of Automobiles	−19746	43916
铁路、船舶、航空航天和其他运输设备制造业	Manufacture of Railway,Ship,Aerospace and Other Transport Equipment	−19831	19831
电气机械和器材制造业	Manufacture of Electrical Machinery and Apparatus		
计算机、通信和其他电子设备制造业	Manufacture of Computer,Communication and Other Electronic Equipment	1612	
仪器仪表制造业	Manufacture of Measuring Instrument	2220	
其他制造业	Other Manufacture		
废弃资源综合利用业	Waste Resources Utilization		
金属制品、机械和设备修理业	Repair of Metal Products,Machinery and Equipment		
电力、热力生产和供应业	Production and Supply of Electric Power and Heat Power	584	7
燃气生产和供应业	Production and Supply of Gas		
水的生产和供应业	Production and Supply of Water	680	

continued

unit: 10000 yuan

从业人员平均人数（人）Average Number of Employees (person)	资产负债率（%）Assets-liability Ratio (%)	营业收入利润率（%）Business Revenue Ratio (%)	人均营业收入（万元/人）Business Revenue Per Capita (10000 yuan/ person)
21576	**27.7**	**22.5**	**101.3**
1267	30.6	47.1	80.8
314	46.7	3.4	355.7
579	40.7	30.1	15.5
173	39.7	-8.9	7.9
322	38.4	12.0	32.3
387	33.7	1.1	91.9
1869	36.0	2.3	158.3
8009	14.2	51.7	107.5
711	40.2	9.7	168.2
915	73.2	3.3	162.8
947	91.1	0.3	75.3
105	79.5	1.1	26.0
245	64.0	-0.5	84.2
4624	75.1	-6.1	71.1
604	27.1	-68.2	47.9
176	32.9	10.0	91.9
232	12.7	23.4	40.9
59	37.0	6.5	89.5
38	64.6	14.7	121.8

13－8 工业企业产品产量

Output of Industrial Enterprises Major Products

项 目	Item	2019	2020	2021
原煤（吨）	Coal (ton)	12170166	10016420	8752656
无烟煤（吨）	Anthracite (ton)	179008		
烟煤（吨）	Bituminous Coal (ton)	3341865	2602395	5797597
#一般烟煤	General Bituminous Coal	3341865	2602395	5797597
褐煤（吨）	Wood Coal (ton)	8649293	7414025	2955059
洗煤（吨）	Washed Coal (ton)	2164656	1324030	2268123
#洗精煤	Cleaned Coal	576697	436411	385826
天然原油（吨）	Crude Petroleum Oil (ton)	3856953	3949820	4067856
天然气（万立方米）	Natural Gas (10000 cu.m)	103258	198143	213845
铁矿石原矿（吨）	Iron Ore (ton)	5037931	6083027	7033770
铜金属含量（吨）	Copper Content (ton)	17249	15295	14243
铅金属含量（吨）	Lead Metal Content (ton)	2758	2806	2213
锌金属含量（吨）	Zinc Content (ton)	8368	8240	9391
稀有稀土金属矿（吨）	Rare Earth Metal Ore (ton)	6101	7861	10198
#钼精矿折合量（折纯钼45%）（吨）	Molybdenum in Quantity (ton)	6101	7861	10198
石灰石（吨）	Limestone (ton)	2434747	4368759	4728313
建筑用天然石料（吨）（立方米）	Natual Stone for Building (ton) (cu.m)	12783	557329	1650304
小麦粉（吨）	Wheat Flour (ton)	4199		4398
大米（吨）	Rice (ton)	3655848	3908952	3174091
饲料（吨）	Feed (ton)	5631423	5507917	5904455
#配合饲料（吨）	Compound Feed (ton)	2095597	2080576	2412866
混合饲料（吨）	Mixed Feed (ton)	1158080	1102603	1226051
精制食用植物油（吨）	Refined Edible Vegetable Oil (ton)	450821	518605	465858
鲜、冷藏肉（吨）	Fresh, Chilled Meat (ton)	761314	629055	845661
冻肉（吨）	Frozen Meat (ton)	272690	429655	378073
冷冻水产品（吨）	Frozen Aquatic Products (ton)	51560	39873	56299
膨化食品（吨）	Puffed Foods (ton)	932	1253	3037
速冻食品（吨）	Quick Frozen Foods (ton)	258502	40877	18270
#速冻米面食品（吨）	Frozen Rice food (ton)	3500	3766	4551
方便面（吨）	Instant Noodles (ton)			20747
乳制品（吨）	Dairy (ton)	206387	182886	188758
#液体乳（吨）	Liquid Milk (ton)	167139	146437	138270
固体及半固体乳制品（吨）	Solid and Semi-solid Dairy Products (ton)	39248	36449	50487
乳粉（吨）	Milk Powder (ton)	17785	5463	7191
罐头（吨）	Canned Foods (ton)	12654	14183	13998
酱油（吨）	Soy Sauce (ton)	7407	19003	27114
营养、保健食品（吨）	Nutrition and Health Foods (ton)	14084	6452	51452
冷冻饮品（吨）	Frozen Drinks (ton)	63567	66669	61138
食品添加剂（吨）	Food Additives (ton)	12091	10797	11736
饲料添加剂（吨）	Feed Additives (ton)	628404	639370	715942
发酵酒精（折96度，商品量）（千升）	Fermentation Alcohol (Thousands Litres)	1649242	1721238	1616152
饮料酒（千升）	Potable Spirit (Thousands Litres)	953390	760330	753477
#白酒（折65度，商品量）（千升）	Chinese Liquor (Thousands Litres)	22631	11533	6320
啤酒（千升）	Beer (Thousands Litres)	905608	724345	736223
葡萄酒（千升）	Wine (Thousands Litres)	21369	20894	7565

13－8 续表 1 continued

项　　目	Item	2019	2020	2021
果酒及配制酒（千升）	Fruit Wine and Liquor Preparation (1000 litres)	1371	2001	1691
饮料（吨）	Drink (ton)	5691313	4437242	5143175
#碳酸饮料类（汽水）（吨）	Carbonated Drink (soft drink) (ton)	592969	504590	671045
包装饮用水类（吨）	Packaged Water (ton)	4714610	3625754	4174820
果汁和蔬菜汁饮料类（吨）	Fruit and Vegetable Juice Drinks (ton)	117025	85460	94201
卷烟（万支）	Cigarette (10000)	5286500	5282250	5480200
纱（吨）	Yarn (ton)	22814	15283	18023
#棉纱（吨）	Cotton Yarn (ton)	8367	6309	8173
棉混纺纱（吨）	Blended Yarn (ton)	701		
化学纤维纱（吨）	Chemical Fiber Yarn (ton)	13746	8974	9850
布（万米）	Cloth (10000 meters)	3279	2461	3069
#棉布（万米）	Cotton (10000 meters)	3279	2461	3069
毛机织物（呢绒）（万米）	Wool Fabrics (10000 meters)	276	278	309
非织造布（无纺布）（吨）	Non-wove Fabrics (ton)	5401	11700	30433
服装（万件）	Clothing (10000 pieces)	5009	5992	6661
#梭织服装（万件）	Woven Garments (10000 pieces)	2412	2673	3552
西服套装（万件）	Suits (10000 pieces)	79	82	119
衬衫（万件）	Shirt (10000 pieces)	627	632	809
针织服装（万件）	Knitwear (10000 pieces)	2598	3319	3108
轻革（平方米）	Light Leather (sq.m)	140147		
人造板（立方米）	Wood-based Panels (cu.m)	546881	437086	444728
#胶合板（立方米）	Plywood (cu.m)	91256	105553	92820
刨花板（立方米）	Particleboard (cu.m)	52653	54803	51018
细木工板（立方米）	Core-board (cu.m)	95786	26305	93568
人造板表面装饰板（立方米）	Plywood Cladding (cu.m)	11779	1036	52331
实木木地板（立方米）	Solid Wood Flooring (cu.m)	2346165	2154382	2446606
复合木地板（立方米）	Laminate Flooring (cu.m)	9690356	9616400	11666280
家具（件）	Furniture (set)	637860	700388	744410
#木质家具（件）	Wood Furniture (set)	528957	588663	637373
金属家具（件）	Metal Furniture (set)	900		
软体家具（件）	Upholstered Furniture (set)	9506		
纸浆（原生浆及废纸浆）（吨）	Pulp (ton)	3288		
机制纸及纸板（外购原纸加工除外）（吨）	Machine-made Paper and Paperboard (ton)	515901	522445	512101
#未涂布印刷书写用纸（吨）	Uncoated Printed Writing Paper (ton)	147591	232038	196530
包装用纸及纸板（吨）	Packaging Paper and Paperboard (ton)	3768		
纸制品（吨）	Paper Products (ton)	361490	317133	246125
#瓦楞纸箱	Corrugated Container	260877	247500	236316
单色印刷品（令）	Monochrome Printing (ream)	54170		107406
多色印刷品（对开色令）	Multi-color Print (ream)	2683307	2368673	3079407
原油加工量（吨）	Crude Oil Processing Volume (ton)	10199199	9549651	8232663
汽油（吨）	Gasoline (ton)	2387180	2099303	2022347
柴油（吨）	Diesel Oil (ton)	2992852	2618786	2077144
燃料油（吨）	Fuel Oil (ton)	288587	326864	283306

13－8 续表 2 continued

项　　目	Item	2019	2020	2021
石脑油	Naphtha	957852	907697	850205
液化石油气（吨）	Liquefied Petroleum Gas (ton)	282934	233806	149356
石油焦（吨）	Petroleum Coke (ton)	209624	204303	190228
焦炭（吨）	Coke (ton)	3376076	3686528	3991160
#机焦	Machine-processed Coke	3376076	3686528	
硫酸（折100%）（吨）	Sulfuric Acid (ton)	859992	799139	759566
盐酸（氯化氢,含量31%）（吨）	Hydrochloric Acid (ton)	87764	103398	99533
浓硝酸（折100%）（吨）	Concentrated Nitric Acid (ton)	27652	31581	34681
烧碱（折100%）（吨）	Caustic Soda (ton)	26136	25772	25115
#离子膜法烧碱（折100%）（吨）	Ion-exchange Membrane Caustic Soda (ton)	26136	25772	25115
乙烯（吨）	Ethylene (ton)	867241	859974	772967
纯苯（吨）	Benzene (ton)	267640	272681	249017
精甲醇（吨）	Refined Methanol (ton)	5162		
合成氨（无水氨）（吨）	Synthesis Ammonia (ton)	469643	519619	637662
农用氮、磷、钾化学肥料总计（折纯）（吨）	Agricultural Nitrogen, Phosphorus and Potassium Fertilizers Total (ton)	464700	218181	288357
#氮肥（折含N100%）（吨）	Nitrogenous Fertilizer (ton)	196627	123767	238068
尿素（折含N100%）（吨）	Urea (ton)	31755	35408	29950
磷肥（折五氧化二磷100%）	Phosphate	5042	22800	7519
化学农药原药（折有效成分100%）（吨）	Chemical Pesticides (ton)	22241	18171	18471
涂料（吨）	Paint (ton)	60783	55271	76817
初级形态的塑料（吨）	Primary Plastic (ton)	1277125	1351025	1208864
#高密度聚乙烯树酯（HDPE）（吨）	High Density Polyethylene Resin (ton)	286384	282270	235185
线性低密度聚乙烯树酯（LLDPE）（吨）	Linear Low Density Polyethylene Resin (ton)	261349	246051	231285
ABS树脂（吨）	ABS Resin (ton)	603418	607996	552548
合成橡胶（吨）	Synthetic Rubber (ton)	164789	163204	169817
合成纤维单体（吨）	Synthetic Fiber Monomers (ton)	434645	431284	416876
化学试剂（吨）	Chemical Reagents (ton)	16205	4968	4624
合成洗涤剂（吨）	Synthetic Detergent (ton)	145419	140872	52786
#合成洗衣粉（吨）	Synthetic Detergent Powder (ton)	41137	37825	12285
化学药品原药（吨）	Chemical Medicines (ton)	20370	26753	25718
中成药（吨）	Traditional Chinese Medicine (ton)	81898	88657	94318
兽用药品（吨）	Veterinary Drugs (ton)	3207	2389	764
化学纤维（吨）	Chemical Fiber (ton)	321825	402773	447735
#人造纤维（纤维素纤维）（吨）	Man-made Fibers (ton)	76606	146031	173311
粘胶短纤维（吨）	Viscose Staple Fibre (ton)	12360	77631	106052
粘胶纤维长丝（吨）	Viscose Filament (ton)	64246	68400	67259
合成纤维（吨）	Synthetic Fiber (ton)	240648	249445	224651
腈纶纤维（吨）	Acrylic Fiber (ton)	237028	246399	222422
橡胶轮胎外胎（条）	Rubber Tire (piece)	2412458	2526875	2551868

13－8 续表 3 continued

项　　目	Item	2019	2020	2021
#子午线轮胎外胎（条）	Radial Tire	2412458	2526875	2551868
塑料制品（吨）	Plastic Products (ton)	317278	323710	292008
#塑料薄膜（吨）	Plastic Film (ton)	58456	32936	38307
农用薄膜（吨）	Agricultural Film (ton)	44224	20954	15292
泡沫塑料（吨）	Foam (ton)	6517	34109	21870
塑料人造革、合成革（吨）	Plastic Artificial Leather, Synthetic Leather (ton)	710	3545	3639
日用塑料制品（吨）	Household Plastic Products (ton)	22070	15887	10953
硅酸盐水泥熟料（吨）	Portland Cement Clinker (ton)	16852535	18658180	15915976
#窑外分解窑水泥熟料（吨）	Precal-cining Cement Clinker (ton)	15484474	11887247	9975674
水泥（吨）	Cement (ton)	20572622	19911355	21252929
#强度等级42.5水泥（含R型）（吨）	Strength Grade 42.5 Cement (ton)	10292464	6733795	9251735
商品混凝土（立方米）	Commercial Concrete (cu.m)	10786017	13532366	14658844
水泥混凝土排水管（千米）	Concrete Drainage Pipes (km)	688	448	200
水泥混凝土电杆（根）	Cement Concrete Pole (piece)	85983	50892	42469
预应力混凝土桩（米）	Prestressed Concrete Piles (meter)	2476758	3731806	3563260
砖（万块）	Brick (10000 piece)	51817	34788	14576
瓦（万片）	Tile (10000 piece)	1825	270	
天然花岗石建筑板材（平方米）	Natural Granite Building Boards (sq.m)	141890		
沥青和改性沥青防水卷材（平方米）	Asphalt and Modified Bitumen Membrane (sq.m)	3201825	13446891	18548189
平板玻璃（重量箱）	Plate Glass (box)	11762261	11990238	11499954
夹层玻璃（平方米）	Laminated Glass (sq.m)	40343	10068518	11499771
中空玻璃（平方米）	Insulating Glass (sq.m)	397083	199570	68763
日用玻璃制品（吨）	Household Glass Products (ton)	754	254	
玻璃包装容器（吨）	Glass Containers (ton)	51739	186806	196031
玻璃纤维纱（吨）	Glass Fiber Yarn (ton)	2902	22646	20854
耐火材料制品（吨）	Fire-resisting Materials (ton)	123978	73801	40826
石墨及炭素制品（吨）	Graphite and Carbon Products (ton)	191247	160137	161763
生铁（吨）	Pig Iron (ton)	12570711	14077389	13660487
粗钢（吨）	Crude Steel (ton)	14976243	15256149	15389156
铸铁件（吨）	Iron Casting (ton)	242430	252256	238943
铸钢件（吨）	Steel Casting (ton)	44825	34705	26080
钢材（吨）	Rolled Steel (ton)	15442408	16616249	17906030
#大型型钢（吨）	Heavy Section (ton)	67195	73733	61912
中小型型钢（吨）	Medium,Small Section (ton)	707758	750184	1102742
棒材（吨）	Bar (ton)	280047	292399	285448
钢筋（吨）	Steel Bar (ton)	2978860	2482334	2600694
线材（盘条）（吨）	Wire Rod (ton)	2057363	2045375	2905807
中板（吨）	Medium Board (ton)	1496	1889	1424
热轧薄板（吨）	Hot Pressed Sheet (ton)	7208	13997	61546
冷轧薄板（吨）	Cold Rolled Sheet (ton)	89947	12188	41605
中厚宽钢带（吨）	Medium Wide Steel Belt (ton)	3318556	4223245	4233896
热轧薄宽钢带（吨）	Hot-rolled Thin Wide Steel Belt (ton)	4690772	4336225	4198983
热轧窄钢带（吨）	Hot-rolled Narrow Steel Belt (ton)			10084

13－8 续表 4 continued

项　　目	Item	2019	2020	2021
无缝钢管（吨）	Seamless Steel Pipe (ton)	144801	130868	132641
焊接钢管（吨）	Welded Steel Pipe (ton)	960794	1568585	1362228
其他钢材（吨）	Other Steel (ton)	2504	5667	3710
用外购国产钢材再加工生产的钢材（吨）	Domestically Produced Steel Used for Re-processing Production Steel (ton)	288175	279148	283772
#用进口钢材再加工生产钢材（吨）	Re-processing of Imported Steel Products (ton)	95189	266428	17980
用外购钢材再加工生产钢材（吨）	Steel Processing Production of Outsourcing Steel (ton)	383364	12720	265793
铁合金（吨）	Ferroalloy (ton)	19932	4457	12355
十种有色金属（吨）	Ten Kind of Ferrous Metals (ton)	130718	126048	104252
黄金（千克）	Gold (kg)	4055	4279	5033
铝材（吨）	Aluminum Product (ton)	86594	87006	113752
钢结构（吨）	Steel Structure (ton)	72470	43198	91058
金属门窗及类似制品（吨）	Metal Doors,Windows and related Products (ton)	34891	35695	18814
金属切削工具（万件）	Metal Cutting Tools (10000 piece)	212	281	501
锻件（吨）	Forging Piece (ton)	17439	143940	121535
工业锅炉（蒸发量吨）	Industrial Boiler (Evaporation ton)	5103	5693	6097
发动机（千瓦）	Engine (kW)	365471554	95263200	83982956
#汽车用发动机（千瓦）	Automotive Engine (kW)	365471554	95263200	83982956
金属切削机床（台）	Metal Cutting Machine Tool (set)	14	17	13
电焊机（台）	Electric Welding Machine (set)	313	305	206
起重机（吨）	Crane (ton)	1176		
输送机械（输送机和提升机）（吨）	Transportation Machinery (ton)	41782	38318	38056
泵（台）	Pump (set)	17859	10377	16233
气体压缩机（台）	Gas Compressor (set)	12100	92696	275232
#制冷设备用压缩机（台）	Compressors for Refrigerating (set)	56	76240	264780
非制冷设备用压缩机（台）	Compressors not for Refrigerating (set)	12044	16456	10452
阀门（吨）	Valve (ton)		10231	117
滚动轴承（万套）	Antifriction Bearing (10000 set)	4908	1159	966
齿轮（吨）	Gear (ton)	855		
风机（台）	Exhaust Fan (set)	988	959	893
气体分离及液化设备（台）	Gas Separation and Liquefaction Equipment (set)	1963	2268	127
衡器（秤）（台）	Weighting Instrument (set)	33		4474
包装专用设备（台）	Special Equipment for Packaging (set)	4651	4106	
矿山专用设备（吨）	Mine Equipment (ton)	14683	14296	23096
石油钻井设备（台（套））	Oil Drilling Equipment (set)	152	118	123
金属冶炼设备（吨）	Metal Smelting Equipment (ton)	6818		5724
模具（套）	Mold (set)	30513	4704	23105
农产品初加工机械（台）	Primary Processing Machinery for Agriculture Products (set)			130
印刷专用设备（吨）	Special Printing Equipment (ton)	6		
电子工业专用设备	Special Equipment for Electronic Industry			191938
机械化农业及园艺机具（台）	Mechanization of Agriculture and Horticulture (set)	18784	9987	14321
#土壤耕整机械（台）	Soil Tillage Machine (set)	3120	98	

13－8 续表 5 continued

项　　目	Item	2019	2020	2021
种植施肥机械（台）	Planting and Fertilizing Machine (set)	5626	370	
收获机械（台）	Harvesting Machinery (unit)	1544	1100	1953
谷物收获机械（台）	Grain Harvesting Machinery (unit)			
玉米收获机械（台）	Maize Harvester (unit)	1236	825	1497
汽车（辆）	Motor Vehicle (coach)	2911537	2654569	2424093
#基本型乘用车（轿车）（辆）	Car (coach)	1582650	1439656	1285754
1升<排量≤1.6升（辆）	1 Litre < Displacement ≤ 1.6 Litres (coach)	993217	873183	763150
1.6升<排量≤2.0升（辆）	1.6Litres < Displacement ≤ 2.0 Litres (coach)	527525	538190	499206
2.0升<排量≤2.5升（辆）	2.0 Litres< Displacement ≤ 2.5 Litres (coach)	38169	20244	13360
多功能乘用车（MPV）（辆）	Multi–Purpose Vehicle (coach)			1467
运动型多用途乘用车（SUV）（辆）	Sports Utility Vehicle (coach)	921757	941919	837107
客车（辆）	Bus (coach)	290	962	162
大型客车（车长>10米）（辆）	Large Bus (coach)	259	962	157
中型客车（7米<车长≤10米）（辆）	Medium Bus (coach)	31		3
轻型客车（车长≤7米）（辆）	Light Bus (coach)			2
载货汽车（辆）	Lorry (coach)	383981	222986	203385
新能源汽车（辆）	New Energy Vehicles (coach)		44382	106755
改装汽车（辆）	Modified Car (coach)	4402	1438	869
动车组（辆）	High Speed Rail Train (coach)	622	640	350
铁路客车（辆）	Railway Passenger Train (coach)	358	380	290
城市轨道车辆（辆）	Urban Rail Vehicle (set)	2354	3157	2471
发电机组（发电设备）（千瓦）	Generating Set (kW)	82	233190	1191500
#风力发电机组	Wind Turbine Generator	82		1191500
变压器（千伏安）	Transformer (KVA)	10248795	12078690	14359942
#电力变压器(额定容量≥8000kVA，电压≥500kV)（千伏安）	Power Transformer (KVA)	989520	1335080	645400
高压开关板（面）	High–voltage Switch Board (piece)	4014	4227	3714
低压开关板（面）	Low–voltage Switch Board (piece)	23671	47230	52183
高压开关设备（11万伏以上）（台）	High–voltage Switchgear (set)	2557	1514	1129
电力电缆（千米）	Power Cable (km)	181072	254075	334998
绝缘制品（吨）	Insulation Products (ton)	2329	1985	625
锂离子电池（只）	Lithium Ion Battery (unit)	292608	86946	64723
家用电热取暖器具	Electric Heating Appliances for Household Use (set)	119800	183118	289906
灯具及照明装置（套、台、个）	Lamps and Lighting Fittings (set)	272728	12766	3324
半导体分立器件（万只）	Semiconductor Discrete Devices (set)	360938	274517	294487
光电子器件（万只、片、套）	Optoelectronic Devices (set)	63107	2751	2408
电子元件（万支）	Eletronic Component (10000 sets)	99	31773	32869
工业自动调节仪表与控制系统（台、套）	Automatically Adjusting Industrial Instrumentation and Control Systems	23403	17213	204845
电工仪器仪表（台）	Electric Instruments (set)	457	531	
分析仪器及装置（台、套）	Analytical Instruments and Devices (set)	969		
环境监测专用仪器仪表（台）	Environ ment Monitoring Special Instrumentation (set)	4746	47	50
汽车仪器仪表（台）	Automotive Instrumentation (set)			
光学仪器（台、个）	Optical Instrument (set)	1051807	1144279	1228175
发电量（万千瓦小时）	Generating Capacity (10000 kWh)	8717594	9446744	9596020
#火力发电量	Thermal Power Capacity	7193932	7499129	7293290
水力发电量	Hydraulic Power Capacity	498497	738562	824023
风力发电量	Wind Power Capacity	913540	975499	1188916
煤气生产量（万立方米）	Gas Production (10000 cu.m)	2248420	2294284	2448612
自来水生产量（万立方米）	Tap Water Production (10000 cu.m)	68528	71496	74735

13－9 各地区主要工业产品产量（2021年）

Output of Major Industrial Products by Region（2021）

地 区	Region	原煤（万吨）Coal (10000tons)	天然原油（万吨）Crude Oil (10000tons)	原油加工（万吨）Crude Oil Processing Volume (10000 tons)	发电量(亿千瓦小时) Electricity (100 million kWh)	汽车（万辆）Motor Vehicle (10000 sen)	轿车（万辆）Car (Coach)	水泥（万吨）Cement (10000tons)	粗钢（万吨）Crude Steel (10000tons)	钢材（万吨）Steel (10000tons)
长 春	Changchun	100.06	7.25	39.21	284.89	242.10	128.58	562.62	88.96	113.70
吉 林	Jilin	24.59		784.05	138.36	0.17		432.59	492.01	774.93
四 平	Siping		11.76		122.73			417.15	170.13	139.57
辽 源	Liaoyuan	224.53			39.74			62.41	344.41	315.65
通 化	Tonghua				34.96			184.44	443.39	425.06
白 山	Baishan	137.18			33.84			165.95		
松 原	Songyuan		337.05		66.65			119.41		
白 城	Baicheng		50.72		176.33			56.45		21.70
延 边	Yanbian	388.92			56.02	0.14		124.26		

地 区	Region	焦炭（万吨）Coke (10000 tons)	机制纸及纸板(万吨) Machine-made Paper and Paperboard (10000 tons)	化学纤维（万吨）Chemical Fibers (10000 tons)	乙烯（万吨）Ethylene (10000 tons)	合成氨（万吨）Synthetic Ammonia (10000 tons)	农用化肥（万吨）Chemical Fertilizer (10000 tons)	中成药（万吨）Traditional Chinese Medicine (10000 tons)	实木地板(万立方米) Solid Wood Flooring (10000 du.m)	服装（万件）Garments (10000 pieces)
长 春	Changchun			0.02				1.17	185.73	484.10
吉 林	Jilin	109.57	19.65	44.53	77.30	29.46	14.60	0.17	39.21	34.70
四 平	Siping							0.90		546.50
辽 源	Liaoyuan	32.93		0.22				0.10		
通 化	Tonghua	198.37	1.32					4.24		
白 山	Baishan	58.25	29.79					0.35	14.34	18.60
松 原	Songyuan		0.44			19.98	10.28	0.02		35.70
白 城	Baicheng					14.33	3.96	0.24		
延 边	Yanbian							1.43	5.38	5541.10

第十四篇

CHAPTER ▶ 14

建 筑 业

Construction

资料整理人员：

王　辉

14－1 历年建筑业企业主要指标

Main Indicators on Construction Enterprises Over the Years

年 份 Year	资产合计（亿元）Total Assets (100 million yuan)	利润总额（亿元）Total Profits (100 million yuan)	税金总额（亿元）Total Tax (100 million yuan)	按总产值计算劳动生产率（元/人）Overall Labor Productivity by Gross Output Value (yuan/person)	房屋建筑面积（万平方米）Floor Space of Building Construction (10 000 sq.m)	
					施工面积 Under Construction	竣工面积 Completed
1978					388	194
1979					560	280
1980		0.34			673	329
1981		0.76			643	312
1982		0.54			726	342
1983		0.80			872	479
1984		0.64			886	503
1985		0.69			970	508
1986		0.83			989	493
1987		1.04			1007	538
1988		1.65			1135	629
1989		1.31			1041	584
1990		0.78			913	546
1991		1.30			1121	645
1992		1.85			1446	866
1993	96.15	2.53	3.52	23739	1685	995
1994	117.35	1.49	3.60	23759	1526	916
1995	150.59	0.62	3.88	29820	1311	755
1996	169.31	−0.73	4.25	35488	1345	803
1997	184.94	1.15	4.37	38556	1290	826
1998	187.96	−1.65	4.69	42695	1290	814
1999	201.87	0.07	5.34	47832	1447	929
2000	252.92	1.73	7.09	61177	2209	1440
2001	323.16	3.69	9.97	70159	2474	1716
2002	383.14	2.44	11.29	69734	2476	1597
2003	405.14	2.35	14.63	76978	2532	1629
2004	461.69	4.24	13.52	96414	2823	1750
2005	490.03	2.47	18.67	109612	3166	1745
2006	525.68	7.52	21.66	128476	3638	1933
2007	519.78	10.27	22.56	128949	4586	2543
2008	663.52	41.25	37.16	140431	5436	3378
2009	652.23	38.56	39.34	158801	5369	3956
2010	895.92	46.18	45.86	170784	5901	4273
2011	1128.60	88.93	57.39	244299	7447	4195
2012	1943.52	73.61	68.12	313780	11321	6034
2013	2065.64	89.10	73.28	390827	12519	6344
2014	2086.41	109.15	87.28	311540	13993	7372
2015	2415.25	98.85	73.14	250282	12237	5603
2016	2553.62	91.92	64.60	283854	10634	5211
2017	2540.65	90.48	31.68	356333	9336	3834
2018	2758.68	88.10	26.85	393540	8504	3132
2019	2899.67	80.35	19.16	440074	7988	2943
2020	3152.61	64.44	16.68	521496	8447	2892
2021	3327.51	52.48	15.15	598758	8737	3060

14－2　建筑施工企业生产情况（2021年）

项　目	Item	按经济类型分 Grouped by Type of Economy 总计 Total	内资企业 Domestic Funded	国有 State-owned
企业个数（个）	Number of Enterprises (unit)	3579	3573	37
建筑业总产值（万元）	Gross Output Value (10000 yuan)	22462904	22363009	786821
1.建筑工程	Construction Engineering	19186456	19094944	755625
2.安装工程	Installation Engineering	2405181	2398207	7259
3.其他产值	Other	871267	869858	23938
竣工产值（万元）	Output Value of Building Completed (10000 yuan)	11249912	11241323	171583
房屋建筑施工面积（平方米）	Floor Space of Buildings under Construction (sq.m)	87374461	87373671	776611
#本年新开工	New Starting This Year	39507655	39506865	538434
年末自有施工机械设备净值（万元）	Net Value of Machinery and Equipment Owned at Year end (10000 yuan)	363593	363057	7835
年末自有施工机械设备总台数（台）	Number of Machinery and Equipment Owned at Year end (set)	40130	39448	980
年末自有施工机械设备总功率（千瓦）	Total Power of Machinery and Equipment Owned at Year end (kW)	1191150	1178650	75783
从事建筑业活动的平均人数（人）	Average number of employed person engaged in construction activities (person)	381456	381224	6614

Production Situation of Construction Enterprises（2021）

按经济类型分 Grouped by Type of Economy				
			港澳台商投资企业 Funded from Hong Kong Macao and Taiwan	外商投资企业 Foreign Funded
集体 Collective-owned	股份合作企业 Joint Venture	私营企业 Private Enterprises		
20	5	3074	5	1
66495	3428	13981499	99895	
46627	3361	12173206	91512	
14052		1168910	6974	
5817	67	639382	1409	
44004	3096	7654529	8589	
75904		54744514	790	
22701		27978816	790	
314	687	232506	537	
43	29	20921	682	
801	1051	533071	12500	
967	207	258874	232	

14－2 续表

项　　目	Item	按行业类别分 Grouped by Sector		
		房屋建筑业 Construction of Buildings	土木工程建筑业 Civil Engineering	建筑安装业 Construction Installation
企业个数（个）	Number of Enterprises (unit)	1529	1036	584
建筑业总产值（万元）	Gross Output Value (10000 yuan)	12706352	6975457	1743345
1.建筑工程	Construction Engineering	11820533	5846889	744741
2.安装工程	Installation Engineering	465490	811197	918786
3.其他产值	Other	420328	317371	79818
竣工产值（万元）	Output Value of Building Completed (10000 yuan)	7199047	2448819	992829
房屋建筑施工面积（平方米）	Floor Space of Buildings under Construction (sq.m)	77133231	4158084	3111464
#本年新开工	New Starting This Year	34523397	1286440	1894109
年末自有施工机械设备净值（万元）	Net Value of Machinery and Equipment Owned at Year end (10000 yuan)	168184	169262	18781
年末自有施工机械设备总台数（台）	Number of Machinery and Equipment Owned at Year end (set)	17747	16241	5409
年末自有施工机械设备总功率（千瓦）	Total Power of Machinery and Equipment Owned at Year end (kW)	444142	612996	115506
从事建筑业活动的平均人数	Average number of employed person engaged in construction activities	228042	88955	40466

continued

建筑装饰业 Building Decoration and Other Constructions	按隶属关系分 Grouped by Subordinate Relationship		
	中央 National	地方 Local	其他 Others
430	38	444	3097
1037750	3023741	2173463	17265700
774292	2498173	1851355	14836928
209708	518385	233641	1653155
53750	7183	88467	775617
609218	458573	1227386	9563953
2971682	7995055	11228846	68150560
1803709	1253203	4049110	34205342
7366	60547	41605	261442
733	9782	4477	25871
18506	276991	214594	699565
23993	29453	38401	313602

14－3 建筑施工企业财务状况（2021年）

单位：万元

项　　目	Item	总计 Total	内资企业 Domestic Funded	国有 State-owned
		按经济类型分 Grouped by Type of Economy		
资产合计	Total Assets	33275092	33172051	1998948
流动资产合计	Total Current Assets	27797365	27706722	1450775
固定资产原价	Original Value of Fixed Assets	2915323	2900620	197721
流动负债合计	Total Current Liabilities	20713926	20645352	596466
负债合计	Total Liabilities	22698218	22629640	680031
所有者权益合计	Total Owners Equities	10576875	10542411	1318917
营业收入	Operating Revenue	21592442	21502081	735247
营业成本	Operating Costs	20094869	20011709	711313
税金及附加	Tax and Extra Charges	151499	151182	2224
管理费用	Management Expenses	820443	818683	25408
财务费用	Financial Expense	198699	198673	2191
营业利润	Operating Profit	517080	512657	–1937
营业外支出	Non–business Expenditure	40808	40794	517
利润总额	Total Profits	524804	520229	–2215
应交增值税	Income Tax Payable	626683	626146	19291

Building Construction Company Financial Position（2021）

unit:10000 yuan

					按行业类别分 Grouped by Sector			
集 体 Collective-owned	股份合作企业 Stock Cooperation	私营企业 Private Enterprises	港澳台商投资企业 Funded from Hong Kong Macao and Taiwan	外商投资企业 Foreign Funded	房屋建筑业 Building Construction	土木工程建筑业 Civil Engineering	建筑安装业 Construction Installation	建筑装饰业 Building Decoration and Other Constructions
70792	10707	18914029	99651	3390	16481349	13038769	2624539	1130436
64782	8870	15945957	87268	3375	14545392	10070538	2210674	970761
9128	5297	1668552	14652	51	853278	1636449	306787	118809
55603	6654	11493360	65238	3336	11387806	7069832	1621600	634688
56115	6697	12454392	65241	3336	12199848	8104147	1718036	676187
14677	4010	6459637	34410	54	4281501	4934623	906503	454248
66212	3483	12881376	90361		11398934	7264072	1861876	1067560
59002	2852	11951388	83161		10749179	6674455	1711951	959285
738	23	108621	317		85848	46693	11953	7005
4898	1012	510400	1611	149	284363	333743	134733	67604
-7	10	137734	26		106286	72756	11296	8361
2340	-413	387406	4571	-149	327006	158150	2965	28959
2179		23707	14		19523	12651	7596	1038
615	-413	378654	4724	-149	308510	176080	732	39483
1098	11	376299	537		352663	184479	64520	25021

14－3 续表

项　　目	Item	按隶属关系分 Grouped by Subordinate Relationship		
		中央 National	地方 Local	其他 Others
资产合计	Total Assets	2716654	4359861	26198577
流动资产合计	Total Current Assets	2047683	3664018	22085664
固定资产原价	Original Value of Fixed Assets	355657	442353	2117314
流动负债合计	Total Current Liabilities	1965717	2646136	16102073
负债合计	Total Liabilities	2253073	3118772	17326373
所有者权益合计	Total Owners Equities	463581	1241089	8872204
营业收入	Operating Revenue	2777539	2251526	16563378
营业成本	Operating Costs	2638670	2064414	15391786
税金及附加	Tax and Extra Charges	6930	11996	132573
管理费用	Management Expenses	72611	113963	633870
财务费用	Financial Expense	10789	24702	163208
营业利润	Operating Profit	26367	55540	435173
营业外支出	Non-business Expenditure	1713	8463	30632
利润总额	Total Profits	38772	58366	427666
应交增值税	Income Tax Payable	81521	76650	468512

continued

按企业资质登记分组 Grouped by Enterprise Qualification							
施工总承包 Construction General Contract				专业承包 Specialized Contraction			
特级 Special Grade	一级 First Grade	二级 Second Grade	三级 Third Grade		一级 First Grade	二级 Second Grade	三级 Third Grade
2329676	8313805	8189661	10445026	3631609	940259	1295535	1322919
2051901	6951600	6905105	8524184	3035535	817242	1063857	1091095
217270	754482	744897	756520	410478	82690	142719	171039
1714671	5759598	5508631	5459774	2009636	592171	709685	672508
1801393	6232391	5888516	6354356	2155673	616425	733909	753634
528283	2081414	2301145	4090671	1475936	323834	561626	569286
1353040	5921151	4564617	6512315	3025666	818719	1236027	891323
1299434	5520603	4203082	6119051	2779063	756665	1176706	772618
4590	21918	30469	75864	17162	4023	5849	6690
27466	126362	161683	282248	207323	52632	74553	76115
11715	47954	64067	53564	20254	5344	7236	7305
9324	161183	128096	173370	41768	–23615	24281	31705
742	8989	7921	15658	7303	1254	4828	1125
17922	156517	128618	162634	55702	–21252	35610	31959
12470	192875	143613	171747	101210	37120	37600	21398

14－4　各地区建筑业基本情况（2021年）
Basic Situation of Construction by Region（2021）

单位：万元　　unit：10000 yuan

地　区	Region	企业单位数（个）Number of Enterprises	有工作量的建筑企业个数（个）Enterprises with Projects	签订的合同额 Contract Amount Value	#上年结转合同额 Value of Contracts Signed in Last Year	建筑业总产值 Value of Construction output	建筑工程 Construction Engineering
总　计	**Total**	**3579**	**2954**	**43797612**	**18327544**	**22462904**	**19186456**
长　春	Changchun	1830	1499	28531540	13092881	13832790	12094230
吉　林	Jilin	456	396	5851534	2098997	2684552	1964812
四　平	Siping	166	145	1253950	522227	714840	644546
辽　源	Liaoyuan	138	99	590641	208051	403645	336597
通　化	Tonghua	265	217	2536437	614204	1578065	1379460
白　山	Baishan	126	114	660886	225342	432854	376875
松　原	Songyuan	211	162	1409780	349382	1089760	895479
白　城	Baicheng	112	91	594761	156648	418493	342758
延　边	Yanbian	261	220	2335400	1041075	1293972	1140278
长白山	Changbaishan	14	11	32682	18737	13933	11422

地　区	Region	安装工程 Installation Engineering	其他产值 Other	竣工产值 Output Value of Building	房屋建筑施工面积（平方米）Floor Space of Building under Construction (sq.m)	其中：本年新开工 New Starting This Year
总　计	**Total**	**2405181**	**871267**	**11249912**	**87374461**	**39507655**
长　春	Changchun	1263451	475110	6968777	61432537	27977017
吉　林	Jilin	656771	62969	1223919	6115621	2741377
四　平	Siping	53292	17002	354825	1288600	661198
辽　源	Liaoyuan	33136	33912	192750	1463637	695373
通　化	Tonghua	53604	145001	875442	5315671	2777613
白　山	Baishan	30861	25118	206913	907177	658070
松　原	Songyuan	159229	35052	607732	1821547	1310601
白　城	Baicheng	69439	6296	261740	897474	258535
延　边	Yanbian	85398	68296	549198	8106833	2402519
长白山	Changbaishan		2511	8617	25364	25354

14－5 各地区的建筑业企业房屋竣工价值（2021年）
Value of Buildings Completed of Construction Enterprises by Region（2021）

单位：万元　　　　unit：10000 yuan

地　区	Region	合计 Total	住宅 Residential	商业及服务用房 Houses for Business Use	办公用 Office Buildings	科研、教育、医疗用房屋 Scientific Research Education Medical Use	厂房及建筑物 Factory Buildings
总　计	**Total**	**5042304**	**3499564**	**174474**	**201235**	**300811**	**543080**
长　春	Changchun	3222138	2365456	111822	123526	142760	350681
吉　林	Jilin	540791	392846	13645	18559	10291	81210
四　平	Siping	99068	70170	4620	3699	2278	11912
辽　源	Liaoyuan	72173	39486	67	2411	1246	1265
通　化	Tonghua	506772	270035	7602	15792	72704	29724
白　山	Baishan	58425	44490	6431	730		2978
松　原	Songyuan	148240	113384	2043	4581	5342	7744
白　城	Baicheng	61233	30119	9648	15897	3622	888
延　边	Yanbian	329539	171165	18594	16041	61430	56678
长白山	Changbaishan	3926	2413			1140	

14－6 各地区建筑企业财务情况（2021年）
Financial Situation of Construction Enterprises by Region（2021）

单位：万元　　　　unit：10000 yuan

地　区	Region	资产合计 Total Assets	营业收入 Operating Revenue	营业成本 Operating Costs	税金及附加 Tax and Extra	管理费用 Management Expenses	营业利润 Operating Profit	利润总额 Total Profits	应付职工薪酬（本年贷方累计发生额） Employee Benefits Payable（the total amount of credit this year）
总　计	**Total**	**33275092**	**21592442**	**20094869**	**151499**	**820443**	**517080**	**524804**	**1619199**
长　春	Changchun	19949710	13729458	12808922	64693	460512	343894	337788	1067386
吉　林	Jilin	3950965	2728839	2564090	14021	119433	31676	37146	220938
四　平	Siping	843227	668186	608085	6186	34987	27038	26375	35593
辽　源	Liaoyuan	1597385	420066	367166	5370	21976	26130	34040	35883
通　化	Tonghua	1804920	1022164	957798	24440	45648	17959	18048	80460
白　山	Baishan	885422	409098	379952	3299	21363	2770	3164	27614
松　原	Songyuan	950718	1066966	985728	21922	28062	45533	43314	58362
白　城	Baicheng	699857	422444	385111	3184	32997	−34	1403	34269
延　边	Yanbian	2505743	1104457	1018125	8175	53499	22753	24204	57353
长白山	Changbaishan	87146	20764	19894	209	1967	−639	−678	1340

第十五篇

CHAPTER ▶ 15

交通运输和邮电通信业

Transportation Postal and Telecommunications Services

资料整理人员：

钟炽慧

15－1 历年交通运输基本情况

Basic Conditions of Transportation

年 份 Year	铁路里程（公里）Length of Railways (km)	公路里程（公里）Length of Highways (km)	客运量（万人）Passenger Traffic (10000 persons)	#铁路 Railways	#公路 Highways	#水运 Waterways	货运量（万吨）Freight Traffic (10000 tons)	#铁路 Railways	#公路 Highways	#水运 Waterways
1978	4283	23836	11876	7790	4080	3	10666	5048	5602	16
1979	3474	23545	12476	8080	4390	4	11480	6235	5228	17
1980	3467	23545	13205	8380	4819	5	9249	5169	4071	9
1981	3470	24026	14216	8959	5250	5	9023	5191	3821	11
1982	3471	24047	15539	9583	5948	7	9913	5436	4464	13
1983	3382	24114	16530	9917	6605	7	10167	5645	4511	11
1984	3389	24271	17869	10203	7657	7	10812	5459	5339	14
1985	3390	24271	17181	9432	7744	4	11680	5762	5902	16
1986	3383	24625	19299	9145	10142	5	18047	5662	12369	16
1987	3393	24688	21783	9399	12369	6	21172	5842	15311	19
1988	3389	24966	26641	10139	16483	7	22218	6213	15980	25
1989	3389	25326	21403	9421	11956	14	20589	6493	14076	20
1990	3373	26468	18731	7810	10889	17	23149	6122	17005	22
1991	3374	27110	19259	7408	11810	20	23591	6317	17253	21
1992	3374	27192	21447	7630	13770	22	24055	6516	17519	20
1993	3374	28374	18668	7973	10657	13	23497	6844	16629	24
1994	3388	29581	20717	8305	12311	64	25885	6531	19286	68
1995	3381	31321	21367	7894	13371	48	26655	6123	20477	55
1996	3480	32098	20620	6781	13728	52	27604	6154	21394	56
1997	3480	33075	20502	5578	14821	47	27251	6152	21020	79
1998	3375	33812	22026	5499	16431	46	28116	5829	22221	66
1999	3378	34516	23203	5734	17352	60	32130	5753	22261	58
2000	3376	35216	23339	5040	18170	62	33018	5461	23640	46
2001	3376	39747	24378	5232	19001	70	32787	5399	23649	60
2002	3376	41095	24925	4860	19904	78	34066	5556	24777	79
2003	3475	44007	24513	4232	20112	87	34670	5910	25211	72
2004	3475	47255	27192	4687	22293	108	36516	6385	26659	75
2005	3475	50308	27724	4618	22870	113	37369	6474	27441	87
2006	3475	84444	29050	4590	24198	115	38829	6107	28965	89
2007	3475	85445	31651	4855	26506	116	41560	6199	31573	84
2008	3589	87099	56225	5320	50511	198	34373	7118	23558	125
2009	3766	88430	58823	5687	52723	170	38646	7164	27032	261
2010	3877	90437	64782	5770	58577	139	44977	7674	33013	226
2011	3840	91754	68498	6138	61830	219	51531	7505	39308	268
2012	4223	93208	73037	6261	66175	241	59335	6922	47130	331
2013	4222	94218	34562	6628	27403	116	49470	6202	38063	232
2014	4346	96041	35465	6935	27866	203	53023	5761	41830	407
2015	4877	97326	36895	7158	29013	188	47900	4071	38708	193
2016	4877	102484	35490	7566	27186	156	49721	3669	40777	339
2017	4869	103896	33687	7662	25203	123	54289	4790	44728	78
2018	4877	105399	32734	8446	23372	139	57650	5370	46520	22
2019	4877	106660	32429	8623	22881	94	48797	5679	37217	14
2020	4877	107848	15837	3832	11438	38	50517	6574	38274	
2021	4986	108691	14094	4216	9155	98	59017	5912	47675	

15－2 历年旅客周转量和货物周转量

Passenger–Kilometers and Freight Ton–Kilometers

年 份 Year	旅客周转量（百万人公里）Passenger – Kilometers (million passenger–km)	#铁路 Railways	#公路 Highways	#水运 Waterways	货物周转量（百万吨公里）Freight Ton – Kilometers (million ton–km)	#铁路 Railways	#公路 Highways	#水运 Waterways
1978	7802	6514	1286	1.77	25782	25042	687	53.36
1979	8181	6812	1366	2.43			655	54.30
1980	8429	6946	1480	3.12	24558	23967	562	28.98
1981	9169	7555	1611	3.28	24663	24009	613	41.61
1982	9947	8085	1859	3.19	28038	27212	778	48.10
1983	10931	8857	2071	3.14	31576	30747	790	39.08
1984	12392	9817	2572	2.99	31882	30726	1095	60.46
1985	13464	10671	2791	2.28	34316	33077	1160	78.89
1986	15113	11209	3901	2.55	38130	33556	4491	82.58
1987	16753	12259	4491	2.68	42257	35992	6162	103.01
1988	18773	13976	4794	2.90	43373	36865	6370	137.89
1989	17649	12968	4675	5.94	46623	39838	6658	127.22
1990	14788	10430	4350	7.49	43471	37858	5480	132.74
1991	15511	10625	4878	8.32	45028	38760	6148	119.96
1992	17352	11721	5623	8.56	46776	40599	6087	90.05
1993	17171	12812	4352	6.85	47980	41146	6731	102.76
1994	17809	13059	4733	16.29	49471	41350	8000	121.80
1995	17711	12552	5148	10.52	49731	42023	7600	107.26
1996	16821	11398	5411	11.44	50188	42230	7850	107.66
1997	17609	11717	5882	10.28	52070	44132	7827	110.64
1998	18409	11616	6786	7.25	59094	38543	7872	69.12
1999	19683	12347	7329	7.09	61781	40971	8128	70.68
2000	20667	12952	7679	5.89	61204	40621	8564	26.57
2001	21223	13263	7951	9.12	61394	41372	8601	35.81
2002	23232	13274	8417	7.00	61552	40916	9294	30.00
2003	21249	11505	8442	8.11	62017	42255	9057	21.29
2004	25615	14680	9002	11.79	69865	49934	9593	13.00
2005	26603	15185	9280	9.00	70780	50623	9875	43.00
2006	28063	16262	10024	9.20	72212	50464	10625	48.94
2007	32247	18184	11249	13.52	76403	52988	12400	57.07
2008	43235	19120	21293	43.05	126314	59118	56358	123.14
2009	45600	19771	22858	26.59	128119	56788	59621	141.86
2010	51131	20593	26958	20.05	139194	59590	68314	126.92
2011	55188	22894	28653	28.65	157965	63320	81600	121.44
2012	57232	22914	30676	32.54	172878	61855	97406	108.32
2013	45517	24476	16870	24.90	181356	57730	110000	134.23
2014	47266	25095	17327	24.83	186154	50981	119078	138.16
2015	48358	25222	17782	27.49	157931	37116	105122	59.13
2016	48657	26233	16872	21.50	163084	39124	108477	62.00
2017	48446	26221	16299	16.56	177864	48083	115159	20.47
2018	49268	27333	15377	17.83	188650	51359	118923	20.14
2019	49383	27615	14859	14.33	198756	53796	126277	5.76
2020	24026	12090	7792	3.95	204757	57024	129481	
2021	25578	13573	7290	9.08	224516	54476	152381	

15－3　交通运输里程
Length of Transportation Routes

单位：公里　　　　unit：km

项　　目	Item	2019	2020	2021
一、铁路	Railways			
正线延展里程	Extension Length of the Track Lines	6926	6926	7144
营业里程	Length of Railways in Operation	4877	4877	4986
二、公路通车里程	Length of Highways	106660	107848	108691
等级路	Expressway and Class I to IV Highways	101967	103670	104783
高速公路	Express way	3584	4306	4315
一级	First Class	2204	2222	2233
二级	Second Class	9760	9770	9767
三级	Third Class	9226	9359	9725
四级	Fourth Class	77192	78013	78742
等外路	Highways Below Class IV	4693	4178	3909
三、内河通航里程	Length of Navigable Inland Waterways	1621	1621	1621

15－4　客运量及旅客周转量
Passenger Traffic and Passenger－kilometers

项　　目	Item	客运量（万人）Passenger Traffic (10000 persons)			旅客周转量（万人公里）Passenger-kilometers (10000 passenger-km)		
		2019	2020	2021	2019	2020	2021
全社会总计	**Total**	**32429**	**15837**	**14094**	**4938272**	**2402582**	**2557823**
铁　路	Railways	8623	3832	4216	2761519	1209011	1357283
公　路	Highways	22881	11438	9155	1485925	779176	729040
水　运	Waterways	94	38	98	1433	395	908
民　航	Civil Aviation	830	529	625	689395	414000	470592

15－5 货运量及货物周转量
Freight Transport Quantity and Freight Ton-Kilometers

项　目	Item	货运量（万吨）Freight Traffic (10000 tons)			货物周转量（万吨公里）Freight Ton-kilometers (10000 ton-km)		
		2019	2020	2021	2019	2020	2021
全社会总计	**Total**	**48797**	**50517**	**59017**	**19875587**	**20475658**	**22451674**
铁路	Railways	5681	6574	5912	5379641	5702421	5447625
#地方铁路	Local Railways	280	312	291	17625	19547	19344
公路	Highways	37217	38274	47675	12627745	12948147	15238130
民航	Civil Aviation	3.24	3.26	3.74	5225	4370	5043
管道	Pipelines	5881	5666	5426	1862400	1820720	1760876
水运	Waterways	14			576		

15－6 各地区公路客货运输量
Passenger and Freight Traffic by Region

地　区	Region	客运量（万人）Passenger Traffic (10000 Persons)		旅客周转量（万人公里）Passenger-kilometers (10000 passenger-km)		货运量（万吨）Freight Traffic (10000 tons)		货物周转量（万吨公里）Freight ton-kilometers (10000 ton-km)	
		2020	2021	2020	2021	2020	2021	2020	2021
全　省	**Total**	**11438**	**9155**	**779176**	**729040**	**38274**	**47675**	**12948147**	**15238130**
长春	Changchun	3399	2882	229457	214081	14998	20550	5069130	6050657
吉林	Jilin	1637	1681	104364	143851	4131	4909	1419442	1513757
四平	Siping	972	732	58235	49850	8159	7811	2753671	2914670
辽源	Liaoyuan	425	468	34425	32554	1319	1538	447526	559160
通化	Tonghua	1042	666	79965	49866	1566	1645	529558	588358
白山	Baishan	753	357	48476	27746	1004	943	329913	381031
松原	Songyuan	1144	1027	68330	64061	4742	6847	1605557	2142328
白城	Baicheng	626	271	46050	18256	607	986	206322	332118
延边	Yanbian	993	944	101317	121603	1679	2392	567369	737244
长白山	Changbaishan	447	127	8557	7172	69	53	19659	18807

15－7 历年邮电通信业务情况

Postal and Telecommunication Services over the Years

年 份 Year	邮电业务总量（万元）Business Volume of Post and Telecommunications (10 000 yuan)	邮政业务总量 Business Volume of Post	电信业务总量 Business Volume of Telecommunications	函 件（万件）Number of Letters (10 000 pcs)	本地电话用户（万户）Subscribers of Local Telephone (10 000 subscribers)	移动电话用户（万户）Subscribers of Mobile Telephone (10 000 subscribers)	长途光缆线路长度（公里）Length of Optical Cable Lines (km)	电话普及率（含移动）（部/百人）Popularization Rate of Telephone (sets/100 persons)
1978	3853			7478	4.4			0.2
1979	3999			8167	4.8			0.2
1980	4055			8333	5.0			0.2
1981	6057			8309	5.4			0.2
1982	6293			8237	5.9			0.3
1983	6779			8646	6.4			0.3
1984	7517			9953	7.2			0.3
1985	8886			12114	8.1			0.4
1986	9503			13278	9.3			0.4
1987	10540			13933	10.7			0.5
1988	13539			16269	13.3			0.6
1989	17046			16545	16.8			0.7
1990	41556			15805	20.3			0.8
1991	51394			13151	25.0			1.0
1992	70063			12369	33.0			1.3
1993	106797			13831	49.9			2.0
1994	155114			15416	75.9			3.0
1995	212153			15333	107.8			4.2
1996	290041			14045	137.6		3793	5.3
1997	375102			11518	164.5		4493	6.3
1998	538459			10405	192.6		4702	7.4
1999	839500	85500	754000	9838	223.0	110.0	5086	12.7
2000	1163500	91500	1072000	9500	260.0	203.3	5461	17.6
2001	929592	91900	837692	10900	423.2	339.9	12785	24.0
2002	1163966	100300	1063666	16086	478.5	461.3	12722	36.5
2003	1546608	112900	1433708	17200	598.0	633.2	16044	45.5
2004	2133256	112800	2020456	7154	664.7	763.8	18668	46.4
2005	2858444	133100	2725344	6300	768.6	915.7	19197	63.0
2006	3382254	155600	3226654	6200	733.7	1137.8	19805	69.5
2007	4131841	165800	3966041	6600	745.5	1311.1	19834	74.9
2008	4559978	177600	4382378	6937	621.6	1441.2	16275	77.7
2009	5329996	211700	5118296	8088	581.3	1574.2	20161	78.9
2010	6539520	249600	6289920	9319	595.2	1805.4	21801	87.6
2011	2385540	183600	2201940	6579	579.3	2004.1	21843	94.1
2012	2627968	223000	2404968	5006	578.8	2257.0	22704	103.2
2013	2772764	258400	2514364	4373	579.0	2372.1	23431	107.4
2014	3281861	306600	2975261	3034	574.8	2612.3	23544	118.0
2015	3894776	361300	3533476	1923	572.3	2604.1	23877	115.5
2016	5752169	460300	5291869	1523	520.3	2654.8	23396	115.3
2017	5577487	577900	4999587	1717	497.6	2868.8	23444	123.2
2018	11504357	726398	10777959	1297	477.9	3001.1	33747	128.0
2019	18638585	945490	17693095	961	457.4	2897.6	26395	124.0
2020	22418799	1221927	21196872	787	417.8	2870.1	26743	122.2
2021	3526582	1085893	2440689	688	376.1	2966.5	26617	123.2

注：从2021年起，不变价基期由2015年改为2020年。
Note: Since 2021, constant-price base period is changed from 2015 to 2020.

15－8　邮电业务总量

Business Volume of Postal and Telecommunication Services

项　　目	Item	2019	2020	2021
包裹（万件）	Package (10000 pcs)	22	15	13
订销报纸期发数（万份）	Issue of Newspapers (10000 pcs)	106	100	92
订销杂志期发数（万份）	Issue of Magazines (10000 pcs)	52	64	77
邮政储蓄平均余额（亿元）	Postal Deposits Balance (100 million yuan)	1210	1365	1566
集邮业务（万枚）	Stamps for Collection (10000 pcs)	2268	1459	924
移动电话用户（万户）	Mobile Telephone Subscribers (10000 subscribers)	2898	2870	2966
#4G移动电话用户（万户）	4G mobile phone users (10000 subscribers)	2218	2322	2009
（固定）互联网宽带接入用户（万户）	Broadband Subscribers of Internet (Fixed) (10000 subscribers)	618.3	654.2	734.2
移动互联网用户（万户）	Mobile Internet Subscribers (10000 subscribers)	2274.8	2412.9	2454.6
固定互联网光纤宽带接入端口（万个）	Fixed Optical Fiber Broad Band Subscribers Port of Internet (10000 unit)	1686.6	1525.9	1743.1
固定互联网光纤宽带接入用户（万户）	Fixed Optical Fiber Broad Band Subscribers of Internet (10000 Subscribers)	558.2	604.9	689.8
移动互联网接入流量（亿G）	Flow Accessed to Mobile Internet (100 million G)	21.90	28.21	34.78
邮政局、所（处）	Postal and Postal Offices (unit)	1002	1011	1017
#农村	Rural	717	719	715
邮路长度（公里）	Length of Postal Routes (km)	186052	192750	147936
#铁路邮路	Railway Routes	15	1366	
航空邮路	Aviation Routes	146625	134865	82673
汽车邮路	Highway Routes	39412	56519	65263
本地网中继光缆线路长度（公里）	Local Network Length of Optical Cable Lines (km)	464887	455543	378119
火车邮箱（辆）	Railway Postal Boxes (coach)	6		
邮政汽车（辆）	Postal Vehicles (coach)	1955	1986	1808

第十六篇

CHAPTER ▶ 16

批发零售贸易和餐饮业

Wholesale, Retail Trade and Catering Services

资料整理人员：

田　润

16－1 历年社会消费品零售总额

Total Retail Sales of Consumer Goods

单位：万元　　unit：10000 yuan

年份 Year	社会消费品零售总额 Total Retail Sales of Consumer Goods	按城乡分 Grouped by Urban and Rural		按行业分 Grouped by Sector		
		城镇 Urban	乡村 Rural	批发零售贸易业 Wholesale and Retail Trades	住宿和餐饮业 Hotels and Catering Services	其他行业 Others
1978	385620	291514	94106	346032	15854	23734
1979	453079	316707	136372	388943	18937	45199
1980	528330	377198	151132	438715	24509	65106
1981	592590	430405	162185	481611	29934	81045
1982	670226	490219	180007	531540	38307	100379
1983	755406	555884	199522	589343	46380	119683
1984	914002	662759	251243	711368	52394	150240
1985	1119958	843468	276490	862671	65462	191825
1986	1278126	979384	298742	972965	71948	233213
1987	1454974	1131042	323932	1086680	81881	286413
1988	1808111	1441649	366462	1344761	104819	358531
1989	1982953	1592980	389973	1479969	112779	390205
1990	1989470	1607039	382431	1478528	108295	402647
1991	2236919	1840771	396148	1666612	117840	452467
1992	2614745	2199504	415241	1924394	143653	546698
1993	3254435	2787451	466984	2359417	200302	694716
1994	3861244	3305331	555914	2686160	295038	880046
1995	4562405	3956697	605708	3090909	362382	1109115
1996	5124454	4353625	770828	3323019	528554	1272881
1997	5558604	4754906	803698	3538749	509242	1510612
1998	5943204	5160605	782600	3723836	541591	1677777
1999	6241516	4948280	1293236	5351966	620699	268851
2000	6712747	5397708	1315039	5584420	817534	310793
2001	7304493	5960465	1344028	6100491	964340	239662
2002	7905744	6593321	1312423	6582716	1112756	210272
2003	8471846	7116371	1355474	7261367	1168347	42132
2004	9339943	7889327	1450616	8276073	1027421	36448
2005	10388686	8831464	1557222	9005191	1349634	33861
2006	11675594	9973601	1701993	10033042	1602952	39600
2007	13645575	11643451	2002125	11724910	1889653	31012
2008	16613799	14285383	2328416	14230655	2371905	11239
2009	18750711	16031993	2718719	17107438	1623620	19653
2010	21609017	19156802	2452215	19434252	2155652	19113
2011	24687672	22015045	2672627	22339919	2325581	22172
2012	27823948	24694731	3129218	24616389	3207559	
2013	30775485	27261316	3514169	27244382	3531102	
2014	33540538	29703830	3836708	29787414	3753124	
2015	35717304	31545630	4171674	31618224	4099080	
2016	38128874	34186290	3942585	33426816	4702059	
2017	39922790	35796282	4126508	34820684	5102106	
2018	40737858	36186641	4551217	35240308	5497550	
2019	42129273	37727893	4401380	36466197	5663076	
2020	38239511	34257885	3981626	33108384	5131127	
2021	42166342	37615520	4550822	36243124	5923218	

16－2　各地区社会消费品零售总额

Total Retail Sales of Consumer Goods by Region

单位：亿元　　　　unit：100 million yuan

地　区	Region	2017	2018	2019	2020	2021
长　春	Changchun	1913.24	1990.43	2066.26	2003.11	2219.19
吉　林	Jilin	542.61	540.40	557.50	480.01	527.78
四　平	Siping	260.59	261.09	269.18	171.99	187.58
辽　源	Liaoyuan	122.43	122.53	125.36	108.25	117.81
通　化	Tonghua	252.75	252.48	259.93	179.91	198.71
白　山	Baishan	154.30	156.95	161.02	138.23	149.98
松　原	Songyuan	230.43	228.32	236.12	218.66	241.91
白　城	Baicheng	164.21	163.19	167.42	143.62	156.37
延　边	Yanbian	345.05	352.03	363.60	318.83	348.74

16－3　限额以上批发零售贸易业商品购进、销售、库存总额（2021年）

单位：万元

项　　目	Item	法人企业数（个）Number of Corporation Units (unit)	从业人数（人）Number of Person Employed (person)
总 计	**Total**	**2496**	**122010**
一、批发企业	**Wholesale Trade**	**1185**	**43724**
（一）按国民经济行业分	Grouped by Sector		
农、林、牧、渔产品批发业	Wholesale of Agricultural,Forestry,Live Stock and Fishery Products	167	4813
食品、饮料及烟草制品批发业	Food, Beverage and Tobaccos	114	7999
#米、面制品及食用油批发业	Rice, Flour and Edible Oil	27	742
烟草制品批发业	Tobaccos	10	4337
纺织、服装及日用品批发业	Textiles Garment and Daily Consumer Articles	26	794
#服装批发业	Garment	4	95
日用家电批发	Household Electrical Appliances	10	238
文化、体育用品及器材批发业	Culture, Sports Appliances and Equipments	16	1191
医药及医疗器材批发业	Medicines and Medical Appliances	278	14104
矿产品、建材及化工产品批发业	Mineral Products, Building Materials and Chemical Products	321	6478
#煤炭及制品批发业	Coal and related Products	45	628
石油及制品批发业	Petroleum and Related Products	40	3406
金属及金属矿批发业	Metals and Mineral Products	102	886
建材批发业	Construction Materials	81	788
化肥批发业	Chemical Fertilizer	11	170
机械设备、五金交电及电子产品批发业	Machinery,Hardware and Electronic Equipment	240	7337
汽车及零配件批发	Motor Vehicles and Their Parts	103	3323
摩托车及零配件批发	Motorcycle and Spare Parts	4	101
计算机、软件及辅助设备批发	Computer, Software and Assistant Appliances	22	839
贸易经纪与代理	Trade Broker and Agency		
其他批发业	Others	23	1008
（二）按登记注册类型分	Grouped by Status of Registration		
内资企业	Domestic Enterprises	1178	43243
国有企业	State- owned Enterprises	20	5022
集体企业	Collective- owned Enterprises		
股份合作企业	Cooperative Enterprises	1	64
联营企业	Joint Venture Enterprises		
有限责任公司	Limited Liability Corporations	236	13187
股份有限公司	Company Limited by Shares	12	2722
私营企业	Private Enterprises	904	22202
其他企业	Others	5	46
港、澳、台商投资企业	Hong Kong Macao and Taiwan Funded Enterprises		
外商投资企业	Foreign Funded Enterprises	7	481

Total Purchases,Sales and Inventory of Enterprises above Designated Size of Wholesale and Retail Trade (2021)

unit：10000 yuan

购进总额 Total Goods Purchase	#进口 Import	销售总额 Total Sales	批发 Wholesale	#出口 Export	零售 Retail Trade	年末库存总额 Inventory (year-end)
45667164	**871113**	**51335681**	**35693930**	**114566**	**15489630**	**4091637**
34779804	**526677**	**37116861**	**34373219**	**114566**	**2591694**	**2930096**
2961607	3445	3385378	3291466	15141	92226	946057
3456052	49782	4425060	4363007	4767	62053	207443
1140468		1269351	1262399	35	6952	18296
1760463	2569	2490238	2490238			116488
229831		253104	228716		24072	24880
32915		38247	23182		14748	311
88592		92908	84545		8364	12103
233276		285277	276717		8560	37935
4726716	5711	5348470	4977974	10257	370496	438963
9781930	417778	9510757	8100004	46669	1391239	551993
911633	400576	1211352	1186766		5905	113067
2226211	77	1596740	831133		765607	33469
4427862	2860	4423158	3832104	46669	591054	209061
759951	3978	811619	799970		10829	40393
397770		373154	358970		14185	134302
13092777	45291	13611277	12860658	27781	626112	686188
11848250	22612	12203530	11671424	18132	489614	531788
39749	17341	44672	44672	9530		5261
114485		152919	148774		4145	16161
297615	4671	297537	274678	9951	16938	36638
33152906	522906	36443235	33704745	113634	2586543	2890887
2332848	2569	3096596	3096596			209696
4189		8015	8015			35
19492614	391634	20691966	19342013	56947	1340515	1604395
2016640		2272047	1527567		744481	147236
9243354	128703	10313992	9670937	56687	500548	918807
63261		60619	59619		1000	10719
1626899	3772	673626	668475	932	5151	39209

单位：万元

16－3 续表

项　目	Item	法人企业数（个）Number of Corporation Units (unit)	从业人数（人）Number of Person Employed (person)
二、零售企业	**Total of Retail Trade**	**1311**	**78286**
（一）按国民经济行业分	Grouped by Sector		
综合零售业	Synthesize Retail Trade	151	20012
#百货零售业	General Merchandise	85	10170
超级市场零售业	Supermarkets	61	9631
食品、饮料及烟草制品专门零售业	Food Beverage and Tobaccos	75	3463
纺织、服装及日用品专门零售业	Textile, Garments, Daily Consumer Articles	35	1630
纺织品及针织品零售	Textile and Knitwear Retail	2	32
#服装零售业	Garments	19	654
文化、体育用品及器材专门零售业	Culture, Sports Appliances and Equipments	71	2780
体育用品及器材零售	Sports Goods and Equipment Retail	5	71
图书、报刊零售业	Books and Newspapers	46	1766
医药及医疗器材专门零售业	Medicines and Medical Appliances	128	18501
#西药零售	Western Medicine	98	16794
中药零售	Traditional Chinese Medicine	18	1401
汽车、摩托车、燃料及零配件专门零售业	Motor Vehicles, Motorcycles, Fuel and Parts	601	26920
#汽车新车零售	New Automobile	406	15875
汽车旧车零售	Used Automobile	14	126
机动车燃油零售	Automobile Petrol	158	10135
机动车燃气零售	Automobile Gas	10	342
家用电器及电子产品专门零售业	Household Electric Appliances and Electronic Products	160	3664
#家用视听设备零售业	Household Electric Appliance	3	55
计算机、软件及辅助设备零售业	Computer, Software and Assistant Appliances	45	1023
通讯设备零售业	Telecommunication Equipment	45	845
五金、家具及室内装修材料专门零售业	Hardware, Furniture and Decoration Material	40	561
货摊、无店铺及其他零售业	Stall Goods, Non- shop and Others Retail	50	755
#邮购及电视、电话零售	Distribution of Post and E- commerce Sales	1	1
（二）按登记注册类型分	Grouped by Status of Registration		
内资企业	Domestic Enterprises	1280	73634
国有企业	State- owned Enterprises	9	2165
集体企业	Collective- owned Enterprises	5	48
股份合作企业	Cooperative Enterprises	2	77
联营企业	Joint Venture Enterprises		
有限责任公司	Limited Liability Corporations	262	25744
股份有限公司	Company Limited by Shares	16	6377
私营企业	Private Enterprises	985	39200
其他企业	Others	1	23
港、澳、台商投资企业	Hong Kong Macao and Taiwan Funded Enterprises	21	3769
外商投资企业	Foreign Funded Enterprises	10	883

continued

unit: 10000 yuan

购进总额 Total Goods Purchase	#进口 Import	销售总额 Total Sales	批发 Wholesale	#出口 Export	零售 Retail Trade	年末库存总额 Inventory (year-end)
10887360	**344436**	**14218820**	**1320711**		**12897936**	**1161541**
1384282	179	2356593	46917		2309676	162607
728364	71	1646479	43169		1603310	93821
638655	108	689302	1740		687563	66987
309896	14	357924	65859		292064	44194
142570		187232	9649		177582	36872
906		1607	883		724	365
88227		101096	798		100298	12656
192998	1295	211627	11837		199790	87228
12236	1295	13297	81		13217	2211
99552		99755			99755	25895
799953	13817	991608	36470		955138	205869
690120		866465	30242		836223	189975
84200	13464	93191	6228		86963	12532
7025517	328603	9000028	1082338		7917516	526843
4899906	303883	5104321	135261		4969060	441776
20554		21678			21672	1545
1918720	759	3660794	908210		2752584	71417
93044		98633	38867		59598	2193
515778	528	581798	27965		553833	73277
4497		5071	185		4886	591
83766		99654	7561		92093	14601
122938	528	150895	2518		148378	20770
58641		71853	5617		66237	13667
457726		460158	34058		426100	10984
386596		368107	23503		344604	1467
10346772	289061	12890471	1034135		11856163	1113078
72832		86771			86771	10691
7341		9791			9791	424
14063		16768	965		15804	399
2993893	85171	4682032	303740		4378293	338078
894021		1156552	175347		981205	66976
6356245	203890	6930423	554084		6376166	695996
8377		8133			8133	513
446447	55375	677290	9233		668057	38437
94141		651060	277343		373716	10026

16－4 限额以上批发零售企业财务状况（2021年）

单位：万元

项　　目	Item	流动资产合计 Total Current Assets	固定资产原价 Original Value of Fixed Assets	累计折旧 Depreciation	#本年折旧 Depreciation This Year
批发、零售贸易企业总计	**Total**	**24190027**	**5724071**	**2103378**	**440252**
一、批发企业	**Wholesale Trade**	**17574289**	**2639022**	**873288**	**274176**
（一）按国民经济行业分组	Grouped by Sector				
农、林、牧、渔产品批发	Wholesale of Agricultural,Forestry,Live Stock and Fishery Products	2535273	372693	144526	16769
食品、饮料及烟草制品批发	Food, Beverage and Tobaccos	1036671	310550	174098	18414
#米、面制品及食用油批发	Rice, Flour and Edible Oil	163883	11899	5202	861
烟草制品批发	Tobaccos	593497	273755	157521	14137
纺织、服装及日用品批发	Textiles, Garment and Daily Consumer Articles	152354	8779	2669	611
#服装批发	Garment	3708	142	47	25
家用电器批发	Household Electric Appliances	102794	4242	840	150
文化、体育用品及器材批发	Culture, Sports Goods and Appliances	152490	29560	12936	1054
医药及医疗器材批发	Medicines and Medical Appliances	3430855	165718	70663	15538
矿产品、建材及化工产品批发	Mineral,Construction and Chemical Products	6541585	1563161	375764	200890
#煤炭及制品批发	Coal and Related Products	742740	28218	8802	1262
石油及制品批发	Petroleum and Related Products	318369	295972	128903	46592
金属及金属矿批发	Metals and Mineral Products	1886519	67917	32524	3451
建材批发	Construction Materials	2463818	1143373	194607	143839
化肥批发	Chemical Fertilizer	913966	19437	7582	5195
机械设备、五金交电及电子产品批发	Machinery, Hardware and Electronic Equipment	3594639	134534	62233	17429
汽车零配件批发	Motor Vehicles and Their Parts	3100216	83209	37198	10206
摩托车及零配件批发	Motorcycle and Spare Parts	24950	6942	3863	235
计算机、软件及辅助设备批发	Computer,Software and Assistant Appliances	90308	6921	2968	1268
贸易经纪与代理	Trade Broker and Agency				
其他批发	Others	130423	54028	30400	3472
（二）按登记注册类型分组	Grouped by Status of Registration				
内资企业	Domestic Investment Enterprises	17338145	2619289	861079	274905
国有企业	State- owned Enterprises	1072149	300830	169895	15840
集体企业	Collective- owned Enterprises				
股份合作企业	Stock Cooperative Enterprises	6074	7546	3902	491
联营企业	Joint Venture Enterprises				
有限责任公司	Limited Liability Corporations	10933060	1642798	405522	173935
股份有限公司	Joint Stock Corporations	1041450	199484	92924	34358
私营企业	Private Enterprises	4270776	468455	188740	50278
其他企业	Others	14637	176	96	3

Main Financial Indicators of Enterprises Above Designated Size of Wholesale and Retail Trades (2021)

unit: 10000 yuan

资产总计 Total Assets	负债合计 Total Liabilities	实收资本 Paid-up Capital	营业收入 Operating Revenue	主营业务收入 Revenue from Principal Business	营业成本 Operating Cost	税金及附加 Tax and Extra
33557495	**23664932**	**3880076**	**46417216**	**45526800**	**48777709**	**408546**
22804823	**16107796**	**2199977**	**33605556**	**33231781**	**37636292**	**357638**
3573460	2639800	805884	3330193	3303706	3236659	3400
1250129	447870	95591	3978403	3974729	3240472	309800
198119	157388	34079	1150615	1150326	1132538	1215
738084	57721	11604	2213922	2212249	1573535	306501
171007	131519	26548	231374	229294	204909	410
7193	5353	470	32419	32139	25989	54
107806	90784	16210	80217	79149	74042	133
194611	129500	45148	258845	257130	238588	513
3638894	3055449	282021	4805291	4781871	4161485	15126
9694224	6371864	559656	8658113	8582286	14791605	13106
924024	708004	60897	1109677	1084217	1050394	1678
712193	535472	49211	1438876	1404011	1358773	2919
2659443	2023634	346942	4021047	4019834	3940821	4666
4172048	1919581	37130	747695	741180	731206	2818
957632	963156	38055	362703	362520	355293	304
4065501	3167633	335150	12074752	11839962	11515866	14725
3527886	2798652	251767	10834194	10687768	10403542	12353
32752	10006	6508	41516	40630	36745	156
100930	50951	34262	145514	137576	124138	527
216998	164161	49980	268585	262804	246709	558
22515043	15936150	2149380	33006671	32636627	37092426	355761
1377449	590165	116428	2783792	2779323	2123663	307394
9532	4198		7353	6820	7075	42
14366026	10136717	1198538	18663034	18516054	17822138	28421
1706296	1274180	171147	2054386	2023813	1988944	2453
5040907	3919780	661145	9443217	9255727	15098561	17404
14833	11111	2122	54890	54890	52046	48

单位：万元

16－4 续表 1

项　　目	Item	流动资产合计 Total Current Assets	固定资产原价 Original Value of Fixed Assets	累计折旧 Depreciation	#本年折旧 Depreciation This Year
港、澳、台商投资企业	Hong Kong Macao and Taiwan Investment Enterprises				
外商投资企业	Foreign Investment Enterprises	236144	19733	12210	−729
二、零售企业	**Total of Retail Trade**	**6615738**	**3085050**	**1230090**	**166076**
（一）按国民经济行业分组	Grouped by Sector				
综合零售	Synthesize Retail Trade	1941385	1790254	659643	63635
#百货零售	General Merchandise	1573535	1510973	539464	47302
超级市场零售	Supermarket	363698	278002	120118	16279
食品、饮料及烟草制品专门零售	Food Beverage and Tobaccos	234255	26680	12137	2514
纺织、服装及日用品专门零售	Textiles, Garments,Daily Consumer Articles	117722	53023	18327	2757
#服装零售	Garments	58656	42119	12217	2024
文化、体育用品及器材专门零售	Culture, Sports Appliances and Equipments	218089	56331	26137	2072
#体育用品零售	Sports Goods and Equipment Retail	7160	8498	3132	47
图书、报刊零售	Books and Newspapers	71614	33281	19046	1115
医药及医疗器材专门零售	Medicines and Medical Appliances	722504	64060	25140	7134
#西药零售	Western Medicine	674734	43043	20247	5950
中药零售	Traditional Chinese Medicine	31515	5719	1756	331
汽车、摩托车、燃料及零配件专门零售	Motor Vehicles Fuel and Parts	2929621	1054998	471096	84712
#汽车新车零售	New Automobile	1802792	495392	196476	52140
汽车旧车零售	Used Automobile	8124	2554	861	151
汽车零配件零售	Motor Vehicles Parts Retail	42846	7474	3569	1208
摩托车及零配件零售	Motorcycle and Spare Parts	1228	1495	558	207
家用电器及电子产品专门零售	Household Electric Appliances and Electronic Products	333399	22051	10698	1346
#家用视听设备零售	Household Audio-visual equipment Retail	1098	625	371	84
日用家电设备零售	Household Appliances Retail	159917	13654	6197	446
计算机、软件及辅助设备零售	Computer, Software and Assistant Appliances	56244	4259	2387	428
通信设备零售	Telecommunication Equipment	71192	2800	1296	242
五金、家具及室内装修材料专门零售	Hardware, Furniture and Decoration Materials	46472	3513	1246	653
货摊、无店铺及其他零售	Stall Goods, Non- shop and Others Retail	72291	14141	5667	1254
#邮购及电视、电话零售	Distribution of Post and E-commerce Sales	12819			
（二）按登记注册类型分组	Grouped by Status of Registration				
内资企业	Domestic Investment Enterprises	6132235	2727980	1023318	145170
国有企业	State- owned Enterprises	647644	2738	1129	344
集体企业	Collective- owned Enterprises	2581	225	108	22
股份合作企业	Stock Cooperative Enterprises	979	4851	705	62
联营企业	Joint Venture Enterprises				
有限责任公司	Limited Liability Corporations	1982166	1659618	535779	69505
股份有限公司	Joint Stock Corporations	597940	271675	146756	9388
私营企业	Private Enterprises	2898283	788741	338828	65840
其他企业	Others	2643	132	15	9
港、澳、台商投资企业	Hong Kong Macao and Taiwan Investment Enterprises	466049	218032	152054	10701
外商投资企业	Foreign Investment Enterprises	17454	139038	54718	10205

continued

unit：10000 yuan

资产总计 Total Assets	负债合计 Total Liabilities	实收资本 Paid-up Capital	营业收入 Operating Revenue	主营业务收入 Revenue from Principal Business	营业成本 Operating Cost	税金及附加 Tax and Extra
289780	171646	50598	598885	595154	543866	1877
10752672	**7557135**	**1680098**	**12811660**	**12295018**	**11141418**	**50908**
3850940	2859069	721648	1811065	1561647	1334502	22841
3208266	2313131	621920	1143694	946131	794599	19556
636948	543329	99112	648248	596413	523010	3260
297953	249440	42947	335468	326696	281466	947
182311	123166	22361	164225	154031	125486	948
114880	80824	16678	84571	74412	64915	727
268397	211344	50687	201168	198118	159508	1581
17251	17537	6000	12186	12186	8965	143
95902	56254	16159	98389	95339	73006	719
875676	754856	67510	905130	890868	694719	3251
800462	695578	59951	786402	773747	591888	2666
42677	35293	4508	85816	85539	77433	290
4744723	2977586	666478	8378299	8152171	7625035	19325
2500463	1861134	501757	4812913	4682587	4413122	12770
10239	7211	1883	31523	30147	28050	52
46677	35642	6392	99544	97927	91058	203
2280	2220	20	1829	1829	1391	13
390661	287090	67558	533128	530143	479389	1023
1352	966	267	4658	4626	3904	21
197046	152134	23954	269061	266689	243534	560
60175	30910	18369	93807	93800	80939	287
82004	68601	12351	138826	138251	126842	109
51572	33507	12870	65607	64900	55778	223
90439	61079	28039	417570	416444	385535	769
12819	13744		327882	327882	310358	495
9867299	6801214	1593531	11527651	11059354	10060580	44286
650096	22149	6409	94461	94461	44200	710
2714	960	322	8662	8503	6895	12
5000	4614	336	14839	14839	12975	54
4423086	3225355	838883	3984231	3716733	3390383	23427
905207	634148	61155	1032053	978964	912098	3134
3878434	2911934	686426	6384650	6237100	5685700	16949
2761	2055		8754	8754	8329	
658888	634616	77402	637042	604108	535601	5561
226485	121304	9166	646967	631557	545237	1062

16－4 续表 2

单位：万元

项　　目	Item	其他业务利润 Profits of Other Business	销售费用 Sales Expenses
批发、零售贸易企业总计	**Total**	**188522**	**1886406**
一、批发企业	**Wholesale Trade**	**80250**	**1071580**
（一）按国民经济行业分组	Grouped by Sector		
农、林、牧、渔产品批发	Wholesale of Agricultural,Forestry,Live Stock and Fishery Products	20175	73230
食品、饮料及烟草制品批发	Food, Beverage and Tobaccos	3333	129338
#米、面制品及食用油批发	Rice, Flour and Edible Oil	1177	8463
烟草制品批发	Tobaccos	313	71889
纺织、服装及日用品批发	Textiles, Garment and Daily Consumer Articles	1603	14996
#服装批发	Garment		5190
家用电器批发	Household Electric Appliances	426	2985
文化、体育用品及器材批发	Culture, Sports Goods and Appliances	399	7426
医药及医疗器材批发	Medicines and Medical Appliances	11041	320050
矿产品、建材及化工产品批发	Mineral,Construction and Chemical Products	18526	130389
#煤炭及制品批发	Coal and Related Products	507	13843
石油及制品批发	Petroleum and Related Products	1058	72824
金属及金属矿批发	Metals and Mineral Products	12449	20764
建材批发	Construction Materials	4157	10743
化肥批发	Chemical Fertilizer	171	2521
机械设备、五金交电及电子产品批发	Machinery, Hardware and Electronic Equipment	25146	387982
汽车零配件批发	Motor Vehicles and Their Parts	21936	329779
摩托车及零配件批发	Motorcycle and Spare Parts	163	2002
计算机、软件及辅助设备批发	Computer,Software and Assistant Appliances	6	4478
贸易经纪与代理	Trade Broker and Agency		
其他批发	Others	28	8168
（二）按登记注册类型分组	Grouped by Status of Registration		
内资企业	Domestic Investment Enterprises	80126	1020168
国有企业	State- owned Enterprises	969	83498
集体企业	Collective- owned Enterprises		
股份合作企业	Stock Cooperative Enterprises		20
联营企业	Joint Venture Enterprises		
有限责任公司	Limited Liability Corporations	22498	524169
股份有限公司	Joint Stock Corporations	1905	66457
私营企业	Private Enterprises	54754	344494
其他企业	Others		1530

continued

unit：10000 yuan

管理费用 Management Expenses	营业利润 Operating Profits	利润总额 Total Profit	所得税费用 Expense of Income Tax	应付工资 Wages Payable	本年应交增值税 Value－added Tax Payable
1038025	**427289**	**577886**	**150326**	**843670**	**501848**
481556	**281221**	**411670**	**113548**	**411265**	**328963**
47331	–26419	–17114	1361	35942	17678
117384	193299	194703	51848	121536	92919
7484	1270	1426	340	6033	2987
88092	187032	186230	48570	97629	82205
6662	4154	4413	455	4406	1636
762	245	254	21	591	401
1065	1997	2198	35	1175	316
11938	4476	5411	477	8416	2434
124590	124537	125904	31323	95684	79125
79406	–110050	5736	12186	61908	73949
17242	14977	10162	3912	6580	25642
14984	–70120	–70532	2565	35295	30100
16537	46175	45897	3617	6256	9689
17410	–76474	43248	531	7003	5585
2759	–30656	–29192	278	1839	553
83211	89996	91186	15748	78466	53561
43962	76738	77707	13060	52568	40568
1163	1042	1098	260	919	514
6197	2209	2309	441	7167	4272
11035	1229	1432	151	4907	7663
474069	338572	468510	112076	401890	326400
90526	193061	192342	49811	104907	98352
387	–651	–667		898	
136136	96764	217278	44301	142107	105602
1245	–7619	–6358	623	32777	27958
245357	56261	65170	17293	120962	94259
418	756	744	48	238	230

16－4 续表 3

单位：万元

项　　目	Item	其他业务利润 Profits of Other Business	销售费用 Sales Expenses
港、澳、台商投资企业	Hong Kong Macao and Taiwan Investment Enterprises		
外商投资企业	Foreign Investment Enterprises	124	51411
二、零售企业	**Total of Retail Trade**	**108271**	**814826**
（一）按国民经济行业分组	Grouped by Sector		
综合零售	Synthesize Retail Trade	42241	155627
#百货零售	General Merchandise	29370	79942
超级市场零售	Supermarket	12871	75210
食品、饮料及烟草制品专门零售	Food Beverage and Tobaccos	2224	32645
纺织、服装及日用品专门零售	Textiles, Garments,Daily Consumer Articles	440	21092
#服装零售	Garments	66	11484
文化、体育用品及器材专门零售	Culture, Sports Appliances and Equipments	2449	14513
#体育用品零售	Sports Goods and Equipment Retail	57	3062
图书、报刊零售	Books and Newspapers	2188	8654
医药及医疗器材专门零售	Medicines and Medical Appliances	7158	150862
#西药零售	Western Medicine	5645	140751
中药零售	Traditional Chinese Medicine	-10	7907
汽车、摩托车、燃料及零配件专门零售	Motor Vehicles Fuel and Parts	34956	378960
#汽车新车零售	New Automobile	28610	158581
汽车旧车零售	Used Automobile		1213
汽车零配件零售	Motor Vehicles Parts Retail	749	2973
摩托车及零配件零售	Motorcycle and Spare Parts		43
家用电器及电子产品专门零售	Household Electric Appliances and Electronic Products	1342	32920
#家用视听设备零售	Household Audio-visual equipment Retail		545
日用家电设备零售	Household Appliances Retail	1331	25432
计算机、软件及辅助设备零售	Computer, Software and Assistant Appliances		1769
通信设备零售	Telecommunication Equipment	11	4180
五金、家具及室内装修材料专门零售	Hardware, Furniture and Decoration Materials	233	2468
货摊、无店铺及其他零售	Stall Goods, Non- shop and Others Retail	17229	25739
#邮购及电视、电话零售	Distribution of Post and E-commerce Sales	17029	18300
（二）按登记注册类型分组	Grouped by Status of Registration		
内资企业	Domestic Investment Enterprises	104657	730673
国有企业	State- owned Enterprises	1239	40827
集体企业	Collective- owned Enterprises		368
股份合作企业	Stock Cooperative Enterprises	864	2
联营企业	Joint Venture Enterprises		
有限责任公司	Limited Liability Corporations	56508	269369
股份有限公司	Joint Stock Corporations	7602	110113
私营企业	Private Enterprises	38444	309596
其他企业	Others		398
港、澳、台商投资企业	Hong Kong Macao and Taiwan Investment Enterprises	2758	52012
外商投资企业	Foreign Investment Enterprises	856	32141

continued

unit：10000 yuan

管理费用 Management Expenses	营业利润 Operating Profits	利润总额 Total Profit	所得税费用 Expense of Income Tax	应付工资 Wages Payable	本年应交增值税 Value - added Tax Payable
7488	-57351	-56840	1472	9375	2563
556469	**146068**	**166216**	**36778**	**432405**	**172885**
218487	47347	50995	8272	98335	25721
171434	48780	49850	6866	59648	19305
46301	-1556	918	1399	37964	6252
16944	-938	-1307	2146	11385	15835
11638	2703	3998	259	6498	2454
6808	-1364	-162	-133	2727	1105
20994	-655	602	330	17499	1097
897	-1307	-1309	-55	384	60
14014	3164	4027	4	13210	282
56125	-3332	-1516	3622	83436	17402
49219	-4362	-3259	3168	76887	15144
3777	-596	-480	108	5570	1837
197215	105537	114550	20793	191912	116775
141884	42862	52690	15717	102005	65161
679	1040	1050	246	1086	108
3328	1006	1131	659	2203	1112
382	-2	-2		80	111
23500	-6149	-3505	878	17390	-11266
55	122	131	6	203	81
9842	-9507	-7344	713	8378	-14249
6955	1924	2168	105	4420	1828
5294	1012	1209	40	3816	714
5116	1962	1955	182	2359	1243
6449	-406	444	296	3592	3625
	-1273	-823			2457
532466	77935	98278	34468	412855	156711
8032	723	1145	268	5567	8227
263	120	116	6	298	159
1552	165	91	9	318	116
224563	57356	65952	14077	167158	64021
21484	-18552	-19057	3221	65923	24255
276573	38208	50118	16888	173471	59933
	-86	-86		120	
18889	6530	6394	2368	14722	6222
5114	61603	61544	-58	4828	9952

16－5　限额以上住宿和餐饮企业主要财务状况（2021年）

单位：万元

项　　目	Item	流动资产合计 Total Current Assets	固定资产原价 Original Value of Fixed Assets	累计折旧 Depreciation	#本年折旧 Depreciation This Year
总　　计	**Total**	**718091**	**1292544**	**511428**	**59943**
一、住宿业	**Hotels**	**581781**	**1163046**	**476363**	**52320**
（一）按国民行业分组	Grouped by Sector	479827	1023118	420049	46029
旅游饭店	Tour Restaurant	479827	1023118	420049	46029
一般旅馆	General Restaurant	91498	122379	53971	5854
其他住宿服务	Other Hotel Services	9570	17420	2343	437
（二）按登记注册类型分组	Grouped by Status of Registration				
内资企业	Domestic Investment Enterprises	509704	1056268	410028	48879
国有企业	State- owned Enterprises	26260	236047	95212	5663
集体企业	Collective- owned Enterprises				
股份合作企业	Stock Cooperative Enterprises	247	23	10	10
联营企业	Joint Venture Enterprises				
有限责任公司	Limited Liability Corporations	264170	421537	183940	17535
股份有限公司	Joint Stock Corporations	4013	33506	18461	1251
私营企业	Private Enterprises	215015	365154	112406	24420
其他企业	Others				
港、澳、台商投资企业	Hong Kong Macao and Taiwan Investment Enterprises	10781	14285	5888	972
外商投资企业	Foreign Investment Enterprises	61295	92494	60446	2469
二、餐饮业	**Catering Services**	**136310**	**129498**	**35065**	**7623**
（一）按国民行业分组	Grouped by Sector				
正餐服务	Restaurant	95475	110587	28569	6777
快餐服务	Fast Food	6892	6023	3870	-364
饮料及冷饮服务	Beverages and Cold Drinks	1	27	17	17
其他餐饮服务	Others	1514	178	88	34
（二）按注册类型分组	Grouped by Status of Registration				
内资企业	Domestic Investment Enterprises	132333	123825	31425	8044
国有企业	State- owned Enterprises	1325	4498	3273	465
集体企业	Collective- owned Enterprises				
股份合作企业	Stock Cooperative Enterprises				
联营企业	Joint Venture Enterprises				
有限责任公司	Limited Liability Corporations	25964	7526	4240	784
股份有限公司	Joint Stock Corporations	4531	347	190	67
私营企业	Private Enterprises	100514	111454	23722	6729
其他企业	Others				
港、澳、台商投资企业	Hong Kong Macao and Taiwan Investment Enterprises				
外商投资企业	Foreign Investment Enterprises	170	424	132	27

Main Financial Indicators of Enterprises above Designated Size of Catering and Hotels（2021）

unit：10000 yuan

资产总计 Total Assets	负债合计 Total Liabilities	实收资本 Paid – up Capital	营业收入 Operating Revenue	主营业务收入 Revenue from Principal Business	营业成本 Operating Cost
1792193	**1542236**	**376922**	**522566**	**511304**	**289376**
1504219	**1273669**	**327708**	**253593**	**244975**	**114463**
1283435	1088225	292359	186254	178900	82476
1283435	1088225	292359	186254	178900	82476
184761	150365	31821	59135	58377	29229
33534	32514	3528	7737	7231	2319
1348091	1127687	287792	231371	222815	101807
191152	77154	66396	39991	38602	16009
366	1308		254	254	165
592715	522476	121765	76643	73307	37833
21157	11772	3162	4950	4891	955
542701	514977	96469	109533	105763	46846
45378	55771	8110	4102	4097	3530
110749	90211	31806	18120	18063	9126
287975	**268567**	**49214**	**268973**	**266329**	**174913**
218827	217127	31665	168923	166606	99568
15278	8969	4623	25023	25023	12073
588	236	352	279		87
1673	1203	979	2866	2866	1726
276836	261776	45214	254427	251783	169957
2645	1272	755	3382	2964	1808
34456	38167	4661	40405	40281	25421
4863	3603	1234	16377	16377	14503
234872	218735	38565	194263	192161	128225
302	78		240	240	80

单位：万元

16－5 续表1

项　　目	Item	税金及附加 Tax and Extra	其他业务利润 Profits of Other Business	销售费用 Sales Expenses
总　　计	**Total**	5539	4725	137280
一、住宿业	**Hotels**	4688	4040	80065
（一）按国民行业分组	Grouped by Sector	4147	3234	63185
旅游饭店	Tour Restaurant	4147	3234	63185
一般旅馆	General Restaurant	366	805	14485
其他住宿服务	Other Hotel Services	143		2395
（二）按登记注册类型分组	Grouped by Status of Registration			
内资企业	Domestic Investment Enterprises	4412	4040	72602
国有企业	State- owned Enterprises	506	763	12341
集体企业	Collective- owned Enterprises			
股份合作企业	Stock Cooperative Enterprises	3		43
联营企业	Joint Venture Enterprises			
有限责任公司	Limited Liability Corporations	2544	1948	26347
股份有限公司	Joint Stock Corporations	232		2866
私营企业	Private Enterprises	1127	1328	31005
其他企业	Others			
港、澳、台商投资企业	Hong Kong Macao and Taiwan Investment Enterprises	121		715
外商投资企业	Foreign Investment Enterprises	155		6749
二、餐饮业	**Catering Services**	851	686	57215
（一）按国民行业分组	Grouped by Sector			
正餐服务	Restaurant	705	661	44614
快餐服务	Fast Food	30		9739
饮料及冷饮服务	Beverages and Cold Drinks			242
其他餐饮服务	Others	1		1069
（二）按注册类型分组	Grouped by Status of Registration			
内资企业	Domestic Investment Enterprises	826	686	48681
国有企业	State- owned Enterprises	36		767
集体企业	Collective- owned Enterprises			
股份合作企业	Stock Cooperative Enterprises			
联营企业	Joint Venture Enterprises			
有限责任公司	Limited Liability Corporations	178		11099
股份有限公司	Joint Stock Corporations			968
私营企业	Private Enterprises	611	686	35847
其他企业	Others			
港、澳、台商投资企业	Hong Kong Macao and Taiwan Investment Enterprises			
外商投资企业	Foreign Investment Enterprises	3		2

continued

unit：10000 yuan

管理费用 Management Expenses	营业利润 Operating Profits	利润总额 Total Profit	所得税费用 Expense of Income Tax	应付工资 Wages Payable
142440	−79605	−74296	540	99543
106219	−73596	−69830	147	64360
81916	−63985	−60800	49	50585
81916	−63985	−60800	49	50585
21169	−8260	−7702	83	12457
3132	−1350	−1327	14	1296
99534	−66765	−60370	145	60284
24166	−12620	−11345	1	17810
237	−194	−194		69
31545	−33710	−29676	16	17815
1367	−602	−589		1032
42220	−19640	−18566	128	23558
1767	−3995	−6713		661
4918	−2835	−2748	2	3415
36221	−6009	−4466	394	35183
25685	−7097	−5670	228	23222
2515	524	163	49	4181
	−45	−45		58
345	−276	−264		246
35633	−6305	−4388	358	32336
1028	−254	1		909
4752	−1222	−665	104	4782
1080	−170	−24	74	2268
28774	−4659	−3700	180	24378
73	80	80		83

16－6　限额以上住宿和餐饮企业主要经营情况

Main Business of Enterprises above Designated Size of Catering and Hotels

单位：万元　　　　　　　　　　　　　　　　　　　　　　　　unit：10000 yuan

项　　目	Item	法人企业（个） Corporation Units (unit)		营业额 Business Revenue		餐费收入 Catering Income	
		2020	2021	2020	2021	2020	2021
总　　计	**Total**	**352**	**423**	**372032**	**533416**	**221677**	**313379**
一、住宿业	**Hotels**	**197**	**231**	**190979**	**261090**	**63875**	**83094**
按国民行业分组	Grouped by Sector						
旅游饭店	Tour Restaurant	127	141	148255	191982	52675	67175
一般旅馆	General Restaurant	58	77	35952	60898	9693	14550
其他住宿服务	Other Hotel Services	12	13	6772	8210	1507	1368
二、餐饮业	**Catering Services**	**155**	**192**	**181053**	**272326**	**157802**	**230285**
按国民行业分组	Grouped by Sector						
正餐服务	Restaurant	133	154	132269	169510	114906	133970
快餐服务	Fast Food	5	9	18517	25852	18517	24619
饮料及冷饮服务	Beverages and Drinks	1	1	238	296	238	296
其他餐饮服务	Others	16	28	30028	76668	24140	71401

16－7 各地区限额以上批发零售贸易情况（1）（2021年）

Basic Conditions on Wholesale and Retail Trades above Designated Size by Region（1）（2021）

地　区　Region	批发零售贸易业法人企业（个）Wholesale and Retail Trades Corporation Units (unit)	#零售贸易业 Retail Trade	批发零售贸易从业人员（人）Wholesale and Retail Trades Employees (person)	#零售贸易业 Retail Trade
全　省　Total	**2496**	**1311**	**122010**	**78286**
长春市　Changchun	1351	549	69908	43341
吉林市　Jilin	307	184	13936	8629
四平市　Siping	105	62	5358	3670
辽源市　Liaoyuan	65	46	3310	2506
通化市　Tonghua	118	78	5762	2665
白山市　Baishan	60	46	3157	2557
松原市　Songyuan	177	116	6858	3837
白城市　Baicheng	86	65	4081	3089
延边州　Yanbian	193	135	8581	6987
长白山　Changbaishan	5	5	130	130
梅河口市　Meihekou	29	25	929	875

16－8 各地区限额以上批发零售贸易情况（2）（2021年）

Basic Conditions on Wholesale and Retail Trades above Designated Size by Region（2）（2021）

地 区	Region	批发零售贸易业商品购进额（万元）Wholesale and Retail Trades Total Purchases Value (10000 yuan)	批发零售贸易业商品销售额（万元）Wholesale and Retail Trades Total Sales Value (10000 yuan)	#批 发 Wholesale	#零 售 Retail Trade	批发零售贸易业期末商品库存额（万元）Wholesale and Retail Trades Stocks (year-end) (10000 yuan)
全 省	**Total**	**45667164**	**51335681**	**35693930**	**15489630**	**4091637**
长 春 市	Changchun	33617793	36810071	26486908	10182106	2592723
吉 林 市	Jilin	3938924	4521613	3041748	1474891	467457
四 平 市	Siping	1184135	1333900	817729	516171	132388
辽 源 市	Liaoyuan	675257	772702	499600	273102	98360
通 化 市	Tonghua	1572481	1940688	1424244	510522	128616
白 山 市	Baishan	498550	622356	317706	304650	37498
松 原 市	Songyuan	1702265	2198569	1390822	807748	305549
白 城 市	Baicheng	963932	1162685	791993	370524	165303
延 边 州	Yanbian	1402798	1801250	843930	957320	154077
长 白 山	Changbaishan	6620	6842		6842	958
梅河口市	Meihekou	104411	165005	79250	85755	8710

16-9 私营企业基本情况

Basic Statistics on Urban and Rural Private Enterprises

行业	Item	户数（户）Household (subscribers)			注册资金（万元）Registered Funds (10000 yuan)		
		2019	2020	2021	2019	2020	2021
合计	**Total**	**432334**	**491874**	**569722**	**315915033**	**1291009576**	**382955952**
按经济类型分	**Grouped by Ownership**						
独资企业	Foreign Funded	31351	35768	46001	4886453	4444432	4774418
合伙企业	Partnership Enterprises	2050	2212	2439	13484054	13466345	13549213
有限责任公司	Limited Liability Corporation	396422	451395	518784	289095790	1264825166	356667904
股份有限公司	Joint Stock Corporations	2511	2499	2498	8448735	8273633	7964417
按行业分	**Grouped by Sector**						
农林牧渔业	Farming,Forestry,Animal Husbandry and Fishery	23200	25314	30055	16935966	12989805	14725304
采矿业	Mining	1927	2033	2031	2444959	2714941	2880861
制造业	Manufacturing	37734	39632	41538	28284647	30424969	33035827
电力、热力、燃气及水生产和供应业	Production and Supply for Electricity Heat,Gas and Water	2526	2555	2675	4273246	4389304	4478808
建筑业	Construction	36304	45147	54943	54094170	214339604	79216388
交通运输、仓储和邮政业	Transport,Storage and Post	15416	16906	18494	10361613	11337383	11804864
信息传输、软件和信息技术服务业	Information Transmission, Software and Information Technology	21033	23900	30611	11675645	12938690	15578125
批发零售业	Wholesale and Retail Trade	147338	169582	197092	55593844	60434496	65629083
住宿和餐饮业	Hotels and Catering Services	6189	6876	7633	3513583	2702224	2840361
房地产业	Real Estate	15860	18081	20100	14639251	16746476	17514791
租赁和商务服务业	Leasing and Business Services	51150	57228	66500	51075054	853837595	59541946
居民服务、修理和其他服务业	Services to Households, Repair and Other Services	12889	14318	16598	8051365	8359244	8749619
卫生和社会工作	Health and Social Service	2175	2763	3471	2516500	3205308	3632202
文化、体育和娱乐业	Culture, Sports and Entertainment	14812	15819	17711	6790389	6728554	7090031
其他行业	Others	43781	51720	60270	45664802	49860983	56237742

16－10 各地区限额以上单位按商品类别分社会消费品零售总额（2021年）

Total Retail Sales of Social Consumer Goods by Category of Enterprises above Designated Size by Region（2021）

单位：万元 unit：(10000 yuan)

地区	Region	社会消费品零售总额 Total Retail Sales of Consumer Goods	食品类 Food	粮油、肉禽蛋 Grain,Oil, Meat,Poultry and Eggs	其他食品类 Other Food	烟、酒、茶、饮料 Tobacco, Liquor,Tea and Beverages	衣着类 Clothing	针、纺织品 Knitwear and Textiles	服装鞋帽类 Clothing, Shoes and Hats	用品类 Articles
全省	**Total**	**15203756**	**1583747**	**531165**	**558127**	**494455**	**993841**	**65087**	**928755**	**8619133**
长春	Changchun	9675271	941831	316714	280192	344925	718027	45409	672618	6146678
吉林	Jilin	1533576	177621	50938	88331	38352	95388	6447	88941	818846
四平	Siping	579163	54913	15791	29016	10107	17215	1901	15314	235335
辽源	Liaoyuan	273151	22099	7633	7586	6880	15094	351	14742	135643
通化	Tonghua	536158	43115	14311	21805	6999	18882	666	18216	268373
白山	Baishan	328621	62028	12663	11340	38026	5337	945	4392	96274
松原	Songyuan	748055	80097	62391	9370	8337	17891	954	16937	241080
白城	Baicheng	350108	26940	9032	10960	6948	8412	879	7534	156424
延边	Yanbian	1035054	127313	22211	82800	22301	84062	6661	77400	454615
长白山	Changbaishan	10111	3209	637	1579	993	397	27	370	1300

16－10 续表 continued

地 区	Region	#日用品 Articles for Daily Use	#生活电器 Household Appliances	#文化体育娱乐 Culture and Sports Articles	#化妆品 Cosmetics	#金银珠宝 Jewelry	#中西药品 Traditional Chinese and Western Medicines	#书报杂志 Newspaper and Magazines	#建筑材料 Construction Material	燃料类 Fuel
全 省	**Total**	**287253**	**918031**	**238899**	**139696**	**215868**	**1201037**	**97070**	**80166**	**3589255**
长 春	Changchun	222570	552934	182974	115265	119435	845909	45579	61882	1628530
吉 林	Jilin	9687	129695	11199	8534	51501	65795	12899	1566	391485
四 平	Siping	2085	58566	3008	864	9442	35646	7455	598	250206
辽 源	Liaoyuan	2857	18415	201	1723	1063	38345	2645		90976
通 化	Tonghua	5245	31966	4981	1935	1083	33451	5221	3869	194952
白 山	Baishan	8945	14142	927	1613	6208	25274	2250	493	152607
松 原	Songyuan	7787	28300	9960	875	7294	22976	7799	3620	391805
白 城	Baicheng	3979	19911	6906	1047	2709	23193	5154	583	153237
延 边	Yanbian	20900	53947	15624	6752	15517	98559	5916	4876	331649
长白山	Changbaishan	526	577	31	42					2620

16－11　按登记注册类型分连锁零售企业基本情况（2021年）

行　　业	Item	总店数（个）Number of head office (unit)	门店总数（个）Total Number of Store (unit)
合　　计	**Total**	**52**	**3668**
内资企业	Domestic Funded Enterprises	51	3643
国有企业	State-owned Enterprises	1	6
集体企业	Collective-owned Enterprises		
股份合作企业	Cooperative Enterprises	1	215
联营企业	Joint Venture Enterprises		
国有联营企业	State Owned Joint Venture Enterprises		
集体联营企业	Collective Owned Joint Venture Enterprises		
国有与集体联营企业	State Owned and Collective Owned Joint Venture Enterprises		
其他联营企业	Others		
有限责任公司	Limited Liability Corporations	19	945
国有独资公司	State Owned Enterprise		
其他有限责任公司	Other Limited Liability Corporations	19	945
股份有限公司	Share-holding Corporations Limited	1	966
私营企业	Private Enterprise	29	1511
私营独资企业	Private-funded Enterprises		
私营合伙企业	Private Partnership Enterprises		
私营有限责任公司	Private Limited Liability Company	28	1393
私营股份有限公司	Private Share-holding Corporations Ltd	1	118
其他企业	Others		
港、澳、台商投资企业	Hong Kong Macao and Taiwan Invested Enterprises	1	25
合资经营企业	Joint Venture Enterprises		
合作经营企业	Cooperative Enterprises		
独资经营企业	Solely Invested Enterprise		
投资股份有限公司	Investment Limited by share Ltd		
其他港澳台商投资企业	Other Hong Kong Macao and Taiwan Investment Enterprises		
外商投资企业	Foreign Invested Enterprises		
中外合资经营企业	Joint-venture Enterprises		
中外合作经营企业	Cooperative Enterprises		
外资企业	Enterprises with Sole Funds		
外商投资股份有限公司	Companies Limited by Shares with Foreign Investment		
其他外商投资企业	Other Foreign Invested Enterprises		

The Basic Situation of Chain Retail Enterprises by the of Registration（2021）

年末从业人数（人）Number of Employees at the end of the year (person)	年末零售营业面积（万平方米）Retail Sales Area at the end of the year (10000 sq.m)	商品销售额（亿元）Commodity sales (100 million yuan)	商品购进总额（亿元）Total Commodity Purchase (100 million yuan)	统一配送商品购进额（亿元）Centralized Purchase and Delivery (100 million yuan)
18453	**66**	**190**	**74**	**62**
18354	66	190	74	62
33	0	2	2	2
2206	2	97		
5226	31	38	32	26
5226	31	38	32	26
4669	15	19	12	12
6220	17	34	29	23
5859	16	32	28	22
361	1	1	1	1
99				

16－12　按行业和业态分连锁零售企业基本情况（2021年）

行　　业	Item	总店数（个）Number of Head office (unit)	门店总数（个）Total Number of Store (unit)
总计	**Total**	**52**	**3668**
按行业分	Grouped by Sector		
综合零售	General Retail Trade	5	274
食品、饮料及烟草制品专门零售	Food Beverage and Tobaccos	3	120
纺织、服装及日用品专门零售	Textiles, Garments, Daily Consumer Articles	1	25
文化、体育用品及器材专门零售	Culture,Sports Appliances and Equipments	3	86
医药及医疗器材专门零售	Medicines and Medical Appliances	33	2904
汽车、摩托车、燃料及零配件专门零售	Motor Vehicles Fuel and Parts	1	215
家用电器及电子产品专门零售	Household Electric Appliances and Electronic Products	5	42
五金、家具及室内装饰材料专门零售	Hardware, Furniture and Decoration Materials		
货摊、无店铺及其他零售业	Stall Non-shop and Others Retail	1	2
按业态分	**According to Business Categories**		
便利店	Convenience Store		
折扣店	Discount Store		
超市	Supermarket	2	79
大型超市	Large Supermarket	1	4
仓储会员店	Warehouse Club		
百货店	Department Stores		
专业店	Specialty Store	39	3088
其中：加油站	Gas Station	1	215
专卖店	Franchised Store	8	285
家居建材商店	Building Material Store		
厂家直销中心	Factory Outlets Center		
其他	Others	2	212

Basic Situation of Retail Enterprises by Industry and Retail Industry（2021）

年末从业人数（人） Number of Employees at the end of the year (person)	年末零售营业面积（万平方米） Retail Sales Area at the end of the year (10000 sq.m)	商品销售额（亿元） Commodity sales (100 million yuan)	商品购进总额（亿元） Total Commodity Purchase (100 million yuan)	统一配送商品购进额（亿元） Centralized Purchase and Delivery (100 million yuan)
18453	**66**	**190**	**74**	**62**
1747	7	12	10	10
2074	6	14	12	12
99				
99	2	3	2	
11825	34	50	36	33
2206	2	97		
382	15	14	13	6
21				
1110	4	9	8	8
322	3	1	1	1
15251	54	169	57	48
2206	2	97		
1199	3	9	7	5
571	3	2	1	1

16-13 亿元以上商品交易市场基本情况（2021年）
Basic Statistics on Commodity Exchange Markets of Transaction Value Over 100 Million Yuan（2021）

行业	Item	市场数量（个）Number of Market (unit)	摊位数（个）Booth Number (unit)	营业面积（万平方米）Business Area (10000 sq.m)	成交额（亿元）Turnover (100 million yuan)
总计	**Total**	**39**	**40066**	**327**	**461**
一、综合市场	Comprehensive Market	13	19867	191	75
综合贸易市场	Integrated trade Market	13	19867	191	75
生产资料综合市场	Production Synthesis Market	1	5000	20	12
工业消费品综合市场	Industrial Consumer Goods Integrated Market	5	9037	137	31
农产品综合市场	Agricultural Products Integrated Market	4	2460	20	21
其他综合市场	Other Integrated Markets	3	3370	13	11
二、专业市场	Professional Market	26	20199	135	387
生产资料市场	Means of Production Market	7	1899	15	15
农业生产用具市场	Agricultural Production Equipment Market				
农用生产资料市场	Agricultural Production Market	1	60	1	2
煤炭市场	Coal Market				
木材市场	Timber Market				
建材市场	Building Materials Market	3	596	10	8
化工材料及制品市场	Chemical Materials and Products Market				
金属材料市场	Metal Material Market				
机械设备市场	Machinery Market				
其他生产资料市场	Other	3	1243	5	5
农产品市场	Agricultural Market	7	4344	36	82
粮油市场	Grain and Oil Market	1	56	3	8
肉禽蛋市场	Meat and Poultry Market				
水产品市场	Aquatic Product Market	1	1099	12	52
蔬菜市场	Vegetable Market	1	395	3	4
干鲜果品市场	Dried and Fresh Fruit Market	1	257	3	10
棉麻土畜、烟叶市场	Cotton,Hemp,Local,Livestock Tobacco Market				
其他农产品市场	Other Agricultural Market	3	2537	14	9
食品、饮料及烟酒市场	Food,Beverage and Tobacco Alcohol Market	1	133	2	1
食品饮料市场	Food,Beverage Market				
茶叶市场	Tea Market				
烟酒市场	Tobacco Alcohol Market				
其他食品饮料及烟酒市场	Others	1	133	2	1
纺织、服装、鞋帽市场	Textile,Clothing Shoes and hat Market	4	5510	10	17
布料及纺织品市场	Cloth and Textiles Markets				
服装市场	Clothing Market	3	4319	7	16
鞋帽市场	Shoes and hat Market				
其他纺织服装鞋帽市场	Others	1	1191	3	1
日用品及文化用品市场	Daily Use Commodities and Cultural Good Markets				
小商品市场	Small Commodity Market				

16－13　续表 continued

行　业	Item	市场数量（个）Number of Market (unit)	摊位数（个）Booth Number (unit)	营业面积（万平方米）Business Area (10000 sq.m)	成交额（亿元）Turnover (100 million yuan)
箱包市场	Luggage Market				
玩具市场	Toy Market				
文具市场	Stationery Market				
图书、报刊市场	Books,Newspapers and Magazines				
音像制品及电子出版物市场	Market for Audio and Video Products and Electronic Publications				
体育用品市场	Sports Market				
其他日用品及文化用品市场	Other				
黄金、珠宝、玉器等首饰市场	Gold,Jewelry and Jade Market				
电器、通讯器材、电子设备市场	Electronics, Communication Equipment,Electronic Equipment Market	1	203	1	5
家电市场	Home Appliance Market				
通讯器材市场	Communication Equipment Market				
照相、摄像器材市场	Photography,Camera Market				
计算机及辅助设备市场	Computer and Auxiliary Equipment Market	1	203	1	5
其他电器、通讯器材、电子设备市场	Other				
医药、医疗用品及器材市场	Medicine,Medical Supplies and Equipment	3	2815	19	142
中药材市场	Chinese Medicine Market	3	2815	19	142
其他医药、医疗用品及器材市场	Other				
家具、五金及装饰材料市场	Furniture,Hardware and Decorative Material Market	1	1300	20	7
家具市场	Furniture Market				
装饰材料市场	Decorative Material Market				
灯具市场	Lamps Market				
厨具、盥洗设备市场	Kitchenware,Bathroom Equipment Market				
五金材料市场	Hardware Market	1	1300	20	7
其他装修市场	Other Decorative Markets				
汽车、摩托车及零配件市场	Automobile,Motorcycle and Parts Market	2	3995	34	117
汽车市场	Automobile Market	2	3995	34	117
摩托车市场	Motorcycle Market				
机动车零配件市场	Vehicle Parts Market				
花、鸟、鱼、虫市场	Flower,Bird,Fish and Insects Markets				
花卉市场	Flower Market				
鸟市场	Birds Market				
观赏鱼市场	Fish Market				
其他花鸟鱼虫市场	Others				
旧货市场	Flea Market				
古玩、古董、字画市场	Antique,Calligraphy and Painting Market				
邮票、硬币市场	Stamp and Coin Market				
其他旧货市场	Others				
其他专业市场	Other Professional Market				

16-14 亿元以上商品交易市场摊位分类情况

Classification of Commodity Exchange Markets of Transaction Value Over 100 Million Yuan

行业	Item	2019		2020		2021	
		摊位数(个) Number of Booths (Unit)	成交额(亿元) Turnover (100 million yuan)	摊位数(个) Number of Booths (Unit)	成交额(亿元) Turnover (100 million yuan)	摊位数(个) Number of Booths (Unit)	成交额(亿元) Turnover (100 million yuan)
总计	**Total**	**39660**	**438**	**33900**	**348**	**33982**	**461**
粮油、食品类	Grain,Beverage,Tobacco	7508	121	6998	101	6581	106
粮油类	Grain and oil	901	11	792	10	818	11
肉禽蛋类	Meat,Poultry and Eggs	1085	7	890	6	834	5
水产品类	Aquatic Products	980	51	814	32	976	52
蔬菜类	Vegetable	1424	20	1517	24	1250	16
干鲜果品类	Dry and Fresh Fruit	1030	26	935	26	926	19
饮料类	Beverage	189	1	194	1	187	1
烟酒类	Tobacco	462	1	434	1	318	1
服装、鞋帽、针纺织品类	Clothing Shoes and Hats,Knitwear Textiles	12300	37	10094	27	9983	29
化妆品类	Cosmetics	483	2	405	1	391	1
金银珠宝类	Jewellery	100	2	83	2	70	2
日用品类	Daily Use Article	871	3	1041	4	1067	4
五金、电料类	Hardware,Electrical Meterials	2590	9	2013	7	2053	7
体育、娱乐用品类	Sports and Entertainment Products	65		65		85	1
照相器材类	Photographic Equipment						
书报杂志类	Books and Magazines	28		26		6	
电子出版物及音像制品类	Electronic Publications and Video Product	56		8		25	
家用电器和音像器材类	Household Appliances and Video Equipment	547	2	526	2	494	2
中西药品类	Traditional and Western Medicine	1516	81	1506	60	2632	143
西药类	Western Medicine			6		6	
中草药及中成药类	Traditional Chinese Medicine	1498	80	1498	60	2623	142
文化办公用品类	Office Supply	455	5	447	4	374	4
计算机及其配套产品	Computer and Related Products	176	5	199	4	175	3
家具类	Furniture	1713	6	1863	9	485	5
通讯器材类	Communication Equipment	164	4	154	2	153	3
煤炭及制品类	Coal and Products						
木材及制品类	Wood and Products	277	1	277	1	269	1
石油及制品类	Petroleum and Products			74		52	
化工材料及制品类	Chemical Materials and Products	1112	3	799	3	839	3
化肥类	Chemical Fertilizer	890	3	748	3	805	3
金属材料类	Metallic Materials	1005	3	409	2	121	1
建筑及装潢材料类	Construction and Decoration Materials	1642	17	1501	12	1524	15
机电产品及设备类	Mechanical and Electrical Products and Equipment	995	3	489	2	686	2
农机类	Agricultural Machinery	118	1	118	1	98	
汽车类	Automobile	1889	113	1872	97	2958	118
种子饲料类	Seed and Feedstuff	274	1	274	1	192	1
棉麻类	Cotton and Hemp	211		21		21	
其他类	Other	3208	21	2327	11	2416	13

16－15 个体工商户基本情况

Basic Statistics on Urban and Rural Individual Economy

行　业	Item	户数（户）Households (subscribers)		注册资金（万元）Registered Funds (10000 yuan)	
		2020	2021	2020	2021
合　计	**Total**	2021026	2310623	32704854	37519244
按行业分	**Grouped by Sector**				
农林牧渔业	Agriculture,Forestry,Animal Husbandry and Fishery	138347	189573	6141612	8031570
采矿业	Mining	903	839	40016	37849
制造业	Manufacturing	79456	81683	3312587	3364141
电力、热力、燃气及水的生产和供应业	Production and Supply for Electricity Heat, Gas and Water	376	341	14916	13550
建筑业	Construction	14283	14860	814709	776031
交通运输、仓储业和邮政业	Transport,Storage and Post	181021	207861	2541126	2713529
信息传输、软件和信息技术服务业	Information Transmission, Software and Information Technology	6434	11106	41525	57844
批发零售业	Wholesale and Retail Trades	1010770	1166112	12789956	14305403
住宿和餐饮业	Hotels and Catering Services	280393	298165	3540628	4187374
房地产业	Real Estate	4927	4993	43020	42704
租赁和商务服务业	Leasing and Business Services	31648	43835	623722	791606
居民服务、修理和其他服务业	Services to Households, Repair and Other Services	219795	233688	1960982	2104615
卫生和社会工作	Health and Social Service	13876	14754	182226	191206
文化、体育和娱乐业	Culture, Sports and Entertainment	15985	19937	470846	700605
其他行业	Others	22812	22876	186984	201217

第十七篇

CHAPTER ▶ 17

教育、科技和文化事业

Education, Technology and Culture

资料整理人员：

刘百慧　　李　闯

17－1 每万人口在校学生数

School Enrolment per 10000 Population by Level

单位：人　　unit：person

指　标	Item	2019	2020	2021
各级学校在校生数占全省人口比重（%）	Enrolment Students as Percentage of Total Population (%)	13.8	14.1	17.0
平均每万人口中（人）	per 10000 Population (person)			
高等学校	Higher Education Institutions	337	371	460
高中阶段	Senior Secondary Schools	213	220	245
初中阶段	Junior Secondary Schools	242	231	253
小　学	Primary Schools	439	441	485
幼儿园	Kindergartens	152	151	177

17－2 各级学校生师比

Student-faculty Ratios by Level of School

（教师人数=1）　　(Number of Teachers=1)

指　标	Item	2019	2020	2021
普通高校	**Regular Higher Education Institutions**			
专任教师数	Full-time Teachers	40298	41447	41197
生师比	Student-faculty Ratios	18.96	19.36	20.09
中等学校	**Secondary Schools**			
专任教师数	Full-time Teachers	127396	130198	114604
生师比	Student-faculty Ratios	10.64	10.34	10.32
小学	**Primary Schools**			
专任教师数	Full-time Teachers	89468	88281	104324
生师比	Student-faculty Rations	11.29	11.28	11.03

17－3 基础教育基本情况

Basic Statistics on Fundamental Education

单位：个　　　　　　　　　　　　　　　　　　　　　　　　　　　　unit：unit

指　　标	Item	学校数（所）Number of Schools (unit)	教职工（人）Educational Personnel (person)	专任教师（人）Full-time Teachers (person)	毕业生数（人）Graduates (person)	招生数（人）Entrants (person)	在校生数（人）Enrolment (person)
总计	**Total**	**8687**	**313331**	**242326**	**704892**	**645842**	**2634821**
幼儿园	Kindergartens	3981	64040	35023	151515	120719	419504
义务教育	Compulsory Education	4388	198852	171167	425797	372001	1752226
小学	Primary Schools	3199	104454	104324	203880	170160	1151039
初中	Junior Secondary Schools	1189	94398	66843	221917	201841	601187
高中	Senior Secondary Schools	263	48345	34369	125455	150919	450088
特殊教育学校	Special Education Schools	52	2051	1734	806	826	5602
专门学校	Correctional Work-Study Schools	3	43	33	23	14	26

17－4 小学净入学率

Net Enrolment Ratio of School-age Children in Primary Schools

指　　标	Item	2019	2020	2021
校内外学龄人口数（万人）	Number of School-age Children (10000 persons)	117.26	117.17	113.40
在校学龄人口数（万人）	Number of School-age Children Enrolled (10000 persons)	116.41	116.59	112.87
净入学率（%）	Net Enrolment Ratio (%)	99.28	99.50	99.53
#女	Female	99.22	99.50	99.72

17－5 中等职业学校（机构）情况

Statistics on Secondary Vocational Schools（Institutions）

单位：个　　　　　　　　　　　　　　　　　　　　　　　　　　　　unit：unit

项　　目	Item	总计 Total	中央部门 Under Central Ministries & Agencies	地方 Under Local Authorities 教育部门 Educational Department	其他部门 Other Department	地方企业 Local Enterprises	民办 Non-government	中外合作办 Sino-foreign Cooperation Institution
中等职业学校	Secondary Vocational Schools	241		149	27		65	
普通中等专业学校	Regular Specialized Secondary Schools	33		20	9		4	
成人中等专业学校	Adult Specialized Secondary Schools	69		58	11			
职业高中学校	Vocational High Schools	139		71	7		61	
其他中职机构	Other Secondary Vocational Education Institutions	20		15	3		2	
附设中职班	Secondary Vocational Classes Attached	36		26	3		7	

注：其他中职机构和附设中职班不计入中等职业学校个数。

Note: Number of Secondary Vocational Schools do not include that of Other Secondary Vocational Education Institutions and Secondary Vocational Classes Attached.

17－6　高等教育学校（机构）情况

单位：人

项　目	Item	合计 Total	中央部门 HEIs under Central Ministries & Agencies	教育部 Ministry of Education	其他部门 Other Department
研究生培养机构	**Institutions Providing Postgraduate Programs**	**21**	**3**	**2**	**1**
普通高校	Regular Higher Education Institutions	19	2	2	
科研机构	Research Institutions	2	1		1
本科层次高等学校	**HEIs Providing Normal Courses**	**37**	**2**	**2**	
普通本科学校	Regular HEIs Offering Degree Programs	37	2	2	
#独立学院	Independent Institutions	3			
本科层次职业学校	Vocational Institutions for Undergraduates				
专科层次高等学校	**HEIs Providing Short-cycle Courses**	**29**			
高等职业学校	Higher Vocational Schools	24			
高等专科学校	Higher College Schools	5			
成人高等学校	**Adult HEIs**	**14**			

Statistics on Higher Education Institutions

unit: person

地方 Under Local Authorities	教育部门 Educational Department	其他部门 Other Department	地方企业 Local Enterprise	民办 Non-government	中外合作办 Sino-foreign Cooperation Institution
17	**15**	**2**		**1**	
16	15	1		1	
1		1			
23	**21**	**2**		**12**	
23	21	2		12	
				3	
21	**16**	**5**		**8**	
16	12	4		8	
5	4	1			
14	**6**	**6**	**2**		

17－7 中等职业学校学生分大类情况

Number of Students by Field of Education in Secondary Vocational Schools

单位：人　　　　unit：person

项　目	Item	毕业生数 Graduates	招生数 Entrants	在校学生数 Enrolment	预计毕业生数 Estimated Graduates for Next Year
总　计	**Total**	**33449**	**48777**	**131079**	**42974**
农林牧渔大类	Agriculture,Forestry,Anima,Husbandry and Fishery	5313	4809	11636	5394
资源环境与安全大类	Resource and Environment	92	76	171	66
能源动力与材料大类	Energy Dynamic and Material	12	70	157	52
土木建筑大类	Civil Engineering	773	1354	3523	1101
水利大类	Water Conservancy	42	6	73	64
装备制造大类	Manufacturing	4337	6494	17115	5278
生物与化工大类	Bioengineering and Petroleum Chemical Industry	25	76	257	101
轻工纺织大类	Textile	132	116	359	98
食品药品与粮食大类	Food Drug and Grain	317	907	2084	492
交通运输大类	Communication and Transport	4197	6643	18386	6078
电子信息大类	Information Technology	3624	6521	17678	5819
医药卫生大类	Medical Science	5203	8399	21344	6205
财经商贸大类	Finance, Economics,Commerce and Trade	1576	2365	6408	1939
旅游大类	Tourist Services	1665	1374	4233	1555
文化艺术大类	Culture and Arts	897	1443	4286	1252
新闻传播大类	Media	206	456	1236	327
教育与体育大类	Education and Sports	4423	6007	17929	6103
公安与司法大类	Public Security and Judicial			52	
公共管理与服务大类	Public Administration and Services	615	1661	4152	1050

17－8 高职（专科）院校学生分大类情况

Students in Higher Vocational Colleges by Subject

单位：人　　unit：person

项　目	Item	合计 Total			
		毕业生数 Graduates	招生数 Entrants	在校生数 Enrolment	预计毕业生数 Estimated Graduates for Next Year
总　计	**Total**	**61046**	**84902**	**245900**	**88715**
农林牧渔大类	Agriculture,Forestry,Anima,Husbandry and Fishery	570	1336	3516	1280
资源环境与安全大类	Resource and Environment	363	398	1409	485
能源动力与材料大类	Energy Dynamic and Material	753	1176	3836	1316
土木建筑大类	Civil Engineering	1356	3841	10499	3985
水利大类	Water Conservancy	467	1504	3776	669
装备制造大类	Manufacturing	9279	10378	31805	11281
生物与化工大类	Bioengineering and Petroleum Chemical Industry	323	1328	2870	922
轻工纺织大类	Textile		32	32	
食品药品与粮食大类	Food Drug and Grain	998	1538	4285	1654
交通运输大类	Communication and Transport	9329	10104	30407	12865
电子信息大类	Information Technology	6212	9168	27206	10127
医药卫生大类	Medical Science	12373	18725	54838	17301
财经商贸大类	Finance, Economics,Commerce and Trade	8158	10062	29733	11843
旅游大类	Tourist Services	981	822	2640	1149
文化艺术大类	Culture and Arts	1184	1318	4004	1573
新闻传播大类	Media	59	224	402	73
教育与体育大类	Education and Sports	7170	10039	26668	9539
公安与司法大类	Public Security and Judicial	1355	2226	6340	2037
公共管理与服务大类	Public Administration and Services	116	683	1634	616

17－8 续表 1 continued

单位：人 unit：person

项　目	Item	普通高校 Regular HEIs			
		毕业生数 Graduates	招生数 Entrants	在校生数 Enrolment	预计毕业生数 Estimated Graduates for Next Year
总　计	**Total**	**13354**	**14550**	**40290**	**13684**
农林牧渔大类	Agriculture,Forestry,Anima,Husbandry and Fishery	296	617	1355	379
资源环境与安全大类	Resource and Environment	138	80	164	25
能源动力与材料大类	Energy Dynamic and Material	479	576	1686	556
土木建筑大类	Civil Engineering	167	234	557	140
水利大类	Water Conservancy	93	128	339	93
装备制造大类	Manufacturing	1258	1537	3927	1393
生物与化工大类	Bioengineering and Petroleum Chemical Industry	33	89	175	24
轻工纺织大类	Textile				
食品药品与粮食大类	Food Drug and Grain	162	184	495	146
交通运输大类	Communication and Transport	560	370	1252	506
电子信息大类	Information Technology	1344	1661	4606	1410
医药卫生大类	Medical Science	1459	1730	5433	1810
财经商贸大类	Finance, Economics,Commerce and Trade	2124	1876	5695	2096
旅游大类	Tourist Services	307	272	836	292
文化艺术大类	Culture and Arts	305	263	891	279
新闻传播大类	Media	48	126	268	54
教育与体育大类	Education and Sports	4364	4492	11617	4166
公安与司法大类	Public Security and Judicial	141	176	480	133
公共管理与服务大类	Public Administration and Services	76	139	514	182

17－8 续表 2 continued

单位：人 unit：person

项　目	Item	职业高校 Higher Vocational Colleges 毕业生数 Graduates	招生数 Entrants	在校生数 Enrolment	预计毕业生数 Estimated Graduates for Next Year
总　计	**Total**	**45834**	**68359**	**199755**	**72480**
农林牧渔大类	Agriculture,Forestry,Anima,Husbandry and Fishery	274	719	2161	901
资源环境与安全大类	Resource and Environment	225	318	1245	460
能源动力与材料大类	Energy Dynamic and Material	274	600	2150	760
土木建筑大类	Civil Engineering	993	3346	9242	3610
水利大类	Water Conservancy	374	1376	3437	576
装备制造大类	Manufacturing	7898	8712	27586	9736
生物与化工大类	Bioengineering and Petroleum Chemical Industry	290	1239	2695	898
轻工纺织大类	Textile		32	32	
食品药品与粮食大类	Food Drug and Grain	741	1211	3427	1402
交通运输大类	Communication and Transport	8504	9429	28195	11770
电子信息大类	Information Technology	4532	7172	21661	8352
医药卫生大类	Medical Science	10870	16937	49195	15420
财经商贸大类	Finance, Economics,Commerce and Trade	5432	7661	22371	9033
旅游大类	Tourist Services	600	482	1570	761
文化艺术大类	Culture and Arts	772	908	2691	1100
新闻传播大类	Media	11	98	134	19
教育与体育大类	Education and Sports	2790	5525	14983	5344
公安与司法大类	Public Security and Judicial	1214	2050	5860	1904
公共管理与服务大类	Public Administration and Services	40	544	1120	434

17 - 8 续表 3 continued

单位：人 unit：person

项　目	Item	成人高校 Adult HEIs			
		毕业生数 Graduates	招生数 Entrants	在校生数 Enrolment	预计毕业生数 Estimated Graduates for Next Year
总　计	**Total**	**1858**	**1993**	**5855**	**2551**
农林牧渔大类	Agriculture,Forestry,Anima,Husbandry and Fishery				
资源环境与安全大类	Resource and Environment				
能源动力与材料大类	Energy Dynamic and Material				
土木建筑大类	Civil Engineering	196	261	700	235
水利大类	Water Conservancy				
装备制造大类	Manufacturing	123	129	292	152
生物与化工大类	Bioengineering and Petroleum Chemical Industry				
轻工纺织大类	Textile				
食品药品与粮食大类	Food Drug and Grain	95	143	363	106
交通运输大类	Communication and Transport	265	305	960	589
电子信息大类	Information Technology	336	335	939	365
医药卫生大类	Medical Science	44	58	210	71
财经商贸大类	Finance, Economics,Commerce and Trade	602	525	1667	714
旅游大类	Tourist Services	74	68	234	96
文化艺术大类	Culture and Arts	107	147	422	194
新闻传播大类	Media				
教育与体育大类	Education and Sports	16	22	68	29
公安与司法大类	Public Security and Judicial				
公共管理与服务大类	Public Administration and Services				

17－9　普通本科学生分学科情况

Number of Regular Students for Normal Courses in HEIs by Discipline

单位：人　　　　unit：person

项　目	Item	毕业生数 Graduates	招生数 Entrants	在校生数 Enrolment	预计毕业生数 Estimated Graduates for Next Year
总　计	**Total**	**120331**	**133075**	**509652**	**128903**
#师范生	Normal University Students	13382	15379	58817	
哲学	Philosophy	63	39	224	66
经济学	Economics	6608	6275	25056	6610
法学	Law	3529	4611	16007	3911
教育学	Education	5324	7121	23978	6546
文学	Literature	11917	13074	50870	12599
历史学	History	611	825	3131	687
理学	Science	7878	8640	34127	8399
工学	Engineering	40499	45873	174120	43334
农学	Agriculture	2806	3309	11886	2775
医学	Medicine	7676	9712	36797	8956
管理学	Management	19002	18161	71496	19468
艺术学	Art	14418	15435	61960	15552

17－10 研究生分学科人数情况

Number of Postgraduate Students by Academic Field

单位：人　　　　unit：person

项　目	Item	毕业生数 Graduates 合计 Total	毕业生数 Graduates 硕士 Master's Degrees	毕业生数 Graduates 博士 Doctor's Degrees	招生数 Entrants 合计 Total	招生数 Entrants 硕士 Master's Degrees	招生数 Entrants 博士 Doctor's Degrees
总　计	**Total**	**23271**	**21203**	**2068**	**31360**	**27929**	**3431**
哲学	Philosophy	126	109	17	147	116	31
经济学	Economics	806	712	94	1042	943	99
法学	Law	1926	1734	192	2608	2298	310
教育学	Education	3460	3393	67	4243	4062	181
文学	Literature	1359	1262	97	1567	1460	107
历史学	History	431	359	72	504	382	122
理学	Science	2849	2336	513	3405	2618	787
工学	Engineering	4953	4477	476	7522	6579	943
农学	Agriculture	1197	1098	99	1789	1625	164
医学	Medicine	2764	2413	351	3914	3333	581
军事学	Military Science						
管理学	Management	2473	2392	81	3198	3109	89
艺术学	Art	927	918	9	1421	1404	17
交叉学科	Interdiscipline						
学术学位	Academic Degree	11857	9815	2042	14582	11630	2952
专业学位	Professional Degree	11414	11388	26	16778	16299	479

单位：人

17－10 续表 continued

unit：person

项　目　Item	在校生数 Enrolment			预计毕业生数 Estimated Graduates for Next Year		
	合计 Total	硕士 Master's Degrees	博士 Doctor's Degrees	合计 Total	硕士 Master's Degrees	博士 Doctor's Degrees
总　计　Total	**91053**	**76472**	**14581**	**34070**	**26635**	**7435**
哲学　Philosophy	533	345	188	235	120	115
经济学　Economics	3132	2380	752	1500	963	537
法学　Law	7924	6299	1625	2991	2044	947
教育学　Education	13532	12738	794	6781	6483	298
文学　Literature	4582	3917	665	1703	1284	419
历史学　History	1690	1122	568	638	351	287
理学　Science	10295	7317	2978	3343	2074	1269
工学　Engineering	21170	17478	3692	6779	4940	1839
农学　Agriculture	4778	4171	607	2120	1822	298
医学　Medicine	10894	8929	1965	3388	2487	901
军事学　Military Science						
管理学　Management	8639	8005	634	3412	2950	462
艺术学　Art	3884	3771	113	1180	1117	63
交叉学科　Interdiscipline						
学术学位　Academic Degree	46310	32910	13400	17404	10246	7158
专业学位　Professional Degree	44743	43562	1181	16666	16389	277

17－11 中等职业教育学校专任教师教学领域分大类情况

单位：人

项　目	Item	合计 Total	正高级 Senior
总　计	**Total**	**13392**	**153**
#实习指导课	Practice Guidance Lessons	677	3
农林牧渔大类	Agriculture,Forestry,Anima,Husbandry and Fishery	447	9
资源环境与安全大类	Resource and Environment	24	
能源动力与材料大类	Energy Dynamic and Material	42	
土木建筑大类	Civil Engineering	250	3
水利大类	Water Conservancy	14	
装备制造大类	Manufacturing	871	11
生物与化工大类	Bioengineering and Petroleum Chemical Industry	44	2
轻工纺织大类	Textile	48	
食品药品与粮食大类	Food Drug and Grain	20	
交通运输大类	Communication and Transport	476	6
电子信息大类	Information Technology	1079	2
医药卫生大类	Medicine, Pharmacy and Health Care	706	20
财经商贸大类	Finance, Economics, Commerce and Trade	476	1
旅游大类	Tourist Services	315	
文化艺术大类	Culture and Arts	1206	19
新闻传播大类	Media	16	
教育与体育大类	Education and Sports	7233	79
公安与司法大类	Public Security and Judicial	4	
公共管理与服务大类	Public Administration and Services	121	1

Number of Full-time Teachers by Field of Education in Secondary Vocational Schools

unit: person

副高级 Sub-senior	中级 Middle	初级 Junior	未定职级 No Rank
4672	**5241**	**2153**	**1173**
247	301	90	36
180	160	64	34
7	6	9	2
8	12	13	9
90	80	51	26
6	4	4	
311	293	186	70
25	10	7	
23	18	6	1
6	6	5	3
109	139	110	112
323	459	173	122
202	254	134	96
167	158	102	48
88	106	61	60
340	490	225	132
4	8	4	
2762	2995	954	443
1	3		
20	40	45	15

17－12 职业高校专任教师教学领域分大类情况

单位：人

项　　目	Item	合计 Total	正高级 Senior
总　计	**Total**	**7824**	**593**
#实习指导课	Practice Guidance Lessons	1562	98
农林牧渔大类	Agriculture,Forestry,Anima,Husbandry and Fishery	79	7
资源环境与安全大类	Resource and Environment	68	8
能源动力与材料大类	Energy Dynamic and Material	122	4
土木建筑大类	Civil Engineering	303	20
水利大类	Water Conservancy	27	1
装备制造大类	Manufacturing	1009	82
生物与化工大类	Bioengineering and Petroleum Chemical Industry	104	15
轻工纺织大类	Textile	4	1
食品药品与粮食大类	Food Drug and Grain	129	9
交通运输大类	Communication and Transport	877	58
电子信息大类	Information Technology	775	60
医药卫生大类	Medicine, Pharmacy and Health Care	1415	127
财经商贸大类	Finance, Economics, Commerce and Trade	733	67
旅游大类	Tourist Services	121	9
文化艺术大类	Culture and Arts	376	17
新闻传播大类	Media	28	0
教育与体育大类	Education and Sports	1313	84
公安与司法大类	Public Security and Judicial	180	18
公共管理与服务大类	Public Administration and Services	161	6

Number of Full-time Teachers by Field of Education in Vocational Higher Schools

unit: person

	副高级 Sub-senior	中级 Middle	初级 Junior	未定职级 No Rank
	2030	**2761**	**1703**	**737**
	474	580	313	97
	39	24	7	2
	16	29	13	2
	26	38	23	31
	83	105	62	33
	10	3	11	2
	259	432	204	32
	31	44	9	5
	1	2		
	32	45	37	6
	206	353	193	67
	230	268	163	54
	298	437	352	201
	222	261	159	24
	43	42	20	7
	89	150	94	26
	5	9	6	8
	375	434	285	135
	38	75	38	11
	27	10	27	91

17－13 普通高校专任教师教学领域分学科情况

单位：人

项 目	Item	合计 Total	正高级 Senior
总 计	**Total**	**33373**	**6232**
哲学	Philosophy	897	184
#马克思主义哲学	Marxist Philosophy	514	93
经济学	Economics	1342	290
法学	Law	1885	295
教育学	Education	2682	295
文学	Literature	4862	584
历史学	History	414	108
理学	Science	4322	1163
工学	Engineering	8617	1849
农学	Agriculture	1091	301
医学	Medicine	1512	427
管理学	Management	2437	450
艺术学	Art	3312	286

Number of Full-time Teachers by Field of Education in Regular Higher Schools

unit: person

副高级 Sub-senior	中级 Middle	初级 Junior	未定职级 No Rank
11373	**12011**	**3430**	**327**
279	298	123	13
143	180	94	4
514	423	108	7
515	741	309	25
921	1033	398	35
1712	2037	479	50
137	125	38	6
1520	1389	204	46
3090	2968	644	66
360	369	47	14
517	445	103	20
913	787	273	14
895	1396	704	31

17－14　科技事业发展情况
Development of Science and Technology

指　标	Item	2018	2019	2020	2021
研究与实验发展（R&D）活动	**R&D Activities**				
研究与实验发展折合全时人员（人年）	Full-time Equivalent of R&D Personnel (man-year)	36376	42323	44472	50818
研究与实验发展经费支出（亿元）	Expenditure on R&D (100 million yuan)	115.0	148.4	159.50	183.7
研究与实验发展经费支出占地区生产总值比重（%）	R&D Expenditure as GDP Proportion (%)	1.02	1.27	1.30	1.39
技术成果	**Technological Achievement National Awards**				
科技成果总数（项）	Number of Achievements in Science and Technology (Item)	674	552	526	657
#应用技术成果（项）	Application of Technology Results (Item)	602	478	456	595
国家奖励	**National awards**				
#国家自然科学奖（项）	State Natural Science Award (Item)		2	1	
国家技术发明奖（项）	State Technological Invention Award (Item)		2		

注：1.按照国家地震局地震监测中心站改革要求，我省完成地震监测中心站改革，所以2021年地震台数据和统计形式变化较大；
2.2021年国家未开展科技奖励情况，因此没有国家奖励相关数据。

Note: 1.According to the requirements of the reform of the seismic stations monitoring center station of the China Earthquake Administration, the reform of the seismic stations monitoring center station has been completed in our province, so the data and statistical coverage of the seismic station have changed greatly in 2021.

2.The National Reward for science and technology did not carry out in 2021, so there is no relevant data of 2021.

17－14 续表 continued

指 标	Item	2018	2019	2020	2021
国家科技进步奖（项）	Number of National Scientific and Technological Progress Prizes Awarded(Item)	4	4	1	
技术市场成交额（亿元）	**Technical Market (100 million yuan)**	**341.9**	**474.1**	**462.2**	**108.2**
科技服务	**Technology Services**				
气象观测站点（气象台站总数）（个）	Meteorological Observation Site (unit)	54	54	55	55
地震台站（个）	Seismic Stations (unit)	37	37	37	59
质量监督	**Quality Supervision**				
产品质量检验机构（个）	Product Quality Inspection Agency (unit)	1016	1003	1181	1209
监督抽查产品（种）	Quality Checks of Products (kind)	39	43	119	110
监督抽查产品（批次）	Supervision and Checking of Products (batch)	807	665	4643	4747
专利	**Patents**				
专利申请授权量（件）	Number of Patents Application Granted (piece)	13885	15579	23951	29879

17－15　规模以上工业企业R&D人员情况（2021年）

项　目	Item	研究与试验发展（R&D）人员（人）Research and Development (R&D) Personnel (person)
总计	**Total**	**25398**
一、按企业规模分组	**Group by Size of Enterprises**	
大 型	Large-sized Enterprise	15807
中 型	Medium-sized Enterprise	4803
小 型	Small-sized Enterprise	4716
微 型	Mini-sized Enterprise	72
二、按隶属关系分组	**Group by Administration**	
中 央	National	10473
地 方	City	14925
三、按登记注册类型分组	**Grouped by Status Registration**	
内资企业	Domestic Funded	19962
港、澳、台商投资企业	Enterprises with Funds from Hong Kong,Macao and Taiwan	729
外商投资企业	Foreign Funded Enterprises	4707
四、按新国民经济行业大类分组	**Grouping by National Economy Industry**	
采矿业	Mining	794
制造业	Manufacturing	24423
电力、热力、燃气及水的生产和供应业	Production and Supply of Electricity,Gas and Water	181
五、按企业控股情况分组	**Grouping by Enterprises Share Holding Situation**	
国有控股	State-owned Holding	12951
集体控股	Collective Holding	1299
私人控股	Private Holding	8985
港澳台商控股	Hong Kong, Macao and Taiwan Funded Holding	111
外商控股	Foreign Holdings	2023
其 他	Others	29
六、按地区分组	**Grouped by Region**	
长 春	Changchun	17553
吉 林	Jilin	2626
四 平	Siping	458
辽 源	Liaoyuan	294
通 化	Tonghua	2362
白 山	Baishan	285
松 原	Songyuan	710
白 城	Baicheng	321
延 边	Yanbian	789

Main Indicators of Industrial Enterprises R&D Human Resource Situation（2021）

其中 Major Breakdown				其中 Major Breakdown
#本年度参加项目人员 Personnel Involved in the Project This Year	#科技管理和服务人员 S&T Management and Service Personnel	#女性 Female	#研究人员 Researchers	全时人员 Full-time Personnel
22890	**2508**	**6450**	**11381**	**20448**
14222	1585	3639	8102	13434
4407	396	1392	1743	3461
4196	520	1402	1519	3495
65	7	17	17	58
9180	1293	2086	5691	8965
13710	1215	4364	5690	11483
18431	1531	5368	8758	15812
692	37	100	237	648
3767	940	982	2386	3988
680	114	324	430	484
22052	2371	6101	10886	19827
158	23	25	65	137
11462	1489	2775	6856	10882
1256	43	486	545	1082
8195	790	2718	3034	6760
100	11	33	42	99
1848	175	430	900	1599
29		8	4	26
15697	1856	3871	8540	14706
2408	218	650	889	1932
427	31	127	136	332
236	58	82	96	236
2223	139	984	834	1744
257	28	115	109	200
596	114	295	370	413
292	29	109	66	230
754	35	217	341	655

17－15 续表

项　　目	Item	非全时人员 Part-time Personnel
总计	**Total**	**4950**
一、按企业规模分组	**Group by Size of Enterprises**	
大 型	Large-sized Enterprise	2373
中 型	Medium-sized Enterprise	1342
小 型	Small-sized Enterprise	1221
微 型	Mini-sized Enterprise	14
二、按隶属关系分组	**Group by Administration**	
中 央	National	1508
地 方	City	3442
三、按登记注册类型分组	**Grouped by Status Registration**	
内资企业	Domestic Funded	4150
港、澳、台商投资企业	Enterprises with Funds from Hong Kong,Macao and Taiwan	81
外商投资企业	Foreign Funded Enterprises	719
四、按新国民经济行业大类分组	**Grouping by National Economy Industry**	
采矿业	Mining	310
制造业	Manufacturing	4596
电力、热力、燃气及水的生产和供应业	Production and Supply of Electricity,Gas and Water	44
五、按企业控股情况分组	**Grouping by Enterprises Share Holding Situation**	
国有控股	State-owned Holding	2069
集体控股	Collective Holding	217
私人控股	Private Holding	2225
港澳台商控股	Hong Kong, Macao and Taiwan Funded Holding	12
外商控股	Foreign Holdings	424
其 他	Others	3
六、按地区分组	**Grouped by Region**	
长 春	Changchun	2847
吉 林	Jilin	694
四 平	Siping	126
辽 源	Liaoyuan	58
通 化	Tonghua	618
白 山	Baishan	85
松 原	Songyuan	297
白 城	Baicheng	91
延 边	Yanbian	134

continued

R&D人员折合全时当量（人年） Full-time Equivalent of R&D Personnel (person-year)	#研究人员 Researchers	其中 Major Breakdown 基础研究 Basic Research	应用研究人员 Applied Researchers	试验发展人员 Personnel of Experimental Development
16124	**7175**	**107**	**2631**	**13385**
10474	5255	52	2410	8012
2952	1044	4	133	2816
2651	865	52	89	2510
48	11			48
6096	3289	52	1966	4078
10028	3886	55	665	9307
12980	5728	107	2350	10523
501	149		280	221
2642	1298			2642
616	336		95	521
15393	6805	107	2534	12752
115	34		3	112
7829	4102	52	2062	5716
1138	483		35	1103
5714	1964	55	534	5126
66	27			66
1351	597			1351
24	3			24
10588	5104	54	2297	8237
1837	628	34	195	1607
271	81		27	244
190	54		3	187
1775	643	18	3	1755
130	56		1	129
573	301		98	476
143	30			143
617	278	1	7	609

17－16 规模以上工业企业R&D经费情况（2021年）

单位：万元

项目	Item	R&D经费内部支出合计 R&D Internal Expenditures
总计	**Total**	**858433**
一、按企业规模分组	**Group by Size of Enterprises**	
大 型	Large-sized Enterprise	680085
中 型	Medium-sized Enterprise	94621
小 型	Small-sized Enterprise	81669
微 型	Mini-sized Enterprise	2058
二、按隶属关系分组	**Group by Administration**	
中 央	National	515472
地 方	City	342961
三、按登记注册类型分组	**Grouped by Status Registration**	
内资企业	Domestic Funded	513884
港、澳、台商投资企业	Enterprises with Funds from Hong Kong,Macao and Taiwan	20311
外商投资企业	Foreign Funded Enterprises	324238
四、按新国民经济行业大类分组	**Grouping by National Economy Industry**	
采矿业	Mining	9355
制造业	Manufacturing	846629
电力、热力、燃气及水的生产和供应业	Production and Supply of Electricity，Gas and Water	2449
五、按企业控股情况分组	**Grouping by Enterprises Share Holding Situation**	
国有控股	State-owned Holding	608996
集体控股	Collective Holding	40601
私人控股	Private Holding	155615
港澳台商控股	Hong Kong, Macao and Taiwan Funded Holding	4172
外商控股	Foreign Holdings	48319
其 他	Others	730
六、按地区分组	**Grouped by Region**	
长 春	Changchun	716661
吉 林	Jilin	51118
四 平	Siping	9258
辽 源	Liaoyuan	3417
通 化	Tonghua	50671
白 山	Baishan	2326
松 原	Songyuan	10667
白 城	Baicheng	2349
延 边	Yanbian	11968

Main Indicators of Industrial Enterprises R&D Expenditure Situation (2021)

unit: 10000 yuan

经常费支出 Ordinary Expenditure	#人员劳务费 Labor Costs	资产性支出 Assets Expenditure	政府资金 Government Funds
798432	**272862**	**60001**	**17656**
629242	221746	50843	11026
89167	30080	5454	4277
77972	20859	3698	2354
2051	177	7	
473095	176678	42377	10313
325337	96184	17625	7343
496496	183027	17389	17639
18535	4837	1775	18
283401	84998	40838	
9124	6567	231	
786894	265822	59735	17656
2414	473	35	
563494	197281	45502	12004
37546	11849	3056	2242
147155	39773	8460	3392
3671	985	501	18
45841	22695	2478	
725	279	6	
663917	235497	52744	16445
50053	13309	1064	296
9207	2515	51	36
2756	1058	661	26
47793	9380	2878	680
2047	569	279	82
10661	4326	5	
2216	666	133	3
9782	5542	2186	90

17－16 续表

单位：万元

项目	Item	企业资金 Enterprise Funds	国外资金 Foreign Funds
总计	**Total**	**840205**	
一、按企业规模分组	**Group by Size of Enterprises**		
大 型	Large-sized Enterprise	669060	
中 型	Medium-sized Enterprise	90055	
小 型	Small-sized Enterprise	79032	
微 型	Mini-sized Enterprise	2058	
二、按隶属关系分组	**Group by Administration**		
中 央	National	505159	
地 方	City	335045	
三、按登记注册类型分组	**Grouped by Status Registration**		
内资企业	Domestic Funded	495961	
港、澳、台商投资企业	Enterprises with Funds from Hong Kong,Macao and Taiwan	20293	
外商投资企业	Foreign Funded Enterprises	323950	
四、按新国民经济行业大类分组	**Grouping by National Economy Industry**		
采矿业	Mining	9355	
制造业	Manufacturing	828401	
电力、热力、燃气及水的生产和供应业	Production and Supply of Electricity，Gas and Water	2449	
五、按企业控股情况分组	**Grouping by Enterprises Share Holding Situation**		
国有控股	State-owned Holding	596991	
集体控股	Collective Holding	38359	
私人控股	Private Holding	151938	
港澳台商控股	Hong Kong, Macao and Taiwan Funded Holding	4154	
外商控股	Foreign Holdings	48031	
其 他	Others	730	
六、按地区分组	**Grouped by Region**		
长 春	Changchun	699644	
吉 林	Jilin	50821	
四 平	Siping	9222	
辽 源	Liaoyuan	3391	
通 化	Tonghua	49991	
白 山	Baishan	2244	
松 原	Songyuan	10667	
白 城	Baicheng	2347	
延 边	Yanbian	11878	

continued

unit: 10000 yuan

其他资金 Others	R&D经费外部支出合计 R&D Exterior Expenditures	#对境内研究机构支出 Expenditure on domestic Research Institutions	#对境内高等学校支出 Expenditure on Domestic Colleges and Universities
572	**249494**	**30164**	**12532**
	220288	15298	11626
288	18849	9341	302
284	10283	5525	572
	74		32
	97763	11664	11357
572	151731	18500	1175
284	136988	25896	12471
	2031		1
288	110475	4268	59
	60		
572	248815	30163	12462
	619	1	70
	108359	14013	11677
	13070	2565	0
284	18974	12065	850
	1806		
288	107093	1379	4
	192	142	
572	217400	17003	11727
	2658	156	352
	1847	53	92
	377	156	110
	15338	8806	176
	440	380	
	3172	2559	66
	8262	1049	9

17－17　规模以上工业企业办研究机构情况（2021年）

项　　目	Item	机构数（个）Number of Institutions (Unit)	机构人员（人）Agency Personnel (Person)
总计	**Total**	**158**	**14189**
一、按企业规模分组	**Group by Size of Enterprises**		
大 型	Large-sized Enterprise	27	10212
中 型	Medium-sized Enterprise	35	1820
小 型	Small-sized Enterprise	93	2132
微 型	Mini-sized Enterprise	3	25
二、按隶属关系分组	**Group by Administration**		
中 央	National	13	6002
地 方	City	145	8187
三、按登记注册类型分组	**Grouped by Status Registration**		
内资企业	Domestic Funded	144	11733
港、澳、台商投资企业	Enterprises with Funds from Hong Kong,Macao and Taiwan	4	165
外商投资企业	Foreign Funded Enterprises	10	2291
四、按新国民经济行业大类分组	**Grouping by National Economy Industry**		
采矿业	Mining	1	10
制造业	Manufacturing	157	14179
电力、热力、燃气及水的生产和供应业	Production and Supply of Electricity，Gas and Water		
五、按企业控股情况分组	**Grouping by Enterprises Share Holding Situation**		
国有控股	State-owned Holding	28	8194
集体控股	Collective Holding	2	429
私人控股	Private Holding	117	4923
港澳台商控股	Hong Kong, Macao and Taiwan Funded Holding	2	72
外商控股	Foreign Holdings	8	538
其 他	Others	1	33
六、按地区分组	**Grouped by Region**		
长 春	Changchun	70	8828
吉 林	Jilin	31	2709
四 平	Siping	11	337
辽 源	Liaoyuan	3	207
通 化	Tonghua	22	1032
白 山	Baishan	2	72
松 原	Songyuan	1	10
白 城	Baicheng	5	184
延 边	Yanbian	13	810

Main Indicators of The Situation of Research Institutions of Industrial Enterprises（2021）

#博士毕业 PHD Graduate	#硕士毕业 Master Graduate	机构经费支出 （万元） Agency Expenditure (10000 yuan)	#仪器设备原价 Equipment Original Cost
332	**3798**	**1135463**	**955049**
228	3459	1011466	814692
24	131	59692	56708
80	206	63653	78578
	2	651	5072
129	2606	777574	639966
203	1192	357888	315084
309	2799	855263	643882
1	13	8942	3621
22	986	271258	307546
		423	16799
332	3798	1135040	938250
221	3305	963130	743707
	14	6325	6868
106	393	135901	168058
	2	2841	958
5	82	25787	30127
	2	1479	5332
226	3213	942840	709792
71	386	121716	162124
3	48	6528	5146
2	20	4621	3635
18	33	35208	25410
	2	475	2749
		423	16799
6	19	9891	5429
6	77	13761	23965

17－18　规模以上工业企业自主知识产权保护情况（2021年）

项　目	Item	专利申请数（件）Number of Patent Applications (piece)	#发明专利 Invention Patents
总计	**Total**	**7949**	**3187**
一、按企业规模分组	**Group by Size of Enterprises**		
大 型	Large-sized Enterprise	4648	2208
中 型	Medium-sized Enterprise	1171	358
小 型	Small-sized Enterprise	2060	597
微 型	Mini-sized Enterprise	70	24
二、按隶属关系分组	**Group by Administration**		
中 央	National	4029	2078
地 方	City	3920	1109
三、按登记注册类型分组	**Grouped by Status Registration**		
内资企业	Domestic Funded	6816	2931
港、澳、台商投资企业	Enterprises with Funds from Hong Kong,Macao and Taiwan	135	26
外商投资企业	Foreign Funded Enterprises	998	230
四、按新国民经济行业大类分组	**Grouping by National Economy Industry**		
采矿业	Mining	82	22
制造业	Manufacturing	7481	2996
电力、热力、燃气及水的生产和供应业	Production and Supply of Electricity，Gas and Water	386	169
五、按企业控股情况分组	**Grouping by Enterprises Share Holding Situation**		
国有控股	State-owned Holding	4760	2289
集体控股	Collective Holding	114	71
私人控股	Private Holding	2540	693
港澳台商控股	Hong Kong, Macao and Taiwan Funded Holding	54	4
外商控股	Foreign Holdings	479	129
其 他	Others	2	1
六、按地区分组	**Grouped by Region**		
长 春	Changchun	6514	2815
吉 林	Jilin	581	149
四 平	Siping	147	31
辽 源	Liaoyuan	129	3
通 化	Tonghua	194	82
白 山	Baishan	52	6
松 原	Songyuan	111	24
白 城	Baicheng	88	16
延 边	Yanbian	133	61

Main Indicators of Industrial Enterprise Independent Intellectual Property Rights Protection（2021）

有效发明专利数（件）Inventions (piece)	#已被实施 Implemented	发表科技论文（篇）S&T Thesis Issued（piece）	拥有注册商标数（件）Number of Registered Trademarks (pieces)	形成国家或行业标准数（项）Formation of National or Industry Standard Digital (item）
7109	**4817**	**2235**	**4861**	**153**
2896	2341	1790	1461	33
1285	800	157	1344	37
2783	1614	288	2033	80
145	62		23	3
2404	1862	1716	747	29
4705	2955	519	4114	124
6475	4460	2223	4563	149
131	109	1	36	
503	248	11	262	4
81	21	35		
6602	4390	2031	4861	148
426	406	169		5
2955	2300	1927	1246	57
352	250	174	225	2
3343	2006	122	3230	90
95	85	1	36	
354	166	11	121	3
10	10		3	1
4950	3397	1874	2145	78
959	601	119	322	23
226	132	12	365	28
74	48	6	50	
432	274	105	1312	11
37	11	16	101	1
83	28	21	6	3
71	56	21	152	3
277	270	61	408	6

17－19 规模以上工业企业新产品开发和经费支出情况

Expenditures for New Product Development and Funding of Main Indicators of Industrial Enterprises

单位：万元 unit: 10000 yuan

项目	Item	2020 新产品开发项目数 Number of New Products Development Projects	2020 新产品开发经费支出 Expenditure on New Products Development	2021 新产品开发项目数 Number of New Products Development Projects	2021 新产品开发经费支出 Expenditure on New Products Development
总计	**Total**	**3741**	**1788921**	**4369**	**1677694**
一、按企业规模分组	**Group by Size of Enterprises**				
大 型	Large-sized Enterprise	874	1398606	807	1236641
中 型	Medium-sized Enterprise	1178	209631	1192	219019
小 型	Small-sized Enterprise	1654	178560	2303	214382
微 型	Mini-sized Enterprise	35	2124	67	7652
二、按隶属关系分组	**Group by Administration**				
中 央	National	520	1092645	465	857187
地 方	City	3221	696276	3904	820507
三、按登记注册类型分组	**Grouped by Status Registration**				
内资企业	Domestic Funded	3298	1107002	3818	1222129
港、澳、台商投资企业	Enterprises with Funds from Hong Kong,Macao and Taiwan	49	16006	52	14371
外商投资企业	Foreign Funded Enterprises	394	665913	499	441194
四、按新国民经济行业大类分组	**Grouping by National Economy Industry**				
采矿业	Mining	10	3877	24	4795
制造业	Manufacturing	3717	1783847	4304	1668310
电力、热力、燃气及水的生产和供应业	Production and Supply of Electricity，Gas and Water	14	1196	41	4588
五、按企业控股情况分组	**Grouping by Enterprises Share Holding Situation**				
国有控股	State-owned Holding	941	1270525	907	1065827
集体控股	Collective Holding	65	26130	143	51917
私人控股	Private Holding	2066	216535	2997	436876
港澳台商控股	Hong Kong, Macao and Taiwan Funded Holding	34	9648	24	7257
外商控股	Foreign Holdings	171	117158	286	113885
其 他	Others	464	148925	12	1932
六、按地区分组	**Grouped by Region**				
长 春	Changchun	2153	1501560	2642	1315127
吉 林	Jilin	613	130460	539	201565
四 平	Siping	132	12864	193	10987
辽 源	Liaoyuan	108	12269	101	13488
通 化	Tonghua	476	85635	539	77939
白 山	Baishan	80	4988	78	6237
松 原	Songyuan	45	6347	85	12312
白 城	Baicheng	43	12781	48	10349
延 边	Yanbian	91	22018	144	29691

17－20 规模以上工业企业技术获取和技术改造情况

Main Indicators of Industrial Enterprises Technology Acquiring and Technology Transforming Situation

单位：万元 unit: 10000 yuan

项　目	Item	2020			2021		
		引进国外技术经费支出 Expenditure for Import Foreign Technology	购买国内技术经费支出 Expenditures for Inner Technology	技术改造经费支出 Expenditures for Technical Renovation	引进国外技术经费支出 Expenditure for Import Foreign Technology	购买国内技术经费支出 Expenditures for Inner Technology	技术改造经费支出 Expenditures for Technical Renovation
总计	**Total**	**255527**	**156176**	**155310**	**523189**	**194557**	**386165**
一、按企业规模分组	**Group by Size of Enterprises**						
大　型	Large-sized Enterprise	255123	144405	138984	520018	188316	363329
中　型	Medium-sized Enterprise		8543	8211	2695	6069	16368
小　型	Small-sized Enterprise	404	3228	4920	476	172	3594
微　型	Mini-sized Enterprise			3196			2873
二、按隶属关系分组	**Group by Administration**						
中　央	National	255412	144405	105413	520465	188236	318240
地　方	City	115	11772	49898	2724	6321	67925
三、按登记注册类型分组	**Grouped by Status Registration**						
内资企业	Domestic Funded	1518	150223	103943	35857	194321	385435
港、澳、台商投资企业	Enterprises with Funds from Hong Kong,Macao and Taiwan			162			
外商投资企业	Foreign Funded Enterprises	254009	5953	51205	487331	236	730
四、按新国民经济行业大类分组	**Grouping by National Economy Industry**						
采矿业	Mining						
制造业	Manufacturing	255527	156176	149622	523189	194555	380358
电力、热力、燃气及水的生产和供应业	Production and Supply of Electricity, Gas and Water			5688		2	5808
五、按企业控股情况分组	**Grouping by Enterprises Share Holding Situation**						
国有控股	State-owned Holding	255412	144477	141284	520465	188396	366307
集体控股	Collective Holding					2571	4690
私人控股	Private Holding	115	2746	12987	2724	3589	14439
港澳台商控股	Hong Kong, Macao and Taiwan Funded Holding			162			
外商控股	Foreign Holdings		5953	760			730
其　他	Others		3000	117			
六、按地区分组	**Grouped by Region**						
长　春	Changchun	255238	137506	73888	522742	174796	30911
吉　林	Jilin	289	1745	22558	447	1066	289603
四　平	Siping			200			2063
辽　源	Liaoyuan		10	61			
通　化	Tonghua			36253			41404
白　山	Baishan			680			
松　原	Songyuan			2074			1015
白　城	Baicheng		210	2684		2571	4842
延　边	Yanbian		16706	16912		16123	16327

17－21 群众文化事业基本情况
Basic Statistics on Mass Culture

指　　标	Item	2019	2020	2021
机构数（个）	**Number of Institutions (unit)**	**981**	**989**	**990**
群众艺术馆	Mass Art Centers	14	13	12
文化馆	Cultural Centers	65	66	68
文化站	Cultural Stations	902	910	910
从业人员数（人）	**Employment (person)**	**4364**	**4313**	**4285**
文化活动情况	**Cultural Activities**			
举办展览（次）	Number of Exhibitions (time)	1841	1214	1348
组织文艺活动（次）	Organization of Artistic Activities (time)	15842	10142	9824
举办训练班（班）	Training Courses (class)	15236	5899	14114

17－22 公共图书馆、博物馆和文物保护单位基本情况
Basic Statistics on Public Libraries, Museums and Cultural Relic Agencies

指　　标	Item	单位 unit	2019	2020	2021
公共图书馆	**Public Libraries**				
单位数	Institutions	个 unit	66	66	66
从业人员数	Number of Employed Persons	人 person	1566	1471	1485
藏书	Collections	万册/件 10000volume/pcs	2168	2258	2401
阅览室座席	Seating Capacity of Reading Rooms	千个 1000seats	23	23	23
建筑面积	Floor Space of Public Buildings	千平方米 1000sq.m	307	309	329
#阅览室	Reading Room	千平方米 1000sq.m	98	102	106
书库	Stack Rooms	千平方米 1000sq.m	50	51	55
借阅人次	Total Number of Circulation	万人次 10000 person-times	358	145	161
借阅册次	Number of Books Borrowed by Reader	万册次 10000 volume-times	710	363	354
博物馆	**Museums**				
单位数	Institutions	个 unit	107	107	105
从业人员数	Number of Employed Persons	人 person	1586	1993	2050
文物藏品	Number of Collections	万件 10000pcs	64	65	85
举办展览	Number of Exhibitions	次 time	568	474	366
参观人次	Number of Visitors	千人次 1000 person-times	11207	3325	5805
文物保护单位	**Agencies of Historical Relics Preservation**				
单位数	Institutions	个 unit	52	52	52
从业人员	Number of Person Employed	人 person	158	302	287
藏品	Number of Collections	万件 10000pcs	0.5	0.6	0.9

17－23 电影发展情况
Development on Film

指　　标	Item	2020	2021
国产电影总产量	**Number of Domestic Film Production**	**13**	**15**
生产故事影片（部）	Feature Films (film)	10	10
生产动画影片（部）	Cartoon Films (reel)	1	5
生产科教影片（部）	Popular Science Films (reel)	2	
生产纪录影片（部）	Documentary Films (reel)		
生产特种影片（部）	Special Films (reel)		
经营性影院	**For-profit Cinemas**		
影院（家）	Cinema (unit)	210	223
银幕（块）	Screen (unit)	1171	1223
电影票房收入（亿元）	**Domestic Film Box Office Revenue (100 million yuan)**	**2.85**	**5.60**
国产电影票房收入	Domestic Films	2.47	4.85
进口电影票房收入	Imported Films	0.38	0.75
城市观影人次（万人次）	**Number of Urban Audiences (10000 person-times)**	**880.6**	**1637.6**
电影放映场次（万场次）	**Number of Projected Films (10000 shows)**	**101.47**	**198.47**
城市	Urban	89.60	186.90
农村	Rural	11.87	11.57

17－24 图书出版
Books Published

指　　标	Item	种类（种）Number of Publications (kind)			总印数（万册）Total Printed Copies (10000 copies)		
		2019	2020	2021	2019	2020	2021
书　籍	Books	25170	24577	27597	27335	27255	31094

17－25 期刊出版
Magazines Published

指 标	Item	种类（种） Number of Publications (kind)			总印数（万册） Total Printed Copies (10000 copies)			总印张（万印张） Printed Sheets (10000 sheets)		
		2019	2020	2021	2019	2020	2021	2019	2020	2021
总 计	**Total**	**238**	**239**	**239**	**5019**	**3878**	**3711**	**23954**	**18664**	**17893**
#少年儿童读物	Children Books	5	5	5	104	93	91	409	393	415
画刊	Illustrated Periodical	1	1	1	4	4	4	32	28	18
综合	General Books	3	3	3	23	24	17	161	169	110
哲学、社会科学	Philosophy and Social Sciences	62	62	62	1578	1200	1140	7718	5874	5551
自然科学、技术	Natural Sciences and Technology	102	103	103	214	178	162	1914	1589	1480
文化、教育	Culture and Education	45	45	45	891	830	737	3522	3308	2884
文学、艺术	Literature and Arts	26	26	26	2314	1646	1656	10639	7725	7869

17－26 报纸出版
Newspapers Published

指 标	Item	种类（种） Number of Publications (kind)			总印数（万份） Total Printed Copies (10000 copies)			总印张（千印张） Printed Sheets (1000 sheets)		
		2019	2020	2021	2019	2020	2021	2019	2020	2021
总计	**Total**	**51**	**51**	**46**	**64422**	**57398**	**55184**	**1104378**	**868991**	**828757**
综合报	General Newspapers	22	22	21	21773	16079	15444	546719	359587	347880
专业报	Specialized Newspapers	17	17	16	41272	40152	38641	537802	493943	467503
省级报纸合计	Total Newspapers of Provincial Level	24	24	22	48858	43365	43454	811326	636894	614168
综合报	General Newspapers	4	4	4	9245	5103	4943	271815	146188	142540
专业报	Specialized Newspapers	12	12	11	38392	37176	37487	522006	476161	459090
市级报纸合计	Total Newspapers of Municipal Level	27	27	24	15564	14033	11731	293053	232097	214589
综合报	General Newspapers	18	18	17	12529	10976	10501	274905	213400	205340
专业报	Specialized Newspapers	5	5	5	2880	2976	1154	15797	17782	8413

17－27　工会基本情况

Basic Statistics on Trade Union

指　　标	Item	2019	2020	2021
基层工会组织数（个）	Number of Grassroots Trade Unions (unit)	26959	28564	27692
职工人数（万人）	Staff and Workers (10000 persons)	346	354	370
#女职工人数	Female Workers	133	140	146
会员人数（万人）	Membership (10000 persons)	334	343	358
#女会员人数	Female Members	128	135	143
女职工工作委员会（个）	Female Worker's Committee (unit)	23307	24216	23164
建立工会经费审查组织（个）	Investigating Expenses of Trade Union Organizations (unit)	11796	14090	14274
建立职工代表大会制度的单位（个）	Staff and Worker's Congress Regulation (unit)	21027	19119	19609
实行厂务公开的单位（个）	Opening Service Unit (unit)	18144	17939	16721
建立工会劳动保护监督检查委员会（个）	Labor Protective Supervising and Investigating Committee (unit)	10256	10807	10259
建立工会劳动法律监督组织（个）	Labor Law Supervising Organizations (unit)	6772	6195	5917
建立劳动争议调解委员会的单位（个）	Labor Dispute Mediating Commission (unit)	6969	5482	5761

第十八篇

CHAPTER ▶ 18

体育、卫生和其他事业

Sports, Public Health and Others

资料整理人员：

刘百慧

18－1 体育系统从业人员情况
Number of Sports-Related Personnel

单位：人 unit：person

项 目	Item	2021
合 计	**Total**	**4555**
公务员	Civil Servants	593
管理人员	Administrative Staffs	898
专业技术人员	Professional Technical Personnels	1113
体育教练员	Coaches	816
优秀运动队运动员	Athletes of Excellent Sports Team	679
工勤人员	Logistics Workers	267
其他人员	Others	189

18－2 运动员获奖情况
Players Awards

单位：枚 （unit：medal）

项 目	Item	获得金牌 Gold	获得银牌 Silver	获得铜牌 Bronze
世界比赛	Competition of World Level	9	3	6
亚洲比赛	Competition of Asian Level	1	1	1
全国比赛	National Competitions	87	134	89

注：不包含群众比赛成绩。
Note: Awards won in mass tournament do not include.

18－3 授予一级运动员、裁判员情况
Statistics on Granted First Grade Athletes and Referees

单位：人 unit：person

项 目	Item	2021
一级运动员	First Grade Athletes	488
一级裁判员	First Grade Referees	400

18－4 历年卫生健康事业基本情况

Basic Statistics on Health

年 份 Year	卫生机构数（个） Number of Health Institutions (unit)	#医院、卫生院 Hospitals and Health Centers	卫生机构床位数（万张） Number of Beds in Health Institutions (10000 beds)	#医院、卫生院 Hospitals and Health Centers	卫生技术人员数（万人） Medical Technical Personnel (10000 persons)	执业（助理）医师 Certified (Assistant) Doctors	每万人口 Per10000persons 床位数（张） Number of Beds(bed)	执业（助理）医师数（人） Licensed Physicians & Physician Assistants
1978	3889	1220	6.27	5.80	7.36	3.03	29.2	14.1
1979	4263	1227	6.57	5.97	8.19	3.15	30.1	14.5
1980	4274	1249	6.71	6.06	8.57	3.45	30.4	15.6
1981	4565	1251	6.84	6.17	9.44	3.60	30.7	16.1
1982	4494	1268	7.20	6.49	9.70	3.66	31.9	16.2
1983	4540	1266	7.38	6.61	9.99	3.77	32.5	16.7
1984	4557	1275	7.69	6.83	10.35	3.90	33.6	17.1
1985	4568	1269	7.88	6.97	10.54	3.98	34.3	17.3
1986	4539	1268	8.23	7.30	10.79	4.01	35.5	17.3
1987	4566	1281	8.65	7.61	11.04	4.11	37.0	17.6
1988	4447	1272	8.93	7.82	11.34	4.60	37.9	19.5
1989	4425	1290	9.07	7.95	11.70	4.79	37.8	20.0
1990	4407	1299	9.21	8.06	12.00	5.03	37.8	20.6
1991	4369	1295	9.27	8.14	12.43	5.13	37.7	20.8
1992	4189	1290	9.49	8.40	12.77	5.15	38.3	20.8
1993	4006	1306	9.65	8.58	12.91	5.26	38.7	21.0
1994	3920	1341	9.47	8.45	13.23	5.39	37.7	21.3
1995	3891	1310	9.66	8.41	13.42	5.61	37.9	22.0
1996	3720	1327	9.49	8.41	13.42	5.56	36.8	21.6
1997	3663	1329	9.50	8.44	13.51	5.63	36.5	21.6
1998	3832	1324	9.32	8.33	13.56	5.89	35.8	22.6
1999	3912	1314	9.21	8.27	13.71	6.15	35.2	23.5
2000	3323	1293	8.93	8.05	13.20	5.97	34.0	22.7
2001	7417	1299	9.15	8.25	13.37	6.17	34.7	23.4
2002	2080	1432	8.51	7.97	11.63	4.21	32.1	19.3
2003	7695	1431	8.61	8.18	12.86	4.76	32.4	21.5
2004	8219	1425	8.64	8.11	12.87	5.83	32.5	21.9
2005	8755	1380	8.77	8.21	12.57	5.64	32.3	18.5
2006	9696	1386	9.09	8.55	12.85	5.91	33.4	21.7
2007	9683	1388	9.44	8.92	12.58	5.70	34.6	20.9
2008	9659	1370	9.93	9.35	12.79	5.75	36.3	21.1
2009	9565	1361	10.83	10.07	13.10	5.87	39.6	21.4
2010	9532	1346	11.51	10.65	13.84	6.21	41.9	22.6
2011	8178	1329	12.14	9.54	13.91	5.96	44.2	21.7
2012	19729	1345	12.81	11.87	14.41	6.15	46.6	22.4
2013	19913	1351	13.32	12.41	14.60	6.20	48.4	22.5
2014	19891	1355	14.11	13.20	15.14	6.32	51.3	23.0
2015	20619	1391	14.47	13.54	15.91	6.73	52.6	24.4
2016	20828	1436	15.12	14.23	16.65	6.96	55.3	25.5
2017	20827	1434	15.36	14.46	16.81	7.06	56.5	26.0
2018	22648	1557	16.67	15.82	18.33	7.69	61.7	28.4
2019	22178	1558	17.06	16.24	18.83	7.87	63.4	29.3
2020	25626	1573	17.31	16.52	21.21	8.51	71.9	35.4
2021	25345	1587	17.63	16.70	21.72	8.73	74.2	36.8

18－5　卫生机构、床位、技术人员情况（2021年）

单位：人

项　　目	Item	卫生机构（个）Number of Health Institutions (unit)	卫生机构实有床位（张）Number of Bed in Health Institutions (Bed)	卫生技术人员 Health Technical Personnel
总　计	**Total**	**25345**	**176306**	**217215**
一、医 院	Hospital	825	151196	139561
综合医院	General Hospital	406	91953	92588
中医医院	Traditional Chinese Medicine Hospital	131	21207	20313
中西医结合医院	Synthetical Hospital	10	2294	2240
民族医院	National Hospital	3	166	156
专科医院	Specialized Hospital	271	35266	24168
二、基层医疗卫生机构	Basic Medical Institutions	24155	20529	64526
社区卫生服务中心(站)	Community Health Service Centers(stations)	321	3224	8597
卫生院	Health Centers	762	15804	18223
村卫生室	Village Health Clinic	9463		2907
门诊部	Clinics	1624	1482	12189
诊所、卫生所、医务室、护理站	Clinics,Infirmaries,Nursing Stations	11985	19	22250
三、专业公共卫生机构	Professional Public Health Institutions	286	2831	11860
疾病预防控制中心	Disease Precaution and Control Centre	67		3362
专科疾病防治所(站、中心)	Special Disease Prevention and Cure Hospital	55	1100	1021
妇幼保健院(所、站)	Maternity and Child Health Care Centre	71	1731	5117
卫生监督所(中心)	Health Supervision Stations	49		1224
四、其他卫生机构	Other Health Institutions	79	1750	1268

注：各项相加不等于总计。
Note: The subentry figures do not add up to the total.

Health Institution, Beds, Technical Personnel (2021)

unit: person

执业（助理）医师 Certified (Assistant) Doctors	执业医师 Certified Doctors	注册护士 Registered Nurses	药师（士）Pharmacists (Person)	技师（士）Technicians (Person)	检验师(士) Examiner (Person)	其他 Other	见习医师 Trainee Doctors
87315	**75434**	**97803**	**8894**	**11923**	**6785**	**9985**	**1479**
48900	45564	71737	5951	8690	4428	4283	1024
32717	30636	48186	3561	5667	2877	2457	652
7748	7212	8889	1381	1383	693	912	177
855	811	1092	109	146	80	38	15
77	76	48	17	6	5	8	7
7468	6797	13468	881	1485	771	866	173
33494	25444	22503	2581	1592	975	4356	345
3441	2822	4015	499	436	277	566	85
8547	5878	5594	985	857	529	2240	184
2460	759	397	50				
6252	5136	5285	277	240	148	135	23
12794	10849	7212	770	59	21	1415	53
4591	4138	3226	338	1321	1173	1089	76
1593	1392	366	55	656	608	528	47
469	417	271	71	102	80	108	8
2251	2036	2051	194	384	308	273	20
						93	
330	288	337	24	320	209	257	34

18－6 各地区医疗卫生机构情况（2021年）

Health Care Institutions by Region（2021）

单位：个　　(unit)

地　　区	Region	医疗卫生机构 Health Care Institutions	医院 Hospitals	卫生院 Health Centers	妇幼机构 Maternal and Children Care Institutions	疾病预防控制中心 Centers for Disease Control
全　省	**Total**	**25345**	**825**	**762**	**71**	**67**
长　春	Changchun	7924	251	147	14	15
吉　林	Jilin	3856	169	97	11	11
四　平	Siping	1655	67	71	7	4
辽　源	Liaoyuan	1005	38	42	3	3
通　化	Tonghua	1560	41	70	7	5
白　山	Baishan	1311	39	61	7	6
松　原	Songyuan	3096	83	88	6	6
白　城	Baicheng	1980	48	93	6	6
延　边	Yanbian	2349	61	72	9	9
长白山	Changbaishan	39	1	2		1
梅河口市	Meihekou	570	27	19	1	1

注：医疗卫生机构包含村卫生室。
Note: Health Care Institutions contain Village Health Clinics.

18－7 各地区卫生床位、人员情况（2021年）

Beds and Employed Personnel by Region（2021）

单位：张、人　　unit：bed，person

地　　区	Region	医疗卫生机构实有床位 Beds of Health Institutions	卫生技术人员 Medical Technical Personnel	执业(助理)医师 Certified (Assistants) Physicians	注册护士 Registered Nurses
全　省	**Total**	**176306**	**217215**	**87315**	**97803**
长　春	Changchun	66229	84678	34009	38955
吉　林	Jilin	30568	35160	14076	16440
四　平	Siping	14002	15797	6210	7203
辽　源	Liaoyuan	7974	8582	3179	3983
通　化	Tonghua	10042	10564	4382	4492
白　山	Baishan	10500	9611	3691	4220
松　原	Songyuan	12456	17519	6956	7212
白　城	Baicheng	9312	13494	5653	5870
延　边	Yanbian	11301	16418	6791	7153
长白山	Changbaishan	272	448	182	201
梅河口市	Meihekou	3650	4944	2186	2074

注：医院床位数为实际营业数。
Note: Beds of Health Institutions are actually opened.

18－8 各地区医疗卫生机构住院服务情况（2021年）
Medical and Health Institutions in Various Regions of Hospital（2021）

项目	Item	入院人数（万人）Admission Number (10000 Persons)	出院人数（万人）Discharge Number (10000 Persons)	住院病人手术人次（万人次）Number of Patients hospitalized (10000 Persons /time)	死亡率（%）Fatality Rate（%）	病床工作日（日）Bed working day (day)	每百门急诊入院人数（人）Number of Admission Per hundred out patient and Emergency Department (person)
全　省	**Total**	**348.37**	**346.05**	**87.28**	**1.07**	**19.70**	**4.90**
长　春	Changchun	154.25	153.56	38.30	0.72	23.20	4.90
吉　林	Jilin	54.42	54.38	18.71	1.52	17.80	5.40
四　平	Siping	22.80	22.38	5.89	1.24	16.00	5.40
辽　源	Liaoyuan	15.81	15.44	2.56	1.29	19.40	6.40
通　化	Tonghua	15.24	15.15	3.31	1.51	15.20	4.60
白　山	Baishan	13.85	13.70	2.38	1.59	13.10	5.60
松　原	Songyuan	25.92	26.26	5.19	0.72	21.10	5.80
白　城	Baicheng	16.29	15.85	3.43	1.60	17.10	4.90
延　边	Yanbian	21.65	21.24	5.53	1.56	18.80	2.80
长白山	Changbaishan	0.43	0.41	0.11	1.11	15.20	3.00
梅河口市	Meihekou	7.71	7.69	1.87	0.99	21.10	4.20

18－9 医疗机构运营情况（2021年）
Operation of Medial Institutions（2021）

项目	Item	合计 Total	医院 Hospitals	基层医疗卫生机构 Health Care Institutions at Grass-root Level	专业公共卫生机构 Specialized Public Health Institutions	其他机构 Other Health Institutions
门急诊服务	**Outpatient and Emergency Visits**					
诊疗人次（万人次）	Person (10000 person/time)	10460.40	5944.39	4304.75	210.63	0.63
#门诊	Outpatient	8208.54	5025.86	2995.67	186.55	0.45
#急诊	Emergency Treatment	669.24	620.99	26.85	21.39	
住院服务	**Admission service**					
入院人数（万人）	Admission Number (10000 person)	348.37	333.11	12.14	2.94	0.18
住院病人手术人次（万人次）	Surgical Operations of Patients (10000 person-times)	87.28	86.33	0.13	0.81	
每百门急诊的入院人数（人）	Number of Admissions Per hundred outpatient and Emergency Department (person)	4.88	5.90	0.82	1.57	39.31
床位利用	**Bed utilization**					
平均床位周转率（次）	Average Bed turnover Rate (time)	20.80	22.90	7.10	11.80	0.90
平均床位工作日（日）	Average Bed working days (Day)	223.10	242.30	82.20	124.60	167.50
床位使用率(%)	Bed Utilization (%)	61.18	66.45	22.52	34.16	45.89
出院者平均住院日（日）	Average length of hospital stay (day)	9.80	9.90	6.30	9.50	18.7

18－10　残疾人事业基本情况
Basic Information of Person with Disabilities

项　　目	Item	2020	2021
康复服务	**Rehabilitation**		
基本康复服务总数（人）	Total Number of Basic Rehabilitation Services (person)	147041	139945
辅助器具适配服务的持证残疾人数（人）	Number of Certified Persons with Disabilities for Assistive Device Adaptation Services (person)	44804	44780
0-6岁残疾儿童康复服务人数（人）	Number of Basic Rehabilitation Services of Children with Disabilities under 6 years old (person)	2651	3315
教育	**Education**		
扶残助学金扶助人数（人）	Number of Disabled Students Receiving Subsidies (person)	2050	2007
就业	**Employment**		
按比例就业（人）	Employment in Proportion (person)	7860	8626
集中就业（人）	Concentrative Employment (person)	4557	4515
个体就业（人）	Private Employment (person)	18366	17171
公益性岗位就业（人）	Public Beneficial Employment (person)	2737	2820
辅助性就业（人）	Auxiliary Employment (person)	1105	1116
灵活就业（人）	Flexible Employment (person)	44982	45929
从事农村种养加（人）	Engaged in Rural Planting, Husbandry and Processing (person)	100477	106315
社会保障	**Social Security**		
残疾人托养服务机构（个）	Nursing Service Agencies for People with Disabilities (unit)	110	215
年度托养残疾人数（人）	Annual Number of Nursing Persons with Disabilities (person)	8310	8437
文体活动	**Cultural and Sport Activities**		
残疾人文体活动（场）	Culture and Sport Activities for Cultural and Sport Activities (times)	878	881
维权	**Rights Protection**		
法律救助工作协调机构（个）	Coordinating Agencies for Legal Aid Work (unit)	74	74
法律救助工作站（个）	Legal Aid Station (unit)	71	71
组织建设	**Organization Development**		
残疾人专门协会（个）	Special Association for Persons with Disabilities (unit)	368	368
服务设施	**Service Facilities**		
残疾人综合服务设施（个）	Comprehensive Service Facilities for Persons with Disabilities (unit)	6	6
残疾人康复设施（个）	Rehabilitation Facilities for Persons with Disabilities (unit)	56	56
残疾人托养设施（个）	Nursing Facilities for Persons with Disabilities (unit)	31	31

18－11　律师、调解工作基本情况
Basic Statistics on Lawyers and Mediation

项　　目	Item	2020	2021
律师工作	**Lawyers**		
律师机构（处）	Law Offices (unit)	589	624
#律师（人）	#Full-time Lawyers (person)	6841	7473
聘请担任常年法律顾问单位（处）	Number of Units with Permanent Legal Advisors (unit)	5920	5886
民事代理（件）	Agent of Civil Cases (piece)	52678	69384
刑事辩护、代理（件）	Defender of Criminal Cases (piece)	10425	13494
非诉讼法律事务（件）	Agent of Non-litigious Legal Affairs (piece)	5855	15532
咨询和代书（件）	Consultation and proxy (pieces)	36681	25462
仲裁业务（件）	Arbitration business (piece)	2537	3154
人民调解工作	**People' s Mediation Work**		
基层法律服务工作者（人）	Grassroots Legal Service Worker (person)	1196	869
人民调解委员会（个）	People' s Mediation Committees (unit)	14468	13880
调解人员（人）	Mediators (person)	61972	59145
调解民间纠纷（件）	Civil Disputes Mediated (piece)	165325	116350
司法所工作人员（人）	Staff of the Judicial Office (person)	4179	4212

18－12　婚姻登记情况（2021年）
Basic Statistics on Marriage Registrations and Divorces（2021）

项　　目	Item	单位 Unit	数量 Amount
国内结婚登记	Marriage Registration of Mainland Residents	万对 (10000 couples)	13.19
国内离婚登记	Divorces Registration of Mainland Residents	万对 (10000 couples)	5.11
涉外、港澳台及华侨结婚登记	Marriage Registration Involving Foreigners,or Residents of Hong Kong,Macao,Taiwan and overseas Chinese	对 (couples)	214
涉外、港澳台及华侨离婚登记	Divorces Registration Involving Foreigners or Residents of Hong Kong,Macao,Taiwan and overseas Chinese	对(couples)	26

18－13　公证工作基本情况
Basic Statistics on Notarization

项　　目	Item	2020	2021
公证机构和人员	**Institutions and Personnel**		
公证处（个）	**Notarial Offices (unit)**	**73**	**73**
公证人员（人）	**Notarial Personnel (person)**	**964**	**972**
#公　证　员	#Notaries	383	390
公证员助理	Assistant Notaries	356	363
其他工作人员	Other staffs	225	219
办理公证（项目）	**Notarized Documents (Projects)**		
办理公证（项目）总计（件）	Notarized Documents (piece)	458363	569172
国内公证合计	Domestic Justice Total	303644	309574
涉外公证合计	International Justice Total	154272	259088
涉台、港、澳公证合计	Relate to Taiwan, Hong Kong and Macao Notarization Summation	447	510
涉台公证合计	Relate to Taiwan Notarization Summation	221	305
涉港澳公证合计	Relate to Hong Kong and Macao Notarization Summation	226	205

18－14　社会救助情况（2021年）
Basic Statistics on Social Relief（2021）

项　　目	Item	单位 Unit	数量 Amount
城市最低生活保障人数	The Number of Urban Residents Receiving Minimum Living Allowance	人(person)	350338
农村最低生活保障人数	The Number of Rural Residents Receiving Minimum Living Allowance	人(person)	541796
城市特困人数	Urban Household in Extreme Difficulty	人(person)	8785
农村特困人数	Rural Household in Extreme Difficulty	人(person)	76215
城乡医疗救助人次数	The Number of Urban and Rural Medical Assistance People	万人次 (10000 person-times)	168025

18－15　交通事故情况
Traffic Accident Situation

项目	Item	单位 unit	2020	2021
交通事故数	**Number of Traffic Accidents**	**起(Case)**	**11780**	**11479**
城市道路	Urban Road	起(Case)	6753	6528
公路	Highway	起(Case)	5027	4951
死亡人数	**Number of deaths**	**人(Person)**	**2024**	**1913**
城市道路	Urban Road	人(Person)	793	681
公路	Highway	人(Person)	1231	1232
受伤人数	**Number of Injured**	**人(Person)**	**13030**	**12570**
城市道路	Urban Road	人(Person)	7079	6664
公路	Highway	人(Person)	5951	5906
损失金额	**Amount of Loss**	**万元(10000Yuan)**	**4471**	**3836**
城市道路	Urban Road	万元(10000Yuan)	2036	1664
公路	Highway	万元(10000Yuan)	2435	2172

18－16　人民法院审理刑事一审案件收结案情况
First Trial Criminal Cases Accepted and Concluded by Courts

单位: 件　　(case)

项　　目	Item	收案 Cases Accepted			结案 Cases Concluded		
		2019	2020	2021	2019	2020	2021
合计	**Total**	**24683**	**21408**	**24330**	**25823**	**21737**	**24121**
危害公共安全罪	Crimes of Endangering Public Security	8043	7167	7313	8351	7209	7297
破坏社会主义市场经济秩序罪	Crimes of Disrupting the Order of the Socialist Market Economy	1365	1368	2091	1310	1369	2124
侵犯公民人身权利民主权利罪	Crimes of Infringing upon Citizens' Right of the Person and Democratic Rights	3218	2580	2661	3446	2629	2636
侵犯财产罪	Crimes of Property Violation	5972	5195	5272	6294	5248	5207
妨害社会管理秩序罪	Crimes of Obstructing Administration of Public Order	5402	4673	6592	5717	4785	6433
危害国防利益罪	Crimes of Impairing the Interests of National Defence	19	16	16	19	16	16
贪污贿赂罪	Crimes of Corruption and Bribery	569	351	306	600	414	335
渎职罪	Crimes of Dereliction of Duty	92	57	68	86	65	64
其他	Others	3	1	11		2	9
合计中含自诉案件	Private Prosecution of Total	154	101	141	144	94	136

注：结案中含上年旧存（以下各表同）。
Note: Data of cases settled include cases turned over from previous year (The same applies to the tables following).

18－17　人民法院审理婚姻家庭、继承一审案件收结案情况（2021年）
First Trial Civil Cases of Marriages, Family Affairs and Inheritance Accepted and Concluded by Courts（2021）

单位: 件　　(case)

项目	Item	收案 Cases Accepted	结案 Cases Concluded	调解 Mediation	判决 Judgement	驳回 Reject	撤诉 Withdrawal	其他 Other
合计	**Total**	**34918**	**34014**	**15946**	**10178**	**983**	**6652**	**255**
婚姻家庭、继承纠纷	Disputes of Marriage,Family and Inheritance	32	28	7	13	2	5	1
婚姻家庭	Marriages and Family Affairs	30932	30148	13482	9362	830	6243	231
离婚	Divorce	24186	23575	10855	7110	620	4831	159
离婚后财产纠纷	Property Disputes after Divorce	1178	1144	300	450	61	316	17
同居关系纠纷	Cohabitation Disputes	391	381	159	116	8	94	4
抚养纠纷	Upbringing Disputes	3920	3831	1867	1142	102	693	27
赡养纠纷	Support Disputes	615	600	157	256	13	166	8
扶养纠纷	Fostering Disputes	44	45	18	17		9	1
其他	Others	598	572	126	271	26	109	40
继承	Inheritance	3954	3838	2457	803	151	404	23
法定继承	Legal Inheritance	416	408	296	73	13	25	1
遗嘱继承	Testament Inheritance	83	79	27	35	2	14	1
其他	Others	3455	3351	2134	695	136	298	88

18 – 18 人民法院审理合同、无因管理、不当得利纠纷一审案件收结案情况（2021年）

First Trial Cases of Disputes of Contract, Unjust Enrichment and Negotiorum Gestio Affairs Accepted and Concluded by Courts （2021）

单位: 件 （case）

项目	Item	收案 Cases Accepted	结案 Cases Concluded	调解 Mediation	判决 Judgement	驳回 Reject	撤诉 Withdrawal	其他 Other
合计	**Total**	**220103**	**208980**	**32813**	**66803**	**12335**	**95141**	**1888**
借款合同	Loan Contracts	81292	77126	14632	27814	5318	28999	363
买卖合同	Trade Contracts	22525	21238	4405	8521	1394	6686	232
追偿权纠纷	Recourse Right Disputes	6168	5928	1259	2297	658	1674	40
租赁合同	Lease Contracts	5894	5486	1047	2412	390	1577	60
劳务合同	Labor Contracts	7015	6678	2069	2494	385	1621	109
房屋买卖合同	Housing Contracts	9361	8715	1977	3905	598	1881	354
供用动力合同	Labor Contracts	2652	2603	156	277	84	2083	3
建设工程合同	Construction Contracts	6919	6248	1175	2922	512	1544	95
农村承包合同	Rural Contracts	772	765	101	348	48	257	11
承揽合同	Contracts for Work	1903	1755	390	688	100	551	26
服务合同	Service Contracts	48910	47118	2019	4327	950	39709	113
运输合同	Transport Contracts	1224	1190	258	335	37	536	24
不当得利纠纷	Unjust Enrichment Disputes	1977	1878	325	728	220	541	64
无因管理纠纷	Negotiorum Gestio Disputes	54	51	3	21	1	25	1
其他	Others	23437	22201	2997	9714	1640	7457	393

18 – 19 人民法院审理权属、侵权纠纷及其他民事一审案件收结案情况（2021年）

First Trial Cases of Disputes of Right, Infringement of Right and Other Civil Affairs Accepted and Concluded by Courts（2021）

单位: 件 （case）

项目	Item	收案 Cases Accepted	结案 Cases Concluded	调解 Mediation	判决 Judgement	驳回 Reject	撤诉 Withdrawal	其他 Other
合计	**Total**	**64485**	**60174**	**8148**	**28199**	**4048**	**14217**	**5562**
人格权纠纷	Personality Disputes	4318	4026	749	2010	163	1085	19
物权纠纷	Property Rights Disputes	9378	8829	1148	3631	1026	2877	147
知识产权与竞争纠纷	Intellectual Property Rights and Competition Disputes	7480	6954	59	778	55	1363	4699
劳动争议	Labor Disputes	14885	14137	2886	6927	1396	2469	459
票据、证券、股票纠纷	Bills,Securities,Shares Disputes	8269	7589	841	3677	528	2404	139
侵权责任纠纷	Tort Liability Disputes	18109	16748	2447	9847	681	3691	82
特殊程序	Special Procedures	2045	1889	18	1328	199	327	17
其他	Others	1	2		1		1	

第十九篇

CHAPTER ▶ 19

市（州）和县（市）概况

General Survey of City (State) and County (City)

资料整理人员：

刘冠群　张海超　戴亚晨　任秀玲　刘重阳

秦一宁　许　赓　吴　璇　亢伶俐　钟炽慧

刘百慧

19－1　城市社会经济基本情况（2021年）

指　　标	Item	长春市 Changchun 全市 Total
一、水资源	**Water Resources**	
水资源总量（亿立方米）	Total Amount of Water Resources (100 million cu.m)	55
二、人口与就业	**Population and Employment**	
年末户籍人口（万人）	Household Registered Population at Year-end (10000 persons)	851.70
户籍人口城镇化率（%）	Proportion of Urban Household Registered Population (%)	46.88
从业人员期末人数（城镇）（人）	Number of employees at Year-end (urban) (person)	1084408
第一产业（农、林、牧、渔业）	Primary Industry (Agriculture, Forestry, Animal Husbandry and Fishery)	3272
第二产业	Secondary Industry	391421
(1)采矿业	Mining	960
(2)制造业	Manufacturing	259205
(3)电力、热力、燃气及水的生产和供应业	Production and Supply of Electricity,Heat,Gas and Water	51808
(4)建筑业	Construction	79449
第三产业	Tertiary Industry	692837
(1)批发和零售业	Wholesale and Retail Trades	52832
(2)交通运输、仓储及邮政业	Transportation, Storage and Post	66021
(3)住宿和餐饮业	Hotels and Catering Services	11769
(4)信息传输、软件和信息技术服务业	Information Transmission, Computer Services and Software	23960
(5)金融业	Financial Intermediation	75907
(6)房地产业	Real Estate	30779
(7)租赁和商业服务业	Leasing and Business Services	21661
(8)科学研究和技术服务业	Scientific Research and Technical Services	46870
(9)水利、环境和公共设施管理业	Management of Water Conservancy, Environment and Public Facilities	23496
(10)居民服务、修理和其他服务业	Neighborhood Service Repair and other Services	10491
(11)教育	Education	140197
(12)卫生和社会工作	Health and Social Work	79150
(13)文化、体育和娱乐业	Culture, Sports and Entertainment	13931
(14)公共管理、社会保障和社会组织	Public Management, Social Security and Social Organizations	95773

	吉林市 Jilin		四平市 Siping		辽源市 Liaoyuan	
市区 District	全市 Total	市区 District	全市 Total	市区 District	全市 Total	市区 District
	59		26		10	
447.72	401.77	176.52	209.40	66.13	113.77	43.63
	52.78		42.42		49.93	
	340731		140634		71273	
	10985		1042		305	
	104770		21088		18755	
	4009		533		4652	
	73478		13248		8151	
	11155		3683		3065	
	16128		3623		2887	
	224977		118504		52214	
	8314		3563		1664	
	9118		3855		1951	
	1422		740		179	
	4294		2445		1340	
	24553		14214		8237	
	5029		2026		672	
	7310		4055		794	
	6289		1809		905	
	8877		4278		1098	
	1301		452		119	
	56979		25685		11931	
	38762		18108		7735	
	2444		1060		592	
	50285		36214		14997	

19－1 续表 1

指 标	Item	长春市 Changchun 全市 Total
三、综合经济	**Comprehensive Economy**	
(一)财政（万元）	Finance (10000 yuan)	
地方一般公共预算支出	General Public Budget Expenditure	9664851
文化旅游体育与传媒支出	Expenditure for Culture,Tourism,Sport and Media	140432
城乡社区支出	Expenditure for Urban and Rural Community Affairs	1114767
交通运输支出	Transportation Expenses	271903
住房保障支出	Housing Security Expenses	486212
(二)金融（万元）	Finance (10000 yuan)	
年末金融机构人民币各项存款余额	Deposits of Banking System	160308628
其中：住户存款余额	Deposits of Household	82575256
年末金融机构人民币各项贷款余额	Loans of Banking System	162458823
四、规模以上工业法人企业	**Industrial Enterprises Above Designated Size**	
企业个数（个）	Number of Industrial Enterprises (unit)	1322
(1)内资企业	Domestic Investment Enterprises	1170
其中：国有企业	State-owned Enterprises	12
私营企业	Private Enterprises	837
(2)港、澳、台商投资企业	Funds from Hong Kong, Macao and Taiwan	26
(3)外商投资企业	Foreign Investment	126
五、交通运输、通讯与能源	**Transport,Post,Telecommunication and Power**	
(一)交通运输	Transport	
公路客运量（全社会）（万人）	Highway Passenger Traffic (Whole Society) (10000 persons)	2882.00
公路货运量（全社会）（万吨）	Highway Freight Traffic (Whole Society) (10000 tons)	20549.00
民用航空客运量（万人）	Civil Aviation Passenger Traffic (10000 persons)	565.50
民用航空货邮运量（吨）	Civil Aviation Cargo Traffic (ton)	35492
境内公路总里程（公里）	Length of Highways (km)	27970
其中：高速公路里程	Expressway	606
(二)邮电通信	Post and Telecommunications	
邮政业务收入（万元）	Revenue of Postal Services (10000 yuan)	613071
快递业务收入（万元）	Revenue from Express Delivery Service (10000 yuan)	484438
电信业务收入（万元）	Revenue of Telecommunication (10000 yuan)	771761
(三)能源电力	Energy Power	

continued

	吉林市 Jilin		四平市 Siping		辽源市 Liaoyuan	
市区 District	全市 Total	市区 District	全市 Total	市区 District	全市 Total	市区 District
	3277385		2177021		1020318	
	45468		32386		10810	
	238484		244236		63173	
	184265		63573		13645	
	119885		76822		61000	
139355504	35902480	21469668	13558865	6688859	7978287	4501723
64457523	28887060	21446597	11409657	5317386	6902975	3837729
151800293	24914823	16613832	7201570	4565864	4971950	2994196
802	440	245	181	100	113	68
675	417	226	174	96	109	66
10	2	2	1	1		
437	304	155	140	77	81	47
17	6	4	6	4	2	1
110	17	15	1		2	1
	1680.97		731.91		468.15	
	4909.06		7810.55		1538.76	
	15398		7685		5181	
	474		409		247	
	136297		65118		45752	
439743	70521	4572	30507	23647	26115	23986
	228740		136862		56057	

指 标	Item	长春市 Changchun 全市 Total
全社会用电量（万千瓦时）	Total Electricity Consumption (10000 kWh)	3005961
其中：工业用电	Industrial Electricity	1474037
城乡居民生活用电	Urban and Rural Residents Electricity Consumption	524129
六、贸易、外经与旅游	**Trade, Foreign Economic and Tourism**	
(一)贸易	Trade	
限额以上批发零售业法人企业数（个）	Number of Corporate Enterprises above Designated Size of Wholesale and Retail Trade (unit)	1366
其中：零售业	Retail Trades	557
(二)外经	Foreign Economic	
货物进口额（万元）	Total Imports (10000yuan)	10138367
货物出口额（万元）	Total Exports (10000yuan)	1659338
(三)旅游	Tourism	
入境游客（人次）	Number of Overseas Visitor Arrivals (person–time)	156450
入境旅游收入（万美元）	Earnings from Overseas Visitors Arrivals (10000 dollars)	5427
国内游客（万人次）	Number of Domestic Visitors (10000 person–times)	10392
国内旅游收入（万元）	Earnings from Domestic Tourism (10000 yuan)	17667708
七、固定资产投资	**Fixed Asset Investment**	
房地产开发投资（万元）	Investment for Real Estate Development (10000 yuan)	10523427
商品房销售面积	Floor Space of Commercialized Buildings Sold	1027.25
其中：住宅	Residence	930.21
商品房销售额	Total Sale of Commercialized Buildings Sold	8655902
其中：住宅	Residence	7912134
八、教育、文化和卫生	**Education,Culture and Health**	
(一)教育	Education	
普通高等学校数（所）	Regular Institutions of Higher Education (unit)	41
普通高等学校专任教师数（人）	The Number of Full–time Teachers in Higher Education (person)	28582
普通本专科在校学生数（人）	The Number of Student in College (person)	498730
幼儿园数（所）	Kindergarten (unit)	1064
幼儿园专任教师数（人）	Full–time Teachers in Kindergarten (person)	13473
幼儿园在园幼儿数（人）	Number of Enrollment Children in Kindergarten (person)	142000
(二)文化	Culture	
公共图书馆数（个）	Number of Public Library (unit)	14
公共图书馆图书总藏量（万册）	Total Storage Quantity of Public Library Books (10000 volume)	1251.71
博物馆数（个）	Number of Museums (unit)	29

continued

	吉林市 Jilin		四平市 Siping		辽源市 Liaoyuan	
市区 District	全市 Total	市区 District	全市 Total	市区 District	全市 Total	市区 District
	1602049		542547		303386	
	1144839		303519		195797	
	211647		102749		55851	
1257	280	203	128	69	59	39
508	167	129	74	44	41	31
	307434		17559		33653	
	518083		23752		124596	
			837		149	
			14		1	
	3785		1427		624	
	9097478		858005		386430	
9149706	1195203	997478	653794	520717	288415	147919
723.64	234.15	166.26	103.60	71.90	46.11	34.12
642.54	208.53	144.58	95.10	66.50	45.38	33.68
7174454	1418602	1117711	477634	365062	340659	160111
6501570	1279158	1007578	434755	333850	336493	157688
	9		4		1	
	5750		2295		299	
	121664		44304		9084	
841	724	378	384	143	182	74
11119	4769	2629	2647	1117	1286	716
113214	62872	36374	32248	12061	18289	8943
10	10	5	4	1	3	1
1185.01	384.90	195.33	70.25	47.38	58.89	44.02
21	15	10	5	2	7	4

指 标	Item	长春市 Changchun 全市 Total
(三)卫生	Health	
医疗卫生机构数（个）	Number of Health Care Institutions (unit)	7924
医疗卫生机构床位数（张）	Number of Beds in Health Care Institutions (bed)	66229
卫生技术人员数（人）	Number of Medical Technical Personnel (person)	84678
九、社会保障	**Social Insurance**	
城镇职工基本养老保险参保人数（人）	Town Workers Basic Endowment Insurance Insured Number (person)	2953031
城乡居民基本养老保险参保人数（人）	Basic Endowment Insurance for Urban and Rural Residents (person)	3157755
职工基本医疗保险参保人数（人）	Participants of Basic Medical Insurance for Workers (person)	1973016
城乡居民基本医疗保险参保人数（人）	Participants of Basic Medical Insurance for Urban and Rural Residents (person)	6141283
失业保险参保人数（人）	Unemployment Insurance (person)	1331785
工伤保险参保人数（人）	Number of Insurance for Work-Related Injury Insurance (person)	1637178
城市居民最低生活保障人数（人）	Urban Residents Minimum Living Security (person)	62218
十、市政公用事业	**Municipal Utility**	
(一)生活设施	Living Facility	
公共供水总量（万吨）	Volume of Public Water Supply (10000 tons)	43852
供气总量（人工煤气、天然气）（万立方米）	Total Gas Supply (Artificial Gas, Natural Gas) (10000 cu.m)	
其中：家庭用量	Household Usage	
液化石油气供气总量（吨）	Liquefied Petroleum Gas Supply (ton)	
其中：家庭用量	Household Usage	
(二)公共交通	Public Transportation	
年末实有公共汽(电)车营运车辆数（辆）	Number of Public Bus and Trolley Bus under Operation at Year-end (unit)	
公共汽(电)车客运总量（万人次）	Passengers Transported by Public Bus and Trolley Bus (10000 person-times)	
年末实有出租汽车运营车数（辆）	Number of Taxi under Operation at Year-end (unit)	
轨道交通运营线路总长度（公里）	Subways, Light Rail Length under Operation (km)	124
轨道交通客运总量（万人次）	Passengers Transported by Subways,Light Rails (10000 person-times)	20553
十一、环境保护	**Environmental Protection**	
污水处理厂集中处理率（%）	Centralized Treatment Rate of Sewage Treatment Plant (%)	96.68
空气质量优良天数比例（%）	Ratio of Days of Air Quality Equal to or Above Grade Ⅱ (%)	90.4

continued

市区 District	吉林市 Jilin 全市 Total	吉林市 Jilin 市区 District	四平市 Siping 全市 Total	四平市 Siping 市区 District	辽源市 Liaoyuan 全市 Total	辽源市 Liaoyuan 市区 District
4325	3856	1730	1655	484	1005	336
46319	28600	17930	14002	7700	7974	4366
64342	35160	22550	15797	7889	8582	5142
2249318	1375224	872544	595738	330384	345789	222429
423005	1466656	419148	723904	99810	426094	81827
1619840	837633	590191	274700	165400	193443	137937
2204049	2609200	1063457	1501500	345700	788170	254649
1197067	378580	263229	140310	81591	76024	46820
1417120	577666	425851	173046	106192	138120	79736
39805			22208	15768	31458	20916
39191	13629	10333	4144	3034	3422	2646
93263		72123		6120		3528
22436		6229		2824		182
42903		43311		820		4360
5327		260		790		1433
4313		1263		342		327
52159		18067		3230		3600
18534		4869		2974		1207
124						
20553						
	98.84		98.87		96.47	
	90.1		89.9		92.1	

19－1　续表 5

指　　标	Item	通化市 Tonghua 全市 Total
一、水资源	**Water Resources**	
水资源总量（亿立方米）	Total Amount of Water Resources (100 million cu.m)	58
二、人口与就业	**Population and Employment**	
年末户籍人口（万人）	Household Registered Population at Year-end (10000 persons)	210.46
户籍人口城镇化率（%）	Proportion of Urban Household Registered Population (%)	51.34
从业人员期末人数（城镇）（人）	Number of employees at Year-end (urban) (person)	145516
第一产业（农、林、牧、渔业）	Primary Industry (Agriculture, Forestry, Animal Husbandry and Fishery)	2074
第二产业	Secondary Industry	35928
(1)采矿业	Mining	175
(2)制造业	Manufacturing	24494
(3)电力、热力、燃气及水的生产和供应业	Production and Supply of Electricity,Heat,Gas and Water	4071
(4)建筑业	Construction	7188
第三产业	Tertiary Industry	107514
(1)批发和零售业	Wholesale and Retail Trades	2199
(2)交通运输、仓储及邮政业	Transportation, Storage and Post	4366
(3)住宿和餐饮业	Hotels and Catering Services	494
(4)信息传输、软件和信息技术服务业	Information Transmission, Computer Services and Software	3026
(5)金融业	Financial Intermediation	14184
(6)房地产业	Real Estate	3557
(7)租赁和商业服务业	Leasing and Business Services	2125
(8)科学研究和技术服务业	Scientific Research and Technical Services	2144
(9)水利、环境和公共设施管理业	Management of Water Conservancy, Environment and Public Facilities	3270
(10)居民服务、修理和其他服务业	Neighborhood Service Repair and other Services	743
(11)教育	Education	20035
(12)卫生和社会工作	Health and Social Work	12960
(13)文化、体育和娱乐业	Culture, Sports and Entertainment	1246
(14)公共管理、社会保障和社会组织	Public Management, Social Security and Social Organizations	37164

continued

	白山市 Baishan		松原市 Songyuan		白城市 Baicheng	
市区 District	全市 Total	市区 District	全市 Total	市区 District	全市 Total	市区 District
	80		23		35	
42.69	113.43	51.01	271.61	55.38	184.54	47.57
	73.67		32.26		43.39	
	129784		190091		125355	
	12607		4533		1672	
	27151		54596		20105	
	11418		36525			
	8419		9052		11299	
	3210		4791		4054	
	4105		4227		4752	
	90026		130962		103579	
	2800		5085		3776	
	2046		4084		3498	
	466		931		593	
	1775		2798		2231	
	10991		16777		16293	
	1164		2383		828	
	2091		3141		1391	
	1472		2720		2850	
	3068		1524		2980	
	206		429		244	
	16923		29438		24439	
	9501		16803		14203	
	3265		1862		1127	
	34257		42987		29124	

指　　标	Item	通化市 Tonghua 全市 Total
三、综合经济	**Comprehensive Economy**	
(一）财政（万元）	Finance (10000 yuan)	
地方一般公共预算支出	General Public Budget Expenditure	2376012
文化旅游体育与传媒支出	Expenditure for Culture,Tourism,Sport and Media	46630
城乡社区支出	Expenditure for Urban and Rural Community Affairs	309816
交通运输支出	Transportation Expenses	113114
住房保障支出	Housing Security Expenses	109144
(二)金融（万元）	Finance (10000 yuan)	
年末金融机构人民币各项存款余额	Deposits of Banking System	17071945
其中：住户存款余额	Deposits of Household	14031154
年末金融机构人民币各项贷款余额	Loans of Banking System	10174102
四、规模以上工业法人企业	**Industrial Enterprises Above Designated Size**	
企业个数（个）	Number of Industrial Enterprises (unit)	210
(1)内资企业	Domestic Investment Enterprises	205
其中：国有企业	State-owned Enterprises	2
私营企业	Private Enterprises	158
(2)港、澳、台商投资企业	Funds from Hong Kong, Macao and Taiwan	2
(3)外商投资企业	Foreign Investment	3
五、交通运输、通讯与能源	**Transport,Post,Telecommunication and Power**	
(一)交通运输	Transport	
公路客运量（全社会）（万人）	Highway Passenger Traffic (Whole Society) (10000 persons)	666.28
公路货运量（全社会）（万吨）	Highway Freight Traffic (Whole Society) (10000 tons)	1644.68
民用航空客运量（万人）	Civil Aviation Passenger Traffic (10000 persons)	7.15
民用航空货邮运量（吨）	Civil Aviation Cargo Traffic (ton)	
境内公路总里程（公里）	Length of Highways (km)	7714
其中：高速公路里程	Expressway	520
(二)邮电通信	Post and Telecommunications	
邮政业务收入（万元）	Revenue of Postal Services (10000 yuan)	78097
快递业务收入（万元）	Revenue from Express Delivery Service (10000 yuan)	37811
电信业务收入（万元）	Revenue of Telecommunication (10000 yuan)	118532
(三)能源电力	Energy Power	

continued

市区 District	白山市 Baishan 全市 Total	白山市 Baishan 市区 District	松原市 Songyuan 全市 Total	松原市 Songyuan 市区 District	白城市 Baicheng 全市 Total	白城市 Baicheng 市区 District
	1461677		2415020		2237351	
	23726		31308		21885	
	112772		165846		197024	
	130129		84158		85073	
	52226		79290		117919	
5672712	9473203	5063059	17341203	5937406	10896763	4176768
4140784	7308347	3784778	13890163	4666076	8608974	3108108
3905582	5945220	3386841	9497207	3240339	7551962	2822401
82	156	64	225	89	166	55
81	150	62	216	86	152	49
1			3	2	2	1
56	91	34	154	63	66	25
	1	1	3	1	6	3
1	5	1	6	2	8	3
	356.85		1027.29		270.9	
	943.05		6847.45		986.28	
	14.49		5.28		5.10	
			180			
	6825		13135		13111	
	261		616		525	
	53125		52113		47030	
22098	27333	19600	21835	14641	20653	12775
	42613		129200		97023	

指　　标	Item	通化市 Tonghua 全市 Total
全社会用电量（万千瓦时）	Total Electricity Consumption (10000 kWh)	470713
其中：工业用电	Industrial Electricity	298355
城乡居民生活用电	Urban and Rural Residents Electricity Consumption	86101
六、贸易、外经与旅游	**Trade, Foreign Economic and Tourism**	
(一)贸易	Trade	
限额以上批发零售业法人企业数（个）	Number of Corporate Enterprises above Designated Size of Wholesale and Retail Trade (unit)	118
其中：零售业	Retail Trades	78
(二)外经	Foreign Economic	
货物进口额（万元）	Total Imports (10000yuan)	74888
货物出口额（万元）	Total Exports (10000yuan)	65895
(三)旅游	Tourism	
入境游客（人次）	Number of Overseas Visitor Arrivals (person-time)	1144
入境旅游收入（万美元）	Earnings from Overseas Visitors Arrivals (10000 dollars)	13
国内游客（万人次）	Number of Domestic Visitors (10000 person-times)	870
国内旅游收入（万元）	Earnings from Domestic Tourism (10000 yuan)	720463
七、固定资产投资	**Fixed Asset Investment**	
房地产开发投资（万元）	Investment for Real Estate Development (10000 yuan)	313983
商品房销售面积	Floor Space of Commercialized Buildings Sold	61.47
其中：住宅	Residence	55.83
商品房销售额	Total Sale of Commercialized Buildings Sold	311626
其中：住宅	Residence	266280
八、教育、文化和卫生	**Education,Culture and Health**	
(一)教育	Education	
普通高等学校数（所）	Regular Institutions of Higher Education (unit)	3
普通高等学校专任教师数（人）	The Number of Full-time Teachers in Higher Education (person)	762
普通本专科在校学生数（人）	The Number of Student in College (person)	14038
幼儿园数（所）	Kindergarten (unit)	354
幼儿园专任教师数（人）	Full-time Teachers in Kindergarten (person)	2763
幼儿园在园幼儿数（人）	Number of Enrollment Children in Kindergarten (person)	39245
(二)文化	Culture	
公共图书馆数（个）	Number of Public Library (unit)	7
公共图书馆图书总藏量（万册）	Total Storage Quantity of Public Library Books (10000 volume)	83.05
博物馆数（个）	Number of Museums (unit)	8

continued

	白山市 Baishan		松原市 Songyuan		白城市 Baicheng	
市区 District	全市 Total	市区 District	全市 Total	市区 District	全市 Total	市区 District
	354010		663471		545330	
	198705		361684		280392	
	74678		119810		102344	
74	60	40	177	77	88	33
48	46	32	116	55	65	27
	30412		165		15336	
	83527		95500		179722	
			14425			
			1125			
	447		832		733	
	854731		1025400		419178	
141304	180303	80804	592949	316245	114319	55490
39.90	43.00	23.63	101.48	25.63	35.83	11.71
37.67	40.41	23.14	93.52	23.66	28.35	11.16
205645	154333	85016	407056	131135	134104	55959
185342	138388	82450	366046	117301	105599	51179
	1		1		3	
	222		293		1185	
	4644		5989		28055	
94	193	75	480	170	304	97
675	1502	604	2768	1139	2341	841
10103	17252	7102	39736	15850	29590	10583
3	6	2	5	2	6	2
37.15	111.6	33.2	104.35	67.02	65.23	34.77
3	11	5	5	4	6	2

19－1　续表 8

指　　标	Item	通化市 Tonghua 全市 Total
(三)卫生	Health	
医疗卫生机构数（个）	Number of Health Care Institutions (unit)	1560
医疗卫生机构床位数（张）	Number of Beds in Health Care Institutions (bed)	10042
卫生技术人员数（人）	Number of Medical Technical Personnel (person)	10564
九、社会保障	**Social Insurance**	
城镇职工基本养老保险参保人数（人）	Town Workers Basic Endowment Insurance Insured Number (person)	572426
城乡居民基本养老保险参保人数（人）	Basic Endowment Insurance for Urban and Rural Residents (person)	536421
职工基本医疗保险参保人数（人）	Participants of Basic Medical Insurance for Workers (person)	278141
城乡居民基本医疗保险参保人数（人）	Participants of Basic Medical Insurance for Urban and Rural Residents (person)	1016400
失业保险参保人数（人）	Unemployment Insurance (person)	131651
工伤保险参保人数（人）	Number of Insurance for Work-Related Injury Insurance (person)	221956
城市居民最低生活保障人数（人）	Urban Residents Minimum Living Security (person)	30490
十、市政公用事业	**Municipal Utility**	
(一)生活设施	Living Facility	
公共供水总量（万吨）	Volume of Public Water Supply (10000 tons)	5872
供气总量（人工煤气、天然气）（万立方米）	Total Gas Supply (Artificial Gas, Natural Gas) (10000 cu.m)	
其中：家庭用量	Household Usage	
液化石油气供气总量（吨）	Liquefied Petroleum Gas Supply (ton)	
其中：家庭用量	Household Usage	
(二)公共交通	Public Transportation	
年末实有公共汽(电)车营运车辆数（辆）	Number of Public Bus and Trolley Bus under Operation at Year-end (unit)	
公共汽(电)车客运总量（万人次）	Passengers Transported by Public Bus and Trolley Bus (10000 person-times)	
年末实有出租汽车运营车数（辆）	Number of Taxi under Operation at Year-end (unit)	
轨道交通运营线路总长度（公里）	Subways, Light Rail Length under Operation (km)	
轨道交通客运总量（万人次）	Passengers Transported by Subways,Light Rails (10000 person-times)	
十一、环境保护	**Environmental Protection**	
污水处理厂集中处理率（%）	Centralized Treatment Rate of Sewage Treatment Plant (%)	98.22
空气质量优良天数比例（%）	Ratio of Days of Air Quality Equal to or Above Grade Ⅱ (%)	96.1

continued

市区 District	白山市 Baishan 全市 Total	白山市 Baishan 市区 District	松原市 Songyuan 全市 Total	松原市 Songyuan 市区 District	白城市 Baicheng 全市 Total	白城市 Baicheng 市区 District
325	1311		3096	769	1980	583
4985	10500		12632	5093	9312	3442
5004	12034		17518	7195	16976	6862
272374	513600	168471	499436	234457	477082	168238
51818	269526	52190	1204626	162091	774448	147169
153020	313000	131500	365371	219900	237846	104570
214457	627200	148200	1866400	274129	1342800	330492
76558	122194	46667	172598	106800	108742	52569
120579	166104	63522	290447	195012	182920	94428
12142	48157	25880	19238	9658		
2791	4891	2848	5397	3498	3300	1636
5621		2577		10782		2134
2249		605		3087		1025
1129		2420		2924		1658
1059		2092		1458		1147
580		312		474		129
7237.9		1706.9		3249		497
1504		707		2177		1815
	95.17		100.00		96.72	
	96.7		95.3		96.9	

19－2 各市县生产总值（2021年）
Gross Domestic Product by City and County（2021）

单位:万元 unit:10000 yuan

市、县 City，County		各市县生产总值 Gross Domestic Product by City and County	第一产业 Primary Industry	第二产业 Secondary Industry	第三产业 Tertiary Industry	人均生产总值（元） Per Capita CDP (yuan)
长春市	**Changchun**	**71031157**	**5237438**	**29604706**	**36189013**	**78255**
榆树市	Yushu	2825317	1233387	365270	1226660	33871
德惠市	Dehui	2675009	864848	426758	1383403	38785
公主岭市	Gongzhuling	3458192	889317	807136	1761739	40247
农安县	Nong' an	3095295	1370462	447719	1277114	35753
吉林市	**Jilin**	**15499802**	**2001243**	**5652780**	**7845779**	**43333**
桦甸市	Huadian	1077203	346139	242971	488093	32012
蛟河市	Jiaohe	1020963	282280	222978	515705	31434
磐石市	Panshi	1367231	372445	375980	618806	37448
舒兰市	Shulan	1319132	564724	210029	544379	32855
永吉县	Yongji	725961	134920	226459	364582	30211
四平市	**Siping**	**5540239**	**1799655**	**1128595**	**2611989**	**31003**
双辽市	Shuangliao	1044758	421673	207636	415449	33348
梨树县	Lishu	1581246	853242	141336	586668	29941
伊通满族自治县	Yitong	1028764	463843	77705	487216	31528
辽源市	**Liaoyuan**	**4634867**	**505953**	**1359690**	**2769224**	**47007**
东丰县	Dongfeng	1482331	260259	341729	880343	48648
东辽县	Dongliao	988554	220968	211152	556434	44352
通化市	**Tonghua**	**5679048**	**668920**	**1660907**	**3349221**	**44308**
梅河口市	Meihekou	2712021	225079	1245357	1241585	53735
集安市	Ji' an	728693	78423	165628	484642	43871
通化县	Tonghua	866049	105679	340305	420065	50410
辉南县	Huinan	929511	227555	217310	484646	39927
柳河县	Liuhe	827423	215619	178776	433028	30782

注：各市县相加不等于地区数。
Note：The sum of data by city and county is not equal to the region.

单位: 万元

19－2 续表 continued

市、县 City, County		各市县生产总值 Gross Domestic Product by City and County	第一产业 Primary Industry	第二产业 Secondary Industry	第三产业 Tertiary Industry	人均生产总值（元） Per Capita CDP (yuan)
白山市	**Baishan**	**5414054**	**672042**	**1447675**	**3294337**	**57948**
临江市	Linjiang	841646	91351	250925	499370	70490
抚松县	Fusong	1153288	242861	209750	700677	54094
靖宇县	Jingyu	675312	75958	190379	408975	66380
长白朝鲜族自治县	Changbai	387658	60586	92796	234276	67536
松原市	**Songyuan**	**8177054**	**2250814**	**1633188**	**4293052**	**36877**
扶余市	Fuyu	1555052	623033	150812	781207	33350
长岭县	Changling	1587937	639570	184098	764269	35675
前郭尔罗斯蒙古族自治县	Qianguo	1599817	650957	219956	728904	40029
乾安县	Qian' an	741114	204512	191738	344864	36647
白城市	**Baicheng**	**5488325**	**1488065**	**978155**	**3022105**	**35996**
洮南市	Taonan	930352	333969	73470	522914	30837
大安市	Da' an	1028449	298266	193929	536254	38409
镇赉县	Zhenlai	855458	313834	102604	439019	40068
通榆县	Tongyu	922966	288139	162761	472066	33338
延边朝鲜族自治州	**Yanbian**	**8011692**	**685519**	**2970709**	**4355464**	**41645**
延吉市	Yanji	3520803	45724	1379711	2095368	51883
图们市	Tumen	277427	17718	95150	164559	33027
敦化市	Dunhua	1492679	238238	511028	743413	38254
珲春市	Hunchun	1022518	69732	537308	415478	43017
龙井市	Longjing	335250	44751	94361	196138	26171
和龙市	Helong	364579	51770	109185	203624	31456
汪清县	Wangqing	577957	145318	115160	317479	34796
安图县	Antu	420479	72268	128806	219405	34130

19－3 各市县生产总值指数（2021年）
Gross Domestic Product and Indices by City and County（2021）

单位：%

市、县 City，County		各市县生产总值 Gross Domestic Product by City and County	第一产业 Primary Industry	第二产业 Secondary Industry	第三产业 Tertiary Industry	人均生产总值（元） Per Capita CDP (yuan)
长春市	**Changchun**	**106.2**	**105.5**	**103.9**	**108.1**	**106.0**
榆树市	Yushu	108.2	104.5	123.6	108.6	108.4
德惠市	Dehui	108.9	104.4	117.5	109.8	109.2
公主岭市	Gongzhuling	110.3	109.5	113.3	109.5	111.8
农安县	Nong' an	108.7	107.0	121.0	106.9	109.0
吉林市	**Jilin**	**107.0**	**106.7**	**106.5**	**107.4**	**109.4**
桦甸市	Huadian	107.7	106.8	109.8	107.3	110.5
蛟河市	Jiaohe	107.1	106.9	104.0	108.5	109.4
磐石市	Panshi	107.4	106.4	107.8	107.9	110.3
舒兰市	Shulan	107.2	107.8	107.1	106.4	109.6
永吉县	Yongji	107.0	106.7	106.7	107.2	109.5
四平市	**Siping**	**107.9**	**107.0**	**106.5**	**109.1**	**110.8**
双辽市	Shuangliao	107.4	106.8	111.4	106.7	110.1
梨树县	Lishu	107.5	106.8	110.6	107.8	110.8
伊通满族自治县	Yitong	110.3	107.9	109.1	113.0	113.7
辽源市	**Liaoyuan**	**107.6**	**108.9**	**109.1**	**106.6**	**109.7**
东丰县	Dongfeng	108.0	108.8	111.0	106.6	109.7
东辽县	Dongliao	108.8	109.8	120.2	104.7	111.6
通化市	**Tonghua**	**106.8**	**105.5**	**108.3**	**106.3**	**109.9**
梅河口市	Meihekou	112.1	105.2	112.8	112.8	114.2
集安市	Ji' an	106.6	103.8	110.5	105.9	110.0
通化县	Tonghua	107.4	104.8	110.9	105.5	110.9
辉南县	Huinan	107.4	105.2	111.9	106.7	110.8
柳河县	Liuhe	105.8	105.9	110.1	104.1	109.3

单位: %

19 -3 续表 continued

市、县 City，County		各市县生产总值 Gross Domestic Product by City and County	第一产业 Primary Industry	第二产业 Secondary Industry	第三产业 Tertiary Industry	人均生产总值（元） Per Capita CDP (yuan)
白山市	**Baishan**	**106.4**	**106.5**	**106.3**	**106.3**	**109.8**
临江市	Linjiang	107.6	109.9	108.2	106.9	111.0
抚松县	Fusong	108.0	104.5	119.1	106.3	111.6
靖宇县	Jingyu	107.3	104.5	112.1	105.8	110.6
长白朝鲜族自治县	Changbai	107.5	108.6	111.3	105.8	110.3
松原市	**Songyuan**	**107.6**	**106.7**	**105.0**	**108.9**	**110.6**
扶余市	Fuyu	107.5	106.4	114.2	107.2	111.1
长岭县	Changling	107.5	106.9	108.5	107.7	110.1
前郭尔罗斯蒙古族自治县	Qianguo	107.7	106.7	110.2	107.9	111.4
乾安县	Qian' an	106.6	106.7	104.7	107.3	109.6
白城市	**Baicheng**	**107.8**	**107.1**	**109.7**	**107.5**	**111.0**
洮南市	Taonan	106.6	107.4	104.8	106.4	110.0
大安市	Da' an	106.9	107.3	100.4	109.1	110.2
镇赉县	Zhenlai	108.1	107.0	109.2	108.8	111.5
通榆县	Tongyu	108.4	107.2	122.0	105.2	111.6
延边朝鲜族自治州	**Yanbian**	**106.8**	**107.0**	**106.7**	**106.7**	**108.5**
延吉市	Yanji	106.3	106.4	105.6	106.7	108.4
图们市	Tumen	107.6	110.2	108.2	107.0	110.5
敦化市	Dunhua	107.4	106.0	108.8	106.9	108.4
珲春市	Hunchun	107.2	110.2	108.1	105.6	108.4
龙井市	Longjing	106.3	106.9	105.7	106.4	108.0
和龙市	Helong	107.8	105.1	109.5	107.7	109.8
汪清县	Wangqing	107.3	106.9	107.8	107.3	109.4
安图县	Antu	106.1	108.3	102.8	107.2	107.6

19－4 全省常住人口（2021年末）

Permanent Resident Population of Jilin（end of 2021）

市、县	City, County	总人口（万人）Population (10000 persons)	城镇人口（万人）Urban Population (10000 persons)	占总人口比重（%）Proportion (%)	乡村人口（万人）Rural Population (10000 persons)	占总人口比重（%）Proportion (%)
全 省	**Total**	**2375.37**	**1505.15**	**63.36**	**870.22**	**36.64**
长春市	**Changchun**	**908.72**	**607.27**	**66.83**	**301.45**	**33.17**
南关区	Nanguan	66.16	66.16	100.00		
宽城区	Kuancheng	67.30	61.02	90.67	6.28	9.33
朝阳区	Chaoyang	61.66	59.52	96.53	2.14	3.47
二道区	Erdao	52.50	52.50	100.00		
绿园区	Lvyuan	71.87	70.94	98.71	0.93	1.29
双阳区	Shuangyang	33.40	16.15	48.35	17.25	51.65
九台区	Jiutai	56.79	20.91	36.82	35.88	63.18
农安县	Nong' an	86.56	27.53	31.80	59.03	68.20
长春经济技术开发区	Economic-Technological Development Zone	43.33	43.33	100.00		
长春净月高新技术产业开发区	Jingyue High Technology Industrial Development Zone	41.18	21.56	52.36	19.62	47.64
长春高新技术产业开发区	High Technology Industrial Development Zone	50.67	48.32	95.36	2.35	4.64
长春汽车经济技术开发区	Automobile Economic and Technological Development Zone	32.12	32.12	100.00		
长春莲花山生态旅游度假区	Lianhuashan Eco-tourism Resort	3.77	0.60	15.92	3.17	84.08
中韩区	China-ROK International Cooperative Demonstration Zone	3.01			3.01	100.00
榆树市	Yushu	83.40	25.94	31.10	57.46	68.90
德惠市	Dehui	68.96	21.57	31.28	47.39	68.72
公主岭市	Gongzhuling	86.04	39.10	45.44	46.94	54.56
吉林市	**Jilin**	**354.73**	**227.46**	**64.12**	**127.27**	**35.88**
昌邑区	Changyi	57.02	46.62	81.76	10.40	18.24
龙潭区	Longtan	36.43	27.02	74.17	9.41	25.83
船营区	Chuanying	45.46	38.43	84.54	7.03	15.46
丰满区	Fengman	25.47	18.55	72.83	6.92	27.17
永吉县	Yongji	23.82	9.30	39.04	14.52	60.96
吉林经济开发区	Economic Development Zone	5.47	4.44	81.17	1.03	18.83
吉林高新技术产业开发区	High Technology Industrial Development Zone	15.91	13.55	85.17	2.36	14.83
吉林中国新加坡食品区	China-Singapore Food Zone	3.63	1.11	30.58	2.52	69.42
蛟河市	Jiaohe	32.22	16.62	51.58	15.60	48.42
桦甸市	Huadian	33.33	18.22	54.67	15.11	45.33
舒兰市	Shulan	39.81	17.48	43.91	22.33	56.09
磐石市	Panshi	36.16	16.12	44.58	20.04	55.42
四平市	**Siping**	**176.98**	**92.02**	**51.99**	**84.96**	**48.01**
铁西区	Tiexi	30.61	22.75	74.32	7.86	25.68
铁东区	Tiedong	30.83	25.06	81.28	5.77	18.72
梨树县	Lishu	52.21	18.96	36.31	33.25	63.69
伊通满族自治县	Yitong	32.26	10.82	33.54	21.44	66.46
双辽市	Shuangliao	31.07	14.43	46.44	16.64	53.56
辽源市	**Liaoyuan**	**97.91**	**57.10**	**58.32**	**40.81**	**41.68**
龙山区	Longshan	32.21	28.58	88.73	3.63	11.27
西安区	Xi' an	13.33	11.90	89.27	1.43	10.73
东丰县	Dongfeng	30.29	11.20	36.98	19.09	63.02
东辽县	Dongliao	22.08	5.42	24.55	16.66	75.45

注：表内数据根据人口变动情况抽样调查结果推算，表内数据四舍五入。
Note:Data in this table are estimated by the results of annual sample survey on population changes. Data are rounded.

19－4 续表 continued

市、县	City, County	总人口（万人）Population (10000 persons)	城镇人口（万人）Urban Population（10000 persons）	占总人口比重（%）Proportion (%)	乡村人口（万人）Rural Population（10000 persons）	占总人口比重（%）Proportion (%)
通化市	**Tonghua**	**126.87**	**77.77**	**61.30**	**49.1**	**38.70**
东昌区	Dongchang	35.18	32.70	92.95	2.48	7.05
二道江区	Erdaojiang	8.84	7.57	85.63	1.27	14.37
通化县	Tonghua	16.96	7.53	44.40	9.43	55.60
辉南县	Huinan	23.00	12.01	52.22	10.99	47.78
柳河县	Liuhe	26.49	9.98	37.67	16.51	62.33
集安市	Ji' an	16.40	7.98	48.66	8.42	51.34
白山市	**Baishan**	**92.32**	**73.52**	**79.64**	**18.8**	**20.36**
浑江区	Hunjiang	29.92	27.41	91.61	2.51	8.39
江源区	Jiangyuan	13.31	10.62	79.79	2.69	20.21
抚松县	Fusong	21.06	16.46	78.16	4.60	21.84
靖宇县	Jingyu	10.54	6.45	61.20	4.09	38.80
长白朝鲜族自治县	Changbai	5.69	4.02	70.65	1.67	29.35
临江市	Linjiang	11.80	8.56	72.54	3.24	27.46
松原市	**Songyuan**	**219.48**	**104.64**	**47.68**	**114.84**	**52.32**
宁江区	Ningjiang	60.60	47.74	78.78	12.86	21.22
前郭尔罗斯蒙古族自治县	Qianguo	39.43	15.82	40.12	23.61	59.88
长岭县	Changling	44.12	12.43	28.17	31.69	71.83
乾安县	Qian' an	20.01	9.22	46.08	10.79	53.92
吉林松原经济开发区	Songyuan Economic Development Zone of Jilin	9.29	7.13	76.75	2.16	23.25
扶余市	Fuyu	46.03	12.3	26.72	33.73	73.28
白城市	**Baicheng**	**150.76**	**82.88**	**54.97**	**67.88**	**45.03**
洮北区	Taobei	34.55	25.73	74.47	8.82	25.53
镇赉县	Zhenlai	21.10	10.43	49.43	10.67	50.57
通榆县	Tongyu	27.39	11.18	40.82	16.21	59.18
吉林白城经济开发区	Baicheng Economic Development Zone of Jilin	11.59	10.76	92.84	0.83	7.16
洮南市	Taonan	29.81	11.39	38.21	18.42	61.79
大安市	Da' an	26.32	13.39	50.87	12.93	49.13
延边朝鲜族自治州	**Yanbian**	**191.28**	**147.18**	**76.94**	**44.10**	**23.06**
延吉市	Yanji	67.35	62.29	92.49	5.06	7.51
图们市	Tumen	8.31	6.94	83.51	1.37	16.49
敦化市	Dunhua	38.93	24.16	62.06	14.77	37.94
珲春市	Hunchun	23.69	18.89	79.74	4.80	20.26
龙井市	Longjing	12.74	9.65	75.75	3.09	24.25
和龙市	Helong	11.51	7.94	68.98	3.57	31.02
汪清县	Wangqing	16.49	11.31	68.59	5.18	31.41
安图县	Antu	12.26	6.00	48.94	6.26	51.06
长白山	**Changbaishan**	**6.07**	**6.05**	**99.67**	**0.02**	**0.33**
梅河口市	**Meihekou**	**50.25**	**29.26**	**58.23**	**20.99**	**41.77**

19－5 各市县户数和人口数（2021年末）

Households and Population by City and County（end of 2021）

市、县	City, County	总户数（万户）Total Households (10000 households)	按城乡分（万人）Grouped by Urban and Rural (10000 persons)		总人口（万人）Population (10000 persons)	按性别分（万人）Grouped by Sex (10000 Persons)	
			城镇人口 Urban Population	乡村人口 Rural Population		男 Male	女 Female
全 省	**Total**	**1023.03**	**1257.40**	**1302.21**	**2559.61**	**1283.53**	**1276.08**
长春市	**Changchun**	**323.28**	**399.30**	**452.40**	**851.70**	**426.10**	**425.60**
市辖区	Municipal District	180.95	322.71	125.01	447.72	220.66	227.06
南关区	Nanguan	32.48	73.86	5.81	79.67	38.63	41.04
宽城区	Kuancheng	28.21	46.05	21.75	67.80	33.47	34.33
朝阳区	Chaoyang	30.13	72.61	4.54	77.15	37.48	39.67
二道区	Erdao	23.74	42.39	14.86	57.24	28.07	29.18
绿园区	Lvyuan	27.18	60.56	3.85	64.40	31.58	32.82
双阳区	Shuangyang	14.26	9.21	26.59	35.80	18.03	17.77
九台区	Jiutai	24.95	18.04	47.61	65.65	33.41	32.25
农安县	Nong' an	35.60	18.21	86.25	104.46	53.44	51.02
榆树市	Yushu	42.46	20.35	99.11	119.46	61.09	58.38
德惠市	Dehui	26.71	14.12	64.83	78.95	40.03	38.92
公主岭市	Gongzhuling	37.56	23.91	77.19	101.10	50.88	50.22
吉林市	**Jilin**	**156.98**	**212.07**	**189.71**	**401.77**	**200.99**	**200.78**
市辖区	Municipal District	71.05	132.64	43.88	176.52	86.44	90.07
昌邑区	Changyi	24.37	48.20	11.45	59.65	29.20	30.45
龙潭区	Longtan	16.64	27.14	14.20	41.33	20.41	20.92
船营区	Chuanying	17.61	35.33	9.61	44.94	21.94	23.00
丰满区	Fengman	12.44	21.97	8.63	30.59	14.89	15.70
永吉县	Yongji	13.36	9.42	27.11	36.52	18.47	18.05
蛟河市	Jiaohe	14.13	16.81	23.59	40.40	20.48	19.92
桦甸市	Huadian	16.02	20.17	20.30	40.47	20.56	19.90
舒兰市	Shulan	24.25	15.72	43.03	58.74	29.93	28.82
磐石市	Panshi	18.16	17.31	31.81	49.12	25.11	24.02
四平市	**Siping**	**84.82**	**88.82**	**120.58**	**209.40**	**105.61**	**103.79**
市辖区	Municipal District	30.26	46.99	19.14	66.13	32.73	33.40
铁西区	Tiexi	15.57	24.25	10.92	35.17	17.37	17.80
铁东区	Tiedong	14.70	22.74	8.22	30.96	15.36	15.60
梨树县	Lishu	22.77	15.82	46.30	62.11	31.77	30.35
伊通满族自治县	Yitong	15.85	10.45	32.70	43.15	22.01	21.14
双辽市	Shuangliao	15.93	15.57	22.44	38.01	19.10	18.91
辽源市	**Liaoyuan**	**44.92**	**56.81**	**56.96**	**113.77**	**57.58**	**56.19**
市辖区	Municipal District	19.90	38.03	5.60	43.63	21.52	22.11
龙山区	Longshan	12.53	25.63	3.81	29.44	14.39	15.05
西安区	Xi' an	7.38	12.41	1.79	14.19	7.13	7.06
东丰县	Dongfeng	13.03	11.86	25.85	37.72	19.33	18.38
东辽县	Dongliao	11.99	6.92	25.50	32.42	16.73	15.69

注：表内数据为公安部门户籍人口数。表内数据四舍五入。
Note:Data were obtained from the annual reports of the public security department.Data were rounded.

19－5 续表 continued

市、县	City, County	总户数（万户）Total Households (10000 households)	按城乡分（万人）Grouped by Urban and Rural (10000 persons)		总人口（万人）Population (10000 persons)	按性别分（万人）Grouped by Sex (10000 Persons)	
			城镇人口 Urban Population	乡村人口 Rural Population		男 Male	女 Female
通化市	**Tonghua**	**85.06**	**108.06**	**102.40**	**210.46**	**106.36**	**104.09**
市辖区	Municipal District	18.17	40.12	2.58	42.69	21.01	21.69
东昌区	Dongchang	12.98	30.27	1.39	31.66	15.52	16.14
二道江区	Erdaojiang	5.19	9.84	1.19	11.03	5.48	5.55
通化县	Tonghua	9.50	8.32	14.10	22.42	11.41	11.01
辉南县	Huinan	12.69	14.12	17.55	31.67	16.11	15.55
柳河县	Liuhe	13.19	11.19	23.96	35.15	18.08	17.07
梅河口市	Meihekou	23.12	25.72	32.16	57.88	29.31	28.57
集安市	Ji' an	8.41	8.59	12.05	20.64	10.44	10.21
白山市	**Baishan**	**55.46**	**83.56**	**29.87**	**113.43**	**57.11**	**56.32**
市辖区	Municipal District	24.85	42.28	8.73	51.01	25.64	25.37
浑江区	Hunjiang	15.15	27.68	4.37	32.06	15.97	16.09
江源区	Jiangyuan	9.70	14.60	4.35	18.95	9.67	9.28
抚松县	Fusong	12.75	20.01	7.08	27.09	13.62	13.47
靖宇县	Jingyu	7.00	6.97	6.13	13.10	6.69	6.41
长白朝鲜族自治县	Changbai	3.84	4.45	2.99	7.44	3.73	3.71
临江市	Linjiang	7.02	9.86	4.94	14.80	7.44	7.36
松原市	**Songyuan**	**106.13**	**87.63**	**183.98**	**271.60**	**136.73**	**134.87**
市辖区	Municipal District	24.13	41.28	14.10	55.38	27.41	27.97
宁江区	Ningjiang	24.13	41.28	14.10	55.38	27.41	27.97
前郭尔罗斯蒙古族自治县	Qianguo	23.16	13.64	43.00	56.64	28.40	28.24
长岭县	Changling	23.21	13.95	48.49	62.44	31.97	30.47
乾安县	Qian' an	11.89	7.38	19.35	26.73	13.40	13.33
扶余市	Fuyu	23.74	11.39	59.03	70.42	35.56	34.86
白城市	**Baicheng**	**85.18**	**80.07**	**104.48**	**184.54**	**92.63**	**91.92**
市辖区	Municipal District	21.98	29.73	17.84	47.57	23.52	24.05
洮北区	Taobei	21.98	29.73	17.84	47.57	23.52	24.05
镇赉县	Zhenlai	12.49	10.23	15.49	25.72	12.97	12.76
通榆县	Tongyu	15.27	11.19	23.64	34.84	17.49	17.35
洮南市	Taonan	17.79	14.10	25.41	39.50	19.94	19.57
大安市	Da' an	17.66	14.81	22.10	36.91	18.71	18.20
延边朝鲜族自治州	**Yanbian**	**81.20**	**141.09**	**61.85**	**202.94**	**100.41**	**102.52**
延吉市	Yanji	21.90	48.50	7.57	56.07	27.03	29.04
图们市	Tumen	4.32	8.34	1.86	10.20	4.99	5.21
敦化市	Dunhua	17.07	24.24	19.96	44.20	22.13	22.07
珲春市	Hunchun	7.95	17.63	4.77	22.40	11.11	11.29
龙井市	Longjing	6.08	9.50	4.98	14.48	7.15	7.33
和龙市	Helong	6.62	9.61	6.05	15.66	7.91	7.75
汪清县	Wangqing	9.64	12.08	8.90	20.98	10.54	10.45
安图县	Antu	7.61	11.20	7.76	18.96	9.57	9.39

19－6 各市县分年龄人口情况（2021年末）

Age Composition of Population by City and County（end of 2021）

单位：万人　　　　unit:10000 persons

市、县	City, County	总人口 Total Population	18岁以下 Age0–17	18–34岁 Age18–34	35–60岁 Age35–60	60岁以上 Age Over 60
全 省	**Total**	**2559.61**	**348.93**	**479.23**	**1110.49**	**620.97**
长春市	**Changchun**	**851.70**	**125.68**	**166.71**	**358.60**	**200.70**
市辖区	Municipal District	447.72	69.07	83.97	189.57	105.11
南关区	Nanguan	79.67	13.36	14.88	33.25	18.19
宽城区	Kuancheng	67.80	10.95	13.40	28.25	15.21
朝阳区	Chaoyang	77.15	13.64	13.41	32.83	17.27
二道区	Erdao	57.24	8.51	10.72	24.76	13.25
绿园区	Lvyuan	64.40	9.31	11.67	27.51	15.91
双阳区	Shuangyang	35.80	4.77	6.89	15.31	8.83
九台区	Jiutai	65.65	8.54	13.01	27.66	16.44
农安县	Nong ' an	104.46	14.44	21.49	42.98	25.55
榆树市	Yushu	119.46	15.76	24.17	51.38	28.15
德惠市	Dehui	78.95	11.01	17.31	32.66	17.97
公主岭市	Gongzhuling	101.10	15.40	19.77	42.01	23.93
吉林市	**Jilin**	**401.77**	**48.94**	**68.93**	**177.59**	**106.32**
市辖区	Municipal District	176.52	20.66	28.34	77.47	50.05
昌邑区	Changyi	59.65	6.71	9.23	26.12	17.60
龙潭区	Longtan	41.33	4.26	6.58	18.35	12.14
船营区	Chuanying	44.94	5.62	7.09	19.65	12.58
丰满区	Fengman	30.59	4.07	5.44	13.35	7.73
永吉县	Yongji	36.52	4.47	6.71	16.19	9.15
蛟河市	Jiaohe	40.40	5.03	6.82	17.95	10.60
桦甸市	Huadian	40.47	5.54	7.57	17.99	9.37
舒兰市	Shulan	58.74	7.12	10.46	26.35	14.81
磐石市	Panshi	49.12	6.12	9.03	21.64	12.34
四平市	**Siping**	**209.40**	**28.87**	**39.80**	**90.68**	**50.05**
市辖区	Municipal District	66.13	7.87	12.01	28.80	17.44
铁西区	Tiexi	35.17	4.47	6.33	15.33	9.04
铁东区	Tiedong	30.96	3.40	5.68	13.47	8.40
梨树县	Lishu	62.11	9.57	12.22	26.27	14.06
伊通满族自治县	Yitong	43.15	5.90	8.27	18.66	10.31
双辽市	Shuangliao	38.01	5.53	7.30	16.95	8.24
辽源市	**Liaoyuan**	**113.77**	**13.79**	**20.36**	**50.78**	**28.84**
市辖区	Municipal District	43.63	4.82	7.25	19.73	11.83
龙山区	Longshan	29.44	3.79	5.04	13.19	7.41
西安区	Xi' an	14.19	1.02	2.21	6.54	4.41

注：表内数据为公安部门户籍人口数。表内数据四舍五入。
Note:Data were obtained from the annual reports of the public security department.Data were rounded.

19－6 续表 continued

市、县	City, County	总人口 Total Population	18岁以下 Age0-17	18-34岁 Age18-34	35-60岁 Age35-60	60岁以上 Age Over 60
东丰县	Dongfeng	37.72	4.88	7.00	16.60	9.24
东辽县	Dongliao	32.42	4.09	6.11	14.45	7.78
通化市	**Tonghua**	**210.46**	**26.76**	**37.15**	**93.66**	**52.88**
市辖区	Municipal District	42.69	4.70	6.72	19.46	11.82
东昌区	Dongchang	31.66	3.74	5.04	14.28	8.60
二道江区	Erdaojiang	11.03	0.95	1.69	5.18	3.21
通化县	Tonghua	22.42	2.90	4.10	10.04	5.39
辉南县	Huinan	31.67	4.03	5.48	14.18	7.98
柳河县	Liuhe	35.15	4.99	6.73	15.16	8.28
梅河口市	Meihekou	57.88	7.76	10.56	25.47	14.09
集安市	Ji' an	20.64	2.38	3.56	9.36	5.33
白山市	**Baishan**	**113.43**	**13.67**	**19.47**	**51.56**	**28.73**
市辖区	Municipal District	51.01	5.60	8.52	23.39	13.50
浑江区	Hunjiang	32.06	3.82	5.46	14.66	8.11
江源区	Jiangyuan	18.95	1.78	3.06	8.73	5.39
抚松县	Fusong	27.09	3.65	4.82	12.19	6.43
靖宇县	Jingyu	13.10	1.94	2.37	5.89	2.90
长白朝鲜族自治县	Changbai	7.44	0.83	1.24	3.43	1.94
临江市	Linjiang	14.80	1.64	2.53	6.67	3.95
松原市	**Songyuan**	**271.60**	**43.16**	**58.59**	**112.24**	**57.62**
市辖区	Municipal District	55.38	7.57	10.49	24.59	12.73
宁江区	Ningjiang	55.38	7.57	10.49	24.59	12.73
前郭尔罗斯蒙古族自治县	Qianguo	56.64	8.82	11.66	24.87	11.28
长岭县	Changling	62.44	9.89	13.36	26.23	12.96
乾安县	Qian' an	26.73	3.45	5.13	12.01	6.13
扶余市	Fuyu	70.42	13.43	17.94	24.53	14.52
白城市	**Baicheng**	**184.54**	**23.04**	**33.92**	**84.44**	**43.15**
市辖区	Municipal District	47.57	6.18	8.90	21.25	11.25
洮北区	Taobei	47.57	6.18	8.90	21.25	11.25
镇赉县	Zhenlai	25.72	3.05	4.48	11.91	6.27
通榆县	Tongyu	34.84	4.75	6.81	15.93	7.34
洮南市	Taonan	39.50	5.17	7.47	18.02	8.86
大安市	Da' an	36.91	3.89	6.26	17.33	9.44
延边朝鲜族自治州	**Yanbian**	**202.94**	**25.02**	**34.31**	**90.93**	**52.68**
延吉市	Yanji	56.07	7.95	9.53	25.10	13.48
图们市	Tumen	10.20	0.83	1.52	4.58	3.28
敦化市	Dunhua	44.20	5.70	7.72	19.58	11.20
珲春市	Hunchun	22.40	3.01	3.93	10.19	5.26
龙井市	Longjing	14.48	1.27	2.14	6.45	4.61
和龙市	Helong	15.66	1.49	2.49	7.09	4.58
汪清县	Wangqing	20.98	2.30	3.54	9.63	5.52
安图县	Antu	18.96	2.46	3.43	8.31	4.75

19－7 各市县人口自然变动情况（2021年末）

Basic Statistics on Natural Population Changes by City and County（end of 2021）

单位：人 unit:person

市、县	City, County	年平均人口 Annual Average Population	出生 Birth		死亡 Death		自然增长 Natural Growth	
			人数 Number of Birth	出生率（‰）Birth Rate（‰）	人数 Number of Death	死亡率（‰）Death Rate（‰）	人数 Number of Natural Growth	自然增长率（‰）Natural Growth Rate(‰)
全　省	**Total**	**2568.35**	**10.59**	**4.12**	**16.46**	**6.41**	**−5.86**	**−2.28**
长春市	**Changchun**	**852.55**	**4.31**	**5.05**	**4.93**	**5.79**	**−0.63**	**−0.74**
市辖区	Municipal District	447.26	2.71	6.06	3.10	6.92	−0.39	−0.86
南关区	Nanguan	78.80	0.62	7.81	0.55	6.92	0.07	0.89
宽城区	Kuancheng	67.52	0.45	6.67	0.50	7.39	−0.05	−0.72
朝阳区	Chaoyang	77.04	0.49	6.42	0.52	6.69	−0.02	−0.27
二道区	Erdao	57.47	0.34	5.99	0.41	7.13	−0.07	−1.13
绿园区	Lvyuan	64.56	0.40	6.21	0.51	7.89	−0.11	−1.69
双阳区	Shuangyang	35.95	0.15	4.10	0.24	6.65	−0.09	−2.55
九台区	Jiutai	65.92	0.26	3.90	0.38	5.74	−0.12	−1.84
农安县	Nong' an	104.78	0.44	4.18	0.42	3.99	0.02	0.20
榆树市	Yushu	119.97	0.41	3.38	0.46	3.80	−0.05	−0.42
德惠市	Dehui	79.29	0.33	4.14	0.55	6.91	−0.22	−2.76
公主岭市	Gongzhuling	101.24	0.42	4.19	0.42	4.11	0.01	0.08
吉林市	**Jilin**	**403.24**	**1.39**	**3.45**	**1.94**	**4.81**	**−0.55**	**−1.36**
市辖区	Municipal District	176.91	0.67	3.77	0.94	5.31	−0.27	−1.54
昌邑区	Changyi	59.81	0.21	3.54	0.33	5.44	−0.11	−1.91
龙潭区	Longtan	41.66	0.13	3.03	0.24	5.79	−0.12	−2.76
船营区	Chuanying	45.06	0.17	3.72	0.23	5.05	−0.06	−1.32
丰满区	Fengman	30.39	0.16	5.30	0.14	4.77	0.02	0.53
永吉县	Yongji	36.67	0.12	3.28	0.17	4.56	−0.05	−1.28
蛟河市	Jiaohe	40.60	0.13	3.22	0.21	5.06	−0.07	−1.84
桦甸市	Huadian	40.70	0.13	3.14	0.18	4.51	−0.06	−1.37
舒兰市	Shulan	59.03	0.18	3.07	0.23	3.93	−0.05	−0.85
磐石市	Panshi	49.32	0.16	3.31	0.21	4.27	−0.05	−0.95
四平市	**Siping**	**211.23**	**0.77**	**3.64**	**3.43**	**16.26**	**−2.66**	**−12.62**
市辖区	Municipal District	66.44	0.24	3.60	0.49	7.39	−0.25	−3.79
铁西区	Tiexi	35.28	0.14	3.84	0.23	6.61	−0.10	−2.77
铁东区	Tiedong	31.16	0.10	3.32	0.26	8.27	−0.15	−4.95
梨树县	Lishu	62.71	0.22	3.53	1.13	18.00	−0.91	−14.47
伊通满族自治县	Yitong	43.75	0.16	3.74	1.21	27.72	−1.05	−23.98
双辽市	Shuangliao	38.32	0.14	3.78	0.60	15.69	−0.46	−11.91
辽源市	**Liaoyuan**	**114.27**	**0.41**	**3.56**	**0.76**	**6.68**	**−0.36**	**−3.13**
市辖区	Municipal District	43.90	0.16	3.60	0.48	10.92	−0.32	−7.32
龙山区	Longshan	29.52	0.12	4.10	0.26	8.93	−0.14	−4.83
西安区	Xi' an	14.38	0.04	2.57	0.22	15.01	−0.18	−12.45
东丰县	Dongfeng	37.82	0.14	3.69	0.14	3.61	0.00	0.07
东辽县	Dongliao	32.55	0.11	3.36	0.15	4.54	−0.04	−1.18
通化市	**Tonghua**	**211.21**	**0.82**	**3.89**	**1.04**	**4.94**	**−0.22**	**−1.05**

注：表内数据为公安部门户籍人口数。表内数据四舍五入。
Note:Data were obtained from the annual reports of the public security department.Data were rounded.

19－7 续表 continued

单位: 人 unit:person

市、县	City, County	年平均人口 Annual Average Population	出生 Birth 人数 Number of Birth	出生率（‰） Birth Rate（‰）	死亡 Death 人数 Number of Death	死亡率（‰） Death Rate（‰）	自然增长 Natural Growth 人数 Number of Natural Growth	自然增长率（‰） Natural Growth Rate(‰)
市辖区	Municipal District	42.83	0.15	3.61	0.18	4.26	-0.03	-0.65
东昌区	Dongchang	31.70	0.13	4.08	0.12	3.80	0.01	0.28
二道江区	Erdaojiang	11.13	0.03	2.25	0.06	5.56	-0.04	-3.32
通化县	Tonghua	22.53	0.10	4.22	0.18	7.84	-0.08	-3.63
辉南县	Huinan	31.82	0.10	3.00	0.14	4.32	-0.04	-1.32
柳河县	Liuhe	35.27	0.15	4.16	0.17	4.69	-0.02	-0.54
梅河口市	Meihekou	58.06	0.25	4.30	0.27	4.68	-0.02	-0.38
集安市	Ji' an	20.71	0.08	3.82	0.11	5.23	-0.03	-1.41
白山市	**Baishan**	**114.25**	**0.39**	**3.44**	**0.93**	**8.11**	**-0.53**	**-4.67**
市辖区	Municipal District	51.35	0.17	3.22	0.37	7.21	-0.20	-3.99
浑江区	Hunjiang	32.16	0.12	3.70	0.19	5.98	-0.07	-2.28
江源区	Jiangyuan	19.19	0.05	2.41	0.18	9.26	-0.13	-6.85
抚松县	Fusong	27.30	0.10	3.81	0.25	9.17	-0.15	-5.36
靖宇县	Jingyu	13.18	0.05	4.00	0.09	6.80	-0.04	-2.81
长白朝鲜族自治县	Changbai	7.49	0.02	3.11	0.07	9.11	-0.05	-6.01
临江市	Linjiang	14.92	0.05	3.23	0.15	9.95	-0.10	-6.72
松原市	**Songyuan**	**272.43**	**0.96**	**3.54**	**0.86**	**3.14**	**0.11**	**0.39**
市辖区	Municipal District	55.62	0.23	4.18	0.21	3.73	0.02	0.45
宁江区	Ningjiang	55.62	0.23	4.18	0.21	3.73	0.02	0.45
前郭尔罗斯蒙古族自治县	Qianguo	56.78	0.23	4.05	0.24	4.16	-0.01	-0.11
长岭县	Changling	62.58	0.27	4.31	0.21	3.41	0.06	0.91
乾安县	Qian' an	26.83	0.10	3.60	0.11	3.92	-0.01	-0.31
扶余市	Fuyu	70.63	0.13	1.90	0.09	1.34	0.04	0.57
白城市	**Baicheng**	**185.38**	**0.68**	**3.67**	**1.17**	**6.29**	**-0.49**	**-2.62**
市辖区	Municipal District	47.72	0.19	3.92	0.27	5.71	-0.09	-1.79
洮北区	Taobei	47.72	0.19	3.92	0.27	5.71	-0.09	-1.79
镇赉县	Zhenlai	25.80	0.09	3.44	0.11	4.30	-0.02	-0.86
通榆县	Tongyu	34.94	0.15	4.23	0.23	6.52	-0.08	-2.29
洮南市	Taonan	39.88	0.14	3.45	0.40	10.03	-0.26	-6.58
大安市	Da' an	37.04	0.12	3.22	0.15	4.16	-0.03	-0.94
延边朝鲜族自治州	**Yanbian**	**203.80**	**0.86**	**4.24**	**1.40**	**6.86**	**-0.53**	**-2.62**
延吉市	Yanji	55.93	0.30	5.31	0.30	5.29	0.00	0.03
图们市	Tumen	10.33	0.03	2.88	0.09	8.37	-0.06	-5.49
敦化市	Dunhua	44.41	0.17	3.87	0.28	6.25	-0.11	-2.38
珲春市	Hunchun	22.47	0.11	4.88	0.12	5.54	-0.01	-0.65
龙井市	Longjing	14.61	0.05	3.40	0.14	9.45	-0.09	-6.05
和龙市	Helong	15.83	0.05	3.34	0.16	10.04	-0.11	-6.70
汪清县	Wangqing	21.14	0.08	3.69	0.20	9.32	-0.12	-5.63
安图县	Antu	19.08	0.08	3.95	0.12	6.32	-0.05	-2.37

19－8　各市县固定资产投资（不含农户）（2021年）

City and County of Investment in Fixed Assets (Excluding Rural)（2021）

单位：%　　　　unit:%

市、县	City, County	增速 Growth Rate
全　省	**Total**	**11.0**
长春市	**Changchun**	**11.6**
市　区	District	9.8
农安县	Nong' an	25.6
榆树市	Yushu	15.6
德惠市	Dehui	36.6
公主岭市	Gongzhuling	28.0
吉林市	**Jilin**	**17.6**
市　区	District	9.0
永吉县	Yongji	8.8
蛟河市	Jiaohe	10.7
桦甸市	Huadian	92.6
舒兰市	Shulan	17.9
磐石市	Panshi	36.0
四平市	**Siping**	**14.7**
市　区	District	13.5
梨树县	Lishu	21.5
伊通满族自治县	Yitong	27.4
双辽市	Shuangliao	3.1
辽源市	**Liaoyuan**	**10.4**
市　区	District	5.0
东丰县	Dongfeng	11.7
东辽县	Dongliao	18.1
通化市	**Tonghua**	**11.1**
市　区	District	0.7
通化县	Tonghua	19.4
辉南县	Huinan	19.1

单位：%　　　　19－8　续表　　　　unit:%

市、县	City, County	增速 Growth Rate
柳 河 县	Liuhe	18.8
集 安 市	ji' an	18.4
白 山 市	**Baishan**	**9.7**
市　　区	District	1.8
抚 松 县	Fusong	13.2
靖 宇 县	Jingyu	10.5
长白朝鲜族自治县	Changbai	52.8
临 江 市	Linjiang	13.4
松 原 市	**Songyuan**	**9.8**
市　　区	District	–0.5
前郭尔罗斯蒙古族自治县	Qianguo	13.5
长 岭 县	Changling	39.8
乾 安 县	Qian' an	49.5
扶 余 县	Fuyu	15.1
白 城 市	**Baicheng**	**22.4**
市　　区	District	7.9
镇 赉 县	Zhenlai	27.6
通 榆 县	Tongyu	20.6
洮 南 市	Taonan	34.5
大 安 市	Da' an	41.7
延边朝鲜族自治州	**Yanbian**	**6.8**
延 吉 市	Yanji	19.8
图 们 市	Tumen	22.3
敦 化 市	Dunhua	18.4
珲 春 市	Hunchun	17.1
龙 井 市	Longjing	17.4
和 龙 市	Helong	30.4
汪 清 县	Wangqing	19.4
安 图 县	Antu	–58.2
长 白 山	**Changbaishan**	**–11.3**
梅河口市	**Meihekou**	**0.2**

19－9 各市县地方公共财政收入（2021年）
Local Public Finance Revenue in Cities and Counties（2021）

单位: 万元　　　　　　unit:10000 yuan

市、县 City，County		地方公共财政收入 Local Government Revenue	税收收入 Tax revenue	#增值税 Value-added Tax	#企业所得税 Corporate Income Tax	#个人所得税 Individual Income Tax	#城市维护建设税 Urban Maintenance and Construction tax	#耕地占用税 Farmland Occupied Tax	#非税收入 Non Tax Revenue
长春市	**Changchun**	**6170888**	**5200604**	**1903312**	**1023075**	**287748**	**384604**	**155713**	**970284**
市本级	District	4872052	4240012	1677223	896999	240434	359131	77010	632040
榆树市	Yushu	87193	51429	17338	8760	1958	2409	307	35764
德惠市	Dehui	123293	71664	30324	9795	1168	3857	1161	51629
农安县	Nong' an	176391	101134	30382	10695	3073	3452	4886	75257
公主岭市	Gongzhuling	196269	161733	43183	16388	4338	5658	5822	34536
吉林市	**Jilin**	**950268**	**647689**	**198764**	**44447**	**18282**	**75479**	**10569**	**302579**
市本级	District	481468	336747	90346	19871	7834	39006	5883	144721
桦甸市	Huadian	45620	31918	9944	1151	1030	2006	1319	13702
蛟河市	Jiaohe	43144	22312	5523	1280	1460	1271	993	20832
舒兰市	Shulan	54282	19845	2703	1292	638	1035	44	34437
磐石市	Panshi	85412	51642	14426	7013	2458	3306	3481	33770
永吉县	Yongji	42310	25381	7731	2403	472	1173	-897	16929
四平市	**Siping**	**391071**	**196466**	**51721**	**13466**	**5253**	**27223**	**5189**	**194605**
市本级	District	199497	105376	28994	6879	3682	20478	14	94121
双辽市	Shuangliao	73274	21447	6998	1603	488	1935	184	51827
梨树县	Lishu	46143	18837	3525	2049	637	1000	2720	27306
伊通满族自治县	Yitong	39946	22289	5873	1182	444	1326	792	17657
辽源市	**Liaoyuan**	**189241**	**117088**	**26760**	**13404**	**5428**	**7832**	**4101**	**72153**
市本级	District	93734	57223	14180	5662	3887	5815	131	36511
东丰县	Dongfeng	43018	26065	4763	5239	571	978	1173	16953
东辽县	Dongliao	29627	15708	4561	1247	428	1039	1969	13919
通化市	**Tonghua**	**600694**	**355104**	**132880**	**53170**	**10727**	**25343**	**6826**	**245590**
市本级	District	85823	48703	21683	4632	1355	6841	963	37120
梅河口市	Meihekou	258135	158351	76388	30080	4460	10521	1921	99784
集安市	Ji' an	38133	21332	6089	1186	656	1638	1063	16801
通化县	Tonghua	43158	28099	6959	9466	1957	908	359	15059
辉南县	Huinan	55610	22758	6701	2913	794	1219	806	32852
柳河县	Liuhe	53895	19555	5242	1668	515	882	1114	34340

注：1、各市、县相加不等于地区数。
Note:The sum of data by every city and county is not equal to the total.

单位: 万元 unit:10000 yuan

市、县 City，County		地方公共财政收入 Local Government Revenue	税收收入 Tax Revenue	#增值税 Value-added Tax	#企业所得税 Corporate Income Tax	#个人所得税 Individual Income Tax	#城市维护建设税 Urban Maintenance and Construction tax	#耕地占用税 Farmland Occupied Tax	#非税收入 Non Tax Revenue
白山市	**Baishan**	**255240**	**152700**	**41591**	**24754**	**9527**	**11769**	**907**	**102540**
市本级	District	100079	59881	15935	14868	5599	5635	104	40198
临江市	Linjiang	28016	16106	3484	1923	605	1000	388	11910
抚松县	Fusong	40078	25198	6829	4012	765	1476	12	14880
靖宇县	Jingyu	23521	12934	4040	1895	241	785	16	10587
长白朝鲜族自治县	Changbai	13539	4653	977	276	189	215	19	8904
松原市	**Songyuan**	**513795**	**266529**	**57969**	**15620**	**6039**	**16603**	**8004**	**247266**
市本级	District	183616	94544	19991	5063	2281	9338	479	89072
长岭县	Changling	90363	22544	4872	2647	739	1054	176	67819
前郭尔罗斯蒙古族自治县	Qianguo	100304	51394	13373	2157	931	3293	366	48910
乾安县	Qian' an	54115	37819	6984	1829	552	1734	1553	16296
扶余市	Fuyu	44800	29206	5103	2258	540	1184	5381	15594
白城市	**Baicheng**	**393479**	**146427**	**40937**	**19471**	**5194**	**12499**	**1775**	**247052**
市本级	District	117828	47311	12715	4523	1965	5477	201	70517
洮南市	Taonan	52439	16012	3385	2062	506	1306	292	36427
大安市	Da' an	87432	34424	11453	4171	783	2418	188	53008
镇赉县	Zhenlai	62977	22190	6309	5636	562	1386	16	40787
通榆县	Tongyu	55254	16522	4656	1949	805	1196	978	38732
延边朝鲜族自治州	**Yanbian**	**542645**	**334933**	**87638**	**36276**	**13270**	**56323**	**4844**	**207712**
州本级	District	38698							38698
延吉市	Yanji	212093	171156	43530	16478	4379	44149	1506	40937
图们市	Tumen	15910	6679	2596	578	136	757	7	9231
敦化市	Dunhua	94347	55836	16276	6574	5004	4621	1552	38511
龙井市	Longjing	23598	13036	3309	1240	1227	935	877	10562
珲春市	Hunchun	75329	50775	12365	6920	1118	3677	304	24554
和龙市	Helong	23409	12358	4086	981	361	855	102	11051
汪清县	Wangqing	31936	13968	2974	2144	595	680	149	17968
安图县	Antu	27325	11125	2502	1361	450	649	347	16200

19－10 各市县公共财政支出（2021年）

Local Government Expenditure by City and County（2021）

单位: 万元　　　　unit:10000 yuan

市、县	City, County	财政支出 Government Expenditure	#一般公共服务 General Public Services	#公共安全 Public Safety	#教育 Education	#科学技术 Science and Technology	#社会保障和就业 Social Security and Employment	#卫生健康 Expenditure for Health Care	#节能保护 Energy Saving and Environmental Protection	#农林水事务 Agriculture, Forestry, Water Affairs
长春市	**Changchun**	**9664851**	**1064977**	**380688**	**1474616**	**188806**	**1214239**	**973985**	**289974**	**1183452**
市本级	District	3992282	417423	285047	441468	136400	442807	526190	103652	122247
榆树市	Yushu	708133	53158	21379	125940	194	117465	50923	19283	210569
德惠市	Dehui	645099	40339	17086	103176	377	96977	56357	13231	197935
农安县	Nong' an	798939	50920	19718	125896	613	127494	57555	23118	182926
公主岭市	Gongzhuling	777667	48442	20121	111500	13012	117613	71617	40103	216575
吉林市	**Jilin**	**3277385**	**327648**	**164081**	**479353**	**13433**	**639987**	**335469**	**65784**	**411411**
市本级	District	1107310	127431	106532	118109	12469	213903	123576	18581	53645
桦甸市	Huadian	334082	25460	9539	46377	79	53879	35948	10849	39000
蛟河市	Jiaohe	292563	27381	10535	57216	152	40674	23880	12975	76717
舒兰市	Shulan	396970	30852	12082	68308	170	80713	39699	4775	91753
磐石市	Panshi	350082	31278	11329	66615	166	57542	31347	5955	51915
永吉县	Yongji	244688	20432	7722	34405	79	59181	21599	1671	60176
四平市	**Siping**	**2177021**	**179528**	**86767**	**258563**	**1953**	**348642**	**215939**	**119154**	**398927**
市本级	District	585924	67440	38438	30828	1354	74898	74556	63020	29813
双辽市	Shuangliao	411598	33780	16067	52063	164	64855	31580	11427	110824
梨树县	Lishu	565715	34092	16737	72001	259	84176	58701	22953	158296
伊通满族自治县	Yitong	427794	25583	14218	58109	98	68220	33426	16599	89512
辽源市	**Liaoyuan**	**1020318**	**95110**	**52675**	**153006**	**1940**	**164366**	**86188**	**43429**	**164362**
市本级	District	313621	31344	34948	33446	1134	39904	25219	30635	10756
东丰县	Dongfeng	310208	26206	9349	41993	276	60311	28316	1429	74016
东辽县	Dongliao	277624	22216	7571	54105	243	21875	19913	7577	75115
通化市	**Tonghua**	**2376012**	**247226**	**93897**	**360485**	**31675**	**339914**	**192785**	**39578**	**283239**
市本级	District	433192	46857	30950	46174	4146	42550	48989	11309	10514
梅河口市	Meihekou	632603	59720	16744	99892	12515	100621	62505	13275	93513
集安市	Ji' an	290098	24189	11071	38616	1725	36035	15849	2232	28175
通化县	Tonghua	265158	23567	11792	53936	10132	39550	13352	4825	45272
辉南县	Huinan	274158	30478	11331	48123	674	28525	12484	2748	43793
柳河县	Liuhe	289162	35096	8208	36648	936	48139	18024	4688	49115

注：各市、县相加不等于地区数。
Note:The sum of data by every city and county is not equal to the total.

19－10 续表 continued

单位: 万元　　　　unit:10000 yuan

市、县 City，County		财政支出 Government Expenditure	#一般公共服务 General Public Services	#公共安全 Public Safety	#教育 Education	#科学技术 Science and Technology	#社会保障和就业 Social Security and Employment	#卫生健康 Expenditure for Health Care	#节能保护 Energy Saving and Environmental Protection	#农林水事务 Agriculture, Forestry, Water Affairs
白山市	**Baishan**	**1461677**	**149426**	**73201**	**202640**	**2965**	**243332**	**122110**	**40361**	**169147**
市本级	District	320143	35365	24428	24123	1019	39760	40227	13133	5626
临江市	Linjiang	171287	21616	7669	32055	214	25411	9732	3851	25388
抚松县	Fusong	286522	27077	9257	62381	952	40541	20383	7676	39196
靖宇县	Jingyu	177541	17954	7797	23477	132	33007	14095	5139	37611
长白朝鲜族自治县	Changbai	171384	18745	16129	19484	511	29006	10246	3280	23796
松原市	**Songyuan**	**2415020**	**225793**	**100137**	**322301**	**3839**	**333553**	**201264**	**44048**	**595117**
市本级	District	442554	57985	33112	44881	2867	49782	51061	6037	37246
长岭县	Changling	497508	38401	16360	73593	149	75784	38395	6787	145871
前郭尔罗斯蒙古族自治县	Qianguo	494736	50500	14907	67250	391	64001	36522	10382	171467
乾安县	Qian' an	292560	25100	12591	42465	182	39307	25022	5222	83540
扶余市	Fuyu	520987	36885	21601	61166	104	61616	32577	6333	136278
白城市	**Baicheng**	**2237351**	**191790**	**74193**	**288387**	**6943**	**330268**	**195648**	**37484**	**557595**
市本级	District	382459	55178	30252	26866	4212	44699	80542	7655	14333
洮南市	Taonan	354723	27518	9504	39456	1786	75859	26861	3608	106377
大安市	Da' an	433853	19554	12068	63652	308	54201	25265	16364	108924
镇赉县	Zhenlai	355155	49590	14310	37333	139	57035	20120	3171	96463
通榆县	Tongyu	488733	22498	6993	62212	229	62743	27538	5788	161358
延边朝鲜族自治州	**Yanbian**	**2711707**	**312736**	**119796**	**318607**	**8040**	**405366**	**235998**	**44924**	**375130**
州本级	District	303849	41272	16133	23219	1167	50357	74623	4355	10061
延吉市	Yanji	526141	35327	26397	60591	4481	97006	35812	10234	30437
图们市	Tumen	183754	15882	6578	17800	131	26927	11288	600	17387
敦化市	Dunhua	459183	65878	15881	64649	1491	63615	26247	9431	91678
龙井市	Longjing	241971	23206	7465	15906	106	40496	15506	2506	33793
珲春市	Hunchun	269360	33665	21132	41664	167	34763	20040	1122	33882
和龙市	Helong	237920	32385	8603	26345	179	30816	17266	5926	49400
汪清县	Wangqing	255444	32620	9310	36526	167	35388	19145	8240	54766
安图县	Antu	234085	32501	8297	31907	151	25998	16071	2510	53726

19－11 各市县农村基层组织和乡村建设情况（2021年）

The Situation of Rural Primary Organizations and Rural Construction in the Cities and Counties（2021）

市、县 City，County		乡村户数（户）Number of Rural Households (household)	乡村人口（人）Rural Population (person)	村民委员会（个）Number of Villager' s Committees (unit)
全 省	**Total**	**4217830**	**13435652**	**9316**
长春市	**Changchun**	**1301658**	**4252879**	**2078**
市 区	District	360526	1022616	618
农安县	Nong' an	276435	946116	377
榆树市	Yushu	270710	854338	383
德惠市	Dehui	195534	716510	296
公主岭市	Gongzhuling	198453	713299	404
吉林市	**Jilin**	**604256**	**2064159**	**1382**
市 区	District	173012	549802	369
永吉县	Yongji	80960	259491	123
蛟河市	Jiaohe	82964	272858	256
桦甸市	Huadian	66483	227449	156
舒兰市	Shulan	120792	447885	210
磐石市	Panshi	80045	306674	268
四平市	**Siping**	**422132**	**1374390**	**755**
市 区	District	47361	155196	74
梨树县	Lishu	184901	572832	304
伊通满族自治县	Yitong	106074	367018	187
双辽市	Shuangliao	83796	279344	190
辽源市	**Liaoyuan**	**198148**	**646605**	**518**
市 区	District	27322	88273	54
东丰县	Dongfeng	87147	292309	229
东辽县	Dongliao	83679	266023	235
通化市	**Tonghua**	**267549**	**812253**	**685**
市 区	District	24653	64068	43
通化县	Tonghua	53569	148558	153
辉南县	Huinan	65221	206753	143
柳河县	Liuhe	70496	243439	219

注：全省村委会个数包含未报表空壳村。

Note: The number of village's committees contains the villages whose data is null.

19－11 续表 continued

市、县 City, County		乡村户数（户）Number of Rural Households (household)	乡村人口（人）Rural Population (person)	村民委员会（个）Number of Villager's Committees (unit)
集安市	Ji'an	53610	149435	127
白山市	**Baishan**	**119211**	**322691**	**503**
市区	District	40054	104245	115
抚松县	Fusong	24899	75598	130
靖宇县	Jingyu	25515	64241	111
长白朝鲜族自治县	Changbai	10373	25555	77
临江市	Linjiang	18370	53052	70
松原市	**Songyuan**	**567953**	**1969513**	**1119**
市区	District	63905	202682	112
前郭尔罗斯蒙古族自治县	Qianguo	128922	429225	236
长岭县	Changling	146119	530435	232
乾安县	Qian'an	69558	202509	164
扶余市	Fuyu	159449	604662	375
白城市	**Baicheng**	**420999**	**1068728**	**919**
市区	District	79041	216313	162
镇赉县	Zhenlai	63824	151163	141
通榆县	Tongyu	79020	224863	172
洮南市	Taonan	98632	237093	221
大安市	Da'an	100482	239296	223
延边朝鲜族自治州	**Yanbian**	**223642**	**641607**	**1049**
延吉市	Yanji	28165	72321	54
图们市	Tumen	5630	13581	50
敦化市	Dunhua	62653	193200	303
珲春市	Hunchun	25875	76502	121
龙井市	Longjing	17416	49701	65
和龙市	Helong	25477	69477	76
汪清县	Wangqing	30563	77299	200
安图县	Antu	27863	89526	180
长白山	**Changbaishan**	**3851**	**7939**	**5**
梅河口市	**Meihekou**	**88431**	**274888**	**303**

19－12 各市县农林牧渔总产值（2021年）

Output Value of Agriculture,Forestry,Animal Husbandry and Fishery by City and County (2021)

单位：万元 unit: 10000yuan

市、县	City，County	农林牧渔业总产值 Total	农业 Farming	林业 Forestry	牧业 Animal Husbandry	渔业 Fishery	农林牧渔业总产值指数 Indices
全省	**Total**	**29723241**	**13029132**	**725933**	**14542524**	**543891**	**107.5**
长春市	**Changchun**	**9596735**	**3656227**	**58000**	**5537875**	**69397**	**106.3**
市区	District	1607918	727284	4923	798716	21749	102.2
农安县	Nong' an	2563720	825172	19806	1642860	16419	108.6
榆树市	Yushu	2345074	814068	11827	1447728	12676	104.1
德惠市	Dehui	1539239	537548	14567	923461	14001	105.4
公主岭市	Gongzhuling	1540784	752154	6878	725110	4552	111.6
吉林市	**Jilin**	**3868852**	**1416275**	**135435**	**2075798**	**94128**	**107.9**
市区	District	590422	237965	10465	295336	12202	105.4
永吉县	Yongji	268336	107426	16590	119632	4608	108.2
蛟河市	Jiaohe	517951	219552	37721	228211	27618	108.2
桦甸市	Huadian	661437	273047	27929	314050	23818	108.1
舒兰市	Shulan	1107592	320467	35903	707989	11414	108.8
磐石市	Panshi	723114	257818	6827	410580	14469	108.4
四平市	**Siping**	**3782420**	**1228643**	**48076**	**2424509**	**9611**	**108.4**
市区	District	126256	50606	7392	60772	2865	105.8
梨树县	Lishu	1692528	672453	21328	959808	1907	108.2
伊通满族自治县	Yitong	1057865	221867	10089	803878	3361	109.4
双辽市	Shuangliao	905771	283718	9266	600052	1477	108.2
辽源市	**Liaoyuan**	**964494**	**384897**	**41134**	**517837**	**4888**	**110.5**
市区	District	48610	18700	619	26580	918	96.3
东丰县	Dongfeng	490611	203292	17015	262737	2367	109.8
东辽县	Dongliao	425273	162905	23501	228520	1603	113.4
通化市	**Tonghua**	**1246308**	**666200**	**54853**	**423433**	**41633**	**106.1**
市区	District	77853	28749	2950	42986	1779	104.2
通化县	Tonghua	200728	102491	10973	71899	12768	106.1
辉南县	Huinan	423248	231025	9281	153810	9732	106.3
柳河县	Liuhe	399745	219485	21926	122592	3478	106.9

注：各市州分项产值合计不等于全省。

Note: The sum of output value by each prefecture is not equal to the total province.

19－12 续表 continued

单位：万元　　　　unit: 10000yuan

市、县	City, County	农林牧渔业总产值 Total	农业 Farming	林业 Forestry	牧业 Animal Husbandry	渔业 Fishery	农林牧渔业总产值指数 Indices
集安市	Ji' an	144733	84450	9723	32146	13876	104.7
白山市	**Baishan**	**1213593**	**688983**	**185327**	**228667**	**89945**	**107.9**
市区	District	376293	159157	80354	88389	38857	109.4
抚松县	Fusong	424167	273281	54655	61428	31688	104.7
靖宇县	Jingyu	141986	88815	11892	28423	8237	106.7
长白朝鲜族自治县	Changbai	104436	69988	11315	17279	4525	111.3
临江市	Linjiang	166711	97742	27111	33148	6638	112.3
松原市	**Songyuan**	**4508807**	**2604909**	**53844**	**1606187**	**113829**	**107.9**
市区	District	257762	148418	1892	86867	13102	107.7
前郭尔罗斯蒙古族自治县	Qianguo	1300222	756053	15236	442023	45776	108.2
长岭县	Changling	1280445	695145	10988	547203	3918	108.2
乾安县	Qian' an	404321	235429	9630	136656	10023	107.7
扶余市	Fuyu	1266058	769864	16098	393438	41009	107.7
白城市	**Baicheng**	**2811539**	**1548008**	**71936**	**1006467**	**92830**	**108.2**
市区	District	454033	284823	15318	126323	7701	107.9
镇赉县	Zhenlai	597302	352156	16765	168541	42370	108.0
通榆县	Tongyu	528873	261846	10535	230518	9893	108.3
洮南市	Taonan	597128	362810	16549	181121	15686	108.1
大安市	Da' an	634204	286373	12769	299964	17180	108.5
延边朝鲜族自治州	**Yanbian**	**1283334**	**743882**	**70960**	**421184**	**16362**	**108.6**
延吉市	Yanji	87539	54958	2300	23759	733	107.8
图们市	Tumen	33700	16548	1348	15120	299	112.4
敦化市	Dunhua	460414	244082	19673	172790	8728	107.8
珲春市	Hunchun	127351	79439	7136	36117	2781	112.4
龙井市	Longjing	85110	42719	997	39953	548	108.6
和龙市	Helong	97473	44023	6807	44625	687	106.8
汪清县	Wangqing	258168	174435	27532	51917	950	108.4
安图县	Antu	133578	87677	5165	36902	1635	110.0
长白山	**Changbaishan**	**6845**	**2786**	**2963**	**849**	**152**	**75.5**
梅河口市	**Meihekou**	**440313**	**223040**	**3407**	**164998**	**11116**	**105.6**

19－13 各市县主要农业机械拥有量（2021年）

Possession of Major Agricultural Machinery by City and County（2021）

市、县 City, County	农业机械总动力（万千瓦）Total Power of Agricultural Machinery (10000kW)	大中型农用拖拉机（混合台）Large and Medium Tractors Towing Farm Machinery (unit)	农用小型拖拉机及手扶（台）Small and Walking Agricultural Tractors (unit)	大中型机引农具（部）Large and Medium Tractors Towing Farm Machinery (unit)	农用排灌动力机械（台）Irrigating Machinery (unit)	谷物联合收割机（台）Combine Harvester (unit)	水稻插秧机（台）Mobile Rice Transplanter (unit)	粮食加工机械（台）Machine of Grain Processing (unit)
全　省 Total	**4149.1**	**416799**	**1134335**	**104232**	**451847**	**119788**	**114417**	**120538**
长春市 Changchun	**1140.8**	**119542**	**188094**	**34323**	**89502**	**34706**	**28208**	**37944**
市　区 District	234.1	20645	62802	7425	28918	7013	5991	7773
农安县 Nong' an	230.2	20929	48993	6100	9931	6226	1244	5610
榆树市 Yushu	292.1	39378	23437	7321	14604	9747	10765	8952
德惠市 Dehui	176.6	17716	23694	6765	21209	5292	8739	7400
公主岭市 Gongzhuling	207.8	20874	29168	6712	14840	6428	1469	8209
吉林市 Jilin	**487.8**	**32333**	**323040**	**6766**	**64979**	**19433**	**21730**	**20440**
市　区 District	87.7	5167	58059	1467	8402	2685	3561	8973
永吉县 Yongji	57.2	2567	40216	159	6130	2422	2291	3681
蛟河市 Jiaohe	73.6	8035	31475	276	12071	3341	1371	2703
桦甸市 Huadian	61.7	2388	52914	543	2540	3244	488	2306
舒兰市 Shulan	144.0	10556	74264	1002	34170	4590	12213	2330
磐石市 Panshi	63.5	3620	66112	3319	1666	3151	1806	447
四平市 Siping	**324.2**	**30640**	**38620**	**11824**	**55583**	**9709**	**5593**	**3101**
市　区 District	13.7	982	861	223	4756	356	5	473
梨树县 Lishu	151.4	14327	12458	7601	27475	3591	1473	73
伊通满族自治县 Yitong	67.2	6645	12186	1000	4170	2468	458	1255
双辽市 Shuangliao	91.9	8686	13115	3000	19182	3294	3657	1300
辽源市 Liaoyuan	**151.6**	**10233**	**72399**	**2611**	**34040**	**4072**	**1461**	**5638**
市　区 District	4.3	85	5820		600	59	5	372
东丰县 Dongfeng	79.2	7619	20035	1141	22549	2543	1204	3078
东辽县 Dongliao	68.1	2529	46544	1470	10891	1470	252	2188
通化市 Tonghua	**135.0**	**10603**	**75511**	**5468**	**16668**	**5868**	**4172**	**9839**
市　区 District	5.9	219	1185		2248	47	15	447
通化县 Tonghua	20.9	1367	9883	165	2275	288	194	3520
辉南县 Huinan	50.1	4380	30060	4860	6078	2913	2128	1840
柳河县 Liuhe	44.3	4267	26252		4171	2468	1786	1496
集安市 Ji' an	13.8	370	8131	443	1896	152	49	2536

19－13 续表 continued

市、县 City，County		农业机械总动力（万千瓦）Total Power of Agricultural Machinery (10000kW)	大中型农用拖拉机（混合台）Large and Medium Tractors Towing Farm Machinery (unit)	农用小型拖拉机及手扶（台）Small and Walking Agricultural Tractors (unit)	大中型机引农具（部）Large and Medium Tractors Towing Farm Machinery (unit)	农用排灌动力机械（台）Irrigating Machinery (unit)	谷物联合收割机（台）Combine Harvester (unit)	水稻插秧机（台）Mobile Rice Transplanter (unit)	粮食加工机械（台）Machine of Grain Processing (unit)
白 山 市	**Baishan**	**26.3**	**2751**	**4352**	**451**	**2708**	**234**	**5**	**4103**
市 区	District	7.3	225	748	37	1675	42	1	2129
抚 松 县	Fusong	4.6	639	1400	210	212	90		390
靖 宇 县	Jingyu	6.9	1249	950	124	81	43	4	175
长白朝鲜族自治县	Changbai	1.8	238	64	14	178	9		311
临 江 市	Linjiang	5.7	400	1190	66	562	50		1098
松 原 市	**Songyuan**	**846.0**	**86325**	**215364**	**23254**	**68259**	**19124**	**16066**	**19335**
市 区	District	100.9	10976	16628	5325	13630	1904	1691	1459
前郭尔罗斯蒙古族自治县	Qianguo	212.7	17787	60821	6250	15400	7115	9780	4010
长 岭 县	Changling	220.8	20040	68740	4306	9944	4264	171	2268
乾 安 县	Qian' an	125.2	14708	30016	5140	6751	2457	196	1580
扶 余 市	Fuyu	186.4	22814	39159	2233	22534	3384	4228	10018
白 城 市	**Baicheng**	**658.2**	**61612**	**129850**	**17437**	**103040**	**15465**	**27570**	**13664**
市 区	District	158.6	12828	23288		34102	5975	3751	2623
镇 赉 县	Zhenlai	114.9	12259	21846	1031	19158	2692	16882	1906
通 榆 县	Tongyu	154.6	15272	34787	4219	16600	1410	58	5610
洮 南 市	Taonan	135.9	12966	28088	3310	23960	2970	2955	2365
大 安 市	Da' an	94.2	8287	21841	8877	9220	2418	3924	1160
延边朝鲜族自治州	**Yanbian**	**303.3**	**53283**	**55935**	**1666**	**7530**	**8104**	**7112**	**5368**
延 吉 市	Yanji	15.8	2560	5332	35	651	437	611	302
图 们 市	Tumen	11.2	2147	2062	28	124	504	248	226
敦 化 市	Dunhua	117.9	17415	24511	750	3192	2455	663	2415
珲 春 市	Hunchun	28.3	4704	6271	95	77	1185	1598	213
龙 井 市	Longjing	24.3	4108	3087	101	137	811	1016	512
和 龙 市	Helong	27.2	4180	5151	210	37	1067	1783	718
汪 清 县	Wangqing	43.4	10453	2926	287	2664	810	692	720
安 图 县	Antu	35.1	7716	6595	160	648	835	501	262
梅河口市	**Meihekou**	**76.0**	**9477**	**31170**	**432**	**9538**	**3073**	**2500**	**1106**

19－14 各市县农业现代化水平（2021年）
Agricultural Modernizing Level of the City and County（2021）

市、县 City，County		机耕面积（千公顷）Area of Machinery Cultivated Land (1000ha)	机播面积（千公顷）Area of Machinery Sowed Land (1000ha)	有效灌溉面积（千公顷）Effective Irrigated Area (1000ha)	配套机电井（规模以上机电井，眼）Electrical Machinery of Well (unit)	化肥施用量（吨）Consumption of Chemical Fertilizer (ton)	#氮肥 Nitrogenous Fertilizers	#磷肥 Phosphate Fertilizer
全　省	**Total**	**4051.4**	**5722.3**	**1935.94**	**205460**	**2229991**	**427815**	**50275**
长春市	**Changchun**	**935.0**	**1546.8**	**284.69**	**36908**	**687156**	**106430**	**13005**
市　区	District	234.8	299.9	90.04	10782	143854	21265	1735
农安县	Nong' an	186.3	364.0	49.25	5279	155066	20557	3024
榆树市	Yushu	170.1	370.0	53.85	8611	164452	27212	4724
德惠市	Dehui	129.5	197.4	59.66	6726	70316	21905	2638
公主岭市	Gongzhuling	214.2	315.6	31.89	5510	153469	15491	883
吉林市	**Jilin**	**654.4**	**621.9**	**161.70**	**9541**	**289077**	**67428**	**7291**
市　区	District	95.5	84.3	39.39	4186	49149	13654	1558
永吉县	Yongji	85.9	77.5	31.32	2591	36558	7483	959
蛟河市	Jiaohe	105.3	101.7	15.48	377	49112	10860	2046
桦甸市	Huadian	120.8	116.7	8.76	397	39767	13055	547
舒兰市	Shulan	133.3	130.2	40.86	1309	58825	12365	1604
磐石市	Panshi	113.6	111.6	25.89	681	55666	10011	576
四平市	**Siping**	**293.5**	**574.2**	**163.70**	**15079**	**286293**	**14997**	**540**
市　区	District	27.8	26.9	19.30	513	11720	1227	81
梨树县	Lishu	112.8	251.7	58.95	3017	136913	2282	37
伊通满族自治县	Yitong	92.5	118.5	7.86	1781	73922	438	163
双辽市	Shuangliao	60.4	177.1	77.59	9768	63737	11050	259
辽源市	**Liaoyuan**	**218.5**	**219.5**	**19.87**	**6010**	**101706**	**11491**	**1402**
市　区	District	9.1	9.2	0.24	150	4700	912	67
东丰县	Dongfeng	117.0	115.2	15.07	4611	59891	7932	978
东辽县	Dongliao	92.4	95.1	4.56	1249	37115	2647	357
通化市	**Tonghua**	**212.5**	**161.7**	**56.81**	**768**	**82493**	**30401**	**2779**
市　区	District	4.1	2.5	1.47	84	2394	1029	35
通化县	Tonghua	35.0	24.8	6.00	44	9509	3940	183
辉南县	Huinan	75.2	64.0	25.46	145	26881	8871	572
柳河县	Liuhe	83.3	68.4	19.47	368	37252	13871	1705
集安市	Ji' an	15.0	2.1	4.41	127	6458	2690	283

注：1.农机、水利数据来源于部门，长白山数据还未进行单独统计；2.化肥施用量为折纯量。

Note: 1.Data of Agricultural Machinery and Irrigation are from other departments.Data of Changbaishan has not been independently counted.
2.The consumption of chemical fertilizer is calculated in terms of the volume of effective components.

19－14 续表 continued

市、县 City，County		机耕面积（千公顷）Area of Machinery Cultivated Land (1000ha)	机播面积（千公顷）Area of Machinery Sowed Land (1000ha)	有效灌溉面积（千公顷）Effective Irrigated Area (1000ha)	配套机电井（规模以上机电井，眼）Electrical Machinery of Well (unit)	化肥施用量（吨）Consumption of Chemical Fertilizer (ton)	#氮肥 Nitrogenous Fertilizers	#磷肥 Phosphate Fertilizer
白山市	**Baishan**	**54.7**	**24.0**	**1.85**	**477**	**15912**	**5015**	**128**
市　区	District	12.2	5.2	0.22	170	3330	1161	40
抚松县	Fusong	13.9	8.3	0.29	123	5437	1258	13
靖宇县	Jingyu	17.4	5.5	0.44	111	3428	963	8
长白朝鲜族自治县	Changbai	3.2	1.4	0.56	6	1108	480	11
临江市	Linjiang	8.1	3.6	0.34	67	2610	1154	56
松原市	**Songyuan**	**673.2**	**1163.8**	**565.71**	**66234**	**362703**	**90407**	**13541**
市　区	District	73.7	73.6	44.62	5157	31605	5024	924
前郭尔罗斯蒙古族自治县	Qianguo	224.7	320.9	136.87	16080	75599	22521	3901
长岭县	Changling	81.9	292.9	148.38	22187	98999	15066	4624
乾安县	Qian' an	81.8	160.3	116.91	10791	65079	16685	1049
扶余市	Fuyu	211.2	316.2	118.93	12019	91421	31110	3043
白城市	**Baicheng**	**593.0**	**951.3**	**578.53**	**68119**	**268896**	**72167**	**7472**
市　区	District	95.8	140.8	105.08	16696	39380	13475	1015
镇赉县	Zhenlai	110.0	171.6	131.90	8681	59301	16078	1112
通榆县	Tongyu	191.0	273.0	126.56	18337	51492	13243	2363
洮南市	Taonan	138.6	218.2	102.01	5494	69335	18894	2438
大安市	Da' an	57.7	147.7	112.98	18911	49388	10477	543
延边朝鲜族自治州	**Yanbian**	**316.7**	**360.3**	**70.13**	**1277**	**79801**	**18544**	**2479**
延吉市	Yanji	16.4	17.2	4.60	236	4812	800	148
图们市	Tumen	10.0	9.7	1.95	35	5313	203	23
敦化市	Dunhua	129.7	148.5	16.10	531	24360	5941	977
珲春市	Hunchun	30.7	33.5	12.29	161	8524	2463	288
龙井市	Longjing	21.1	27.1	6.22	147	12010	2241	114
和龙市	Helong	26.9	30.1	13.64	44	4881	2226	262
汪清县	Wangqing	51.6	57.0	11.73	64	12889	3101	409
安图县	Antu	30.3	37.1	3.60	59	7011	1570	258
长白山	**Changbaishan**					**98**	**21**	**3**
梅河口市	**Meihekou**	**99.9**	**98.7**	**32.95**	**1047**	**55856**	**10914**	**1636**

19－15 各市县总播种面积和产量（2021年）

Total Sown Areas and Output of Major Farm Crops by City and County（2021）

市、县 City，County		总播种面积（公顷）Total Sown Area (ha)	粮 食 Grain Crops 播种面积 Sown Area（公顷）(ha)	总产量 Output（吨）(ton)	#稻谷 Rice 播种面积 Sown Area（公顷）(ha)	总产量 Output（吨）(ton)	#玉米 Corn 播种面积 Sown Area（公顷）(ha)	总产量 Output（吨）(ton)
全　省	**Total**	**6187065**	**5721254**	**40392447**	**837270**	**6846692**	**4401227**	**31984376**
长春市	**Changchun**	**1641071**	**1569120**	**12365170**	**178778**	**1487219**	**1345594**	**10682199**
市　区	District	320036	305107	2244985	37070	293471	260431	1914048
农安县	Nong' an	401590	370693	2808082	13248	110616	342692	2631256
榆树市	Yushu	380752	376733	3106630	70925	623775	293546	2437415
德惠市	Dehui	219611	209853	1527490	46150	356983	158499	1149797
公主岭市	Gongzhuling	319083	306733	2677983	11385	102374	290426	2549682
吉林市	**Jilin**	**673802**	**657113**	**4502724**	**133054**	**1033658**	**495711**	**3386903**
市　区	District	109803	106067	734067	30921	253868	73933	477446
永吉县	Yongji	75759	74933	484946	16486	117608	57257	363845
蛟河市	Jiaohe	109025	105693	656068	11436	89119	83596	532562
桦甸市	Huadian	122545	119000	763495	7405	48853	107516	705656
舒兰市	Shulan	139761	138007	1057277	49485	402763	79436	630383
磐石市	Panshi	116908	113413	806871	17321	121448	93973	677011
四平市	**Siping**	**618866**	**581883**	**4673200**	**40830**	**346791**	**518272**	**4236830**
市　区	District	29627	28710	204574	132	1186	28323	202528
梨树县	Lishu	264954	248040	2060720	11380	101237	225830	1908203
伊通满族自治县	Yitong	132208	130800	1140915	5565	48284	123974	1087535
双辽市	Shuangliao	192076	174333	1266992	23753	196085	140145	1038564
辽源市	**Liaoyuan**	**231260**	**226733**	**1599990**	**18956**	**151097**	**200216**	**1421764**
市　区	District	9859	9427	60000	351	2175	8937	57202
东丰县	Dongfeng	125305	122633	872994	15122	125228	104584	738476
东辽县	Dongliao	96095	94673	666996	3483	23694	86695	626086
通化市	**Tonghua**	**230569**	**210913**	**1386123**	**57294**	**423087**	**143627**	**936245**
市　区	District	5126	3600	22000	196	1248	2861	19209
通化县	Tonghua	36676	31347	185064	4395	27748	22401	146400
辉南县	Huinan	79617	75347	531389	32149	246517	42083	280986
柳河县	Liuhe	93027	88400	576963	18458	132031	68048	439532
集安市	Ji' an	16123	12220	70707	2096	15544	8235	50118
白山市	**Baishan**	**82798**	**68660**	**309921**	**394**	**3096**	**40091**	**251835**

注：1.薯类及马铃薯产量为折粮产量；2.蔬菜产量包含食用菌。

Note: ①Output of Tubers and Potatoes are converted in to those of Grain.

②Vegetable Production Includes Edible Fungi.

19-15 续表 1 continued

市、县 City, County		总播种面积（公顷）Total Sown Area (ha)	粮食 Grain Crops 播种面积 Sown Area（公顷）(ha)	粮食 总产量 Output（吨）(ton)	#稻谷 Rice 播种面积 Sown Area（公顷）(ha)	#稻谷 Rice 总产量 Output（吨）(ton)	#玉米 Corn 播种面积 Sown Area（公顷）(ha)	#玉米 Corn 总产量 Output（吨）(ton)
市　区	District	17706	14640	70000	64	484	9256	58054
抚松县	Fusong	22311	19533	86517			10641	71348
靖宇县	Jingyu	23205	18947	86149			12274	73600
长白朝鲜族自治县	Changbai	6410	4600	21223	144	1056	2469	15618
临江市	Linjiang	13165	10940	46032	186	1555	5451	33215
松原市	**Songyuan**	**1230822**	**1013907**	**7501696**	**133009**	**1196473**	**816169**	**6079525**
市　区	District	78578	64307	500630	18680	165235	42882	326862
前郭尔罗斯蒙古族自治县	Qianguo	326261	250000	2040487	74071	681776	155187	1304537
长岭县	Changling	316551	286733	1858687	6109	53931	263981	1758347
乾安县	Qian' an	180590	167667	1200992	8268	68806	153443	1099744
扶余市	Fuyu	328842	245200	1900900	25881	226725	200676	1590035
白城市	**Baicheng**	**990711**	**925607**	**5569220**	**207188**	**1744112**	**543113**	**3156775**
市　区	District	150021	139200	1080493	64788	565155	69358	497286
镇赉县	Zhenlai	176300	172000	1262406	82401	648640	75249	554657
通榆县	Tongyu	288717	268673	1002836	1565	10160	150250	523878
洮南市	Taonan	220121	205727	1266992	29847	269153	150096	920905
大安市	Da' an	155553	140007	956494	28587	251004	98161	660050
延边朝鲜族自治州	**Yanbian**	**383845**	**366696**	**1790215**	**38729**	**252230**	**229141**	**1355958**
延吉市	Yanji	18606	17141	113999	2425	15550	13789	96447
图们市	Tumen	10724	10184	65626	921	6357	8616	58232
敦化市	Dunhua	158837	153533	655496	5986	36856	95239	522557
珲春市	Hunchun	36156	33834	181091	9299	59149	19401	112895
龙井市	Longjing	28818	28347	179823	4860	32356	20652	143298
和龙市	Helong	31937	31287	174984	7834	52008	19279	114745
汪清县	Wangqing	59201	56365	252698	5098	33809	30916	180660
安图县	Antu	39567	36005	166499	2306	16146	21251	127125
长白山	**Changbaishan**	**465**	**370**	**1121**			**124**	**630**
梅河口市	**Meihekou**	**103305**	**100700**	**693066**	**29038**	**208929**	**69170**	**475712**

19－15 续表 2 continued

市、县 City, County		粮 食 Grain Crops					
		#大 豆 Soybean		#薯 类 Tuber		#马铃薯 Potato	
		播种面积 Sown Area （公顷） (ha)	总产量 Output （吨） (ton)	播种面积 Sown Area （公顷） (ha)	总产量 Output （吨） (ton)	播种面积 Sown Area （公顷） (ha)	总产量 Output （吨） (ton)
全 省	**Total**	**252741**	**547362**	**42893**	**250519**	**39836**	**233961**
长春市	**Changchun**	**20482**	**54437**	**15061**	**100152**	**13443**	**91077**
市 区	District	2698	7477	2932	19807	2929	19792
农安县	Nong' an	4181	10899	5197	35942	3592	26939
榆树市	Yushu	9259	25290	2570	17813	2570	17813
德惠市	Dehui	2417	5545	2271	12119	2271	12119
公主岭市	Gongzhuling	1927	5226	2091	14471	2081	14414
吉林市	**Jilin**	**23224**	**60924**	**3481**	**17628**	**3106**	**15202**
市 区	District	943	1727	48	218	48	218
永吉县	Yongji	1074	3075	111	397	111	397
蛟河市	Jiaohe	9512	29290	779	4056	493	2270
桦甸市	Huadian	3072	6588	256	1216	245	1138
舒兰市	Shulan	7543	17241	1356	6491	1356	6491
磐石市	Panshi	1080	3003	931	5249	853	4687
四平市	**Siping**	**11270**	**35388**	**5990**	**30993**	**5706**	**29359**
市 区	District	223	666	3	22	3	22
梨树县	Lishu	3716	11690	4973	25820	4873	25059
伊通满族自治县	Yitong	848	2289	324	2307	323	2298
双辽市	Shuangliao	6483	20744	690	2843	507	1981
辽源市	**Liaoyuan**	**4983**	**16210**	**2157**	**9726**	**2019**	**9189**
市 区	District	76	257	37	242	35	232
东丰县	Dongfeng	2017	5171	892	4100	794	3758
东辽县	Dongliao	2890	10782	1228	5383	1190	5199
通化市	**Tonghua**	**7565**	**16169**	**2293**	**10354**	**2035**	**9138**
市 区	District	459	1171	81	372	71	306
通化县	Tonghua	3839	7520	669	3338	592	2951
辉南县	Huinan	628	1626	442	2135	416	2008
柳河县	Liuhe	1352	3059	518	2280	464	2022
集安市	Ji' an	1287	2793	583	2229	492	1849
白山市	**Baishan**	**25567**	**48815**	**758**	**3272**	**660**	**2939**

19－15 续表 3 continued

市、县 City, County		粮食 Grain Crops					
		#大豆 Soybean		#薯类 Tuber		#马铃薯 Potato	
		播种面积 Sown Area (公顷) (ha)	总产量 Output (吨) (ton)	播种面积 Sown Area (公顷) (ha)	总产量 Output (吨) (ton)	播种面积 Sown Area (公顷) (ha)	总产量 Output (吨) (ton)
市　区	District	5004	10430	171	782	167	766
抚松县	Fusong	7942	13528	79	286	73	266
靖宇县	Jingyu	5805	10799	213	885	177	769
长白朝鲜族自治县	Changbai	1715	3489	176	753	139	623
临江市	Linjiang	5101	10568	119	567	104	514
松原市	**Songyuan**	**34718**	**82863**	**8444**	**57168**	**8396**	**56882**
市　区	District	2086	4637	216	1474	192	1343
前郭尔罗斯蒙古族自治县	Qianguo	15606	33201	174	1128	174	1128
长岭县	Changling	4548	9441	1099	4487	1097	4481
乾安县	Qian' an	967	1796	112	933	112	933
扶余市	Fuyu	11511	33789	6843	49145	6821	48997
白城市	**Baicheng**	**29015**	**60267**	**1916**	**7801**	**1758**	**7209**
市　区	District	527	1391	521	1907	442	1611
镇赉县	Zhenlai	4488	9808	81	266	81	266
通榆县	Tongyu	12477	24074	404	1798	404	1798
洮南市	Taonan	6245	14310	588	2495	512	2209
大安市	Da' an	5278	10684	322	1335	319	1325
延边朝鲜族自治州	**Yanbian**	**94558**	**168904**	**1866**	**8776**	**1837**	**8621**
延吉市	Yanji	852	1643	73	358	57	244
图们市	Tumen	596	821	48	200	35	158
敦化市	Dunhua	49791	87899	1182	5999	1182	5999
珲春市	Hunchun	4868	8151	231	865	231	865
龙井市	Longjing	2420	2819	20	76	20	76
和龙市	Helong	4146	8161	15	50	15	50
汪清县	Wangqing	20253	37849	61	202	61	202
安图县	Antu	11632	21562	236	1026	236	1026
长白山	**Changbaishan**	**235**	**421**	**9**	**68**	**9**	**68**
梅河口市	**Meihekou**	**1124**	**2963**	**918**	**4580**	**867**	**4277**

19－15 续表 4 continued

市、县 City, County		油料 Oil-bearing 播种面积 Sown Area (公顷) (ha)	油料 Oil-bearing 总产量 Output (吨) (ton)	甜菜 Beetroots 播种面积 Sown Area (公顷) (ha)	甜菜 Beetroots 总产量 Output (吨) (ton)	烟叶 Tobacco 播种面积 Sown Area (公顷) (ha)	烟叶 Tobacco 总产量 Output (吨) (ton)
全　省	**Total**	**254622**	**857544**	**288**	**12875**	**8133**	**21307**
长春市	**Changchun**	**12861**	**35677**	**96**	**5325**	**1223**	**4810**
市　区	District	24	54			11	28
农安县	Nong' an	11928	32385	64	3125	971	3785
榆树市	Yushu	58	244	32	2200	172	747
德惠市	Dehui	89	356			70	250
公主岭市	Gongzhuling	762	2637				
吉林市	**Jilin**	**2061**	**3534**			**1027**	**2861**
市　区	District	305	488			14	25
永吉县	Yongji	280	412				
蛟河市	Jiaohe	109	172			983	2762
桦甸市	Huadian	1105	1920			1	2
舒兰市	Shulan						
磐石市	Panshi	262	542			29	72
四平市	**Siping**	**20439**	**80091**		**12**		
市　区	District						
梨树县	Lishu	4793	20585				
伊通满族自治县	Yitong				12		
双辽市	Shuangliao	15645	59506				
辽源市	**Liaoyuan**	**1**	**2**				
市　区	District		2				
东丰县	Dongfeng						
东辽县	Dongliao		1				
通化市	**Tonghua**	**241**	**621**			**2663**	**7529**
市　区	District						
通化县	Tonghua	46	137			350	946
辉南县	Huinan	12	56			1373	4051
柳河县	Liuhe	57	99			940	2532
集安市	Ji' an	126	328			1	1
白山市	**Baishan**	**2151**	**4536**			**350**	**881**

19－15 续表 5 continued

市、县 City, County		油 料 Oil-bearing		甜 菜 Beetroots		烟 叶 Tobacco	
		播种面积 Sown Area (公顷) (ha)	总产量 Output (吨) (ton)	播种面积 Sown Area (公顷) (ha)	总产量 Output (吨) (ton)	播种面积 Sown Area (公顷) (ha)	总产量 Output (吨) (ton)
市 区	District	297	1223			23	64
抚松县	Fusong	601	1027			25	62
靖宇县	Jingyu	1110	1897				
长白朝鲜族自治县	Changbai	22	45			21	71
临江市	Linjiang	121	344			281	685
松原市	**Songyuan**	**176171**	**617583**	**16**	**783**		
市 区	District	11210	54336				
前郭尔罗斯蒙古族自治县	Qianguo	64708	200445				
长岭县	Changling	15262	45862	1	33		
乾安县	Qian' an	6573	27965	15	750		
扶余市	Fuyu	78418	288975				
白城市	**Baicheng**	**39659**	**114055**	**177**	**6755**	**1824**	**2795**
市 区	District	6971	23878	10	455		
镇赉县	Zhenlai	2437	12280			185	459
通榆县	Tongyu	13839	24741	167	6300		
洮南市	Taonan	8130	31006				
大安市	Da' an	8281	22151			1639	2336
延边朝鲜族自治州	**Yanbian**	**1030**	**1424**			**1044**	**2421**
延吉市	Yanji					19	47
图们市	Tumen					15	30
敦化市	Dunhua	20	41			482	1178
珲春市	Hunchun	68	164			4	9
龙井市	Longjing					13	29
和龙市	Helong						
汪清县	Wangqing	2	1			479	1039
安图县	Antu	939	1218			32	90
长白山	**Changbaishan**	**6**	**8**				
梅河口市	**Meihekou**	**2**	**14**			**3**	**9**

19－15 续表 6 continued

市、县 City，County		人参 Garden Ginseng		蔬菜 Vegetables		瓜果类 Melon class		葵花籽 Sunflower Seed	
		播种面积 Sown Area（公顷）(ha)	总产量 Output（吨）(ton)	播种面积 Sown Area（公顷）(ha)	总产量 Output（吨）(ton)	播种面积 Sown Area（公顷）(ha)	总产量 Output（吨）(ton)	播种面积 Sown Area（公顷）(ha)	总产量 Output（吨）(ton)
全　省	**Total**	**10881**	**42136**	**130672**	**4905397**	**35991**	**1350418**	**6771**	**16158**
长春市	**Changchun**	**80**		**46390**	**1780921**	**9889**	**283991**	**3539**	**10733**
市　区	District	80		13596	477212	616	14262	8	10
农安县	Nong' an			10659	346730	6511	154871	3442	10367
榆树市	Yushu			3398	213748	358	11458		
德惠市	Dehui			8682	324522	885	26872	89	356
公主岭市	Gongzhuling			10056	418709	1519	76529		
吉林市	**Jilin**	**480**	**1234**	**11250**	**503114**	**1080**	**26876**	**29**	**75**
市　区	District			3219	120791	171	3199		
永吉县	Yongji			491	10711	55	976		
蛟河市	Jiaohe	147	1041	1553	72945	402	3992	8	16
桦甸市	Huadian	173	142	1810	79006	113	2902	14	36
舒兰市	Shulan	31	5	1623	101740	100	5677		
磐石市	Panshi	129	46	2555	117921	238	10131	7	23
四平市	**Siping**			**14022**	**578468**	**1908**	**64634**	**118**	**169**
市　区	District			821	25698	97	2634		
梨树县	Lishu			10749	482782	1186	42068	5	11
伊通满族自治县	Yitong			942	26844	38	1132		
双辽市	Shuangliao			1510	43144	588	18800	113	158
辽源市	**Liaoyuan**	**38**	**30**	**3317**	**115681**	**206**	**5671**		
市　区	District			417	16618	15	444		
东丰县	Dongfeng	17	30	1668	43378	99	2423		
东辽县	Dongliao	21		1231	55685	92	2805		
通化市	**Tonghua**	**4026**	**19620**	**7382**	**237394**	**840**	**20832**	**47**	**109**
市　区	District	232	482	1096	32748	65	848		
通化县	Tonghua	1284	6480	1703	52963	97	5293	31	70
辉南县	Huinan	216	29	1860	59646	411	9101	3	10
柳河县	Liuhe	921	6760	1815	67123	119	2776	7	19
集安市	Ji' an	1373	5869	908	24914	149	2814	5	10
白山市	**Baishan**	**3177**	**13598**	**3520**	**145908**	**597**	**11397**	**171**	**412**

市、县 City，County		人参 Garden Ginseng		蔬菜 Vegetables		瓜果类 Melon class		葵花籽 Sunflower Seed	
		播种面积 Sown Area（公顷）(ha)	总产量 Output（吨）(ton)	播种面积 Sown Area（公顷）(ha)	总产量 Output（吨）(ton)	播种面积 Sown Area（公顷）(ha)	总产量 Output（吨）(ton)	播种面积 Sown Area（公顷）(ha)	总产量 Output（吨）(ton)
市　区	District	669	690	1243	53810	165	2811	24	46
抚松县	Fusong	916	7173	765	36476	51	1613	50	144
靖宇县	Jingyu	745	3597	625	20844	57	1408	6	13
长白朝鲜族自治县	Changbai	338	643	290	7542	78	2131	2	4
临江市	Linjiang	509	1495	596	27237	246	3434	89	205
松原市	**Songyuan**			**26996**	**953286**	**11255**	**604821**	**767**	**2426**
市　区	District			2750	74692	303	7899	1	3
前郭尔罗斯蒙古族自治县	Qianguo			7367	255378	2904	159010	150	315
长岭县	Changling			10556	314729	3952	182632	518	1834
乾安县	Qian' an			1492	66300	3703	239448	69	211
扶余市	Fuyu			4831	242186	393	15833	29	63
白城市	**Baicheng**			**9134**	**315968**	**8897**	**297354**	**2078**	**2203**
市　区	District			3521	133821	319	11395	228	446
镇赉县	Zhenlai			294	10504	775	20967		
通榆县	Tongyu			1500	48315	3111	116644	1543	1193
洮南市	Taonan			3150	95238	1777	65713	55	93
大安市	Da' an			670	28090	2916	82635	252	473
延边朝鲜族自治州	**Yanbian**	**2771**	**7380**	**6700**	**193258**	**1224**	**31798**	**17**	**23**
延吉市	Yanji	38	5	1073	33998	70	1125		
图们市	Tumen	30		317	8303	28	526		
敦化市	Dunhua	1769	4684	1495	50677	36	502		
珲春市	Hunchun	217	517	1488	25285	58	390		
龙井市	Longjing	11	4	307	11188	95	666		
和龙市	Helong	16		347	9754	2	41		
汪清县	Wangqing	288	339	781	33906	26	533		
安图县	Antu	403	1831	893	20148	907	28015	17	23
长白山	**Changbaishan**	**51**	**208**	**18**	**327**	**20**	**492**	**6**	**8**
梅河口市	**Meihekou**	**258**	**67**	**1944**	**81072**	**75**	**2553**		

19－16 各市县畜牧业生产情况（2021年）

Production of Livestock in Various Cities and Counties（2021）

市、县 City，County	年底大牲畜头数（头） Large Animals (head) (year-end)	猪年末存栏（头） Hogs (head) (year-end)	羊年底只数（只） Sheep and Goats (head) (year-end)	肉猪出栏头数（头） Slaughtered Fattened Hogs (head)	肉类总产量（吨） Output of Meat (ton)	#猪 Hogs	#牛 Cattle	#羊 Sheep	禽蛋产量（吨） Poultry Eggs (ton)
全　省 Total	**3496401**	**11376000**	**6504044**	**17501718**	**2956813**	**1424216**	**408462**	**76311**	**1047180**
长春市 Changchun	**728841**	**4118399**	**645745**	**6404224**	**1082476**	**522816**	**103656**	**8102**	**362239**
市　区 District	126721	508302	25725	792882	111834	58688	12112	396	82575
农安县 Nong' an	212215	1180041	360995	1811772	366430	154479	38221	4539	136052
榆树市 Yushu	140511	760776	36823	1238372	227216	97152	26940	392	50964
德惠市 Dehui	75164	649835	43687	958629	210298	74789	8278	326	53732
公主岭市 Gongzhuling	174230	1019445	178515	1602569	166698	137708	18105	2450	38917
吉林市 Jilin	**568098**	**1354809**	**53167**	**2341175**	**584651**	**190091**	**75355**	**478**	**109197**
市　区 District	61048	331003	14433	473922	271421	35091	3181	115	33402
永吉县 Yongji	29011	233768	5455	328128	35312	24262	366	11	7156
蛟河市 Jiaohe	118747	130007	5848	208669	37123	18740	10145	51	2242
桦甸市 Huadian	134015	80293	7253	134933	23889	9985	10885	85	12543
舒兰市 Shulan	150154	391703	11823	853834	188049	76728	42176	122	21997
磐石市 Panshi	75123	188035	8355	341689	39523	25285	8602	94	31857
四平市 Siping	**678142**	**1805522**	**674381**	**3014850**	**419235**	**243000**	**92562**	**10234**	**184319**
市　区 District	28030	60823	21721	81970	9213	5601	1778	237	7507
梨树县 Lishu	212386	839036	181874	1461406	196384	131065	26001	2604	65336
伊通满族自治县 Yitong	322463	529841	56416	926456	121342	57025	43245	1125	91033
双辽市 Shuangliao	115263	375822	414370	545018	92298	49309	21538	6268	20443
辽源市 Liaoyuan	**201240**	**280795**	**44111**	**491872**	**111856**	**39523**	**31800**	**608**	**109799**
市　区 District	8120	35135	6266	68159	7121	5596	410	114	5249
东丰县 Dongfeng	116161	134411	25385	236325	55500	19023	19406	264	12245
东辽县 Dongliao	76959	111249	12460	187388	49235	14904	11984	230	92305
通化市 Tonghua	**109827**	**253504**	**54631**	**312168**	**88093**	**26455**	**11769**	**566**	**27426**
市　区 District	5456	36827	4956	48405	6023	4102	862	40	6017
通化县 Tonghua	37232	70011	14363	74030	11529	6274	2674	137	5710
辉南县 Huinan	23249	55025	7528	75255	29268	6378	5076	95	4747
柳河县 Liuhe	36377	62457	18005	76360	35749	6471	1966	195	8938
集安市 Ji' an	7513	29184	9779	38118	5524	3230	1191	99	2014
白山市 Baishan	**91019**	**169502**	**24704**	**228840**	**30832**	**18402**	**6737**	**349**	**13221**

市、县 City，County		年底大牲畜头数（头）Large Animals (head) (year-end)	猪年末存栏（头）Hogs (head) (year-end)	羊年底只数（只）Sheep and Goats (head) (year-end)	肉猪出栏头数（头）Slaughtered Fattened Hogs (head)	肉类总产量（吨）Output of Meat (ton)	#猪 Hogs	#牛 Cattle	#羊 Sheep	禽蛋产量（吨）Poultry Eggs (ton)
市　区	District	29559	44806	10983	67475	11436	5319	2592	209	5644
抚松县	Fusong	12474	57773	3362	65944	6726	5475	877	40	2680
靖宇县	Jingyu	22762	34018	2746	38866	4573	3032	831	20	1868
长白朝鲜族自治县	Changbai	10613	9129	2328	11124	2051	890	883	36	1032
临江市	Linjiang	15611	23776	5285	45431	6046	3686	1554	43	1997
松原市	**Songyuan**	**334479**	**2011823**	**2358196**	**2915740**	**350851**	**238511**	**39651**	**26054**	**122528**
市　区	District	24991	90764	66125	227736	27156	18629	3545	709	7023
前郭尔罗斯蒙古族自治县	Qianguo	76513	506715	697520	904821	109565	74015	12687	8423	17515
长岭县	Changling	90422	696841	791117	858596	103908	70234	8219	8525	30953
乾安县	Qian' an	64139	227311	703102	222779	33669	18224	4822	6788	7837
扶余市	Fuyu	78414	490192	100332	701808	76553	57409	10378	1609	59200
白城市	**Baicheng**	**363798**	**919145**	**2519018**	**1182706**	**166189**	**95064**	**18854**	**28210**	**66163**
市　区	District	10573	58047	219934	52543	8987	6093	802	972	15414
镇赉县	Zhenlai	81847	49902	213705	82606	16017	8780	2345	1060	5927
通榆县	Tongyu	55831	260395	428783	424725	62444	39221	3741	5760	6987
洮南市	Taonan	48026	97682	575977	125742	22098	13298	1909	4514	28334
大安市	Da' an	167658	453119	1080619	497090	56643	27672	10057	15904	9501
延边朝鲜族自治州	**Yanbian**	**400533**	**310388**	**122435**	**439600**	**88152**	**35955**	**22901**	**1595**	**46604**
延吉市	Yanji	20376	18645	6203	22751	5919	1861	803	37	3599
图们市	Tumen	10801	27038	6559	30394	3884	2486	906	90	1408
敦化市	Dunhua	156260	94001	58896	178160	37694	14572	8774	736	22571
珲春市	Hunchun	27095	30352	7234	40856	6234	3342	1270	43	6591
龙井市	Longjing	24825	41467	16295	37686	11326	3082	2124	342	1339
和龙市	Helong	49437	35581	7572	59487	9706	4865	3601	113	2852
汪清县	Wangqing	67516	26093	9167	30228	7484	2472	3940	109	2136
安图县	Antu	44223	37211	10509	40038	5904	3275	1483	126	6109
长白山	**Changbaishan**		**1043**	**168**	**325**	**71**	**29**			**580**
梅河口市	**Meihekou**	**20424**	**151070**	**7488**	**170218**	**34407**	**14370**	**5177**	**115**	**5104**

19 - 17　各市县规模以上工业企业主要指标（2021年）

单位：万元

市、县	City，County	企业单位数(个) Number of Enterprises (unit)	#亏损企业 Loss - making Enterprises
吉 林 省	**Jilin**	**3228**	**885**
长 春 市	**Changchun**	**1322**	**279**
市区（含双阳、九台）	District	968	199
农 安 县	Nong' an	92	21
榆 树 市	Yushu	55	14
德 惠 市	Dehui	66	17
公主岭市	Gongzhuling	141	28
吉 林 市	**Jilin**	**440**	**140**
市　　区	District	250	81
永 吉 县	Yongji	36	8
蛟 河 市	Jiaohe	27	12
桦 甸 市	Huadian	28	11
舒 兰 市	Shulan	50	11
磐 石 市	Panshi	49	17
四 平 市	**Siping**	**181**	**47**
市　　区	District	100	31
梨 树 县	Lishu	38	9
伊通满族自治县	Yitong	16	4
双 辽 市	Shuangliao	27	3
辽 源 市	**Liaoyuan**	**113**	**51**
市　　区	District	68	35
东 丰 县	Dongfeng	25	10
东 辽 县	Dongliao	20	6
通 化 市	**Tonghua**	**210**	**82**
市　　区	District	82	31
通 化 县	Tonghua	48	22
辉 南 县	Huinan	30	11
柳 河 县	Liuhe	22	7

注：各地区相加不等于全省总计。
Note:The sum of data by every city is not equal to the total.

Main Indicators of Industrial Enterprises above Designated Size by City and County（2021）

unit: 10000 yuan

产成品 Finished Goods	资产总计 Total Assets	流动资产合计 Total Current Assets	应收账款 Account Receivable	负债合计 Total Liabilities
5941639	**191195877**	**85893155**	**16003743**	**104739774**
3735080	**110908573**	**54429625**	**9526993**	**55612202**
3472980	105398225	51398534	8578107	51666347
60940	1682973	948956	296537	1160241
45287	1004820	512145	209306	755944
48966	1207229	724192	172065	1009750
106908	1615326	845799	270978	1019919
726887	**23593856**	**8965177**	**1383193**	**14878420**
466904	18582650	6543822	943411	11833366
27188	743917	368496	70795	369285
48956	588740	228183	51939	380428
21645	1077971	321414	74094	774120
40453	487349	259661	53448	277643
121742	2113230	1243600	189506	1243578
119165	**4918029**	**2479254**	**593868**	**2975312**
74925	2862470	1633217	394146	1626204
25906	529450	289625	80811	352709
6742	322702	173904	37846	219720
11592	1203407	382508	81066	776679
151675	**5264953**	**2339542**	**443094**	**3856072**
81819	3000362	1420109	228292	2133168
45234	1405034	473660	38685	1129811
24622	859557	445774	176117	593093
277857	**10018034**	**4402303**	**827451**	**5872623**
100782	5433812	2099888	429893	3219471
58441	1747294	620520	133770	987885
12281	679406	360296	81315	353711
56221	1235626	868925	90804	720401

19－17 续表 1

单位：万元

市、县	City，County	企业单位数(个) Number of Enterprises (unit)	#亏损企业 Loss-making Enterprises
集安市	Ji' an	28	11
白山市	**Baishan**	**156**	**49**
市区（含江源区）	District	64	23
抚松县	Fusong	37	7
靖宇县	Jingyu	25	4
长白朝鲜族自治县	Changbai	6	3
临江市	Linjiang	24	12
松原市	**Songyuan**	**225**	**66**
市区	District	89	33
前郭尔罗斯蒙古族自治县	Qianguo	52	7
长岭县	Changling	33	7
乾安县	Qian' an	12	4
扶余市	Fuyu	39	15
白城市	**Baicheng**	**166**	**46**
市区	District	55	22
镇赉县	Zhenlai	29	7
通榆县	Tongyu	27	3
洮南市	Taonan	28	11
大安市	Da' an	27	3
延边朝鲜族自治州	**Yanbian**	**286**	**108**
延吉市	Yanji	51	18
图们市	Tumen	20	6
敦化市	Dunhua	74	27
珲春市	Hunchun	70	31
龙井市	Longjing	18	5
和龙市	Helong	24	9
汪清县	Wangqing	14	5
安图县	Antu	15	7
长白山	**Changbaishan**	**3**	**1**
梅河口市	**Meihekou**	**125**	**16**

continued

unit: 10000 yuan

产成品 Finished Goods	资产总计 Total Assets	流动资产合计 Total Current Assets	应收账款 Account Receivable	负债合计 Total Liabilities
50132	921896	452674	91669	591155
126833	**4840650**	**2133902**	**443200**	**3421967**
31400	2839808	1220966	289374	2240983
23177	900958	395204	48853	482919
58865	739632	385028	59594	441605
1023	62524	27977	5921	30828
12368	297728	104727	39458	225632
270370	**9837372**	**2800019**	**654951**	**7115846**
139586	5970131	1117878	291979	4601627
29566	888909	301827	89540	681094
16509	1758705	932995	151270	1015853
4702	515971	118298	79046	318429
80007	703656	329021	43116	498843
125084	**7492446**	**2286140**	**1030455**	**4432854**
44248	1959807	569223	150094	797364
16266	986231	386965	187238	673444
14324	1926638	484998	322630	1285821
7680	1185969	299762	137106	760246
42566	1433800	545192	233386	915979
311493	**8929962**	**4143759**	**765101**	**5002673**
73633	2226372	1304128	125489	958007
13981	174630	82847	14333	132428
116225	2697569	1148807	302432	1657574
66613	1932958	928093	245559	1236400
11202	194182	97402	17229	87459
19050	589999	230996	24195	312651
7681	631607	183179	24021	363624
3108	482646	168307	11843	254529
249	**36272**	**28318**	**7481**	**46314**
81429	**2139786**	**1239654**	**282409**	**1099134**

19－17　续表 2

单位：万元

市、县	City，County	所有者权益合计 Total Owners' Equities	营业收入 Business Revenue
吉 林 省	**Jilin**	**86455388**	**147098395**
长 春 市	**Changchun**	**55295672**	**97266310**
市区（含双阳、九台）	District	53731869	91590149
农 安 县	Nong' an	522730	1513057
榆 树 市	Yushu	248190	960206
德 惠 市	Dehui	197479	1136351
公主岭市	Gongzhuling	595405	2066548
吉 林 市	**Jilin**	**8715431**	**19005896**
市　　区	District	6749281	14870031
永 吉 县	Yongji	374633	392236
蛟 河 市	Jiaohe	208311	338060
桦 甸 市	Huadian	303851	360497
舒 兰 市	Shulan	209704	471344
磐 石 市	Panshi	869651	2573728
四 平 市	**Siping**	**1942716**	**4033940**
市　　区	District	1236264	2583690
梨 树 县	Lishu	176742	652888
伊通满族自 治 县	Yitong	102982	153572
双 辽 市	Shuangliao	426728	643790
辽 源 市	**Liaoyuan**	**1408880**	**3437388**
市　　区	District	867193	1012572
东 丰 县	Dongfeng	275223	1988769
东 辽 县	Dongliao	266464	436047
通 化 市	**Tonghua**	**4145411**	**4641855**
市　　区	District	2214341	3183545
通 化 县	Tonghua	759408	552226
辉 南 县	Huinan	325695	420398
柳 河 县	Liuhe	515226	233843

continued

unit: 10000 yuan

营业成本 Business Cost	销售费用 Selling Cost	管理费用 Management Cost	财务费用 Finance Cost	利息费用 Interest Cost
121860973	**4708146**	**5646257**	**1006062**	**1574558**
81895552	**2771744**	**3369200**	**-104195**	**402392**
76657551	2671699	3172620	-198909	317384
1360030	19439	50259	33185	26652
931874	14670	27040	13952	13678
1055732	27245	45350	26652	27097
1890366	38691	73931	20924	17581
15609251	**317859**	**784073**	**397280**	**607610**
12091552	221009	617258	322999	538965
267375	9351	28870	10978	9482
292451	10183	12185	8108	7060
271568	10310	39005	14709	14322
430489	9522	13754	9189	5538
2255816	57484	73002	31298	32243
3268893	**114689**	**159987**	**79367**	**62662**
2012633	89158	122389	42481	35054
588957	12675	22550	8954	5198
114168	7664	7200	5333	2698
553136	5192	7849	22599	19711
3131491	**81604**	**145182**	**89066**	**55294**
923361	38195	95957	50982	39297
1826816	33169	37329	24224	4716
381314	10240	11896	13859	11281
3763804	**342354**	**198045**	**127253**	**90924**
2879202	113430	91094	62789	52986
205115	120297	50980	25387	3846
329320	41065	19503	6606	5124
193566	14918	14428	27753	25347

19－17 续表 3

单位：万元

市、县	City，County	所有者权益合计 Total Owners' Equities	营业收入 Business Revenue
集安市	Ji' an	330741	251843
白山市	**Baishan**	**1418684**	**2387473**
市区（含江源区）	District	598826	1487950
抚松县	Fusong	418039	349913
靖宇县	Jingyu	298027	285033
长白朝鲜族自治县	Changbai	31696	20319
临江市	Linjiang	72096	244258
松原市	**Songyuan**	**2721525**	**5243238**
市区	District	1368503	3173342
前郭尔罗斯蒙古族自治县	Qianguo	207814	582518
长岭县	Changling	742852	843194
乾安县	Qian' an	197543	110447
扶余市	Fuyu	204813	533738
白城市	**Baicheng**	**3059590**	**2850472**
市区	District	1162443	1311077
镇赉县	Zhenlai	312787	389970
通榆县	Tongyu	640817	419540
洮南市	Taonan	425722	194971
大安市	Da' an	517821	534914
延边朝鲜族自治州	**Yanbian**	**3927288**	**5802343**
延吉市	Yanji	1268364	1935496
图们市	Tumen	42201	201627
敦化市	Dunhua	1039994	1031221
珲春市	Hunchun	696558	2016386
龙井市	Longjing	106723	167609
和龙市	Helong	277349	186443
汪清县	Wangqing	267983	157752
安图县	Antu	228116	105810
长白山	**Changbaishan**	**-10043**	**17961**
梅河口市	**Meihekou**	**1040651**	**2201315**

continued

unit: 10000 yuan

营业成本 Business Cost	销售费用 Selling Cost	管理费用 Management Cost	财务费用 Finance Cost	利息费用 Interest Cost
156601	52644	22041	4719	3622
1703732	**244926**	**146739**	**67262**	**53614**
1031148	205700	95892	46570	36283
245114	18307	21099	11933	11834
211132	7735	14600	4262	2025
16958	932	1526	512	471
199381	12252	13623	3986	3002
4778212	**100631**	**332836**	**135671**	**120731**
2903248	69975	290441	75911	71007
558193	6673	13649	12278	10189
744964	11938	13837	30921	25506
89023	1309	2495	8203	5774
482785	10736	12414	8358	8255
2298048	**36449**	**71208**	**112275**	**88486**
1170125	15676	32499	25021	20304
269701	3702	11435	21104	13370
310466	5229	6119	30724	22705
143383	5517	9755	12699	13065
404373	6324	11401	22727	19043
3894222	**234217**	**343179**	**75421**	**64036**
763383	65619	155845	11712	11311
184927	2228	6614	902	667
693247	111742	61128	20426	14651
1774996	15060	68875	20419	17430
140104	6121	7289	1040	1955
148018	11142	15699	8189	5999
115747	10522	12299	8879	7940
73799	11783	15430	3854	4083
20008	**624**	**775**	**15**	**3**
1390015	**399184**	**74478**	**19783**	**15637**

单位：万元

19－17 续表 4

市、县	City，County	利润总额 Total Profits	亏损企业亏损额 Total Loss
吉林省	**Jilin**	**10788205**	**2501100**
长春市	**Changchun**	**8435934**	**1028843**
市区（含双阳、九台）	District	8389781	910851
农安县	Nong' an	15714	29721
榆树市	Yushu	-31321	42114
德惠市	Dehui	33261	20438
公主岭市	Gongzhuling	28498	25719
吉林市	**Jilin**	**772767**	**312524**
市区	District	542794	247003
永吉县	Yongji	65731	4169
蛟河市	Jiaohe	9062	8855
桦甸市	Huadian	24924	13558
舒兰市	Shulan	7375	7384
磐石市	Panshi	122882	31557
四平市	**Siping**	**190524**	**58327**
市区	District	110720	44109
梨树县	Lishu	16230	10569
伊通满族自治县	Yitong	16450	2887
双辽市	Shuangliao	47123	762
辽源市	**Liaoyuan**	**-36156**	**154676**
市区	District	-106968	141653
东丰县	Dongfeng	54579	10132
东辽县	Dongliao	16233	2892
通化市	**Tonghua**	**288735**	**167075**
市区	District	105205	85606
通化县	Tonghua	165318	32326
辉南县	Huinan	12903	15304
柳河县	Liuhe	-7864	18509

continued

unit: 10000 yuan

从业人员平均人数（人）Average Number of Employees (person)	资产负债率（%）Assets-liability Ratio (%)	营业收入利润率（%）Operating Profit Margin (%)	人均营业收入（万元/人）Business Revenue Per Capita (10000 yuan/person)
753532	**54.8**	**7.3**	**194.7**
366184	**50.1**	**8.7**	**260.8**
325842	49.0	9.2	275.5
10428	68.9	1.0	144.2
4864	75.2	-3.3	196.8
10511	83.6	2.9	108.5
14539	63.1	1.4	141.9
109768	**63.1**	**4.1**	**170.7**
79348	63.7	3.7	185.2
4454	49.6	16.8	88.1
3322	64.6	2.7	101.8
7056	71.8	6.9	55.0
3289	57.0	1.6	143.0
12299	58.9	4.8	192.1
27561	**60.5**	**4.7**	**145.9**
19587	56.8	4.3	130.0
3813	66.6	2.5	174.0
1416	68.1	10.7	108.1
2745	64.5	7.3	245.9
28765	**73.2**	**-1.1**	**123.0**
17724	71.1	-10.6	59.3
7800	80.4	2.7	259.7
3241	69.0	3.7	135.3
38053	**58.6**	**6.2**	**116.7**
18568	59.3	3.3	156.0
7624	56.5	29.9	71.9
4153	52.1	3.1	101.1
2879	58.3	-3.4	81.9

单位：万元

19－17 续表 5

市、县	City, County	利润总额 Total Profits	亏损企业亏损额 Total Loss
集安市	Ji' an	13173	15330
白山市	**Baishan**	**232532**	**124975**
市区（含江源区）	District	98005	113236
抚松县	Fusong	57853	2693
靖宇县	Jingyu	62417	2860
长白朝鲜族自治县	Changbai	275	729
临江市	Linjiang	13982	5457
松原市	**Songyuan**	**-251464**	**408170**
市区	District	-315340	340752
前郭尔罗斯蒙古族自治县	Qianguo	-14362	48331
长岭县	Changling	47728	6489
乾安县	Qian' an	12608	5083
扶余市	Fuyu	17902	7515
白城市	**Baicheng**	**336388**	**41989**
市区	District	54094	12218
镇赉县	Zhenlai	90374	11822
通榆县	Tongyu	72869	869
洮南市	Taonan	26911	7685
大安市	Da' an	92140	9396
延边朝鲜族自治州	**Yanbian**	**385834**	**133395**
延吉市	Yanji	88875	38728
图们市	Tumen	5022	1393
敦化市	Dunhua	127555	36519
珲春市	Hunchun	129803	30317
龙井市	Longjing	11922	2348
和龙市	Helong	1662	6891
汪清县	Wangqing	21116	10962
安图县	Antu	-121	6237
长白山	**Changbaishan**	**-2456**	**2502**
梅河口市	**Meihekou**	**255802**	**68624**

continued

unit: 10000 yuan

从业人员平均人数（人）Average Number of Employees (person)	资产负债率（%）Assets-liability Ratio (%)	营业收入利润率（%）Operating Profit Margin (%)	人均营业收入（万元/人）Business Revenue Per Capita (10000 yuan/ person)
4829	**64.1**	**5.2**	**53.9**
29278	**70.7**	**9.7**	**90.0**
20252	78.9	6.6	84.2
4164	53.6	16.5	96.6
1862	59.7	21.9	149.4
393	49.3	1.4	49.4
2607	75.8	5.7	84.1
54851	**72.3**	**–4.8**	**96.5**
45751	77.1	–9.9	70.4
3829	76.6	–2.5	148.4
1865	57.8	5.7	454.8
863	61.7	11.4	128.7
2543	70.9	3.4	203.5
16243	**59.2**	**11.8**	**174.3**
8512	40.7	4.1	152.6
1692	68.3	23.2	228.3
1295	66.7	17.4	327.5
1971	64.1	13.8	98.1
2773	63.9	17.2	191.7
68747	**56.0**	**6.7**	**91.9**
9043	43.0	4.6	214.5
5578	75.8	2.5	36.2
14916	61.5	12.4	75.1
26394	64.0	6.4	89.5
3183	45.0	7.1	53.1
6469	53.0	0.9	31.0
1467	57.6	13.4	105.7
1697	52.7	–0.1	64.9
268	**127.7**	**–13.7**	**64.6**
10932	**51.4**	**11.6**	**178.2**

19-18 各市县社会消费品零售总额（2021年）

Total Retail Sales of Consumer Goods by City and County (2021)

单位：万元　　　　unit: 10000 yuan

市、县	City, County	社会消费品零售总额 Total Retail Sales of Consumer Goods	按销售地区分 Grouped by Region		按行业分 Grouped by Sector	
			城镇 Urban	乡村 Rural	批发零售贸易业 Wholesale and Retail Trades	住宿和餐饮业 Hotels and Catering Services
全 省	**Total**	**42166342**	**37615520**	**4550822**	**36243124**	**5923218**
长 春 市	**Changchun**	**22191858**	**20042592**	**2149266**	**19179885**	**3011972**
市　区	District	19817091	18188377	1628714	17280773	2536318
榆 树 市	Yushu	637084	500111	136973	391217	245867
德 惠 市	Dehui	617501	401376	216125	481651	135850
公主岭市	Gongzhuling	767957	737239	30718	761724	6233
农 安 县	Nong' an	352225	215489	136736	264521	87704
吉 林 市	**Jilin**	**5277779**	**4754658**	**523121**	**4604618**	**673161**
市　区	District	3930216	3770669	159548	3441159	489057
桦 甸 市	Huadian	306029	225995	80034	270709	35320
蛟 河 市	Jiaohe	289461	212855	76607	235470	53991
舒 兰 市	Shulan	289636	216806	72830	252701	36935
磐 石 市	Panshi	315328	230088	85240	273672	41656
永 吉 县	Yongji	147108	98245	48863	130906	16202
四 平 市	**Siping**	**1875785**	**1497288**	**378497**	**1351298**	**524487**
市　区	District	1047699	874729	172970	787805	259894
双 辽 市	Shuangliao	239543	214425	25118	169294	70249
梨 树 县	Lishu	341775	226100	115675	233413	108362
伊通满族自治县	Yitong	246768	182034	64735	160786	85982
辽 源 市	**Liaoyuan**	**1178091**	**970671**	**207420**	**966085**	**212006**
市　区	District	757247	694743	62504	624440	132807
东 丰 县	Dongfeng	266449	164800	101649	215271	51178
东 辽 县	Dongliao	154395	111128	43267	126374	28021
通 化 市	**Tonghua**	**1987134**	**1686618**	**300515**	**1769485**	**217648**
市　区	District	1131170	921047	210123	1000625	130545
集 安 市	Ji' an	221319	195606	25713	190828	30491
通 化 县	Tonghua	202041	180158	21883	190385	11656
辉 南 县	Huinan	231994	207845	24149	209156	22838
柳 河 县	Liuhe	200610	181963	18648	178491	22119

单位：万元　　19－18　续表 continued　　unit：10000 yuan

市、县	City, County	社会消费品零售总额 Total Retail Sales of Consumer Goods	按销售地区分 Grouped by Region		按行业分 Grouped by Sector	
			城镇 Urban	乡村 Rural	批发零售贸易业 Wholesale and Retail Trades	住宿和餐饮业 Hotels and Catering Services
白山市	**Baishan**	**1499784**	**1359951**	**139832**	**1306914**	**192869**
市　区	District	697076	636978	60097	646518	50558
临江市	Linjiang	133360	120680	12681	107747	25613
抚松县	Fusong	295832	268688	27144	242812	53020
靖宇县	Jingyu	131550	116025	15525	111316	20234
长白朝鲜族自治县	Changbai	77015	68011	9004	61912	15104
江源县	Jiangyuan	164950	149569	15382	136609	28341
松原市	**Songyuan**	**2419094**	**2153775**	**265318**	**2133424**	**285669**
市　区	District	902971	841989	60982	809366	93605
长岭县	Changling	366466	318826	47641	333484	32982
前郭尔罗斯蒙古族自治县	Qianguo	643955	560241	83714	566681	77275
乾安县	Qian' an	158615	141167	17448	142754	15862
扶余市	Fuyu	347086	291552	55534	281140	65946
白城市	**Baicheng**	**1563685**	**1408679**	**155006**	**1279342**	**284343**
市　区	District	860368	782164	78204	735638	124730
洮南市	Taonan	259789	227659	32131	192587	67203
大安市	Da' an	161607	144410	17197	131428	30179
镇赉县	Zhenlai	137577	122436	15142	103317	34260
通榆县	Tongyu	144343	132010	12333	116373	27971
延边朝鲜族自治州	**Yanbian**	**3487428**	**3132498**	**354930**	**3054060**	**433367**
延吉市	Yanji	2177942	2008406	169535	1868331	309611
图们市	Tumen	78878	70810	8068	69299	9578
敦化市	Dunhua	426247	348366	77881	393217	33030
珲春市	Hunchun	320322	291455	28867	297423	22899
龙井市	Longjing	89131	73978	15152	77596	11535
和龙市	Helong	133114	115956	17158	115015	18099
汪清县	Wangqing	162286	145036	17250	146444	15842
安图县	Antu	99509	78491	21018	86736	12773
长白山	**Changbaishan**	**59017**	**52800**	**6217**	**50820**	**8196**
梅河口市	**Meihekou**	**626690**	**555991**	**70699**	**547191**	**79499**

19－19　各市县各级各类教育基本情况（2021年）

Basic Statistics on Education by Type of City and County（2021）

市、县	City，County	小学 Primary Schools									
		学校数（所）Number of Schools (unit)	#乡村 Rural	毕业生（人）Graduates (person)	#乡村 Rural	招生数（人）New Student Enrollment (person)	#乡村 Rural	在校学生数（人）Students Enrollment (person)	#乡村 Rural	专任教师数（人）Number of Full－time Teachers (person)	#乡村 Rural
全　省	**Total**	**3199**	**2173**	**203880**	**39044**	**170160**	**17795**	**1151039**	**154218**	**104324**	**29029**
长春市	**Changchun**	**873**	**599**	**77531**	**15153**	**67945**	**5902**	**454658**	**53721**	**36183**	**9374**
市　区	District	258	93	40656	3577	46600	2185	282826	15716	20839	2392
农安县	Nong' an	78	57	9519	3934	5774	1632	45357	14496	3917	2224
榆树市	Yushu	222	191	9126	3299	4739	793	40349	10045	4621	2377
德惠市	Dehui	89	69	7789	3029	4451	848	35672	8826	3145	1614
公主岭市	Gongzhuling	226	189	10441	1314	6381	444	50454	4638	3661	767
吉林市	**Jilin**	**549**	**378**	**28423**	**4668**	**23178**	**2102**	**161976**	**19266**	**14299**	**3319**
市　区	District	131	61	12654	988	12334	462	80518	4195	5760	684
永吉县	Yongji	23	11	2237	607	1549	384	12149	3311	1069	318
蛟河市	Jiaohe	99	84	2674	578	2096	260	14273	2309	1551	501
桦甸市	Huadian	93	67	3426	894	2447	422	17135	3361	1899	617
舒兰市	Shulan	96	70	3865	854	2211	319	18786	3363	1887	579
磐石市	Panshi	107	85	3567	747	2541	255	19115	2727	2133	620
四平市	**Siping**	**599**	**484**	**17512**	**4371**	**11791**	**1960**	**88855**	**17456**	**9504**	**3496**
市　区	District	72	32	4304	122	4093	4	27157	97	2370	131
梨树县	Lishu	207	169	6508	1634	3026	692	27942	6592	2673	939
伊通县	Yitong	149	133	3430	1468	2085	524	15619	4848	2289	1316
双辽市	Shuangliao	171	150	3270	1147	2587	740	18137	5919	2172	1110
辽源市	**Liaoyuan**	**73**	**25**	**7515**	**1894**	**6759**	**1042**	**44379**	**8239**	**5319**	**2162**
市　区	District	33	12	2938	192	3317	70	19940	711	1515	197
东丰县	Dongfeng	21	4	2606	842	2125	504	14922	3870	2020	1011
东辽县	Dongliao	19	9	1971	860	1317	468	9517	3658	1784	954
通化市	**Tonghua**	**180**	**96**	**14297**	**2560**	**13080**	**1627**	**83793**	**12162**	**8234**	**2026**
市　区	District	31	2	2691	7	3130	3	18197	25	1331	19

19－19 续表 1 continued

市、县	City，County	小学 Primary Schools 学校数（所）Number of Schools (unit)	#乡村 Rural	毕业生（人）Graduates (person)	#乡村 Rural	招生数（人）New Student Enrollment (person)	#乡村 Rural	在校学生数（人）Students Enrollment (person)	#乡村 Rural	专任教师数（人）Number of Full－time Teachers (person)	#乡村 Rural
通化县	Tonghua	24	16	1421	330	1359	164	8077	1268	981	324
辉南县	Huinan	32	17	2347	336	1541	177	11121	1613	1189	285
柳河县	Liuhe	22	9	2563	263	2116	164	14511	1273	1053	172
梅河口市	Meihekou	41	29	4141	1416	3875	1004	25202	7096	2678	883
集安市	Ji' an	30	23	1134	208	1059	115	6685	887	1002	343
白山市	**Baishan**	**99**	**30**	**6953**	**455**	**7042**	**192**	**42547**	**1744**	**4587**	**582**
市区	District	35	7	2913	87	3057	17	18362	200	1618	106
抚松县	Fusong	20	2	1869	151	1905	52	11271	583	1372	177
靖宇县	Jingyu	5	1	943	136	911	95	5713	703	685	220
长白县	Changbai	27	17	393	19	384	12	2231	68	341	26
临江市	Linjiang	12	3	835	62	785	16	4970	190	571	53
松原市	**Songyuan**	**619**	**519**	**25137**	**6705**	**16401**	**3013**	**120897**	**26599**	**10514**	**4347**
市区	District	87	59	6942	767	5482	689	37411	3595	2504	556
前郭县	Qianguo	138	115	4826	1754	3144	713	23772	7186	2663	1317
长岭县	Changling	229	208	5953	2016	3488	784	27093	7815	2089	1038
乾安县	Qian' an	21	8	1988	451	1299	230	9550	1934	1079	456
扶余县	Fuyu	144	129	5428	1717	2988	597	23071	6069	2179	980
白城市	**Baicheng**	**97**	**25**	**12761**	**2361**	**11009**	**1519**	**71021**	**11325**	**8148**	**2767**
市区	District	21	2	3504	307	3418	163	21147	1359	1626	220
镇赉县	Zhenlai	16	3	1983	365	1490	227	9583	1614	1292	558
通榆县	Tongyu	13	1	2435	436	2330	314	15031	2428	1845	584
洮南市	Taonan	23	10	2826	811	2170	542	15054	3956	1630	670
大安市	Da' an	24	9	2013	442	1601	273	10206	1968	1755	735
延边州	**Yanbian**	**110**	**17**	**13751**	**877**	**12955**	**438**	**82913**	**3706**	**7536**	**956**
延吉市	Yanji	25	3	5015	37	5154	6	32033	123	1986	42
图们市	Tumen	7		375		288		2042		287	
敦化市	Dunhua	18		3044	261	2656	137	17247	1168	1600	295
珲春市	Hunchun	12	3	1783	39	1785	30	11644	222	1026	62
龙井市	Longjing	5	1	588	20	491	7	3085	80	436	41
和龙市	Helong	13	4	599	35	541	20	3553	139	544	76
汪清县	Wangqing	17	3	1067	116	896	48	6078	510	759	139
安图县	Antu	13	3	1280	369	1144	190	7231	1464	898	301

19－19 续表 2 continued

市、县	City, County	初中 Junior Secondary Education 学校数（所） Number of Schools (unit)	#乡村 Rural	毕业生（人） Graduates (person)	#乡村 Rural	招生数（人） New Student Enrollment (person)	#乡村 Rural	在校学生数（人） Students Enrollment (person)	#乡村 Rural	专任教师数（人） Number of Full－time Teachers (person)	#乡村 Rural
全　　省	**Total**	**1189**	**408**	**221917**	**34700**	**201841**	**25377**	**601187**	**81040**	**66843**	**13244**
长 春 市	**Changchun**	**326**	**114**	**80380**	**12156**	**77317**	**8737**	**226932**	**28171**	**22264**	**4177**
市　区	District	161	35	38906	3424	41738	2749	123075	8526	12538	1248
农安县	Nong' an	39	22	10133	3361	9547	2610	28061	8615	2532	991
榆树市	Yushu	48	28	11002	2526	8880	1461	25849	4719	2467	783
德惠市	Dehui	37	24	8249	2296	6828	1538	20056	5137	2355	1004
公主岭市	Gongzhuling	41	5	12090	549	10324	379	29891	1174	2372	151
吉 林 市	**Jilin**	**147**	**40**	**30052**	**3841**	**27891**	**3025**	**84422**	**9831**	**8881**	**1390**
市　区	District	56	14	12311	835	12500	750	37044	2240	3815	423
永吉县	Yongji	14	4	2344	610	2094	487	6641	1638	723	168
蛟河市	Jiaohe	19	6	3347	546	2617	318	7982	1057	1022	188
桦甸市	Huadian	15	4	3938	653	3346	502	10381	1635	922	159
舒兰市	Shulan	22	7	4407	805	3798	595	12167	2165	1281	263
磐石市	Panshi	21	5	3705	392	3536	373	10207	1096	1118	189
四 平 市	**Siping**	**114**	**39**	**19834**	**3788**	**16919**	**2707**	**49104**	**8111**	**5649**	**1164**
市　区	District	24	1	5180	13	4801	4	13879	18	1608	15
梨树县	Lishu	39	14	6868	1677	5652	1185	15840	3487	1549	363
伊通县	Yitong	24	12	3890	1377	3369	989	9868	2981	1339	540
双辽市	Shuangliao	27	12	3896	721	3097	529	9517	1625	1153	246
辽 源 市	**Liaoyuan**	**53**	**20**	**8893**	**1982**	**7431**	**1403**	**22441**	**4405**	**2972**	**828**
市　区	District	13	2	2983	167	2941	113	8640	390	902	90
东丰县	Dongfeng	23	9	3300	715	2588	506	8040	1631	1114	311
东辽县	Dongliao	17	9	2610	1100	1902	784	5761	2384	956	427
通 化 市	**Tonghua**	**111**	**31**	**16488**	**2150**	**14229**	**1757**	**42677**	**5413**	**5666**	**977**
市　区	District	13		2973		2716		8337		919	

19－19 续表 3 continued

市、县	City, County	初中 Junior Secondary Education 学校数（所） Number of Schools (unit)	#乡村 Rural	毕业生（人） Graduates (person)	#乡村 Rural	招生数（人） New Student Enrollment (person)	#乡村 Rural	在校学生数（人） Students Enrollment (person)	#乡村 Rural	专任教师数（人） Number of Full－time Teachers (person)	#乡村 Rural
通化县	Tonghua	20	7	1672	294	1365	193	4089	660	721	138
辉南县	Huinan	18	4	2941	447	2334	238	6922	812	948	166
柳河县	Liuhe	21	6	2883	251	2467	192	7498	634	778	112
梅河口市	Meihekou	25	9	4642	1027	4265	1033	12368	2978	1629	443
集安市	Ji' an	14	5	1377	131	1082	101	3463	329	671	118
白山市	**Baishan**	**90**	**20**	**7999**	**431**	**6936**	**312**	**20676**	**951**	**3605**	**348**
市区	District	29	3	3266	39	2938	35	8671	94	1343	44
抚松县	Fusong	22	6	2201	159	1834	126	5591	360	1034	115
靖宇县	Jingyu	15	6	1118	153	944	91	2833	326	551	130
长白县	Changbai	10	3	441	26	398	10	1146	40	265	25
临江市	Linjiang	14	2	973	54	822	50	2435	131	412	34
松原市	**Songyuan**	**132**	**65**	**27835**	**6218**	**24699**	**4669**	**73543**	**14964**	**7038**	**2237**
市区	District	22	4	7598	405	7252	247	21201	883	1683	165
前郭县	Qianguo	30	21	5784	2170	4826	1752	15267	5678	1554	750
长岭县	Changling	36	19	6662	1781	5855	1370	17212	4312	1434	533
乾安县	Qian' an	16	8	2027	443	1933	405	5613	1207	752	276
扶余县	Fuyu	28	13	5764	1419	4833	895	14250	2884	1615	513
白城市	**Baicheng**	**103**	**44**	**15815**	**2967**	**12750**	**1870**	**39816**	**6369**	**5320**	**1513**
市区	District	24	7	4871	488	4011	278	12734	1012	1344	195
镇赉县	Zhenlai	15	6	2206	328	1864	236	5575	792	825	242
通榆县	Tongyu	21	10	2961	470	2490	319	7537	1079	1028	283
洮南市	Taonan	15	7	3441	978	2466	578	7621	1863	982	338
大安市	Da' an	28	14	2336	703	1919	459	6349	1623	1141	455
延边州	**Yanbian**	**113**	**35**	**14621**	**1167**	**13669**	**897**	**41576**	**2825**	**5448**	**610**
延吉市	Yanji	17	1	4929	8	5076	7	15436	21	1486	12
图们市	Tumen	7		396		342		1071		264	
敦化市	Dunhua	20	8	3882	598	3000	368	9672	1299	1157	229
珲春市	Hunchun	14	3	1706	40	1811	24	5214	87	719	26
龙井市	Longjing	11	4	519	14	555	20	1496	57	309	29
和龙市	Helong	15	6	642	41	557	22	1799	67	408	43
汪清县	Wangqing	16	6	1213	119	1074	105	3294	328	513	71
安图县	Antu	13	7	1334	347	1254	351	3594	966	592	200

19－19 续表 4 continued

市、县	City, County	普通高中 High School Level Education 学校数（所）Number of Schools (unit)	#乡村 Rural	毕业生（人）Graduates (person)	#乡村 Rural	招生数（人）New Student Enrollment (person)	#乡村 Rural	在校学生数（人）Students Enrollment (person)	#乡村 Rural	专任教师数（人）Number of Full-time Teachers (person)	#乡村 Rural
全 省	**Total**	**263**	**13**	**125455**	**3017**	**150919**	**4814**	**450088**	**13236**	**34369**	**905**
长春市	**Changchun**	**86**	**5**	**43029**	**1478**	**54713**	**2818**	**160809**	**7812**	**11304**	**446**
市 区	District	54	2	21304	296	25979	477	76384	1397	6345	125
农安县	Nong' an	11	2	5544	427	7689	1083	24267	3362	1435	195
榆树市	Yushu	6		5471		6431		18946		984	
德惠市	Dehui	5		4186		5821		16666		1103	
公主岭市	Gongzhuling	10	1	6524	755	8793	1258	24546	3053	1437	126
吉林市	**Jilin**	**39**	**1**	**17504**	**242**	**20237**	**296**	**60312**	**840**	**5118**	**70**
市 区	District	20	1	7273	242	8757	296	26457	840	2385	70
永吉县	Yongji	3		1368		1507		4596		451	
蛟河市	Jiaohe	4		1871		2308		6932		501	
桦甸市	Huadian	3		2303		2297		6905		551	
舒兰市	Shulan	5		2446		2866		8256		633	
磐石市	Panshi	4		2243		2502		7166		597	
四平市	**Siping**	**20**	**3**	**9316**	**244**	**12817**	**504**	**38222**	**1288**	**2692**	**91**
市 区	District	4		3202		3911		11856		874	
梨树县	Lishu	7		2335		3927		11757		730	
伊通县	Yitong	6	3	2485	244	3035	504	8966	1288	633	91
双辽市	Shuangliao	3		1294		1944		5643		455	
辽源市	**Liaoyuan**	**9**		**5812**		**6523**		**20105**		**1440**	
市 区	District	5		2222		2757		8759		645	
东丰县	Dongfeng	2		2065		2141		6423		442	
东辽县	Dongliao	2		1525		1625		4923		353	
通化市	**Tonghua**	**23**	**2**	**10110**	**1053**	**11412**	**1055**	**33930**	**3107**	**2898**	**247**
市 区	District	7		2250		2380		6987		802	

19－19 续表 5 continued

市、县	City，County	普通高中 High School Level Education 学校数（所）Number of Schools (unit)	#乡村 Rural	毕业生（人）Graduates (person)	#乡村 Rural	招生数（人）New Student Enrollment (person)	#乡村 Rural	在校学生数（人）Students Enrollment (person)	#乡村 Rural	专任教师数（人）Number of Full－time Teachers (person)	#乡村 Rural
通化县	Tonghua	2		947		974		3247		288	
辉南县	Huinan	2		1894		1728		5666		437	
柳河县	Liuhe	2		1391		1618		4571		293	
梅河口市	Meihekou	7	2	2776	1053	3830	1055	10772	3107	833	247
集安市	Ji' an	3		852		882		2687		245	
白山市	**Baishan**	**15**		**5594**		**6231**		**19000**		**1973**	
市区	District	6		2216		2564		7649		727	
抚松县	Fusong	4		1806		2005		6354		671	
靖宇县	Jingyu	1		506		515		1534		170	
长白县	Changbai	2		310		301		889		129	
临江市	Linjiang	2		756		846		2574		276	
松原市	**Songyuan**	**25**	**1**	**16101**		**18932**	**141**	**58588**	**189**	**3845**	**13**
市区	District	10	1	5775		6386	141	21415	189	1579	13
前郭县	Qianguo	4		2823		3319		9571		607	
长岭县	Changling	4		3124		3975		10493		561	
乾安县	Qian' an	3		1295		1428		4332		355	
扶余县	Fuyu	4		3084		3824		12777		743	
白城市	**Baicheng**	**18**	**1**	**9637**		**10778**		**31581**		**2283**	**38**
市区	District	6	1	2933		3433		10233		698	38
镇赉县	Zhenlai	3		1338		1484		4321		274	
通榆县	Tongyu	4		2020		2339		6693		584	
洮南市	Taonan	2		1706		1737		5174		353	
大安市	Da' an	3		1640		1785		5160		374	
延边州	**Yanbian**	**28**		**8352**		**9276**		**27541**		**2816**	
延吉市	Yanji	8		2999		3439		9876		828	
图们市	Tumen	2		225		231		674		130	
敦化市	Dunhua	6		1936		2306		6782		606	
珲春市	Hunchun	2		972		1034		3134		333	
龙井市	Longjing	2		320		325		982		186	
和龙市	Helong	2		372		400		1170		178	
汪清县	Wangqing	3		678		702		2135		259	
安图县	Antu	3		850		839		2788		296	

附　　录

Appendix

主 要 统 计 指 标 解 释

行政区划 指国家对行政区域的划分。根据宪法规定，我国的行政区域划分如下：(1)全国分为省、自治区、直辖市；(2)省、自治区分为自治州、县、自治县、市；(3)自治州分为县、自治县、市；(4)县、自治县分为乡、民族乡、镇；(5)直辖市和较大的市分为区、县；(6)国家在必要时设立的特别行政区。

气候 指地球与大气之间长期能量交换与质量交换所形成的一种自然环境状态，它是多种因素综合作用的结果。气候既是人类生活和生产的环境要素之一，又是供给人类生活和生产的重要资源。气温、降水、湿度等气象要素的多年平均值是用来描述一个地区气候状况的主要参数，而各种气象要素某年、某月的平均值(或总量)则可以反映出该时期天气气候状况的重要特征。

自然资源 指人类可以直接从自然界获得，并用于生产和生活的物质资源。自然资源一般可以分成可再生资源和非再生资源两大类。可再生资源指在较短时间内可以再生、可以循环利用的资源，包括土地资源、水资源、气候资源、生物资源和海洋资源等。非再生资源指在使用后不能再生的资源，包括矿产资源和地热能源。

土地资源 土地指陆地的表层部分，它主要由岩石、岩石的风化物和土壤构成。土地资源按利用类型可以分为农用地、建筑用地和未利用地。农用地包括耕地、园地、林地、牧草地和水面。建筑用地包括居民点及工矿用地、交通用地和水利设施用地。未利用地指农用地和建筑用地以外的土地，包括滩涂、荒漠、戈壁、冰川和石山等。

耕地面积 指经过开垦用以种植农作物并经常进行耕耘的土地面积。包括种有作物的土地面积、休闲地、新开荒地和抛荒未满三年的土地面积。

林业用地面积 指生长乔木、竹类、灌木、沿海红树林等林木的土地面积，包括有林地、灌木林、疏林地、未成林造林地、迹地、苗圃等。

草地面积 指牧区和农区用于放牧牲畜或割草，植被盖度在5%以上的草原、草坡、草山等面积。包括天然的和人工种植或改良的草地面积。

森林资源 指森林、林木、林地以及依托森林、林木、林地生存的野生动物、植物和微生物。林木指树木和竹子。森林指以乔木为主体的植物群落，是集生的乔木及与共同作用的植物、动物、微生物和土壤、气候等的总体。

活立木总蓄积量 指一定范围内土地上全部树木蓄积的总量，包括森林蓄积、疏林蓄积、散生木蓄积和四旁树蓄积。

森林面积 指由乔木树种构成，郁闭度0.2以上(含0.2)的林地或冠幅宽度10米以上的林带的面积，即有林地面积。森林面积包括天然起源和人工起源的针叶林面积、阔叶林面积、针阔混交林面积和竹林面积，不包括灌木林地面积和疏林地面积。

森林蓄积量 指一定森林面积上存在着的林木树干部分的总材积。它是反映一个国家或地区森林资源总规模和水平的基本指标之一，也是反映森林资源的丰富程度、衡量森林生态环境优劣的重要依据。

森林覆盖率 指一个国家或地区森林面积占土地总面积的百分比。森林覆盖率是反映森林资源的丰富程度和生态平衡状况的重要指标。在计算森林覆盖率时，森林面积包括郁闭度0.2以上的乔木林地面积和竹林地面积，国家特别规定的灌木林地面积、农田林网以及四旁(村旁、路旁、水旁、宅旁)林木的覆盖面积。计算公式为：

$$森林覆盖率（\%）=森林面积/土地总面积\times 100\%$$

水资源 水在自然界中以固体、液体和气态三种聚集状态存在，分布于海洋、陆地(包括土壤)以及大气之中，通过水循环形成水资源。水资源包括经人类控制并直接可供灌溉、发电、给水、航运、养殖等用途的地表水和地下水，以及江河、湖泊、井、泉、潮汐、港湾和养殖水域等。水资源是发展国民经济不可缺少的重要自然资源。

地表水和地下水 陆地上的水因空间分布不同，分为地表水和地下水。地表水指分别存在于河流、湖泊、沼泽、冰川和冰盖等水体中水分的总称，又称陆地水。地下水指储存在地面以下饱和岩土孔隙、裂隙及溶洞中的水。

径流 指陆地上接受降水后扣除损耗外，从地表和地下向流域出口断面汇集的水流。径流可分为地表径流、地下径流和壤中流。地表径流指沿地表向河流、湖泊、沼泽、海洋等汇集的水流；地下径流指沿潜水层或隔水层间的含水层，向河流、湖泊、沼泽、海洋等汇集的地下水水流。

径流量 指在一定时段内通过河流某一过水断面的水量，用以反映一个国家或地区水资源的丰歉程度。计算公式为：

$$径流量=降水量-蒸发量$$

矿产资源 矿产指由地质作用形成，富集于地壳中或出露于地表达到工农业利用要求的有用矿物。矿产是一种重要的自然资源，是社会发展的重要物质基础。

矿产基础储量 基础储量是查明矿产资源的一部分。它能满足现行采矿和生产所需的指标要求，是控制的、探明的并通过可行性或预可行性研究认为属于经济的、边界经济的部分，用未扣除设计、采矿损失的数量表示。

流域 每条河流都有自己的干流和支流，干支流共同组成这条河流的水系。每条河流都有自己的集水区域，这个集水区域就称为该河流的流域。

气温 指空气的温度，我国一般以摄氏度(℃)为单位表示。气象观测的温度表是放在离地面约1.5米处通风良好的百叶箱里测量的，因此，通常说的气温指的是离地面1.5米处百叶箱中的温度。其统计计算方法为：

月平均气温是将全月各日的平均气温相加，除以该月的天数而得。

年平均气温是将12个月的月平均气温累加后除以12而得。

相对湿度 指空气中实际所含水蒸气密度和同温度下饱和水蒸气密度的百分比值。其统计方法与气温相同。

降水量 指从天空降落到地面的液态或固态(经融化后)水，未经蒸发、渗透、流失而在地面上积聚的深度。其统计计算方法为：

月降水量是将全月各日的降水量累加而得。

年降水量是将12个月的月降水量累加而得。

日照时数 指太阳实际照射地面的时间。其统计方法与降水量相同

水资源总量 一定区域内的水资源总量指当地降水形成的地表和地下产水量，即地表径流量与降水入渗补给量之和，不包括过境水量。

地表水资源量 指河流、湖泊、冰川等地表水体中由当地降水形成的、可以逐年更新的动态水量，即天然

河川径流量。

地下水资源量 指当地降水和地表水对饱水岩土层的补给量。

地表水与地下水资源重复计算量 指地表水和地下水相互转化的部分，即在河川径流量中包括一部分地下水排泄量，地下水补给量中包括一部分来源于地表水的入渗量。

可比价格 指计算各种总量指标所采用的扣除了价格变动因素的价格，可进行不同时期总量指标的对比。按可比价格计算总量指标有两种方法：一种是直接用产品产量乘某一年的不变价格计算；另一种是用价格指数进行缩减。

不变价格 指以同类产品某年的平均价格作为固定价格，用于计算各年的产品价值。按不变价格计算的产品价值消除了价格变动因素，不同时期对比可以反映生产的发展速度。

平均增长速度 我国计算平均增长速度有两种方法：一种是习惯上经常使用的“水平法”，又称几何平均法，是以间隔期最后一年的水平同基期水平对比来计算平均每年增长(或下降)速度；另一种是“累计法”，又称代数平均法或方程法，是以间隔期内各年水平的总和同基期水平对比来计算平均每年增长(或下降)速度。在一般正常情况下，两种方法计算的平均每年增长速度比较接近；但在经济发展不平衡、出现大起大落时，两种方法计算的结果差别较大。

国民经济行业分类 自2017年年报和2018年定期报表开始使用新的《国民经济行业分类》（GB/T4754-2017）。该分类是由国家统计局组织修订，原国家质量监督检验检疫总局和中国国家标准化管理委员会于2017年6月30日发布。这次修订是在2011年分类标准的基础上，结合我国经济活动特点，参照联合国《全部经济活动的国际标准产业分类》（ISIC/Rev.4）进行的。修订后的《国民经济行业分类》（GB/T4754-2017）共有门类20个，大类97个，中类473个，小类1382个。

企业(单位)登记注册类型 是以在工商行政管理机关登记注册的各类企业为划分对象，以工商行政管理部门对企业登记注册的类型为依据，将企业登记注册类型分为内资企业、港澳台商投资企业和外商投资企业三大类。内资企业包括国有企业、集体企业、股份合作企业、联营企业、有限责任公司、股份有限公司、私营公司和其他企业；港澳台商投资企业和外商投资企业分别包括合资经营企业、合作经营企业、独资经营企业和股份有限公司。对不在工商行政管理部门进行登记注册的行政机关、事业单位和社会团体，主要按其经费来源和管理方式进行划分。

国有企业 指企业全部资产归国家所有，并按《中华人民共和国企业法人登记管理条例》规定登记注册的非公司制的经济组织。不包括有限责任公司中的国有独资公司。

集体企业 指企业资产归集体所有，并按《中华人民共和国企业法人登记管理条例》规定登记注册的经济组织。

股份合作企业 指以合作制为基础，由企业职工共同出资入股，吸收一定比例的社会资产投资组建，实行自主经营，自负盈亏，共同劳动，民主管理，按劳分配与按股分红相结合的一种集体经济组织。

联营企业 指两个及两个以上相同或不同所有制性质的企业法人或事业单位法人，按自愿、平等、互利的原则，共同投资组成的经济组织。联营企业包括国有联营企业、集体联营企业、国有与集体联营企业和其他联营企业。

有限责任公司 指根据《中华人民共和国公司登记管理条例》规定登记注册，由两个以上、五十个以下的股东共同出资，每个股东以其所认缴的出资额对公司承担有限责任，公司以其全部资产对其债务承担责任的经济组织。有限责任公司包括国有独资公司以及其他有限责任公司。

股份有限公司 指根据《中华人民共和国公司登记管理条例》规定登记注册，其全部注册资本由等额股份构成并通过发行股票筹集资本，股东以其认购的股份对公司承担有限责任，公司以其全部资产对其债务承担责任的经济组织。

私营企业 指由自然人投资设立或由自然人控股，以雇佣劳动为基础的营利性经济组织。包括按照《公司法》《合伙企业法》《私营企业暂行条例》规定登记注册的私营有限责任公司、私营股份有限公司、私营合伙企业和私营独资企业。

其他企业 指上述企业之外的其他内资经济组织。

与港澳台商合资经营企业 指港澳台地区投资者与内地企业依照《中华人民共和国中外合资经营企业法》及有关法律的规定，按合同规定的比例投资设立、分享利润和分担风险的企业。

与港澳台商合作经营企业 指港澳台地区投资者与内地企业依照《中华人民共和国中外合作经营企业法》及有关法律的规定，依照合作合同的约定进行投资或提供条件设立、分配利润和分担风险的企业。

港澳台商独资经营企业 指依照《中华人民共和国外资企业法》及有关法律的规定，在内地由港澳台地区投资者全额投资设立的企业。

港澳台商投资股份有限公司 指根据国家有关规定，经原外经贸部依法批准设立，其中港、澳、台商的股本占公司注册资本的比例达25%以上的股份有限公司。凡其中港、澳、台商的股本占公司注册资本的比例小于25%的，属于内资企业中的股份有限公司。

中外合资经营企业 指外国企业或外国人与中国内地企业依照《中华人民共和国中外合资经营企业法》及有关法律的规定，按合同规定的比例投资设立、分享利润和分担风险的企业。

中外合作经营企业 指外国企业或外国人与中国内地企业依照《中华人民共和国中外合作经营企业法》及有关法律的规定，依照合作合同的约定进行投资或提供条件设立、分配利润和分担风险的企业。

外资企业 指依照《中华人民共和国外资企业法》及有关法律的规定，在中国内地由外国投资者全额投资设立的企业。

外商投资股份有限公司 指根据国家有关规定，经原外经贸部依法批准设立，其中外资的股本占公司注册资本的比例达25%以上的股份有限公司。凡其中外资股本占公司注册资本的比例小于25%的，属于内资企业中的股份有限公司。

行政机关、事业单位和社会团体 参照企业登记注册类型，主要按其经费来源和管理方式划分。具体规定如下：

⑴行政机关：包括国家机关和政党机关，原则上均列为“国有”。但有特殊规定的，如供销社等，则列为“集体”。

⑵事业单位：包括经国家机构编制部门和有关业务主管部门批准成立的各类事业单位，不包括实行企业化管理的事业单位。事业单位的划分办法如下：

①由国家财政预算拨款或列入财政预算外资金管理以及经费主要来源于国有主管部门或国有上级单位的事业单位，列为“国有”。

②经费主要来源于集体单位的事业单位，列为“集体”。

③公民个人(或个人合伙)开办的事业单位，列为“私营”。

④上述以外的其他事业单位，如果其经费来源不明确，按管理方式进行归类。

⑶社会团体：包括经民政部门批准成立以及未纳入社会团体管理条例范围的工会、妇联等各类社会团体。

社会团体的划分办法如下：

①未纳入民政部社会团体管理条例范围的工会、妇联、共青团、青联、工商联、科协、侨联等社会团体，国家拨款设立的基金会或基金管理组织以及经费主要来源于国有业务主管部门或国有上级单位的社会团体，列为“国有”。

②经费主要来源于集体单位的社会团体，列为“集体”。

③公民个人(或个人合伙)开办的社会团体，划为“私营”。

④上述以外的其他社会团体，如果其经费来源不明确，改按管理方式进行归类。

地区生产总值(GDP) 指按市场价格计算的一个国家(或地区)所有常住单位在一定时期内生产活动的最终成果。地区生产总值有三种表现形态，即价值形态、收入形态和产品形态。

从价值形态看，它是所有常住单位在一定时期内生产的全部货物和服务价值超过同期投入的全部非固定资产货物和服务价值的差额，即所有常住单位的增加值之和；从收入形态看，它是所有常住单位在一定时期内创造并分配给常住单位和非常住单位的初次收入之和；从产品形态看，它是所有常住单位在一定时期内最终使用的货物和服务价值减去货物和服务进口价值。在实际核算中，地区生产总值有三种计算方法，即生产法、收入法和支出法。三种方法分别从不同的方面反映地区生产总值及其构成。

三次产业 三产业的划分是世界上较为常用的产业结构分类，但各国的划分不尽一致。我国的三次产业划分是：

第一产业是指农、林、牧、渔业。

第二产业是指采矿业，制造业，电力、煤气及水的生产和供应业，建筑业。

第三产业是指除第一、二产业以外的其他行业。

支出法地区生产总值 是从最终使用的角度反映一个国家(或地区)一定时期内生产活动最终成果的一种方法，包括最终消费、资本形成总额及货物和服务净出口三部分。计算公式为：

支出法地区生产总值=最终消费+资本形成总额+货物和服务净出口

最终消费 指常住单位为满足物质、文化和精神生活的需要，从本国经济领土和国外购买的货物和服务的支出。它不包括非常住单位在本国经济领土内的消费支出。最终消费分为居民消费和政府消费。

居民消费 指常住住户在一定时期内对于货物和服务的全部最终消费支出。居民消费除了直接以货币形式购买的货物和服务的消费支出外，还包括以其他方式获得的货物和服务的消费支出，即所谓的虚拟消费支出。居民虚拟消费支出包括如下几种类型：单位以实物报酬及实物转移的形式提供给劳动者的货物和服务；住户生产并由本住户消费了的货物和服务，其中的服务仅指住户的自有住房服务和付酬的家庭雇员提供的家庭和个人服务；金融机构提供的金融媒介服务；保险公司提供的保险服务。

政府消费 指政府部门为全社会提供的公共服务的消费支出和免费或以较低的价格向居民住户提供的货物和服务的净支出，前者等于政府服务的产出价值减去政府单位所获得的经营收入的价值，后者等于政府部门免费或以较低价格向居民住户提供的货物和服务的市场价值减去向住户收取的价值。

资本形成总额 指常住单位在一定时期内获得减去处置的固定资产和存货的净额，包括固定资本形成总额和存货增加两部分。

固定资本形成总额 指生产者在一定时期内获得的固定资产减处置的固定资产的价值总额。固定资产是通过生产活动生产出来的，且其使用年限在一年以上、单位价值在规定标准以上的资产，不包括自然资产。可分为有形固定资本形成总额和无形固定资本形成总额。有形固定资本形成总额包括一定时期内完成的建筑工程、安装工程和设备工器具购置(减处置)价值，以及土地改良、新增役、种、奶、毛、娱乐用牲畜和新增经济林木价值。无形固定资本形成总额包括矿藏的勘探、计算机软件等获得减处置。

存货增加　指常住单位在一定时期内存货实物量变动的市场价值，即期末价值减期初价值的差额，再扣除当期由于价格变动而产生的持有收益。存货增加可以是正值，也可以是负值，正值表示存货上升，负值表示存货下降。存货包括生产单位购进的原材料、燃料和储备物资等存货，以及生产单位生产的产成品、在制品和半成品等存货。

货物和服务净出口　指货物和服务出口减货物和服务进口的差额。出口包括常住单位向非常住单位出售或无偿转让的各种货物和服务的价值；进口包括常住单位从非常住单位购买或无偿得到的各种货物和服务的价值。由于服务活动的提供与使用同时发生，一般把常住单位从非常住单位得到的服务作为进口，非常住单位从常住单位得到的服务作为出口。货物的出口和进口都按离岸价格计算。

人口数　指一定时点、一定地区范围内有生命的个人总和。

城镇人口和乡村人口的划分　城镇人口是指居住在城镇范围内的全部人口；乡村人口是除上述人口以外的全部人口。

历年城乡人口数据是按照当时国家《关于统计上划分城乡的规定》计算的。

三次普查之间年份的城乡人口根据1990年和2000年人口普查数据进行了调整。

出生率（又称粗出生率）　指在一定时期内(通常为一年)一定地区的出生人数与同期内平均人数(或期中人数)之比，用千分率表示。本资料中的出生率指年出生率，其计算公式为：

$$出生率=年出生人数/年平均人数\times 1000‰$$

式中：出生人数指活产婴儿，即胎儿脱离母体时(不管怀孕月数)，有过呼吸或其他生命现象。年平均人数指年初、年底人口数的平均数，也可用年中人口数代替。

死亡率（又称粗死亡率）　指在一定时期内(通常为一年)一定地区的死亡人数与同期内平均人数(或期中人数)之比，用千分率表示。本资料中的死亡率指年死亡率，其计算公式为：

$$死亡率=年死亡人数/年平均人数\times 1000‰$$

人口自然增长率　指在一定时期内(通常为一年)人口自然增加数(出生人数减死亡人数)与该时期内平均人数(或期中人数)之比，用千分率表示。计算公式为：

人口自然增长率=(本年出生人数-本年死亡人数)/年平均人数×1000‰=人口出生率-人口死亡率

总负担系数　指人口总体中非劳动年龄人口数与劳动年龄人口数之比。通常用百分比表示。说明每100名劳动年龄人口大致要负担多少名非劳动年龄人口。用于从人口角度反映人口与经济发展的基本关系。计算公式为：

$$GDR=(P_{0\sim14}+P_{65+})/P15\sim64\times 100\%$$

其中：GDP为总抚养比；

$P_{0\sim14}$为0～14岁少年儿童人口数；

P_{65+}为65岁及65岁以上的老年人口数；

$P_{15\sim64}$为15～64岁劳动年龄人口数。

老年人口抚养比　也称老年人口抚养系数。指某一人口中老年人口数与劳动年龄人口数之比。通常用百分比表示。用以表明每100名劳动年龄人口要负担多少名老年人。老年人口抚养比是从经济角度反映人口老化社会后果的指标之一。计算公式为：

$$ODR=P_{65}+/P_{15\sim64}\times100\%$$

其中：ODR为老年人口抚养比；

P_{65}+为65岁及65岁以上的老年人口数；

$P_{15\sim64}$为15～64岁的劳动年龄人口数。

少年儿童抚养比　也称少年儿童抚养系数。指某一人口中少年儿童人口数与劳动年龄人口数之比。通常用百分比表示。以反映每100名劳动年龄人口要负担多少名少年儿童。计算公式为：

$$CDR=P_{0\sim14}/P_{15\sim64}\times100\%$$

其中：CDR为少年儿童抚养比；

$P_{0\sim14}$为0～14岁少年儿童人口数；

$P_{15\sim64}$为15～64岁劳动年龄人口数。

经济活动人口　指在16岁以上，有劳动能力，参加或要求参加社会经济活动的人口。包括就业人员和失业人员。

就业人员　指从事一定社会劳动并取得劳动报酬或经营收入的人员，包括在岗职工、再就业的离退休人员、私营业主、个体户主、私营和个体就业人员、乡镇企业就业人员、农村就业人员、其他就业人员(包括民办教师、宗教职业者、现役军人等)。这一指标反映了一定时期内全部劳动力资源的实际利用情况，是研究我国基本国情国力的重要指标。

各单位的就业人员　指在各级国家机关、政党机关、社会团体及企业、事业单位中工作，取得工资或其他形式的劳动报酬的全部人员。包括在岗职工、再就业的离退休人员、民办教师以及在各单位中工作的外方人员和港澳台方人员、兼职人员、借用的外单位人员和第二职业者。不包括离开本单位仍保留劳动关系的职工。各单位的就业人员反映了各单位实际参加生产或工作的全部劳动力。

城镇私营和个体就业人员　城镇私营就业人员指在工商管理部门注册登记，其经营地址设在县城关镇(含县城关镇)以上的私营企业就业人员，包括私营企业投资者和雇工。城镇个体就业人员指在工商管理部门注册登记，并持有城镇户口或在城镇长期居住，经批准从事个体工商经营的就业人员，包括个体经营者和在个体工商户劳动的家庭帮工和雇工。

城镇登记失业人员　指有非农业户口，在一定的劳动年龄内(16岁以上及男50岁以下、女45岁以下)，有劳动能力，无业而要求就业，并在当地就业服务机构进行求职登记的人员。

城镇登记失业率　城镇登记失业人员与城镇单位就业人员(扣除使用的农村劳动力、聘用的离退休人员、港澳台及外方人员)、城镇单位中的不在岗职工、城镇私营业主、个体户主、城镇私营企业和个体就业人员、城镇登记失业人员之和的比。计算公式为：

城镇登记失业率=城镇登记失业人数/［（城镇单位就业人员-使用的农村劳动力-聘用的离退休人员-聘用的港澳台及外方人员）+不在岗职工+城镇私营业主+城镇个体户主+城镇私营企业及个体就业人员+城镇登记失业人数］×100%

职工　指在国有、城镇集体、联营、股份制、外商和港、澳、台投资、其他单位及其附属机构工作，并由其支付工资的各类人员。不包括下列人员：(1)乡镇企业就业人员；(2)私营企业就业人员；(3)城镇个体劳动者；(4)离休、退休、退职人员；(5)再就业的离、退休人员；(6)民办教师；(7)在城镇单位中工作的外方及港、澳、台人员；(8)其他按有关规定不列入职工统计范围的人员。(1998年及以后的数据均为在岗职工数据，其他相关指标如职工工资总额，职工平均工资等指标也从1998年按此口径进行了相应调整)。

国有单位 指资产归国家所有的经济组织。包括按《中华人民共和国企业法人登记管理条例》规定登记注册的非公司制的经济组织，以及中央、地方各级国家机关、事业单位和社会团体。

集体单位 指生产资料归集体所有，并按《中华人民共和国企业法人登记管理条例》规定登记注册的经济组织。

其他单位 包括股份合作单位、联营单位、有限责任公司、股份有限公司、港澳台商投资单位以及外商投资单位等其他登记注册类型单位。

在岗职工 指在本单位工作并由单位支付工资的人员，以及有工作岗位，但由于学习、病伤产假等原因暂未工作，仍由单位支付工资的人员。

工资总额 指各单位在一定时期内直接支付给本单位全部职工的劳动报酬总额。工资总额的计算原则应以直接支付给职工的全部劳动报酬为根据。各单位支付给职工的劳动报酬以及其他根据有关规定支付的工资，不论是计入成本的还是不计入成本的，不论是按国家规定列入计征奖金税项目的，还是未列入计征奖金税项目的，不论是以货币形式支付的还是以实物形式支付的，均包括在工资总额内。

平均工资 指企业、事业、机关单位的职工在一定时期内平均每人所得的货币工资额。它表明一定时期职工工资收入的高低程度，是反映职工工资水平的主要指标。计算公式为:

平均工资=报告期实际支付的全部职工工资总额/报告期全部职工平均人数

平均工资指数 指报告期职工平均工资与基期职工平均工资的比率，是反映不同时期职工货币工资水平变动情况的相对数。计算公式为:

平均工资指数=报告期职工平均工资/基期职工平均工资 × 100%

平均实际工资指数 职工平均实际工资指扣除物价变动因素后的职工平均工资。职工平均实际工资指数是反映实际工资变动情况的相对数，表明职工实际工资水平提高或降低的程度。计算公式为:

平均实际工资指数=报告期职工平均工资指数/报告期城镇居民消费价格指数 × 100%

全社会固定资产投资 以货币形式表现的在一定时期内全社会建造和购置固定资产的工作量以及与此有关的费用的总称。该指标是反映固定资产投资规模、结构和发展速度的综合性指标,又是观察工程进度和考核投资效果的重要依据。全社会固定资产投资按登记注册类型可分为国有、集体、个体、联营、股份制、外商、港澳台商、其他等。

固定资产投资按国民经济行业分 建设项目归哪个行业，按其建成投产后的主要产品或主要用途及社会经济活动性质来确定。基本建设按建设项目划分国民经济行业，更新改造、其他固定资产投资根据整个企业、事业单位所属的行业来划分。一般情况下，一个建设项目或一个企业、事业单位只能属于一种国民经济行业。为了更准确地反映国民经济各行业之间的比例关系，联合企业(总厂)所属分厂属于不同行业的，原则上按分厂划分行业。

固定资产投资按建设性质分 建设项目的性质一般分为新建、扩建、改建、迁建、恢复。房地产开发单位、农村投资、城镇工矿区私人建房投资不划分建设性质。基本建设按建设项目划分建设性质，更新改造、国有经济中其他固定资产投资及城镇集体投资等按整个企业、事业单位的建设情况确定建设性质。

(1)新建：一般指从无到有“平地起家”开始建设的企业、事业和行政单位或独立的工程。现有企业、事业、行政单位一般不属于新建。但如有的单位原有基础很小，经过建设后新增的固定资产价值超过该企、事业、行政单位原有固定资产价值(原值)三倍以上的也应作为新建。

(2)扩建：指在厂内或其他地点，为扩大原有产品的生产能力(或效益)或增加新的产品生产能力，而增建主要的生产车间(或主要工程)、分厂、独立的生产线。行政、事业单位在原单位增建业务用房(如学校增建教学用房、医院增建门诊部、病房等)也作为扩建。现有企、事业单位为扩大原有主要产品生产能力或增加新的产品生产能力，增建一个或几个主要生产车间(或主要工程)、分厂，同时进行一些更新改造工程的，也应作为扩建。

(3)改建：指对原有设施进行技术改造或更新(包括相应配套的辅助性生产、生活福利设施)，没有增建主要生产车间、分厂等。现有企、事业单位为适应市场变化的需要，而改变企业的主要产品种类(如军工企业转产民品等)，或原有产品生产作业线由于各工序(车间)之间能力不平衡，为填平补齐充分发挥原有生产能力而增建不增加本企业主要产品设计能力的车间，也应作为改建。

固定资产投资按构成分　固定资产投资活动按其工作内容和实现方式分为建筑安装工程，设备、工具、器具购置，其他费用三个部分。

(1)建筑安装工程(建筑安装工作量)：指各种房屋、建筑物的建造工程和各种设备、装置的安装工程。包括各种房屋建造工程，各种用途设备基础和各种工业窑炉的砌筑工程及金属结构工程；为施工而进行的各种准备工作和临时工程以及完工后的清理工作等；铁路、道路的铺设，矿井的开凿及石油管道的架设等；水利工程；防空地下建筑等特殊工程；列入房屋工程预算内的暖气、卫生、通风、照明、煤气等设备的价值及装设油饰工程；列入建筑工程预算内的各种管道(蒸汽、压缩空气、石油、给排水等管道)、电力、电讯电缆导线等的敷设工程；以及各种机械设备的安装工程；为测定安装工程质量，对设备进行的试运工作；房地产开发单位进行的商品房屋开发建设工程、土地开发工程。在安装工程中，不包括被安装设备本身的价值。

(2)设备、工具、器具购置：指建设单位或企、事业单位购置或自制的，达到固定资产标准的设备、工具、器具的价值。新建单位及扩建单位的新建车间，按照设计或计划要求购置或自制的全部设备、工具、器具，不论是否达到固定资产标准均计入“设备、工具、器具购置”中。

(3)其他费用：指在固定资产建造和购置过程中发生的，除上述几项内容以外的各种应分摊计入固定资产的费用。

基本建设项目按大中小型划分　基本建设划分大中小型项目原则上应按照上级批准的设计任务书或初步设计所确定的总规模或总投资划分，没有正式批准设计任务书或初步设计的，按国家或省、自治区、直辖市年度基本建设投资计划中所列的总规模或总投资划分。上述两条均不具备的，按本年计划施工工程的建设总规模或总投资划分。生产单一产品的工业项目，按产品的设计能力划分；生产多种产品的工业项目，按其主要产品的设计能力划分。品种繁多，难以按生产能力划分的，按全部计划总投资划分。划分标准以国家颁发的《大中小型建设项目划分标准》为依据。国家曾在1953年、1962年、1972年、1977年和1979年先后五次修订《大中小型建设项目划分标准》，因此各历史时期的大中型项目数不完全可比。

财政收入　指国家财政参与社会产品分配所取得的收入，是实现国家职能的财力保证。财政收入所包括的内容几经变化，目前主要包括：

(1)各项税收：包括增值税、营业税、消费税、土地增值税、城市维护建设税、资源税、城市土地使用税、企业所得税、个人所得税、关税、证券交易印花税、车辆购置税、农牧业税和耕地占用税等。

(2)专项收入：包括排污费收入、城市水资源费收入、矿产资源补偿费收入、教育费附加收入等。

(3)其他收入：包括利息收入、基本建设贷款归还收入、基本建设收入、捐赠收入等。

(4)国有企业亏损补贴：此项为负收入，冲减财政收入。主要包括对工业企业、商业企业、粮食企业的补贴。

财政支出　国家财政将筹集起来的资金进行分配使用，以满足经济建设和各项事业的需要，主要包括：

(1)基本建设支出：指按国家有关规定，属于基本建设范围内的基本建设有偿使用、拨款、资本金支出以及经国家批准对专项和政策性基建投资贷款，在部门的基建投资额中统筹支付的贴息支出。

(2)企业挖潜改造资金：指国家预算内拨给的用于企业挖潜、革新和改造方面的资金。包括各部门企业挖潜改造资金和企业挖潜改造贷款资金，为农业服务的县办“五小”企业技术改造补助，挖潜改造贷款贴息资金。

(3)地质勘探费用：指国家预算用于地质勘探单位的勘探工作费用，包括地质勘探管理机构及其事业单位经费、地质勘探经费。

(4)科技三项费用：指国家预算用于科技支出的费用，包括新产品试制费、中间试验费、重要科学研究补助费。

(5)支援农村生产支出：指国家财政支援农村集体(户)各项生产的支出。包括对农村举办的小型农田水利和打井、喷灌等的补助费，对农村水土保持措施的补助费，对农村举办的小水电站的补助费，特大抗旱的补助费，农村开荒补助费，扶持乡镇企业资金，支援农村合作生产组织资金、农村农技推广和植保补助费，农村草场和畜禽保护补助费，农村造林和林木保护补助费，农村水产补助费，发展粮食生产专项资金。

(6)农林水利气象等部门的事业费用：指国家财政用于农垦、农场、农业、畜牧、农机、林业、森工、水利、水产、气象、乡镇企业的技术推广、良种推广(示范)、动植物(畜禽、森林)保护、水质监测、勘探设计、资源调查、干部训练等项费用，园艺特产场补助费，中等专业学校经费，飞播牧草试验补助费，营林机构、气象机构经费，渔政费以及农业管理事业费等。

(7)工业交通商业等部门的事业费：指国家预算支付给工交商各部门用于事业发展的人员和公用经费支出，包括勘探设计费、中等专业学校经费、技术学校经费、干部训练费。

(8)文教科学卫生事业费：指国家预算用于文化、出版、文物、教育、卫生、中医、公费医疗、体育、档案、地震、海洋、通讯、电影电视、计划生育、党政群干部训练、自然科学、社会科学、科协等项事业的人员和公用经费支出以及高技术研究专项经费。主要包括工资、补助工资、福利费、离退休费、助学金、公务费、设备购置费、修缮费、业务费、差额补助费。

(9)抚恤和社会福利救济费：指国家预算用于抚恤和社会福利救济事业的经费。包括由民政部门开支的烈士家属和牺牲病残人员家属的一次性、定期抚恤金，革命伤残人员的抚恤金，各种伤残补助费，烈军属、复员退伍军人生活补助费，退伍军人安置费，优抚事业单位经费，烈士纪念建筑物管理、维修费，自然灾害救济事业费和特大自然灾害灾后重建补助费等。

(10)行政事业单位离退休支出：指实行归口管理的行政事业单位离退休经费。

(11)社会保障补助支出：指国家预算用于社会保障的补助支出，包括对社会保险基金的补助、促进就业补助、国有企业下岗职工补助、补充全国社会保障基金等。

(12)国防支出：指国家预算用于国防建设和保卫国家安全的支出，包括国防费、国防科研事业费、民兵建设以及专项工程支出等。

(13)行政管理费：包括行政管理支出，党派团体补助支出，外交支出，公安安全支出，司法支出，法院支出，检察院支出和公检法办案费用补助。

(14)政策性补贴支出：指经国家批准，由国家财政拨给用于粮棉油等产品的价格补贴支出。主要包括粮、棉、油差价补贴，平抑物价和储备糖补贴，农业生产资料价差补贴，粮食风险基金，副食品风险基金，地方煤炭风险基金等。

(15)债务利息支出：指国家预算中用于偿还国内外债务利息的支出。

中央财政收入和地方财政收入 指按现行分税制财政体制划分的中央本级收入和地方本级收入。1994年实行分税制财政体制以后，属于中央财政的收入包括关税、海关代征消费税和增值税，消费税，中央企业所得税，地方银行和外资银行及非银行金融企业所得税，铁道部门、各银行总行、各保险总公司等集中缴纳的营业税、利润和城市维护建设税，车辆购置税，船舶吨税，增值税的75%部分，证券交易税(印花税)94%部分，个人所得税中的利息所得税，利息所得税之外的个人所得税中央分享的部分，海洋石油资源税。属于地方财政的收入包括营业税，地方企业所得税，利息所得税之外的个人所得税地方分享的部分，城镇土地使用税，固定资产投资方向调节税，城镇维护建设税，房产税，车船使用税，印花税，屠宰税，农牧业税，农业特产税，耕地占用税，契税，土地增值税、国有土地有偿使用收入，增值税25%部分，证券交易税(印花税)6%部分和除海洋石油资源税以外的其他资源税。

中央财政支出和地方财政支出 指根据政府在经济和社会活动中的不同职责，划分中央和地方政府的责权，按照政府的责权划分确定的支出。中央财政支出包括国防支出，武装警察部队支出，中央级行政管理费和各项事业费，重点建设支出以及中央政府调整国民经济结构、协调地区发展、实施宏观调控的支出。地方财政支出主要包括地方行政管理和各项事业费，地方统筹的基本建设、技术改造支出，支援农村生产支出，城市维护和建设经费，价格补贴支出等。

预算外资金收支 预算外资金指国家机关、事业单位和社会团体为履行或代行政府职能，依据国家法律、法规和具有法律效力的规章而收取、提取和安排使用的未纳入国家预算管理的各种财政性资金。其范围主要包括：法律、法规规定的行政事业性收费、政府性基金和附加收入等；国务院或省级人民政府及其财政、计划（物价）部门审批的行政事业性收费；国务院及财政部审批建立的政府性基金、附加收入等；主管部门所属单位集中上缴资金；用于乡镇政府开支的乡自筹和乡统筹资金；其他未纳入预算管理的财政性资金。社会保障基金在国家财政尚未建立社会保障预算制度以前，先按预算外资金管理制度进行管理，专款专用。财政部门在银行开设统一的专户，用于预算外资金收入和支出管理。部门和单位的预算外收入必须上缴同级财政专户，支出由同级财政按预算外资金收支计划和单位财务收支计划统筹安排，从财政专户中拨付，实行收支两条线管理。

信贷资金 指金融机构以信用方式积聚和分配的货币资金。金融机构信贷资金的来源有各项存款、金融债券发行、应付及暂收款、对国际金融机构负债、流通中货币、各项准备、所有者权益和其他项目等；信贷资金的运用有各项贷款、有价证券及投资、应收及预付款、委托投资、金银占款、外汇占款、库存现金、财政借款及在国际金融机构中的资产等。

存款 指企业、机关、团体或居民根据资金必须收回的原则，把货币资金存入银行或其他信贷机构保管并取得一定利息的一种信用活动形式。根据存款对象或性质的不同可划分为企业存款、财政存款、机关团体存款、基本建设存款、储蓄存款、农村存款、委托存款、其他存款等科目。它是银行信贷资金的主要来源。

贷款 指银行或其他信贷机构根据资金必须归还的原则，按一定利率，为企业、个人等提供资金的一种信用活动形式。我国银行贷款分为短期贷款、中期流动资金贷款、中长期贷款、信托贷款、融资租赁、委托贷款、票据融资、各项垫款等。

保险公司 在中国境内的、经过保险监督管理部门批准设立，并依法登记注册的各类商业保险公司。

保险金额 指保险人承担赔偿或者给付保险金责任的最高限额。

保费 指投保人为取得保险人在约定范围内所承担赔偿责任而支付给保险人的费用。

赔款 指保险人根据保险合同的规定，向被保险人支付的赔偿保险责任损失的金额。

给付 包括死伤医疗给付和满期给付。死伤医疗给付是指保险人根据人寿保险及长期健康保险合同的规定，因被保险人在保险期内发生保险责任范围内的保险事故支付给被保险人(或受益人)的金额。满期给付是指被保险人生存期满，保险人按人寿保险合同规定支付给被保险人的满期保险金额。

居民消费价格指数 是反映一定时期内城乡居民所购买的生活消费品价格和服务项目价格变动趋势和程度的相对数，是对城市居民消费价格指数和农村居民消费价格指数进行综合汇总计算的结果。该指数可以观察和分析消费品的零售价格和服务价格变动对城乡居民实际生活费支出的影响程度。

城市居民消费价格指数 是反映一定时期内城市居民家庭所购买的生活消费品价格和服务项目价格变动趋势和程度的相对数。该指数可以观察和分析消费品的零售价格和服务项目价格变动对职工货币工资的影响，作为研究职工生活和确定工资政策的依据。

农村居民消费价格指数 是反映一定时期内农村居民家庭所购买的生活消费品价格和服务项目价格变动趋势和程度的相对数。该指数可以观察农村消费品的零售价格和服务项目价格变动对农村居民生活消费支出的影响，直接反映农民生活水平的实际变化情况，为分析和研究农村居民生活问题提供依据。

商品零售价格指数 是反映一定时期内城乡商品零售价格变动趋势和程度的相对数。商品零售物价的变动直接影响到城乡居民的生活支出和国家的财政收入，影响居民购买力和市场供需的平衡，影响到消费与积累的比例关系。因此，该指数可以从一个侧面对上述经济活动进行观察和分析。

农业生产资料价格指数 指反映一定时期内农业生产资料价格变动趋势和程度的相对数。农业生产资料价格指数分为小农具、饲料、幼禽家畜、半机械化农具、机械化农具、化学肥料、农药及农药械、农机用油等八大类。其编制目的是了解农业生产中物质资料投入价格的变动状况，服务于国民经济核算。1994年以前，农业生产资料价格指数仅仅是商品零售价格指数的一个类别，此后，从商品零售价格指数中分离出来，单独编制。

农产品生产价格指数 是反映一定时期内，农产品生产者出售农产品价格水平变动趋势及幅度的相对数。该指数可以客观反映全国农产品生产价格水平和结构变动情况，满足农业与国民经济核算需要。其中某代表品生产价格指数是通过对全部有出售该产品行为的调查单位的个体指数进行几何平均求得的，类价格指数是通过对其所属的类（或代表品）的价格指数进行加权平均求得的。季度累计价格指数的计算方法与分季指数的计算方法相同。

工业品出厂价格指数 是反映一定时期内全部工业产品出厂价格总水平的变动趋势和程度的相对数，包括工业企业售给本企业以外所有单位的各种产品和直接售给居民用于生活消费的产品。该指数可以观察出厂价格变动对工业总产值及增加值的影响。

原材料、燃料和动力购进价格指数 是反映工业企业作为生产投入，而从物资交易市场和能源、原材料生产企业购买原材料、燃料和动力产品时，所支付的价格水平变动趋势和程度的统计指标，是扣除工业企业物质消耗成本中的价格变动影响的重要依据。

目前，我国编制的原材料、燃料和动力购进价格指数所调查的产品包括燃料动力、黑色金属、有色金属、化工、建材等九大类的900多种产品。

固定资产投资价格指数 是反映一定时期内固定资产投资品及项目的价格变动趋势和程度的相对数。固定资产投资额是由建筑安装工程投资完成额、设备工器具购置投资完成额和其他费用投资完成额三部分组成的。编制固定资产投资价格指数应首先分别编制上述三部分投资的价格指数，然后采用加权算术平均法求出固定资产投资价格总指数。

该指数可以准确地反映固定资产投资中涉及的各类投资品和取费项目价格变动趋势和变动幅度，消除按现价计算的固定资产投资指标中的价格变动因素，真实地反映固定资产投资的规模、速度、结构和效益，为国家科学地制定、检查固定资产投资计划并提高宏观调控水平，为完善国民经济核算体系提供科学的、可靠的依据。

城镇家庭人口 指居住在一起，经济上合在一起共同生活的家庭成员。凡计算为家庭人口的成员其全部收支都包括在本家庭中。

城镇就业面 指就业人口占家庭人口的百分比。

城镇就业者负担人数 指家庭人口与就业人口之比。

城市居民家庭总收入 指调查户中生活在一起的所有家庭成员在调查期得到的工薪收入、经营净收入、财产性收入、转移性收入的总和，不包括出售财物和借贷收入。收入的统计标准以实际发生的数额为准，无论收入是补发还是预发，只要是调查期得到的都应如实计算，不作分摊。

城市居民家庭可支配收入 指调查户可用于最终消费支出和其他非义务性支出以及储蓄的总和，即居民家庭可以用来自由支配的收入。它是家庭总收入扣除个人所得税、个人交纳的社会保障费以及调查户的记帐补贴后的收入。计算公式为：

可支配收入=家庭总收入−个人所得税−个人交纳的社会保障支出−记帐补贴

城市居民家庭总支出 指家庭除借贷支出以外的全部实际支出。包括消费性支出、购房建房支出、转移性支出、财产性支出、社会保障支出。支出统计是以实际购得的商品或服务的总价值填报，不论其付款方式是一次付清、分期付款，还是赊购，只要商品或服务已被消费就要按其总价值计量。如果采用分期付款或赊购形式，则要在借贷收入类相应的项目填入实付款与总的应付款的差额。

城市居民家庭消费支出 指调查户用于本家庭日常生活的全部支出，包括食品、衣着、家庭设备用品及服务、医疗保健、交通和通讯、娱乐教育文化服务、居住、杂项商品和服务八大类等。不包括用于赠送的商品或服务。消费支出按商品（服务）的用途分类。

城镇家庭服务性消费支出 指家庭用于支付社会提供的各种非商品性服务费用。

城镇家庭收入分组方法 将所有调查户依户人均可支配收入由低到高排队，按10%，10%，20%，20%，20%，10%，10%的比例依次分成：最低收入户、低收入户、中等偏下收入户、中等收入户、中等偏上收入户、高收入户、最高收入户等七组。总体中最低5%的户为困难户。

恩格尔系数 指食物支出金额在生活消费总支出金额中所占的比例。计算公式为：

恩格尔系数=食品支出金额/生活消费总支出金额×100%

农村住户 指农村常住户。农村常住户指长期(一年以上)居住在乡镇(不包括城关镇)行政管理区域内的住户，以及长期居住在城关镇所辖行政村范围内的农村住户。户口不在本地而在本地居住一年及以上的住户也包括在本地农村常住户范围内；有本地户口，但举家外出谋生一年以上的住户，无论是否保留承包耕地都不包括在本地农村住户范围内。

常住人口 指全年经常在家或在家居住6个月以上，而且经济和生活与本户连成一体的人口。外出从业人员在外居住时间虽然在6个月以上，但收入主要带回家中，经济与本户连为一体，仍视为家庭常住人口；在家居住，生活和本户连成一体的国家职工、退休人员也为家庭常住人口。但是现役军人、中专及以上(走读生除外)的在校学生以及常年在外(不包括探亲、看病等)且已有稳定的职业与居住场所的外出从业人员，不算家庭常住人口。家庭常住人口主要作为计算农村住户平均每人收入、消费和积累水平及分析家庭人口状况的依据。

整、半劳动力 整劳动力指男子18周岁到50周岁，女子18周岁到45周岁；半劳动力指男子16周岁到17周岁，51周岁到60周岁；女子16周岁到17周岁，46周岁到55周岁，同时具有劳动能力的人。虽然在劳动年龄之内，但已丧失劳动能力的人，不应算为劳动力；超过劳动年龄，但能经常参加劳动，计入半劳动力数内。常住人口中的职工，若这些职工为劳动力，就包括在本户的整半劳动力中。

总收入 指调查期内农村住户和住户成员从各种来源渠道得到的收入总和。按收入的性质划分为工资性收入、家庭经营收入、财产性收入和转移性收入。

工资性收入 指农村住户成员受雇于单位或个人，靠出卖劳动而获得的收入。家庭经营收入 指农村住户以家庭为生产经营单位进行生产筹划和管理而获得的收入。农村住户家庭经营活动按行业划分为农业、林业、牧业、渔业、工业、建筑业、交通运输业邮电业、批发和零售贸易餐饮业、社会服务业、文教卫生业和其他家庭经营。

财产性收入 指金融资产或有形非生产性资产的所有者向其他机构单位提供资金或将有形非生产性资产供其支配，作为回报而从中获得的收入。

转移性收入 指农村住户和住户成员无须付出任何对应物而获得的货物、服务、资金或资产所有权等，不包括无偿提供的用于固定资本形成的资金。一般情况下，是指农村住户在二次分配中的所有收入。

现金收入 指农村住户和住户成员在调查期内得到以现金形态表现的收入。按来源分成工资性收入、家庭经营现金收入、财产性收入、转移性收入。

纯收入 指农村住户当年从各个来源得到的总收入相应地扣除所发生的费用后的收入总和。计算公式为：

纯收入=总收入–税费支出–家庭经营费用支出–生产性固定资产折旧–调查补贴–赠送农村外部亲友支出

纯收入主要用于再生产投入和当年生活消费支出，也可用于储蓄和各种非义务性支出。“农民人均纯收入”按人口平均的纯收入水平，反映的是一个地区或一个农户农村居民的平均收入水平。

总支出 指农村住户用于生产、生活和再分配的全部支出。家庭经营费用支出、购置生产性固定资产支出、生产性固定资产折旧、税费支出、生活消费支出、财产性支出和转移性支出。

供水综合生产能力 指按供水设施取水、净化、送水、出厂输水干管等环节设计能力计算的综合生产能力。包括在原设计能力的基础上，经挖、革、改增加的生产能力。计算时，以四个环节中最薄弱的环节为主确定能力。

年末供水管道长度 指从送水泵至用户水表之间所有管道的长度。不包括新安装尚未使用的管道。

全年供水总量 指报告期供水企业(单位)供出的全部水量。包括有效供水量和漏损水量。

生活用水量 包括公共服务用水和居民家庭用水。公共服务用水指为城市社会公共生活服务的用水。包括行政事业单位、部队营区和公共设施服务、社会服务业、批发零售贸易业、旅馆饮食业以及其他公共服务业等单位的用水。居民家庭用水指城市范围内所有居民家庭的日常生活用水。包括城市居民、农民家庭、公共供水站用水。

用水普及率 指城市用水人口数与城市人口总数的比率。计算公式为：

用水普及率=城市用水人口数/城市人口总数×100%

人工煤气生产能力 指报告期末人工煤气生产厂制气、净化、输送等环节的综合生产能力，不包括备用设备能力。一般按设计能力计算，如果实际生产能力大于设计能力时，应按实际测定的生产能力计算。测定时应以制气、净化、输送三个环节中最薄弱的环节为主。

供气管道长度 指报告期末从气源厂压缩机的出口或门站出口至各类用户引入管之间的全部已经通气投入使用的管道长度。不包括煤气生产厂、输配站、液化气储存站、灌瓶站、储配站、气化站、混气站、供应站等厂(站)内的管道。

全年供气总量　指全年燃气企业(单位)向用户供应的燃气数量。包括销售量和损失量。

用气普及率　指报告期末使用燃气的城市人口数与城市人口总数的比率。计算公式为：

$$用气普及率=城市用气人口数/城市人口总数\times 100\%$$

城市供热能力　指供热企业(单位)向城市热用户输送热能的设计能力。

城市供热总量　指在报告期供热企业(单位)向城市热用户输送全部蒸汽和热水的总热量。

城市供热管道长度　指从各类热源到热用户建筑物接入口之间的全部蒸汽和热水的管道长度。不包括各类热源厂内部的管道长度。

年末道路长度　指年末道路长度和与道路相通的广场、桥梁、隧道的长度，按车行道中心线计算。在统计时只统计路面宽度在3.5米(含3.5米)以上的各种铺装道路，包括开放型工业区和住宅区道路在内。

城市桥梁　指为跨越天然或人工障碍物而修建的构筑物。包括跨河桥、立交桥、人行天桥以及人行地下通道等。包括永久性桥和半永久性桥。

城市排水管道长度　指所有排水总管、干管、支管、检查井及连接井进出口等长度之和。

城市污水日处理能力　指污水处理厂(或处理装置)每昼夜处理污水量的设计能力。

年末运营车数　指年末公交企业(单位)用于运营业务的全部车辆数。以企业(单位)固定资产台帐中已投入运营的车辆数为准。

城市园林绿地面积　指报告期末用作园林和绿化的各种绿地面积。包括公共绿地、居住区绿地、单位附属绿地、防护绿地、生产绿地、道路绿地和风景林地面积。

不包括：

1.屋顶绿化、垂直绿化、阳台绿化和室内绿化。

2.以物质生产为主的林地、耕地、牧草地、果园和竹园等。

3.城市总体规划中不列入绿地的水域。

公共绿地　指向公众开放的市级、区级、居住区级各类公园、街旁游园，包括其范围内的水域。其中居住区级公园应不小于1万平方米，街旁游园的宽度不小于8米，面积不小于400平方米。

农林牧渔业总产值　指以货币表现的农、林、牧、渔业全部产品和对农林牧渔业生产活动进行的各种支持性服务活动的价值总量，它反映一定时期内农林牧渔业生产总规模和总成果。1957年以前的农林牧渔业总产值中包括了厩肥和农民自给性手工业(如农民自制衣服、鞋、袜，自己从事粮食初步加工等)。1958年及以后，林业中增加了村及村以下竹木采伐产值；牧业中取消了厩肥产值；副业中取消了农民自给性手工业产值，增加了村及村以下办的工业产值；渔业中增加了海洋捕捞水产品产值。1980年及以后，在副业中增加了农民家庭兼营工业商品部分的产值。从1984年起村及村以下工业产值划归工业。从1993年起取消副业，将野生动物的捕猎划入牧业、野生植物采集和农民家庭兼营商品性工业划归农业。从2003年起，执行新的国民经济行业分类标准，农林牧渔业总产值中包括了农林牧渔服务业产值。林业中增加了森林采运业产值。农业中取消了家庭兼营商品性工业产值，将野生林产品的采集划归林业。第一次农业普查以后，由于畜牧业产品年报数据与普查数据之间存在一定的差距，国家统计局农调总队对畜牧业年报数据与普查数据进行衔接，相应的畜牧业产值进行调整。

农林牧渔业总产值的计算方法通常是按农、林、牧、渔业产品及其副产品的产量分别乘以各自单位产品价格求得；少数生产周期较长，当年没有产品或产品产量不易统计的，则采用间接方法匡算其产值；然后将四业产品产值相加即为农林牧渔业总产值。

粮食产量　指全社会的产量。包括国有经济经营的、集体统一经营的和农民家庭经营的粮食产量，还包括工矿企业办的农场和其他生产单位的产量。粮食除包括稻谷、小麦、玉米、高粱、谷子及其他杂粮外，还包括薯类和豆类。其产量计算方法，豆类按去豆荚后的干豆计算；薯类(包括甘薯和马铃薯，不包括芋头和木薯)1963年以前按每4公斤鲜薯折1公斤粮食计算，从1964年开始改为按5公斤鲜薯折1公斤粮食计算。城市郊区作为蔬菜的薯类(如马铃薯等)按鲜品计算，并且不作粮食统计。其他粮食一律按脱粒后的原粮计算。

棉花产量　指全社会的产量。包括春播棉和夏播棉。产量按皮棉计算。3公斤籽棉折1公斤皮棉，不包括木棉。

油料产量　指全部油料作物的生产量。包括花生、油菜籽、芝麻、向日葵籽、胡麻籽（亚麻籽）和其他油料。不包括大豆、木本油料和野生油料。花生以带壳干花生计算。

水产品产量　指人工养殖的水产品和天然生长的水产品的捕捞量。包括海水的鱼类、虾蟹类、贝类和藻类以及内陆水域的鱼类、虾蟹类和贝类，不包括淡水生植物。

猪、牛、羊肉产量　指当年出栏并已屠宰、除去头蹄下水后带骨肉(即胴体重)的重量。期初(末)畜禽存栏头(只)数　指报告期初(末)农村各种合作经济组织和国营农场、农民个人、机关、团体、学校、工矿企业、部队等单位以及城镇居民饲养的大牲畜、猪、羊、家禽等畜禽的存栏数。数据上报方式及数据调整情况同猪、牛、羊肉产量。

常用耕地　是指耕地总资源中专门种植农作物并经常进行耕种、能够正常收获的土地。包括当年实际耕种的熟地；弃耕、休闲不满三年，随时可以复耕的地；开荒利用三年以上的土地。在统计口径上包括南方小于1米、北方小于2米宽的沟、渠、路和田埸。不包括临时种植农作物的坡度在25度以上的陡坡地；在河套、湖畔、库区临时开发的成片或零星土地；也不包括已列为国家和省（区、市）退耕计划但临时耕种的土地。常用耕地是国家需要重点保护的耕地，是反映我国农业综合生产能力的一个重要指标。

农作物播种面积　指实际播种或移植有农作物面积。凡是实际种植有农作物的面积，不论种植在耕地上还是种植在非耕地上，均包括在农作物播种面积中。在播种季节基本结束后，因遭灾而重新改种和补种的农作物面积，也包括在内。

有效灌溉面积　指具有一定的水源，地块比较平整，灌溉工程或设备已经配套，在一般年景下当年能够进行正常灌溉的耕地面积。在一般情况下，有效灌溉面积应等于灌溉工程或设备已经配备，能够进行正常灌溉的水田和水浇地面积之和。它是反映我国耕地抗旱能力的一个重要指标。

农用化肥施用量　指本年内实际用于农业生产的化肥数量，包括氮肥、磷肥、钾肥和复合肥。化肥施用量要求按折纯量计算数量。折纯量是指把氮肥、磷肥、钾肥分别按含氮、含五氧化二磷、含氧化钾的百分之百成分进行折算后的数量。复合肥按其所含主要成分折算公式为：

折纯量=实物量×某种化肥有效成份含量的百分比

农业机械总动力　指主要用于农、林、牧、渔业的各种动力机械的动力总和。包括耕作机械、排灌机械、收获机械、农用运输机械、植物保护机械、牧业机械、林业机械、渔业机械和其他农业机械〔内燃机按引擎马力折成瓦(特)计算、电动机按功率折成瓦(特)计算〕。不包括专门用于乡、镇、村、组办工业、基本建设、非农业运输、科学试验和教学等非农业生产方面用的动力机械与作业机械。这个指标的统计数据主要来源于农机部门。

乡村从业人员　指乡村人口中劳动年龄在16周岁以上实际参加生产经营活动并取得实物或货币收入的人员，包括劳动年龄内经常参加劳动的人员，也包括超过劳动年龄但经常参加劳动的人员，但不包括户口在家的在外学生、现役军人和丧失劳动能力的人，也不包括待业人员和家务劳动者。从业人员按从事主业时间最长（时间相同按收入）分为农业从业人员、工业从业人员、建筑业从业人员、交运仓储及邮电业从业人员、批零贸易及餐饮业从业人员、其他从业人员。

工业 指从事自然资源的开采，对采掘品和农产品进行加工和再加工的物质生产部门。具体包括：(1)对自然资源的开采，如采矿、晒盐等(但不包括禽兽捕猎和水产捕捞)；(2)对农副产品的加工、再加工，如粮油加工、食品加工、缫丝、纺织、制革等；(3)对采掘品的加工、再加工，如炼铁、炼钢、化工生产、石油加工、机器制造、木材加工等，以及电力、自来水、煤气的生产和供应等；(4)对工业品的修理、翻新，如机器设备的修理、交通运输工具(包括小卧车)的修理等。

1984年以前农村的村及村以下办工业归属农业，1984年以后划归工业。

工业统计调查单位为独立核算法人工业企业。

独立核算法人工业企业指从事工业生产经营活动的单位。独立核算法人工业企业应同时具备以下条件：①依法成立，有自己的名称、组织机构和场所，能够承担民事责任；②独立拥有和使用资产，承担负债，有权与其他单位签订合同；③独立核算盈亏，并能够编制资产负债表。本年鉴中涉及的企业登记注册类型：

国有及国有控股企业 指国有企业加上国有控股企业。国有企业(即原全民所有制工业或国营工业)指企业全部资产归国家所有，并按《中华人民共和国企业法人登记管理条例》规定登记注册的非公司制的经济组织。包括国有企业、国有独资公司和国有联营企业。1957年以前的公私合营和私营工业，后均改造为国营工业，1992年改为国有工业，这部分工业的资料不单独分列时，均包括在国有企业内。国有控股企业是对混合所有制经济的企业进行的“国有控股”分类。它是指这些企业的全部资产中国有资产(股份)相对其他所有者中的任何一个所有者占资(股)最多的企业。该分组反映了国有经济控股情况。

集体企业 指企业资产归集体所有，并按《中华人民共和国企业法人登记管理条例》规定登记注册的经济组织。是社会主义公有制经济的组成部分。包括城乡所有使用集体投资举办的企业，以及部分个人通过集资自愿放弃所有权并依法经工商行政管理机关认定为集体所有制的企业。

股份合作企业 指以合作制为基础，由企业职工共同出资入股，吸收一定比例的社会资产投资组建，实行自主经营，自负盈亏，共同劳动，民主管理，按劳分配与按股分红相结合的一种集体经济组织。

联营企业 指两个及两个以上相同或不同所有制性质的企业法人或事业单位法人，按自愿、平等、互利的原则，共同投资组成的经济组织。联营企业包括：

国有联营企业指国有企业与国有企业间的联营；

集体联营企业指集体企业与集体企业间的联营；

国有与集体联营企业指国有企业与集体企业间的联营。

有限责任公司 指根据《中华人民共和国公司登记管理条例》规定登记注册，由两个以上，五十个以下的股东共同出资，每个股东以其所认缴的出资额对公司承担有限责任，公司以其全部资产对其债务承担责任的经济组织。

有限责任公司包括国有独资公司以及其他有限责任公司。

股份有限公司 指根据《中华人民共和国企业法人登记管理条例》规定登记注册，其全部注册资本由等额股份构成并通过发行股票筹集资本，股东以其认购的股份对公司承担有限责任，公司以其全部资产对其债务承担责任的经济组织。

私营企业 指由自然人投资设立或由自然人控股，以雇佣劳动为基础的营利性经济组织。包括按照《公司法》《合伙企业法》《私营企业暂行条例》规定登记注册的私营有限责任公司、私营股份有限公司、私营合伙企业和私营独资企业。

港、澳、台商投资企业　指企业注册登记类型中的港、澳、台资合资、合作、独资经营企业和股份有限公司之和。

外商投资企业　指企业注册登记类型中的中外合资、合作经营企业、外资企业和外商投资股份有限公司之和。

“三资”企业系指港、澳、台商投资企业和外资企业的简称。

轻工业　指主要提供生活消费品和制作手工工具的工业。按其所使用的原料不同，可分为两大类：(1)以农产品为原料的轻工业，是指直接或间接以农产品为基本原料的轻工业。主要包括食品制造、饮料制造、烟草加工、纺织、缝纫、皮革和毛皮制作、造纸以及印刷等工业；(2)以非农产品为原料的轻工业，是指以工业品为原料的轻工业。主要包括文教体育用品、化学药品制造、合成纤维制造、日用化学制品、日用玻璃制品、日用金属制品、手工工具制造、医疗器械制造、文化和办公用机械制造等工业。

重工业　指为国民经济各部门提供物质技术基础的主要生产资料的工业。按其生产性质和产品用途，可以分为下列三类：(1)采掘(伐)工业，是指对自然资源的开采，包括石油开采、煤炭开采、金属矿开采、非金属矿开采等工业；(2)原材料工业，指向国民经济各部门提供基本材料、动力和燃料的工业。包括金属冶炼及加工、炼焦及焦炭、化学、化工原料、水泥、人造板以及电力、石油和煤炭加工等工业；(3)加工工业，是指对工业原材料进行再加工制造的工业。包括装备国民经济各部门的机械设备制造工业、金属结构、水泥制品等工业，以及为农业提供的生产资料如化肥、农药等工业。

根据上述划分原则，修理业中以重工业产品为修理作业对象的划为重工业，反之划为轻工业。

工业增加值　指工业企业在报告期内以货币表现的工业生产活动的最终成果。工业增加值有两种计算方法：一是生产法，即工业总产出减去工业中间投入加上应交增值税；二是收入法，即从收入的角度出发，根据生产要素在生产过程中应得到的收入份额计算，具体构成项目有固定资产折旧、劳动者报酬、生产税净额、营业盈余，这种方法也称要素分配法。本年鉴中的工业增加值是以生产法计算的。

生产法工业增加值的计算方法为：

工业增加值=工业总产出–工业中间投入+应交增值税

(1)工业总产出：指工业企业在一定时期内工业生产活动的总成果。工业总产出包括：成品生产价值，对外加工费收入，自制半成品、在产品期末期初差额价值。1995年后用新规定计算的工业总产值代替。

(2)工业中间投入：指工业企业在工业生产活动中消耗的外购物质产品和对外支付的服务费用。服务费用包括支付给物质生产部门(工业、农业、批发零售贸易业、建筑业、运输邮电业)的服务费用和支付给非物质生产部门(如保险、金融、文化教育、科学研究、医疗卫生、行政管理等)的服务费用。工业中间投入的确定须遵循以下原则：必须从外部购入的，并已计入工业总产出的产品和服务价值；必须是本期投入生产，并一次性消耗掉(包括本期摊销的低值易耗品等)的产品和服务价值。

工业中间投入包括直接材料费用、制造费用中的工业中间投入、管理费用中的工业中间投入、销售费用中的工业中间投入和利息支出五部分。

实收资本：指企业实际收到投资者的可作为长期周转使用的经营资金。根据现行会计制度规定，实收资本按投资主体分为：国家资本、集体资本、法人资本、个人资本、港澳台资本和外商资本。

国家资本：指有权代表国家投资的政府部门或者机构以国有资产投入企业形成的资本。

集体资本：指有权代表国家投资的集体部门或者机构以国有资产投入企业形成的资本。

法人资本：指其他法人单位以其依法可以支配的资产投入企业形成的资本。

个人资本：指社会个人或者本企业内部职工以个人合法财产投放到企业形成的资本。

港澳台资本：指我国香港、澳门和台湾地区投资者以各种形式的资产进行投资形成的资本。

外商资本：指外国投资者对企业投资形成的资本。

资产总计 指企业拥有或控制的能以货币计量的经济资源，包括各种财产、债权和其他权利。资产按流动性分为流动资产、长期投资、固定资产、无形资产、递延资产和其他资产。该指标根据企业会计“资产负债表”中“资产总计”项目的期末数增列。

流动资产合计 指可以在一年或者超过一年的一个营业周期内变现或者耗用的资产，包括现金及各种存款、短期投资、应收及预付货款、存款等。

流动资产平均余额 指企业在报告期内全部流动资产的平均余额。

固定资产原价 指企业在建造、购置、安装、改建、扩建、技术改造某项固定资产时所支出的全部货币总额。它一般包括买价、包装费、运杂费和安装费等。

固定资产净值年平均余额 指固定资产净值在报告期内余额的平均数。计算公式为：

固定资产净值年平均余额=1至12月各月月初、月末固定资产净值之和/24

该指标根据“资产负债表”中“固定资产原价”“累计折旧”指标的期初、期末数计算填列。

固定资产净值指固定资产原价减去历年已提折旧额后的净额。计算公式为：

固定资产净值=固定资产原价−累计折旧

流动负债合计 指将在一年或超过一年的一个营业周期内偿还的债务。流动负债包括短期负债、应付票据、应付账款、预收账款、应付工资、应付福利费、应交税金、应付利润、其他应付款、预提费用等。

流动负债具有偿还期限短，在债权人提出要求时即期偿付，或在一年内必须偿还的特点。

长期负债合计 指偿还期在一年或超过一年的一个营业周期以上的债务，它是除了投资人投入企业的资本以外，企业向债权人筹集、可供企业长期使用的资金，是企业必须以资产或劳务偿还的经济责任，包括长期借款、应付债款、长期应付款、其他长期负债等。与流动负债相比，长期负债具有为数较大、偿还期限较长的特点，且对投资者来说可带来更大的利益。

所有者权益 指企业投资人对企业净资产的所有权。企业净资产等于企业全部资产减去全部负债后的余额，包括企业投资人对企业的最初投入的实际到位的资产及资本公积金、盈余公积金和未分配利润。所有者权益合计数小于零，表示企业资不抵债。

产品销售收入 指企业在报告期内生产的成品、自制半成品和工业性劳务取得的收入。

产品销售成本 指企业在报告期内销售本企业生产的成品、自制半成品和工业性劳务等的实际成本。

产品销售税金及附加 指企业在报告期内销售产品、提供的劳务等主要经营业务应负担的城市维护建设税、消费税、资源税和教育费附加等。

利润总额 指企业生产经营活动的最终成果，是企业在一定时期内实现的盈亏相抵后的利润总额(亏损以“−”号表示)，它等于营业利润加上补贴收入加上投资收益加上营业外净收入再加上以前年度损益调整。

本年应交增值税 指企业在报告期内应交纳的增值税额。它等于本年销项税额加上出口退税加上进项税额转出数减去本年进项税额。小规模纳税企业直接按全年计税销售额乘以征收率计算取得。

年末从业人员平均人数 从业人员是指在企业工作并取得劳动报酬的全部人员数。包括在岗职工、再就业的离退休人员、民办教师及在企业工作的外方人员和港澳台方人员、兼职人员、借用的外单位人员和第二职业者。不包括离开本单位但仍保留劳动关系的职工。

从业人员平均人数是指报告期内每天拥有的从业人员人数。计算公式为：

月平均人数=报告月内每天实有人数之和/报告月日历日数

季平均人数=季内各月平均人数之和/3

年平均人数=年内各月平均人数之和/12

总资产贡献率 反映企业全部资产的获利能力，是企业经营业绩和管理水平的集中体现，是评价和考核企业盈利能力的核心指标。计算公式为：

总资产贡献率（%）=利润总额+税金总额+利息支出/平均资金总额×100%

公式中：税金总额为产品销售税金及附加与应交增值税之和；平均资产总额为期初期末资产之和的算术平均值。

资产负债率 该指标既反映企业经营风险的大小，也反映企业利用债权人提供的资金从事经营活动的能力。计算公式为：

资产负债率（%）=负债总额/资产总额×100%

资产与负债均为报告期期末数。

流动资产周转次数 指一定时期内流动资产完成的周转次数，反映投入工业企业流动资金的周转速度。计算公式为：

流动资产周转次数=产品销售收入/全部流动资产平均余额

公式中：全部流动资产平均余额为期初和期末的流动资产之和的算术平均值。

成本费用利润率 反映企业投入的生产成本及费用的经济效益，同时也反映企业降低成本所取得的经济效益。计算公式为：

成本费用利润（%）=利润总额/成本费用总额×100%

公式中：成本费用总额为产品销售成本、销售费用、管理费用、财务费用之和。

全员劳动生产率 该指标反映企业的生产效率和劳动投入的经济效益。计算公式为：

全员劳动生产率（元/人）=工业增加值/全部从业人员平均人数

产品销售率 该指标反映工业产品已实现销售的程度，是分析工业产销衔接情况、研究工业产品满足社会需求的指标。计算公式为：

产品销售率（%）=工业销售产值/工业总产值（现价）×100%

建筑业统计单位 指从事房屋、构筑物建造和设备安装活动的法人企业。建筑业法人企业应具有建筑业资质并能够独立核算；同时应具备以下条件：①依法成立，有自己的名称、组织机构和场所，能够承担民事责任；②独立拥有和使用资产，承担负债，有权与其他单位签订合同；③独立核算盈亏，能够编制资产负债表。

建筑业总产值 是以货币形式表现的建筑业企业在一定时期内生产的建筑业产品和提供的服务的总和。建筑业总产值包括：

⑴建筑工程产值：指列入建筑工程预算内的各种工程价值。

⑵安装工程产值：指设备安装工程价值，不包括被安装设备本身的价值。

⑶其他产值：建筑业总产值中除建筑工程、安装工程以外的产值。包括房屋构筑物修理产值、非标准设备制造产值、总包企业向分包企业收取的管理费以及不能明确划分的施工活动所完成的产值。

a.房屋构筑物修理产值：指房屋和构筑物修理所完成的产值，但不包括被修理房屋、构筑物本身价值和生产设备的修理产值。

b.非标准设备制造产值：指加工制造没有定型的非标准生产设备的加工费和原材料价值(如化工厂、炼油厂用的各种罐、槽，矿井生产统一使用的各种漏斗、三角槽、阀门等)以及附属加工厂为本企业承建工程制作的非标准设备的价值。

建筑业增加值　指建筑业企业在报告期内以货币形式表现的建筑业生产经营活动的最终成果。目前建筑业增加值采用分配法(收入法)计算，即从收入的角度出发，根据生产要素在生产过程中应得的收入份额计算。具体计算公式为：

建筑业增加值=本年提取的固定资产折旧+应付工资+应付福利费+管理费用中的劳动待业保险费、税金+工程结算税金及附加+营业利润

房屋建筑施工面积　指在报告期内施过工的全部房屋建筑面积，包括本期新开工的房屋面积、上期施工跨入本期继续施工的房屋面积、上期停缓建在本期恢复施工的房屋面积、本期竣工的房屋面积及本期施工后又停缓建的房屋面积。

房屋建筑竣工面积　指在报告期内房屋建筑按照设计要求全部完工，达到了使用条件，经验收鉴定合格，正式移交使用单位的房屋建筑面积。

自有机械设备年末总台数　指归本企业所有，属于本企业固定资产的生产性机械设备年末总台数。包括施工机械、生产设备、运输设备以及其他设备。

自有机械设备年末总功率　指本企业自有施工机械、生产设备、运输设备以及其他设备等列为在册固定资产的生产性机械设备年末总功率，按设定能力或查定能力计算。包括机械本身的动力和为该机械服务的单独动力设备，如电动机等。计算单位用千瓦，动力换算可按1马力＝0.735千瓦折合成千瓦数。电焊机、变压器、锅炉不计算动力。

工程结算收入　指企业承包工程实现的工程价款结算收入，以及向发包单位收取的除工程价款以外的按规定列作营业收入的各种款项，如临时设施费、劳动保险费、施工机械调迁费等以及向发包单位收取的各种索赔款。

工程结算利润　指已结算工程实现的利润，如亏损以“–”号表示。计算公式为：

工程结算利润=工程结算收入–工程结算成本–工税结算税金及附加

企业总收入　指与企业生产经营直接有关的各项收入，包括工程结算收入和其他业务收入。计算公式为：

企业总收入=工程结算收入+其他业务收入

铁路营业里程　又称营业长度(包括正式营业和临时营业里程)，指办理客货运输业务的铁路正线总长度。凡是全线或部分建成双线及以上的线路，以第一线的实际长度计算；复线、站线、段管线、岔线和特殊用途线以及不计算运费的联络线都不计算营业里程。该指标可以反映铁路运输业基础设施的发展水平，也是计算客货周转量、运输密度和机车车辆运用效率等指标的基础资料。

铁路电气化里程　指在全部铁路营业里程中已安装了供电线路及设备，可以供电力机车牵引列车运行的区段的总里程。

铁路自动、半自动闭塞里程　指装有列车自动或人工完成闭塞状态的铁路设备里程。为保证列车安全运行，在一个区间、同一时间内，一般只允许一列列车运行，这种保证列车在这个区间安全间隔运行的技术方法称为“闭塞”。自动或半自动闭塞里程占铁路营业里程的比重是反映铁路现代化的重要标志之一。

公路里程　指在一定时期内实际达到《公路工程[WTBZ]技术标准JTJ01–88》规定的等级公路，并经公路主管部门正式验收交付使用的公路里程数。包括大中城市的郊区公路以及通过小城镇街道部分的公路里程和桥

梁、渡口的长度，不包括大中城市的街道、厂矿、林区生产用道和农业生产用道的里程。两条或多条公路共同经由同一路段，只计算一次，不得重复计算里程长度。该指标可以反映公路建设的发展规模，也是计算运输网密度等指标的基础资料。

内河航道里程 也称内河通航里程，指在一定时期内，能通航运输船舶及排筏的天然河流、

湖泊水库、运河及通航渠道的长度。包括全年季节性通航累计三个月以上的航道，不包括仅供零散流放竹、木排的河道。该指标可以反映内河水运网的规模、水平和发展情况。

民用航空航线里程 指民航运输定期班机飞行的航线长度的总和。航线长度按机场之间的距离计算，通常有两种计算方法：一是将每条航线长度相加称为重复计算航线里程；一是将两线或两条以上航线经过同一区段里程，只计算一次航线长度称为不重复计算航线里程。一般常用的是后者，该指标可以确切反映民航运输网的规模，是表明民航事业为国民经济服务和方便人民生活程度的主要指标。

输油(气)管道长度 也称输油(气)里程，指油品(或天然气)的实际输送距离，一般按输油(气)管道的单线长度计算。若包括复线和备用线长度则称为输油(气)管道延展长度，是指管道铺设的实际长度。我们通常使用的是不包括复线的“输油(气)管道里程”，该指标可以反映管道运输的发展规模和水平。

货(客)运量 指在一定时期内，各种运输工具实际运送的货物(旅客)数量。该指标是反映运输业为国民经济和人民生活服务的数量指标，也是制定和检查运输生产计划、研究运输发展规模和速度的重要指标。货运按吨计算，客运按人计算。货物不论运输距离长短、货物类别，均按实际重量统计。旅客不论行程远近或票价多少，均按一人一次客运量统计；半价票、小孩票也按一人统计。

货(客)运密度 指在一定时期内某种运输方式在营运线路的某一区段平均每公里线路通过的货物(旅客)运输周转量。计算公式为：

货（客）运密度=货物（旅客）周转量/营业线路长度

该指标可以反映交通运输线路上的货物(旅客)运输量运输繁忙程度，是平衡运输线路运输能力和通过能力，规划线路建设及改造、配备技术设备，研究运输网布局的重要依据。

货物(旅客)周转量 指在一定时期内，由各种运输工具运送的货物(旅客)数量与其相应运输距离的乘积之总和。该指标可以反映运输业生产的总成果，也是编制和检查运输生产计划，计算运输效率、劳动生产率以及核算运输单位成本的主要基础资料。计算货物周转量通常按发出站与到达站之间的最短距离，也就是计费距离计算。计算公式为：

货物（旅客）周转量=∑货物（旅客）运输量×运输距离

铁路货车平均静载重 指铁路货车在始发站静止状态下平均每车装载的货物重量，用以分析货车完成装车时车辆载重力的利用情况。计算公式为：

货车平均静载量=货物发送吨数/装车数

静载重的多少取决于运送货物的性质、种类、车辆的类型和装载技术的高低。根据货车的平均标记载重与静载重进行对比，可以反映货车载重能力的利用程度。计算公式为：

货车载重力利用率（%）=货车平均静载重/货车平均标记载重×100%

铁路货运机车日产量 指在一定时期内，平均每台货运机车在一昼夜内所完成的总重吨公里数，包括载运货物的重量和车辆本身的自重。该指标从时间和牵引能力两方面反映了机车运用效率。计算公式为：

货运机车平均日产量=货运总重吨公里数/货运机车台日数

沿海主要港口货物吞吐量 指经水运进出沿海主要港区范围，并经过装卸的货物数量，包括邮件及办理托

运手续的行李、包裹以及补给运输船舶的燃、物料和淡水。货物吞吐量按货物流向分为进口、出口吞吐量，按货物交流性质分为外贸货物吞吐量和国内贸易货物吞吐量。货物吞吐量的货类构成及其流向，是衡量港口生产能力大小的重要指标。

民用汽车拥有量 指报告期末，在公安交通管理部门按照《机动车注册登记工作规范》，已注册登记领有民用车辆牌照的全部汽车数量。汽车拥有量统计的主要分类：根据汽车结构分为载客汽车、载货汽车及其他汽车；根据汽车所有者不同分为个人(私人)汽车、单位汽车；根据汽车的使用性质分为营运汽车、非营运汽车和特种汽车；根据汽车大小规格不同载客汽车分为大型、中型、小型和微型，载货汽车分为重型、中型、轻型和微型。

邮电业务总量 指以价值量形式表现的邮电通信企业为社会提供各类邮电通信服务的总数量。邮电业务量按专业分类包括函件、包件、汇票、报刊发行、邮政快件、特快专递、邮政储蓄、集邮、公众电报、用户电报、传真、长途电话、出租电路、无线寻呼、移动电话、分组交换数据通信、出租代维等。计算方法为各类产品乘以相应的平均单价(不变价)之和，再加上出租电路和设备、代用户维护电话交换机和线路等的服务收入。该指标综合反映了一定时期邮电业务发展的总成果，是研究邮电业务量构成和发展趋势的重要指标。计算公式为：

邮电业务总量=Σ（各类邮电业务量×不变单价）+出租代维及其他业务收入=邮电业务总量+电信业务总量

移动电话用户 指通过移动电话交换机进入移动电话网、占用移动电话号码的各类电话用户。包括签约用户和智能网预付费用户。一个移动电话号码统计为一户。

互联网上网人数 指平均每周使用互联网至少1小时的中国公民人数。

本地电话用户 指接入本地电信运营商固定电话网上的电话用户。包括：住宅用户、单位用户、公用电话用户等。按电话用户位置又分为市内电话用户和农村电话用户。1997年以前，“市内电话用户”是指接入县城及县以上城市的电话网上的电话用户；“农村电话用户”是指接入县邮电局农话台及县以下农村电话交换点，以县城为中心(除市话用户外)联通县、乡(镇)、行政村、村民小组的用户。从1997年起，电话用户数分组调整为以用户所在区域划分为“城市电话用户”和“乡村电话用户”，与过去的按市内电话和农村电话划分方法不同。而电话用户总数、电话机总部数统计范围不变。

城市电话用户 指直辖市、省辖市、地级市、县级市的市区、市郊区及县城(包括县人民政府所在地的县城关区或行政建制相当于县人民政府所在地的镇)范围内接入局用交换机的电话用户数，包括分布在农村地区的独立工矿区、林区、驻军等电话用户数。

乡村电话用户 指按行政区划属于城市范围以外的乡(镇)、村的电话用户数。

住宅电话用户 指安装在居民住宅或农民家里并按照住宅电话用户登记注册和收费的电话用户。包括私人付费、单位付费和按规定免费安装的住宅电话用户。

长途电话交换机容量 指用于接入长途电话网的电话交换机设备的额定容量，包括国际电话交换机容量。

局用交换机容量 指安装在电信运营企业内用于接续本地固定电话的电话交换机容量，包括现用和备用的人工或自动交换机的全部容量。不包括用户交换机容量。

移动电话交换机容量 指移动电话交换机根据一定话务模型和交换机处理能力计算出来的最大同时服务用户的数量。

社会消费品零售总额 批发和零售业、餐饮业、新闻出版业、邮政业和其他服务业等，售予城乡居民用于生活消费的商品和社会集团用于公共消费的商品之总量。社会消费品零售总额包括：

一、批发和零售业企业（单位）：

1.售予城乡居民的各种生活消费品；

2.售予入境旅游的外国人、华侨、港澳台同胞的各类商品；

3.售予行政事业单位、社会团体、军队和武警等机构的商品，以及以零售方式售予各类企业的商品。具体包括：用于非生产和社会交往的办公用品，如通讯设备、计算器具和设备、电讯网络设备、文印设备、音像视听器材和设备、纸张、本册、文具及装订文印材料、家具、日用电器、针纺织品、清洁卫生用品、文体用品、奖品、纪念品、礼品等；供内部人员乘坐的交通工具和燃料；用于办公设施修缮的各类配件、材料、工具等；用于取暖和防暑降温的设备、燃料、材料及食品等；专用于教学的用品和设备；非营利医疗机构的中、西药品、中药材和医疗设备器材；非专用的劳动保护用品；不对外营业的内部食堂用的餐具、炊具、设备、清洁卫生工具和食品、燃料等；军队、武警用于其人员生活的衣着品和个人用品；其他各类非生产性设备和用品。

二、餐饮业出售的主食、菜肴、烟酒饮料和其他商品。

三、新闻出版业、邮政业售予城乡居民、企事业单位、军队和武警等机构的书报杂志、音像制品、邮品等。

四、其他服务业出售的食品、烟酒饮料、服装鞋帽、日常生活用品、医药保健用品、艺术品、工艺美术品、玩具、殡葬用品以及其他消费品。

进出口总额　指实际进出我国国境的货物总金额。包括对外贸易实际进出口货物，来料加工装配进出口货物，国家间、联合国及国际组织无偿援助物资和赠送品，华侨、港澳台同胞和外籍华人捐赠品，租赁期满归承租人所有的租赁货物，进料加工进出口货物，边境地方贸易及边境地区小额贸易进出口货物(边民互市贸易除外)，中外合资企业、中外合作经营企业、外商独资经营企业进出口货物和公用物品，到、离岸价格在规定限额以上的进出口货样和广告品(无商业价值、无使用价值和免费提供出口的除外)，从保税仓库提取在中国境内销售的进口货物，以及其他进出口货物。该指标可以观察一个国家在对外贸易方面的总规模。我国规定出口货物按离岸价格统计，进口货物按到岸价格统计。

商品经营单位所在地进、出口额　指所在地海关注册登记的有进出口经营权的企业实际进、出口额。

商品目的地进口额和商品货源地出口额　目的地进口额指进口货物的消费、使用或最终抵运地的实际进口额，货源地出口额指出口货物的产地或原始发货地的实际出口额。

对外承包工程　指各对外承包公司以招标议标承包方式承揽的下列业务：(1)承包国外工程建设项目；(2)承包我国对外经援项目；(3)承包我国驻外机构的工程建设项目；(4)承包我国境内利用外资进行建设的工程项目；(5)与外国承包公司合营或联合承包工程项目时我国公司分包部分；(6)对外承包兼营的房屋开发业务。对外承包工程的营业额是以货币表现的本期内完成的对外承包工程的工作量，包括以前年度签订的合同和本年度新签订的合同在报告期内完成的工作量。

对外劳务合作　指以收取工资的形式向业主或承包商提供技术和劳动服务的活动。我国对外承包公司在境外开办的合营企业，中国公司同时又提供劳务的，其劳务部分也纳入劳务合作统计。劳务合作营业额按报告期内向雇主提交的结算数（包括工资、加班费和奖金等）统计。

对外设计咨询　指以服务成果向业主收费的技术服务项目。包括承担地形地貌测绘，地质资源勘探与普查，建设区域规划，提供设计文件、图纸、生产工艺技术资料和工程技术经济咨询，工程项目的可行性考察、研究和评估，进行技术指导和培训人员等；也包括承担国(境)内利用外资建设工程项目中的设计咨询项目内收取外币部分。

旅游者人数

(1)入境国际旅游者人数：指来中国参观、访问、旅行、探亲、访友、休养、考察、参加会议和从事经济、科技、文化、教育、宗教等活动的外国人、华侨、港澳同胞和台湾同胞的人数。不包括外国在我国的常驻机构，如使领馆、通讯社、企业办事处的工作人员;来我国常住的外国专家、留学生以及在岸逗留不过夜人员。

(2)出境居民人数：指大陆居民因公务活动或私人事务短期出境的人数。公务活动出境居民人数包括在国际交通工具上的中国服务员工，因私出境居民人数不包括在国际交通工具上的中国服务员工。

(3)国内旅游者人数：指我国大陆居民和在我国常住1年以上的外国人、华侨、港澳台同胞离开常住地在境内其他地方的旅游设施内至少停留一夜，最长不超过6个月的人数。

国际旅游(外汇)收入　指入境旅游的外国人、华侨、港澳同胞和台湾同胞在中国大陆旅游过程中发生的一切旅游支出，对于国家来说就是国际旅游（外汇）收入。

国际旅行社　指经营对外招徕并接待外国人、华侨、港澳同胞和台湾同胞来中国、归国或回内地旅游业务的旅行社。

国内旅行社　指负责经营招徕、组团、接待国内旅客的旅游业务，以及不对外招徕，负责经营接待国际旅行社或其他涉外部门组织的外国人、华侨、港澳同胞和台湾同胞来中国、归国或回内地的旅游业务的旅行社。

星级饭店　指已评定星级的饭店。

普通高等学校　指按照国家规定的设置标准和审批程序批准举办的，通过全国普通高等学校统一招生考试，招收高中毕业生为主要培养对象，实施高等教育的全日制大学、独立设置的学院和高等专科学校、高等职业学校和其他机构。

大学、独立设置的学院主要实施本科层次以上教育，高等专科学校、高等职业学校实施专科层次教育，其他机构是承担国家普通招生计划任务不计校数的机构。包括普通高等学校分校和批准筹建的普通高等学校等。

成人高等学校　指按照国家规定的设置标准和审批程序批准举办的，通过全国成人高等学校统一招生考试，招收具有高中毕业或同等学历的在职从业人员为主要培养对象，利用函授、业余、脱产等多种形式对其实施高等学历教育的学校。包括职工高等学校、农民高等学校、管理干部学院、教育学院、独立函授学院、广播电视大学、其他机构等。其他机构是承担国家成人招生计划任务不计校数的机构。

小学学龄儿童入学率　指调查范围内已入小学学习的学龄儿童占校内外学龄儿童总数(包括弱智儿童，不包括盲聋哑儿童)的比重。计算公式为：

小学学龄儿童入学率=已入学的小学学龄儿童数/校内外小学学龄儿童总数 × 100%

科技活动　指在自然科学、农业科学、医药科学、工程与技术科学、人文与社会科学领域（简称科学技术领域）中，与科技知识的产生、发展、传播和应用密切相关的有组织的活动。

可分为研究与试验发展（R&D）、研究与试验发展成果应用及相关的科技服务三类活动。该定义是联合国教科文组织考虑成员国特别是发展中国家开展科技统计工作的需要，而对科技活动所作的统计界定。

科技活动人员　指直接从事科技活动以及专门从事科技活动管理和为科技活动提供直接服务，累计的实际工作时间占全年制度工作时间10%及以上的人员。(1)直接从事科技活动的人员包括：在独立核算的科学研究与技术开发机构、高等学校、各类企业及其他事业单位内设的研究室、实验室、技术开发中心及中试车间(基地)等机构中从事科技活动的研究人员、工程技术人员、技术工人及其他人员；虽不在上述机构工作，但编入科技活动项目(课题)组的人员；科技信息与文献机构中的专业技术人员；从事论文设计的研究生等。(2)专门从事科技活动管理和为科技活动提供直接服务的人员，包括：独立核算的科学研究与技术开发机构、科技信息与文献机构、高等学校、各类企业及其他事业单位主管科技工作的负责人，专门从事科技活动的计划、行政、人事、财务、物资供应、设备维护、图书资料管理等工作的各类人员，但不包括保卫、医疗保健人员、司机、食堂人员、茶炉工、水暖工、清洁工等为科技活动提供间接服务的人员。该指标用来反映投入科技活动人力的规模。

科学家与工程师 指科技活动人员中具有高、中级技术职称(职务)的人员和不具有高、中级技术职称(职务)的大学本科及以上学历人员。该指标用来反映投入科技活动人力的素质。

研究与试验发展(R&D) 指在科学技术领域，为增加知识总量以及运用这些知识去创造新的应用进行的系统的创造性的活动，包括基础研究、应用研究、试验发展三类活动。国际上通常采用R&D活动的规模和强度指标反映一国的科技实力和核心竞争力。

基础研究 指为了获得关于现象和可观察事实的基本原理的新知识(揭示客观事物的本质、运动规律，获得新发现、新学说)而进行的实验性或理论性研究，它不以任何专门或特定的应用或使用为目的。其成果以科学论文和科学著作为主要形式。用来反映知识的原始创新能力。

应用研究 指为获得新知识而进行的创造性研究，主要针对某一特定的目的或目标。应用研究是为了确定基础研究成果可能的用途，或是为达到预定的目标探索应采取的新方法(原理性)或新途径。其成果形式以科学论文、专著、原理性模型或发明专利为主。用来反映对基础研究成果应用途径的探索。

试验发展 指利用从基础研究、应用研究和实际经验所获得的现有知识，为产生新的产品、材料和装置，建立新的工艺、系统和服务，以及对已产生和建立的上述各项作实质性的改进而进行的系统性工作。其成果形式主要是专利、专有技术、具有新产品基本特征的产品原型或具有新装置基本特征的原始样机等。在社会科学领域，试验发展是指把通过基础研究、应用研究获得的知识转变成可以实施的计划(包括为进行检验和评估实施示范项目)的过程。人文科学领域没有对应的试验发展活动。主要反映将科研成果转化为技术和产品的能力，是科技推动经济社会发展的物化成果。

研究与试验发展人员 指参与研究与试验发展项目研究、管理和辅助工作的人员，包括项目(课题)组人员，企业科技行政管理人员和直接为项目(课题)活动提供服务的辅助人员。反映投入从事拥有自主知识产权的研究开发活动的人力规模。

专业技术人员 指从事专业技术工作和专业技术管理工作的人员，即企事业单位中已经聘任专业技术职务从事专业技术工作和专业技术管理工作的人员，以及未聘任专业技术职务，现在专业技术岗位上工作的人员。包括工程技术人员，农业技术人员，科学研究人员，卫生技术人员，教学人员，经济人员，会计人员，统计人员，翻译人员，图书资料、档案、文博人员，新闻出版人员，律师、公证人员，广播电视播音人员，工艺美术人员，体育人员，艺术人员及企业政治思想工作人员，共十七个专业技术职务类别。用来反映科技人力资源情况。

科技活动经费筹集指从各种渠道筹集到的计划用于科技活动的经费，包括政府资金、企业资金、事业单位资金、金融机构贷款、国外资金和其他资金等。反映各社会经济主体对促进科技进步所做的努力。

政府资金 指从各级政府部门获得的计划用于科技活动的经费，包括科学事业费、科技三项费、科研基建费、科学基金、教育等部门事业费中计划用于科技活动的经费以及政府部门预算外资金中计划用于科技活动的经费等。

企业资金 指从自有资金中提取或接受其他企业委托的、科研院所和高校等事业单位接受企业委托获得的，计划用于科研和技术开发的经费。不包括来自政府、金融机构及国外的计划用于科技活动的资金。

金融机构贷款 指从各类金融机构获得的用于科技活动的贷款。

科技活动经费内部支出 指报告年内用于科技活动的实际支出，包括劳务费、科研业务费、科研管理费，非基建投资购建的固定资产、科研基建支出以及其他用于科技活动的支出。不包括生产性活动支出、归还贷款支出及转拨外单位支出。反映科技投入实际完成情况。

劳务费 指以货币或实物形式直接或间接支付给从事科技活动人员的劳动报酬及各种费用。包括各种形式的工资、津贴、奖金、福利、离退休人员费用、人民助学金等。反映改善科技人员待遇情况。

固定资产购建费 指报告年内使用非基建投资购建的固定资产和用于科研基建投资的实际支出额，即固定资产实际支出和科研基建投资实际完成额之和。固定资产是指长期使用而不改变原有实物形态的主要物资设备、图书资料、实验材料和标本以及其他设备和家具、房屋、建筑物。反映用于改善科研条件和科研手段方面的投入情况。

新产品 指采用新技术原理、新设计构思研制、生产的全新产品，或在结构、材质、工艺等某一方面比原有产品有明显改进，从而显著提高了产品性能或扩大了使用功能的产品。既包括政府有关部门认定并在有效期内的新产品，也包括企业自行研制开发，未经政府有关部门认定，从投产之日起一年之内的新产品。用来反映科技产出及对经济增长的直接贡献。

专利 是专利权的简称，是对发明人的发明创造经审查合格后，由专利局依据专利法授予发明人和设计人对该项发明创造享有的专有权。包括发明、实用新型和外观设计。反映拥有自主知识产权的科技和设计成果情况。

发明 指对产品、方法或者其改进所提出的新的技术方案。是国际通行的反映拥有自主知识产权技术的核心指标。

实用新型 指对产品的形状、构造或者其结合所提出的适于实用的新的技术方案。反映具有一定技术含量的技术成果情况。

外观设计 指对产品的形状、图案、色彩或者其结合所作出的富有美感并适于工业上应用的新设计。反映拥有自主知识产权的外观设计成果情况。

文化事业机构 指从事专业文化工作和为专业文化工作服务的独立建制的单位。不包括这些单位另外举办独立核算的其他机构和各部门的业余文化组织。该指标主要反映文化事业机构发展规模水平。

艺术表演团体 指从事戏曲、音乐、舞蹈、杂技等专业艺术表演，有独立帐户的单位，不包括半工半艺、半农半艺和民间职业剧团。

艺术表演观众人数(人次) 指售票、包场演出或民族地区免费演出的艺术表演观众人次数，不包括彩排审查和内部观摩演出的观看人次数。

等级运动员人数 指经考核正式批准授予等级运动员称号的人数。运动员等级分为国际级运动健将、运动健将、一级运动员、二级运动员、三级运动员、少年级运动员。该指标主要反映运动员队伍的技术质量水平。

等级裁判员人数 指经考核正式批准授予等级裁判员称号的人数。裁判员等级分为国际裁判、国家级裁判、一级裁判、二级裁判、三级裁判。该指标主要反映裁判员队伍的技术质量水平。

体育场 指有400米跑道(中心含足球场)，有固定道牙，跑道6条以上，并有固定看台的室外田径场地。体育场按看台容纳观众人数分为：甲级25000人以上，乙级15000–25000人，丙级5000–15000人，丁级5000人以下。该指标主要反映大中型体育场数量水平。

体育馆 指有固定看台，可供篮球、排球、羽毛球、乒乓球、体操等项目训练比赛活动用的室内运动场地。体育馆按看台容纳观众人数分为：甲级6000人以上，乙级4000–6000人，丙级2000–4000人，丁级2000人以下。该指标主要反映大中型体育馆数量水平。

卫生机构 包括医疗机构、疾病预防控制中心(防疫站)、采供血机构、卫生监督及监测(检验)机构、医学科研和在职培训机构、健康教育所等。

医疗机构 包括医院、社区卫生服务中心(站)、疗养院、卫生院、门诊部、诊所(卫生所、医务室)、妇幼保健院(所、站)、专科疾病防治院(所、站)、急救中心(站)和临床检验中心。医疗机构分为非营利性医疗机构和营利性医疗机构。

医院 包括综合医院、中医医院、中西医结合医院、民族医院、各类专科医院和护理院。

卫生技术人员 指卫生机构中医生、护理人员、药剂人员、检验人员等卫生技术人员。

医生 指在医疗、预防保健机构工作且取得《执业医师证书》的执业医师和执业助理医师。

社会福利事业单位 指集中收养社会孤老、残、幼的机构，包括由民政部门管理的社会福利院、儿童福利院、精神病人福利院和城镇集体举办的福利院及农村集体举办的敬老院以及优抚医院和具有收养能力的社区服务中心等。该指标主要反映我国在社会福利性单位投入的水平。

社会福利事业单位收养人数 包括民政部门管理和城镇、农村集体举办的社会福利事业单位中收养的老人、少年儿童、缺乏生活自理能力的残疾人员和精神病人。该指标主要反映收养性社会福利单位的收养能力。

社会福利企业单位 指以安置城镇有一定劳动能力的盲、聋、哑和肢体残疾人员就业为目的，享受国家减免税待遇的国有或集体企业。包括福利工厂、福利商业和服务业、假肢厂和安置农场等单位。该指标主要反映我国对残疾人照顾的特殊政策。

农村五保户 指农村中既无劳动能力，又无经济来源的老、弱、孤、残的农民，其生活由集体供养，实行保吃、保穿、保住、保医、保葬(孤儿保教)，简称“五保”，享受五保待遇的家庭叫五保户。该指标主要反映农村弱势群体的人员数量。

律师 指依法取得律师执业证书，担任法律顾问，民事(刑事、行政)案件代理人、刑事案件辩护人、办理非诉讼业务，解答法律询问，代写法律事务文书等，为社会提供法律服务的人员。

公证人员 指在公证处工作的人员总称，包括公证处主任、副主任、公证员、公证员助理(助理公证员)和其他从事辅助性工作的人员。

公证文书 指公证处根据当事人申请，依照事实和法律，按照法定程序制作的，具有法律效力的司法证明文书。根据公证书用途和使用地，公证书分为国内公证书、国内经济公证书、涉外民事公证书、涉外经济公证书四类。

调解员 指在人民调解委员会担负调解民间纠纷工作的人员，包括调解委员会的委员和调解小组的调解员。该指标主要反映从事人民调解工作的人员数量。

调解民间纠纷 指调解委员会按照法律规定，根据自愿原则，用说服教育的方法调解民间发生的有关民事权利和义务争执的件数，包括调解成功数和调解未成功数。该指标主要反映人民调解委员会的工作量。

受理劳动争议案件数 指劳动争议仲裁委员会根据国家有关规定，对劳动争议当事人的申请予以审查，符合受理条件而正式立案、准备处理的劳动争议案件数。

基本养老保险

1.参加保险人数：指报告期末按照国家法律、法规和有关政策规定参加基本养老保险的职工人数。包括不能正常缴费、已中断缴费但未终止保险关系的职工人数。

2.社会统筹基金收入：指根据国家规定，由纳入基本养老保险范围的单位，按照国家规定的缴费基数和缴费比例缴纳的社会统筹基金，以及通过其他方式取得的形成基金来源的收入，包括：单位缴纳的社会统筹基金收入、财政补贴收入、利息收入、其他收入。

3.社会统筹基金支出：指按照国家政策规定的开支范围和开支标准从社会统筹基金中支付给参加基本养老保险的离休、退休、退职人员个人的养老金、丧葬抚恤补助，以及由于保险关系转移、上下级之间调剂资金等原因而发生的支出。包括：基础性养老金、过渡性养老金、离休金、退休金、退职金、补贴、丧葬抚恤补助、其他支出。

4.社会统筹基金结余：指截至报告期末基本养老保险的社会统筹基金结余金额。包括银行存款、财政专户、债券投资和其他。

离休、退休、退职人员　指正式办理了离休、退休、退职手续，并享受相应的离休、退休、退职待遇的人员。

保险福利费用总额　指各单位在工资以外支付给职工和离休、退休、退职人员个人和用于集体的保险福利费用，不包括用于职工的劳动保护费用，由保险福利费用开支的医务人员工资，集体福利机构工作人员和病伤休息期满6个月以上人员的工资。

离休、退休、退职人员保险福利费用包括：

1.离休金：指发给离休干部的工资和按1982年国务院《关于老干部离职休养制度的几项规定的通知》发给符合规定的离休干部相当于一至两个月标准工资的生活补贴及1988年增发的生活补贴。

2.退休金：指按照国家有关规定发给退休职工的退休费和1988年增发的生活补贴。

3.退职生活费：指按照1978年国务院《关于工人退休、退职的暂行办法》发给退职人员的生活费用和1988年增发的生活补贴。以上离退休、退职人员的离退休金、退职生活费还应包括发给离退休、退职人员的生活补贴和物价补贴。

4.医疗卫生费：指离休、退休、退职人员的医疗费、住院费以及住院伙食补助等费用。

5.其他：指上述费用以外的其他保险福利费用，如丧葬抚恤救济费、交通费补贴、冬季取暖补贴等。

民营经济　登记注册类型为股份合作企业、其他联营企业、非国有控股的其他责任公司和股份有限公司、私营企业、内资其他企业的企业法人和有固定经营场所并持有工商营业执照，或有固定经营场所但暂时没有领取工商营业执照的个体经营户。

EXPLANATORY NOTES ON MAIN STATISTICAL INDICATORS

Administrative Division refers to the division of administrative areas by the state. The Constitution of the People's Republic of China stipulates that the administrative areas in China are divided as: (1) The whole country is divided into provinces, autonomous regions and municipalities directly under the central government; (2) Provinces and autonomous regions are divided into autonomous prefectures, counties, autonomous counties and cities;(3) Autonomous prefectures are divided into counties, autonomous counties and cities; (4) Counties and autonomous counties are divided into townships, nationality townships and towns; (5) Municipalities and large cities are divided into districts and counties, (6) The state shall, when necessary, establish special administrative regions.

Climate refers to the natural environmental status formed by the long-term exchange of energy and mass between the earth and the air, and is the results of interaction of many factors. Climate is both one of the environment factors and the important resources for the living and production activities of the human being. The average values across several years of meteorological factors such as temperature, rainfall and humidity are used as important parameters to describe the climate of a region, while the average values (or total values) of a given year or month of meteorological factors reflect the key characteristics of climate for that period of time.

Natural Resources refer to material resources that could be obtained from the nature by human being and used for production and living. Natural resources in general can be classified as renewable resources and non-renewable resources. Renewable resources refer to resources that could be renewed and recycled during a relatively short period of time, including land resource, water resource, climate resource, biology resource and marine resource. Non-renewable resources include resources that could not be renewed, such as minerals and geothermal resource. Land Resource Land refers to the surface of the earth, consisting of mainly rocks and its weathering and earth. Land resource can be classified, by its utilization, as land for agriculture, land for construction and unused land. Land for agriculture includes cultivated land, plantation land, forestland, grassland and waters. Land for construction includes land for residential purpose, for manufacturing and mining, for transportation and for water-conservancy projects. Unused land refers to land other than land for agriculture and construction, including beaches, deserts, Gobi, glaciers and rock mountains.

Area of Cultivated Land refers to area of land reclaimed for the regular cultivation of various farm crops, including crop-cover land, fallow, newly reclaimed land and land laid idle for less than 3 years.

Area of Afforested Land refer to land for trees bam boo, bushes and mangrove, including forest-cover land, bush-covered land, sparse forest land, land planned for afforestation and nurseries of young trees.

Area of Grassland refers to areas of grassland, grass-slopes and grass-covered hills with a vegetation-covering rate of over 5% that are used for animal husbandry or harvesting of grass. It includes natural, cultivated and improved grassland areas.

Forest Resource refers to forests, trees, forestland and wild animals, plants and microorganism that live on forest and trees. Trees include trees and bamboo. Forest refers to the population of clusters of trees and other plants, animals and microorganism as well as the earth and climate that have interactions with the trees.

Total Standing Stock Volume refers to the total stock volume of trees growing in land, including trees in forest, tress in sparse forest, scattered trees and trees planted by the side of villages, farm houses and along roads and rivers. Forest Area refers to the area of forest where trees and bamboo grow with canopy density above 0.2, including land of natural woods and planted woods, but excluding bush land and thin forest land. It reflects the total areas of afforestation.

Stock Volume of Forest refers to total stock volume of wood growing in forest area, which shows the total size and level of forest resources of a country or a region.It is also an important indicator illustrating the richness of forest resource and the status of forest ecological environment.

Forest Coverage Rate refers to the ratio of area of afforested land to total land area. It is a very important indicator that reflects the status of abundance of forest resource and ecosystem balance. Forest area includes the area of trees and bamboo grow with canopy density above 0.2, the area of shrubby tree according to regulations of the government, the area of forest land inside farm land and the area of trees planted by the side of villages, farm houses and along roads and rivers. The formula for calculating forest coverage rate is as follows:

Forestry coverage rate (%)= (Area of Afforested Land/Area of Total Land)×100%

Water Resource Water exists in the nature in solid, liquid and gaseous states, is distributed in the ocean, land (including earth) and air, and constitutes the water resource through the circulation of water. Water resource includes the surface water and underground water that is controlled by the human being for irrigation, power-generation, water supply, navigation and cultivation. It also includes rivers, lakes, wells, springs, tides, gulf and water area for cultivation. Water resource as an important natural resource is indispensable for the development of the national economy.

Surface Water and Underground Water Water on earth can be divided into surface water and underground water according to its distribution. Surface water refers to moisture exists in rivers, lakes, swamps, glaciers, icecaps and so on. It is also called land water. The underground water refers to water deposited underground in the cranny and the hole of saturated rock soil and in the water-eroded cave.

Runoff refers to the water gathered at the way out of the cross section of drainage area either from the surface or underground after deducting the wastage of the precipitation on the land. Runoff can be divided into surface runoff, under ground runoff and within soil runoff. Surface runoff refers to water flow to the rivers, lakes, swamps, and seas on the surface of the earth. Underground runoff refers to water flow to rivers, lakes, swamps, and seas through the water-bearing stratum of confined layer or unconfined layer.

Volume of Runoff refers to the total volume of water running through a certain cross section of a river during a certain period of time, reflecting the water resource condition in a country or a region. The formula for calculating volume or runoff is as follows:

Runoff =Precipitation - Evaporation

Mineral Resources refer to useful minerals that can be used for industrial or agricultural purposes enriched in lithosphere or on earth due to the geological process. Minerals are important natural resources, and important material base for social development.

Ensured Mineral Reserves refer to the actual mineral reserves, which equal to the proven mineral reserves (including industrial reserves and prospective reserves) minus extracted parts and underground losses.

Drainage Area Each river has its own main stream and branches to form the water system of the river. Each river has its own catchment area, which is also called as the drainage area of the river.

Temperature refers to the air temperature. China uses centigrade as the unit.

The thermometer used for weather observation is put in a breezy shutter, which is 1.5 meters high from the ground. Therefore, the commonly used temperature refers to the temperature in the breezy shutter 1.5 meters away from the ground. The calculation method is as follows:

Monthly average temperature is the summation of average daily temperature of one month divided by the actual days of that particular month.

Annual average temperature is the summation of monthly average of a year divided by 12 months.

Relative Humidity refers to the ratio of actual water vapor pressure to the saturation water vapor density under the current temperature. The statistical method is the same as that of temperature.

Volume of Precipitation refers to the deepness of liquid state or solid state (thawed) water falling from the sky to the ground that has not been evaporated, infiltrated or run off. The calculation method is as follows:

Monthly precipitation is the summation of daily precipitation of a month.

Annual precipitation is the summation of 12 months precipitation of a year.

Sunshine Hours refer to the actual hours of sun irradiating the earth. The calculation method is the same as that of the precipitation.

Total Water Resources refers to total volume of water resources measured as run-off for surface water from rainfall and recharge for groundwater in a given area , excluding transit water.

Surface Water Resources refers to total renewable resources which exist in rivers, lakes, glaciers and other collectors from rainfall and are measured as run-off of rivers.

Groundwater Resources refers to replenishment of aquifers with rainfall and surface water.

Duplicated Measurement Between Surface Water and Groundwater refers to mutual exchange between surface water and groundwater, i.e. run-off of rivers includes some depletion with groundwater while groundwater includes some replenishment with surface water.

Comparable Prices refer to prices that are used to remove the factors of price change in calculating economic aggregates, so as to facilitate comparison of aggregates over time. Two methods are used for calculating economic aggregates at comparable prices: (1) Multiplying the output of products by their constant prices of certain year;(2) Deflating data at current prices by relevant price indices.

Constant Price refers to the average price of a given product in certain year, which is used for comparison of output value over time. As the output value at constant prices removes the factor of price changes, it reflects the trend of production development over time.

Average Annual Growth Rate Two methods for calculating average annual growth rate are applied in China, one is often called level approach, or the method of calculating geometric average, which is derived by comparing the level of the last year of the interval with that of the beginning year; the other is called accumulative approach or algebraic average or equation method, which is derived by the summation of the actual figure of each year in the interval divided by the figure in the base year.

Usually the results calculated by the two methods are fairly close, but they differed sharply when uneven economic development occurred with striking fluctuations in growth.

Industrial Classification of the National Economy The new *Industrial Classification of the National Economy* (GB/T 4754-2017) is introduced starting from the compilation of 2017 annual statistics and 2018 monthly or quarterly statistics. The revision, based on the 2011 classification, was organized by the National Bureau of Statistics taking into consideration of the characteristics of economic activities in China and the *International Standards of the Industrial Classification of All Economic Activities* (ISIC/Rev.4) of the United Nations. The new *Classification* was promulgated by the former National Administration of Quality Supervision, Inspection and Quarantine and the Standardization Administration of the People's Republic of China on June 30, 2017. The revised version of the *Industrial Classification of the National Economy* (GB/T 4754-2017) is composed of20 sections, 97 divisions, 473 groups and 1382 classes.

Registration Status of Enterprises Enterprises are classified into 3 categories, namely domestic-funded enterprises, enterprises with investment from Hong Kong, Macao and Taiwan, and enterprises with foreign investment, in the light of the registration status of an enterprise in industrial and commercial administration agencies. Domestic-funded enterprises include state-owned enterprises, collective-owned enterprises, cooperative enterprises, joint ownership enterprises, limited liability corporations, share-holding corporations Ltd., private enterprises and other enterprises.

Included in the enterprises with investment from Hong Kong, Macao and Taiwan and enterprises with foreign investment are joint-venture enterprises, cooperative enterprises, sole investment enterprises and share-holding corporations Ltd. For government agencies, institutions and social organizations which are not requested to be registered in industrial and commercial ad ministration agencies, they are classified mainly by their sources of funds and way of management.

State-owned Enterprises refer to non-corporation economic units where the entire assets are owned by the state and which have registered in accordance with the Regulation of the People's Republic of China on the Management of Registration of Corporate Enterprises. Excluded from this category are sole state-funded corporations in the limited liability corporations.

Collective-owned Enterprises refer to economic units where the assets are owned collectively and which have registered in accordance with the Regulation of the People's Republic of China on the Management of Registration of Corporate Enterprises.

Cooperative Enterprises refer to a form of collective economic units (enterprises) where capitals come mainly from employees as their shares, with certain proportion of capital from the outside, where production is organized on the basis of independent operation, independent accounting for profits and losses, joint work, democratic management, and a distribution system that integrates remuneration according to work with dividend according to capital share.

Joint Ownership Enterprises refer to economic units established by two or more corporate enterprises or corporate institutions of the same or different ownership, through joint investment on the basis of equality, voluntary participation and mutual benefits. They include state joint ownership enterprises, collective joint ownership enterprises, joint state-collective enterprises, other joint ownership enterprises.

Limited Liability Corporations refer to economic units established with investment from 2-50 investors and registered in accordance with the Regulation of the People's Republic of China on the Management of Registration of Corporations, each investor bearing limited liability to the corporation depending on its share of investment, and the corporation bearing liability to its debt to the maximum of its total assets. Limited liability corporations include exclusive state-funded limited liability corporations and other limited liability corporations.

Share-holding Corporations Ltd. refer to economic units registered in accordance with the Regulation of the People's Republic of China on the Management of Registration of Corporations, with total registered capitals divided into equal shares and raised through issuing stocks. Each investor bears limited liability to the corporation depending on the holding of shares, and the corporation bears liability to its debt to the maximum of its total assets.

Private Enterprises refer to profit-making economic units invested and established by natural persons, or controlled by natural persons using employed labour. Included in this category are private limited liability corporations, private share-holding corporations Ltd., private partnership enterprises and private-funded enterprises registered in accordance with the Corporation Law, Partnership Enterprises Law and Interim Regulations on Private Enterprises .

Other Domestic-funded Enterprises refer to domestic-funded economic units other than those mentioned above.

Cooperative Enterprises with Funds from Hong Kong Macao and Taiwan established by investors from Hong Kong, Macao and Taiwan with enterprises in the mainland of China in accordance with the Law of the People's Republic of China on Sino-foreign Cooperative Enterprises and other relevant laws, where the investment or provision of facilities, and the share of profits and risks is stipulated in the cooperative contract.

Enterprises with Sole (exclusive) Investment from Hong Kong, Macao and Taiwan refer to enterprises established in the mainland of China with exclusive investment from investors from Hong Kong, Macao and Taiwan in accordance with the Law of the People's Republic of China on Foreign-Funded Enterprises and other relevant laws.

Share-holding Corporations Ltd. with Investment from Hong Kong, Macao and Taiwan refer to share-holding corporations Ltd. established with the approval from the former Ministry of Foreign Trade and Economic Relations in line with relevant state regulations, where the share of investment from Hong Kong, Macao or Taiwan businessmen exceeds 25% of the total registered capital of the corporation. In case the share of investment from Hong

Kong, Macao or Taiwan is less than 25% of the total registered capital, the enterprise is to be classified as domestic-funded share-holding corporation Ltd.

Joint–venture Enterprises with Foreign Investment refer to enterprises jointly established by foreign enterprises or foreigners with enterprises in the mainland of China in accordance with the Law of the People's Republic of China on Sino-foreign Joint Venture Enterprises and other relevant laws, where the share of investment, profits and risks is stipulated in the contract.

Cooperation Enterprises with Foreign Investment refer to enterprises jointly established by foreign enterprises or foreigners with enterprises in the mainland of China in accordance with the Law of the People's Republic of China on Sino-foreign Cooperative Enterprises and other relevant laws, where the investment or provision of facilities, and the share of profits and risks is stipulated in the cooperative contract.

Enterprises with Sole (exclusive) Foreign Investment refer to enterprises established in the mainland of China with exclusive investment from foreign investors in accordance with the Law of the People's Republic of China on Foreign-Funded Enterprises and other relevant laws.

Share–holding Corporations Ltd. with Foreign Investment refer to share-holding corporations Ltd. established with the approval from the Ministry of Foreign Trade and Economic Relations in line with relevant state regulations, where the share of investment from foreign investors exceeds 25% of the total registered capital of the corporation. In case the share of foreign investment is less than 25% of the total registered capital, the enterprise is to be classified as domestic -funded share-holding corporation Ltd.

Government Agencies, Institutions and Social Organizations are classified into following categories by source of funds and way of management taking reference of the registration status of enterprises:

(1) Government agencies: include state and party agencies, classified in principle as state-owned. There are exceptions, such as supply and marketing cooperatives which are classified as collective-owned.

(2) Institutions: include institutions of various types established with the approval by organization and staffing departments of the government, but exclude institutions where enterprise management system is introduced. Institutions are further classified as follows:

(a) Institutions whose main budget is listed in the government budget appropriations or extra-budget funds, or allocated from the budget of their competent government agencies. Such institutions are classified as state-owned.

(b) Institutions whose budget mainly comes from collective units. Such institutions are classified as collective-owned.

(c) Institutions other than those mentioned above whose source of budget is not clear. Such institutions are classified by way of management.

(3) Social organizations: include social organizations established with the approval from the Ministry of Civil Affairs, and organizations that are not covered by social organization management regulations such as trade unions, women's federations etc.. Social organizations are further classified as follows:

(a) Social organizations that are not covered by social organization management regulations of the Ministry of Civil Affairs such as trade unions, women's federations, communist youth leagues, youth associations, industrial and commerce associations, scientists associations, overseas Chinese associations, etc., foundations and fund management organizations established with funds from the state, and social organizations whose funds mainly come from the budget of their competent government agencies. Such institutions are classified as state-owned.

(b) Social organizations whose budget mainly comes from collective units. Such institutions are classified as collective-owned.

(c) Social organizations established by individual or a group of citizens, which are classified as private.

(d) Social organizations other than those mentioned above whose source of budget is not clear. Such organizations are classified by way of management

Gross Domestic Product (GDP) refers to the final products at market prices produced by all resident units in a country (or a region) during a certain period of time. Gross domestic product is expressed in three different forms, i.e. value , income, and products respectively. GDP in its value form refers to the total value of all goods and services produced by all resident units during a certain period of time, minus the total value of input of goods and services of the nature of non-fixed assets; in order term, it is the sum of the value-added of all resident units. GDP in the form of income includes the income created by all resident units and distributed to resident and non-resident units. GDP in the form of products refers to the value of all goods and services for final consumption by all resident units minus the net exports of goods and services during a given period of time. In the practice of national accounting, gross domestic product is calculated with three approaches, i.e. production approach, income approach and expenditure approach, which reflect gross domestic product and its composition from different aspects.

Three Industries Classification of economic activities into three branches of industries is a common practice in the world, although the grouping varies to some extent form country to country. In China economic activities are categorized into following industries:

Primary industry: refers to agriculture, forestry, animal husbandry and fishery. Secondary industry: refers to mining and quarrying, manufacturing, production an d supply of electricity, water and gas, and construction. Tertiary industry: refers to all other economic activities not included in primary or secondary industry.

GDP by Expenditure Approach refers to the method of measuring the final results of production activities of a country (region) during a given period from the perspective of final use. It includes final consumption, total capital formation and net export of goods and services, i.e.:GDP by expenditure approach = final consumption + total capital formation + net export of goods and services Final Consumption refers to the total expenditure of resident units for purchases of goods and services from domestic economic territory and abroad to meet the requirements of material, cultural and spiritual life. It excludes the expenditure of non-resident units on consumption in the economic territory of the country. The final consumption is broken down into household consumption and government consumption.

Households Consumption refers to the total expenditure of resident households on the final consumption of goods and services. In addition to the consumption of goods and services bought by the households directly with money, the households consumption also includes expenditure on goods and services obtained by the households in other ways, i.e. the so-called imputed consumption expenditure, which includes the following: (a) the goods and services provided to the households by the employer in the form of payment in kind and transfer in kind; (b) goods and services produced and consumed by the households themselves, in which the services refer only to the owner-occupied housing and domestic and individual services provided by the paid household workers; (c) financial intermediate services provided by financial institutions; (d) insurance services provided by insurance companies.

Government Consumption refers to the expenditure on the consumption of the public services provided by the government to the whole society and the net expenditure on the goods and services provided by the government to the households free of charge or at low prices. The former equals to the output value of the government services minus the value of operating income obtained by the government departments. The latter equals to the market value of the goods and services provided by the government free of charge or at low prices to the households minus the value received by the government from the households.

Total Capital Formation refers to the fixed assets acquired minus those disposed of and the net value of inventory, including the total fixed capital formation and the increase in inventory.

Total Fixed Capital Formation refers to the value of fixed assets acquired minus those disposed of during a given period. Fixed assets are the assets produced through production activities with specified unit value which could be used for over one year, excluding natural assets. Total fixed capital formation can be categorized into total tangible capital formation and total intangible capital formation. The total tangible capital formation include the value of the construction projects, installation projects completed and the equipment, apparatus and instruments purchased as well as the value of land improved, the value of draught animals, breeding stock, animals for milk, wool and for recreational purpose, and the newly increased forest with economic value during a given period. The total intangible capital formation includes the prospecting of minerals, the acquisition of computer software minus the disposal of them.

Increase in Inventory refers to the market value of the change in inventory of resident units during a given period, i.e. the difference of value between the beginning and the end of the period minus the current gains due to the change in prices. The increase in inventory can be positive or negative. A positive value indicates the increase in inventory while a negative value indicates the decrease in stock. The inventory includes the raw materials, fuels and reserve materials purchased by the production units as well as the inventory of finished products, semi-finished products, work-in-progress, etc.

Net Export of Goods and Services refers to the difference of the exports of goods and services minus the imports of goods and services. The imports include the value of various goods and services sold or gratuitously transferred by the resident units to the non-resident units. The imports include the value of various goods and services purchased or gratuitously acquired by the resident units fr om the non-resident units. Because the provision of services and the use of them happen simultaneously, the acquisition of services by the resident units from a broad is usually treated as import while the acquisition of services by non-resident units in this country is usually treated as export. The export and import of goods are calculated at FOB.

Total Population refers to the total number of people alive at a certain point of time within a given area.

Urban Population and Rural Population Urban population refer to all people residing in cities and towns, while rural population refer to population other than urban population.

Statistics on urban and rural population over the years are compiled in line with the regulations of statistical classification on urban and rural population stipulated by the government, which were in effect at different times. Figures on urban/rural population for the years between the 3 censuses are adjusted in accordance with the 1990 and 2000 population census data.

Birth Rate or (Crude Birth Rate) refers to the ratio of the number of births to the average population (or mid-period population) during a certain period of time (usually a year), expressed in ‰. Birth rate in the chapter refers to annual birth rate. The following formula is used:

Birth Rate = (Number of Births/Average Number of Population)×1000‰

Number of births in the formula refers to live births, i.e. when a baby has breathed or showed any vital phenomena regardless of the length of pregnancy.

Annual average number of population is the average of the number of population at the beginning of the year and that at the end of the year. Sometimes it is substituted by the mid-year population.

Death Rate (or Crude Death Rate) refers to the ratio of the number of deaths to the average population (or mid-period population) during a certain period of time (usually a year), expressed in ‰. Death rate in the chapter refers to annual death rate. The following formula is used: Death Rate= (Number of Deaths/Annual Average Number of Population)×1000‰

Natural Growth Rate of Population refers to the ratio of natural increase in population (number of births minus number of deaths) in a certain period of time (usually a year) to the average population (or mid-period population) of the same period, expressed in ‰. The following formula is applied:

Natural Growth Rate of Population = [(Number of Births-Number of Deaths)/Average Number of Population] ×1000‰

Natural Growth Rate of Population = Birth Rate-Death Rate

Gross Dependency Ratio also called gross dependency coefficient, refers to the ratio of non-working-age population to the working-age population, express in %. Describing in general the number of non-working-age population that every 100 people at working ages will take care of, this indicator reflects the basic relation between population and economic development from the demographic perspective . The gross dependency ratio is calculated with the following formula:

$$GDR= (P_{0-14}+P_{65+})/P_{15-64} \times 100\%$$

Where: GDR is the gross dependency ratio

P_{0-14} is the population of children aged 0-14

P_{65+} is the elderly population aged 65 and over, and

P_{15-64} is the working-age population aged 15-64

Old Dependency Ratio also called old dependency coefficient, refers to the ratio of the elderly population to the working-age population, express in %. It describes the number of the elderly population that every 100 people at working ages will take care of. Old dependency ratio is one of the indicators reflecting the social implication of population aging from the economic perspective. The old dependency ratio is calculated with the following formula:

$$ODR=P_{65+}/P_{15-64} \times 100\%$$

Where: ODR is the old dependency ratio

P_{65+} is the elderly population aged 65 and over, and

P_{15-64} is the working-age population aged 15-64

Children Dependency Ratio also called children dependency coefficient, refers to the ratio of the children population to the working-age population, express in %. It describes the number of children population that every 100 people at working ages will take care of. The children dependency ratio is calculated with the following formula:

$$CDR=P_{0-14}/P_{15-64} \times 100\%$$

Where: CDR is the children dependency ratio

P_{0-14} is the children population aged 0-14, and

P_{15-64} is the working-age population aged 15-64

Economically Active Population refers to the population aged 16 and over who are capable to work, are participating in or willing to participate in economic activities, including employed persons and unemployed persons.

Employed Persons refer to the persons who are engaged in social working and receive remuneration payment or earn business income, including total staff and workers, re-employed retirees, employers of private enterprises, self-employed workers, employees in private enterprises and individual economy, employees in township enterprises, employed persons in the rural areas, and other employed persons (including teachers in the schools run by the local people, people engaged in religious profession and the servicemen, etc.). This indicator reflects the actual utilization of total labour force during a certain period of time and is often used for the research on China's economic situation and national power.

Persons Employed in Various Units refer to all the per sons working in government agencies of various levels, political and party organizations, social organizations, enterprises and institutions, and receiving wages or other forms of payment. They include fully-employed staff and workers, re-employed retirees, teachers in schools run by the local people, foreigners and Chinese compatriots from Hong Kong, Macao, and Taiwan working in various units, part-time employees, employees of other units working temporarily at current posts, and employees holding the second job, but exclude staff and workers who have left their working units while keeping their labour contract (employment relation) unchanged. This indicator reflects the total number of laborers actually engaged in production or other operations in various units.

Persons Employed in Private Enterprises and Self–Employed Individuals in Urban Areas Persons employed in private enterprises refer to the persons employed in the private enterprises which have been registered at the departments of industrial and commercial administration and are situated at a county town (i.e. a town where the county government is located) for business operation or at urban areas with the level higher than a county town. The self-employed individuals in urban areas refer to persons who hold the certificates of residence in urban areas or have resided in the urban areas for a long time and have been registered at the departments of industrial and commercial administration and approved to be engaged in individual industrial or commercial business, including self-employed persons as well as helpers and hired labourers who work in the individual households engaged in industrial or commercial business.

Registered Urban Unemployed Persons refer to the persons with non-agricultural household registration at certain working ages (16-50 years for male and 16-45 years for females), who are capable of work, unemployed and willing to work, and have been registered at the local employment service agencies to apply for a job.

Registered Urban Unemployment Rate refers to the ratio of the number of the registered unemployed persons to the sum of the number of persons employed in various units (minus the rural labour force, retirees, and Hong Kong, Macao, Taiwan or foreign employees they employ) laid-off workers in urban units, owners and employees in urban private enterprises, urban self-employed individuals and the registered urban unemployed persons. The formula is as follows:

Registered urban unemployment rate = number of registered urban unemployed persons÷(number of persons employed in urban units - rural labour force employed - retirees employed - Hong Kong, Macao, Taiwan or foreign employees employ + laid-o ff workers + owners and employees in urban private enterprises + self-employed individuals in urban areas + registered urban unemployed persons) × 100%.

Staff and Workers refer to persons working in, and receive payment from units of state ownership, collective ownership, joint ownership, share holding ownership, foreign ownership, and ownership by entrepreneurs from Hong Kong, Macao, and Taiwan, and other types of ownership and their affiliated units. They do not include (1) persons employed in township enterprises, (2) persons employed in private enterprises, (3) urban self-employed persons, (4) retirees, (5) re-employed retirees, (6) teachers in the schools run by the local people, (7) foreigners and persons from Hong Kong, Macao and Taiwan who work in urban units, and (8) other persons not to be included by relevant regulations. (Data of 1998 and afterward refer to fully employed staff and workers. Other related statistics such as total wage bill and average wage are adjusted since 1998 accordingly).

State–owned Units refer to economic units whose assets are owned by the state. Included are non-corporation units registered according to Regulation of the People's Republic of China on the Registration of Enterprises and Corporations, state organs, institutions and social organizations at the central and local levels .

Collective Units refer to economic units registered according to Regulation of the People's Republic of China on the Registration of Enterprises and Corporations where the means of production are collectively owned.

Units of Other Types of Ownership refer to units registered with other types of ownership, including cooperative units, joint ownership units, limited companies, share holding corporations, units invested by entrepreneurs from Hong Kong, Macao, and Taiwan, and foreign-invested units.

Fully Employed Staff and Workers refer to persons who work in, and receive wages from their working units, as well as persons who have their work posts, but a re temporarily absent from work for reasons of study or on sick, injury or maternal leave and still receive wages from their working units.

Total Wages Bill refer to the total remuneration payment to staff and workers in various units during a certain period of time. The calculation of total wages is based on the total remuneration payment to the staff and workers. Therefore, all the wages and salaries and other payments to staff and workers are included in the total wages regardless of their sources, category, and forms (in kind or cash). (Total wages of staff and workers in this yearbook include only total wages of fully employed staff and workers, excluding the living allowances distributed to those who have left their working units while keeping their labour contract/employment relation unchanged).

Average Wage refers to the average wage in money terms per person during a certain period of time for staff and workers in enterprises, institutions, and government agencies, which reflects the general level of wage income during a certain period of time and is calculated as follows:

Average Wage = Total Wages of Staff and Workers at Reference Time /Average Number of Staff and Workers at Reference Time.

Average Wage Indices refers to the ratio of average wage of staff and workers in the report period to that in the base period, which reflects the change of wage of staff and workers at the different period. It is calculated as follows:

Average Wage Indices = Average Wage of Staff and Workers at Reference Time / Average Wage of Staff and Workers at Base Period×100%

Average Real Wage Indices average real wage of staff and workers refers to the average wage of staff and workers after removing the effects of the price changes and average real wage indices of staff and workers refers to the change of real wage, which reflects the relative increasing or decreasing level of real wage of staff and workers, which is calculated as follows:

Average Real Wage Indices = Average Wage Indices of Staff and Workers at the Reference Time / Urban Consumer Price Indices at Reference Time×100%

Total Investment in Fixed Assets in the Whole Country refers to the volume of activities in construction and purchases of fixed assets and related fees, expressed in monetary terms. It is a comprehensive indicator which shows the size, structure and growth of the investment in fixed assets, providing basis for observing the progress of construction projects and evaluating results of investment. Total investment in fixed assets in the whole country includes, by type of owner ship, the investment by the state-owned units, collective units, individuals, joint ownership units, share-holding units, as well as investment by businessmen from foreign countries and from Hong Kong, Macao and Taiwan, and by other units.

Investment in Fixed Assets by Sector The classification of construction projects by sector is determined by the major products or the purpose of the projects when they are put into production or use, and by the nature of their social economic activities. The investment in capital construction is classified into different sectors of the national economy by the nature of construction projects, while investment in innovation and other investment are classified according to the sector to which the whole enterprise or institution belongs. In general, one project or one enterprise or institution can only be classified into one sector. In order to reflect more accurately the relation among various sectors, the branch factories of an integrated complex are classified into different sectors according to the economic activities of the branch factories.

Investment in Fixed Assets by Type of Construction The construction projects in general can be classified, by the type of construction, into new construction, expansion, reconstruction, moving and restoration. However, investment by type of construction is not applied to investment by real-estate development units, investment in rural areas and investment in housing by urban individuals. In capital construction, the type of construction is determined by the nature of the project. In investment in innovation, in other investment by state-owned units and investment by collective-owned units, the type of construction is determined by the condition of the whole enterprise or institutions.

(1) New construction in general refers to newly constructed enterprises, institutions, administrative agencies or independent projects from scratch. Construction in the existing enterprises, institutions or agencies is not considered as new construction. In case the assets of the existing unit is quite small, and the value of newly added fixed assets exceeds the original value of assets by three times, the expansion will be considered as new construction.

(2) Expansion refers to construction of new major production workshop, branch factory or independent production line within a factory or in other locations, for the purpose of increasing the production capacity (or improving efficiency) of the original products. Newly constructed houses for the operation of institutions and administrative organizations

(such as the newly constructed buildings for teaching in schools, buildings for clinics or wards in hospitals, etc.) are also classified as expansion. Also included in the expansion are investments by existing enterprises or institutions in building major production line(s) or branch factories along with some work on innovation, for the purpose of expending the production capacity of original products or producing new products.

(3) Reconstruction refers to innovation or technical transformation of the existing facilities (including auxiliary production equipment and welfare facilities) , without building major new workshops or branch factories. Also considered as reconstruction is the construction of new workshops by the existing enterprises or institutions for improving the existing production capacity (improving or changing the variety of products to meet the market demand), rather than increasing the designed capacity of the main products.

Investment in Fixed Assets by Structure By their contents investment activities are classified into 3 categories, i.e. construction and installation, purchase of equipment and instrument, and other expenses.

(1) Construction and installation (work volume of construction and installation) refers to the construction of various houses and buildings and installation of various kinds of equipment and instruments. They include construction of various houses; equipment foundations, industrial kilns and stoves, and metal structure work; preparation works for project construction, and clearing up works post project construction; pavement of railways and roads, drilling of mines and putting up of oil pipes; construction of projects of water conservancy; construction of underground air-raid shelters and construction of other special projects; value of equipment for heating, sanitation, ventilation, lighting, gas, painting, etc. that are covered by the budget of housing projects; laying out of various pipelines (for steam, compressed air, petroleum, tap water and sewage) and lines for electric power and for communications; installation of various machinery equipment, testing operation for pre-testing the quality of installation projects, an d land and other development work conducted by real estate developers for commercial housing. The value of equipment installed is not included in the value of installation projects.

(2) Purchase of equipment and instruments refers to the total value of equipment , tools, and instruments purchased or self-produced which come up to standards for fixed assets by the construction units or investing enterprises or institutions. Equipment, tools and instruments purchased or self-produced for new workshops by newly established or expanded units are categorized as "purchase of equipment and instruments" no matter whether they come up to the standards for fixed as sets.

(3) Other expenses refer to expenses occurring during the construction or purchase of fixed assets other than those mentioned above.

Capital Construction Projects by Size The classification of size of capital construction projects should be determined according to the total scale or total in vestment set in the approved construction plan by higher responsible authorities or in the tentative design, otherwise according to the total scale or total investment set in the current capital construction plan of the state, provinces, autonomous regions, and municipalities directly under central government. Industrial projects which produce unitary products are classified according to its design capacity of products; projects which produce multi-products are classified by the design capacity of the major product or by the total planned investment. Standards for the Classification of Construction Projects into large, medium-sized and small ones issued by the government are the base for size division of construction projects, which was revised five times in 1958, 1962, 1972, 1977, and 197 9 respectively and therefore, data on projects by size are not entirely comparable from year to year.

Projects under Construction refer to projects with construction and installation activities undertaken in the reference period. All projects that have construction activities undertaken during the reference period are reported as projects under construction irrespective of the length of construction work. The number of projects under construction can reflect the actual size of investment in fixed assets during a given period, and when compared with the number of projects completed and put into use during the same period, it demonstrates the results of investment in fixed assets. Depending on the nature of construction activities, projects under construction can also be classified into projects under construction in current year, winding-up projects in current year and stopped or suspended projects in previous years (with preservation work in current year).

Total Energy Production refers to the total production of primary energy by all energy producing enterprises in the country in a given period of time. It is a comprehensive indicator to show the capacity, scale, composition and development of energy production of the country. The production of primary energy includes that of coal, crude oil, natural gas, hydropower and electricity generated by nuclear energy and other means such as wind power and geothermal power. However, it excludes the production of fuels of low calorific value, bio-energy, solar energy and the secondary energy converted from the primary energy.

Total Domestic Energy Consumption refers to the total consumption of energy of various kinds by material production sectors, non-material production sectors and households in the country in a given period of time. It is a comprehensive indicator to show the scale, composition and development of energy consumption. The total energy consumption includes that of coal, crude oil and their products, natural gas and electricity. However, it excludes the consumption of fuel of low calorific value, bio-energy and solar energy. Total domestic energy consumption can be divided into three parts:

(1)Final Energy Consumption: It refers to the total energy consumption by material production sectors, non-material production sectors and households in the country (region) in a given period of time, but excludes the consumption in conversion of the primary energy into the secondary energy and the loss in the process of energy conversion.

(2)Loss During the Process of Energy Conversion: It refers to the total input of various kinds of energy for conversion, minus the total output of various kinds of energy in the country in a given period of time. It is an indicator to show the loss that occurs during the process of energy conversion.

(3)Loss: It refers to the total of the loss of energy during the course of energy transport, distribution and storage and the loss caused by any objective reason in a given period of time. The loss of various kinds of gas due to gas discharges and stocktaking is excluded.

Elasticity Ratio of Energy Production is an indicator to show the relationship between the growth rate of energy production and the growth rate of the national economy. The formula is:

Elasticity Ratio of Energy Production = Average Annual Growth Rate of Energy Production / Average Annual Growth Rate of National Economy

The average annual growth rate of the national economy can be shown by the gross national product, gross domestic product and other indicators, depending upon the purposes or needs. The gross domestic product is used in calculation of the ratio in this chapter.

Government Revenue refers to the revenue of the government finance by means of participating in the distribution of the social products, which is the financial resources for ensuring the government to function. The contents of government revenue have been changed several times. Now it includes the following main items :

(1) Various tax revenues, including value added tax, business tax, consumption tax, land value added tax, tax on city maintenance and construction, resources tax, tax on use of urban land, enterprise income tax, personal income tax, tariff, stamp tax on security transactions, tax on purchase of motor vehicles, tax on agriculture and animal husbandry and tax on occupancy of cultivated land, etc.

(2) Special revenues, including revenues from the fee on sewage treatment, fee on urban water resources, fee for the compensation of mineral resources and extra -charges for education, etc.

(3) Other revenues, including revenue from interest, revenue from the repayment of capital construction loan, revenue from capital construction projects, and do nations and grants.

(4) Subsidies for the losses of the state-owned enterprises. This is an item of negative revenue, consisting of

subsidies to industrial, commercial and grain purchasing and supply enterprises.

Government Expenditure refers to the distribution and use of the funds the government finance has raised, so as to meet the needs of economic construction and various causes. It includes the following main items:

(1) Expenditure for capital construction: It refers to the non-gratuitous use and appropriation of funds for capital construction in the range of capital construction, outlay of capital as well as the loans on capital construction approved by the government for special purpose or policy purpose and the expenditure with discount paid in an overall way within the amount of the funds appropriated to the departments for capital construction.

(2) Innovation funds of the enterprises: They refer to the funds appropriated fr om the government budget for the enterprises to tap the latent power, upgrade the technology and carry out innovation, including the innovation fund of the departments, loan of the enterprises for innovation, subsidies on the innovation of the small fertilizer plant, small cement plant, small coal mines, small machinery plant and small steel plant, the expenditure of interest for the loan for innovation.

(3) Geological prospecting expenses: They refer to the expenses appropriated from the government budget to the geological prospecting units for the expenditure of the prospecting work, including the expenditures of the administrative agencies for geological prospecting and their institutional units as well as the geological prospecting expenditure.

(4) expenditures for science and technology promotion: They refer to the expenses appropriated from the government budget for the scientific and technological expenditure, including new products development expenditure, expenditure for intermediate trial and subsidies on important scientific researches.

(5) Expenditure for supporting rural production: It refers to the expenditures appropriated from the government budget for supporting the various expenditures of the rural collective units or households for production, including the subsidies to the small water conservancy projects and well drilling, sprinkling irrigation projects run by the villages; subsidies on the rural water and soil conserving measures; subsidies to the small power stations run by the villages; subsidies to the expenditure for fighting against particularly severe droughts; subsidies on the rural waste land exclamation; fund for supporting the township enterprises; fund for supporting rural cooperative production organizations, subsidies to the expenditure for popularization of the agricultural technologies and plant protection in the rural areas; subsidies to the expenditure for the protection of grasslands and cattle and fowls; subsidies on afforestation and forest protection in rural areas; subsidies on the rural aquatic products industry; special fund for developing grain production.

(6) Operating expenses of the departments of farming, forestry, water conservancy and meteorology etc.: They refer to the expenses appropriated from the government budget for the expenditures of agricultural exclamation, farms, agriculture, animal husbandry, agricultural machinery, forestry, timber industry, water conservancy, aquatic products industry, meteorology, technology popularization in township enterprises, popularization (demonstration) of improved varieties, plant (cattle and fowls, forest) protection, water quality monitoring, prospecting and designing, resources investigation, cadres training, subsidies to horticulture gardens, expenditure of specialized secondary schools, subsidies on the experiments of sowing herbage seeds by flights, expenditures of afforestation agencies and meteorology agencies, expenses for fishery administration and operating expenses for agricultural administration, etc.

(7) Operating expenses of the departments of industry, transport and commerce: They refer to the expenses appropriated from the government budget to cover the expenditure on salaries and operational expenditure of the departments of industry, transport and commerce for the expenditure of business development, including expenses for prospecting and designing, expenditures of specialized secondary schools, expenditures of the technical training schools and expenditures for cadres training, etc.

(8) Operating expenses of the departments of culture, education, science and public health: They refer to the expenses appropriated from the government budget for the expenditures on salaries and operational expenditure of the causes of culture, publication, cultural relics, education, public health, traditional Chinese medical science, free medical

services, sports, archives, earthquake, ocean, communications, broadcasting, film and television, family planning; expenditure for training of cadres of government, party and mass organization; expenditures for natural sciences, social sciences, associations for science and technology and the special expenditure for the high-tech researches. They include mainly wages, extra wages, welfare funds, pension for the retirees, stipend, expenses for official business, expenses for equipment purchases, expenses for repairs, business expenses and subsidies to the units which are unable to support their expenditures by their own earnings.

(9) Pension for the disabled or for the families of the bereaved and relief funds for social welfare: They refer to the funds appropriated from the government budget for the expenditures of pension for the disabled or for the families of the bereaved and relief funds for social welfare, including the lump-sum or regular pension paid by the departments of civil affairs to the members of martyrs families and families of those who died for the public interest, pension to the revolutionary disabled, subsidies for permanent disability of various kinds, subsidies to the military martyrs dependents and the demobilized servicemen, expenditure for settling down the demobilized servicemen, operating expenses of the consoling institutions, expenses for management and repair of the commemorative buildings for the martyrs, the expenses managed by the departments of civil affairs for the retirees and those who have quitted their work, expenses for social relief in rural and urban areas, operating expenses for providing relief to the areas of natural calamity and subsidies on the reconstruction after the particularly severe natural calamities, etc.

(10) Expenditure on retirees: It refers to the expenditure on retirees of government agencies and institutions that are covered by the state budget.

(11) Expenses on subsidies to social security system: It refers to expenditure from the state budget for subsidies to social security system, including subsidies to the social insurance fund, subsidies to promoting employment, subsidies to laid-off workers of state-owned enterprises, supplement to national social security funds, etc.

(12) Expenditures for national defence: They refer to the funds appropriated from the government budget for the expenditures for building up national defence an d safeguarding national security, including expenses of national defence, expenses of scientific researches on national defence, expenses for building up peoples militia and expenditure for special projects, etc.

(13) Administrative expenses: They include expenditure for administration, subsidies to the parties and mass organizations, diplomatic expenditure, expenditure for public security, judicial expenditure, law court expenditure, procuratorial expenditure and subsidies to the expenses for treating the cases by the public security departments, procuratorial organs and law courts.

(14) Expenditure on policy-related subsidies: It refers to the expenditure appropriated, with the approval of the government, from the state budget for price subsidies on such products as grain, cotton and edible oil. More specifically, it includes subsidies to the difference between the selling prices and purchasing prices of grains, cotton and edible oil, subsidies for curtaining prices and for sugar reserve, subsidies to the difference between the selling prices and purchasing prices of means pf agricultural production, risk fund for grains, risk fund for non-staple food, risk fund for local production of coal, etc.

(15) Expenditure on interest of debts: It refers to expenses from the state budget on paying interest of domestic and foreign debts.

Revenue of the central government and revenue of the local governments: refers to the revenue of the central government and that of the local governments as defined by the decentralized taxation system starting from 1994.

In accordance with this system, the revenue of the central government includes tariff, consumption tax and value added tax levied by the customs, consumption tax, income tax of the enterprises subordinate to the central government, income taxes of the local banks, foreign-funded banks and non-bank financial institutions, business tax and profits of railways, head offices of banks, head office of insurance company , which are handed over to the government in a centralized way, tax on city maintenance and construction, tax on purchasing motor vehicles, tonnage tax of ships , 75% of the value added tax, 94% of the tax on stock dealing (stamp tax), inter est income tax in the personal income tax, proportion of the personal income tax (other that interest income tax) to be shared by the central government, and tax on ocean petroleum resources,. The revenue of the local governments includes business tax, income tax of the enterprises subordinate to the local government, proportion of the personal income tax (other that interest income tax) to be shared by the central government, tax on the use of urban land, tax on the adjustment of the investment in fixed assets, tax on town maintenance and construction, tax on real estates, tax on the use of vehicles and ships, stamp tax, slaughter tax, tax on agriculture and animal husbandry, tax on special agricultural products, tax on the occupancy of cultivated land, contract tax, value-added tax on land, income from charges on use of state-owned land, 25% of the value added tax, 6% of the tax on stock dealing (stamp tax) and tax on resources other than the ocean petroleum resources.

Expenditure of the central government and expenditure of the local governments: according to the different functions of the central government and local governments in the economic and social activities, the rights of affairs administration are classified between the central government and local governments; and the classification of the expenditure between the central government and local governments are made on the basis of the classification of the rights of affairs administration between them. The expenditure of the central government includes the expenditure for national defence, expenditure for armed police forces, the administrative expenses and various operating expenses at the level of central government, expenditure for key projects and the expenditure of the central government for adjusting the national economic structure, coordinating the development among different regions and exercising the macro-economic regulation and control. The expenditure of the local governments includes mainly the administrative expenses and various operating expenses at the level of local governments, the expenditure for capital construction and technological innovation with the funds raised by the local government, expenditure for supporting rural production, expenditure for city maintenance and construction and expenditure for price subsidies, etc.

Extra–budgetary revenue and expenditure Extra-budgetary fund refers to financial fund of various types not covered by the regular government budgetary management, which is collected, allocated or arranged by government agencies, institutions and social organizations while performing duties delegated to them or on behalf of the government in accordance with laws, rules and regulations. It mainly covers following items: administrative and institutional fees, governmental funds and extra charges that are stipulated by laws and regulations; administrative and institutional fees approved by the State Council and provincial governments and their financial and planning (price management) departments; governmental funds and extra charges established by the State Council and the Ministry of Finance; funds turned over to competent departments by their subordinate institutions; self-raised and collected funds by township governments for their own expenditure; and other financial funds that are not covered in budgetary management. Social security funds are treated as extra-budget fund and managed for its exclusive use, given the circumstance that separate government budgetary system for social security is yet to be designed. Special accounts are opened by the financial departments in banks for the management of revenue and expenditure of extra-budgetary fund. Extra-budgetary revenue and expenditure is managed separately, namely, revenue of institutions and departments must enter into the special accounts of the financial departments at the same administrative level, and their extra-budgetary expenditure is arranged in line with the extra-budget plans and appropriated from these accounts.

Credit Funds refer to the funds issued as loans by banking institutions. The sources of credit funds of the banking institutions included deposits, issue of financial bonds, account-payable and temporary gathering, liabilities to international financial institutions, currency in circulation, various reserves, owners' rights and interests and other items. The credit funds can be used in forms of loans, securities and investment, account receivable and advance payment, entrusted investment, gold, foreign exchange, cash on hand, government debt and assets in the international financial institutions.

Deposit is a form of credit by which enterprises, institutions, organizations or households can put money into banks and other credit institutions for safekeeping and interest earning under the principle of free withdrawal. According to different depositors, deposits are divided into enterprise deposits, treasury deposits, deposits of government agencies and organizations, capital construction deposits, savings deposits, rural saving deposits, entrusted deposits and other deposits. Deposits are major sources of the credit funds of banks.

Loan is a form of credit by which banks and other credit institutions provide funds at certain interest rate to enterprises and individuals in the light of the principle of unconditional repayment. Loans from Chinese banks include circulating capital loans, fixed assets loans, loans to urban and rural individuals engaged in industrial and commercial business and agricultural loans.

Insurance Companies refer to commercial insurance companies of various forms registered by law and established in China with the approval of insurance regulatory agencies.

Amount Insured refers to the maximum that the insurant will get for the claim of the case insured.

Premium is the fee paid by the insurant to the insurer to obtain the obligation of compensation from the insurance within the agreed terms. Settled Claim is the compensation paid by the insurer to the insurant in accordance with the insurance contract.

Payment includes payment for death, injury or medical treatment and mature payment. Payment for death, injury or medical treatment refers to the money paid to the insurant (or the beneficiary) in accordance with the life or health insurance contract when the insurant encounters accidents within the insured period covered in the contract. Mature payment refers to the mature payment to the insurant in accordance with the life insurance contract at the end of the insured period.

Consumer Price Indices reflect the trend and degree of changes in prices of consumer goods and services purchased by urban and rural residents, and is a composite indices derived from the urban consumer price indices and the rural consumer price indices. Consumer price indices can be used to analyze the impact of consumer price change on actual expenditure for living cost of urban and rural residents.

Urban Consumer Price Indices reflect the trend and degree of changes in prices of consumer goods and services purchased by urban households during a given period. It can be used to observe and analyze the impact of price changes in consumer goods and services on wages (in monetary terms) of staff and workers, and provide basis for policy-making concerning the living cost and wages of staff and workers.

Rural Consumer Price Indices reflect the trend and degree of changes in prices of consumer goods and services purchased by rural households during a given period. It can be used to observe the impact of change in retail prices of consumer goods and service prices in rural areas on living expenditure of rural households, and to show the changes in the living standard of peasants. It provides basis for analysis and research on condition of life in rural areas.

Retail Price Indices reflect the trend and degree of change in retail prices of commodities during a given period. The change in retail prices of commodities directly affect the living expenditure of urban and rural residents, government revenue, purchasing power of residents and the equilibrium of market supply and demand, and the ratio of consumption to accumulation. Therefore, the retail price indices are useful to analyze the changes of the above economic activities.

Price Indices of Means of Agricultural Production reflect the trend and degree of changes in prices of means of agricultural production during a given period. Price indices of means of agricultural production are composed of 8 categories including small farm tools, feeds, young domestic animals and poultries, semi-mechanized farm machinery, mechanized farm machinery, chemical fertilizers, pesticides and spraying machinery, fuels for farm machinery. Compilation of these indices help to understand the changes in prices of input into agricultural production and facilitate the compilation of national account statistics. Before 1994, price indices of means of agricultural production was a subcategory in the in the retail price indices of commodities, and it has been compiled separately since 1994.

Indices of Producers´ Prices for Farm Products reflect the trend and degree of changes in producers' prices received by farmers when they sell farm products during a given period. These indices depict the change in the level and structure of producers' prices of farm products of the country and meet the needs of agriculture statistics and national account statistics. The producers' price index of a given product is calculated through geometrical mean of individual indices of all surveyed units who sell such product, and the indices of a product category is obtained through weighted mean of price indices of all products in the category. Method for calculating accumulative quarterly indices is the same as for calculating the distinctive quarterly indices.

Ex–factory Price Indices of Industrial Products reflect the trend and degree of changes in general ex-factory prices of all industrial products during a given period, including sales of industrial products by an industrial enterprise to all units outside the enterprise, as well as sales of consumer goods to residents. It can be used to analyze the impact of ex-factory prices on gross output value and value-added of the industrial sector.

Indices of Purchasing Prices of Raw Materials, Fuels and Power reflect changes in the level and degree of prices paid by industrial enterprises when they purchase production input such as raw materials, fuels and power from the market or from other energy or raw materials producing enterprises. These indices provide important basis for measuring the material consumption of industrial enterprises after removing influence of price changes.

At present, over 900 products in 9 categories, including fuels and power, ferrous metals, non-ferrous metals, chemicals, building materials, are covered in China for the survey to produce indices of purchasing prices of raw materials, fuels and power.

Price Indices of Investment in Fixed Assets reflect the trend and degree of changes in prices of investment goods and projects in fixed assets during a given period. The investment in fixed assets consists of three components, namely the investment in construction and installation, the investment in purchases of equipment and instrument, and the investment in other items. Price indices of investment in fixed assets are calculated as the weighted arithmetic mean of the price indices of the three components of investment in fixed assets.

Removing the factor of price change in the aggregates of investment at current prices, this indicator shows the changes in the prices of commodities and fees involved in the investment of fixed assets, and can be used to observe the actual size, growth, structure, and efficiency of investment in fixed assets and provides reliable and scientific data for government planning, management, decision-making, and further improving the current national accounting system.

I. Urban Households

Population of urban households refer to members of the household living and sharing economically together. All income and expenditure of the population of the household are included in the income and expenditure of the household.

Proportion of urban employment refer to the proportion of employed population to the population of urban households.

Number of dependents per urban employee refers to the ratio between number of persons in urban households and the number of dependents.

Total Income of Urban Households refers to the sum of wage and salary, net business income, income from properties, and income from transfers of members of the households, excluding income from selling of properties and income from borrowings.

Disposable Income of Urban Households refers to the actual income at the disposal of members of the households which can be used for final consumption, other non-compulsory expenditure and savings. This equals to total income minus income tax, personal contribution to social security and sample household subsidy for keeping dairies. Following formula is used:

Disposable income = total household income - income tax - personal contribution to social security - sample household subsidy for keeping dairies

Total expenditure of Urban Households refer to all expenditure of the households except expenditure on leading. It includes expenditure on consumption, on purchasing or building houses, on transfers, on properties and on social security.

Consumption Expenditure of Urban Households refers to total expenditure of the sample households for consumption in daily life, including expenditure on eight categories such as food, clothing, household appliances and services, health ca re and medical services, transport and communications, recreation, education and cultural services, housing, miscellaneous goods and services.

Expenditure of Urban Households on Consumption of Services refers to expenditure of households on services of various kinds provided by the society.

Urban Households by Income Group All households in the sample are grouped, by per capita disposable income of the household, into groups of lowest income, low income, lower middle income, middle income, upper middle income, high income and highest income, each group consisting of 10%, 10%, 20%, 20%, 20%, 10% and 10% of all households respectively. The lowest 5% of households are also referred to as poor households.

Engel Coefficient refers to the percentage of expenditure on food in the total consumption expenditure, using the following formula:

Engel Coefficient = (expenditure on food / total consumption expenditure) × 100%

II. Rural Households

Rural Households refer to resident households in rural areas. Resident households in rural areas are the households residing for more than one year in the areas under the jurisdiction of administration of township governments (excluding county towns), and in the areas under the jurisdiction of administration of villages in county towns. Migrated households residing in the current addresses for over one year with their household registration in other places are included in the resident households of their current addresses. For households with their household registration in one place but all members of the households moving away for living in another place for over one year, they will not be included in the rural households of the area where they are registered, irrespective of whether they still keep their contracted land.

Resident Population refers to population staying at home permanently or for over 6 months during a year and sharing life economically with the household. Members of the household staying away from the household for over 6 months but keeping a close economic relation with the household by sending the majority of income to the household are regarded as resident population of the household. Government staff and workers or retirees living as close members of the household are also considered as resident population. However, servicemen, students of secondary technical schools or schools of higher education and persons with stable jobs and residence outside the household (excluding those visiting relatives or seeking medical service) are not included as resident population of the household. Resident population is used in calculating income, consumption, accumulation on per capita basis of rural households and in analyzing composition of rural households.

Full/Semi Labour Force Full labour force refers to persons capable of work, age d 18-50 for males and 18-45 for females. Semi labour force refers to persons cap able of work, aged 16-17 and 51-60 for males and 16-17 and 46-55 for females. Persons at their working ages but not capable of work are not to be included as labour force. Persons not at working ages but participating regularly in work are included in semi labour force. For staff and workers as resident population of the household, they are included as full or semi labour force of the household if they are in the labour force.

Total Income refers to the sum of income earned from various sources by the rural households and their members during the reference period, and is classified as income from wages and salaries, income from household operations, income from properties and income from transfers.

Income from Wages and Salaries refers to income from labour earned by the members of rural households employed by other units or individuals.

Income from Household Operations refers to income by the rural households as units of production and operations. Operations by rural households are classified by economic activities as agriculture, forestry, animal husbandry, fishery, manufacturing, construction, transportation, post and telecommunications, wholesale, retail and catering, social service, culture, education, health, and other household operations.

Income from Properties refers to the income received as returns by owners of financial assets or tangible non-productive assets by providing capitals or tangible non-productive assets to other institutional units.

Income from Transfers refers to the receipt by rural households and their members of goods, services, capitals or rights of assets without giving or repaying accordingly, excluding capitals provided to them for the formation of fixed assets. In general, it refers to all income received by rural households through redistribution.

Cash Income refers to income received by rural households and their members in the form of cash during the reference period. It is classified, by source of income, into income from wages and salaries, cash income from household operations , income from properties and income from transfers

Net Income refers to the total income of rural households from all sources minus all corresponding expenses. The formula for calculation is as follows:

Net income = total income - household operation expenses - taxes and fees - depreciation of fixed assets for production - subsidy for participating in household survey - gifts to non-rural relatives Net income is mainly used as input for reproduction and as consumption expenditure of the year, and also used for savings and non-compulsory expenses of various forms. "Per capita net income of farmers" is the level of net income averaged by population which reflects the average income level of rural households in a given area.

Production Capacity of Water Supply refers to the designed comprehensive production capacity of water facilities, covering the 4 links of water collection, purification, conveyance, and outflow through trunk pipelines. Increase capacity through transformation and innovation projects are included as well. The capacity is determined mainly on the weakest of the above-mentioned 4 links.

Length of Water Supply Pipelines at the Year–end refers to the total length of all the pipelines between the water pumps and the user's water meters, excluding pipelines newly installed but not used yet.

Annual Volume of Water Supply refers to the total volume of water supplied by water-works (units) during the reference period, including both the effective water supply and loss during the water supply.

Consumption of Water for Residential Use refers to the water consumption of households for daily life and the water consumption of public service facilities. The latter refers to water consumption for urban public services, including the consumption of government agencies and public institutions, military barracks, public facilities, wholesale and retail outlets, restaurants, hotels, and other units providing public services. Household water consumption refers to consumption of water for daily life of all households in the boundary of cities, including households of urban residents and farmers, and public water supply stations.

Percentage of Urban Population with Access to Tap Water refers to the ratio of the urban population with access to tap water to the total urban population. The formula is:

Percentage of population with access to tap water= (Urban population with access to tap water) / (Urban population)×100%

Production Capacity of Artificial Coal Gas refers to the comprehensive production capacity of the urban artificial coal gas in gas generation, purification and delivery at the end of the reference period, excluding capacity of the reserved facilities. In general, it is determined by the designed capacity, and when actual production capacity is larger than the designed capacity, the capacity is determined by the actual measurement on the weakest link in the production, purification and delivery .

Length of Gas Pipelines refers to the total length of pipelines in use between the outlet of the compressor of gas-work or outlet of gas stations and the leading pipe of users, excluding pipelines within gasworks, delivery stations, LPG storage stations, refilling stations, gas-mixing stations and supply stations.

Volume of Gas Supply refers to the total volume of gas provided to users by gas -producing enterprises (units) in a year, including the volume sold and the volume lost.

Percentage of Urban Population with Access to Gas refers to the ratio of the urban population with access to gas to the total urban population at the end of the reference period. The formula is:

Percentage of population with access to gas = (Urban population with access to g as / Urban population) × 100%

Heating Capacity in Urban Area refers to the designed capacity of heating enterprises (units) in supplying heating energy to urban users during the reference period.

Quantity of Heat Supplied in Urban Area refers to the total quantity of heat from steam and hot water supplied to urban users by heating enterprises (units) during the reference period.

Length of Heating Pipelines refers to the total length of steam or hot water pipelines for sources of heat to the leading pipelines of the buildings of the users, excluding internal pipelines in heat generating enterprises.

Length of Paved Roads at the Year-end refers to the length of roads with paved surface including squares bridges and tunnels connected with roads by the end of the year. Length of the roads is measured by the central lines for vehicles for paved roads with a width of 3.5 meters and over, including roads in open-ended factory compounds and residential quarters.

Urban Bridges refer to bridges built to cross over natural or man-made barriers , including bridges over rivers, overpasses for traffic and for pedestrian, underpasses for pedestrian, etc. Both permanent and semi-permanent bridges are included.

Length of Urban Sewage Pipes refers to the total length of general drainage, trunks. branch and inspection wells, connection wells, inlets and outlets, etc.

Daily Disposal Capacity of Urban Sewage refers to the designed 24 hour capacity of sewage disposal by the sewage treatment works or facilities.

Number of Vehicles under Operation at the Year-end refers to the total number of vehicles under operation by public transport enterprises (units) at the end of the year, based on the records of operational vehicles by the enterprises (units).

Area of Urban Gardens and Green Areas refers to the total area occupied for green projects at the end of the reference period, including public green land, green land in residential quarters, green land attached to institutions, protection green land, production green land, roadside green land and forest in scenic spots. It does not include the following:

(1) Greenery and plants on roofs, balconies, indoors and vertical green areas;

(2) Forest, cultivated land, grassland, orchards and bamboo grooves that are for production purpose; and

(3) Water areas that are not included in urban master plan as green land.

Public Green Area refers to green areas open to the public such as municipal, community and neighborhood parks and roadside parks, including waters within park s. Neighborhood parks should occupy an area larger than 10,000 square meters, and the width of roadside parks should occupy an area larger than 400 square meter s, with a width of more that 8 meters.

Gross Output Value of Farming, Forestry, Animal Husbandry and Fishery refers to the total value of products of farming, forestry, animal husbandry and fishery, and total value of services rendered to support farming, forestry, animal husbandry and fishery activities. It reflects the total scale and results of agricultural production during a given period. Prior to 1957, China's gross agricultural output value included barnyard manure and handicraft products for self-consumption (clothes, shoes, stockings, and initial grain processing undertaken by peasants). Since 1958, cutting and felling of bamboo and trees by villages and other cooperative organizations under villages have been included in forestry; value of barnyard manure has been excluded from animal husbandry; self consumed handicrafts has been excluded from sideline occupations, while the output value of industries run by villages and cooperative organizations under village had been included in sideline occupations and the output value of fish catches by motor fishing boats has been added to fishery. Since 1980, the value of handicraft products made for sale by individuals in households had been added to sideline occupations. Since 1984, industries run by villages and under villages have been included in the sector of industry. Since 1993, the subdivision of sideline occupations has been canceled, and the hunting of wild animals has been classified into animal husbandry, and the gathering of wild plants and commodity industry run by rural household have been included in farming. A new industrial classification of economic activities was introduced in 2003. Under the new classification, value of services to farming, forestry, animal husbandry and fishery is included in the gross output value of agriculture, value of wood felling and transport is included in forestry, value of industrial output by rural households is not included in agriculture, and the collection of wild forest products is taken from agriculture and included in the forestry. The first agriculture census of China revealed some discrepancy between the production of animal products from the annual reports and that from the census. Efforts were made by the Rural Socio-economic Survey Organization of NBS to adjust the output value of animal husbandry to make the figures from the annual reports consistent with the census data.

Gross output value of agriculture is obtained by first multiplying the output of each product or by product by its price, resulting in the output value of each single item. For a small number of products, annual output of which is not available or difficult to get due to the long production (growing) process involved, the output value is estimated through an indirect approach. The sum of output value of all products of farming, forestry, animal husbandry and fishery is then equal to the gross output value of agriculture.

Grain Output refers to the total output in the whole country including grains produced by state farms, collective units, rural households, as well as by farms affiliated to industrial and mining enterprises and other production units. Grain includes rice, wheat, corn, sorghum, millet and other miscellaneous grains as well as tubers and bean. Output of beans refers to dry beans without pods. The output of tubers (sweet potatoes and potatoes, not including taros and cassava) was converted into that of grain at the ratio 4:1, i.e. 4 kilograms of fresh tube rs was equivalent to 1 kilogram of grain up to 1963. Since 1964 the ratio for conversion has been 5:1. Tubers supplied as vegetables (such as potatoes) in cities and suburbs are calculated as fresh vegetables and their output is not include d in the output of grain. Output of all other grains refers to husked grain.

Output of Oil–bearing Crops refers to the total product ion of oil-bearing crops of various kinds, including peanuts, (dry, in shell) rapeseeds, sesame, sunflower seeds, flax seeds, and other oil-bearing crops. Soybeans, oil-bearing woody plants, and wild oil-bearing crops are not included.

Output of Aquatic Products refers to catches of both artificially cultured and naturally grown aquatic products, including fish, shrimps, crabs and shellfish in sea and inland water as well as seaweed. Freshwater plants are not included. Output of Pork, Beef, and Mutton refers to the meat of slaughtered hogs, cattle, sheep and goats with head, feet, and offal taken away.

Number of Livestock or Poultry in Stock at Beginning (or End) refers to the total number of large animals, pigs, sheep, fowls, etc. raised by rural cooperative organizations, state farms, rural individuals, government agencies, schools, industrial and mining enterprises, army, and urban residents at the beginning (or end) of the reference period. Data reporting system and data adjustment are the same as that in the output of pork, beef and mutton.

Regularly Cultivated Land refers to farmland among the total land resources, which is exclusively used for farming and is under regular cultivation with harvest in normal years. Included are currently cultivated land, land that has been abandoned or put in idle for less than 3 years and could be re-used for cultivation at any time, and new-claimed land that has been put into cultivation for more than 3 years. According to statistical coverage, it includes the gouges, dykes, roads and ridges of field with 1 meter wide in Southern areas and 2 meters wide in Northern areas. Excluded under this category are steep slope land over 25 degrees under temporary cultivation, land (large or small plots) that is claimed along river bends, lake sides or banks of reservoirs, as well as land that has been designated under the "Green for Grain" programme of the state and provincial governments but is still temporarily under cultivation. The regularly cultivated land is the key protection land of the nation, an important indicator reflecting the comprehensive productivity of agriculture of China.

Sown Area of Crops refers to area of land sown or trans planted with crops regardless of being in cultivated area or non-cultivated area. Area of land re-sown due to natural disasters is also included. This is an important indicator that can reflect the utilization condition of the cultivated land in China.

Irrigated Area refers to areas that are effectively irrigated, i.e. level land, which has water source and complete sets of irrigation facilities to lift and move adequate water for irrigation purpose under normal conditions. Under normal conditions, irrigated area is the sum of watered fields and irrigated fields where irrigation systems or equipment have been installed for regular irrigation purpose. This important indicator reflects drought resistance capacity of the cultivated land in China.

Consumption of Chemical Fertilizers in Agriculture refers to the quantity of chemical fertilizers applied in agriculture in the year, including nitrogenous fertilizer, phosphate fertilizer, potash fertilizer, and compound fertilizer. The consumption of chemical fertilizers is required in calculation to convert the gross weight into weight containing 100% effective component (e.g. 100% nitrogen content in nitrogenous fertilizer, 100% phosphorous pent oxide contents in phosphate fertilizer, 100% potassium oxide contents in potash fertilizer). Compound fertilizer is converted with its major component. The formula is :

Volume of effective component= physical quantity×effective component of certain chemical fertilizer (%)

Total Power of Farm Machinery refers to total mechanical power of machinery used in farming, forestry, animal husbandry, and fishery, including ploughing, irrigation and drainage, harvesting, transport, plant protection, stock breeding, forestry and fishery. The power of internal combustion engines is required to convert horsepower into watts and the power of electric motors is required to be converted into watts. Machinery employed for non-agricultural purposes, such as the machines used in township run and village-run industry, construction, non-agricultural transport, scientific experiments and teaching, is excluded. Data are mainly from agricultural machinery agencies.

Rural Employed Persons refer to rural labor forces aged over 16 years old who are engaged in real production and management activities and receive payment in kind or wages, including those covered within the age frame and regularly participating in production activities, and those who are out of the range of age frame and also participating in production activities regularly. Excluding students studying in other places with their permanent residence registered in local areas , servicemen and persons incapable of working; also excluding those who are waiting for jobs and those engaged in household work. Persons employed are classified as rural employed persons; industrial employed persons; construction industry employed persons; transport, storage and telecommunications industries employed persons; whole sales and retail sales trade and catering industry employed persons and others according to the longest period of employment in major activities (or using income indicator when period of employment is the same).

Industry refers to the material production sector which is engaged in extraction of natural resources and processing and reprocessing of minerals and agricultural products, including (1) extraction of natural resources, such as mining, salt production (but not including hunting and fishing); (2) processing and reprocessing of farm and sideline produces, such as rice husking, flour milling, wine making, oil pressing, silk reeling, spinning and weaving, and leather making; (3) manufacture of industrial products, such as steel making, iron smelting, chemicals manufacturing, petroleum processing, machine building, timber processing; water and gas production and electricity generation and supply; (4) repairing of industrial products such as the repairing of machinery and means of transport (including cars).

Prior to 1984, the rural industry run by villages and cooperative organizations under village was classified into agriculture. Since 1984, it has been grouped into industry.

Units of industrial statistics survey corporate industrial enterprises with independent accounting system.

Corporate industrial enterprises with independent accounting system refer to enterprises engaging in industrial production activities, which meet the following requirements: ①They are established legally, having their own names, organizations, location, able to take civil liability; ②They possess and use their assets independently, assume liabilities, and are entitled to sign contracts with other units; ③They are financially independent and compile their own balance sheets . Enterprises covered in the industrial statistics in the Yearbook include following categories by their registration:

State–owned Enterprises refer to industrial enterprises where the means of production or income are owned by the state. Joint state-private industries and private industries, which existed before 1957, have been transformed into state industries. Statistics on these enterprises has been included in the state-owned industries since 1957 when separation of data was no longer necessary.

Collective–owned Enterprises refer to industrial enterprises where the means of production are owned collectively, including urban and rural enterprises invested by collectives and some enterprises which were formerly owned privately but have been registered in industrial and commercial administration agency as collective units through raising fund from the public.

Share–holding Cooperative Enterprises refer to economic units set up on co operative basis, with funding partly from members of the enterprise and partly from outside investment, where the operation and management is decided by the members who also participate in the production, and the distribution of income is based both on work (labour input) and on shares (capital input).

Joint–operation Enterprises refer to economic units that are established by joint investment by two or more corporate enterprises or institutions of the same or different types of ownership on voluntary, equal and mutual-beneficial basis. They include:

(a) state-owned joint-operation enterprises (joint operation between state- owned enterprises);

(b) collective joint-operation enterprises (joint operation between collective enterprises; and

(c) state-collective joint-operation enterprises (joint operation between state and collective enterprises).

Limited Liability Corporations refer to economic units registered in accordance with the Regulation of the People's Republic of China on the Management of Registration of Corporations, with capitals from 2 to 49 investors, each investor bears limited liability to the corporation depending on his/her holding of shares, and the corporation bears liability to its debt to the maximum of its total assets.

Share–holding Corporations Ltd. refer to economic units registered in accordance with the Regulation of the People's Republic of China on the Management of Registration of Corporate Enterprises, with total registered capitals divided into equal shares and raised through issuing stocks. Each investor bears limited liability to the corporation depending on the holding of shares, and the corporation bears liability to its debt to the maximum of its total assets.

Private Enterprises refer to economic units invested or controlled (by holding the majority of the shares) by natural persons who hire labours for profit- making activities. Included in this category are private limited liability corporations, private share-holding corporations Ltd., private partnership enterprises and private sole investment enterprises registered in accordance with the Corp oration Law, Partnership Enterprise Law and Tentative Regulation on Private Enterprises.

Enterprises with Funds form Hong Kong, Macao and Taiwan refers to all industrial enterprises registered as the joint-venture, cooperative, sole (exclusive) investment industrial enterprises and limited liability corporations with funds from Hong Kong, Macao and Taiwan.

Foreign Funded Enterprises refers to all industrial enterprises registered as the joint-venture, cooperative, sole (exclusive) investment industrial enterprises and limited liability corporations with foreign funds.

Light Industry refers to the industry that produces consumer goods and hand tools. It consists of two categories, depending on the materials used:

(1) Industries using farm products as raw materials. These are branches of light industry which directly or indirectly use farm products as basic raw materials, including the manufacture of food and beverages, tobacco processing, textile, clothing, fur and leather manufacturing, paper making, printing, etc.

(2) Industries using non farm products as raw materials. These are branches of light industry which use manufactured goods as raw materials, including the manufacture of cultural, educational articles and sports goods, chemicals, synthetic fiber, chemical products for daily use, glass products for daily use, metal products for daily use, hand tools, medical apparatus and instruments, and the manufacture of cultural and clerical machinery.

Heavy Industry refers to the industry which produces capital goods, and provides various sectors of the national economy with necessary material and technical basis. It consists of the following three branches according to the purpose of production or the use of products:

(1) Mining, quarrying and logging industry refers to the industry that extracts natural resources, including extraction of petroleum, coal, metal and non-metal ores.

(2) Raw materials industry refers to the industry that provides various sectors of the national economy with raw materials, fuels and power. It includes smelting and processing of metals, coking and coke chemistry, chemical materials and building materials such as cement, plywood, and power, petroleum refining and coal dressing.

(3) Manufacturing industry refers to the industry that processes raw materials. It includes machine building industry which equips sectors of the national economy, industries of metal structure and cement products, industries producing means of agricultural production, such as chemical fertilizers and pesticides. According to the above principle of classification, the repairing trades which are engaged primarily in repairing products of heavy industry are classified into heavy industry while these engaged in repairing products of light industry are classified into light industry.

Value–added of Industry refers to the final results of industrial production of industrial enterprises in money terms during the reference period.

Industrial value-added can be calculated by two approaches: the production approach, i.e. gross industrial output value minus intermediate input plus value-added tax, and the income approach, i.e. income for various factors used in the course of production, including depreciation of fixed assets, remuneration of labourers, net of production tax, and operating surplus. Value-added of industry in the Yearbook is calculated by production approach as following:

Value-added of industry = gross industrial output - industrial intermediate input + value-added tax

(1) Gross industrial output: refers to the total achievements of industrial production during a given period. Gross industrial output includes value of finished products, income from external processing, and value of change in semi-finished products at the end and at the beginning of the reference period. Since 1995, it was substituted by the gross industrial output value by new method.

(2) Industrial intermediate input: refers to purchased goods and paid services consumed during the industrial production of enterprises. Fees paid for services include fees paid for the services provided by material production sectors (industry, agriculture, wholesale and retail trade, construction, transport, post and telecommunications) and by non-material production sectors (insurance, banking, culture, education, scientific research, health and medical care, public administration, etc.). The determination of industrial intermediate input follows the principle that the goods and services

must be purchased from outside and included in the gross industrial output, and that the goods and services are inputted into production and consumed (include low-value consumables) during the reference period.

Industrial intermediate input includes 5 components, namely direct consumption of materials, industrial intermediate input in manufacturing cost, industrial intermediate input in management cost, industrial intermediate input in marketing cost and expenditure on interest.

Capitals Obtained refers to capital actually received by the enterprise from investors that could be used as operational capitals for a long period. According to the current accounting system, capitals obtained can be classified by investors as state capital, collective capital, corporate capital, individual capital, capital from Hong Kong, Macao and Taiwan and foreign capital.

State capital:refers to capital which is formed through state-owned investment into the enterprise by government agencies or institutions that could represent the state in the investment.

Collective capital: refers to capital which is formed through state-owned investment into the enterprise by collective institutions or units that could represent the state in the investment.

Corporate capital: refers to capital which is formed through investment by other corporate units using assets which is at their disposal by law.

Individual capital: refers to capital which is formed through investment by individuals outside the enterprise or employees of the enterprise using their personal legal properties.

Capital from Hong Kong, Macao and Taiwan refers to capital which is formed through investment by investors from Hong Kong, Macao and Taiwan of China using their assets of various forms.

Foreign capital: refers to capital which is formed through investment by foreign investors.

Total Assets refer to all economic resources, in monetary terms, that is owned or controlled by enterprises, including properties, creditors equity and other economic rights of all forms. Classified by the degree of equitability, total assets include circulating assets, long-term investment, fixed assets, intangible assets and deferred assets, and other assets. Data on this indicator can be obtained by the year-end figures of total assets in the Assets and Liability Table of accounting records of enterprises.

Total Working Capitals refer to capitals which can be cashed in or spent or consumed in an operating cycle of one year or over one year, including cash, all kinds of deposits, short term investment, receivable and payable payment for goods or deposits.

Average Value of Working Capitals refers to the average value of all working capitals of the enterprise during the reference period. Original Value of Fixed Assets refers to the value of payment by the enterprise in building, purchasing installing reconstructing, expending or transforming a particular item of fixed assets. In general, it includes value of purchase, cost for packaging, transportation, installation, etc.

Annual Average of Net Value of Fixed Assets refer to average of the net value of fixed assets during the reference period, calculated with the following formula:

Annual Average of Net Value of Fixed Assets = sum of net value of fixed assets at the beginning and at the end of each month from January to December / 24.

Information on this indicator can be obtained from the beginning and ending figures of the original value of fixed assets and cumulative depreciation from the Assets and Liability Table of enterprises.

Net value of fixed assets refers to the original value of fixed assets minus depreciation over the years, i.e.

Net value of fixed assets = original value of fixed assets - cumulative depreciation

Total Liquid Liabilities refer to enterprises' total debt payable within an operating cycle of one year or over one year, including short-term loans, notes and accounts payable, advance payments received, wages and welfare funds payable, taxes and profit payable, other payables, fees received by advance payment, etc. Liquid liabilities feature in the short term of payment, immediate payment at the request of creditors, or payable within one year.

Total Long–term Liabilities refers to the debt payable within an operating cycle of one year or over one year. It is the capital that enterprises raised from creditors for the long-term use of enterprises in addition to capitals put into the enterprise by investors, and constitutes the economic liabilities that enterprises have to repay by assets or labour services, including long-term loans, pay able liabilities, long-term payable, other long-term liabilities, etc. Compared with the liquid liabilities, the long-term liabilities feature in large volume, longer term for repayment, and larger benefits for investors.

Creditors´ Equity refers to investors ownership of net assets of the enterprise , which is equal to the total assets of the enterprise minus its total liabilities, including the primary input actually received at the enterprise from investors, capital accumulation fund, surplus accumulation fund and undistributed profit. When the total of creditors' equity is less than zero, that indicates the liability of the enterprise is larger that its assets.

Sales Revenue of Industrial Products refers to the revenue from the sales of finished and semi-finished products and from rendering of industrial services by industrial enterprises during the reference period.

Cost of Industrial Products Sold refers to the actual cost of finished and semi- finished products sold and industrial services rendered by industrial enterprises during the reference period.

Tax and Extra Charges on Sales of Products refer to the tax on city maintenance and construction, consumption tax, resources tax and extra charges for education, which should be borne by the enterprises in selling products and providing industrial services during the reference period.

Total Profits refer to the final achievements of production and operation of the enterprises, represented by the total profits after deducting losses (loss is expressed by the negative figure). It is the sum of profits from operation, income from subsidies, investment earnings, net income from activities other than operation, and adjustment of profits and losses of previous years.

Value–added Tax Payable refers to the amount of the value-added tax which should be paid by the enterprises during the reference period. It is the sum of tax on sales, export rebate, and transferred tax on purchases of the current year, minus the tax on purchases of the current year. Value-added tax payable of small-size enterprises is determined by the taxable sales of the year multiplied by the tax rate.

Average Annual Number of Employed Persons Employed persons refer to all those who are employed in enterprises and receive remunerations therefrom, including currently working employees, retirees who are re-employed, teachers of local-run schools, as well as foreigners, staff from Hong Kong, Macao and Taiwan, part-time employees and persons with second job who are employed by the enterprise, and employees of other units temporarily working in the enterprises, but excluding former employees who left the enterprise with their employment records still kept by the enterprises.

Average number of employed persons refers to the number of employees everyday during the reference period, calculated with the following formula:

Monthly average number = sum of actual employees everyday in reference month/number of calendar dates in reference month

Quarterly average number = sum of monthly average number in reference quarter/3

Annual average number = sum of monthly average number in reference year/12

Ratio of Profits, Taxes and Interests to Average Assets reflects the profit-making capability of all assets of the enterprise and is a key indicator manifesting the performance and management and evaluating the profit-making potential of the enterprise. It is calculated as follows:

Ratio of Profits, Taxes and Interests to Average Assets (%) = ［(total profits + total taxes + interest payment) / average assets ］×100%

In the above formula, total taxes is the sum of tax and extra charges on the sales of products and value-added tax payable; and average assets is the arithmetic mean of the sum of beginning assets and ending assets.

Ratio of Debts to Assets reflect both the operation risk and the capability of the enterprise in making use of the capital from the creditors. It is calculated as follows:

Ratio of Debts to Assets (%) = (total debts / total assets)×100%

Both assets and debts are figures at the end of the reference period.

Turnover of Working Capital refers to the number of times of turnover of working capital in a given period of time, which reflects the speed of the turnover of working capital of industrial enterprises, and is calculated as follows:

Turnover of Working Capital=(sales revenue of products) / (average balance of total working capital)

In the above formula, average balance of total working capital refers to the arithmetic mean of the sum of working capital at the beginning and at the end of the reference period.

Ratio of Profits to Total Industrial Costs refers to the ratio of profits realized in a given period to the total costs in the same period, which reflects the economic efficiency of input cost and is calculated as follows:

Ratio of Profits to Total Industrial Cost(%)=(total profits/ total costs)×100%

Total costs in the above formula is the sum of cost of products sold, marketing cost, management cost and financial cost.

Overall Labour Productivity of Industrial Enterprises reflects efficiency of production and economic results of labour input of enterprises. The formula used is :

Overall Labour Productivity=(value added of industry) / (average number of staff and workers)

Ratio of Sales to Gross Output Value reflects the degree at which industrial products are sold. It helps to analyze the linkage between production and sales an d the extent of the needs of the society that has been met by the supply of industrial products. It is calculated as follows:

Ratio of Sales to Gross Output Value=(Industrial sales / Gross industrial output value at current prices) ×100%

Statistical Unit in Construction refers to corporate enterprise engaged in the construction of buildings and structures and in the installation of equipment. A corporate construction enterprise should have qualification certificates with in dependent accounting system, and should meet the following 3 requirements: ① being set up in line with relevant legal basis, having its full name, organization and location, and capable of taking civil liabilities; ② independently possessing and using its assets and assuming its liabilities, and entitled to sign contracts with other institutions; and ③ making independent accounts of its profits and losses, and capable of compiling its own balance sheet.

Gross Output Value of Construction refers to total of construction products and services, expressed in money terms, produced or rendered by construction and installation enterprises during a given period of time. It includes:

(1) Output value of construction projects, that is the value of projects covered by the project budgets;

(2) Output value of installation projects, that is the value of the installation of equipment, (excluding the value of the equipment to be installed);

(3) Output value of others, that is the output value of construction industry excluding that of construction projects and installation projects. It includes: output value of repair of buildings and structures; output value of non-standard equipment manufacturing; overhead expenses received by contracted enterprises to the sub-contracted enterprises and the completed output value of construction activities that have no clear definition.

a. Output value of repair of buildings and structures, that is the value created through the repairs of buildings or structures, but does not include the value of buildings or structures being repaired and the value of the repair of product ion equipment;

b. Output value of manufactured non-standard equipment, that is the value of non -standard production equipment including raw materials and manufacturing cost made for the construction project (i.e., chemical plant; kettles or tanks used by refineries; various fillers, triangle tanks, valves used by mines), and the output value of equipment manufactured by subsidiary workshops.

Value–added of Construction refers to the final result of the activities of production and management of construction industry in monetary terms in the reference period. At present, the value-added of construction is calculated with the income approach, that is to say, it is the sum of income of various production factors in the production process. The formula is as follows:

Value-added of Construction=depreciation of fixed assets in the year + wages pay able + welfare expenses payable + insurance premium and tax for waiting for employment in the administrative expenses + taxes and surcharges on project settlement + profit.

Floor Space of Buildings Under Construction refers to floor space of buildings under construction during the reference period, including newly started buildings , buildings started earlier and continued during the reference period, and buildings suspended earlier but restarted during the reference period, buildings completed during the reference period, and buildings under construction and then sus pended during the reference period.

Floor Space of Buildings Completed refers to the floor space of buildings that are completed in the reference period in accordance with the requirements of the design, up to the standard for putting them into use, and have been checked and accepted by concerned departments as qualified ones.

Total Number of Machinery and Equipment Owned by the End of Year refers to the number of machines and equipment owned by the enterprises, and listed as the fixed assets of the enterprises by the end of the year, including machinery and equipment for construction, production and transportation and other equipment.

Total Power of Machinery and Equipment Owned by the End of Year refers to the total power of machinery and equipment owned by the enterprises, and listed as the fixed assets of the enterprises by the end of the year, including machinery and equipment for construction, production and transportation and other equipment.

The power of the machinery is calculated on basis of the designed or verified capacity, covering the power of the machinery/equipment and the separate power equipment serving the machinery/equipment (such as electric motors), but excluding welders, transformers and boilers. The unit used for the calculation of power is kilowatt, with horsepower converted to kilowatt by 1 horsepower=0.735 kilowatt.

Income from Settlement of Projects refers to the income receive d by the construction enterprise from the contracted project through settlement procedures, and other charges to the contractee as operational costs in addition to the value of the project, such as temporary facility fee, labour insurance premium, moving co st of construction equipment, as well as various types of claims to the contractee.

Profit from Settlement of Projects refers to profit realized through settled projects. It is calculated with the following formula:

Profit from Settlement of Projects=Income from Settlement of Projects - Settled Cost - Settled Taxes and Other Cost

Total Revenue of Enterprises refers to the sum of income from production and operation of enterprises, including income from settlement of projects and other operational income, namely:

Total Revenue of Enterprises=Income from Settlement of Projects + Other Operational Income

Length of Railways in Operation refers to the total length of the trunk line under passenger and freight transportation (including both full operation and temporary operation). The calculation is based on the actual length of the first line even if this line has a full or partial double track or more tracks, excluding double tracks, station sidings, tracks under the charge of stations, branch lines, special-purpose lines and the non-payable connecting lines. The length of railways in operation is an important indicator to show the development of the infrastructure for the railway transport, and also the essential data to calculate volume of passenger freight transport, traffic density and utilization efficiency of the locomotives and carriages.

Length of Electrified Railways refers to the length of the section of railways in operation in which the power supply lines and other equipment are installed for the running of electrified locomotives. The proportion of the length of electrified railways to the total length of railways in operation is an important indicator to show the modernization of railways.

Automatic–blocking and Semi–automatic–blocking Length of Railways refer to length of railways installed with equipment to perform automatic or manual blocking of trains. Blocking is a spacing technique by which a section of the railway only allows one train to pass at a time in the aim of ensuring the traffic safety. the proportion of automatic/semi-automatic blocking length to the total length of railways in operation is an important indicator to show the modernization of railways.

Length of Highways refers to the length of highways which are built in conformity with the grades specified by the highway engineering standard formulated by the Ministry of Communications, and have been formally checked and accepted by the departments of highways and put into use. The length of highways includes that of the suburb highways at large and medium-sized cities, highways passing through streets at small cities and towns, and also the length of bridges and ferries. It does not include the length of streets in big and medium-sized cities and highways built for the production purpose at factories, mines, forest areas and agricultural areas. If two or more highways go the same section of the way, the length of the section is only calculated for once and no duplication is allowed . The length of highways is an important indicator to show the development of the highway construction and to provide essential information to calculate the transport network density.

Length of Navigable Inland Waterways it is an indicator reflecting the size and development of inland water network, it refers to the length of the natural rive rs, lakes, reservoirs, canals, and ditches open to navigation during a given period, which enables the transport by ships and rafts. It includes the channels op en to navigation for over an accumulative 3 months in a year, yet this does not include the river courses, which are only used to float odd logs and bamboo rafts. This indicator can reflect the scale, level and development situation of the inland waterway network.

Length of Civil Aviation Routes refers to the length of all routes for regular civil aviation flights. There are usually two ways to calculate the distance between airports connected by the route length: One is to put the length of all air routes together, called duplicated calculation of the length of the routes; the other is not to allow the duplication in calculation when two or more routes pas sing the same section of aviation routes. The latter is usually used, as it can precisely show the size of the civil aviation network and indicate the extent of civil aviation serving the national economy and the people.

Length of Oil (Gas) Pipelines used as an indicator to show the development, scale and level of the pipeline transportation, it refers to the actual transport distance of oil (or gas) products, and is in general calculated in the length of single pipeline. If the length of the double pipelines and alternate pipeline a re included, it is called the extension length of the oil (gas) pipelines, which indicates the actual length of the pipelines built, excluding double pipelines. Freight (Passenger) Traffic refers to the volume of freight (passenger) transported with various means. Freight transport is calculated in tons and passenger traffic is calculated in the number of persons. Despite the type of freight and traveling distance, the freight transport is calculated in the actual weight of the goods: and despite the traveling distance and ticket price, the passenger traffic is calculated by the principle that one person can be counted only once in one travel. The passengers who travel with a half price ticket or a child ticket is also calculated as one person. The freight (passenger) traffic provides a quantitative measure to show how the transport industry serves the national economy and people, and is also an important indicator for planning the transport industry and for studying the development scale and speed of the transport industry.

Freight (Passenger) Traffic Density refers to the freight (passenger) traffic volume carried by a particular means of transportation during a given period through one kilometer of a specific section of transportation route. The formula is as follows:

Freight (Passenger) traffic density= [freight ton-kilometers (passenger-kilometers)] / (length of route in operation)

Freight (passenger) traffic density reflects the degree of business of freight (passenger) traffic on transportation routes, and therefore provides important in formation for balancing transport capability, planning construction and upgrading of transport routes and studying the distribution of transport network.

Freight Ton–kilometers (Passenger–kilometers) refer to the sum of the products of the volume of transported cargo (passengers) multiplying by the transport distance. It is an important indicator to reflect the achievement of transportation industry. Normally, the shortest distance between the departure station and the destination station (i.e., the payable distance) is the basis to calculate the freight ton-kilometers. This is an important indicator to show the total results of the transport industry, to prepare and examine the transport plan and to measure the efficiency, the labour productivity and the unit cost of transport.

The formula is as follows:

Freight ton-kilometers (passenger-kilometers) =∑ {freight (passenger) traffic×distance of transportation}

Static Load of Freight Cars refers to the average cargo weight as loaded by each freight car under the static condition at the departure station. It is used to show the utilization extent of the loading capacity of the freight cars. The formula is:

Static load (ton) of freight car=(tonnage of goods dispatched) / (number of freight cars loaded)

The static load of freight cars is determined by the nature and type of goods loaded, the type of vehicles, and the technique of loading. The difference between the average marked load and the static load of freight cars reflects the utilization of loading capacity of freight cars. For its calculation the following formula is applied:

Utilization rate of capacity of freight cars(%)= [(Average static load) / (Average marked load)] ×100%

Average Daily Haul of Freight Locomotives refers to the average total ton-kilometers accomplished by each freight transport locomotive over day and night during a given period of time. It includes both the weight of the goods carried and the dead weight of the train itself. It is a comprehensive indicator reflecting the locomotive efficiency in terms of both time and the pulling force.

Average daily haul of freight transport locomotive (ton-kilometer)=(Total ton/kilometers of freight) / (Daily number of freight transport locomotive)

Volume of Freight Handled in Major Coastal Ports refers to the volume of cargo passing in and out the harbor area of the major coastal ports and having been loaded and unloaded. The volume includes that of the postal matters, registered luggage and fuels, materials and fresh water as supplies of the ships. The volume of freight handled may be classified by direction of flow as freight for import and freight for export, or by nature of cargo as freight for domestic trade and freight for foreign trade. As an important indicator, the volume of freight handled by type of cargo and by main flow direction reflects the production capacity of ports.

Possession of Civil Motor Vehicles refer to the total numbers of vehicles that are registered and received vehicles' license tags according to the Work Standard for Motor Vehicles Registration formulated by transport management office under department of public security at the end of reference period. They are divided into following categories according to the structure of motor vehicles: passenger vehicles, trucks and others; and private vehicles and vehicles for units use according to ownership; working vehicles, non-working vehicles and special motor vehicles according to kind of usage; large passenger vehicles, medium passenger vehicles and small passenger vehicles, heavy trucks, light-heavy trucks and light trucks according to sizes of vehicles.

Business Volume of Post and Telecommunications refers to the total amount of post and telecommunication services, expressed in value terms, provided by the post and telecommunications departments for the society. Post and telecommunication services can be classified as letters, parcels, remittance, issue of newspapers and magazines, fast mail service, express mail service, savings deposits, stamps for collection, public and individual telegraph service, facsimiles, long-distance telephone service, leasing of telephone lines, urban paging service, mobile telephone service, data transfer and transmission, etc. The accounting approach is to multiply the service products of all types with their average unit price (constant price) to get sum of business value, plus income from other services such as leasing of telephone lines and equipment, maintenance of telephone switchboards and lines on behalf of customers. This indicator reflects the overall results of post and telecommunications service during a given period, and is important to study the composition of business service and the development of post and telecommunications service.

The formula is as follows:

Business volume of post and telecommunications=∑(Transaction of post and telecommunication service × constant price) + Income from leasing, maintenance and other services

Mobile Telephone Subscribers refer to the persons who own mobile telephone numbers and are connected with the mobile telephone communication network through the mobile telephone switchboards, including contracted subscribers and pre-paid subscribers for intelligent network. One mobile telephone is taken as a subscriber .

Internet Users refer to the number of Chinese citizens who use Internet at least for one hour each week.

Local Telephone Subscribers refer to subscribers that a re connected to the local telecommunication service provider through fix line network, including household subscribers, institutional subscribers and public telephones. They are also classified as city subscribers and rural subscribers according to locations. Before 1997, city subscribers referred to those connected to city telephone networks in county towns and cities, while village subscribers referred to those connected to village telephone stations at and below counties. Since 1997, the classification of telephone subscribers was modified on the basis of physical location of the subscribers as urban telephone subscribers and rural telephone subscribers, which is different from the previous classification of categorizing local telephones and rural telephones, while the definition of total subscribers and total number of telephones remain unchanged.

Urban Telephone Subscribers refer to number of telephone subscribers, located at municipalities, cities under the jurisdiction of province, cities at prefecture level, downtown and suburb of city at county level town and county towns (including country towns where county government located, and towns of county level according to the administrative organizational system), that are connected to the public line telephone network, including rural mineral area, forest area, military area.

Rural Telephone Subscribers refer to telephone subscribers, located at counties (towns) and villages outside the range of cities according to administrative jurisdiction.

Household Telephone Subscribers refer to telephone sets installed in the dwelling units of urban or rural residents, and registered as residence subscribers for payment, including 3 types of payment for the service: private payment, public payment and free service.

Capacity of Long Distance Telephone Exchanges refer to the rated capacity of telephone exchanges to connect long distance telephone network, including capacity of international telephone exchanges.

Capacity of Office Telephone Exchanges refer to the capacity (measured in gate) of telephone exchanges installed in the offices of telecommunication service providers for communication between fixed telephones. It includes the capacity of both manual and automatic exchanges in use and for stand-by purpose, excluding the capacity of subscribers' exchanges.

Capacity of Mobile Telephone Exchanges refers to the capacity of the maximum services provided to subscribers at one time basing on a certain model and transacting capacity of the mobile telephone exchanges.

Total Retail Sales of Consumer Goods refer to the sum of retail sales of commodities sold by wholesale, retail, catering, publishing, post and telecommunications and other service industries to urban and rural households for private consumption and to social institutions for public consumption. Retail sales of consumer goods include:

A. Sales by wholesale and retail units:

1. of consumer goods sold to urban and rural households

2. of commodities sold to foreigners, overseas Chinese and Chinese compatriots from Hong Kong, Macao and Taiwan visiting in China

3. of commodities sold to government agencies, institutions, social organizations, military and armed police units, and commodities sold to enterprises in the form of retail sales. More specifically, they include: office facilities and articles for non-production purposes such as communications equipment, computing equipment and instruments, TV and network equipment, printing and copying equipment , audio-visual equipment and instruments, paper, notebooks, stationeries, furniture, electric appliances, knitwear, sanitation and cleaning articles, cultural and sport articles, articles for prizes, souvenirs, etc.; transport vehicles and fuels for employees; materials, spare parts and tools for the maintenance of office facilities; equipment, fuels, materials and food for winter heating or summer cooling purposes; articles and equipment for teaching purpose; Chinese and western medicines and medical equipment and facilities purchased by non profit-making medical institutes; non-specialized work safety articles; cooking utensils, tableware, equipment, cleaning articles, food and fuels purchased by internal cafeterias; clothes and personal articles purchased by military or armed police units for their officials and soldiers; and other equipment and articles for non-production purposes.

B. Sales of stable food, cooked dishes, beverages, tobaccos and other articles by catering units.

C. Sales of books, newspapers, magazines, audio-visual products and post products by publishing, post and telecommunications departments to urban and rural households and to enterprises, institutions, military and armed police units.

D. Sales of food, beverages, tobaccos, clothing, hats, footwear, articles for daily use, medicines, medical and health articles, work of art, handicrafts, toys, funeral articles and other articles by other service industries.

Total Purchases of Commodities refer to the total value of purchases of commodities by the enterprises (establishments) from other establishments or individuals (including direct import from abroad) for the purpose of re-selling, either with or without further processing of the commodities purchased. This indicator is used to show the total value of purchases of commodities by wholesale and retail establishments from domestic and overseas markets. The total purchases include: (1) agricultural and industrial products purchased from producers; (2) books, magazines and newspapers purchased from distribution departments of the publishers; (3) commodities purchased from wholesale and retail establishments of different status of registration; (4) commodities purchased from other units, such as surplus materials purchased from government agencies, enterprises or institutions , commodities purchased from catering and service establishments, confiscated goods purchased from customs authorities or market management agencies, second-hand goods and wastes purchased from residents; and (5) commodities directly imported from abroad. Excluded are commodities purchased by enterprises (establishments) for use in their own business operation, commodities obtained without buying or selling procedures, rejected commodities, etc.

Total Sales of Commodities refer to value of commodities sold by the establishments to other establishments and individuals (including direct export). This indicator is used to show the total value of sales of commodities at domestic markets and export. The total sales include: (1) commodities sold to urban and rural residents and social groups for their consumption; (2) commodities sold to establishments in industry, agriculture, construction, transportation,post and telecommunications, wholesale and retail trades, catering trade and public utility for their production and operation; (3) commodities sold to wholesale and retail establishments for reselling, with or without further processing; and (4)commodities for direct export to other countries. Excluded are selling of waste packaging materials used by the establishments (units) themselves, commodities transfer red without buying or selling procedures, commission income from brokerage in transactions whose settlement is directly handled by buyers and sellers, rejected commodities in the purchase, loss in commodities, etc.

Commodity Stock of Wholesale and Retail Enterprises refers to total commodities possessed by wholesale and retail enterprises (units) of various types of registration status at the end of the reference period, which reflects the commodity stock level of various wholesale and retail enterprises and the potential for market supply. It includes: (1) commodities located in storage, garages, counters, and shelves of operating units (such as sale stores, wholesale centers, and operating offices) of wholesale and retail enterprises; (2) commodities in the process of selecting, sorting, and packing; (3) commodities not arrived but recorded as purchase in the account, i.e. commodities not arrived but payment receipts for the commodities from the sellers or the banks arrived; (4) commodities deposit ed in other places rather than places mentioned above, for instance: commodities in the hold of purchasers temporarily due to the refusal of payment and commodities not taken back after going through the formalities; (5) commodities entrust ed to other units to sell but not sold yet; (6) commodities purchased for other units but not delivered yet. Commodities not included as stock are those not owned by the enterprises (units), those allocated to financially independent factories rather than wholesale and retail enterprises for processing but not taken back yet, and finally those put in stock by wholesale and retail enterprises on behalf of the state material reserves units.

For the calculation of the value of commodities stock, the value is calculated at purchasing prices in agricultural goods purchasing units and wholesale units, and at the accounting prices in retail units.

Business Income of Catering Industry refer to the total turnover of catering businesses, establishments or individuals, including retail sales and other services income. It reflects the operational and managerial conditions and development trend of catering businesses, establishments and individuals in this sector.

Retail Sales of Commodities in Catering Industry refer to retail sales to residents and social groups by catering enterprises, establishments and individual, including: (1) various food sold after cooking and processing, such as: staple food, cooked dishes, cold and dressed dishes and so on. (2) re-selling commodities without further processing, such as beverages, tobaccos, cooked food, fruits and so on. (3) food and other commodities sold in affiliated shops without independent accounting system.

Volume of Transaction at Consumer Goods Markets refers to the value of transaction of all goods at consumer goods markets in the country, including both markets for farm and sideline products and for industrial consumption goods.

Volume of Transaction at Large Commodity Markets (with transaction value over 100 million yuan) refers to markets approved by the industrial and commercial administration departments, which specialize in wholesale and retail of commodities with an annual sales of over 100 million yuan. The sum of sales of all sellers in the markets makes up the transaction value of the markets.

Chain Enterprises (also called chain stores or chain corporations) refer to a form of joint economic entities under which scattered enterprises or establishments engaged in providing homogeneous commodities or services, with the central leadership of core enterprise or headquarters and guided by common policies, conduct centralized purchase and distributed selling of commodities, in order to gain better efficiency through standardized operation. Consisting of a number of bran ch stores, the chain stores have in general following features: (1) homogeneous commodities, (2) unique name of stores, (3) centralized purchase and delivery which is separated from distributed selling operation (most commodities are delivered from the headquarters except some items which, from logistics, quality or freshness considerations, might be delivered by the suppliers directly).

Chain stores have two categories:

(a) Chain stores under direct management: These are formal chain stores invested or controlled by the headquarters. They operate under the direct and unified management from the headquarters.

(b) Chain stores through license arrangement: Through contracts, chain stores (their owners) obtain licenses from the headquarters to use designated trade marks, names, operation know-how, and to sell the commodity developed by the headquarters. Under this arrangement, each store in the chain is an independent legal entity and operates under the guidance from the headquarters.

Total Imports and Exports at Customs refer to the real value of commodities imported into and exported from the boundary of China. They include the actual imports and exports through foreign trade, imported and exported goods under the processing and assembling trades and materials, supplies and gifts as aid given gratis between governments and by the United Nations and other international organizations, and contributions donated by overseas Chinese, compatriots in Hong Kong and Macao and Chinese with foreign citizenship, leasing commodities owned by tenant at the expiration of leasing period, the imported and exported commodities processed with imported materials, commodities trading in border areas (excluding mutual exchange goods), the imported and exported commodities and articles for public use of the Sino-foreign joint ventures, cooperative enterprises and ventures exclusively with foreign own investment. Also included are import or export of samples and advertising goods for whose CIF or FOB value are beyond the permitted ceiling (excluding goods of no trading or use value and free commodities for export), imported goods sold in China from bonded warehouses and other imported or exported goods. The indicator of the total imports and exports at customs can be used to observe the total size of external trade in a country. In accordance with the stipulation of the Chinese government, imports are calculated at CIF , while exports are calculated at FOB.

Import Export Value by Location of China㊄s Foreign Trade Managing Units refers to actual value of imports and exports carried out by corporations which have been registered by the local customhouse and are vested with right to run import export business.

Import Value of Commodities by the Places of their Destination and Export Value of Commodities by the Places of their Origin in China: The former indicator refers to the value of import commodities of the places of their consumption, utilization or the places of their final destination. The latter indicator refers to the value of export commodities of the places of their origin or the places of the commodities dispatched.

Contracted Projects with Foreign Countries refer to projects undertaken by Chinese contractors (project contracting companies) through bidding process. They include: (1) overseas civil engineering construction projects financed by foreign investors; (2) overseas projects financed by the Chinese government through its foreign aid programs; (3) construction projects of Chinese diplomatic missions, trade offices and other institutions stationed abroad; (4)construction projects in China financed by foreign investment; (5) sub-contracted projects to be taken by Chinese contractors through a joint umbrella project with foreign contractor; (6) housing development projects. The business income from international contracted projects is the work volume of contracted projects completed during the reference period, expressed in monetary terms, including completed work on projects signed in previous years.

Service Cooperation with Foreign Countries refers to the activities of providing technology and labour services to employers or contractors in the forms of receiving salaries and wages. Labour services providing by contractual joint ventures of Chinese international contracting corporations should be included in the statistics of service co-operation with foreign countries. The business income of labour service cooperation is the income in the form of wages and salaries, overtime pay, bonuses and other remuneration received from the employers during the reference period.

Overseas Design and Consultation Service refers to projects with charges for technical services from overseas operators. It includes geographic and topographic mapping, geological resource prospecting and survey, planning of construction areas, provision of design documents, blueprints, materials on production process and techniques, as well as engineering, technical and economic consultation, and feasibility study, research and evaluation of projects. Also included under this category are the above-mentioned services of foreign-financed projects in Chin a that are paid in foreign currencies.

Number of Tourists

(1) International tourists refer to foreigners, overseas Chinese, Chinese compatriots from Hong Kong, Macao and Taiwan coming to China for sight-seeing, visits, tours, family reunions, vacations, study tours, conferences and other activities of a business, scientific and technological, cultural, educational and religious nature. It does not include representatives and employees of resident institutions of foreign countries in China such as embassies, consulates, news agencies and offices of foreign companies and organizations, nor does it include long-term foreign experts or students residing in China, or persons in transition without spending a night in China.

(2) Chinese residents going abroad refer to Chinese residents going abroad for short terms for either public business or private purposes. Chinese employees working on international transport carriers are included in those going abroad for public business purpose, not in those for private purpose.

(3) Domestic tourists refer to residents of the mainland of China who stay for one night at least but no more than 6 months at tourist facilities in other places than their permanent residence within the territory of the mainland China, including foreigners, overseas Chinese and Chinese compatriots from Hong Kong, Macao and Taiwan who have resided in China for over one year.

Foreign Exchange Earnings from International Tourism refer to the total expenditures of foreigners, overseas Chinese, Chinese compatriots from Hong Kong, Macao and Taiwan during their stay in the mainland of China, which are earnings of foreign exchange from international tourism from the point of view from China.

International Travel Agencies refer to travel agencies engaged in the promotion, solicitation, organization and reception of tours to the mainland of China by foreigners, overseas Chinese, Chinese compatriots from Hong Kong, Macao and Taiwan.

Domestic Travel Agencies refer to travel agencies engaged in the promotion, solicitation, organization and reception of domestic tourists, and in the reception of foreigners, overseas Chinese, Chinese compatriots from Hong Kong, Macao and Taiwan organized by international travel agencies or other departments concerned, without their own promotion and solicitation programme.

Star-Hotels refer to hotels rated with stars.

Regular Institutions of Higher Learning refer to educational establishments set up according to the government evaluation and approval procedures, enrolling graduates from senior secondary schools and providing higher education courses and training for senior professionals. They include full-time universities, colleges , high professional schools, high professional vocational schools and others.

Universities and colleges are mainly providing undergraduate courses; those high professional schools and high professional vocational schools are mainly providing professional training; and others refer to educational establishments, which are responsible for enrolling students but not covered in the total number of schools, including: branch schools of universities and colleges, and universities and colleges that have been proved and prepared to construct.

Institutions of Higher Learning for Adults refer to educational establishments, set up in line with relevant rules approved by the government, enrolling staff and workers with senior secondary school or equivalent education, and providing higher education courses in many forms of correspondence, spare time, or full time for adults. Professionals thus trained receive a qualification equivalent to graduates studying regular courses at regular universities, colleges and professional colleges. Institutions of higher learning for adults include schools of high education for staff and workers, schools of high education for peasants, colleges for management cadres, pedagogical colleges, independent correspondence colleges, Radio and TV universities and other educational establishments. Other educational establishments are responsible for enrolling adult students but not cove red in the number of schools.

Enrollment Rate of Primary School Age Children refers to the proportion of school age children enrolled at schools to the total number of school age children both in and outside schools (including retarded children, but excluding blind, deaf and mute children). The formula is:

Enrollment Rate of Primary School-age Children = (Total Primary School-age Children at Schools)/(Total Primary School age Children Both at and Outside Schools) × 100%

Scientific and Technological Activities (S&T Activities) refer to organized activities which are closely related with the creation, development, dissemination and application of the scientific and technical knowledge in the fields of natural sciences, agricultural science, medical science, engineering and technological science, humanities and social sciences (referred to as scientific and technological fields). S&T activities can be classified in to 3 categories: research and development (R&D) activities, application of R&D results, and related S&T services. This statistical definition is made by UNICHIEF for scientific and technological activities to meet the need of carrying out statistical work in this field for its member countries in particular those developing countries.

Personnel Engaged in S&T Activities refer to personnel directly engaged in S&T activities, in the management of S&T activities, and in providing direct service to S&T activities, who spend over 10% of the total working hours in a year in S&T activities. (1) Personnel directly engaged in S&T activities include researchers, engineers, technicians and other related personnel engaged in S&T activities in independent-accounting R&D institutions, institutions of higher learning, an d in research institutes, laboratories, technology development centers and central experiment workshops under enterprises and institutions. Also included are people working in S&T research project teams, professional and technical personnel working in S&T information archiving institutes, and graduate students working on the design of their thesis. (2) Personnel engaged in the management of S&T activities and in providing direct service to S&T activities include senior management people responsible for S&T activities in independent-accounting R&D institutions, S&T information archiving institutes, institutions of higher learning, and in enterprises and institutions where S&T activities are undertaken. Also included are people responsible for the planning, administration, personnel management, financial management, logistics supply, equipment maintenance, information and library management that are related with S&T activities. People providing indirect services are excluded, such as security, medical service, drivers, plumbers, cleaners and those providing catering and related service. This indicator reflects the size of personnel engaged in S&T activities.

Scientists and Engineers refer to persons engaged in S&T activities who have obtained titles of senior and middle level professional positions, and those without such position but have completed university or higher education. This indicator reflects the quality of personnel engaged in S&T activities.

Research and Development (R&D) refers to systematic and creative activities in the field of science and technology aiming at increasing the knowledge and using the knowledge for new application. R&D includes 3 categories of activities: basic research, applied research and experiments and development. The scale and intensity of R&D are widely used internationally to reflect the strength of S&T and the core competitiveness of a country in the world.

Basic Research refers to empirical or theoretical research aiming at obtaining new knowledge on the fundamental principles of phenomena of observable facts to reveal the nature and law of movement of objects and to acquire new discoveries or new theories. Basic research takes no specific or designated application as the aim of the research. Results of basic research are mainly released or disseminated in the form of scientific papers or monographs. This indicator reflects the original innovation capacity of knowledge.

Applied Research refers to creative research aiming at obtaining new knowledge on a specific objective or target. Purpose of the applied research is to identify the possible use of results from basic research, or to explore new (fundamental) methods or new approaches. Results of applied research are expressed in the form of scientific papers, monographs, fundamental models or invention patents. This indicator reflects the exploration of ways to apply the results of basic research.

Experiments and Development refer to systematic activities aiming at using the knowledge from basic and applied researches or from practical experience to develop new products, materials and equipment, to establish new production process, systems and services, or to make substantial improvement on the existing products , process or services. Results of experiment and development activities are embodied in patents, exclusive technology, and monotype of new products or equipment . In social sciences, experiment and development activities refer to the process of converting the knowledge from basic or applied researches into feasible programme (including conduct of demonstration projects for assessment and evaluation). There are no experiment and development activities in the science of humanities. This indicator reflects the capability of transferring the results of S&T into technique and products, which is the materialized measurement of S&T pushing forward the economic and social development.

R&D Personnel refer to persons engaged in research, management and supporting activities of R&D, including persons in the project teams, persons engaged in the management of S&T activities of enterprises and supporting staff providing direct service to the research projects. This indicator reflects the size of personnel engaged in R&D activities with independent intellectual property.

Professional and Technical Personnel refer to persons engaged in professional and technical work or in the management of professional and technical activities, i.e., people with professional or technical positions who are engaged in professional and technical work or in the management of professional and technical activities, and people without professional or technical positions but are working on professional or technical posts. They include professionals and technicians working in 17 categories of technical occupations including engineering, agriculture, scientific researches, medical service, teaching, economic research and application, accounting, statistics, translation, libraries, archives, cultural and museum service, journalism and publication, lawyers, notarization service, radio and television broadcasting, handicraft and fine arts, sports, performing art, and political workers in enterprises. This indicator reflects the condition of human resources in S&T.

Funding for S&T Activities refers to funds obtained from various sources for S&T activities, including government funds, self-raised funds by enterprises, self-raised funds by institutions, loans from financial institutions, foreign funds and other funds. This indicator reflects the efforts made by various social economic entities in promoting the development of S&T.

Government Funds refer to funds obtained from government agencies at all levels to be used for S&T activities, including fund for scientific undertakings, 3 kinds of fund for S&T activities, fund for capital construction for scientific researches, science fund, funds from education expenditures by education departments for S&T activities, and extra-budget fund from government agencies for S&T activities.

Self–raised Funds by Enterprises refers to self-raised funds by enterprises from their own expenditure or from other enterprises and funds received by universities or research institutions from enterprises for scientific research or technical development projects. Excluded in this category are funds from government agencies, financial institutions or from foreign institutions.

Loans from Financial Institutions refer to loans from various financial institutions for S&T activities.

Internal Expenditures on S&T activities refer to the actual expenditures on S&T activities during the reference year, including service fees, expenditure on research activities, expenditure on research management, purchase or construction of fixed assets not included in the investment for capital construction, expenditure on capital construction for scientific researches, and other expenditures on S&T activities. Not included are expenditure on production activities,repayment of loans and transfer expenditure. This indicator reflects the real accomplishment of input in S&T.

Service Fees refer to direct or indirect payment, in ca sh or in kind, made to personnel engaged in S&T activities as remuneration and other fees. They include, in various forms, salaries, subsidies, bonus, benefits, retirement pension, stipend, etc. This indicator reflects the improvement of treatment toward S&T personnel.

Purchase or Construction of Fixed Assets refers to the fixed assets purchased or constructed using funds other than the investment in capital construction, and the actual expenditure on capital construction for scientific researches.

In other words, it is the sum of the actual expenditure on fixed assets and the accomplished investment in capital construction for scientific researches. Fixed assets refer to main materials and equipment, literature and documents in libraries, materials for experiments, specimen, instruments, furniture, buildings and constructions that can be used for a long time without changing the form and shape of those articles or constructions. This indicator reflects the input in improving the condition of S&T and the means of scientific research.

New Products refer to new products produced with new technology and new design, or products that represent noticeable improvement in terms of structure, material, or production process so as to improve significantly the character or function of the older versions. They include new products certified by relevant government agencies within the period of certification, as well as new products designed and produced by enterprises within a year without certification by government agencies. This indicator reflects the direct contribution of S&T output to economic growth.

Patent is an abbreviation for the patent right and refers to the exclusive right of ownership by the inventors or designers for the creation or inventions, given from the patent offices after due process of assessment and approval in accordance with the Patent Law. Patents are granted for inventions, utility models and designs. This indicator reflects the achievements of S&T and design with independent intellectual property.

Inventions refer to the new technical proposals to the products or methods or their modifications. This is universal core indicator reflecting the technologies with independent intellectual property.

Utility Models refer to the practical and new technical proposals on the shape and structure of the product or the combination of both. This indicator reflects the condition of technological results with certain technical content.

Designs refer to the aesthetics and industrially applicable new designs for the shape, pattern and color of the product, or their combinations. This indicator reflects the appearance design achievements with independent intellectual property.

Cultural Institutions refer to units, which have their own organizational system and independent accounting system and specialize in or serve cultural development. They exclude other establishments run by these cultural institutions and amateur cultural groups established by various departments. This indicator reflects the development of cultural units.

Art Troupe refers to the troupe which is engaged in drama, opera, music, dance, acrobatics or other art performance, opens independent accounts with banks and has self-supporting accounting system; excluding the troupes which are engaged partly in industrial or agricultural activities, partly in art performance and the professional troupes organized by the people.

Number of Audience at Art Performance refers to the number of attendants at commercial shows, completely booked shows or free shows given in minority national areas, and does not include the number of spectators at rehearsals for examination and internal shows for study.

Number of Athletes in Grades refers to the number of athletes who have been given titles through examination. The titles of athletes include international masters of sports, masters of sports, first-grade, second-grade and third-grade sportsmen and young athletes. This indicator reflects skill of the athletes.

Number of Referees in Grades refers to the number of referees who have been given titles after examination. They are classified as international referees, national referees and referees of the first, second and third grades. This indicator reflects the skill of referees.

Stadiums refer to stadiums for track and field events with six lane 400-meter tracks around soccer fields, permanent track marks and permanent bleachers. Stadiums are classified according to seating capacity. They include: Class A stadiums have the capacity of seating 25000 people each. Class B stadiums have the capacity of seating 15000 to 25000 people each. Class C stadiums have the capacity of seating 5000 to 15000 people each, and Class D stadiums have the capacity of seating fewer than 5000 people. This indicator reflects numbers of large and medium-sized stadiums.

Gymnasiums refer to indoor sports grounds with permanent seats in which basketball, volleyball. badminton, table tennis and gymnastics competitions can be held. Gymnasiums are classified according to seating capacity. They include: Class A gymnasiums with seating over 6000 people. Class B gymnasiums with seating 4000 to 6000 people. Class C gymnasiums with seating 2000 to 4000 people, and Class D gymnasiums with eating fewer than 2000 people. This indicator reflects the total number of large and medium-sized gymnasiums.

Health Care Institutions include: medical institutions, disease prevention and control centers (epidemic prevention stations), blood gathering and supplying institutions, health supervision and inspection (check up) institutions, medicinal scientific research and on-job training institutions, health education and so on .

Medical Organizations include: hospitals, health service centers (stations) of communities, nursing homes, health centers, clinics, clinics (health stations and infirmaries), maternity and child care agencies (centers and stations), special disease prevention and curing agencies (centers and stations), first aid centers (stations) and clinical inspection centers. Medical organizations are grouped by two types: profit-making and non-profit-making medical organizations.

Hospitals include: polyclinics, traditional Chinese medical hospitals, hospitals integrated with traditional Chinese therapeutics and western therapeutics, ethical hospitals, various specialties hospitals and nursing hospitals.

Medical Technical Personnel refers to doctors, assistant nurses, pharmacists, and laboratory technicians working in medical institutions.

Doctors refer to certified physicians and certified assistant physicians with certifications working in medical and health care and prevention agencies.

Social Welfare Institutions refer to institutions taking care of old people with out children, handicapped people and orphans. They include social welfare institutions run by civil affairs departments, children welfare institutions, social welfare institutions for mental patients, collective-owned old peoples homes in rural areas, convalescent homes and community service centers with the capacity of receiving those people. This indicator reflects the input in social welfare institutions.

Number of People Taken in by Social Welfare Institutions refers to the number of old people, children, totally dependent handicapped people and mental patients taken in by social welfare institutions run by civil affairs departments and those run by collective units in urban and rural areas. This indicator reflects the capacity of social welfare institutions.

Social Welfare Enterprises are collective owned enterprises which employ the blind, deaf-mute, and other handicapped people who are able to work in cities and towns and enjoy exemption from state taxes, including welfare plants, welfare commercial services, artificial limb plants and farms, etc. This indicator reflects the preferential policies toward disabled persons.

Rural Households with Livelihood Guaranteed in Five Aspects refer to the households in which there are old people without child, orphans and handicapped people who are unable to work and without financial resources in rural areas. They are taken care of by the collective units and their food, clothing, housing, medical care, funeral expenses (or schooling for orphans) are guaranteed to be provided for. This indicator reflects the total number of disadvantageous groups of rural population.

Lawyers are certified legal workers according to law, and who a re employed by legal counseling firms to act as legal advisers, agents in criminal or civil lawsuits, or defenders in criminal lawsuits, or to handle non-litigious legal affairs , to advise on matters of law or to write legal papers for others, and provide service to the public.

Notary Personnel refers to people working for notary offices including: directors, deputy director, notaries, assistant notaries, and other people providing assistance.

Notary Documents refer to the judicatory notary documents drawn up by the request of the party and are in accordance with facts and laws and following certain legal proceedings. According to usage and locality, the notary documents are divided into following 4 types: domestic notary documents, domestic economic notary documents, foreign-related civil notary documents and foreign-related economic notary documents.

Mediators refer to workers on peoples mediation committees responsible for media ting in civil disputes and cases of slight infraction of the law. They include members of the mediation committees and mediators of mediation groups. This indicator reflects the number of people engaged in meditation.

Mediation of Civil Disputes refers to number of cases made by mediation committees in mediating in civil disputes concerning civil rights and duties through per suasion and education in accordance with the provisions of law on a voluntary basis, so as to solve disputes by helping the parties involved come to an agreement and understanding, including those unsuccessful ones. This indicator reflects the workload of the mediation committees.

Acceptance of Case refers to the decision made by the people's procuratorate office on reported cases, prosecution, impeachment, surrender, self-found criminal clues or suspects after initial investigation to confirm the act of crime and to start legal proceedings of the case as criminal case.

Number of Labour Dispute Cases Accepted refers to the number of cases of labour dispute submitted that, after being reviewed by the lab our dispute arbitration committees in line with the relevant state regulations, are accepted and registered for treatment.

Retired or Resigned Personnel refers to people who have formally gone through the formalities for their retirement or quitting work and enjoy the corresponding treatments.

Insurance and Welfare Funds refers to labour insurance and welfare fund paid by enterprises, organizations and institutions to their staff and workers as well as retired and resigned persons in addition to their wages and salaries, excluding labour protection fees, wages paid to medical workers from insurance and welfare fund and wages paid to staff members working in collective welfare agencies and to people with over 6 months of sick-leave.

Insurance and Welfare Funds for Retired and Resigned Staff and Workers covers:

1. Pensions for retired veteran cadres: They refer to pensions, other subsidies, and additional allowances paid to retired in line with relevant government documents.

2. Pensions for Retirement: They refer to living allowance; other subsidies and additional allowances paid to retired staff and workers in line with the relevant government documents.

3. Resignation Allowances for Living Expenses: They refer to living allowance, and additional allowances subsidies paid to resigned staff and workers in line with relevant government instructions.

It also includes living subsidies and prices subsidies paid to retired and resigned staff and workers.

4. Medical Care Allowance: refer to fee-for-service, cost of medical care and food subsidies during hospitalizations of retired and resigned staff and workers.

5. Others: They refer to other expenses, including other types of insurance and welfare fund, fees for funerals, traveling subsidies and heating subsidies during the winter time.

Private Economic Type of Registration for the joint-stock cooperative Enterprises,other joint venture Enterprise,Non-state holding other liability company and limited by shave Ltd.Private Enterprise,Domestic other enterprise legal person and has the fixed operating sites and holding the business license or has fixed management field,but do not receive business license of the self-employed households.